寺内正毅関係文書

1

寺内正毅関係文書研究会［編］

東京大学出版会

Selected Papers of Terauchi Masatake
Volume 1

Edited by Terauchi Masatake Archives Research Group

University of Tokyo Press, 2019
ISBN 978-4-13-026291-0

目次

42 石黒忠悳

凡　例

（1）本書は、①国立国会図書館憲政資料室所蔵「寺内正毅関係文書」、②山口県立大学図書館所蔵「桜圃寺内文庫」、③学習院大学史料館所蔵「寺内正毅・寿一関係資料」のうち、寺内宛の書翰を集成したものである。これら書翰は、その末尾に〔原史料番号〕として、所蔵先を上記①―③の番号で示した。

（2）書翰は発信者別・五十音順に配列した。同一発信者の書翰の配列は年月日順とし、紀年法は日本年号を用いた。推定年代には（　）を付した。

（3）かな遣いはひらがなに統一した。ただし、外国の地名・人名や、外来語、電文・法律条文は、カタカナのままとした。また、濁点・半濁点は原文のままとした。

（4）変体がなや合成字は普通体ひらがなに改めた。（例）陳者→陳は　ゟ→より　ヿ→こと　𬼀→とき　𬼂→とも

（5）翻刻にあたり、漢字は原則として常用漢字を使用したが、常用漢字になくても慣用的に用いられている表現や人名中の旧漢字は採用した。（例）聯隊　干係

（6）適宜句読点を補った。また、改行についても、原文を考慮しつつ編者が適宜行った。

（7）原文に傍線や傍点などがある場合は、そのまま収録した。また、細字は（　）を付したうえで、通常の大きさの文字に直した。

（8）明白な誤字には〔　〕を付して正字を併記したり、〔ママ〕を付したりした。ただし、現在では誤りとされているが、当時は慣用的に使用されていた言葉は、そのままとした。

（9）天皇・皇族への敬意を示す闕字・平出式は原則として再現しなかった。

（10）破れなどで判読困難な個所は、文字数相当分の□で示した。文字数が不明のときは、［　　　］で示した。

（11）封筒に収められている書翰については、封筒の表書・裏書も翻刻した。

（12）書翰冒頭の余白に記された追伸は、本文末尾に表示した。

（13）欄外に書き込みがある場合は、注記でその内容を記載した。

寺内正毅関係文書1

1　青木周蔵

1　明治(29)年12月22日

本月三日附之御書幷に日本酒三瓶、自然生芋一包、大久保海軍中尉之来府に托し御恵贈被下、正に領収仕候。依而早速謝詞可申上筈に可有之候得共、彼是取紛日一日疎慢に打過候段、申わけ無之候。将又如来諭日本酒一瓶は野村総監へ交付いたし候処、殆と頤を脱する程に賞味いたし申候。又山之芋も至極味ひ宜敷候間、尚竊に相貯へ近日「キリストマス」祭之日に会せは野村を招致し、芋汁に而除残之日本酒を賞味する覚悟に御坐候。

老兄御地より当府へ御転任之義は、可成「打止め」に不相成候様いたし度、桂其外へは小生よりも十分插嘴可申出候間、時期予定相成候はゝ一行書を以御決定御示可被下候。先は為其。草々不乙

十二月廿二日　　青木周蔵

寺内様梧右

〔原史料番号〕①13-1。

2　明治33年9月22日

別紙弐葉御示被下、多謝々々。露人之蛮行、言語同断と申之外無之候。左は兎も角、彼等果而満洲を今より已に我物顔に料理する歟！実に切歯握腕之至なり。先は右弐書返璧旁如此に御坐候。草々不乙

周蔵

三三、九、廿二日

寺内中将殿

〔封筒表〕参謀本部　寺内中将殿　必親展。

〔封筒裏〕緘　周蔵　（スタンプ）外務省用。

〔原史料番号〕①13-2。

3　明治33年9月25日

山口中将之電信に依れは、ワルデルゼー伯之参謀長は袁世凱之軍を攻撃する目論見有之趣に候処、山口中将は之に関し如何なる態度に出候様御申遣被成候哉。老生之考に而は天津、北京間に於る戦闘に関候而は兎も角なれとも、其以外之「オペラシヨン」に参与するは我軍之義務に無之様被存申候。先は為其。草々不乙

周蔵

三三、九、廿五日

寺内中将殿

〔封筒表〕参謀本部　寺内中将殿　親展。

〔封筒裏〕緘　周蔵　（スタンプ）内閣用。

〔原史料番号〕①13‐3。

4　明治36年6月20日

此書提携叩高門候林策一郎と申者は老生之相識に御坐候処、京阪鉄道之義に付閣下之厚庇を仰度申居候間、御閑暇之節御引見被下、本人之情願御聞取被下度、老生より願上申候。先は為其草々不乙

周蔵

三六、六月廿日

寺内陸相閣下

〔封筒表〕寺内陸相閣下　林策一郎持参。

〔封筒裏〕青木周蔵。

〔原史料番号〕①13‐4。

2　青木宣純

1　大正3年8月22日

拝啓　爾来頓と御疎音に渉り、申訳無御坐候。偏に御安容被下度。扨時局に対しては無関係の位地にある拙者共の出しやばる時ならずと存し、是迄差控居候得共、頃日来局面大に発展し、対岸に飛火せんとする勢と相成り候に就ては、支那浪人の末者として安閑たる能はず、遂に左の如きものを綴り、両三日前参謀本部及陸軍省の当局へ提出いたし置候。蒭蕘の言固より何の役にも立たさる事と存候得共、今又特に台覧に供し、御批評を仰き候。御叱正を賜らは本懐不過之候。匆々敬具

八月廿二日　　青木宣純拝

寺内閣下侍史

〔封筒表〕朝鮮　京城　寺内総督閣下　親展　八月廿五日接
正毅　（消印日付）3.□.□。

〔封筒裏〕封　旅順　青木宣純　八月廿二日　（消印日付）
3.8.24。

〔別紙〕

5　青木宣純

極秘

大正三年八月　青木宣純

時局ニ関スル私見

大正劈頭ノ御慶事トシテ欣喜措ク能ハサル天与ノ機会ハ、遂ニ到来セリ。是ニ至レハ、従来ノ如ク一モ二モ四囲ノ情勢ニ掣肘セラレ踏躇逡巡スルノ要モナク、我ノ欲スル所ハ用捨ナク之ヲ求メ、当然主張スヘキ権利ト利益ハ遺憾ナク之ヲ収得シ、且ツ今後必然発生スヘキ人種問題ノ衝突ニ於テ支那人ヲ有利ニ監督指導スルカ為メ、確乎不抜ノ地歩ヲ占メ置クコトハ、殊ニ切要ナリ。之カ為メ、帝国政府ハ此機会ニ於テ外交的及威力ニ依リ、左記諸項ノ達成ニ全力ヲ注カレンコトヲ切望ス。

其一、支那現政府カ国勢ノ危キヲ自覚シ、危惧ノ念ニ駆ラレアル今日ニ於テ、従来彼ノ慣用セル遠交近攻及第三者操縦ノ術策ハ、終ニ国家ノ利ニアラサルコトヲ会得セシメ、且ツ既ニ発生シ将来益劇甚ナラントスル人種問題ノ衝突ニ於テ、両国民提携ノ緊切ナルコトヲ説破シ、之カ為メ両者ノ親善接触ヲ図ルノ目的ト青島還附ノ報酬トシテ、我勢力範囲タル満蒙地方ヲ彼ヨリ進ンテ我ニ譲与セシメ、其誠意ノ表証トナサシムヘク、其他各種ノ行政、軍事、外交ノ要部ニ我邦人顧問ヲ置キ、陸海軍ノ教練、兵器、装具等亦我制式ヲ専用ス可ク同意セシムルコト。

其二、新ニ欲スル所ノ利権獲得ノ要求ヲナスト共ニ、我既得権利ノ確保ヲナサシムルコト。

右ハ順序トシテ最初ニ取ルヘキ外交上ノ折衝トシテモ、彼若シ之ニ応セサル時ハ、我ハ断乎トシテ左ノ処置ニ出ルヲ要ス。

其三、満蒙地方ニ対シテ自由行動ヲ取リ、武力ヲ以テ要地ヲ占領スルコト。

之カ為メニハ目今各地ニ跋扈跳梁シツヽアル馬賊革命党等ニ対シ、我ヨリ殊更ニ束縛ヲ加フルコトナク、絶ヱス我行動ニ好箇ノ口実ヲ供スル如クスヘシ。

其四、現在ノ国情ニ於テ共和政体ハ支那永遠ノ平和ニ害アリ。故ニ法ヲ設ケテ内政干与ノ機会ヲ作リ、我国ノ援助ニ依リ宣統帝ヲ頭首ト仰ケル君主立憲政体ヲ興復セシムルコト。

之カ為メ袁世凱ヲシテ実行ノ任ニ当ラシムルハ最モ便利捷径トスル所ナレトモ、純正ナル道義観念ヨリ成ル我国ノ人心ハ袁ノ人格ト行為ニ釈然タル能ハス、其鉾芒ハ絶ヱス報端《（ママ）》ニ現ハレ、彼ヲ掣肘シアルヲ以テ、彼カ衷心我ニ許シ我ニ信頼センコトヲ望ムハ、亦難シトスル所ナリ。唯我圧迫ノ劇甚ニシテ、彼ノ感スル迫害ノ大ナラサル間ハ、猶勉強シテ親善ノ態度ヲ装フト雖、由来利害ノ打算ト権謀術数ニ富メル彼ハ常ニ小策ヲ弄シ、死中活ヲ求ムルノ法ヲ講シ、決シテ吾人ノ安心ヲ許サヽルハ、従来歴史ノ証スル所ナリ。故ニ寧ロ迂遠ナカラモ、袁ニ比スレハ幾分カ黙直ニシテ誠実ナル人物ヲ求メ、之ニ事ヲ托スルノ将来ニ得策ナルヲ信スルナリ。

現今支那ハ第二次借款ノ不成立ト、土匪、革命党ノ跋扈ニ加フルニ、各種ノ苛税ヤ凶旱水災ニ苦ム細民アリ。又今次欧洲戦乱ノ影響ハ各地ニ起工中ノ鉄道工事、外人経営ノ各種工場、船舶ノ荷揚等ニ従事セル支那苦力等ヲシテ定業ナキニ至ラシメルヲ以テ、早晩地方ノ擾乱ヲ来シ、外国ノ干渉ヲ余義ナクスルノ気運ニアリ。今若シ第三者アリテ之ニ幾分ノ声援ヲ与ヘナハ、現政府ニ不平ノ徒ハ忽チ歓呼シテ相応スルニ至ルヘシ。只彼等ヲ利用シテ我目的ノ遂行ニ便セントセハ、其主脳者ノ撰抜ニ重キヲ置カサル可カラス。幸ヒ岑春煊一派ノモノ、現ニ南洋ヲ根拠トシ、将サニ事ヲ起サント焦慮シツヽアルアリ。今若シ確実ナル某有志者ニ我内意ヲ含メテ岑ヲ暁トシ討袁軍ヲ起サシメハ、彼ハ喜ンテ之ヲ迎ヘ、其子分ヲシテ衷心袁ニ憚ラサル上、将張勲等ト呼応シテ事ヲ起スニ至ルハ、諸種ノ情報ニ照シ殆ント疑ナキ所ナリ。

岑春煊ハ孫文、黄興輩ト本来ノ主義ヲ異ニシ、素ト絶対的ノ共和主唱者ニアラス。寧ロ勤王派ニ属シ、只袁世凱ト性格歴史ニ於テ釈然タリ難キ関係ヨリ、一時革命党ノ推ス所トナリシモノナリ。今若シ第三者ヨリ進ンテ君主制興復ノ勧メヲ得ハ、慨然之ニ応スルハ疑ナキ処ニシテ、故李鴻章、張之洞ノ系統ニ属スル旧官僚、瞿鴻機、于式枚其他無気力ナカラモ宗社党ヲ標榜スル満漢人等亦之ヲ賛助スルニ躊躇セサルヘシ。況ンヤ時勢ノ推移ニ伴ヒ、多少ノ智識アルモノハ既ニ已ニ共和制ニ倦ミ、袁世凱ノ専横政治ニ憚ラス政府ノ苛斂誅求ニ対スル怨嗟ノ声ハ日一日ト其度ヲ高メツヽ、アル今日ニ於テ、隠密ニ隣国ノ後援アルコトヲ感知セハ、討袁軍ノ挙ハ支那人多数ノ歓迎スル所タルニ於テヲヤ。

斯クテ支那内地ノ擾乱我干渉ヲ許スニ至ラハ、明ニ我目的ノ在ル所ヲ開示シテ政体ヲ改造セシメ、袁世凱ニハ其不徳ヲ責メテ退隠ヲ余義ナクスルカ、又ハ之ニ天誅ヲ加フヘシ。此ノ如クシテ新ニ建設サレタル支那政府ニ対シテハ、我ハ初メヨリ監督ノ位地ニアリ、之カ誘掖指導意ノ如クナラサルナク、其勢ノ趨ク所遂ニ東洋ヲ合シテ我附庸ノ地トナシ得ルノ日ナシト謂フヘカラス。而シテ此鴻業ヲ策スル、今日ヲ擱テ他ニ機会アルコトナシ。是レ当局ニ向ヒ切ニ其実行ヲ希望スル所以ナリ。然レトモ、今ヤ列国ハ袁世凱ヲ以テ支那ノ救世主ト仰キ、一ニ其鼻息ヲ窺ヒツヽアルノ時ニ際シ、如上ノ画策ハ突飛ニ過キ、外交上危険ニシテ行ハレ難シトノ非難モアラン。然レトモ、他日成功ノ暁ニ於ケル成果ノ確実ヲ期スルニハ、之ヲ捨テヽ他ニ良法アラサルヘシ。若シ又万一此説行ハレストスルモ、其主眼タル支那国体ノ改造ハ、東洋将来ノ平和ノ為メ、我国ノ提議ニ依リ此際是非ニ之ヲ実行セシメサルヘカラス。然ル時ハ我ハ新政府ニ対シテ隠然擁護者ノ位地ヲ占メ、勢力ノ及フ所意外ニ大ナルモノアルヲ見ルヘシ。然リ而シテ袁世凱ヲ利用シテ之ヲ決行セシメタル場合ニ於テハ、其反覆無常ノ行為ヲ控制スルカ為メ適当ノ処置ヲナサヽルヘカラス。彼ノ愛息袁克定ヲ人質トシテ我国ニ誘致スルカ如キモ、亦其一策ナラン乎。青島ノ占領ハ誠ニ壮快事ナレトモ、固ト日英同盟ト密接ノ関係ヲ有シ外交ノ範囲ニ属スルモノナルカ故ニ、漫ニ外間ノ揣摩、考察ヲ許サス。依テ唯之カ為ニ得ヘキ有形無形ノ報酬、能ク我労力ヲ償ヒ得テ余アランコトヲ望ムナリ。

〔注〕別紙は「陸軍」の罫紙。

〔原史料番号〕①12-1。

2　大正4年12月29日

謹て
奉賀新正
不肖今般参謀本部に転出、近く南支地方に渡り犬馬の役に服すること丶相成り申候。可成慎重事に当る覚悟に御坐候得共、及はさる処は何卒時に御叱正を仰度候。敬具

十二月廿九日　　青木宣純拝

寺内総督閣下侍曹

〔封筒表〕朝鮮　京城　寺内総督閣下　御親拆　一月一日正毅（消印日付）4.12.29。

〔封筒裏〕封　東京参謀本部　青木中将　廿九日（消印日

付）5.1.1。

〔原史料番号〕①12-2。

3　明石元二郎

1　明治27年11月18日（林太郎と連名）

益御清康御奉務奉欣賀候。陳は先般は御栄進被為候〔ママ〕趣、近着の官報に因り拝承仕、時事多難の今日、殊に為邦家慶賀罷在候義と御座候。過般は落合少佐殿御帰朝相成、誠に鴻歴独帰を羨むの情に不堪候。下官等義、素より各々研窮の目的を指示せられ居候義にて、一意訓令の命する処に従ひ、勤勉従事可致は論を俟た〔ママ〕る次第に候得共、国家多難の今日、殊に異境滞在の身として遺憾無此上存居候。先は閣下の御栄進を奉祝、併せて哀情申述候。如此御座候。恐惶頓首

明治廿七年　十一月十八日　林太郎

明石元二郎

寺内少将閣下侍史

〔封筒表〕大日本帝国広島大本営にて　寺内少将閣下　Via Amerika An Seine Exzellenz General Terauchi, Hirosima Japan　（消印日付）□. □.27。

〔原史料番号〕①6-1。

2　明治36年12月10日

謹奉祝新年

明治三十六年十二月十日

在露

陸軍歩兵中佐明石元二郎

寺内陸軍大臣閣下

常に御変りも無之、御清勝為国家奉祝候。当地は本年寒威余程穏に有之、ネバ河未た結氷に至り不申候。上原少将、岡大佐の一行は、二、三週間後には当地え来着の筈と存候。何れ学校其他巡見の希望も有之候事と奉存候。先は新年の御祝辞申進度如此に御座候。頓首謹言

〔封筒表〕大日本東京陸軍省　寺内陸軍大臣閣下　messi A Son Ex. Monsieur le Gal Terauchi, Ministère de la Guerre, Tokio Japon。

〔原史料番号〕①6-2。

3　明治（36）年12月23日

拝啓　益御勇健御奉務奉賀候。小官義、今般計らすも昇進之栄を得、茲に改めて又多年御薫陶を奉謝所に御座候。当地方昨今之状況、今や和戦の頂点に相達し候様に被存候。

過日当国之武官にてVonlialianskiiと申すもの日本え参り候節、閣下之御懇意に因り津野大尉より種々厚遇を蒙り候由、同人は当時の権勢家たる「ベゾブラゾフ」の幕賓にして、殊に其伯父は宮中の顕官として勢力あり、之れも鴨江〔ママ〕森林一件に一味の連中と聞及居候。兎も角も争点は争点として一方に御厚意を表せられ候御深意、感佩罷在候。同人は津野大尉に現有より一段高き勲章中立度由申居候得共、当方に於ては其階級不明に付答に相苦み居候。尤も当陸軍省に問合せ候へは相分り候哉と存候得共、自国軍人現有の勲章を問合はすも少しく不面白之趣にも被存、躊躇致居候。若し此後人事局より露国勲章拝受者ある毎に露国公使館附武官に通牒すると申す如き事出来候は丶、至極仕合せと存候。クロパトキン大将に過日面会之際にも深く閣下之御厚意感謝罷在候。同人之進退は種々評判は有之候得共、移動〔ママ〕無之事と存居申候。先は任好便御礼旁如此に候。謹言

寺内中将閣下　　陸軍歩兵大佐明石元二郎

十二月廿三日

〔注〕本紙は「在露国日本公使館」の罫紙。
〔封筒表〕寺内陸軍中将閣下。
〔封筒裏〕封　明石元二郎。
〔原史料番号〕①6‒3。

4　明治37年4月1日

拝啓　益御勇健奉賀候。露都立退き以後、彼是東西に奔走致居候。御無沙汰仕候。此際御多忙、恐察仕候処に御座候。

偖而下官駐任地は対岸の監視之為め解釈罷在、常に耳目は対岸に注き居る次第に御座候得共、露国新聞は二日の後、独は一日半、英及仏新聞は三日の後に到着する次第に有之、折角読む此等の新聞も兎角時節後れと相成、遺憾千万に御座候。

露国に怨を抱く各地方は日露戦争を殊に注視致候次第にて、戦役中に内乱の蜂起は免れさる事と存候。又其内乱の強からん事は大に下官は希望する所に候。露帝ロマノ

フ家の朝庭〔廷〕政府は、モスコー及彼得堡附近若干の地帯を除くの外は怨恨を以て満たし居るの姿にて、其内政の基礎強固ならさるものと存候。露が世界の同情を得んが為めに尤も力むる点は黄色熱論等にて、是等は一種関係上欧州中に多少の同情者も生すべきも、兎に角其暴政は是又欧州に知れ渡り居る処にも有之、彼が黄色熱を振り舞はせば、我は其暴政を陰に天下に示すも亦た一策かと存し候。即ち外国人聯隊編成の中、別に之に望を属するの用はなかるへきも、兎に角黄色熱を打消し、共に暴政者を討すると云ふの意味を示す点に於て、或は功能あるべきやとも愚考仕居候。為国家重て祈御健在候。頓首

明石元二郎

寺内閣下　四月一日

〔封筒表〕大日本東京陸軍省　寺内陸軍中将閣下 H. E. General Terauchi, War Department of Japanese Empire, Tokio Japan（消印日付）APR.2.1904。

〔原史料番号〕①6-4。

5　明治37年4月21日

拝啓　益御勇健御奉務奉恭賀候。国家多事之際、一入御心労の御事奉恐察候。

偖て下官露国出発前後公務の多忙に遂はれ、御伺も不致候。引払当時之有様は既に夫々帰朝之人も有之、御承知之事と奉存、茲に相略申候。下官露国撤退之砌、猶瑞国に止まり通信勤務に服すへきの命を受け、今日猶在勤罷在次第に御座候。勿論、此国は対露国的感情の上に於て自然日本と同情を有する義に有之、且つ露国とは僅かに一葦帯水の地に候得共、何分の僻地にて公然たる報導〔道〕の機関は甚た不十分にて、専ら露仏英独の新聞を根拠として調査の材料に供し居り候得共、英仏は三日、露は結氷期間は二日、独は一日後れにて、一刻の遅速を争ふ此時機には甚た遺憾に存候。其他補助の方法に就ては嘗て露国在勤中より多少の脈絡を有し居候得共、何分隔靴掻痒の感なき能はさる次第にて、唯苦心するのみに有之候。併し唯今の処は先つ露国在勤中と同様位には事情相分り候様に有之候得共、遺憾は前申す通り、東京の事情は東京に近き八王寺〔子〕よりも寧ろ大阪、京都の方能く分り候と同様に、巴里、倫敦、伯林の材料豊富なるに如かさることに御座候。

毎々御戦勝、殊に昨今「ペトロパブロスク」沈没、マカ

ロフの戦死等は大に露人の落胆失望を重ね候事と存候。為国家慶賀千万の義に候。併し此落胆失望の感念は、今後時日を経ると共に漸次回復し来る可きことと存候間、格別胸算中に置く程の事もなかるへきかと存候間、此後我友僚の此利益を全収する如く奮励するは最肝要之事と存候。

クロパトキンは閣下御懇親の御交際も有之、別段下官より愚見申上ずとも事ながら、其用兵上の技倆は其嘗てクールスクの演習に於て軍を指揮せし成跡に因るも侮る可らさるものたるは、嘗て露都に於て我々の同僚の意見相一致せし処に御座候。今日のやり方より見れは、兵を満州の中央に集中し日本軍を俟ち、所謂戦略的待機防禦の姿勢を取り、益々後継団隊を中集《〔集中〕》せんとするものと下官は想像致居候。偖て此戦略を行ふ第一の要素は鉄道に有之候処、該鉄道は現在は軍用五台列車（内一、二列車は糧食）を発送致居候。併し鉄道の効程《〔ママ〕》は時日と共に自然改良を加へ進歩致すへきは、露土戦争中の実例に於ても相見へ候義にて、此効程は此後次第に増加すへきものと算するを適当と存候。今日の鉄道の効程より見れば、四十万の兵を養ふに糧食丈けの運搬にて鉄道の効力は潰れる様に候へ共、将来に於ては一層増加するを得へきを以て、必らすしも四十万と算するを得から《〔ママ〕》さるかと存候。露国内部の状況は、第一戦の一敗の後には必らす諸方の蜂起を見るは必然と存候。

四月廿一日　　明石元二郎

寺内閣下

再伸　国家多事の際、別して閣下の御健在奉祈候。

〔封筒表〕大日本東京陸軍省　寺内中将閣下　Via Amerique Monsieur Le Genéral Teraoutchi, Ministère de la Guerre, Tokio, Japon。

〔封筒裏〕明石元二郎（消印日付）May 5.1904。

〔原史料番号〕①6-5。

6　明治(37)年9月7日

拝啓　益御勇健奉《〔ママ〕》国家奉大慶候。

偖而我軍連戦連勝の快事、海外千里の外遥かに満誠を以て祝し居申候。近日は遼陽之大戦を以て諸新聞を相埋め候。其中「竜都尉寺内（陸軍大臣の息）戦死」と相伝候記事有之、自然閣下御令息之事と想像致、御勇戦之御名誉を賀し、御一家王事に御尽誠を羨慕し奉ると共に、竊かに痛心罷在次第に御座候。御見舞申上候。

露は頻りに其兵備之強大に因り戦局の不利を万一にも回復せんことを望みつゝあるは、掩ふ可らさる事実と存候。露の恃む所は唯此一点に存する次第にて、政府は「フ〔プ〕レスチージユ」の為めに戦ひ、兵と人民は罪人の諸流地として其名を聞くさへ戦膘〔慄〕する西伯里〔カ〕の境外に送らるゝを厭ふ有様と存候。「バルチック」艦隊は出ると云ふ評判は今に絶へ不申候。之れも乗組員は屠場に赴く事と同様の感覚を有し居る事と存候。両敵外の傍観者は露の不甲斐なきことを認むるは、仏国の如き関係ある国民すら今日に於ては大に風潮も改まり、却て露の意気地なきを慙る形況と存候。唯一般に露は大なり、人民は多し、兵は多しと人口地理、統計的計算より、尚最終の結果を云々するもの有之候。何とか此一般普通の迷誤を覚破したきものと存居候。

先は御見舞迄、早々如此に御座候。

尚先般秋月氏赴任之際は、電報にて態々下官の事御相撈〔挨〕有之候趣、同氏より相承り候。御厚意辱く奉謝候。頓首謹言

九月七日　明石元二郎

寺内中将閣下

〔原史料番号〕①6-6。

7　明治38年1月1日

謹奉賀新年

明治卅八年一月一日　陸軍歩兵大佐明石元二郎

寺内陸軍大臣閣下

御苦慮御経営、乍陰深く感謝罷在候。皇軍連戦連勝之快事、本年も過きし年の如く、且十分之好結果を得候事、今より予期慶祝罷在候。要するに露政府、殊に露皇は其プレスチージユ維持に固執せるに拘らす、国民一般之人気不引立、近来はゼムストボー之集会、大学教授或は代言人之献白、予備兵のスカンダール等、種々之景況を生し居候事に候。

絶東に於ける三軍に属すへき軍隊区分、未た明瞭ならす候得共、兎に角第四軍団は今や動員中にあるは不可疑と存候。高架期之騎兵師団も同様と存候。其他之軍隊に至りては未た不明に候へ共、或はワルシヤウ軍管区之軍隊一、二加入致候歟と存候。要するに露国之事は何事も評

判が早く立ち過き、未た其筋之決定なき前に、既に外国の新聞や世間の噂に上る次第にて、却て煩はしく存候。回顧し従来の経歴を挙け来れは、露国政府の為さんと欲する所にして、其内外之新聞、或は世間の噂に上らさりし事は一も無之候。中には未決問題が世間に取湋〔沙〕汰さゝ〔ママ〕る為めに、実際に於ては多少差異を生する事あるも、所謂浮沈隠顕の間に其内議を外部に反映せしむるものにて、総て何事も風説は余り事実を陸〔ママ〕る遠からさるは、此国之特色と存居候。

今は第三艦隊派遣問題は八ケ間敷噂有之候。之れも或る程度迄は慥に問題と相成居候事と確信罷在候。唯其艦隊中黒海よりの分は、唯一艘を除くの外は現在直ちに出帆し得るもの無之旨、之も噂に候。

兎に角来春を期し陸に海に最後之回復を力むるものゝ如く、陸軍も必要に応しては第四、第五軍も編成すると噂有之候。兎に角多少之増加は致すへく、先つ毎月一軍団宛殖やし得ると算せは、大なる違算なかるへき歟と存候。但し絶東に軍隊を増加すればするに伴ひ、内治之予備兵其他の不平一層高まり来り候事と存候。何分僻地にて欧州南部より離隔〔隔離〕し適時新状報に接し不得、御用を欠く事遺憾千万に存候。露国通信之尤も価あると存候は、第一が仏のエコードパリー、第二が仏ニユヨルクヘラルド、マテン、独のロカルアンツアイゲル、仝ターゲブラット、英のタイムス、又軍隊編成兵力上之調は独の「ミリテルヴヲヘンブラット」及仝ルッシッセー、アルメー抔も宜敷候得共、此終りの二つは時季発行なるか為め、少し遅るゝ様存候。

先は新年御祝辞申述度、如此に御座候。頓首謹言

〔注〕本紙は「在英国日本公使館」の罫紙。

〔原史料番号〕①6−7。

8　明治(38)年4月5日

拝啓　益御勇勝奉大慶候。

此般は奉天之大捷、誠に為国家大慶千万之事に御座候。此一撃以来、露城之空気は一層暗澹たる有様に候。兼て其筋へも申報致候通り、事毎に会議に会議を重ね所謂小田原評定にて時日を経過するは、此国古来歴史的の痼疾にして、全露皇帝はプレスチージユなる種々の豪慢心尚益し疑遅逡巡之原因をなし、和戦共に重くるしく果断の性質を失ふ義に有之候。若し夫れ内に断乎たる「レアク

シヨン」の方針を取り、外に戦争継続の道を講せは、露国には最危険の政策かと存候得共、一以て之を貫くことを求めなば、夫れも絶対一方法ならすとも申されざれとも、露皇のカプリースは一定の軌道を踏行するに適せず、恰も両槽櫪の間に繋かれし馬と等しく、今日は右の槽、明日は左の槽より食ふと云ふ有様にありし候事、段々混雑を免れさる事に候。ツアルコノエセルの会議抔も、寧ろ皇帝の寵幸の臣僚等恐る〳〵種々なる意見を申述ふる有様にて、事毎に不得要領に終る事と評判に候。」○軍事方面に於ては近頃はドラコミロフ将軍の勢力大に増加し、「ループ」「カマロフ」「グロデコフ」等諸老将連等軍事的の頭脳と相成居候如き事に候。ドラコミロフの如きは、世界知名の将軍には相違なきも、其兵事的、殊に戦術的議論の如きは大分銃剣突撃的にて、少し時代後れにはあらすやと存候。又其挙くる所の輩は右の三将等の外、何れも己れの党（クロパトキンに反対之人物等の一団）か、或は其同時代之老人物、後備将軍連にて、談の合ふと否とは別問題として、時代は後れ居候歟と存候。兎に角今や百戦百敗の余り、幾多腐朽の誉将軍連を召出しての回復策は、蓋し亦窮状を察するに足る事に候。これも果して永遠に続くや否、今日の寵臣、明日は忽ち幕外に逐駆〔駆逐〕せらるゝは此宮廷に有り勝の事に有之、「エントリーグ」の府、未来の変化は何人にも予言出来さる事と存候。○内情は日々益々暗澹と存候。若し此後大動員ても有之候はゝ、必然又々諸般の妨害に遭遇可致事と存候。○其他列国の同情は常に力の強きものに向て加はる次第にて、近時独宰相ビユロー対議会答弁、仏国に於ける露債避忌〔忌避〕の如き、孰れも其一例と存候。当国の如きは感情的の同情は飽く迄も有之候も、何分の微力、其同情は役に立つ程の力はなく、云はゝ有つてもなくても宜敷性質の同情に有之候。」尚下官は唯今之に奉答すべき責任も有之、其辺は十分服膺仕居候得共、若し万々一猶当年秋頃迄に戦争終結に到らずは、必然明年に亘る事に候間、其節は冬季人事交代の期に帰朝の恩命に接し候様、祈願罷在候。併し下官の唯今観察する所にては、果して露か之を継続するを許すや否と疑居候。先は御機嫌伺迄。頓首謹言

四月五日　明石元二郎

寺内大臣閣下侍史

〔原史料番号〕①6-8。

9　明治(39)年8月5日

拝啓　益御清穆為国家奉大慶候。先般は児玉総長閣下御薨去之訃電に接し、痛惜に不堪義に御座候。当地にてもメッケル家其他諸方より弔慰申来り、夫々相拶〔挨〕に及置候。実に内外の痛惜する所に候。

ジュネーフ会議は専ら秋山参事官報告之起草に従事致、此程結了致候。唯附属書類、未た瑞士国より回送なきもの有之、之れか為め報告之進達を見合せ候。会議は概して日本の発言には注意して聴取するの有様にて、何となく国勢の隆大を感し居候、唯意見中一番迷惑を感し候ものは多数小国の意見にて、其立場は常に敗戦の場合を基準として利害を較量し意見を呈することにて、我国は敗者たる場合は敵の仁恵に浴するは強て願ふ所にも無之、寧ろ勝者たる場合に面倒の少からんこと大体に於て其必要有之、此点は強国側には寧ろ却て同論者を見出すことに有之候。

会議結了の頃より芳賀医正病気と相成、目下転地療養中に有之、其容体に付ては別に報告進達致置候。目下の処にては別に心配の点も無之候。又秋山参事官は目下巴里に滞在し、取調の傍語（仏語）研究中に候。二ケ月間延期御許可之旨昨日電報に接し、直に伝置候。

長谷場代議士に御委托之尊書、難有拝読仕候。同氏は「クルップ」工場視察之希望有之、下官も丁都駐在員の件に付同会社へ相談するの用務も有之、傍同行工場一覧致候。唯今は八代海軍大佐と共に露国に向候。

露国の形勢に付ては今春帰朝の際、復命書其筋へ進達致置候通にて、今更ら事新しく申上候事も無之、唯日々の欧州諸新聞は諸国の記事を以て埋め居候。猶卑見を以てすれは、官民共一歩進めば、動もすれは又互に足元乱るゝの気味有之、今日の処にては力の平均を得居候様に存候。故に双方共猶数次の勝敗可有之も、要するに若干年月の後は結局政府及皇帝の敗に終るへき事と存候。

下官は此類の争闘には全く注意するの念も無之、唯乍晩年兵学の研究に潜心罷在候。メッケルの死亡は、駐在員の為め亦実に大打撃に有之候。先は右の為迄。早々頓首

八月五日　明石元二郎

寺内大臣閣下侍史

〔欄外〕十月十三日接手　正毅（スタンプ）大臣閲　次官閲　軍局長押印。

〔原史料番号〕①6―9。

10　明治41年2月5日

拝啓　益御清穆奉大慶候。此節は議会開会中にて、御繁用奉恐察候。韓国駐箚憲兵隊編制替之件、曾て参邸之際御言葉も有之、一、二愚存申出置候得共、該編制は曾て其筋当局に於て憲兵司令官に下問の上決定せるものにて、今日に於て修正之余地無之由に付、不得已義に御座候。韓国暴徒は稍退勢を顕はしたるは多少事実に近く候得共、之を以て一喜一憂するは早計に失する事と存候。若干の帰順者も絶ゑす有之候得共、一般の情況猶一、二年間は最も鎮圧時代に属するものと存候。此両三日中各道に宣諭委員出発、帰順勧告之筈に候、但し其成績は、今日より既に竊に危居処に候。一般に江原道の賊勢衰頽致、北韓と南韓は多少気勢色を添へ候の観有之候。先は近況如此に候。頓首謹言

二月五日　　　　明石元二郎

寺内大将閣下執事

〔封筒表〕東京永田町陸軍大臣官邸　寺内陸軍大将閣下　執事（消印日付）41.2.5。

〔封筒裏〕韓国京城憲兵隊長官舎　明石元二郎。

〔原史料番号〕①6―10。

11　明治41年5月3日

拝啓仕候。益御清穆に被為入、為国家奉大慶候、陳は先般当隊副官上京之際、又殊に今般岡崎中将帰韓之節、御中含め御懇示之義、難有奉感謝候。謹而銘肝服行可仕候。到着之憲兵は各其任地に派遣、途中聊か迂路を取、兼て目的と致候地方を討伐為致候。去月中旬着之分百名、目下猶討伐続行中に御座候。

偖て昨日統監邸に於て増兵の会議有之、其結果は尤も秘密に附しある次第に有之、又閣下へは当日統監閣下より電報相成候事に承知仕候。就而は御参考之為め茲に申上候義、如左に御座候。

当日は副統監、軍司令官、師団長、統監附武官、下官、警視総監、警務局長、此他傍聴者としては総務長官、及監査部長、石坂参与官等に有之、問題は韓国に於ける鎮圧保護力増加の為め韓国政府より経費を支出せしめ、以て四千名許りの韓人を募集し、以て鎮圧機関之補助に供せんとする義に有之、此件に就而は諸方面共別に反対意

見毫も無之、継て之を巡査隊として活動せしむへきや、或は其他之方法如何と申す点に至り、統監御自身之御考も之を憲兵に附属せしめ度様の御考も有之、警務局長等は多少巡査隊とするの希望なきにあらさる如く有之候ひしも、結局憲兵に附属するの大体論に決し、下官も我陸軍大臣御同意あらは御引受可申相答置候。下官之腹案と致所は、此場合に於ては列国殖民地軍隊に土人を一人に付二人宛の割合を以て収容するに慣〔習〕ひ、憲兵一人に付韓人の補助員二名を監視せしむる義に有之候。尤も此韓人は無論徴兵法に依らす志願者を傭役し、以て民間に射撃能力あるものを可成落さるゝ〔ママ〕の目的に有之候事、欧州諸邦殖民地に於て土人を収容するに倣度存候。此件に付若し閣下御異存なきに至らは、長谷川大将が之か立案者たるへき事を統監より指名有之候事に御座候。

下官竊に考ふるに、右の件若し成立するに至らは、今後は日本憲兵四名に補助員八名を合し約十二人を以て一哨の人員として四、五百ケ所に配置し、監視網を密ならしむるの利は大に可有之、要するに夫れ迄の所一生懸命百難を排し、勇進せさる可らさる事と存候。」又該補助員は兵として取扱ふ可きは〔ママ〕否は一問題にて、或は憲兵隊専属巡査として任命せしめ、給養上の系統のみを韓国内務部に取らしめ、唯指揮権のみを収むる事も却て一策にして、憲兵隊の手数は減候様にも有之、統監は此辺は別に何等の意向を示されず、唯憲兵隊に約四千人韓人収容之上、其配置地点を密にするの御考に有之候而、此補助員に兵の資格を有たしむるや否の問題は、大体の事閣下の御返電有之後に於て研究ある事と存候。其内副統監御出京にも可相成、此問題は其前に相片付き候哉、其辺之件如何之者にやと存候。唯茲に申上る所以は、統監閣下より昨日御打電之義に付、当事に尤も直接之関係ある下官より該件の顚末申上置事、或何等御参考之一助にもと存、謹呈一書候。多忙之際乱筆之段、深御宥恕奉願上候。頓首謹言

五月三日　　明石元二郎

寺内大将閣下御侍史

尚又本件憲兵に附属せしむへき韓人補助員の名称及其身分取扱等は、専ら閣下御所存に依り如何とも相成候事と被存候。敢て愚論を弄し御意図に反する様之事有之ては不相成存、静かに閣下御回電（統監閣下へ）之成行に従ひ、更らに御指示を仰き細部の御決定を仰様の事も可有

之存居次第に御座候。要するに唯今迄の所は右四千人を憲兵に附属せしむると云ふ案にて、警察方面にては多少失望之事と相見受候。

尚近着の憲兵来着日浅く、一、二注意を与候事も有之候。先つ可なりの成蹟と存候。唯幹部は常に不足を感候。旧来の憲兵に付誹〔批〕評我田に近候得共、奉供御一覧候。

〔封筒表〕東京永田町陸軍大臣官舎　寺内陸軍大将閣下　侍史（消印日付）41.5.6。

〔封筒裏〕□　朝国京城　陸軍少将明石元二郎。

〔別紙〕新聞切抜（『大阪毎日新聞』三月二十二日）

▲日本憲兵の好評

韓国に於て日本憲兵は不思議なる程評判宜しく、最も信頼を博し居れり。其原因は種々あるべきも、要するに軍規厳粛秋毫も犯さゞるにあるが如し。日本憲兵は曾て日清戦後永く電信保護として韓内地に駐屯し、能く韓民を保護し、地方の安寧を保持し、地方官吏の悪政を免がれしめたるを以て、人民は大に之を徳とし到処畏敬信頼せらる。忠清北道の某地に於て一憲兵巡回の際、降雨の為めに増水せる某河を渡渉せんとし誤りて溺死を遂げたるに、附近の村民之を悼み相計りて河辺に紀念碑を建てたる美談あり。又憲兵が特に軍規厳粛なる一例として最近の一事実を聞くに、慶尚北道某地に於て憲兵二名巡回の際、突然優勢の賊徒に要撃せられ、一斉射撃の下に一憲兵は即死を遂げたれば、他の一憲兵は衆寡敵し難きを見て、戦友の死骸を負ひ最も沈着なる態度を以て駐屯地に退却したり。然るに司令官は右の行動を以て軍律に違犯する卑怯の行為となし、直に二十日間の重営倉に処したり。其指揮隊長たる某将校は部下憲兵の行動を以て当時の情状已を得ざるものとなし、卑怯の行動とは認め居らざりしかば、部下の処分せらるゝに及び此不名誉を回復せんとし、討伐に全力に〔ママ〕注ぎて遂に優勢の賊を攻撃し、隊長自ら賊五人を斬り六人を逮捕して名誉恢復を為したりとの壮烈なる実話あり、以て其一斑を推するに足らんか。惟ふに憲兵は曩に述べたる如く、警官軍隊の短を補ひ且韓民の異常なる信頼あるが故に、今回在韓憲兵を二千名に増加し、専ら韓内地の安寧保持に当らんしめんとするは、何事にも感服出来ざる当局の措置としては、近来最良の策として賛するを憚らす。

〔別紙書き込み〕三月廿二日　大阪毎日。

〔原史料番号〕①6－11。

12　明治41年5月8日

拝啓仕候。益御清穆奉大慶候。陳は今般曾禰副統監御上京相成候に付、兼て行悩の当国警察制度憲兵を主とするや否の件、之に因て生すへき服務の儀、閣下と篤と御談合相願度申入置候。自然是等之御話可有之事と奉存候。又暴徒討伐行動を統一にする目的を以て、軍司令官の希望を容れ、統監は憲兵隊長、警務局長、警視総監をして軍司令官の指揮を受けしむる事に被定候故に、爾後は暴徒討伐及鎮定は駐剳軍司令部に於て画策せられ、遺憾無く実施せらるゝことと存居候。韓国警察力欠乏の事は何人にも認むる所に有之候故、将来を顧慮し今日より憲兵或巡査の増加を計画せさる可らさる事は、当局一部の間に行はるゝ問題に御座候。而して警察部の主張は無論巡査増加に有之様聞及居候。下官の考にては、韓国は尚数年間武装保安力を要することと存候。然るに巡査に銃器を携帯せしむるときは、仮令ひ兵ならさるも兵なると同一の結果に有之、且夫日韓人の比例に無頓〔着〕なるときは、危険累数を増加する義に有之候。故に曾て統監提案の如く、同憲兵に補助員或憲兵附巡査の名を以て之に附属するときは、監視監督は行届候事と存候。彼仏領印度支那の「リンコ」「ガルドシヴィル」の類に倣ふ事、寧ろ巡査を増加するよりは増〔ママ〕しと存候。併し此辺の事、閣下御意図も測兼候間、下官は未た其可否に付何等の意見をも発表致居らす候。先は近況如此に御座候。猶暴徒情勢に付下官の所見幷統計、閣下の電覧之栄を得度差出候。恐惶頓首

五月八日　明石元二郎

寺内大将閣下御執事

〔冒頭欄外〕（スタンプ）大臣閲　軍局長。

〔封筒表〕東京麹町区永田町　陸軍大臣官邸　寺内陸軍大将閣下　侍史　宇佐川閣下閲済　軍務局長一覧後、大臣の御手元へ返□こと（消印日付）41.5.12。

〔封筒裏〕封　韓国京城　陸軍少将明石元二郎。

〔原史料番号〕①6－12。

13　明治41年5月19日

拝啓仕候。益御清穆被為入、為国家奉大慶候。今般増兵御派遣に相成候に就而は、統監始め其結果の有効ならん

事に御苦心中に候。大兵の力に依り賊勢一時の屏息は多分遠からさる事と存候。

然れとも韓国は目下死滅の煩悶時代に属する事に付、永久の鎮圧に至りては保安力の普及、地方行政の刷新緊張等に依り鎮定の基礎確立可致者と存居候。

是を以て、今日以後韓国統治の基礎として憲兵を増加し、三々五々各郡里に分屯せしむるは、統治上不可争必要に有之、今日の急務は実に此点に存する事と存候。而して下官の所見は、先つ当分本邦人なる憲兵或補助憲兵を増加する事にて、憲兵一人の効用は其分散の便、智能之点より守備兵二名に代換し得へき者と存居候。

下官の所見を以てすれは、韓国の現状、暴徒を鎮め人民の反抗心を撲滅し、徴税、拓殖其他新事業革新の諸法令を励行せんには、此先数年間は尚幾多の障碍に遭遇すへく、又保安力の欠乏は発展上大なる影響を及し居候故、其拡張は最急務に候処、若し憲兵にして目下の二千人のみにて守備隊或警察機関中に混入するに過きずば、其効用も薄かるへく存候間、今正に起りつゝある保安力の問題に就而は、現状以外に憲兵の拡張或縮少に帰着すへき運命を有するものと存居候。万一下官在職中、当憲兵隊の編制に係る問題も相生候節は、大に愚見を当局に対し吐露致度、万一の事を顧慮し予め願置候。

先は近事暴徒対〔ママ〕し所見如此に御座候。頓首謹言

五月十九日　　明石元二郎

寺内大将閣下侍史

〔封筒表〕東京麴町区永田町陸軍大臣官邸　寺内陸軍大将閣下侍史　私（押印）宇佐川（消印日付）41.5.19。

〔封筒裏〕封　韓国京城　明石元二郎。

〔原史料番号〕①6-13。

14　明治42年12月29日

拝啓仕候。

謹而歳暮之御祝詞申納候。年内は厚き御薫陶を賜り、幸に大過なく勤務致得たるは深く感謝仕在処に御座候。

又旅順表安重根事件に就而は指令を蒙り、光栄に奉存候。該事件は前書中上候通り境外之捜査は外務省に一任する事と致、統監府は之を幇助するに必要之人物を差遣すると云ふを以て、倉知と相談の一段落と致候。何分境外之事とて捜査上困難なるのみならす、其仕組も韓人的にて、十分之編成ある仮令は露の革命党団中のグループ、コン

バッタン的之者とは其性質を異にし、寧ろ我大久保侯其他暗殺者之流と相類似するものに有之と存候。其韓国内に於ける脈絡は、案外浅薄なるものとの予想に違はさる事と存候。

又韓国内に於ける合邦問題は、始め一進会之作戦計画に熟成を欠きし感は有之も、其反対中殊に邦人側之論難者は多く感情より生せしは実に遺憾とする所に御座候。又統監府は当時排日親日を併せ押へたるの傾は有之、大久保大将帰還と共に下官も旅順より帰来致、其命に依り多少之奔走は相試み、又出来得る丈の力は注き候も、何分表面上に立ち難き場合不尠、此点に就而は大久保大将幷宇佐川中将も同様之事と存候。故に随分緩慢と御思召さるゝ事も有之候事と存候而恐縮に不堪候。併し統監の御気合十分御進み相成らさる様推想致、大久保大将始め種々此点には御苦心御尽力なりし事に御座候。何分統監の合邦問題、一進会、内田良平等に就而の御感情は今に十分御乗込とも存せられす候故、今後の処は是非合邦問題の前途に御尽力希望罷在候。

要するに一進会と内田等は統監の御覚へ目出たからず、又其直線的行動は日本諸新聞の嫉妬反感を買ひし嫌有之、合邦問題挽回策として日韓人間輿論の中堅たる新聞紙をして先つ合邦を絶叫せしめ、以て本邦人の歩調を一致せしめ、韓人の排日論を圧し、暗に一進会及内田等の論系を振興するの必要有之、下官は大将の意図を受け専ら石塚等を刺激し、石塚も随分骨折候様には見受け候得共、何分記者団等が多少前言を体裁よく飜すには内田を攻撃しながら回転するより道なく、殊に内田が独占的の活動に嫌焉たらさるもの容易に内田との融解困難と相成、各新聞各通信員の一団は動もすれは内田の拠点たる一進会に迄も煩累を及ほさんとするの事情有候為め、内田の決心を求め、内田の帰国に依り一段落を付け候。併し右新聞記者及通信員団は今後如何に活動可致や。要するに彼等は近き将来に於て発展を期居る事と存候。何とか善き機会に於て内田と彼等と握手せしむるに至らは、合邦問題は愈円満なる形体を有するに至るへく、而して邦人の体度一定せは韓人は合邦論に投するもの愈々多く相成へく存居候。

目下の処右の新聞通信員団も合邦論に就き演説を統監府より差止めある故、十分の手段も無之事と存候。

何分此問題は曾禰統監の気乗りと其手加減は最も必要の

事と存居候。」今日萌芽の合邦問題にして万一有邪〔耶〕無耶の間に終る事もあらば、後来の為め憂ふへき結果を生する事と愚想罷在候。余り長文にて不堪恐縮、先は歳暮の御礼可申上為め如斯御座候。頓首謹言

明治四十二年十二月廿九日　明石元二郎

寺内大臣閣下執事侍史

〔原史料番号〕②1-5。

15　明治43年6月25日

拝啓仕候。益御清勝奉恭賀候。

陳は下官事去る廿二日着任仕、直に石塚に御封書相渡し、警察権委任の相談相開く事と相成候。爾後の情況は石塚より御承知の事と奉存候。榊原、松井両人にも深く閣下の御懇命を領し、感謝致居候。大久保、宇佐川両将官には御伝言申伝置候。松井の身上に就ては、友人として打明けたる談話も致、同人身上御処置の御参考共存、打電致候次第に有之、御工夫の余地も有之候はゝ何卒宜敷願上度存候。下官新職拝命之事、誠に恐縮に堪へさる所に御座候。唯切に奮励、閣下の恩遇に報するを期する事に候。憲兵警察の配置案に就ては今朝より着手致、明日中には完成致、発令に応するの準備中に御座候。先は御礼を兼、着任後の事情可申上、如此に御座候。頓首謹言

廿五日　明石元二郎

寺内大将閣下御侍史

〔封筒表〕東京永田町陸軍大臣官邸　寺内大将閣下侍史　乞御親披　（消印日付）43.6.27。

〔封筒裏〕封　京城和城台憲兵隊司令官々舎　明石元二郎。

〔原史料番号〕①6-14。

16　明治(44)年(2)月(5)日　（児玉秀雄・河野少佐宛て）

本日は総督閣下御誕生日之由と奉存候。為表祝粗祝献呈方可然奉願上候、敬具

元二郎

児玉伯殿

河野少佐殿

乍序一句

還却艱難六十年　一才童子児孫前　求仙求寿任他願

嫣然笑裡気衝天

〔原史料番号〕①6-16。

17　明治44年2月22日

拝啓仕候。防疫に付委員其他より提議に付、一昨日の長官会議席上に於て、小官は左の意味防疫に付申述候。御参考迄に申上候。

一、防疫の為め食品の輸入を禁するは良しと思ふ。穀類に迄で及ほすは小官の希望にあらす。

在新義州出張先より小官は「但し大豆、小豆等の穀類を除き禁止を希望す」る旨打電したるに、同夜同税関に命令ありて「大豆、小豆等に至るまて一切禁止」と税関局長より命令ありし由なり。是れは時機を見て解除すること至当ならん云々。

二、之に反し近頃に及んて防疫の厳に過ぐるを云々し、或は検疫日数を減せんと云ひ、或は内地の防疫に比し厳に過くる等の論者あれとも、之れは小官は俄に同意し難し。

三、又或る論者は満州に於ける病勢衰頽を云々す。然れとも小官は大連の如き全力を傾注し始めて稍其撲滅の形を顕はしたるを認むるも、鉄道上草河口及大嶺附近の発病者の如き寧ろ南下の状を示すを認む。一部一局の衰頽を見て全体を論せさるは不可なり。故に危険状態は毫も減却せす。

況んや芝罘をや、況んや鉄道路外の満州をや。病毒は目なき声なき鉄路外を進み、鴨緑、豆満の線に接近しつゝあり。

病勢の先頭は草河口（鉄路上）、海竜、局子街の北方三十里の線に顕はれある如し。方さに朝鮮国境と平行線をなす。

四、防疫過厳なりとの説は小官は耳を傾て聞く。然れとも一の学者が説を述ふれは直に之を信し、一の批評家が厳なりと云へは直ちに之を疑ひ、熱しては厳其度を超へ、冷めて寛其度を失ふが如きは、政令の威信を保つ所以にあらす。下僚の執務を正整ならしむる所以にあらす。朝厳暮寛は不可なり。

五、某員は意見の提出ありたるか、夫れは評議せずとは云はす。然れとも今日俄に唯寛にのみ決するは不可なり。不日博士北里氏は満州より来る。藤田、山根両君は之と共に十分に議定し、防疫上中庸を得たりと認むる中心点を発見せらるべし。三大家が決したる防疫の細目は、防疫の全期成るへく伸縮することなく継続し度考なり。夫れ迄は現今の儘継続し度し云々。政務総監も大体に於て之を嘉納せられ北里氏を待つこととなれり。

鴨緑江沿岸物資の供給に就ては、川上長官意見を齎らし本日上京せり。

川上の意見と小官の意見とは略相合す。

小官は思ふ、此鴨緑江警備及支那人夫拒絶時機は、防疫上已むを得さることなり。併し又一方に於て此機会は平北に蟠崛せる支那人勢力を駆除するの一機会なりと。

某論者は云ふ、支那人の平北江岸にある、何そ憂を要せん。彼も亦平北開発者の一部なりと。

然れとも小官は思ふ、鴨緑江左岸百五十里の地に日本人、朝鮮人の力を扶植し、支那人の力を奪ひ之を回復し、進ては其余力を対岸に及ほすは、朝鮮経営の使命也、責任也。今は実に千載一遇の好時機なり。故に鴨緑河上に於ける我の船舶の交通を進め、左岸各地の浦港に物貨聚積の便を開き、以て北境の供給を許らは、日鮮人を侵害しつゝある支那人は自然対岸に退くべし。商権日鮮人の手に落つへしと。此論は川上も同意見なる如し。彼は一篇の調査及計画書を携帯せる如し。川上の計算にては、約五、六万円の補助を得ば出来る如し。併し此問題は孰れ多少議論あるへき歟と存候。兎に角氷解期に至れは、河上の供給法に就て従前の通りになすか、或は前述の如きことになすかの決定必要なる如し。平北警務部長は川上長官と此事に就ては審議し、又前途のことに付て意図を問ひ来れり。以上は現今の事情也。取り敢へす御報告申上候。

時下為国家御摂養奉祈念候。頓首謹言

二月廿二日　　明石元二郎

寺内大将閣下

本書面差上候目的は、防疫の方針閣下の御意図と背馳することもあらは申訳なき次第に付、下官か如何なる考にて行ひつゝあるかを高聞に達し置き度為めに候。遥遠の地一々垂諭も難願、一意責務を全ふせんことを部下一同と共に所期候。

乱筆奉祈御高恕。防疫に付評議員中より軽減論出てたるに対し、本書の如き意味申述候。

〔封筒表〕東京麹町区永田町陸軍大臣官邸　寺内大将閣下　奉煩親展（消印日付）44.2.25。

〔封筒裏〕朝鮮京城和将〔倭城〕台　陸軍少将明石元二郎。
〔原史料番号〕①6–15。

18　明治(44)年7月1日

拝啓仕候。益御清勝御安着奉恭賀候。
御東上後之内地新聞等注意致居候処、天下之耳目閣下の左右に集るの観を呈し、乍蔭愉快に奉存候。此地別に異事とては無之、陰謀事件之公判、毎日午前或午後出場傍聴罷在候。勿論百弐拾名を一室に集め、其上多数傍聴者の中に於ての審問に候間、大抵之者は否認致事不得已次第に御座候。乍去確乎たる調書之存する義に有之、如何に否認致候而も無駄事に有之、検事に於ても法廷之自白に重きを置き居られ候。又弁護士小川平吉氏抔も内々は少しも同情を有し居さる事にて、先日来訪之節にも其意味相洩らし居候。昨日金一濬なるもの、自白は総監部及検事廷よりは幾分不足に候へとも、此自白は素人傍聴者を驚かし申候様存候。
桂公御渡欧之事に付而は、数回田中少将其他にも注意致置候事に候。先刻浦塩より之通信有之、電報御覧被下候事と奉存候。御途中幷先方御滞在中とも十分之御注意願敷奉存居候。
先は御安着を奉祝、如此に御座候。頓首謹言
七月一日　憲兵警察統一第二周年記念日
明石元二郎
寺内総督閣下御執事
〔封筒表〕寺内総督閣下　正毅。
〔封筒裏〕〆　明石少将。
〔原史料番号〕①6–17。

19　明治(44)年8月22日

拝啓仕候。益御清勝奉恭賀候。政海彼是御面倒之際、御心労奉拝察候。其後別段の異情も無之候得共、不相変雑事多き事に御座候。
一、唯今は独逸軍艦碇泊中にて、今夕も艦隊司令官を政務総監御招待に相成、応酬回を重ぬる事と存候。
二、在北京米国新聞記者「ヲール」なるもの観光滞在致、本日出発致候。同人は「ケネジー」よりの密報に排日の由承り候故、之と縁故ある京城日報社員引取り種々世話を致、下官も一度会合仕候。下官の友人なる米国士官とも懇意之者有之候由、彼是相当満足致候歟と存

候。峰岸も昨日同人を訪候様に承居候。
三、佐波代議士（頼太郎）、昨今滞城中に候。昨夜拙宅に会食致候。之れも今回は取急き帰京する様に申居候。同人は京日の吉野と親交有之に付、吉野に命し引廻はし致候。東拓の峯八郎も同郷知友の由にて、之れも世話致居候。成るへく悪党之手に掛らぬ様牽〔制〕勢致居候。来月下旬改めて来城の様に申居候。
四、今般憲兵練習所教官に転職致候大尉立川吉太郎なる者、在東京の朝鮮留学生取締を委嘱せられ度希望を有し居候。同人は中々の働き者に有之、最も適任の者と存候故、宇佐美及山県総監に御願は致置候。自然参候の節、数分間の御面会許され候はゝ、難有存する事と存候。同人は朝鮮各地に在勤し、地方の状況に通暁致居候。
御繁用長文恐入、擱筆仕候。先は右等迄。頓首謹言

八月廿二日　　明石元二郎

寺内大将閣下侍史

〔封筒表〕寺内大将閣下。
〔封筒裏〕明石少将。
〔原史料番号〕①6－18。

20　明治44年8月29日

謹奉賀併合紀念日「都鄙大賑」。
本日政務惣監と共に独逸軍艦に招かれ、下仁仕候。途上

心まて御旗の色のくれないに
ひとしく祝ふけふのにきわひ
とし毎にありなれ川の水や澄む
のほる朝日の影をうつして

奉供御笑覧。　明石元二郎　拝呈

独逸軍艦軍紀整然、羨望の至りに候。

〔封筒表〕東京赤坂区高樹町　寺内大将閣下　執事（消印日付）44.8.29。
〔封筒裏〕朝鮮京城倭城台　明石元二郎。
〔原史料番号〕①6－19。

21　明治(44)年9月11日

拝啓仕候。益御清勝被為入奉恭賀候。当地は緑泉亭下虫声雨之如く、秋風は原頭に黄稲紅蓼之波を生、一般に豊年を予想致居候。先般は優詔を被為拜、奉恭賀候。統治

上民心之安堵に好響不尠義、竊に欣喜罷在候。

一、日戸勝郎、朝鮮に使用之義願出候由、此者之使途は猶考中に御座候。同人は峯岸釈尾に今井之輩よりは少しは宜敷候得共、雑輩生質〔性〕は免れさる者に有之、篤と適当之道研究之上、愚案可申上候。

二、新橋は浪人中清廉誠実之者に有之、曾て西間嶋の事を相勧め候事も有之候得共、満清地方之希望之由申居候間、鴨緑江西間嶋方面之事は他に人を求め、調査に着手為致居候。最〔尤〕も新橋事に就ては、是非何とか工夫致度存居候。

三、鴨緑江方面西間島方面の調査は鐘城、楚山、慈城、中江鎮方面に在る人々を使用致居候。右は新義州之前民長月成勲の配下の者に有之候。月成は杉山茂丸、的野半介と玄洋社の古顔に有之候。性質は温厚着実之者に候。猶御断申上置度義は、同人と小官と少しく親類筋之者に有之候。同人には鴨緑江畔に在る同人の配下之者に成るへく対岸との関係を付け、漸次対岸に商業関係を付け、売薬、売塩等の手順にて漸次之接近を計る事に有之、同人は視察の為先月新義州より出発致、目下鴨緑江沿岸視察中にて、帰来の上其見込可申出存候。同人は新橋とも熟知之間柄に候、又日高内子郎とも昵懇に候。

四、先般代議士澤頼太郎、入鮮退鮮致候。又廿日頃来鮮の由に承り居候。同人は独り小官に対してのみならす、一般に朝鮮の政治は内地と異ならさる可らさる事を相語り居候。次回来鮮の節には、多少優遇致置方便利歟と相考居候。

先は近況幷乍遷延先般之優詔慶賀迄如此に御座候。

九月十一日　明石元二郎

寺内総督閣下執事

〔封筒表〕寺内総督閣下　奉煩御親剪。

〔封筒裏〕封　明石少将。

〔原史料番号〕①6-20。

22　明治44年9月14日

拝啓仕候。陳は一昨日差上候愚翰、西間嶋之調査準備之件、別紙之通月成勲（前書中に申上候人物）より書状到来致候間、供電覧候。万事は同人鴨緑江沿岸視察後、更に可接詳報存候。先は前書に関し御参考迄差上候。御読後は御投火御消滅被下度奉願上候。頓首謹言

九月十四日　　　明石元二郎

寺内総督閣下執事

〔封筒表〕東京麻布笄町　伯爵寺内大将閣下　必親展　九月廿七日　間嶋関係書面（消印日付）44.9.14。

〔封筒裏〕□　朝鮮京城倭城台　明石元二郎。

〔別紙〕徐光旭宛月成勲公文

新義第壱号

京城ニ於テ御諮問ヲ蒙リ、卑見具上ニ基キ鴨緑江左岸（朝鮮側）ニ弊公司ノ支店及出張所ヲ設ケ、是レヲ立脚地トシテ右岸（西間島側）ノ調査ニ従事スル準備ヲ完了スル上ニ於テ、卑生ノ尤モ慎重ニ考慮スヘキハ各特派員ノ人撰是レ也。

当今西間島ノ動静ヲ側聞スルニ、清国側ノ排日熱一層高マリ、日本人ニシテ多年清国通ヲ以テ任シタル（渡辺、前田ノ如ク）清衣弁髪化装ノ者ト雖トモ、細徴〔微〕ノ間ニ清国人ニアラサルヲ観破セラレ、旅行ノ危嶮ナル名義ノ許ニ清国官憲カ種々悪辣ナル手段ヲ弄シ、退却セシメルニ至ル。其ノ間、旅行者ノ周囲ニハ官憲ノ尾行アリテ、旅行者ハ単ニ自己ノ眼底ニ顕レタル山川ノ概容ヲ目撃スルニ止マリ、諸般ノ調査ハ到底不可能ナル事ヲ聞知セルニヨリ、卑生ハ下命ノ調査ヲ遂行スルニハ、第一着ニ於テ清国人、朝鮮人ノ間ヨリ、志素ノ堅固ニシテ且ツ調査方面ニ於テ一度足ヲ染メ居ル者、又ハ朝鮮人ニシテ西間島移住者ヘ因故若クハ面識アル者ヲ物色シタル結果、清国人王治臣、鮮人金炳西及日本人ニシテ満三年間全ク韓人ト混同生活シタル板倉勝三郎（韓名金炳三）ノ三人ヲ得タリ。板倉及金炳西ハ平安北道龍川郡弥羅面ノ学校ニ教鞭ヲ取タル者ニテ、就中板倉ハ教頭タリシ者ナレハ、朝鮮ノ風俗人情ハ悉知セサルコトナシト推量セリ。当方面ヨリ西間島ヘ移住シタル者ノ内、比較的学識アリ勢力アル者ハ、龍川郡移住者タルヲ聞知ス。又人員ニ於テモ多数ナルヲ信セリ。而テ学者及勢力家トシテハ張用粲、字殷世（年齢六十前後）ト唱ヘ、龍川郡長山洞ノ出身ニシテ、西間島太平溝ヘ住居シタルモノノ如シ。張ノ門下ノ徒于今龍川郡方面ニ在リテ、漢学者派中張ノ名ヲ知ラサル者尠シ。次キニ金信柱（年齢五十四、五）ハ龍川郡府内面培峴ノ出身ニシテ、在昔一面ノ長者トシテ面ノ事総テ操縦セサルナシ。曾テハ薪島ノ島主トナリタルコトアリ、其ノ子熈咸ハ宣川学校（多分聖教）ニ学ヒ博学ナリト謂フ。父子共ニ韓国ノ日々悲境ニ陥リ、従テ自家ノ勢力ノ失墜ヲ悲憤慷慨シ、資財ヲ携ヘ西間島ヘ移住セリ（張ノ住所ト五里ノ間隔ニテ住居ノ噂也）。今一人李錫祐ナル者アレトモ、詳聞ヲ得ス。以上ノ者ヲ差寄票〔標〕的トシテ、而シテ一般ニ及ハシムル順序トセリ。西間島第一区（通貨方面）ハ板倉、第二区（懐仁方面）金炳西、第三区方面（寛甸方面）王治臣ノ三人ヲ特派ス。

支店及出張所ニハ左ノ人員ヲ常設ス。

昌城支店宮原種信、碧潼出張所田島十四男、長甸河口王治臣兼務、薪島湾支店沖田饒、金炳西兼務、江界江口或ハ高山鎮一木卓三、渇浦鎮出張所ヘ芦田源三郎、慈城口出張所峰忠及板倉勝三郎兼務、中江鎮支店ヘ大川浅次郎ヲ（大川ハ卑生会見ノ上委嘱ノコト）。

以上ノ準備手配ヲナシタリ。而シテ卑生モ中江鎮ヘ出張シ視察ノ為ト、明日出発スル筈ナリ。宮原ハ卑生帰着迄本店ヘ居残リ、卑生ト交替シ昌城ニ出発ノ予定ナリ。今度実施ノ期甚タ遅延シタルハ、人物ノ撰訳〔択〕ト諸員冬李籠居ノ準備、且ツ商品ノ未着等種々ノ点ニ日数ヲ費シ、特ニ商品積載出発スルニ臨ミ、新義州税関署カ渇浦ニ向ケ移出ノ手続ニ支障ヲ生シ、其為メ四、五日間ヲ徒費シ一層遅延セリ。税関トノ交渉ニ付、御参考迄ニ概略左ニ申述ス。

鴨江〔ママ〕上流商業ノ発展ヲ企斗スルニハ、運転機関ノ完備ヲ期スルヤ必セリ。曩ニ道庁ハ商人秋山康三、板倉商会ヘ八十三艘ノ船舶ヲ無償ニテ貸下ケ、秋山ハ平安船舶運輸組ナルモノヲ組織シ、清国人ト協同シ安東県旧市街ニ事務所ヲ開始シ、専ラ清商貨物ノ輸送ヲ謀リ、一面ニ於テ清人ニ船舶ヲ賃貸シタルニ依リ、清商ハ朝鮮ノ船籍アル平安船ニ乗リ込ミ、又ハ荷物ヲ輸送スル時ハ朝鮮ノ不開港ト雖モ、自由自在ニ入出港シ得ルノミナラス、官憲ノ保護ヲ受ケ歓待セラル、トニヨリ、競ツテ船舶ノ賃借並ニ物資ノ輸出供給ニ励〔ミ〕メタルヨリ、自然平安船ノ運賃率ノ高価ニ赴クハ素ヨリ当然ノ理数ナルモ、一方不開港ヘ航行シ得ル利益アルヨリ荷主ノ需要ニ応スル不能、之レニ反シ日本人側ハ清商品ノ圧迫ト運送料ノ高率等ニヨリ悲境ニ陥リ、一例ヲ示セバ運賃率ノ如キ渇浦鎮迄ノ運賃、平安船舶ハ壱名ニ付四円弐拾銭ナルニ、清国戎克ハ参円九拾銭ニシテ、三十銭ノ差額アリ。今回弊公司ガ上流ニ商品移出センカ為メ、平安船舶ヲ雇入レントスルニ容易ニ応セサルニ付、商取引上時機ハ至大ノ関係ヲ有スルヲ以テ、止ムナク清国船ニ依リ移出セントスルニ、税関ハ朝鮮未開港地ニ外国船舶ノ出入ヲ許可スルヲ不得、従テ移出免許証下附セサル等、彼是時日ヲ徒費スルノ止ムナキ場合ニ会セリ。是レ日本人側商家ノ一大打撃ニテ、折角船舶貸下運輸ノ奨励モ全然清商ノ機関トシテ掌握セラレ居ル形容ナリ。弊公司ハ税関長交渉ノ上兎ニ角出港スルモ、一般ノ情況ハ前述ノ如シ。一言申報候。

追テ渡辺信孝氏ハ大橋警務部長ノ許ニ直参シ、弊公司トハ関係ナキ事ニ相成タリ。

明治四拾四年九月拾日　月成勲（押印）

匿名「徐光旭殿」

〔注〕別紙は「日鮮公司」の罫紙。

〔封筒表〕京城東四軒町之浦　徐光旭殿。

〔封筒裏〕（活字）朝鮮平安北道新義州常磐町七丁目四十二番戸　食塩穀物木材運輸　日鮮公司　電話一二三番。

〔原史料番号〕①6-21。

23　明治(44)年11月7日

(一)

本日正午過、平北警務部長か北京の危機を報して以来、唯今までの諸通信北京の存亡を伝へさるもの無之、聊か市上み〔に〕出虎、曹参の母梭を投するの感も相生し、何等異変ありしにあらすやとも疑はれ候。併し情報の一部を信なりとするも、余り突然たることにて、或は昨本日あたり皇室か何れの方面にか蒙塵せられたるに非らすやとも愚考致され候。若し先きの先迄想像するとせは蒙塵の方面は満州にして、汽車に依れは明朝位は奉天（或は之れと同距離の他方面）に達するなきやと想像致候（安東県方面に北京騒擾の報早く伝はりしは、清庭〔廷〕満州方面に移るなきやとも被存候）。又一面に於て東京其他の方面よりとて、昨日来野人輩の云ふ所にては、閣下か関東都督の御兼任なさるへき風評も頻々たる次第に御座候。是時に当り満州の秩序を軍事的威力に因て維持し、再ひ朝鮮初期の軟弱なる轍を踏まさることは中外の翹望する所と存候故、閣下か都督を兼任せらるへき風評の起るは自然の事と存候。予め懇願致置度義は、前想像の如き場合実顕するに当り、更に驥尾に附犬馬の労に服せんことに有之、是は小官の小野心と御一笑之上、御聞置願奉度義に御座候。敢て尊慮の一隅に御記憶願上為、如此に御座候。

十一月七日夜　明石少将

寺内総督閣下

〔原史料番号〕①6―22。

24　明治(44)年12月6日

拝啓仕候。益御清勝奉恭賀候。一昨夜帰宅後より留守中之事務一通り聴取致候。別段尊慮を奉煩事も無之候。清国革命乱は何等反響を与へ居不申事断言仕候。一時電命之通、国境附近支那革命運動之萌芽は、猶乍此上注意消散を相力め可申候。宣川不穏行動事件之為、目下まて引致取調中之者九十五名に達し、猶進行に伴ひ引致取調を要すへき見込之者百名位可有之歟と存候。所謂一網打尽を期し居義に御座候。尚終に臨み今般は随行上京之為、家事上便利を得候段、御高志一同奉感謝候。猶又帰来無絆を脱し、大道坦然の事に自ら新なるを覚ゆる義に御座候。先は帰任御報兼御礼如此に御座候。頓首謹言

十二月六日朝　明石元二郎

寺内大将閣下執事

〔封筒表〕東京麻布笄町　寺内伯爵閣下　十一日　承知。

〔封筒裏〕〆　朝鮮京城和《〔倭〕》城台　明石元二郎。

〔原史料番号〕①6―23。

25　明治44年12月7日

拝啓　前略仕候。別紙は守田大佐よりの書状に有之候。同人は曾て長らく北清に在り、就中満州地方之事に付而は陸軍将校中之専門家と存候。勿論所論之義に付は肯綮《（ママ）》に当れるや否は別と致、中々の熱心家に有之候条、或は他日何等歟の御使途もと存、無下に棄却するに忍ひす、奉乞劉覧候。先は右迄。早々頓首謹言

十二月七日　明石元二郎

寺内大将閣下御執事

〔別紙〕

拝啓　頃日は意外之御無沙汰、御寛容奉仰候。然は清国動乱は預《〔予〕》想之通り漸々其度を高め、遂に我勢力範囲たる満洲に波及し来りたり、遠からす満洲も今一層擾乱するに至るべし。我国は其未た動乱の甚しきに至らさる前に、支那の前途殊に我勢力範囲たる満洲の将来を洞察して、竊かに大々的の新設備を為さゞれは、土崩瓦解するに至つて盗縄的設置をなすも決して其効なかるべし。頃日新聞紙上の報する処に因れは、朝鮮、満洲を合一して一の

総督の下に統治せられ、寺内閣下其任に当らるゝと。果して如斯なるときは、今の朝鮮総督府は殆んと極東総督府の如きものとならん。今や満蒙方面は益々多事ならんとする際、殊に総督府は一層留意せさるへからす。頃日満蒙各地の旧知支那人よりの報に因れは、満洲は申すに及はす、直隷、山東よりも避難者朝鮮に移住せんと希望するもの多く、此等は其地方の有力なる富豪家が多分を占め居る由に候。如斯支那人を利用操縦して満洲統治の基礎を造るは尤も必要にして、平常は迚ても望むへからさることに候。果して鮮満合一の大総督府新設せらるゝこと事実なれは、小生及はずながら寺内閣下の驥尾に附して支那人操縦の任に当り度、切望に堪へす候。満蒙の事に就ては人後に附せぬ考へに候。現在朝鮮総督府の儘まにても宜ろしく、目下続々支那人、朝鮮内地に避難し来らんとしつゝある際なれは、之を利用して夫れ〳〵満洲統治の准〔準〕備被致候ては如何に候哉。前述の通り騒乱の未た甚しく波及し来らさる前に設備し置かざれば、遂に後悔事とならん。是非寺内閣下へ御勧言、総督の極東に御雄飛切望に堪へす候。動乱之我勢力範囲たる満洲に波及し来るを聞き、聊か卑見開陳、御高見御漏し被下候へば幸甚之至りに御座候。草々敬具

十一月二十六日　　守田利遠拝

明石吾兄閣下侍史

〔封筒表〕東京麻布笄町　寺内陸軍大将閣下　奉乞親展　承知　十一日（消印日付）44.12.8。
〔封筒裏〕封　朝鮮京城和将台〔倭城〕　明石元二郎　（消印日付）44.12.10。
〔原史料番号〕①6-24。

26　明治(44)年(12)月(31)日

擬

寺内総督閣下除夜高吟

風霜五十有九年　人事回頭幾変遷　流水落花何処問
影寒孤剣断碑前

明石元二郎敬稿

〔封筒表〕総督秘書官　副官御中　藐叟　乞執。
〔封筒裏〕〆　明石少将。
〔原史料番号〕①6-25。

27　大正（2）年4月15日

拝啓仕候。陳は益御清勝に被為入、奉恭賀候。長々之在京、種々御高庇を辱、難有奉拝謝候。昨朝帰任仕、直に政務総監并各長官及各道長官に面会仕、謹而御消息相伝、一同安心罷在候。

此地別段之事柄も無之、幸に御休神可被為遊候。気候は目下誠に宜敷、柳緑花紅、満地之春色は都門千丈之塵境より俄に桃源に入るの趣有之候。只諒闇之天地は此新半島を罩め、風物自ら沈静なる次第に候。立花少将昨夜東〔ママ〕京仕候。追而拝鳳可仕、先は不取敢御礼申上度、如此に御座候。頓首謹言

四月十五日　　明石元二郎

寺内伯爵閣下御執事

〔封筒表〕寺内伯爵閣下　御親展　四月廿日　正毅。

〔封筒裏〕封　明石元二郎。

〔原史料番号〕①6-26。

28　大正（2）年8月13日

拝啓仕候。益御清勝奉恭賀候。京城は両三日来低気圧、陰雨朦々たる有様に御座候。其他何等異事も無之、御安心被下度候。

先般は本多総領事引続き福島将軍、いつれも長時間閑談、京地之状況も逐一承り候。両氏とも中々之元気、誠に痛快に奉存候。

聯合会側之対支運動、中々熱心之様には承り候へとも、未た十分之発展を見る能はさるは、種々之原因も伏在致、結局山本伯等之猜疑之不尠事と存候。〇何之意味なるかは承知不致候得共、先達而秋山真之大佐北満に向ひ当地経由、御用之目的は満州之経財〔済〕的調査なりとか、且秋山氏之河野中佐に対する口吻に依るも、満蒙之事は実に考へ物なりと。是等之意より察すれは、或は海軍側も大陸政策之対抗策として調査するものにあらさる歟と存候。

是等小問題は兎に角、総理か其郷之先輩高島将軍之勧誘忠言さへも峻拒し、満蒙之解決を否認せらるゝ由なるは誠に呆然たる次第にて、海軍亡国之歎を発せさるを得さる義に候。併し孫、黄上陸に関する拒絶と豹変、廟閣之苦痛は寧ろ浪人に在る如き感不少候。先は御機嫌伺旁早々頓首

八月十三日　　明石元二郎

寺内伯爵閣下御執事

〔封筒表〕□内総督閣下　八月十八日閲。
〔封筒裏〕〆　明石元二郎。
〔原史料番号〕①6-27。

29 大正(2)年 月 日

近来政界の事、実に言ふに忍ひさる義に有之、我国権の伸長、陸軍の整備に付、兼々御高慮之程も拝察致候と共に、亦た退て自ら無用之苦慮なすの日少からさる次第に有之候処、昨日御内意の存する所を拝するに及ひ、感激の念痛憤の情自ら禁する能はさる所に御座候。

由来求めさるの言を進むるは、無用有害の事たるは固く承知致居義に有之、若かも大体を知らす、細微の情に通せす、徒らに呶々愚言を陳し、御清聴を煩すか如きは、誠に恐懼に堪へさる義に有之候得共、退て一考の余煩問〔悶〕茲に数言を奉る義、御寛恕を賜らんことを奉祈候。

小官の内外より観測致、常に憂慮罷在候点は、即現総理か其政敵として憚る所閣下の外無之義は、天下萬人の認むる所に候。夫れのみならす竊かに現総理の性格を揣摩するに、朝鮮に対する改革は、其所謂武断政治を抑へ得たるの技倆を示さんとするの野心もあるへく、又文弱的世潮に迎合し糊塗せんとするの術も可有之、要するに木《ママ》強直進の裏面に翼々たる小心の閃光を認むる事と存候。是等の消息は勿論下官等の揣摩臆測を要せす、閣下に於て久敷御熟知之事に候。

偖て政府の区処、果して諸般の改革を実行するに至るとして、如何なる点に及ふへきやを考察すれは、曰く文武官総督制、曰く憲兵警察制度の改革と申如きこと重なる事に可有之歟と存候も、只夫れ斯の如きものなりせ《ママ》は、彼の為す所に任せ閣下に於ても御同意有之ては如何の者歟と存候。何となれは、文武官総督制の運用は全く総督其人に存する次第にて、伊藤公と雖とも長谷川大将の軍司令官を制する能はさりしを以て、今後の文官総督に軍司令官を制し得るものなきは瞭然たる義に有之、又之を反言し仮りに閣下より軍隊の統率権を奪ふも、軍司令官は閣下の施政を妨け得へきもの、我陸軍中一人も無之事と存候。次きに憲兵制度は之を改革するも、予後備の軍人若くは現今の憲兵士官、下士の一部を主として警察官に転せしめ採用せは、概ね同一のものを得るに難からさるへく、畢竟茶褐色の軍服を脱せしめ、警察官の服を着せしむるに過きす。予後備軍人及現今の憲兵士官、下士の中に於て、之を補充することも大約出来可致歟（最も死すとも軍服を脱せすとの主張を有するものも多少は可有之も、全部にはあらさるへく存候）。是憲兵将校、下士は概ね老年にして、兵役の期限も近つき居るもの居多〔ママ〕なるを以てに〔ママ〕候。是等のことは諸種の方法も可有之候。

如斯政府の希望を容るゝは、情に於て忍ひさるの感は可有之も、尚ほ朝鮮の経営方針に大なる蹉跌を来すことなく、此境土の開発を進むるに於て御尽力の地盤を崩すことなし。今後二、三年の後に漸次施行せんとする所を早め、今日に於て之を行ふに過きさる次第に候。

偖て此の如くして如何なる利益ありやと云はゝ、第一に朝鮮の統治上に併合以来継続せる方針を以て尚進むることを得ることに候。第二に政府の兎角等閑にし易き満蒙の経営に、閣下の存在は大なる後援を与ふることに候。

若し閣下にして朝鮮を去るゝのときは、関東州政府は孤立となり、満蒙経営論者は大陸に於ける其遠援の根拠を失ふに至るへく候。支那に対する圧力は直ちに其軽重を生するに至るへく候。

若し政府首脳者にして如何なる程度まても力を尽し、閣下をして朝鮮を去らしめんとするには、恐くは其口実を失ふに至るへし。彼愈々奸策を弄し排除を図らんとすれは、彼の策は愈々拙劣に陥らさるを得さるへし。彼は無理なる総ての術を尽すに非らすんは行ひ得さるに至るへし。是彼は進んて自ら其奸策を露暴〔暴露〕し、天下の笑を買ふに至るへし。若し夫れ尋常一様の総督、都督ならしめば、政府の圧抑に対する唯々諾々は、総督の人格を傷るの感なき場合あるへきも、前申す通り首相の眼中憚る所は閣下の外なきことは天下萬衆の斉しく認むる所なるを以て、其一時の抑損は却て多大の同情を感喚〔ママ〕起するの固たるへき歟と存候。斯の如くして数ケ月を支へば、現首相に対する厭気は世潮の常として必らす循環し勃興し来るへく、又政友会中の波瀾変化も生するの機達すへし。若し萬抑損の道なきに至れは、朝鮮を去らるれとも遺憾なかるへしと存候も、尚暫く彼の為す所を瞑目し、雲烟過眼視して以て其崩壊の機を俟つの得策なるへき歟と存候。

只政党側をして居留民を煽動せさる様、之は注意を要すへきことに候。又小官の常に聞知する所を以てするに、位置権勢を棄つるの過早なりし例は、従来台閣諸公の進退の上に於て常に感する所なり。然れとも其之を擲つの遅きに失したるの例は未た聞知せさる所に候。高島子も大隈伯も桂公も、御自身の苦痛は外間にては固より知るを得されとも、外間より見れは常に尚早の感を抱きたることに候。元来位置権勢は、一たひ之を手中に収むれは容易に自ら放棄すへきものに可無之存候。今陸軍の大首領にして陸軍以外に於ける大なる地盤を有せらるゝこと、閣下の如きものあらす。今閣下にして朝鮮を擲たるゝあらは、小官等は陸軍の地盤の壊裂を悲まさるを得さる義に御座候。台湾総督、関東都督は蓋し其一枝一葉に過きさることに候。

飜て陸軍部内に於ける柱梁の傾倒を支ふるに急にして朝鮮を去らるゝとせんか、陸軍部内の事は茲一年、二年多少の変化を来すにせよ、未た憂ふるに足らす。若し閣下にして専ら陸軍に尽さるゝの日至らは、此一年、二年に失ふ所のものは一ケ月、二ケ月にして拾収整革するに難からすと存候。小官久しく京地の事情に迂なりと雖とも、之を理論より判断し来歴より考察し、必らす然るへきを確信致居候。

此書多忙の間深更出発に臨み相認め候処、言々字句を撰ふに遑あらず、又小官側面の観察、果して情勢に通し居るや否を知らすと雖とも、衷心問〔悶〕々の情に堪へす敢て閣下の御一笑迄に書残し候。如何にも疎〔粗〕野分際を顧みず、贅言突飛の段、省みて恐懼流汗に堪へす候得共、何卒御宥恕奉願候。多罪鉞斧を俟つ義に御座候。恐惶頓首

元二郎百拝

総督閣下

奉願御投火。

〔封筒表〕総督閣下　奉仰必親展。

〔封筒裏〕封　明石中将。

〔原史料番号〕①6－28。

30　大正(3)年4月19日

拝啓仕候。益御清勝被為入奉恭賀候。陳は今般不肖之身、参謀次長之重職に被補、軍務之光栄不過之候と共に、菲才能く此重荷に堪へ、御推挙之栄に負るなきや、顧みて恐懼罷在候次第に御座候。偏に閣下鵬翼之庇護に依り大過なからん事を祈居義に御座候。

当地道長官会議昨日を以て結了致、警務部長会議は月末相始候而来月初旬に及候。幸に多年喜憂を共に致候友僚と訣別之機を得候事、好都合に御座候。

立花少将後任たる為、諸方面共既に年来之知己も有之、

事情も相分り居候事にて、至極好都合と奉存候。今日之処東京、京城いづれ之内に於而閣下に謁し得るや、日取予定難致候得共、兎に角進謁之機遠きに非さるへく存居候。萬拝晤之時に可譲候得共、今般電命に接し不取敢御礼申上度、如此に御座候。頓首謹言

四月十九日　　明石元二郎

寺内大将閣下御執事

〔封筒表〕寺内大将閣下。
〔封筒裏〕封　朝鮮京城　明石元二郎　四月廿三日接。
〔原史料番号〕①6-29。

31　大正(3)年6月7日

拝啓仕候。益御静安御無事御着城の御事、奉祝候。御出発後当地天候頗る不宜候故、御道中多少御難義之事と心配罷在候。

陸軍方面之出来事は何等別段之義も無之、国防会議之義は其の後岡大臣より総理へ提出相成、未た何等之事承知不致、唯幹事長を将官とするの義は内閣書記官長と致度旨、推問答中之由に承居候。○外に参政官、参与官之儀は枢密院にて多少之論者も有之、目下猶審査中之由に聞及候得共、此件も亦結局無理往生不可免歟と存候。陸軍之立場よりは、勿論一般之状勢上政府の為めにも此制度は従らに猟官之道を開き、却而朝野之不満足を招き、悪結果を生すへき歟と存居候へとも、今日の場合到底茲に帰着するを免る不可事と存候。先は不取敢御安着御祝詞旁如此に御座候。頓首謹言

六月七日　　明石元二郎

寺内伯爵閣下御執事

御一覧御投火奉願上候。

乍末筆御夫人様に奉表敬意候。

〔封筒表〕寺内総督閣下　奉煩親展　六月十日　正毅。
〔封筒裏〕〆　明石元二郎　上。
〔原史料番号〕①6-30。

32　大正3年7月2日

久敷御無沙汰申上候処、益御清勝御元気に被為在候趣、奉大慶候。御旅行先よりの御葉書御高吟、難有奉感誦候。此紅塵千丈之俗境に在りて、久々にて武陵桃源之風光並に在鮮中諸所御随行致候事共思出て、感懐に不堪義に御座候。

先日野田大塊翁来訪、閑談中雷鳴、降雨、山色、水勢、地方の状況縷々説明致、昔遊之時とは全く其観を改め居次第にて、統治の効果は箭既に新羅を過く、目下残す所只治水の一あるのみと、盛に気焔を吐居候。先は御礼旁御機嫌伺迄、如此に御座候。頓首謹言

七月二日　　明石元二郎

寺内伯爵閣下御執事

野田翁の談に付、為馬為牛の旧作を思ひ出て候。御一笑奉願候。

為馬為牛暫不休　忙中唯恐累春秋　経営得失任人説

山自青々水自流

乍末筆御夫人様に宜敷奉仰御鳳声候。藤田君不日帰京、萬期新晤〔ママ〕候。

〔封筒表〕朝鮮京城　寺内伯爵閣下　親展　七月六日　正毅

要件あり　（消印日付）3.7.3。

〔封筒裏〕□京赤坂檜町　明石元二郎。

〔原史料番号〕①6‐31。

33　大正3年7月7日

暑中益御盛勝に被為入奉恭賀候。国防会議は本月中旬過き、第一回之会議可有之哉と奉存候。先日は唯顔合せのみなりし事にて、昼餐中閑談にて相済候様承居候。岡陸相は此際朝鮮憲兵問題抔が増師之余響〔ママ〕として話頭に上る如き事なきやと申居られ候。但全く同官の想像に不過候。

参政官参与官問題は内閣官制之通則中には之を設置する事と相成、陸軍は実際予算も無之義に付設けさる事に当分可相成、強て設けんとすれは予算の増加を之か為議会に求めさる可らず、左すれは貴族院は如何可有之哉。又政友会とても故らに之れか設置の為、費用の支出を賛成すへき哉。此処一小難題に付、先陸軍は当分設けぬ事と相成、通過可致様に窃に伝承致居候。

御旅中之御高吟、感誦仕候。甚乍苦吟左に御一笑迄、且御叱正奉願上候。

先は暑中御伺旁如此に御座候。頓首謹言

七月七日　　明石元二郎

寺内伯爵閣下御侍史

奉和瑤韵

蹈月涉谿水　穿雲樺翠屏　按巡千里路　雨露草青々

柏蔭居士未定稿上

〔封筒表〕朝鮮京城和〔倭〕城台　寺内伯爵閣下　親展　七月十日
接　正毅。
〔封筒裏〕封　東京赤坂檜町三　明石元二郎　（消印日付）
3.7.9。
〔原史料番号〕①6−32。

34　大正（3）年7月30日

拝啓仕候。酷暑難凌候処、御勝盛奉恭賀候。

墺塞之国交は愈断絶と相成、今後事件之拡大程度は猶予想難致候。在露蠣崎少将之電報は、常に露の決心鞏固を報来居候。独の河村、墺の金谷よりの報告は、未た独逸の決心の程度明確ならす、仏英之諸報は専ら仲裁的の趨勢を洩し来るのみにて、墺塞間の事柄にて打切り跡は諸強の干渉的外交手段にて落着可致か、或猶大々的の拡大を可致歟、此辺大に興味ある事と存候。若し夫れ事件之成行如何に因ては、我国之東亜に於ける権威確立之好機を生すへき事と存居候。最も注視を可要存居候。
二、先日奉天の馮徳隣は独逸の武器を輸入し、又我邦人を逐ひ独技師を雇ふの行動、動もすれは我南満に於ける勢力を無視せんとするの義、難許事に奉存候。之に就而は何等歟相当筋道相立候様、竊に考慮中に御座候。
三、増師問題之成行に就而は、今日猶具体的之進行を為し居らす候。前回は一般の説明と質問の応答に止り候様承知致居候。小官の観測に依れは、政府側は値切《ねぎ》りて糊塗纏縫、手柄顔をせんとするに非らさるなきや。誠心誠意国防の大計を立てん〔ママ〕するの底意如何は、猶疑問中と存居候。
四、要するに営業税問題抔に捕はれ居る様にては、禅家の所謂自縄自縛にて、一棒一喝、老師宗演を可煩事と存候。
五、今日杉山来訪致候。其中処に依れは、台湾の蕃地掃蕩も最早や一段落にて可然、此上粘着致候而は佐久間総督の為め不利益なるへく、又総督も充分御骨折の後、今や傷痍に因り身体も不自由の事故、今日こそ切上け時なるへく〔ママ〕と、過日総督へ申送りたり。序の節、寺内閣下へ申上呉れよと申居候。
以上昨今之一、二御内聞迄。早々頓首

七月三十日　明石元二郎上

寺内総督閣下御侍史

乍末序暑中御自愛被遊度、猶伯爵夫人閣下へ御序の節、御鳳声奉願上候。

〔封筒表〕寺内大将閣下　奉仰親展　八月二日接　正毅。
〔封筒裏〕緘　明石元二郎上。
〔原史料番号〕①6-33。

35　大正(3)年8月20日

内信

御一読奉仰御投火。

拝啓仕候。益御清穆奉恭賀候。

扨欧州之大乱は愈以て本戦之期も相近つき、茲処数日の内には必らす大衝突之報到達可致事と想望罷在候。

今日迄之事の成行は略御承知之事と奉存候。膠州湾問題に関する進行は、迂紆曲折を経る今日の処にては、先つ来る廿三日より戦闘行動開始可致程度に進居候。併し軍隊の輸送は廿八日より開始の事に可相成存居候。是動員及輸送船舶の都合に仍る事に候。膠州湾征伐に従事可致兵は、第十八師団と重砲兵旅団を以て主幹と致事に有之、上陸点は海軍偵察の結果に依る事に候。

此膠州湾問題は、既に船越代理大使より独逸外務省には去る十七日交附致候様承知致候。恐くは何等回答無之、我国は自由行動を取るに至るへき事と存居候。

小生等の考にては膠州湾問題は畢竟枝葉にして、主問題は支那に在る事にて、対支政策根本解決の為めには、膠州湾問題は乗すへき一機会を与へたるに過きさる事と存するの外無之候。

膠州湾問題、即日英條約に依る共同に就き加藤外相之体度及交渉は、上は元老より下は一般朝野に頗る不人望に有之、就中加藤外相が英国贔屓の頭は、果して支那問題を解決するの誠意あるや否は朝野の疑ふ所に有之、囂々たる批難の声は猛烈なる暗流を生し、延て大隈首相にも及はんとするの勢有之候。之れは反対側即政友会派のみにあらす、寧ろ同志会側に於て加藤攻撃の暗流中々猛烈なる義に御座候。○思ふに、一面に於ては寧ろ内閣を交〔更〕迭し、閣下の此難局に御出馬を渇為〔ママ〕望する連中も亦不少候かと存候。

抑も今日の時機は国家千歳〔載〕一遇之好時機に有之、欧州之大乱は実に支那問題解決之為無此上好機会なるに拘らす、外相之薄徳、味方より迄も攻撃を受くるに至り居る事、如何にも為国遺憾に存候。

兎も角も我国は今や白刃を独逸皇帝之眼前に衝き附け、

支那大陸の一角に臨まんとしつゝある義に有之、一歩も退く能はさる機に逢着致居次第にて、只支那問題を解決するの一事、東洋禍乱之根本を芟除し得へき義に御座候。然るに外務当局に於て萬一躊躇する如きあらは、却て莫大の禍根を可残事と存居候。

偖て支那問題解決の方法として、小生等同志者の所見は、(一)此際袁世凱に日支の同盟をなさしむること、(二)軍事政事に就而は日本の援助を受くる事、(三)財政及外交に関する重要之事は先つ日本に相談すへき事、(四)満蒙に関しては日本は特別の関係を有す、従て其提議は尊重すへき事(満蒙は此の如くして、終に合併に至るを目的とす)。是等の内、外間に公表するものと、密約を以て厳重に取極め可申者と両様有之事は勿論之義に御座候。偖て袁にして此申込を容るゝなくんは、日本は山東の占領を撤せす、又孫、黄其他幾多の支那亡命者の取締に就ても、是迄の如き厚意的の行動を取る能はさるを以て威嚇し、又は露と共謀し満蒙の処分に着手するも宜しかるへく、又は張作霖をして満蒙の自治を宣言せしめ(此事は容易に行はるへし)、袁に一泡吹かしむる之道も多々可有之歟と存候。但し是等は生等の愚存に属する事にて、成案としては未た政府の案を承知不致候。仄に聞く所に依れは、露仏は昨今最も我に接近を勉めつゝある事に候。極々内々に承る所にては、両国とも同盟を申来りたるやの聞込も有之候。勿論仏大使館附武官ルロンは帰途の暇乞に来り候節、欧州之戦争相始り候、是より欧州は中々多事に候、支那は日本の物に候戯言申居たる事有之、露のサモイロフは過日弾薬兵器の援助を嘆願し来り、其節支那は日本之御自由也、露は中々欧州にて今は一生懸命なり、露国の堺丈けは何卒宜敷願たきと冗談申居候。是等唯一場の諧謔に過きさる事に候得共、如何に彼等か日本を推測し、亦之を恐居候一班〔斑〕を見るへき事と存候。

飜て坂西より日々の電報に依れは、袁は近来只管排日の意なかりし事を分疏し、又頻りに親日の言を弄居候事、一笑に値する次第に御座候。畢竟袁は此時期拝み倒し之狡手を又々用ゆる事かと存居候。

米国は兎角彼是の風聞は有之候得共、何等反対の体度を取らす、実は取り得さるに因る事と存候。若し米にして我に反対之行動を取るあらは、彼は比利賓の危険、支那に於ける根底の覆滅を覚悟せさる可らさる事と存候。愚論呶々尽きる所なく、恐縮の次第に御座候。茲に擱筆仕候。

先は近況併せて御機嫌伺、如此に御座候。繁務中乱筆之段、切に御高恕奉祈上候。頓首謹言

八月廿日　　元二郎上

寺内総督閣下

〔封筒表〕寺内総督閣下　必必〔ママ〕親展　大正三年八月。
〔封筒裏〕封　明石元二郎上。
〔原史料番号〕①6-34。

36　大正(3)年9月1日

拝啓仕候。益御清穆に被為入奉恭賀候。陳は先日は御書面、難有奉拝謝候。猶達磨之名画、殊に御親筆之御賛難有奉拝受、是又深御礼申上候。

又先日膠州湾地方調査書御差送り被下、殊之外有益の材料多く、第二部にても大喜致居候。是又御礼申上候。

当地方其後之状況、強而変化も無之、加藤男之対支策、深く承知不仕候。只鉄道其他之利権攫得位ては到底治まりの付く者に無之、対支根本問題之解決所望に御座候。袁世凱之体度は実に不確極まる事に候。彼は近来独軍之成功と独人等の煽動之為、多少狐疑逡巡之状有之事、誠に捕捉し難き人格、膠州湾攻撃、中立交渉の上に於ても見る次第に御座候。何と歟其手足を縛し、我権勢之下に拘束するに非らすんは、支那に於ける我権力之伸張は期し難かるへき歟と愚考致居候。昔時朝鮮政府の状況、却て北京に於て繰り返ゑされつゝある歟の感なき能はさる事に御座候。

飜て欧州に於ける戦況、聯合軍之不利勝なる、英仏露をして却而我を重視し、畏敬の念相加はる歟と存候。殊に聯合軍之不利は、却而戦局長からしむる之利有之様被存候。

議会之状況は如何可相成哉。門外漢に候へとも、思ふに外交の質問は多少可有之も、畢竟此際無事なる事と存候。

神尾師団は明日より上陸相始可申、重砲等は労山湾之掃海終り該地に揚陸可致、又労山湾と神尾師団の間に重砲弾丸等の為、軽便鉄道敷設を要する義に付、攻囲線の完成は今月末或来月初と相成へき事に候。不得已次第に御座候。

先はいつも乍乱筆御高恕奉仰、御健康奉祈候。早々頓首

九月一日　　明石元二郎

寺内総督閣下御侍史

〔原史料番号〕①6-35。

37　大正3年10月13日

拝啓仕候。陣は馬関にて拝別後、愈御無事御安着奉大慶候。

当地方軍隊、神尾師団長以下いつれも健全、士気旺盛に御安神〔心〕奉願候。昨日は独軍戦死者埋葬之為、二、三時間休戦致、今日は聖旨伝達軍使会見、是又一、二時間休戦致候。攻城大口径砲中、就中廿八榴弾砲運般〔搬〕に時日を要し、該砲六門の到着は廿八、九日頃と可相成、併之を俟つ事なく、其以前に砲撃開始可致候。当地方戦線之視察は明日を以て一時切上け、明後日より山東鉄道視察之筈に御座候。○攻城工兵作業を以て敵塁に肉薄する迄には、尚数週を可費歟と愚考致居候。○対支問題は我兵五万山東を圧するの時、適好之時機と存候。夫れには現在に於て最も好機歟と存居候。○今朝は敵の飛行機頭上に進入致来、我飛行機三隻之に対し駆逐仕候。○敵の海軍は一巡洋艦、一砲艦、内湾より陣地の右翼と常に交戦致居候。其他敵の砲台は昼夜間断なく砲撃を続行し、今日は二千発以上も発射致候歟と存候。中々痛快に候。先は当地方状況如此、謹而奉祝御安着候。

十月十三日　明石元二郎上

寺内総督閣下

烏鵲飛啼山　月明甲兵十万　圧堅城可憐　虜砲鳴空谷
却聴営中鼾睡声

〔封筒表〕朝鮮京城　寺内伯爵閣下　親展　十月廿四日接正毅　（消印1日付）3.10.14　（消印2日付）3.10.22　（スタンプ）軍事郵便。

〔封筒裏〕封　明石元二郎　（消印日付）3.10.23。

〔原史料番号〕①6-36。

38　大正(3)年11月24日

拝啓仕候。其後御変も無之、恭悦に奉存候。田中は昨日出発、伺候致候事と存候。

此地之概況、御聞取之事と奉察上候。昨今の模様にては、政友会は増師反対を以て内閣に攻撃を可試模様有之、併し原総務辺は苦心之状と承居候。但し一方に於て外交攻撃之火の手も随分強く可有之、政友会内に於ても一部之者は外交攻撃を以て増師反対運動に転代せしむへき意見を有する者不尠やに承居候。

対支問題之解決は如何に絶叫し、又如何に論議評定するも、結局腹の据へ方に帰着する義に有之、於是小官は常に閣下韓国統監として御赴任之際に於ける事共、追懐せさるを不得義に御座候。当時緑泉亭上無言の統監は不動緘黙之権威、先つ韓国朝野の肺腑を寒からしめたる義に有之、我に一大決心あり、而して彼れ一戦を交へすして敗る「趙州露刃剱寒霜光焔々若擬問如何割身為両断」底之処、這般の消息を伝ふるもの歟と存候。外交口舌の押問答を以て唯一之手段と致、大事の解決は其結果逆睹するに難からすと存候。不遠慮之放言、御一笑被下度候。

兼て御参考迄に種々総督府附武官後任者物色致、進言仕候処、何分他日立花之後任となるへき目的を以てせは、小官に於ても一層直接之感を生する義に有之候。種々御考慮中とは存候へとも、左に二、三為御参考申上候。

浄法寺少将

少しく温順に不過かと存候得共、小生考慮中撰中之一人に候（身体は丈夫ならず候）。青島方面に或は勤務するに至るやも難計候。

福原少将

大体宜敷、適任と存候。但し其欠点とも考ふへき処は、経歴上多く中央部に居らす、従て中央部の事情に通するや否と、更らに他の一は外国の事情等に通すること少きやと存候（洋行は不致候）。是丈を遺憾と存候。

田村冲之甫少将

其人物経歴は閣下御承知之事。

白井少将（二郎）

右同断（唯今病気なるも本来丈夫にして、勤務上に耐ゆ）。

要するに多数の文官中に混し重大の職権を有するを以て、猶熟考之上慎重に候補者の推薦も可仕候。

先は右迄。早々頓首

乱筆御宥免被下度候。

十一月廿四日　　　　明石元二郎

寺内伯爵閣下

〔封筒表〕寺内伯爵閣下　必親展　托立花中将。

〔封筒裏〕封　明石元二郎。

〔原史料番号〕①6‒37。

39　大正(3)年12月1日

拝啓仕候。益御清穆御安着被為遊、大慶至極に奉存上候。台湾総督後任之件に付、電報拝承仕候。海軍は外務大臣

を擁し、多少運動行はんとせし形迹は有之候得共、只今は行悩之姿に候。畢竟三菱系之運動らしく候。両三日前長谷川大将、佐久間総督に会合、佐久間閣下は曾て大谷中将を其参謀とし性格も熟知之事にて、大将は之を隈伯に推挙せらるへき様に承居候。岡陸相、本日転地先より帰京、先刻寸時面会仕候。右の件に付今日も更らに首相訪問相成候由之処、未得面会との事に候。陸相は隈伯には陸軍側侯〔候〕補者の事に付既に略内諾しあるを以て、隈伯か海軍側侯〔候〕補者を承認する事なかるへき意味之談有之候。いつれ其内猶詳細之状況判明可致候。

政海は多少景色ばみ候様に被存候。外交之攻撃等、其鋒鋩少々宛顕はれ居候。無事に本年之議会終了可致や、甚た問題と被存候。

先は前段不取敢御答迄如此に御座候。　頓首謹言

十二月一日　明石元二郎上

寺内総督閣下御侍史

〔封筒表〕寺内総督閣下御侍史　親展　十二月四日　正毅。

〔封筒裏〕〆　明石元二郎上。

〔原史料番号〕①6-38。

40　大正3年12月7日

拝啓仕候。閣下益御清勝奉恭賀候。

陳は小官事、今般久振将官演習旅行統裁として当地に到着仕、目下地形実施中に有之候。本年は種々の事件の為、地形見も後れ、両三日中より演習員集合之事にて、目下其準備中に御座候。

佐久間総督後任は、小官出発之頃には有耶無耶と相成居候。何分議会を目前に差控へ、政府も多忙之様に見受候。非増師之声も可なり盛んに有之、犬養等之一党之を以て主眼となす者の由に有之、其他多少雷同者も不尠候。内田良平等対支同志会之硬派は積極的国威発展を唱導致し、非増師は対外発展の趣旨に背戻する者にて、政府の一大失計は外務の無能に在りとなし、盛んに外務攻撃、支那政策を振廻はし居候。内田の云ふ所にては、同志会及政友会にも同論者不尠、政府は必らす対外政策の攻撃に依り滅亡する事と可相成とて、気焔当る可らざるもの有之候。

寿一君は帰京後、不取敢参謀本部第一部（尾野少将担任の国防作戦）に姑く附属の事と相成居候。伝聞する所によれは、閣下より長谷川閣下に、いつれへか地方の隊附

ても暫く致させ度ものと御話有之候哉に承り候。如何之義に候哉。思召の義も有之候はゝ、御申附奉願候。

当年の議会の前景気は混戦の模様に有之候。野田等も頗る鼻息荒き様見受け候。兎に角本年は紅塵滔々の都府より遠かり、常野の平原に苛〔カ〕塵を忘れ、春以来奇々怪々之出来事多き寅の歳は将に暮れんとし、春陽は熙々として新光明を可放祈居義に御座候。先は右迄。早々頓首

十二月七日　明石元二郎上

寺内総督閣下

先達而総督附武官（続て憲兵司令官警務総長）たるへき二、三の推薦人名外、山田隆一少将も候補者として可然歟と存居候。

〔封筒表〕朝鮮京城　寺内伯爵閣下　十二月十日　正毅　（スタンプ）書留。
〔封筒裏〕封　参謀本部　明石元二郎　於小山駅演習地　（消印1日付）3.12.6　（消印2日付）3.12.9。
〔原史料番号〕①6-39。

41　大正(3)年12月25日

拝啓仕候。閣下益御清勝奉恭賀候。内に外に思出多き大正三年、将さに暮れんとするに当り、改めて平素之御高庇を拝謝仕、又御健康を奉祝候。

本年は春より議会騒を以て始まり、議会騒を以て終る次第に有之、今日解散非解散の分け目に候。いづれがいづれとも畢竟党勢の争、国防の意義、凜として此旋風裡を脱するの時、何の日に来るべき。飜而欧州之戦局は中々容易に終結可致も無之、対支の案件、今後如何に可相成歟、来る大正四年亦多事なるを不免と存候。

顧みれは、今猶昨日の如き朝鮮併合も落花流水、漸く其第五年に達んとす。此間の御苦心、既に〳〵其果を収め、皇恩八道の山河に洽く、之れのみは朝野の意を強ふする処に有之、為国欣慶に不堪義に御座候。

寿一君、其後第一部にて尾野少将の許に精励相成居候。

先は年末之御礼迄如此に御座候。頓首謹言

十二月廿五日　明石元二郎上

寺内総督閣下

先日は御返書を辱ふし、難有奉存候。河野武官は竹田宮様聯隊長に御転出の上意の為少し後れ、来月中旬か下旬と可相成、其筋にては申居候。其後任は先つ山田、田村両少将の内を陸軍省と更に打合せ、御差図可仰候。

緑泉亭中歳暮、年始団欒之旧夢、恍として今猶眼前に存する次第に御座候。

〔封筒表〕朝鮮京城官邸　寺内総督閣下　奉煩親展　〔消印日付〕3.12.26。

〔封筒裏〕□　□京赤坂檜町三番地　明石元二郎　〔消印日付〕3.12.28。

〔原史料番号〕①6-40。

42　大正4年(1)月(4)日

拝啓仕候。春陽回復、益御清穆に被為入、奉恭賀候。偖て先日申上候河野中佐後任山田、田村等之事に付申上候節、白井少将は病後如何可有之之懸念より、前回達清聴候にも不拘其儘に致置候処、其後聞く所によれは病気も漸次回復期に向ひ、茲処少々加療致候はゝ御役に立つ見込も有之、且総督附武官としては当分療養も出来可致存候。甚屢々奉煩御高慮、恐縮之次第に候へとも、白井少将は御承知之通其機敏、前二人に比し優るとも劣る事無之、先般来屢々要路之人撰にも其名を見たる次第に有之、且又在鮮之経験も不尠事に有之、若し閣下に於て御使用被下候はゝ、本人に於ても頗る難有事に相考可申、此義重ねて奉得貴意候。尚又河野の転出は前便之通今月末に相成候間、優に御考慮之時日も有之候。小官に於ても朝鮮警務総長之後任は常に特別関係を有する如く被存、責任上出色之人を推挙仕度希望不絶事に御座候為め、彼是相迷、屢々御手数を奉煩、恐縮千万に奉存候。先は右迄。頓首謹言

明石元二郎上

寺内総督閣下

尚又当地之春は至て淋敷候。頓首

〔封筒表〕朝鮮総督官邸　寺内伯爵閣下　奉煩親展　一月七日　正毅　返事済　（スタンプ）書留〔消印日付〕4.1.4。

〔封筒裏〕封　東京参謀本部　明石元二郎。

〔原史料番号〕①6-41。

43　大正4年1月22日

拝啓仕候。益御清勝に被為入奉恭賀候。

一、過日川村師団長より河野中佐転出期の希望有之候得共、最早不日発表之所迄相運居候間、無致方其旨相答置申候。白井之分は来月中旬頃発表可相成見込に御座候。

一、寿一君は其内他に転出致すへき某少佐の後に参謀本部第一部々員たるへき内定に候。目下参謀旅行地を補助官として実査之為、部長尾野少将と共に出張中に御座候。

一、去る十八日、日置公使は我政府より支那政府に提議の数ケ条を袁に申入候。袁は篤と研窮〔究〕之上回答すへしと申候由。坂西よりの報に因れは、袁は同人に対し日支の親睦は素より望む所なり、只国礎未固支那に対し、日本は恕の一字を以て臨む事を希ふと申候由。此提議の成行は多少種々の故障も可有之候得共、結局我決心の鞏固遂行力の如何に依り解決可致、向後の情況に依りては、我威力の光輝に因り断々（ママ）たる解決を求むる事不得已義と存候。但外交当局之意向は、勿論未た肘度し得さる所に御座候。

先は右等迄。早々敬具

一月廿二日　　明石元二郎上

寺内総督閣下

台湾総督後任は大谷に内定の由に候へとも、手続ひま入り候様承り居候。其内実行可相成事に候。

〔外封筒表〕朝鮮京城総督官邸　寺内伯爵閣下　一月廿五日正毅　（消印日付）4.1.22。

〔外封筒裏〕〆　緘　東京赤坂檜町三番地　明石元二郎（消印日付）4.1.25。

〔内封筒表〕寺内総督閣下。

〔内封筒裏〕封　明石元二郎。

〔原史料番号〕①6‐42。

44　大正4年1月29日

拝啓　益御清穆奉恭賀候。

陳は大久保大将薨去に就而は、電報奉多謝候。其後一戸中将中心なり、遠藤主計監、太田少将、牛島少将等陸軍側に於ては昼夜尽力相成居、御休神〔心〕被下度候。

随分多年之御勤務、陸軍部内には知己、朋友、旧部下等有余る如き有様にて、此辺御休神被下度、御住所下渋谷村方面にも予後備軍人不尠、是等昼夜詰切致居候。

対支問題其後之成行はまだ混沌たる者の如く、日置と支那当局者間に数回之会見は有之候様に候。袁は逐條の審議を求め、我方よりは概括的に其諾否を求め、細項は後の交渉に譲るの意見を有し居候て折衝中に御座候。我外務省の顧問たるへきは伊集院彦吉君幕僚たる歟と推測致居候。先方之意向は右の如くにて未た何等とも想像付かす候得共、坂西等の報知に因て推測すれは、秘書官等の口気は今般の要求は左程無理ならさるも、主権に関するものは折衝稍困難なるへしとの事に候。」談判の行詰りの場合に於ける我当局の決心は数々岡陸相にも促し居候次第に候へとも、未た切り出すに時機を得すとの事にて、陸相に於ても時機を待ち居候様存候。

要するに本件は、支那側に於ては退譲するの外無之歟と存候。随て我提議は十分強硬に之を貫徹する必要可有之、若し夫れ我要求にして容れられずは、断乎として数師団を燕京の城郭に進めは事は数ケ月を待たすして決解可致、萬一根本の解決にして不十分ならん乎、他日欧州之平和克復の日、更らに非常の面倒を要するに可至歟と存候。刀既に鞘を離るゝの今日、十分之遂行は実に為国不堪祈念所に御座候。

先は近況如此。頓首謹言

一月廿九日　明石元二郎上

寺内総督閣下

〔封筒表〕朝鮮京城総督官邸　寺内伯爵閣下　親展　要保存

二月一日　正毅　（スタンプ）書留　（消印日付）4.1.29。

〔封筒裏〕封　東京赤坂檜町三番地　明石元二郎　（消印日付）4.2.1。

〔原史料番号〕①6-43。

45　大正4年2月3日

秘、御読了後、御投火奉願上候。

尚又万一の場合に応する軍事行動として窃に考慮計画中之腹案は、第一期に於て満州及青島交代兵を送り、当分現在のものと重複配置する事。第二期に於ては数師団の出征準備をなし、直に之を北京攻略に使用する事。

右は状況之如何に依り多少移り替りの時機に於て補助応急之手段を可要義も出来可致、即一時応急の所置と致しては、満州軍の一部を以て北清の要地に進め、或は御管下朝鮮より二、三大隊を満州方面要地之応急占領を要する場合可有之歟抔愚考罷在候。先は近況如此、徒らに向後の成行に付煩問〔悶〕罷在次第、御一笑奉願候。頓首謹言

二月三日　明石元二郎上

寺内大将閣下

〔同封〕

拝啓仕候。益御清勝奉恭賀候。

陳は其後対支交渉は、小生聞知する所にては、支那側に於ては種々御苦慮中未た何等切出不申候。昨日多分日置公使と袁世凱と会見致たる事と存候。其報告待居候得共、未た何等情報に接せす候。

支那諸新聞の論調は漸く矯激に向ひつゝ有之、中には悲憤慷慨の辞を洩すもの不尠候。要するに此趨勢は今後猶昂上可致奉存候。且参政院の方面に於ても必らす議論沸騰可致、恐くは袁は是等理由の下に條件の低減を求め、若くは時日を遷延し、此間第三者の利害と衝突せしめ、以て我要求を鈍からしめんとするには非らさる歟。勿論外務大臣の意向は明らかに承を得す候得共、其幕僚等は已むを得さるときは兵力を用ゆるの決心あることは申居候得共、彼等の壮言中々当てには相成不申、併し露は異議なきのみならす、寧ろ此件に就き厚意を表すへく（自己の立場の上よりも）、英は何等反対すへき理由なしとは外務側の観察に候。米は言ふに足らさる事は何人も首肯する所に有之候間、今回程都合宜敷日本の立場は可無之存候。只支那は何とかして此時局を切抜け、他日欧州平和回復の日を俟ち、寧ろ逆襲に可転の意を懐抱致候事は、是迄在北京諸情報の言ふ所に候。併し是迚も中々容易の事に無之、要するに我要求にして強硬に進行せば、支那は譲るの外道なき事と存候。恐くは手を換へ品を換へ哀願訴願、此危機を脱出する事を可図候。

乍併事既に此交渉を開きたる以上は、飽く迄も一貫せすんは後日の患となる次第と存候。示威の行動も此後の場合如何に依ては必要と存候得共、寧ろ一歩を進め出兵に因り此目的を貫徹する事最後只一の手段にて、之れか為めには三ケ月以内に北京を陥れ、しかも其経費は海軍か今回の海上運動に費したる費用以上に上ることなかるへきを計算し、窃かに時局の更に緊張し、一気呵成迅雷疾風之挙に出んことを熱望致居次第に御座候。

大谷中将台湾総督の事は、尚茲一、二ケ月隙取り可申哉に伝承仕居候。是は海軍の関係上、大浦内相も少し時機を俟て決行せんとするものゝ如く、最も此任命は海軍が如何に頑張り候とても、至大有力の点より如此き海軍の希望は決して達成する能はさる理由有之由に、窃に伝承仕居候。

先は支那事件其後之所感、如此に御座候。頓首謹言

二月三日　　明石元二郎上

寺内総督閣下

〔封筒表〕朝鮮京城倭将台　寺内伯爵閣下　親展　書留　要保存　二月七日　正毅　（消印日付）4.2.3。

〔封筒裏〕緘　東京赤坂檜町三番地　明石元二郎　（消印日付）4.2.6。

〔原史料番号〕①6-44。

46　大正4年2月9日

拝啓仕候。益御清勝奉恭賀候。

陳は対支問題に付而は、既前回申上候後、日置公使は両三日前陸外交総長と会見致候。其要旨を洩れ聞くに、青島問題は即ち膠州湾は還附するものとして彼は立論し、其他は独逸占領当時の如し（鉄道等）、芝罘、維〔濰〕県間の鉄道は独逸に約束済にて如何ともし難き事と、吉会鉄道を日本に譲与の事は否認、満州に於ける日本の優越権は認むるも内蒙は拒絶、租借地及満鉄の期限延長九十九年は長過きる事、其他満州に於ける警察権の事は拒絶、兵器統一、顧問の傭聘及支那内地鉄道、鉱山等の雑件は元来勧告的の事なるを以て、是等の事は跡廻はしと云ふが如き答解振に有之、日置は厄鬼〔躍起〕となり憤慨の様子、併し先方へ対案を求めある由なる故、先方の案が如何可有之や、要するに押問答に時日を遷延せんとする彼の底意なるへく、我方にては之を察し、成るへく猶予を与へす強硬に進まんとすとの事に有之、聞込みの儘申上候。小官の考にては、先方は或る程度迄折れる事は恐く間違なからん。併し或は示威運動位は必要歟と存候も、未た其期に至らす、遺憾に存候。此度は乗り掛りたる船、何処までも強硬ならんことを熱望致居候（以上秘極、御一読御投火奉願上候）。

欧州方面の戦争、未た双方共確乎たる発展無之候。併英仏露財政上の協力は慥に連合軍の弱点即相互の猜疑を去るの好手段にて、独逸は多少困り居る事と存候。独逸昨今の言草中に、兎角糧食の苦心言外に見へ候様被存候。如何のものにや。又近来の声言等兎角誇大なるは、或は弱点を隠すにあらずやと推想罷在候。此辺判断に苦む所に候。

先は近情如此に御座候。顧みれは、昨年の今頃は天下鼎の沸くが如く海軍収賄問題の為め騒然たる事に有之候。財部の復職、八代が泣付かれたるならん抔京童は申居候。東京昨今別事無之、総撰挙如何可有之や。世間は多少騒き居る様に候へとも、今や我国は西欧大乱の間に介立し、漸く支那問題に指を染めんとする一大機局に当る。今後数年の間は実に先帝之御遺業を奉承し堅実にすへき時機、徒らに源平の旗を樹て、宋の天下を亡したる群賢大儒の迹を趁ふの愚に陥らず、群蜂勢到岳辺止、萬波声向海上消事を祈次第に候。

先は右迄。早々頓首敬具

二月九日　　明石元二郎上

寺内総督閣下

〔封筒表〕朝鮮京城倭城台官邸　伯爵寺内正毅閣下　親展

二月十三日　正毅　（消印1日付）4.2.□（消印2日付）4.2.12°。

〔封筒裏〕封　東京赤坂檜町三番地　明石元二郎。

〔原史料番号〕①6-45。

47　大正4年2月12日

拝啓仕候。益御清勝奉恭賀候。

陳は守田大佐之儀、御書面拝誦仕候。大佐は以前聯隊長時代に於て旅団長たる之技倆に乏しと認められ居候由にて、前回詮考之際も予備編入と可相成気勢有之候に付、守田が旅団長に不適任は寧ろ陸軍行政府自ら作る所の結果なるを力争致、今日迄其儘に相成来候義に有之。然るに今や筆頭に在り、今回は其筋之詮考に於ても更に一歩の進境を示し、名誉昇進、少将に進級と申処に相決居候由にて、此上恩典等に付種々考慮交渉を試候へとも、いつれも他の振合異例となるものゝみにて、此上致方無之。就而は参謀本部より特別に手当を給し、其予備となり名誉少将に進級後、特別手当を以て満州駐在現任務継続の事、本人に交渉中に御座候。多分一両日中には何等回答可有之歟と存候。右様次第に有之、御諒承奉願度候。尚安東大将同様、進級後待命抔〔同様〕も相談致候得共、是は大将の如き特別に属する者にして、道用守田に難及、概ね前段之通にて本人之回答を求居候。

対支其後別段新報も無之、小官の察する所にては到底支那は強硬に拒絶する事は如何可有之歟と存候。」

先は前段御答迄。頓首謹言

二月十二日　　明石元二郎上

寺内総督閣下

空迎之瑶韻を別せんと欲し、窮極苦吟奉供劉覧。御一笑。

空迎六十四回春　春満山川花自新　新附士民潤皇化化成天外独横身

〔封筒表〕朝鮮京城倭城台官邸　寺内伯爵閣下　必親展　二月十五日　正毅。

〔封筒裏〕□　東京赤坂檜町三番地　明石元二郎　（消印日付）4.2.15。

〔原史料番号〕①6–46。

48　大正(4)年2月15日

拝啓　閣下益御清穆奉恭賀候。

陳は対露作戦之義は年々既に其詳細を規定し、各団隊へ関係之諸件令達相成居候義に有之候処、対支作戦に至ては唯其梗概に止まり、細部之区処に就而は唯参謀長会議之節、前任大島参謀次長より各参謀長へ所見を内示致候のみに止まり居候。然るに今回日支交渉事件之為、萬一の場合を顧慮し確乎たる計画を定め、必要に応し允裁を乞ふの必要も有之、概ね朝鮮在留部隊に関し曩に私信として腹案を奉煩清聴、次て両三日前、古海参謀長へ申遣はし置候次第に有之。

一、即在天津駐屯軍の増援として、事変に際し在旅順一個聯隊、工兵一個中隊を派遣し、天津の守備を確実にすること。

一、右の外満州に於ける各要点及東蒙各要地占領の為、在満州之諸隊は一時手薄と可相成、之れが為め内地より軍隊を差遣するに比すれは、在朝鮮の部隊を用ゆる事数日間の時日を短縮し、殊に安東県の如きは尤も其便を感する次第に付、対露作戦に於て朝鮮より出兵する例に倣ひ、満州に出兵するもの在京城一聯隊（一大隊欠）、在平壌二個大隊（各大隊は二中隊編成）と相成候事、満州に於ける応応《〔ママ〕》の方法として最も適当と被存、尚之に在京城野砲一中隊（四門）を加へ、奉天、安東県方面幷に前年より駐屯軍に注意しある如く、鴨緑江上流通化方面及北間島に小部隊派遣之義当然必要と被存、概ね此考案に基き対支萬一の場合に於ける作戦の規定致度、最も此応急行動之為、朝鮮内の警備に増兵の必要を生せは、随時塡補之道講究相立居候。曩に復案として申上置候得共、事情萬一に応するの計画相立候事必要と被存、不日総長より此他関東州、台湾、北清、中清、各関係対支作戦内示（最も参謀長と其長官に限り）願出る覚悟に有之候。御含御承認奉願上候。

最も対清交渉之成行に就而は、目下何等花々敷事無之様伝承罷在候。是非此際十分之成果を収むる様、乍蔭祈念罷在所に御座候。

先は右等迄。頓首謹言

二月十五日　明石元二郎

寺内総督閣下

乱筆奉祈御高免。

追伸　尚朝鮮より満州へ応急救援之義は只一般の場合に止まり、今年春季の如く上番師団と下番師団と重複配置をなし得へき場合には、或は此経過を取らすして済むへき情況に立到るやも難計、要するに此案は対露作戦計画と同様、一般の場合に於て研究するに止まりたる義も御座候。先は匆々不一

明石元二郎上

〔封筒表〕寺内総督閣下　奉仰親展　要件〔ママ〕存　二月十九日接正毅。

〔封筒裏〕□　明石元二郎上。

〔原史料番号〕①6-47。

49　大正(4)年2月22日

拝啓仕候。余寒猶峭料、閣下益御清勝奉恭賀候。」陳は満州応急派兵之件、早速辱御返電、蒙御承認、好都合に候。早速本日参謀総長より朝鮮駐箚軍司令官に対支作戦計画に付指示相成、是にて何時如何様之事有之候とも応急之処置出来可致、安心仕候。其影響する処、天津駐屯軍も不尠便宜を得候事と奉存候。兎に角紙上之研窮〔究〕は不怠相勤居候（寿一君も目下此方面之仕事に従事、来月中旬より参謀旅行補助官として出張之筈に候）。

偖て其後小官伝聞致候処にては、過日来外務之訓令に基き日置は強硬に談判致居候処、所謂彼れの対案之結果、第五項を跡廻はしとなし、第一乃至第四項は異議多々なるも交渉は継続する事に相成候由にて、此間日置、外務間の押問答の末、日置は今日頃より更に交渉を始候筈にて、外務側は強硬に遂行するの考なる由申候も、果して如何可有之や。過日も満州に於ける鉄道は合併又は借款鉄道と相成るやに聞込候間、岡陸相に是等諸鉄道の敷設実施之困難なる所以、其他兵器統一抔外交官側兎角軽々視する風ある事抔具述致置候。所謂廿一ケ條之要求、今後如何落着可致や。兎に角支那政府は日本か第五項之諸

要求を英露等に相談せす除外致候事を偵知し奇貨可措となし、逆襲の材料に供用せんとするの観有之候様存候。先は前段後段共見聞之儘如此御座候。頓首謹言（秘）

二月廿二日　　明石元二郎上

寺内伯爵閣下

頃日は上原大将御滞在之事と奉存候。朝鮮も南山渓水春色漸々動き、詩趣益多き事と奉拝察候。

〔封筒表〕寺内伯爵閣下　要件　二月廿六日　正毅。
〔封筒裏〕□　明石元二郎上。
〔原史料番号〕①6-48。

50　大正(4)年2月28日

秘

拝啓仕候。益御清勝奉恭賀候。
陳は其後日支交渉の経過、外相の陸相に語る所、概如左に御座候。

支那　独逸か山東省に有したる諸特権は日本の之を継承するを承認す。然れとも、膠州湾租借の一事を除く。

日置　膠州湾の事は他の諸條件議了之後に於て議定せん。今は之に接触するを得す。

支那　租借地以外に在る日本の電信線及守備兵幷山東鉄道の守備兵は撤去を望む。

日置　電信線路は他の之に代るへき方法を得たる後には撤せん。山東鉄道の守備兵は、守備上別に適当の方式を発見したる場合には之に依る事あるべし。

支那　芝罘、龍口、維〔濰〕県の鉄道は、独逸に許したる程度に非らすんは承諾するを得す。即借款鉄道なり。

日置　研究考慮せん。

支那　山東省を不割譲と支那か声明するは妨なし。然れとも、日本の提案に第五項に於て支那沿岸不割譲の一條あり、重複する如し如何。

日置　山東の不割譲は根本的の意味に於て異なる。沿岸全体の不割譲は支那自身保全之為より意味す。山東の不割譲は日本の力に因り独逸を駆逐したるを以て、日本は其立場上之を提議するの必要あり。

支那　山東に於て所謂中立地（即独逸租借地以外に於て、日本の軍事行動を認めし地方）に支那人の受けたる損害の倍〔賠〕償を望む。

日置　断して不可能。

支那　山東に市場を開く事は、体面上支那の自働に依るの形式を望む。日本へは勿論開市の前に於て相談し、場所等を決定す。

日置　承置く。

支那側　日独協定の場合、支那は山東の事に関し参列を希望す。

日置　含み置くへきも、約束は出来す。

山東問題の交渉に就而は概右様の事にて、満州問題に移る。

一昨廿五日は満州問題に付、午後三時より午後六時に及得る所なし。即

支那側は我提案冒頭の一句「日本は南満州内蒙古に於て優越権を有す」云々の文句中、内蒙古は不同意なり。日本は旅順大連の租借をなすにより、南満州に於てと云ふが如き意味に修正を求め、結局決定する所なく、次回を約し解散と致候由。

聞込大略如右に御座候。此後如何に進行可致歟。要するに、支那側は百方軽減を勉むる次第に有之、前途猶遼遠と可申歟。

結局一刀両断五師掩海陸之壮挙は、果して外相最後の頭中に存するや否不堪懸念候。先は右等迄。早々頓首

二月廿八日　明石元二郎

寺内伯爵閣下

〔封筒表〕朝鮮京城　寺内伯爵閣下　親展　三月四日　正毅要保存。

〔封筒裏〕緘　東京赤坂檜町三番地　明石元二郎　（消印日付）4.3.3。

〔原史料番号〕①6-49。

51　大正4年3月8日

拝啓仕候。益御清勝奉大慶候。

陳は一昨日電報を以申上候如く、日支交渉其後不相替渋滞、就而は武力的示威を要する事と相成、廟議之結果陸軍にては満州青島之交代兵幷條約面以内（二千六百人以内）に天津派兵を増加する事と相成、昨日勅裁相済、多分来る十六、七日頃宇品、児島湾（備前）、神戸、対馬（要塞砲兵にして、青島の主砲と交代すへきもの）を出発致事に可相成、今日夫々命令相成候。

偖て此後右の武力的示威運動にて効果なき場合は如何と申すに、是は結局随意行動を取ると申事に可相成、其辺迄は凡そ覚悟しある事と存候。偖其随意行動とは、結局

主として満蒙に於ける行動と可相成歟。此辺廟算は未た確乎たる大々的軍事行動まては確定致し居らさる様被存候。併し事茲に到れは一波萬波を生し一炬燎原の勢を生し来る不可測事に存候。先は右迄内々奉煩清聴候。頓首謹言

三月八日　明石元二郎上

寺内総督閣下

〔封筒表〕朝鮮京城総督官邸　寺内伯爵閣下　必親展　三月十二日接　正毅　要件　（消印日付）4.3.9。

〔封筒裏〕緘　東京赤坂檜三番地　明石元二郎（消印日付）4.3.11。

〔原史料番号〕①6-50。

52　大正(4)年3月19日

秘

拝啓仕候。閣下益御清穆奉恭賀候。

扨小官事、昨日来当地に於ける参謀旅行視察中に有之、両三日滞在之見込に有之候。統裁官は尾野少将、寿一君補助官として精励、御休神〔心〕相成度候。

偖て対支交渉の成行は、日置氏の落馬負傷にて其継続は如何相成へきや。我公使館に支那側委員会合、蓐上にて日置交渉継続、先方承諾可致歟。此辺昨日迄は未定之様に伝承仕居候。

日置落馬前途の成行は、専ら商業及居住権（満蒙に於ける）の事にて論議を重ね、此辺之事は既に前回申上候処と格別の差無之、畢竟彼は日本の為商業上数ケ所を開くへき事、居住上に就而は治外法権撤去を望む事等にて、此処我委員の主張を未た応諾するに至らす。又満州に於ては兎も角蒙古の事は彼猶之を認むるを肯せさる次第にて、更らに講究熟考を重ぬへき義と相成居候由、大体小官の聞知する所にては前数回の反覆論議に外ならす、唯語中に若干の余地を示し居候点、聊か進捗と認むへき者に候様存候。併し蒙古の事は猶主張致居候由に候。其他満州諸懸案に付ては、大体稍接近進歩の状被認候由。

坂西の所見にては、支那側は結局譲歩するならんとの鑑定に御座候。何分日置故障之為、多少の時日に累を及す事なきやと懸念罷在候。其頭部の負傷は約二週間、足部は猶長き時日を平愈〔癒〕の為可要由に有之候。

先は近況内聞之点、如右に御座候。頓首謹言

三月十九日　播州龍野に於て

明石元二郎

寺内総督閣下

〔注〕本紙は「陸軍」の罫紙。
〔封筒表〕寺内総督閣下　親展　要存　三月廿八日　正毅。
〔封筒裏〕緘　明石元二郎。
〔原史料番号〕①6–51。

53　大正(4)年3月24日

拝啓仕候。閣下益御清安奉恭賀候。

倍過る廿日交渉の概況、従前と格別之差異無之、同一の処を往復致居候感有之候。我は満蒙に於て四十ケ所の商業地の外居住権を要求し、彼は種々苦情を申立、我は結局居住は日本領事之許可するものには永代租借の形式を以て之を許す、但其裁判権は日本の裁判を用ふる事を主張し、彼は斯る希望ならは治外法権を〔ママ〕撤去を要望し、意見一致を欠く。又鉱山開発に付、彼は支那の鉱業法に準拠すへきを主張し、我は之を否認す（列国も認め居らさる由）。此処又一致を欠く。又支那側は相変らす内蒙古を包轄するを峻拒する等、大体従前より余り進境を呈不居候。尚米国よりの抗議云々は誇大にして其杞憂的質問に不過、此点外務省は米国の為すなきを認め居候由、又英国大使の友義的仲言は長江沿岸の鉄道の事及可成戦争を避くへき手段を取る事に有之候由、外相は此際英国か友義的の仲言は反て疑惑を起さしめ、又事件の進捗を累す旨答へたり（英大使に）と伝聞致候。何分此辺の事は一切秘密にて、何方にも一切緘黙致居候事の由にて、僅に伝聞に不過候。兎に角外務省は楽観的に装居得〔ママ〕共、前途果して十分に主張を徹底し得へきや如何と存候。

在清武官等の報告并小官の愚見は、此談判は結局支那の屈服に終り得る事と存候。乍去此屈服迄には我政府は断乎たる決心あるを要す。此危機一髪の処、彼か其主張を翻すの処歟と愚想罷在候。即日置公使か決然袂を払ふて去るの刹那、恐く彼の豹変の時機歟と存候。但外務の取らんと欲する所は、恐く交譲妥協に非らさるなき歟。是現時の状体、稍楽観に過くるの状有之様被認候。

小官の私見にては支那は及はさる迄も百方常套の術数を尽し、第三国の後援に依らんする〔ママ〕ことは、殆〔弥〕も韓太王か列国の利害を紛糾せしめ、嘗て瀕死の国運を彌縫し一層深淵に沈淪せしめたると同一の轍跡を進行する次第に有之、今回の交渉は既に之を切出したる以上、列国は日本の意思の存する所十二分に之を推断するを以て、我要求は之を貫徹せずば将来の為め百般の妨碍を受くへき事明なる次第と存候。況んや日本の行動如何に係らす、欧州戦後総決算の出入補填は必然支那に向て求むへきは当然の事と被存、日本か立脚の根底を作るは実に今日に可有之、若し貪り過き萬一吐き出すの已を得さるあるも、其大部は之を保留するを得へく、且人心を刺戟し一洗するの動機とも相成可申、一大進展を力むるは決して損なき事歟と存候。若夫れ一朝談判を中止し、公使を撤退するの日あらは、我は満蒙各地に於て其軍隊に退去を命し自由行動を取るを得へく、又支那政府に於て依然拱手して我軍兵を待つあらは、或は進んで北京城内の兵を転退せしめ、其秩序を我に於て完全に維持し袁政府の反省を求むへく、蓋し拱手して我軍を待つか如きは畢竟不可実行の空論に不過と存候。若し政府西安府に移転するが如きは、是れ袁の危険上不可行の事と存候。清朝或は清朝の余糵は恐く此機に於て袁に代り我後援に因り天下に号令するを得へく、如是危険の行為、袁の敢てする所に非らすと愚想罷在候。徒らに冗文愚想の研究談に流れ奉恐縮候。当地撰挙も一両日間の終結の由にて、世間は騒敷御座候。大隈首相の汽車演説、蓄音器演説抔破天荒の奇想に候。一昨日参謀旅行地より帰着仕候。各地又中々の騒に有之、寒村癖邑政熱到らさる所なき有様に御座候。先は頓首謹言

三月廿四日　明石元二郎

寺内総督閣下執事

円山大嶺和尚は今回甲州恵林寺（武田信玄の提菩〔菩提〕所大寺）の住職に相成由、中々出世に御座候。

参謀旅行終了日馬上口吟

交戦旬余争輸贏　大蛇茲日対長鯨　春風忽解干戈恨
花下達鞍入鷺城

〔封筒表〕寺内総督閣下　親展。
〔封筒裏〕封　明石元二郎。
〔原史料番号〕①6-52。

54　大正(4)年6月1日

前略御免被下度候。

一、昨日は御寵招を辱ふし、難有奉存候。不得已前約之為拝趨之栄を得ず、遺憾千萬に奉存候。

一、満蒙之経営に付中村都督より意見提出相成居、陸相、参謀総長或は外相にも送附相成候事と存候。大体之趣旨は都督府を奉天に移す事、官制を改革し租借地の外猶満蒙の領事を指揮する事、領事は牧民官的の職務を兼ぬる事等、大体小官等も窃に希望致居候事に御座候。乍併意見と実施とは別問題にて、只一片の意見として止まるなきやと想像致居候。

一、別紙南満州鉱山調、只今主任者より提出致候儘、只御参考迄任好便奉供御覧候。

先は右等迄。早々謹言

六月一日　　明石元二郎

寺内総督閣下

繁忙中乱筆、御恕宥奉願上候。

〔原史料番号〕①6‒53。

55　大正(4)年6月22日

拝啓仕候。閣下益御清勝奉恭賀候。陳は先日寿一君より橘瑞超著蒙古手引草なる書籍御入用有之候趣拝承致、参謀本部は勿論、本願寺其他二、三ケ所問合候得共、いづれも承知不致、依而橘氏え直接問合候処、手引草に就而は有無共其書信中に無之、只別冊郵送之蒙古語字書送来り候。察するに、蒙古手引草なるものは此字書の事にても可有之歟。同人著述書中に同名若くは類似の者無之旨、築地本願寺にては申居候。御入用之書籍に該当候や否は難計候得共、橘氏より送附之儘郵便に付し御送致申上候。

田中少将来訪、御伝言の事拝承仕候。難有奉存候。

先日来其後露国より更に銃砲、就中弾薬之請求申込有之候。当局にては又々研究中に候。

露の昨今の失敗は一大打撃と被存候。思ふに独墺は其勝利を全ふせんか為めに攻勢行動を続行可致、而して更らに一大打撃を加へたる後、西方戦場に鋭鋒を転する事と可相成歟。

仏国大使館附武官の両三日前之談話中、英国は猶三ケ年を期し諸準備相整居候由、英国還りの我将校も同様之事申居候。察するに、戦争の遷延は英国に於ては其海外に於ける独逸勢力の駆除之為、案外不利益にも強而無之歟と被存候。

仏国側之言ふ所にては、仏国は其国民性の急噪なるに似す沈静なるは、最後之勝利を確信するに在りと今猶申居候。要するに伊国之蹶起は希勃等巴爾干諸国には強き誘発的効用は可有之、然れとも独逸昨今之状況は露軍之敗又敗にて、志気及分捕兵器、軍需品之為、不少利益を収め得たる事無疑事に候。

畢竟今回之戦争に於て根本的の両敵は英独にして、其海上権及海外貿易の争奪は今回戦役の結果に属すへく、即英独両虎の死活問題は最も列国軍中之最大なる者歟と存候。露之連敗、誠に苦痛無極事と存候。但連合軍側に於ける志気之挫折、倦怠、其国民之不統一を生せさる限り、容易に戦を歇むること能はさるへく、講和の如き容易に生することなかるへき歟と愚想罷在候故に、米国仲裁説の如きは成立困難と存候。

満蒙方面之事は、其後経営方針等に付、其筋之決意未た何等聞く所無之候。

排日排貨は各地南北を通し不相替猖獗にして、当分終熄之見込も無之、支那側之陰然たる教唆も必らすしも斉東野人之誣言に無之事と存候。

満蒙に於ける我経営の如き、例の国賊條例抔の影響を受くる事、必らす不尠事と存候。

要するに大勢は我国をして何時迄も蝸角上之小争に耽り、平和の惰眠を貪るを許さす、最強国たるか衰退国たるかの分岐点は、時々刻々切迫する様被感候。

先は前段橘書籍之件迄。頓首敬具

六月廿二日　　明石元二郎上

寺内伯爵閣下

〔封筒表〕寺内伯爵閣下　親展　六月廿六日夕接　正毅　大正四年六月二十二日。

〔封筒裏〕緘　明石元二郎上。

〔原史料番号〕①6-54。

56　大正(4)年7月1日

拝啓仕候。炎暑如燃候処、閣下益御清勝被為入奉恭賀候。

回顧すれは、本日は憲兵警察合同第五周年に相成、閣下之命を奉し警察権譲受之御訓令を携帯し、帰鮮後二週間にて正に東京に於て併合諸準備御計画中にして、懐旧転た今昔の感に不堪次第に御座候。謹て閣下之御健康を奉祝。

東京に於ける政海之事情は門外漢に候得共も〔ママ〕、彼の天理教問題勃発、又議員買収問題これも多少八釜敷候様にて、世間の噂取々に御座候。併し真相の如何は問ふの物数奇心も無之、随而事情も承知不仕、只此国家重大の機に党争終に底〔停〕止する所無らんとするは遺憾之事に奉存候。参与官参政官問題も豺狼をして徒らに咆哮せしむるの肉塊なるは、昨年の今頃より予見するに難からさりし所、藪を打て蛇を出す自業自得と申より外無之候。

日露同盟論、近時是又新聞等にて大分散見致候。不言実行之困難なる国民と被存候。

在露中島少将より最近之通信に依れは、露は今回之敗戦打撃なるに相違無之も、遅重なる特性尚鋭を養ひ欠を補て、他日の奮戦を企画致居候由。

露には元来二個の流れ有之、一は親独派、一はスラブ派にして、スラブ派は総司令官ニコライ親王其巨頭に有之候。日露戦争中之辛き経験に懲り、スラブ主義を以て独逸派を抑へ来りたる次第にて、露の巴児干問題に熱中するの一因亦茲に在る如くに候。敗戦に敗戦を重ね、スラブ派声望を失するに至れは独派頭を擡け来るへく、是政略上内政上露の憂慮すへき所なるも、今日はまだ其処まては到り居らす仕合と申来居候。中島少将の此観察一理ある事と存候。

満蒙の経営方針未た杳として聞く処無之、一篇の條約文にては容易に実行難期歟と存候。

先は紀念日に際し新旧取雑〔混〕せ如此に候。頓首謹言

七月一日　　明石元二郎

寺内伯爵閣下侍史

〔封筒表〕寺内伯爵閣下　親展　七月四日　正毅。

〔封筒裏〕緘　明石元二郎。

〔原史料番号〕①6-55。

57　大正4年7月26日

暑中謹而奉伺御機嫌候。

先般政務総監に、又昨日立花中将に面会仕、益閣下御清勝之趣拝承仕、不堪恭慶候。朝鮮大洪水の報伝承仕、漢江之増水三丈三尺に達候由、可驚事に奉存候。当地方連日之炎天、雲翳無之、望雨之声一般に御座候。

瓦児庄の陥落或は撤退は刻々切迫之状況と有之、小官は兼而露軍の右翼に懸念罷在候処、果して如何可相成乎。良し瓦庄（ママ）一時拒支するも、北方及ひクールランド方面よりする独軍之運動は、将来の作戦に多大の影響を可及歟と奉存候。

欧洲今回の戦乱は、十八世紀中葉の七年戦に酷似致居候

様存候。其連盟、其発作の状態、列国加入の勢、戦争の経過既に然り。其結果亦之に類するなきやと想像する義に御座候。

先は暑中御見舞迄、如此御座候。頓首謹言

七月廿六日　　明石元二郎上

寺内伯爵閣下侍史

〔封筒表〕朝鮮京城総督官邸　寺内伯爵閣下　親展　七月廿日　正毅　要保存（消印日付）4.7.27。
〔封筒裏〕緘　東京赤坂檜町三番地　明石元二郎（消印日付）4.7.30。
〔原史料番号〕①6―56。

58　大正4年8月4日

拝啓　炎暑難凌候。閣下益御清勝奉恭賀候。

政界又々動揺、彼是御五月蝿事と奉拝察候。

露軍大体「ワルセウ」より離脱致候歟と存候。併し其右翼に対し、小官は尚杞憂を不断候。

頃日在露武官小田切大佐よりの私信公信に依れは、露軍之銃器、弾薬之乏欠、仮令ひ其不用意に帰するとは乍申、戦敗之源因専ら此に存する歟と被存、東洋に於ける他日独国之飛躍を為妨には出来得る限り助力致度者と存候。

要するに天下は英露〔独〕の争覇戦にして、其勝敗之孰れに帰するも我に於ては結局同一之影響にて、東洋の覇威は英と争ふに至る歟、独と争ふに至る歟、是自然来るへき運命と被観候。合縦連横の権道雖不可忽、畢竟自己力量の培養、国威軽重の定る本源と被存候。

別封朕の作戦なる著書閑余一読候処、其著者の果して独逸皇帝なるや或は他人なるやは暫く不問と致、欧人の観察として左も痛快に感候間、本便にて奉供劉覧候。先は頓首謹言

八月四日　　明石元二郎

寺内伯爵閣下侍史

〔封筒表〕朝鮮京城総督官邸　寺内伯爵閣下　親展　八月八日　正毅　返事済（消印日付）4.8.□。
〔封筒裏〕緘　東京赤坂檜町三番地　明石元二郎（消印日付）4.8.8。
〔原史料番号〕①6―57。

59　大正4年8月17日

拝啓仕候。閣下益御清勝奉恭賀候。先日は玉章難有拝読

仕候。共進会開会、彼是御繁務奉恐察候。

内地状況聊小康を得たるが如く候へとも、前途不可測となすもの不少様に承居候。

偖欧洲之戦況、在外諸官之報告幷小生の憶判等近況、総括的に左の如き歟と存候。

報告は露軍の右翼方面に於ける危険を伝ふること、依然たる義に御座候。独軍の未た十分の活動を起さゝるもの、蓋し猶準備中に在るに非らすやと存候。

報告は露軍兵器弾薬の補充困難を依然伝居候。我友誼に依るの外、外国より救援の道なき様に被存候。○我当局者の語る処にては、来る九月より一年間に逐次送り得るもの、小銃約二十萬挺、銃弾約一億、砲（旧）二十中隊分、砲弾四十余萬発との事に候。○我全力を挙け官私工場を大々的に拡張し、要すれは欧米の技師を高俸を以て聘傭するも、数千萬金を投するも辞する所に非らすと存候も、偖而中々左様の事に参らさる由中者も有之候。露軍をして頽勢を整理し之を推進するは、此道の外無之歟と存候。多くの在露者は露独の単独講和を否認致居候。小官も十余年前の智識を以てせは、全く之と同論に御座候。親独主義は寧ろ宮中及大官の一部に可有之候へとも、全露殊に純露の志操としては決して親独の傾無之、王室に対する悪感も寧ろ独逸人の血統「スラブ」に君臨するを喜はさるより生する意味に之有りし事に候。故に単独講和は露国か征服せられたる場合に因て起り得へく、甚た遥遠のものと存候。只其百萬の狃猍徒らに空拳を振ひ戦ふに至らさる如く、明年に対する彼我の計画十分なるを望む所に候。

報告は英国に於ては尚兵器弾薬の準備に汲々たりと申候。英軍は先般四、五時間の戦に砲弾十三萬五千を費し、僅に「イーブル」に小成功を収めたることあり。今後他日大行動の為めには一日百萬発の砲弾なかるべからずと申居とのことに候。

仏国に於ても兵器弾薬の製造には頗る力を用ひつゝありとのことに候。併し攻勢を取る事は中々急の事に有之間敷、露軍側にても右様判断致居るとのことに候。

本日の着電中には猶ほ聯合軍側は頻りに「セルビヤ」に勧告し、勃牙利に希望の地を譲らしめ、以て勃国を引入れんと試みつゝありとの事に候。

墺独軍側軍需品、其他内部の状況、暗黒不明に候。一、二ケ月前迄は捕虜収容所に宛てたる書信中に、軍需（食料）困難の様子抔有之候由なれとも、昨今は禁したる為めか何等無之由に候。只遺産処分、黒框《わく》の書翰等中々多き由、蓋し戦死者の多数を示すものかと存候。」

要するに双方共中々の苦境に入り、是れよりして耐久力の試験に孰れか及第するや、此時期は勿論長かるへきも、状況は益々佳境に入るものと存候。

瑞典の体度は元より独逸に濃厚なるも、独墺軍に加入する迄の決心は容易に付くへくも無之事と存候。諸威は之に反し聯合軍側に濃厚なるへきは自然の理に候。

満蒙の諸調査に付、各省、関東都督府、満鉄等を合し委員を編成し、外務大臣其長として従事する事に相成候由伝聞仕候。調査は何を調査するか。金鉱、銀鉱、牧場、森林可なり。然れとも其大体の調査は概ね出来居る筈也。調査は経営え移るの門戸たり。経営の大方針、大輪郭は如何。寧ろ輪郭を定め、巨細の調査の如きは其施設に任せること可然に非らすやと愚想罷在候。曰く満鉄、曰く鉄道院、曰く農商務省、曰く何と、道具集め研究倒れよりも、寧ろ実地の統一的経綸を定め、之に因て細部の調査及実行を規定すること便ならずやと門外の感想に候。

先は右迄。頓首謹言

八月十七日　　明石元二郎

寺内伯爵閣下侍史

〔封筒表〕朝鮮京城総督官邸　寺内伯爵閣下　親展　八月廿日　正毅　（消印日付）4.8.17。

〔封筒裏〕封　東京赤坂檜町三番地　明石元二郎　（消印日付）4.8.20。

〔原史料番号〕①6－58。

60　大正4年8月27日

謹奉祝合併第五年候。

閣下益御清勝奉恭賀候。春風秋雨五ケ年之事、御回想不啻事と奉拝察候。小生共来廿九日出張所より御案内を蒙り居、同日は遥に御健康を拝祝可致、楽居候。

欧洲之事、露軍連敗遺憾之事に候。最早や御承知にも可有之、数日前英国皇帝より我陛下に御親電有之、露軍之為兵器補助願ひ来り候趣、之に対し我方よりは「御尤之事、当方に於ても従来援助をなし来り、又今後は一層援助をなしたき考にて、有司に命し諸工場の作業力を倍蓰可致命したる処にて、正さに貴陛下の御希望と符号する次第なり」と云様なる概括の意味〔に〕みて御返電有之候由、砲兵工廠は来月より大に作業力を増加するとの事、又民間に於ける此種の事も勧奨するとの考可有之由承知致居候。

先は不取敢前段祝詞申上度、如此に御座候。頓首謹言

八月廿七日　明石元二郎

寺内総督閣下御侍史

〔封筒表〕朝鮮京城官邸　寺内伯爵閣下　親展　八月卅日
正毅　要存　（消印日付）4.8.27。
〔封筒裏〕緘　東京赤坂檜町三番地　明石元二郎　（消印日付）4.8.30。
〔原史料番号〕①6‒59。

61　大正4年9月13日

拝啓仕候。閣下益御清勝被為入、奉恭賀候。

此度は盛大なる共進会御開催、御繁忙拝察仕候と共に、朝鮮の隆運を奉祝義に御座候。又夫に付而は御招待状を賜り、朝鮮関係に付毎々御寵遇を蒙り、感佩不能措所に御座候。

偖て立花中将老父、八十才老病重体にて到底回復之見込無之、先つ一週間か十日位ならん抔、医師申居候。毎々之帰省、御用を欠き候事なれとも、又々請暇願出るか如き事無之哉も難計、立花及其家族へは何等意見へも申述へす候得共、小官之所見にては到底旦夕を難計者と存候。未た極内々に候へとも、小官も梅沢中将之後任内命を蒙り候。不相替御眷顧を奉祈義に御座候。

先は近況。頓首謹言

九月十三日　明石元二郎

寺内総督閣下

〔封筒表〕朝鮮京城官邸　寺内伯爵閣下　親展　九月十六日
正毅　（消印日付）4.9.13。
〔封筒裏〕封　東京赤坂檜町三番地　明石元二郎（消印日付）4.9.16。
〔原史料番号〕①6‒60。

62　大正4年10月(11)日

拝啓仕候。愈御清穆奉恭賀候。

博覧会にて御繁忙奉拝察候。

先日は御祝詞并御祝物頂戴仕、御厚志千萬奉感謝候。只今当地を通過、遥かに奉祝御健康候。是れより着任後、直に麑島地方演習に出張致候。

一昨日は小田原に伺候し、山県元帥に御暇乞致、元帥は昨日東京へ帰らる。

満韓蒙の統一は各方面とも同感者多く、大隈首相までも満州三頭の行政の不可を御説明、縷々承り候位に御座候。間島の事、種々御心配と奉存候。又支那の帝政問題、即袁自ら皇帝たるの件は、小官は前途を楽観する能はす、内外の困難不少事と存候。

是より純乎たる軍隊生活に入り、新に此方面の研究従事可致候。

汽車中

　放浪江湖二十年　君王有命賜兵権　秋高東海天如拭
　馬首○○肥薩辺

明石元二郎

寺内総督閣下

〔注〕「東京下関間特別急行列車中にて　年　月　日」の印字あり。
〔封筒表〕朝鮮京城　寺内総督閣下　十月十三日　正毅　要存（印字）東京下関間特別急行列車中にて　（消印日付）4.10.11。
〔封筒裏〕明石元二郎　表に名なき為開封仕候（大度〔カ〕）（消印日付）4.10.12。
〔原史料番号〕①6‐61。

63　大正4年10月15日

拝啓仕候。益御清勝被為入、奉恭賀候。陳は小官事、去る十三日着任仕候。兵は是れ肥薩之健児、居は是れ藤肥州之古城、秋高く爽颯之気山野に満ち、今日始めて将軍の貴を知る次第に御座候。

支那帝政問題は可なるも、袁の登極は延て我内政に及ほす紛糾不可測者ある歟と存候。欧洲之大戦は未た容易に終焉を告るの趨勢に向はす、仏軍は小官は常に独逸の十分八と、全体を通し観測唱述致居候事にて、彼の独逸兵学派か一概に之を軽視するを否認致来候次第にて、今日の情況よりすれは中〔当〕らすと雖も遠からさるには非る乎と存候。露軍否寧ろ露国は、小官の見を以てすれは、今日の小成功如何に拘らす、大なる敗滅を取らすんは幸也と存候。軍隊の精神の貧弱、国家の不統一は、此国の特性と存候。乍併純露即露国主義にして且自由志操を帯ふる議会の多数等は討独主義に有之候故、皇帝政府は寧ろ其推進に仍り戦ふの気味有之様存候。若し皇帝か連戦連敗するに方ては、「セダン」敗後の仏国と其轍を同ふする如き事は有之間敷や。乍去日露の確実なる提携或同盟は、露軍の敗滅の場合に於て寧ろ其必要の大なるを見るへき歟と存候。

赴任途中、山公訪問の節、端なくも乃木問題に対し、山公自身意見を発表し天下に説示する所あらんとの意ありて、徳富翁に新聞借用を申込まれ候様御話有之候故、小生は余計な事乍ら、夫れは閣下の私闘ならは兎も角、今日儼然たる政府を措き当局者を介せすしての御説明は、却而世論の沸騰を来し、結果面白からさるべしと申置候。先は着任の御報迄、早々如此御座候。頓首謹言

十月十五日　　明石元二郎

寺内総督閣下

〔封筒表〕朝鮮京城官邸　寺内伯爵閣下　親展　十月十七日正毅　要存。

〔封筒裏〕〆　熊本城内　　明石元二郎（消印日付）4.10.16。

〔原史料番号〕①6‒62。

64　大正5年2月4日

拝啓　閣下益御清勝被為在奉恭賀候。先般は露国皇族来訪にて、種々御心労奉拝察候。任地の位置上御出迎拝顔之機を不得、新聞に因り御消息拝聞致たる事に御座候。使節一行も極めて好感を以て退京相成、将来両国之親交上利益不少事と奉存候。東西両洋の戦乱は容易に終熄之域に達すへくも無之、国事多難の折柄、奉祈御自愛候。頓首謹言

二月四日　　明石元二郎

寺内総督閣下

両三日来、連合演習視察の為、植木、田原坂、山鹿方面に出張、四十年前御苦戦之戦場は此一帯之区域かと存候。例に依り苦吟。

率薩肥三千子弟　拠鞍終日路論兵　当年父老幾人在

荒草残塁不勝情

〔封筒表〕朝鮮京城総督官邸　寺内伯爵閣下　親展　了　二月五日　正毅　要存。

〔封筒裏〕〆　熊本市外大江村　明石元二郎（消印日付）5.2.5。

〔原史料番号〕①6‒63。

65　大正(5)年4月25日

拝啓仕候。南山春色漸く老ひ《〔ママ〕》、緑泉亭下桃李妍を争ふの時、閣下益御清勝に被為入奉恭賀候。平素は意外の御無音申上奉恐謝候。

偖て先般上京之際、立花、田中等と鼎座之節、田中より支那問題の成行に付内話有之、之に関する所見等は立花具状仕候歟と奉存候。元二郎昨今当面之勤務にのみ没頭致、聊事情に迂遠なるを不免候得共、此道の研究は随分古き関係を有し、所謂鈍鳥不離巣、猶鬼窟裡彷徨致候事、笑止之次第に御座候。

思ふに、支那紛擾之動機は日清戦争に於て曝露したるに始まり、波瀾起伏今日に及へるもの、日清戦争の結末未了と中外無之歟。要するに、

一、袁氏の運命は既に竭きたり。挽回の道なし。墜落は自然の理と被存候。

二、段祺瑞は好意にもあれ、悪意にもあれ、袁を救護するの力なく、又自ら時局を収拾するの力なし。

三、張勲、馮国璋は段祺瑞に屈するものに非らす。又南方派を統率し得へきものに非らす。従て自力を培養し、漁夫の利を占めんとするのみ。彼等は事実上既に中間独立国の観を成せり。

四、南方派の勢力は恐く尚増加するを得ん。潭人鳳の活動ある場合に於て然り。然れとも彼等か支那を統一し、時局を収拾せんことは到底不可能なり。

結局は四分五裂、而して日本の後援ある一勢力に因て、局面の収拾を見るを得へき歟と存候。日清戦争に因て決潰せる支那の堰堤は、日本の力に藉るに非すんば復旧を見る能はさるの理と被存候。

右は元二郎の愚見にて、其全部が田中や立花の所見と合するや否を知らす候得共、大体に大差なき事歟と信居候。

四分五裂は時局収拾の経路順序として最も歓迎すへき事と存候。就中袁氏の退位は収拾上必須の条件と存候。是れ袁氏の信望は内外に対し地に墜つるのみに非らす、其日清戦争の発頭人として朝鮮に在りしより支那を誤り、二十余年間の事一として支那紛乱の起動者たらさることなく、終に今日に及へる次第なれは也。四分五裂の後収拾の正面に立つもの何人なるやは、今は寧ろ言明せさるこそ智者なるへし。元二郎は常に閣下に臆面なく愚見を清聴に達せし如く、宣統帝其人を推すものに候。是其最弱者にして最正理を有し、個人として憎怨の念最も薄き

ものなれは也。其最弱なるは寧ろ我に有利なる所歟と存候。孤影瑩々頼る処なきは即我偉大なる力に頼らしむるの道にして、所謂中原の独立国たる張勲、馮国璋の如きは寧ろ大に宣統《ママ》の復僻を歓迎すへき歟と存候。此辺は田中や立花等には通用難致歟と存候。今は之を細論するの時機にあらず、暫く此岐路に入るを避け、更に本論に立戻り、偖て

我当局従来の措置の適否は批評家に任せ、兎に角既に袁の帝政を不可とし勧告し、又一、二友邦の対支運動を控制し、漸く白紙を我に捧くるに至りたる今日、我は是非共初志を貫行せさる可らさる成行と存候。畢竟田中が数次閣下の御黙認を仰願する所以、亦此意に外ならすと存候。

閣下曩きに雷霆の威を以て朝鮮の併合を行はれ、今や民心安堵富力日に加はる。而して隣邦今や紛乱を重ね、朝野の閣下に望む所益々重きを加ふ。閣下は国家の重倚也。縦横の策は以て閣下を煩はすへきに非らす。唯閣下の恩遇を蒙り閣下の薫陶を受くるもの、閣下喜はれさるの色あるを見て痛心煩悶するのみ。元二郎竊かに思ふに、大局の収拾は堂々たる鉄腕を要し、収拾の道を開くには縦横虚実の策を要す。端を操り緒を求め、以て投すへきの機、論すへきの理を作るは、後者の任也。参謀本部友僚者の努力せんとする所、茲に在るかと想像致居候。思ふに、支那の事は今や支那自身にて解決し得へきに非らす、背後の力は日本に在り、又之れあれはこそ日本か支那に臨むの基礎確立可致、今や世界の国権動揺の時に方り、天与の好機逸すへからさるものありと愚考致候。本来日本の如き蕞爾たる小邦を以て雄を天下に唱へんには、軍備の材料供給に、地理形勝の応用に不能を感するは争ふへからさる事実と存候。我々友僚の対支観は畢竟之に外ならず、軍備充実の経路及目的としても、対支解決の好機を認むる次第と存候。元二郎辺境に在て只軍務に没頭し、中央日々の事情に暗く、迂闊閣下の顰笑を博するに足らさるを知る。只恩遇を蒙ること深く敢て自ら蔵匿せす、山海の仁恕を乞ふ次第に御座候。本日招魂祭当日の為小閑を得、大雨覆盆の中認む。頓首謹言

明石元二郎

寺内伯爵閣下

招魂祭苦吟

清明四月弔忠魂　到処山河百戦痕　杜宇声々啼血裏

断碑留影落花村

〔封筒表〕朝鮮　寺内伯爵閣下　五月二日　正毅。

〔封筒裏〕〆　明石元二郎。

〔原史料番号〕①6-64。

66　大正5年5月28日

拝啓仕候。益御清勝に被為入奉恭賀候。馬上唯忙殺罷在、御無音奉拝謝候。

過日龍山に於て武田和尚法会相営、在鮮之知人六十余名相集候由、事御耳に達し態々御弔慰被下候趣、一同深く御厚情を感謝致居候。通知に接し不堪恐謝、顧みれは六年前の杜鵑緑蔭に啼く、此頃法衣の袖を捲り併合の前途を祝福せし状、尚彷彿として眼前に往来する事に候。猖狝の狂僧、幾何か此寵栄を九泉の下に感泣罷在事と存候。先は御機嫌伺迄。早々頓首

霧島山下にて検閲中

五月廿八日　明石元二郎

寺内総督閣下

〔封筒表〕朝鮮京城総督官邸　寺内伯爵閣下　親展（消印日付）5.5.28。

〔封筒裏〕封　麑島明治館滞在中　明石元二郎　（消印日付）5.5.30。

〔原史料番号〕①6-65。

67　大正5年6月24日

拝啓仕候。閣下益御清勝に被為入、奉恭賀候。陳は只今検閲中間〔閑〕を得帰営仕候処、大城戸翁よりの来電に接し、閣下御栄典之趣拝承仕、此事可有之は夙に期待罷在居候処なりと雖も、実に欣喜雀躍に不堪事に御座候。茲に謹て御祝詞申上候。頓首謹言

六月廿四日夜　明石元二郎

寺内元帥閣下

尚乍末筆、先日は御葉書を賜り、難有奉感謝候。一吟を乍存、山野に奔走の為、不心御無渼〔沙〕汰申上候。

奉祝御栄進即吟

一剣答恩幾十年　興軍功就又綏辺　人間四首崎嶇路

今観寵光降自天

元未定稿

注に申上候。一剣答恩は閣下御所用之印、崎嶇路は例の為牛為馬天下頑之一句を思出し、茲に相用候つもり。句

不練、御一笑奉願候。頓首

〔封筒表〕朝鮮京城　寺内元帥閣下　親展　六月廿七日　正毅（消印日付）5.6.25。

〔封筒裏〕〆　熊本第六師団　明石元二郎（消印日付）5.6.26。

〔原史料番号〕①6-66。

68　大正(5)年7月1日

拝啓仕候。御無事御着関、奉拝祝候。昨今教育検閲中、乍遺憾御出迎難拝英風、遥に御栄進の御東上を奉祝上候。

七月一日　明石元二郎

寺内伯爵閣下

一、二御笑を奉博、御東上を拝祝して

梅雨霽れや　松緑也　朝日影

過日の「漁者はいつくにあみや張りけん」に奉酬して

五月雨に　鮎とるすべもあらはこそ

唯一面の濁江の水

〔封筒表〕寺内伯爵閣下。

〔原史料番号〕①6-67。

69　大正(6)年4月18日

拝啓仕候。閣下益御清勝に被為奉《ママ》恭賀候。陳は先般上京中は、公事御多端の折柄態々帰任前御寵宴を賜り、殊に難有感佩罷在候。帰任に付取急き御礼申上度、如此御座候。頓首謹言

四月十八日　明石元二郎

寺内伯爵閣下侍史

当地は目下両派の劇戦中之由にて、宗像の形勢よろしき由聞及申候。御用商人側は国権党に、党籍を有する一部を除く外は宗像に投票とか、乍蔭聞及候。先は早々敬具

〔封筒表〕寺内伯爵閣下。

〔封筒裏〕〆　明石元二郎。

〔原史料番号〕①6-68。

70　大正(6)年8月5日

拝啓仕候。閣下益御清穆に被為入、奉恭賀候。国務御多端之折柄、此度は御懇書を賜り、深く不堪感激義に候。年来御高恩に浴し、涓埃之報効を致不得、却而

賢慮を奉煩、御厚情を累ぬるのみて責任益重きを加ふる事、自ら顧みて恐懼措く所を不知義に有之、幾度か躊躇致候末終に決心、奉煩清聴候処、御咎も無之御懇書を賜り候事、感激言ふ所を知らさる次第に候。益々魯鈍に鞭ち賢慮に酬ひん事を祈念致居候。宜敷奉願上候。先達而併合紀念日には尊電拝受仕、御盛大之事遥に同時刻に拝想仕候。猶又故旧之面々袂を連ね、首相官邸に参集致候事、当時よりの理想に叶ひ、皆々得意会心之状横溢致候事と奉欣想候。

目下当地管閲点呼及演習召集中にて、各地え奔走罷在候。謹而御言葉を拝謝致、表感激之意度為め、如此御座候。

頓首謹言

八月五日　明石元二郎

寺内伯爵閣下玉榻下

追伸　此書面書終り候時、伯爵夫人御病気にて赤十字に御入院之趣、新聞紙に記載有之由にて、家内共発見、心配罷在候。
若し紙上之報にして幾分之事実あらは、御心配中之事と奉存、一日も早く御快愉〔癒〕之事、不堪祈念義に御座候。謹而御見舞申上候。頓首

八月五日午前八時　明石元二郎

寺内伯爵閣下侍史

〔封筒表〕寺内伯爵閣下　奉煩親展　了　要存。
〔封筒裏〕緘　八月五日　明石元二郎。
〔原史料番号〕①6-69。

71　大正(6)年8月9日

秘

拝啓仕候。盛暑中国事御多端之折柄、閣下益御清穆に被為在、奉恭賀候。

陳は今回陸軍大異動に於て、小官は師団長中最古参者たるの故を以て、久敷後賢の路を杜く能はす、上級職の補欠たるの外無之事と推想する事に御座候。

台湾は征台の当年、小官は近来師団参謀として多少該島に奔走仕、終始頑健、幸に風土人情を略了知仕候。其後川上将軍に随行、再ひ視察の機を得たるのみならす、尚南支沿岸、仏領印度支那の各地、暹羅等に及ひ視察研究仕、又其後更らに南洋諸島差遣の命を蒙り、呂宋諸島等台湾並に其附近之関係状態は略研究するを得たる次第に候。然るに領台以来開拓の全島に普及せさるもの、平素

窃に遺憾に存居候。此点に就而は小官等当初征討の関係を有するもの、亦其責任之幾分を感する次第に御座候。幸に先年閣下之隷下に属し朝鮮にて修得致候所を以て、此島の治安開拓に貢献せんとするの念は常に禁する能はさる所に御座候。勿論多少の先輩は有之候事なれとも、小官は少くも健康之点に於て蛮地開拓を自信罷在候。此率直露骨なる告白、誠に恐縮に不堪候へとも、多年閣下に親炙するの栄を得、此機に於て閣下の御記臆を願置かんとするの情切なる次第に有之、奉煩御清聴義に候。寔に恐懼の至に御座候。頓首謹言

八月九日　　明石元二郎

伯爵寺内元帥閣下御直

〔封筒表〕永田町官邸　寺内伯爵閣下　奉煩御親披　了　八月十二日。

〔封筒裏〕□　熊本市外大江村九品寺　明石元二郎。

〔原史料番号〕①6-70。

72　大正6年11月28日

拝啓仕候。閣下益御清勝に被為入、奉恭賀候。過般師団機動演習地より引続き湖南之大演習に陪観仕、可拝清容相楽み候処、国務之御都合御帰京之由、残念に奉存候。該地にて立花中将に数回出逢申候。近状幷御病人之御容体拝承仕、喜憂交到之次第に御座候。又其節は御伝言を忝ふし、難有感謝仕候。其後直に麑島に於ける島津家之祖先祭、戊辰祭、戦死者祭等に招待を蒙り出場、本日久振帰熊仕、御伝言を拝謝し、御無音を叙し御機嫌奉伺候。先は早々頓首

十一月廿八日　　元二郎上

寺内伯閣下

〔封筒表〕東京麻布笄町　□内伯爵閣下　御親展　（消印日付）6.11.28。

〔封筒裏〕〆　熊本市外大江村九品寺　明石元二郎拝　十一月廿八日（消印日付）6.11.30。

〔原史料番号〕①6-71。

73　大正6年12月25日

拝啓　閣下益御清穆に被為入、奉恭賀候。平素は国務御多端之折柄差控、御遠慮申上候処、却而御無音に流れ奉恐縮候。愈年末に相成、茲に謹而歳暮之御祝詞申上、且平素之御眷遇を奉拝謝候。

昨日迄例に依り管内肥薩の境に演習の為出張罷在候処、如何に暖地とは乍申極月之寒風、自ら東京之寒気も聯想致所に有之、此際別して御自愛奉祈上候。

露国之紛擾時々諸新聞にも散見仕、愈出てゝ愈乱暴と相成、往年の秘密結社出揃の有様にて、K.D.のミルユーコフ、ケレンスキーに破られ、ケ氏亦たS.D.のレーニンに敗る。S.Rも亦た行動するか如く、韮蘭は予定の行動を取り独立する等、雪風巴状の渦を捲き、争闘に暇なき有様、往年の理想悉く展開の観有之、奇観不少は、頭を回せは十有一年十二月廿七日の帰京を思ひ、亦た歳暮感慨之一に有之候。反古に等しき当時の原稿差出候。萬一御留置、閑時御一覧を仰くを得は、光栄に御座候。勿論当時の系統は現今変更せる事、無疑候。

更らに吐紅の毒蛇を送り、嘶風の神駿を迎んとするに当り、謹而奉祝御健康候。頓首謹言

六年十二月廿五日　明石元二郎

寺内元帥閣下侍曹

過日此地之筍、東京駅長に托し入御覧候。御笑留を賜らは光栄之至に存候。頓首

〔封筒表〕東京麹町永田町　総理大臣官邸　伯爵寺内元帥閣下　御親展　了　十二月廿九日（消印日付）6.12.28。

〔封筒裏〕封　熊本市外大江村　明石元二郎（消印日付）6.12.25。

〔原史料番号〕①6-72。

74　大正7年3月13日

拝啓仕候。閣下益御清勝奉恭賀候。陳は先般立川大尉帰省面晤致、御様子拝聞仕、又御伝言難有奉拝謝候。国事御多端の折柄、御心労奉拝察候。折角時下御自愛奉祈上候。

隣境之変態、内田子爵も不日帰着之由、随行員中に上田仙太郎なるもの有之候歟と存候。元清浦子の書生にして、本野、栗野、内田三子に仕へ、訥弁野貌、風采不揚ものに候得共、中々の露国通に有之候。

先は御機嫌伺迄。早々敬具

三月十三日　明石元二郎

寺内伯爵閣下

〔封筒表〕東京麻布区笄町　元帥寺内伯爵閣下　親展　了　3.16（消印日付）7.3.14。

〔封筒裏〕□　熊本市外大江村　明石元二郎。

〔原史料番号〕①6―73。

75　大正7年4月26日

拝啓仕候。過日上京之際は、御病中にも不拘御引見被下、奉萬謝候。其後御経過宜敷事と拝察仕候。国事御多忙之折柄、折角御摂養奉祈上候。又御夫人様御病気も漸次旧態に被復候事と存候。此病気は寔に御災難之御事にて、殊に御同情に不堪次第に候。東京出発後南薩に向ひ、要務の為両三日滞在致、乍延引御礼申上候。

英仏軍の烈戦苦闘、想像に余りある事に候。独軍之鋭鋒阻止、漸小康之状相見へ、可喜事に候。勝敗和戦之如何に不拘、縦横離合之変化に不拘、萬法帰一之理、多策は無策、萬軍は最後之一兵に如かさる歟の念不少候。

先は前後之御礼且御病気御見舞迄。頓首謹言

四月廿六日　　明石元二郎

寺内元帥閣下

帰途一二　　未定稿

連横合縦任人論　閑数幾邦込又存　睥視鯨鯢振首尾
弩弓持満圧乾坤

又

酔花三月出都門　行見残紅新緑村　徐払旅塵隈水畔
晴耕雨読別乾坤

〔封筒表〕東京麻布区笄町　元帥寺内伯爵閣下　親展　大7.4.26（消印日付）7.4.26。

〔封筒裏〕〆　四月廿六日　熊本市外大江村　明石元二郎

（消印日付）7.4.28。

〔原史料番号〕③69―17。

76　大正7年6月17日

拝啓仕候。退京後連日昼夜繁忙之為、御無恙〔沙〕汰中上、恐縮の外無之。小官今般御推薦に依り大命を拝し重任を荷ひ、恐懼措く所を知らず、上命に副ひ奉り知遇に答へんと欲し、衷心惶々たる次第に御座候。昨年来在郷軍人に対する官民之助力も有之、旧部下為我の訣別を兼、三日間に三衛戍地を告別之為、茲に小閑を得御機嫌奉伺候。其後倍御元気御回復、英親王殿下之御接迎に御鞅掌の事奉拝察候。来る廿三日迄に上京拝顔可致、先は小閑を得御伺申上候。草々頓首謹言

明石元二郎

寺内伯爵閣下御侍史
　旅行先薩州甑島に於て
六月十七日

〔封筒表〕東京麻布笄町　伯爵寺内元帥閣下　必親展　（消印日付）7.6.18。
〔封筒裏〕〆　甑島市明治館に於て　在熊本　明石元二郎。
〔原史料番号〕①6－74。

77　大正7年7月19日

拝啓　閣下其後御変も不為被在、御健勝奉恭賀候。此度は無涯御厚情に浴し、国事御多端之際にも数次拝顔を得、不堪感佩義に御座候。出兵問題も一段落相告候模様、千萬御心労之程奉拝察候。一言妄見是非之論も、既に第一之関門を透過致候。今日に於ては自然大勢に支配せらるべき趨勢を来たし、向後緩急に応する拡大は結局不可免義かと推想罷在候。益閣下之御健康を祈念致義に御座候。生義、大廟桃山之参拝も無滞相済み、只今芸予海峡航行中に御座候。所謂向南望北斗次第、亦時運之回転は必らすしも萬人の想像通にも参らさる事あり。萬一独の鋭鋒南進するの日あらば、御役に立つ機会も可得歟と祈居候。先は本土を去るに臨み、海門の一角より不取敢御礼申上候。早々頓首

　七月十九日　　明石元二郎
寺内元帥閣下侍史

〔封筒表〕東京麻布笄町　元帥寺内伯爵閣下　親展私信　了返済　（消印日付）7.7.19。
〔封筒裏〕〆　馬関にて信濃丸　明石元二郎　七月十九日（消印日付）7.7.21。
〔原史料番号〕①6－75。

78　大正7年8月7日

拝啓　閣下益御健勝に被為入、奉恭賀候。陳は其後御無音申上、恐縮千萬に奉存候。着任後直に南方巡視仕、此程帰城仕候。

当地の状況は、小官の一巡せし直覚的の感想は朝鮮と違ひ候点、漸く同化渋滞の傾きなきやと被存点に有之、即邦語の応用稍劣り、風俗の支那風尚存し、其他思想上に於ても朝鮮よりは同化少きの感有之事に候。島民邦人間の隔壁、稍朝鮮より多き歟と存候。故に此邦土の同化は

部下官民にも主張致居候。要するに大日本をして邦人自ら小日本たらしむるの感は、之と共に漸次消磨を計り度存候。

北方の軍事行動着々進捗之状拝察し、御苦心奉恐察候。一両日前家族共到着、宏壮なる官邸を見、老母等の驚愕不少候。是又図らすも孝道の一部に叶ひ候事と存居申候。公私取交せ郵便日に迫り、早々如此候。頓首謹言

八月七日夜　　明石元二郎

寺内伯爵閣下御侍史

〔封筒表〕東京麻布区笄町　元帥寺内伯爵閣下　親展　（消印日付）7.8.8。

〔封筒裏〕封　台湾台北　明石元二郎　（消印日付）7.8.13。

〔原史料番号〕①6–76。

79　大正7年8月21日

拝啓　閣下益御清穆に被為入、奉恭賀候、陳は露領満州之出兵其後逐次進展之模様、新聞紙上に推測せられ、此辺之世論物議も消散候様被存、是迄之御苦心奉拝察候。米騒動は我利連之買占め売吝み、殊に煽動者の尻押等も有之候事歟と存候。当地は生産稍島内之消費に超過するか為め甚敷困難を感するに至らす、先此分なれは多少安心歟と存居候、要するに、絶海之孤島此辺之取締は幾分仕易き様に候得共、其代り交通海運は生産及商業に付著敷関係を有するものと存候。

今回家族一同参居候処、東京に帰住之為明日出発致し、嘱托村田多忠（元龍山憲兵分隊長）同行仕候。十月には自身上京を願ふ積りに致居候。先つは郵船に任せ、草々御機嫌奉伺候。頓首

八月二十一日　　明石元二郎

寺内伯爵閣下

下官着任後部下に訓示致候筆記は、印刷物児玉伯まて下村民政長官より御送致候やに聞及居候。

〔封筒表〕東京麻布笄町　総理大臣私邸　寺内伯爵閣下　御親展　（消印日付）7.8.22。

〔封筒裏〕〆　台湾台北　明石元二郎。

〔原史料番号〕①6–77。

80　大正7年10月2日

拝啓仕候。其後無御障御健勝の御模様、村田大尉参邸の節拝顔之栄を得、委細拝聞致候。又藤田中佐に演習場に

て会合致、御伝言拝謝仕候。いつれ近日拝顔、清容を可
拝、楽居候。
此度は内閣交迭〔更〕にて、却而御静養之為めには好機会と奉
存候。御病中、国事御心労奉拝察候。
御在任中之御厚意を拝謝し、不取敢御礼申上候。御高免
演習中奉仰候。草々頓首

十月二日　明石元二郎

寺内伯爵閣下侍史

〔封筒表〕東京麻布笄町　寺内元帥閣下　親展　了（消印日付）7.10.2。
〔封筒裏〕〆　三州豊橋龍拈寺　明石元二郎　（消印日付）7.10.3。
〔原史料番号〕①6-78。

81　大正(7)年10月17日

拝啓仕候。本日は突然伺候致、得拝顔難有奉存候。

偖而其節申上候鎌倉行は、小官には廿日（日曜日午前八時四十発汽車）と申来候。若し閣下御都合御差支無之候は丶、鎌倉東慶寺（大船駅より下車、腕車にて三十分位、鎌倉より下車しても矢張り三、四十分位に候）に於て御待仕る事に御座候。得御光臨候得は、大塊居士も必らす驚喜可致事と奉存候。右時刻は新橋駅より出発する大塊、柏蔭両人の協定時刻に有之、若し御光臨之事に相成候は丶、十時乃至十一時頃東慶寺御着の御つもり尤も可然歟と存候。

十月十七日　明石元二郎

寺内伯閣下御侍史

〔封筒表〕麻布笄町　寺内伯爵閣下　御親展　返済。
〔封筒裏〕〆　中渋谷五五一　明石元二郎。
〔原史料番号〕①6-79。

82　大正(7)年(10)月(20)日

両回之尊書、難有拝受仕候。只今東慶寺到着之処、態々御使、難有奉存候。大塊幷に和尚も具に披露仕候。神尾大将も昨今入堂、参禅三昧に御座候。

御病気誠に痛心之次第、併一時の事と存、切に御自重御摂養奉祈上候、早々敬具

明石元二郎

寺内伯爵閣下御侍史

乱筆御宥恕奉願候。宗演老師、大塊翁よりも宜敷申上候。

高潔の身は大磯の秋高し　大塊
木魚声裡入山門　柏蔭
君を待つ今日山門の秋晴るゝ　無仏
山寺の秋に君まつ僧と俗　宗演
空晴れて影は見えねと松ケ岡　穀堂

〔封筒表〕寺内元帥閣下　御親展。

〔封筒裏〕明石元二郎。

〔原史料番号〕①6–80。

83　大正8年1月2日

拝啓　本日は年頭筆始めに、閣下の御消息第一に奉伺度、執筆致候次第に御座候。本年は御宿痾も速に御回愈〔癒〕之事、平に奉祈念居候。

大磯の御閑居も、冬分〔ママ〕は御摂養上効果不尠事と奉拝察候。

次に小官義、無事頑健罷在候。在外殖民地の状態は御蔭を以て研究之機を得候ものゝ、中々思様には参らさるものに候。施政の面倒は新附民よりは寧ろ内地人の驕傲に在る事、当地も朝鮮と異ならさる歟と存候。御蔭を以て堂々たる大官邸に住居候ものゝ、平素は纔かに二室にて十分に候。此程帰任の際病弱の一子を伴ひ、風土の温暖を利用し保養旁教育致居候次第、却而幾分無聊を医する義に候。先は御機嫌伺迄。早々頓首

一月二日　　明石元二郎

寺内伯爵閣下

除夜答立花将軍
京洛知君祝太平　客身千里故山情　南荒遮莫奇風物
除夜月明杜宇声
又
家山萬里海雲悠　北馬南船猶未休　除夜今年淡水上
回頭五十五春秋
御一笑奉願候。頓首

〔封筒表〕神奈川県大磯　伯爵寺内正毅閣下　御親展　了
13/1（消印日付）8.1.3。
〔封筒裏〕〆　□月二日　台北台湾総督官邸　明石元二郎。
〔原史料番号〕①6–81。

84　大正8年1月24日

拝啓　益御清勝被為入、奉恭賀候、陳は生義、営林局業務為視察阿里山登山仕、当地より山頂迄汽車一日行程往

復を要し、猶山頂伐木の状況を実視仕、只今下山仕候。閣下其後之御様子、厳寒之砌、御障も無之事と存、奉慶候。

只今台南守備隊より之報告に依れは、該隊に流行性脳脊髄膜炎発生致居由、痛心罷在候。御夫人様御様子も聯想仕、殊更酷寒之季節、御障無き事奉祈義に御座候、先は御伺迄。頓首謹言

一月廿四日　　明石元二郎

寺内元帥閣下

〔封筒表〕東京麻布笄町　元帥寺内伯爵閣下　親展　了　4/2（消印日付）8.1.□。

〔封筒裏〕〆　於台湾嘉義　台北総督官邸　明石元二郎　御見舞　一月廿五日（消印日付）□.2.□。

〔原史料番号〕①6-82。

85　大正8年3月8日

三月八日午後

謹奉祝御安着

雪の表起行僅一旬

煙波追尽済洲演

東風却見催春速

桃李吹紅柳新

帰京途上於立浪律　明石元二郎

此地より小包にて差出候品は麗水の帆立貝、羅老島の支那行エビ、麗水市場の火打石に候。

〔葉書表〕東京麻布笄町　寺内伯爵閣下　執事　（消印日付）8.3.10。

〔原史料番号〕①6-83。

86　大正8年4月14日

拝啓　久敷御無音申上、不相済次第に御座候。又先日は御懇書拝受致、難有奉存候。

上京中汽車中柴田君と同車致、御消息承り候。同君之大磯御訪問に御同道致度存候処、少々差急可申事情も有之、数日後を期する事に致候。不取敢着京之御報告申上、併而御健康を奉祈候。頓首謹言

四月十四日　　明石元二郎上

寺内伯爵閣下

〔封筒表〕大磯（神奈川県）寺内伯爵閣下　御親展　（消印日付）8.4.14。

〔封筒裏〕〆　東京中渋谷五五一　明石元二郎。
〔原史料番号〕①6-84。

87　大正(8)年(5)月12日

拝啓仕候。昨日は拝顔を得、難有奉存候。御病中、切に御自愛奉祈上候。台湾土産之粗品、御覧に入候。御笑留奉願上候。先は右迄。早々拝具

十二日　明石元二郎

寺内伯閣下

〔封筒表〕寺内伯爵閣下　品添。
〔封筒裏〕〆　明石元二郎。
〔原史料番号〕①6-85。

88　大正8年6月23日

拝啓仕候。去月末帰台仕、其翌々日より東海岸巡視の途に上り、蛮界の山路を取り西海岸に出て帰府仕、直に地方官会議を挙行致、御伺を怠り、先日御書面難有奉存候。益々御軽快之段、不堪欣舞義に御座候。

欧州に於ける長時日の争覇戦、其亀裂の及ふ所広範囲に亘り、糊塗纏〔弥〕縫、漸く平和之形体を見る次第に候へとも、暗雲は却而乾坤に弥漫するの状有之、殊に為邦家益御自愛奉祈候。朝鮮の紛擾誠に遺憾之事に候得共、動揺は寧ろ内地の自ら動揺するに在て、不逞の鮮人が寧ろ此間に微笑するなきやを感する次第に御座候。台湾対岸福州、厦門、広東等今排日行動尚沈静に至らす、此頃は靭軟性を帯ひ持久策を取る者かと被察候。幸に台湾に何等影響を与居らす候。所謂王道を以て誠意の指導を努居も、万一支那流の蠱惑煽動に雷同するに方ては承知成り難しと覚悟罷在候。今や米の好景気、諸株の獲得応募等に余念なく労働賃金の不廉を来し、却て事業家の苦悩する所に候。唯今安南人を官営事業に試み、労働賃の暴騰抑制を試みんと計画致つゝある次第に御座候。未た出張員の詳報を待つゝある次第に御座候。昨今の状況如此候。先は暑中御伺迄。早々頓首

六月廿三日　明石元二郎

寺内伯閣下御侍史

〔封筒表〕相模国大磯（東海道線大磯駅）伯爵寺内元帥閣下　親展　（消印日付）8.6.24。

〔封筒裏〕〆　台湾総督官邸　明石元二郎　□月廿三日。

〔原史料番号〕①6-86。

89　大正8年8月30日

謹啓　小生病中は毎度御懇篤なる御見舞を蒙り、深く感銘仕候。以御蔭本日より病床を離れ、座中之歩行位は容易に出来申候程度に漕付申候間、乍憚御省慮被成下度、尚今後は一層御注意に随ひ摂養相怠り申間敷候。過日柴田君には突然御逝去之趣き、新聞紙上にて拝見、驚き入申候。先達て上京之際浜松より国府津まで同車致し、閣下之御消息を聞知するを得候次第、其後小生は重患に罹り九死に一生を期せす、却て同君の訃音に接し、御同情に不堪候。先は乍略儀御弔詞旁々近況、代筆を以て御報申上候。敬具

八月三十日　　　　明石元二郎

寺内元帥閣下

〔封筒表〕神奈川県下大磯　伯爵寺内元帥閣下　返し了71/9（消印1日付）8.8.30（消印2日付）8.9.6°

〔封筒裏〕〆　台湾総督官邸　明石元二郎　八月三十日。

〔原史料番号〕①6-87。

90　大正8年10月1日

拝啓　其後御変り無之、時候も秋冷に入り、御暮し易く相成候処、先般は沢山の葡萄酒御恵与被下、難有奉存候。小生義、暫く病後の療養を兼ね、別府安川敬一郎別荘にて療養致、東京に向ふ筈に御座候。其内拝顔を可得事と相楽居候。先は御機嫌伺迄。早々

明石元二郎

寺内元帥閣下

〔封筒表〕東京麻布笄町　伯爵寺内元帥閣下　（消印日付）8.10.1°

〔封筒裏〕台湾総督官邸　明石元二郎（消印日付）8.10.6°

〔原史料番号〕①6-88。

4　赤松連城

1　大正(5)年4月29日

粛啓　先般東上之際屢尊厳を冒し、種々御願申上、該件円満解決に至り、感謝之至に御座候。早速御礼可申上之処、本月初旬より山口県へ罷越、故大洲鉄然へ御贈位之慶讃会に臨み、宗教家勤王報国之鼓吹に相勤申候。漸去

る廿日帰京候為、誠に御無沙汰仕、失敬御海恕奉希候。扨大洲之事に因み、更に一事件申上度候。右は別儀に無之、維新前後之勤王僧故与謝野礼厳之事蹟を具陳し、嗣子与謝野寛遺族を代表し御贈位請願之旨、賞勲局へ申出候処、既に内閣へ御廻附相成候由、洩承候。右礼厳は従来之知己にて、其男照幢は拙者之養子と致候縁故も有之、其事蹟之詳細は拙者も承認致候儀に付、何分之御詮議を賜候へは将来吾党報国之志を奨励するに付裨益不少と奉存候間、特に閣下之清聴を仰候儀に御座候。地方官へも其由申出置候儀に御座候。時下為国家、千萬御自重奉仰候。恐惶謹言

四月廿九日　　　　赤松連城

伯爵閣下執事御中

〔封筒表〕寺内伯爵閣下　煩御親展　外封あり郵便。

〔封筒裏〕在京都　赤松連城。

〔原史料番号〕①436−4。

5　赤峰瀬一郎

1　大正7年7月10日

謹啓仕候。種々の方面より探知仕候所に依れば、政府は西比利亜に出兵を今にも為さんとする御用意有之やに承り申候。

右は世界の大勢に反したる無謀も甚しき亡国策にして、是非とも忍耐停止致度く存候。如何となれば、過去拾数年間の経過に照らして考ふれば、今後拾年内外に日米間の衝突は今や到底避く可からざる歴史の操反へされんとする時期の年一年と近寄りつつあればなり。

此故に日本国民たる者は今後拾二分の英気を養ふて、此未来戦争の為めに海軍力と国力を必死の努力と精神を以て完成す可き必要に迫りつつある事を第一に思はざる可からず。但し東亜モンロー政策を実行せんが為めに、此際公然此主義を声明して三個師団位をハルピン地方迄進めて、反過激派人民に一大勢援を与て健全なる西比利亜政府若くは露帝国の建設を援助するは、最も望ましき事に御座候。此方針以上に出て徒に西比利亜に出兵するは、亡国策なりと断言せざるを得ず。不肖新聞主筆等とも会

見して其意見を交換せしが、実に彼等は浅慮なる出兵論を唱へつゝあり。是必竟するに、彼等には世界的見聞と知識の欠乏甚しきが故に御座候。
不肖近日中に本問題に就て参上仕候可きに就き御面会被成下度く、此段予じめ御願申上候。早々敬白

赤峰瀬一郎（押印）

寺内総理大臣閣下

大正七年七月十日

〔原史料番号〕①5―1。

6 上利芳三

1 明治18年6月27日

閑院宮親王殿下始め益御機嫌能被為在、奉拝賀候。随て芳三事も御蔭を以て依然奉職罷在候間、乍憚御休慮奉願候。此度山根武亮渡航仕候間、当地之景況は別に不申上、只左の件申上候。過日三浦中将御帰朝後間も無く、mémorial de l'affiair In génie を寺内中佐より伝送相成候と申す事故、受取の為め本部へ出頭仕候処、全く虚聞にて其儀無之、大に失望仕候。若し相成事に御坐候はゝ、右書籍第二十七巻、即ち千八百七十六年以来出版の分、其他有用の書御送致被遣候へは、為当校誠に仕合せ申、右御願申上度迄、其内時下御自愛為国家奉祈候。頓首

明治十八年六月廿七日　　上利芳三拝

寺内様足下

〔原史料番号〕①436―64―1。

7 秋月左都夫

1 大正5年12月8日

謹啓　昨日申上候件は、可成速に掛りの御方へ御話被下候方可然と奉存候。御含迄右得貴意候。恐々頓首

十二月八日　　秋月左都夫

寺内伯閣下

〔封筒表〕永田町　寺内伯閣下　親展　？　了　三月八日（消印日付）5.12.8。

〔封筒裏〕西大久保四百十一番地　秋月左都夫（消印日付）5.12.8。

〔原史料番号〕①9―1。

2　大正5年12月9日

尊書拝読仕候。然は愚書簡短に失したる為め、御手数を煩はし候段恐縮に奉存候。扨其用件と申すは、淳宮殿下来春陸軍中央幼年学校予科へ御転学之事に決定候処、同科に於て何なる方針を以て御教育申上けらるべきや、未た決定し居らざるやに聞及候。可成強き風に御当て不申、可成御気に召さぬ如き事を避け、可成御肌ざわり柔かなる様に注意すへきや、又は少しの御斟酌も申上げずして、他の生徒と異なることなき様御教育申上ぐべきや、一言に申せば硬軟何れの方針を採るべきや未定とか申す事に候。具体的に其一事を申せば、殿下の為め特に一学級を編製して同級の学生は之を特選すへきや、将た現在の級の中に御入れ可申哉。特に一級を作るとすれば御学友撰定の標準如何の問題も起るへき事に候処、学力其他に於て殿下を圧する如き生徒を採るは不可なりとの説を唱ふる者学習院内に有之候間、自然院外の人の耳に入りたるやも難計、拙生は軟方針の有害なるを信候間、杞憂之余閣下迄卑見を呈したる次第に候。閣下にして幸に卑見を可とせらるゝならば、閣下の御考として此趣を教育総監部の可然と御見込の方へ御示し相成度奉存候。右は学習院御用掛として開陳するには無之、全一己人の資格にて申上くる次第に候。此儀はよく御承知置被下候上にて、如何様御取計可被下候。尤も総監部の人に面談すること可然との思召に候はゞ、少しも之を避けんと欲するには無之候。拝答旁如此御座候。恐々頓首

十二月九日　　　秋月左都夫

寺内伯閣下

〔封筒表〕麴町区永田町　伯爵寺内正毅殿　閣下　親展　要件　十二月十一日　（消印日付）5.12.10。

〔封筒裏〕封（スタンプ）東京府豊多摩郡西大久保四百十一　秋月左都夫　（消印日付）5.12.10。

〔原史料番号〕①9-2。

8　秋山雅之介

1　明治45年3月22日

尊翰難有拝読仕候処、時下寒暖交互之砌、閣下愈御清穆に被為渉、御病後之経過至極宜敷、国分局長之直語に依れは既に全然御復康被遊候趣、窃に歓喜に不堪、奉賀上

候。降て小子も頑健罷在候間、乍他事御安意被成下度。偖官制其他之法令に関しては、時々小松長官代及児玉秘書官等に当地之模様通知仕候間、定めし清聴に相達居候事と奉存候。全体に於而は拓殖局及法制局当局者も此度之改正には賛成致し、非常に勉強致呉れ、安住書記官も同様尽力致候為め、大なる反対も無御坐、概して原案之如く相運ひ、総督府官制及特別任用に関する勅令等枢密院之会議に上るへき分も、悉く一昨々日同院書記官長之審査を了え、此二十五日に会議を繰上りと之事に相成居候に付、二十六、七日に公布に可相成乎と存候。尤も本日内閣書記官へ交渉し、官制中右期日前に公布相成差閊なき分丈は、可成速に公布之運に可仕候様願入申候。又右等法令に関して小子に対し御電報及芳翰等を以て屢御褒詞を賜り、甚た恐縮汗顔之至に不堪、厚く御礼申上候。小子も此二十六日午後三時横浜出帆之天洋丸にて渡米可仕、赤十字社の会議に対する報告書も兼て一寸御清聴に達し候如く、悉く小子の注意に依り平山成信氏之を点検相成、小子朱書を加へ候通り訂正致候。窺不都合と相考候文意無御坐様に相成申候。

米国より小子欧洲之一部巡回致候事御許可被成下、難有奉深謝候。倫敦、巴里及維納に少々宛滞在之上、御命令之書類等購入可仕、又為し得る限り御下命之調査事項も取調候而帰朝可仕候。又在米中は在韓宣教師関係之事も機関〔ママ〕ある毎に弁明可申、右事項之詳細は未た小子承知不仕候得共、不日小松氏より書類送付可相成に存候間、落手之上船中に而研究仕り、御下命之通り取計可申候。右不取敢拝答申上度、尚ほ八月末には拝芝を得可申候得共、暫く東西懸隔可仕候間、充分に邦家之為め御摂養被遊候様奉願候。敬具

三月二十二日　秋山雅之介拝

総督閣下

〔封筒表〕□城倭城台　朝鮮総督官邸　伯爵寺内正毅閣下御親展。

〔封筒裏〕東京市　陸軍省構内朝鮮総督府出張所　秋山雅之介拝　（消印日付）45.3.25。

〔原史料番号〕②3-16。

2　明治45年5月17日

拝啓　其後御左右相伺不申打過失礼仕候処、時下愈御清穆に可被為渉奉恭賀候。小生は四月二十六日紐育に到着

し、二十七日雨天の為め延引したる会、即ち在紐育日本人の一昨年グランド将軍祭典の際に其墓前に献納したる桜樹苗木二千五百本の植付式に、二十八日午後二時招待を受け申候。此式は誠に両国人の融和を増進致たる様被存、同府在留日本人一同か市長より招待を受けたるは之か始めてと申居候。植付式は高峰博士在留日本人を代表して桜樹を、先年祭典委員長たりし「ウッドフォード」将軍に相渡し、同将軍は最も荘厳なる演説を為し、先年「グラント」将軍の日本漫遊の際、我皇室及人民より受けたる優待を説き、聴衆に対し両国の友誼的関係に付多大なる感動を与へ申候。五月一日紐育市民の知名者四百人も加盟致居候 Japan Society より一行の招待を相受け、Hotel Asia に而午餐、右之一行之に臨み、ウドフォード、シフ、シーマン其他百名以上も会食致し、席上歓迎の演説も有之、小澤男は通訳に而一場の演説を試み、小生も両国旧来の交誼を説き、赤十字大会か世界の人道上に有益なる効果を来し、誠に両国の交誼も層一層の深厚を加ふるに致すとの希望を以て賞辞と為し、紐育に来りてより印刷に付したる赤十字社五年間の報告も相整候為め、五月三日華府に来り、七日より日々会議に臨み、十七日即ち今日会議も無事に終了致申候。此総会に於ては Miss Boardwin の斡旋は注意周到なる為め、諸国委員一般に満足致居、別に議論と可相成問題も無之、問題とも可相成議論に渉るものは、悉く瑞西赤十字社中央委員会に相廻し候事に致候為め、日々諸国委員は好感情を以て午餐を共に致し申候。殊に開会劈頭に於て我皇后陛下の平時救護事業奨励の御思召を以て十萬円の御下賜金ありたるは非常の好影響を与へ、今後五年毎なる赤十字会議に於ては、常に日本皇后陛下に対する敬意及奨励金の謝意を会議の話題に上り可申乎と被存申候。

此会議は此度始めて欧州以外に於て開会致し、米国は之を利用して自国の赤十字事業を勃興せしめんとすると同時に、南米諸国を手に入れて之に花を持たせ度意向ありし様に見受けられ、議場に以て立て候は Cuba, Brazil, Argentine 其他の小国にて、欧州にては Martins（露国）、クネスベック（独乙）等も死亡致したる為め、議場に訴論を為す者も無之、日本委員は随て議論を試むる必要なる事項も有せす候為め、小生は八日に皇后陛下の御下賜金を総会に於て公に致したると、九日之に対し総会に於て米国赤十字社を代表して M Boardwin の発案ありて儀〔議〕決に到りたる陛下に対する謝辞有之候故、之に対し其議決の際に謝辞を相述へ候と、其後日本赤十字社五年間（倫敦総会以後の分）の事業報告致候のみにて、無事に本日会議も相済申候。

朝鮮の陰謀事件に関する書類は Salt Lake（四月二十二日着）に於て Desert New〔sic〕の記者、小生に説明を相求め候為め、之に大略を相話候のみに候。紐育に着し、先つ高峰博士及沼野総領事代理とも相談致候処、皆々直に各新聞等に話し呉れぬ様申居候。何となれは、一時紐育に於ても朝鮮に居る宣教師其他米国人、又は朝鮮人より紐育及其附近の知人に色々箇人間の書状来り、之を Hulbert なる者（米国人にて元朝鮮王の陰謀に預り、平和会議の際日本に対し反対運動を為したる者の由）の利用する処と為り、新聞紙に悪評を惹起したるも、紐育の宣教師幹部なる Dr. Jones 及 Blown 等は熱心に其悪評に反対し、此儀に附ては高峰博士及我外務省に関係ある本田増次郎（Oriental Information Agency）氏も尽力し、之か為め珍田大使も右等諸氏と相談ありて、今日に於ては何人も日本の朝鮮経営に付誤解を有する者無之、宣教師及陰謀事件に付ても世人は之を何とも思ひ居不申、新聞紙等も之を念頭に置き居不申、然に此事を再ひ新聞紙等に上せるは却て不利益なりとのことにて、若し新聞紙等に話すなれは、先つ珍田大使に相談致して Jones 方に相談之上に致呉候と申候故に、小生も直に新聞記者に之を申候事は相避け、朝鮮統治は熱心に総督に於て地方人民の生命、名誉及財産の保護を我警察及法廷に依り公平に努むることに治定せられ居り、且鉄道を通し道路を開き、港湾を修築し、地方の殖産興業を増進することに熱中せられ居る旨の大体を相話し、又紐育及其他の紳士及妻女等より質問あるか、又は機会ある毎に之を反覆し皆々左もあるへしと申す者多数見受申候。

就ては陰謀事件の書類は当地に来り、珍田大使の一覧を請ひ如何可致乎と相尋申候処、同大使の意見も紐育領事等と同様にて、先般外務省より此一月総督閣下と宣教師数氏と会見及会談之筆記は落手致したるに付、其際紐育に到り Jones 及 Brown 氏等とも会見して之を示し置きたり。又ハリス博士は Chicago 近辺に来りたる様に新聞紙にて見受けたるも、当地には来たらす、同氏は悪評打消に努めたる様なり。同人は今少し朝鮮に居る方彼我の為め好都合なるも、中央部に於ては同氏を他に転する様の噂もあり、又転すへき年限にも成居る為め、「ハリス」博士も之を嫌ひ、又朝鮮滞在を止められては同博士は困る事情もある故、珍田大使はJonesに対して今暫く「ハリス」博士の東洋在留を勧告し置きたりとの話に御座候。兎に角、陰謀事件に関する事は今日は世人の話頭にも上らす、総て紐育辺に起りたることが東京に伝はるときには、本元の紐育にては消滅し居りて、東京辺にて其際之を盛に伝へ、却て東京より再ひ紐育に之か為め輸入すへしとより、此陰謀事件も同様にて、東京辺にて之を盛に念頭に置きたるとき、米国にては何人も之を忘れたる時なる故、今日は此事を何人にも話さぬ様との注意も有之候。但し再ひ新聞紙其他に此方朝鮮の事は上らぬとも限らす、其際には此材料は非常なる有益なるものにて、斯る際に之を以て適当に其悪評を打消す必要なるに付、何卒一件書類は大使に委せ呉れと申され候間、小子も右様総督閣下に申送るへしと申し、書類は暫らく大使の手に相渡申候。右様御承知被下度奉願候。

昨日山田大学教授より書類接手致し、小子も愈々総督府参事官勤務と相成候事承知仕候。今後一層閣下の御庇護と御鞭撻とを相受申度、偏に御願申上候。教育殖産行政（地方及植民地）等に関し、此地に於ても材料と可相成ものの蒐集仕度、昨日当地政府の印刷局に罷越し、色々相伺候得共、何分米国は個人主義の国にして、教育とても当地にて宜敷と申す制度は、個人的主権及独立思想のものに有之、全国に渉りての教育制度の統一も無之、殖産興業も個人的にして、我国又は朝鮮に取りて模範と可相成ものも見当不申故、当地に於て深く詮索するも無用と相感申候故、当地に於ては三、四冊程購入之上郵送するに相止め、二十二日Cunard Line-Moretania号にて欧州に渉り、同地に可然ものを相求可申考に御坐候。先は取急き概要奉申上度、余は後便に譲申候。敬具

五月十七日　会議終了後　　秋山雅之介拝

総督閣下

〔封筒表〕□　日本帝国朝鮮京城朝鮮総督府　伯爵寺内閣下

Son Excellence Monsieur le Comte Teraouchi, Government General of Chosen, Japan　（消印日付）17.5.30°

〔原史料番号〕①7-1。

3　明治(45)年6月14日

拝啓　時下愈御清穆に可被為渉、奉恭賀候。降小生頑健に罷在、五月二十五日紐育を発し、二十八日「リヴァープール」到着、同日倫敦に入り、同地に於ける埃及及東印度並に加奈太に関する統治に付、出来得る限り参考書類を相集候得共、何分英国の主義として同国内地及殖民地の別なく、総て人を選ひて之に信頼し、出先の政務は之に一任して、中央政府より猥に其行政を掣肘せさるの義《〔カ〕》御坐候事故、「例へは埃及の行政は埃及に到らされは英国人すら之を知悉致居不申、其行政に関する著書其他出版物の如きも colonial institute の図書館には到着致居候得共、倫敦市中には之を販売致居不申、随て殖民地政《〔カ〕》生の制度及教科書の如きは、倫敦にて入手致候事出来不申候。又倫敦の教育制度等も教科書の如きは官にて制定又は検定致居不申、各種の著書中其採用のこと学務長の任意に任し、甲種の学校にては新式の教科書を用ゆるに不拘、他の同種の学校に於ては旧弊なる教授を為し居る有様にして、英国に於て有名なる「イートン」及「ハロー」の学校に於ても、十歳位の少年より之を収容して其教科書すら主たる重きを措かす、羅典語、希臘語等を教へ、校内の寺院に礼拝を怠らさらしめ、学校の廊下には古来同校を出てたる政治家、法律家其他各種なる業務に於て社会に貢献したる名士の肖像を列ね居り、学校の主義も学問を強ゆるより、寧ろ人格育成に重きを措《〔置〕》き居候事故、是等学校の教科書としては一定したるもの無御坐、総て英国の制度は法制としては殆んと空を握むか如き観有之候。但し短日月の滞在を利用致し、為し得る限りの参考書は日本郵船会社の郵便にて総督府に送付仕置申候。尤も埃及統治に関し「キチナー」総督の行政報告書、小生滞在中に公に相成候間一見仕候処、大体閣下に於て朝鮮に目下御施政相成候と殆んと同しく、鉄道を興し、道路を開き、治水灌漑に力を尽し、農業経営の改良に尽瘁し、埃及の収入を範囲として着々其進歩を図り居候事相見候付、同報告書は其発刊の翌朝買求め、其前年の報告書と共に郵送仕置候間、既に御一覧被遊事乎と存居候。又倫敦に於て目下内務大臣なる Llyd《〔sic〕》 George と申す新進鋭意なる政治家、工場法、老年保険法、労働保険法を実行致し、旧弊なる英国人には不評判なるも、兎に角労働問題、社会主義、救済問題に力を致し居候事故、目下懸案中なる「アスキス」首相の愛蘭自治法案と共に、右の如き将来我国に於て参商〔カ〕とも可相成ものも買入申候。随て少し書物を予定額よりは沢山に買入申し、閣下の御譴責を恐居申候。
本月十一日英国を発し、当地巴里に来り申候。此地に於ては英国に比すれは本国及殖民地に於ける制度も劃然と致居候間、只今Librairie Hachette et Cie Armand Colin 其他の教科書専門書肆に就き仏国の学校（primaire, secondaire, et supérieure）教育の組織制度、及Tunisie, Algerie, Annamite の統治及国民教育の制度並に之に関する教科書等を始め、労働問題に付ても沢山の著書御坐候事故、其専門の書肆に付我帝国の将来に於て生すへき問題の参考書も少し併せて買入申度窃に罷在候。他に見物の必要も小生此地に三度目に候事故無御坐候に付、当府には約十日計り滞在の上維納に向ひ可申、今日当市より墓地に関する規則書を貰受候に付、別に郵送仕候。朝鮮に於て墓地規則に付兼て御示の事も記憶仕居候事故、右規則は目下物〔ママ〕案御詮議中乎と存し、御参考の為め別に御送仕候儀に御坐候。右概要耳清聴に達し度、時下初暑之砌御摂養の程国家之為め奉願候。敬具
六月十四日夜　秋山雅之介拝
総督閣下

〔注〕本紙は「Hotel International, 60 AVENUE D'IÉNA PARIS（CHAMPS-ÉLYSÉES）」の便箋。
〔原史料番号〕①7–2。

4　大正4年3月10日

拝啓仕候。其後益々御清穆に被為渉候段奉慶賀候。小子事途中無事、昨九日午後着京仕、本朝内務省に罷越候処、下岡次官は選挙区に到居候事故、地方局長に就き官制の説明相試申候。同省に於而も鋭意調査を急き呉居、六、七件は既に法制局の方え相廻はし済にて、其余之分に付ても夫々本日小子親敷説明仕置候事故、之も早速内閣え送付之事に取計可申旨申居候。

昼頃大浦大臣登省相成候間面会仕、閣下之御伝言相伝え申候。多忙中に拘らす三、四十分も色々朝鮮之現状を尋ねられ、米作も本年千二百萬石之予定に実際は超過致居るべく、昨年税令之改正に伴ふ徴税成蹟も米価下落に拘らす甚た好良にして、現に輪移米も百二十萬石位今日之処に相成居候而、納税も相弁居、目下鉄道沿線には米穀検査輪移出の為め平沢、大邱及釜山に山積致居、頻年山

林漁業之増進及牛の移輸出之事等、小子の聞見仕候事等申述候。尚又大臣は内地の学制問題に付自分は元来学者のみ作る如き教育を不可とし、白耳義の如く小学の子弟其校を了へたる後は夫々手職なとを教え、殊に女子には左様致し、以て同国の富を致したる如き、我国も左様之取計を採る事可然思ふ故、小子個人之考は如何と申され候に付、夫れに付ては総督の御考も同様にして兼て小松原文相に其意見御提出に相成候事に有之、少くも目下教育令を以て朝鮮の教育は其方針に依られ居旨教育令之骨子を説明致候処、大に同感を表られ申候。尚ほ同大臣は三十七、八年逓相として京釜鉄道敷設之為め渡鮮相成候節、朝鮮之評〔標〕準時を東京と同一に致したき旨主義〔ママ〕したりとの話には現に総督は左様定められ居事なと、種々の談話か忝く今日朝鮮施設と符合し、案外に話も長引申候。最後に閣下之御伝言として朝鮮之施設に就ては熱心に考慮を尽し居らるゝ故、内地と又事情を異するもの多きに付、内地の評〔標〕準に依りて属僚の之を可否し単に議論倒れとなり実務に渋滞を来すか如き事は避けて貰ひ度と申述候処、大臣は言下に之に答え、自分は勿論其考なり、依て就任之始に於ても次官に対して、朝鮮之事は其末節に拘り彼是申す事は不致様厳に申達し置きたる次第にて、今後も固より其積りなりと申され候。

又三時に首相に面会相願、親敷小子上京之用向を申述、尚ほ総督閣下より親敷御見舞申上との仰ありたる旨申述候。永田町は時節柄多数の御客官邸に輻輳致居候事故、面会の時間も短く候得共、納税之為人民が米価下落に依り困り居らすやとの話に対しては、大浦大臣に申述候と同様之事申述べ候処、戦争も永く続候て米穀之輸出も途絶之処、近来は牛や靴なとか露国に出し追々景気も直るべしと云はれ、最後に増師も数年来の問題なりしか、自分共の行届かぬ処より此前之議会に於て之を通過致さす事能はさりしは遺憾なりしも、之も二箇月遅るゝ迄にて、此五月には勿論此問題にて解散を致たるに付臨時議会之冒頭に於て之を提出する筈、左すれは今の処にては五月には此案も通過之見込確なるに付、僅か二箇月の遅れにて年来問題も解決する事なりとて、例之楽天的大愉快之話御坐候。

首相及内相共に対し、閣下は来月十一日之御一年祭迄には御許を得られて上京致度旨申居られ候事申述候処、首相は快諾と申す如き調子にて、左様かと首肯致され申候。

首相に面会前法制局に罷越打合を致し、明日は他の会議御坐候事故、明後金曜日前より官制之審議に相掛り可申事に仕居候。右不取敢御報告仕候。敬具

大正四年三月十日　　秋山雅之介拝

総督閣下

〔封筒表〕総督閣下　御親展　返事済　三月十三日　正毅。

〔封筒裏〕緘　秋山参事官。

〔原史料番号〕①7-3。

5　大正(4)年4月30日

舌代

朝鮮総督府官制、逓信官署官制、中央試験所官制其他の官制及特別任用令等勅令総計十三件、本日御裁可相成、明五月一日附を以て官報に公布の事に相成申候。此旨只今児玉局長に打電致し、京城に於ても明日公布の運に相成居申候。

右にて今般内閣に御提出に相成候官制改正は、朝鮮人官吏の分限に関する勅令案を除くの外総て公布の都合にして、右分限の勅令案は目下内閣より枢密院に御諮詢の筈に相成居候間、為念申上候。敬具

四月三十日　　秋山参事官

総督閣下

〔封筒表〕総督閣下　御親展。

〔封筒裏〕□　秋山参事官。

〔原史料番号〕①7-4。

6　大正(4)年5月21日

舌代

昨夕帝室会計審査局長官松室致氏に、或る席に而会合仕候処、同氏に於而是非閣下に御面会相願ひ、御近付に相成度願居候。就ては不日電話にて御都合御伺可申候間、何卒御面会被下度奉願候。同氏は最後之桂内閣之時司法大臣にして、口は癌の為に変に候得共正直なる人に御坐候。

五月二十一日　　秋山雅之介拝

総督閣下

〔封筒表〕総督閣下　御直披。

〔封筒裏〕□　秋山雅之介。

〔原史料番号〕①7-5。

7　大正6年5月20日

拝啓　初夏之候高厦御揃、愈御清祥に被為渉、奉慶賀候。陳は小生是迄にも閣下之御写真拝受仕度存居なから其機を不得候処、此度大城戸氏渡来に方り結構なる御写真一葉御恵贈を忝し、誠に難有奉感謝候。朝夕居室に掲け常に閣下に咫尺し、御鞭撻相受居候心持に而奉公可仕候。右不取敢以書中御厚礼旁申上候。敬具

五月二十日　　秋山雅之介拝

寺内元帥閣下

〔封筒表〕東京市麴町区永田町内閣総理大臣官邸　伯爵寺内正毅閣下　親展　（消印日付）6.5.20。

〔封筒裏〕緘　朝鮮京城大和町官舎　秋山雅之介　拝　（消印日付）6.5.23。

〔原史料番号〕①7-6。

8　大正7年9月30日

粛啓　久敷御無音仕候処、時下御起居如何被為渉候哉、御伺申上候。此夏武雄殿御来青之節には近来御復康之由拝承、窃に慶賀罷在候。奥様にも追日御快癒之趣奉恭賀候。偖此度は内閣より御勇退被遊候由、満二年間大政燮理之御心労拝察恐懼仕候と同時に、今後閑地にて御尊体御静養之程、将来多事なる皇国に取り必要欠くへからさる御儀と存候。大隈内閣之破壊的政治之後を亨〔ママ〕けられ、皇国之政道秩序を恢復整理被遊、之に依り着実にして基礎ある国家の威容と相成候段、帝国之為め慶賀之至に不堪候。可成は今暫く内閣を継続せられ、根本的に我国人心を矯正被下候はゝ大幸に存候得共、左すれは尾崎一派の多年煽動致来る風潮には大打撃にして、再ひ世に立ち得さるに到る事を畏れ、察するに富豪之金銭をも投して米暴動なと惹起したるもの乎とも被存候。尤も右に付ては政府に於ても幾分の罪ある乎と存候は、由来農商務省は国家富強之礎たる農商工殖産の事業を司る官庁なるに拘らす、同省歴代の大臣は閣員中比較的に重きを欠き、又は割合に識見に乏敷人を宛てられたる故、なるへく内外に渉る情勢を達観し、我国農工商業之立脚地を定めて国勢の遂行に尽されたる人少く、随て同省官吏の眼界は甚た狭小にして、動もすれは台湾、朝鮮及当地方を他国之如取扱はんとする傾向あるのみならす、内地各県之農工商及小産業に付ても各別に各種試験場の設備を認め居る如く統一的の政策に乏敷、商工業之調査も徹底的なら

さる故、仮令仲小路大臣の喧嘩腰なる政策言動なしとするも、社会之進運に伴ひ早晩今回の如き事件は免かれさる事に被存候。加ふるに憲政会一派の小策士連には眼中国家なく、単に権勢の推移を謀る為め社会主義的の煽動を敢てし、又近来豪富成金なと政客之貧乏に乗し黄金を散して之を任用し、何等識見なき町人輩か国家之大政に嘴を入れ之を左右せんと致候事は、実に許すへからさる国家之大事と存候。近頃聞く所に依れは、東京及大阪之富豪を綱〔網〕羅したる東亜興業株式会社か、日支親善の事業とか又は支那に立脚地を得んとするとかの口実の下に内閣諸公及在野有力者に意見書を提出し、当地の山東鉄道の委託経営を願居候由。閣下之卓見に依り民政部に満鉄の出店の観ありたる山東鉄道及済南領事を民政事務官として統一せられ、目下陸軍部及民政部間に何等扞抗之事なきは勿論、済南領事及北京公使館とも一体となりし行動を共にし着々其成績之挙らんと致居るに拘らす、右等豪富輩之懐を肥さんか為め山東鉄道委託経営を申立、民政部国庫収入千三四百萬円中鉄道収入千二百萬円を取去り、之か為め民政部、山東鉄道及済南領事を分離し、満洲に於ける如き前三頭政治否営利会社なる満鉄政治を立てんとするの運動を致居、大蔵省に於ても之に動かされ先般来其調査中之趣、近来豪富成金等の行動は以の外に御坐候間、国家の長計上彼等の心事を革正せらるゝ事肝要乎と奉存候。時下支那内乱、西比利亜出兵、欧洲戦乱に加へ内地人心之傾向等、国家多事大切なる時機に際し、一層皇国将来の為め御尊体御静養御健康を奉祈候。

敬具

九月三十日　　秋山雅之介

民政部昨年開設前一日

寺内元帥閣下

〔封筒表〕東京市麻布区笄町　伯爵寺内正毅閣下　親展　（消印日付）7.9.30。

〔封筒裏〕□　青島民政部　秋山雅之介　御退官に付御挨拶並内外問題に対する意見書　（消印日付）7.10.□。

〔原史料番号〕①7-7。

9　大正8年4月17日

拝啓　時下益御清穆に可被為渉、新聞紙所報に依れは近頃追々御復康に被為向候趣、欣喜此上もなく奉慶賀候。偖小子の滞京も兎角遷延致来候処、阿片も瘾者丈は厳重の取締の下に吸飲致さす事に相成、青島処分問題も陸軍省の意見を相纏め候而、其他の要件も御蔭を以て夫〳〵決着致候間、明後十九日朝当地出発、二十日門司発之船に而帰任仕候。就ては今一度御見舞之為め参趨仕度は山々に候得共、実は明日も右処分問題理由及青島の現況及将来重要なる次第を執筆可致用事も相残り居候事故、此度は失礼仕候。近々春暖相加候時節に候得共、刻下晴雨不順之候、充分に御加養被下、決して御身体に御無理のなき様重々禱上け、速に御全快之程切望に不堪候。敬具

四月十七日　　秋山雅之介

寺内伯爵閣下

〔封筒表〕神奈川県相州大磯駅上　加藤別邸　伯爵寺内正毅閣下　親展　了　18/4（消印日付）8.4.17。

〔封筒裏〕緘　東京牛込薬王寺町四六　秋山雅之介。

〔原史料番号〕①7-8。

10　大正(8)年7月24日

拝啓　過日は参殿御馳走に相成、厚く御礼申上候。其後引続き閣下御清穆に被為渉候御事と奉恭賀候。偖小生上京御用之案件も過般来陸軍に於而協議を重ね、略々草案出態致候間、此上は小生二、三重要なる居留地組織及山東鉄道組織等に付意見執筆の上、来月半頃迄には帰任可仕考居候。

朝鮮憲兵を全然撤退之事は半島の治安上誠に寒心に堪へす。元来併合前閣下の命に依り田中軍務局長、明石憲兵隊長及小官参事官として陸軍省に於而警察統一の案を作り、其協議の際小生は市街地に巡査を置き其他に憲兵を置くも、漸次に憲兵を減して巡査を以て之に代へる事を提言し、両人共に之に同意し居たるに拘らす、明石氏は併合後兎角巡査を増さすして却て憲兵のみを増加し、之に付ては小生京城に於て再三明石氏を責めたる事御坐候得共、遂に其実の如く実行せさりしは遺憾に候得共、今日直に巡査を以て全然憲兵に代ふるは是亦突飛にして、朝鮮田舎の治安は或は保し難き事と愚考仕候。右に付ては過日宇佐美氏にも面会し、今日の巡査は十年戦争後の警察官と異り、内地に於ても事ある時には治安維持上完全を期する能はさる虞あり。何となれは一昨年来物価騰貴の為め内地の警察官は或は電車々掌となり、横浜波戸場には巡査を止めたる苦力ある次第故、現在之俸給に苦

心し居る者は物の役に立たさる虞なき能はず。朝鮮には何程の給料を与へて憲兵に数倍の巡査を以てするも、八道に渉りて治安を保たれ得るや。全羅北道に於てすら、白昼郵便脚夫を殺し郵便を強奪したる盗賊あり。今日之人気にては、国境其他平安咸鏡之田舎に於て広大なる地方に、一名の巡査か治安上の威厳を保ち得るや。小生は朝鮮を知り居る故、宇佐美氏自ら之迄上聞に達すへき旨説置候得共、同氏も既に首相等にて決定の事なりとて小生に応し不申、已を得す陸相に申述へ候得共、小生の意見には御同意なるも今日致方なしとて他に方法を講すへき事を申をれり。兎に角漸を以てせす此際遽に且一時に朝鮮之憲兵を撤退して警察官役に代ふるは、仮令従来の憲兵に不可なる所ありとするも、所謂羹に懲りて膾を吹くに均しく、今後半島の治安保持上寒心之次第に相感申候。青島還付に付ては松井大使及出淵米国大使代理より此後速に支那との交渉を開始し、撤兵の期日を声明したる方宜敷なとの電申もあり、御承知の如く支那委員は目下巴里より米国に渉りて活動致居、上院に於ては党派的関係より大統領は攻撃せられ居候折柄、支那の事情を承知なき人は右の如き意見を有せらるゝは固より不当とは存不申候得共、此点に付ては帝国に於て最も慎重なる考慮を要せらるへき事と存候。別紙写之通り卑見冀望書認め陸相及外相（私信）に差出置候間、御閑暇之節高覧を賜り御呵正被下候はゝ幸甚に奉存候。時下酷暑之砌御自重相成候様為帝国奉祈候。敬具

七月二十四日　秋山雅之介

寺内元帥閣下

〔封筒表〕神奈川県大磯町　伯爵寺内正毅閣下　必親展　（消印日付）8.7.24

〔封筒裏〕陸軍省に於て　秋山雅之介。

〔原史料番号〕①7-9。

9　秋山好古

1　明治37年11月25日

爾後益々御清康奉賀候。小生儀不相変頑健相暮し居候間、乍余事御安意御願候。目下当旅団にも騎砲兵中隊幷に歩兵一聯隊、騎兵第三、第六、第九、第十一聯隊附属し在りて、「ドン」コサック騎兵第四師団、オレンブルーグ騎兵師団幷に西伯利コサック二聯隊と軍の左側に在つて

相対峙致居たる十余里に渉る捜索警戒面を担任候得共、兼て御高配を蒙りし機関砲之助力にて辛ふして其任務を続行致居候。目下機関砲は好評にて、各師団より当旅団へ練習員参習し居る有様に候。将来或る地点迄進入之後は、機関砲は防禦上より言へは非常に有力に候間、千門程製造し置くこと必要ならんと相信し居候。騎兵二聯隊へも四門程附属せしめらるヽ様希望致居候。小生も未た寸効も無之候得共、優勢之敵騎に対し恰も新橋に於ける貧乏芸者の如くやりくりのみにて対抗致居候。御一笑被遊度候。猶ほ今後の舞台に多少之微力を尽し度と相楽み居候。要用迄。早々

十一月廿五日　　　　　　　　　　好古

寺内閣下

〔封筒表〕東京陸軍省　寺内正毅様　親展　（スタンプ）軍事郵便。

〔封筒裏〕満洲より　秋山好古　（消印日付）37.11.28。

〔原史料番号〕①8─1。

10　浅川敏靖

1　大正1年8月7日

謹啓仕候。此般之御大変に就ては、閣下御心労之程奉恐察候。扨今朝陸軍大臣幷に次官に面会仕候。其節承り候処、制度整理案陸軍の部なるもの受領候由、其内容の一節、馬政局を廃し其予算中より約六十萬円を減し、農商務省へ移算とのこと有之候に御坐候。右に付ては予て小官の所見は大臣にも上申致置候次第、尚数日前軍務局長之注意も有之儘、

我邦の馬匹改良は一般産業的のみにあらすして、特種の意味を含みたるもの、即軍事上の必要に迫られての主意に基き、意見書を纏むへき旨申居候。吉村参事官に依り軍務局の意見を同局長へ差出置候間、田中は之報する所に依れは、経理局当事者は予算の増大との主意より馬政局を他に移されんことを希望致候由、今朝大臣の申聞に依れは此回々附の案は多分総理大臣は知らさるへく、又自分も未た総理に何分の所見は申出てす、尚互に研究せん云々と申居候。右事情不取敢達御耳置候。拝具

大正元年八月七日

浅川敏靖

寺内大将閣下

〔封筒表〕麻布区笄町　伯爵寺内正毅閣下　親展　〔消印日付〕1.8.7。

〔封筒裏〕緘　浅川敏靖。

〔原史料番号〕①21-1。

2　大正5年4月6日

拝啓　閣下益御清勝之御儀と奉恭賀候。偖予て御計画之蘭谷面牧場経営之儀、愈本年度より御着手之趣、大悦此事に御坐候。右に付判任官一名撰定之儀、石塚長官よりの来意に付、当局技手男沢正方なるものを推薦致置候。本人は予備陸軍三等獣医にて、日露役后当局牧場幷に種馬所の業務に従事し、部内にて評判の者に御坐候。

右牧場経営に就ては、繁殖牝馬としては蒙古産を御採用の由に承知仕候も、種牡馬は是非内地産のものなるへく、随て初期は気候風土を共にせる内地産牝馬を有利とも愚考候間、奉仰御一考候。又種牡馬に関しては、何れの種類を問はす、何時にても提供の準備有之候。

当局牧場も御庇に依り着々進歩の状態に有之、殊に奥羽牧場の如きは数年来予期已上の成績に御坐候。即ち十八年計画にては場内産駒を種馬に編入するは百分の三十と予定せるも、現時は年々百分の五十已上を編入するも各地購買のものに比し尚優良のもののみに御坐候。右様の次第に付、昨年は種馬の輸入杜絶せしも内地産にて略予定通り計画を遂行仕候。本年も亦仝様のことゝ存候。目下は然りとするも、我改良種の原産地たる仏国産馬地の状態は如何あるへきかを顧念せしに、駐在武官遊佐騎兵大尉の視察報告に曰く、仏軍は戦争の初期に軍馬の損傷甚しかりし為め、内地は勿論、亜米利加よりも多大の補充を得たる有様なりしに拘はらす、内地有勢馬は勿論、繁殖牝馬も全部徴発を免除せしこととて、昨年の種付は例年より増加せり云々、流石はと感心仕候。

浅川は昨年九州三師団及各重砲兵、本年は第五、第十及第十五師団の軍馬臨時検査を命せられ、久方振にて実地調査を遂けたるは甚た愉快に有之候。九州師団中久留米師団は復員の際特別補充を受け、七、八分新馬となりし為め、能力如何を検するを得す、之を例外とし、他の第六と第十二とは本年検査の各師団に比し稍下位にあるもの丶感有之候。但之は各隊共殊に騎兵に多くの九州産馬を混するか故に細格のもの多きか為めにして、能力の点に於ては左まて著しき差を認むる程度には無之候。九州馬は今日は余程進歩し決して昔日の比にあらさるも、今日も駸々として進歩しつゝある東北産に比すれは尚細格たるは免れす、然れとも今日にても已に砲兵輓馬として東北産に譲らさるものも往々見受けたる次第に御坐候。

大正四年軍馬検査成績

部隊	総馬数	平均体尺（尺）	平均体重（貫）	
第六	四一三	四尺九五	一〇二貫二	
第十二	四〇八	四・九八	一〇一・七	
第二十二	三〇一	四・九八	一〇一・六	一箇中隊青島派遣
第六	四三六	五・〇二	一〇八・六	
第十二	四三九	四・九八	一一二・四	
第二十四	三七三	五・〇〇	一一〇・二	仝上
第一	二八六	五・〇五	一〇四・二	
第二	二八八	五・〇三	一〇七・〇	
第三	二八八	五・〇二	一〇五・九	
第五	二七八	五・〇五	一一五・五	
第六	二八四	五・〇四	一一三・三	

此種の馬は鹿児島県下大隅及長崎県島原地方に頗る発達致候。本年検査の各師団中に於ては第五師団上位に在り、他は稍下るも、尚体尺体重に於ては九州師団のものに優るの感有之候。第十五師団、殊其騎兵旅団の如きは各地の集合体にして、当初の状態は頗る不良なりとの評なりしも、其后補充上稍斟酌を加へたるもの丶如く、今日にては他に比し遜色なきも、損徴は最も多数に有之候。

大正五年軍馬検査成績

部隊		総馬数	平均体尺（尺）	平均体重（貫）
騎兵	第十	四一四	五尺〇四	一〇六貫九
	第五	四一七	五・〇一	一〇八・三
	第十九	四二一	五・〇一	一〇七・九
	第二十五	六九八	五・〇三	一〇六・六
	第二十六	六九七	五・〇五	一〇八・一
野砲兵	第十	四三九	五・〇五	一一一・一
	第五	四三八	五・〇四	一一一・二
	第二十一	四四四	五・〇七	一一五・四
重砲兵	第四	二八七	五・〇八	一一四・三

備考　本表中には貸与馬を含む。

各師団の騎兵及砲兵馬の体尺及体重の比例左の通り。

日露役前近衛騎兵隊馬は全国騎兵砲兵を通して最も優位に在りと称せられしか、当時尚体尺四尺八寸五分余、体重九十二貫匁に過きさりしに見れは実に一段の進歩に御坐候。又此進歩は唯隊馬のみに無之、一昨年各師団の実施せる徴発馬匹検査の成績は、体尺四尺四寸を最低位とし、合格率百分の六十に達せり。之を日露役前最低位を四尺三寸として尚合格率百分の三十五に達せさりしに比すれは一般の馬格の進歩も推知せらるゝ次第にて、稍意を強ふすることに候。只此の進歩は十数年の前后を比較してて〔ママ〕のことにて、年々の差は左まて世人の注意を惹くに至らさりしものと存候。併し一昨年已来の補充馬は際立て優良の資格を現示せる為め、各隊共非常の満足に御坐候。蓋し此の馬は即ち明治四十二年種付のものにて、全四十四年補充部に購買育成せしもの、丁度馬政局の漸く活動し始め、又彼の貸下濠洲牝馬の已に我風土に慣れ、繁殖成績稍良好に向ひし頃合に属するものに候。爾来補充部の購買馬匹は年一年進歩しつゝあれは、今后三、四年を経過せは各隊の状態は更に一大変化を呈することゝ存候。

産馬の状況は幸に駸々として進歩の勢に在るも、重もなる産馬地たる東北六県は連年不作の為めに苦められ、且一昨年の如きは稀れに豊作に遭遇せるも、反て米価は一般に暴落し、随て馬の販路甚た悪しく、僅かに軍馬の買上に依て生気を維持せるも、之とても数年前の価格百三十円にて年々釘付の有様なれは、殆んと意気銷沈の状態なれは昨年末六県知事連署して軍馬購買価格増加（尤も陸軍省は昨年予算編成の際十円の増加を企図せしも、大蔵省の同意を得るに至らさりし次第なれは、本年も之を主張する筈）及競馬法制定（馬券復活）其他一、二件に関し意見具申あり。又当業者数千名より同様の請願を貴衆両院に提出致候。衆議院にては皆採択となり、貴院にては会期切迫の為め審査未了に終りしも、委員の意向は寧ろ善き良なりしと承り候。馬券に関しては相当の取締を講する上は司法省側にても強て反対はなきものゝ如く、又大隈伯の如きも初めは反対なりしも、結局議会の意向次第に任すへき歟の意見なりとか承り候。

尚東北六県知事の意見具申中には朝鮮にて盛んに馬匹を使用せしめられんことの事項有之、即ち内地産馬の販路拡張に御坐候。御参考迄申進候。

其後御無沙汰仕、恐縮之至に候。内地近況御一読の栄を賜はり度、乱筆如此に御坐候。拝具

大正五年四月六日　　馬政長官浅川敏靖

寺内陸軍大将閣下

〔冒頭欄外〕農商工部長官　主任　回覧后可収《カ》之事正毅　四月廿日　二つの押印と一つの花押あり。

〔注〕本紙は「馬政局」の罫紙。

〔封筒表〕朝鮮京城　寺内陸軍大将閣下　御親剪　了　保存の事　正毅　（消印日付）5.4.6。

〔封筒裏〕緘　東京　馬政長官浅川敏靖　（スタンプ）

[馬政局]（消印日付）5.4.9。

〔原史料番号〕①21－2。

11　浅田徳則

1　明治(33)年9月22日

拝啓　北京天津并に太沽間電信不充分之件に付而は、屢々公使幷に領事より申来候事有之、実際如何之事に起因致候乎、判定難致候得共、若し電線其物之不充分に非らすして専ら技手其人に因るとの事に候得は、幸ひ逓信省に於而は其技に熟達致候技手を撰み、何時に而も貴部之御需用に応候而も無差支趣、昨日久米通信局長申出候間、自然此際御参考にも可相成候と存候間、御内報仕候。可然御考慮可被下候。早々拝具

九月廿二日　　徳則

寺内賢台侍史

追而本件は或は陸軍省に属候事に候得は、乍御手数本書同省へ御廻し可被遣候。

〔封筒表〕寺内参謀本部次長殿　必親展。

〔封筒裏〕□　外務省　浅田徳則　（スタンプ）[外務省用]。

〔原史料番号〕①20－1。

12　浅田信興

1　明治37年3月8日

略陳　部下軍隊も本日より勇躍発進、小生も不日開纜之期に臨候間、御別辞旁少々存寄之義申上候。先以て軍隊は一般に志気鋭満、却て整粛也。御令息亦極めて元気よく精励あるを認め中候。乍余事少生も無事、仰御放慮候。扨兼々御眷顧を蒙候今橋知勝着任後、身体に毫も故障無

之精励之由、伝承候間、今後の状況に応し、更に前方適任の地に御用立候様望ましく、且此際を以て進級之栄を得せしめられ度、又当地の長岡外史を此時機に方り特に御任用尤必要と存候。仄に聞く、同人現職にては容易に此役に御用立つ時機の到来は六つヶ敷との事、果して然らは実に人事経済之損失と存候。右振古無前の国難とも謂ふへき問題柄に対し黙止に忍す、敢て仰御高配候。将又左件は最も近き将来に必要事項と信候間、格別に御尽力を仰度候。即

　韓国西海岸（後には遼東南海）の漁業を盛に奨励せられ度事

露国人に比較し、恐るへきは我兵の体力及其維持の一点と存候。殊に作戦の進行に伴ひ、満洲地方に進入後は匆論、韓国内に在ても、之に要する軍隊給養の困難は察するに余あることと存候。随ては右の弱点に対し、如何に処すへき歟と一層杞憂に不堪候。仍而は従来韓海出漁に熟練の漁夫は万を以て算す程有之由故、其首たる山口、広嶋、福岡、長崎等の各県知事に彼等をして韓国の西海岸に出漁することお〔を〕奨励せられ、軍隊は之に仍而滋味多き副食物を補給し得、漁人は内地に搬送の煩無く、獲物を売捌かしめは相互の利益なる而已ならす、其代価は悉く邦人の懐に入り、必竟〔畢〕国家の損失を免かれ候は匆論、帰する所は目的たる我軍隊の維持力を増大し、極めて有利の事と存候。右は軍参謀長へ申入置候へ共、迚も軍の働きにては間に合ひ不申事柄故、敢て閣下へ御願申候也。尚聞く所、漁獲物は従来干物として内地へ送りたる由故、将来自他何れの軍へも兵站輸送を為し得る便を有し候事、右拝陳迄如此候。爾〔ママ〕情は緑〔ママ〕江右岸より。草々拝具

　三月八日　　信興拝

寺内盟台閣下

乱毫乞恕。

〔封筒表〕東京陸軍省　寺内陸軍大臣閣下　乞必親展　書留

（消印日付）37.3.8。

〔封筒裏〕〆　広嶋　浅田陸軍少将　三月八日午後九時発。

〔原史料番号〕①19-1。

2　明治37年9月11日

略陳　不肖儀過る八日陸軍中将に任し、近衛師団長に親補せられ候。右御披露如斯御坐候。扨爾後は背本意御不音致候。様々各地に出稼き的奔走のみならす、第一軍に

復帰の后も左翼端に位置候為に、常に人の知らさる顧念多く、行動には比較的自然外圏を迂回する等にて多事を極め候上に、部下一同の多労は他の比に無之、併し広嶋にて申進候通、一兵卒の微に至る迄実に克く軍紀に慣熟し、又予想外体力の保持も出来、赤帽に恥無き働き致候は感服の外無之、御消慮賜度候。尤様子岑発進の戦闘より十五日間殆連続、極暑を冒し、峻岑を超へ、夜は行き、昼は戦ひ続けたる為に、或る時は瞢乎として吾を忘るゝ如き感有之候事も有之候（是は第二、第四軍は勿論、第一軍にても他の師団にも無之、吾師団のみ斯く連続の行動に有之候）。近日の状況右の如く、目下は只第二期の準備中也。砲弾の事、補充兵の事、夫々責任者より申進候事ならん。矢を放つ者は御懸念無く、鏃《やじり》を作る御責任十二分に御負担是祈候。敵も漸く窮境に立至候程、抵抗力の強きは我軍の死傷比較を以て実況を明察有之度候也（新聞に書く如き容易のものに非るは万察あれ）。長谷川旧師団長の言に、小原大佐の事、委曲同氏より申進有之たる由なれとも、尚自分の意見も全然同氏に同し、此人は一寸見に見損し易き人也。呉々も前年の特検の如き事無之、旅団長として何時にても引受可申候間、其御含にて有為の人物を使ひ損し無之様為邦家万望之至候。

広島にて申進候韓海の漁業も頓とはか取り不申と見へ、于今一枚の干魚も口に入不申、遺憾に存候。特に一言申進度は、満州の大勢も将来の見据已に相定候事と存候。就而は一日も早く韓国の地盤を安定せられ度候。夫には平安（義州方面）咸鏡両道には将来半農半兵の屯田策を今より御企画必要と存候。知らるゝ如く韓民は実に勢に従ふ反覆常無き者なれは、殖民にもせよ、商業発達にもせよ、仍拠〔マヽ〕する処の我武力無之限は決して成功成り難く候。篤と御高慮を要す。之に伴ふには京義鉄道尤も急務也。此二者相伴候はゝ、確と新日本の成立せんこと疑無之、否ふすれは此回の大戦役も恐らく水泡に帰せん。乞ふ他日の悔無らんことお〔を〕。

人事問題に付ては遺憾多し。部下旅団の如き、六人の大隊長七人迄減損せしも代理々々にて、准して中隊長以下まても影響を及ほし（代理にて損傷するに至る）、堪へ難き実情、篤と高察を乞ふ。須らく第二期戦には此不利無らしめられんことお〔を〕。

明治卅七年九月十一日　浅田信興拝白

寺内将軍閣下

〔封筒表〕東京陸軍省　寺内陸軍大臣閣下　乞必親展　浅田陸軍中将　軍事郵便　（消印日付）37.9.23。
〔封筒裏〕明治卅七年九月十二日。
〔原史料番号〕①19-2。

3　明治(37)年9月29日

寺内賢台榻下
浅田信興

伊崎氏着任に付芳翰拝受、先以御隆壮慶賀之至奉存候。生義も爾来無異、御放念可被下候（二週日計前呈出す、已に御落手之義と存候）。長谷川氏へ之御書面は、出発後に付追送致候間、左様御承知可被下候。

御来示之如く、開国無前の大事件にて御苦慮之多候義は萬察仕候。併し其割には御尽瘁之好果にて都合を得、殊に韓地已後は日本米の飯を（或は水侵し、又は減量はあれとも）兎に角喰ひ続け得候は一般に大仕合、比較的体力之保持宜敷も一に其効果と存候。唯々困窮は砲弾の欠乏、人事の不捌けを最と致し候。曾て藤井少将よりも疾く当路者へ申送候筈なる砲弾の制〔製〕造は、米国に是非共御手入無之而は間に合不申、現に敵弾の製造も同様也（其製造所も藤井より知らせ有たる筈）。要するに今回之如き大事に方り、区々たる小規模之仕構へにては迚も間に合不申（此の弾銑鉄弾は実験の上所見可申述候）、呉々も国家の運命を賭し仕出したる問題ゆへ、金鉱も掘るへし、外債も為すへし、思ひ切たる施設無之而は終局の利算無心元候。

又人事の如き、従来の様なる不手廻にては（一士官の進級に一ヶ月以上も隙取る）、敵前に於而尤も要する将校の活気は悄然として寝入り込み候。元より大権の在る所なれとも、之を与へられる事は条例に明文あり、今回の如き大責任者に此権を与へられされは、例文は空文に帰せむ。人事権無き司令官の心事も亦御明察あれ（少くも士官の進級権は、是非司令官に要す。欠損多くして急需也）。之か為には本省に於ける煩冗之程も思ひ遣られ候。酒井少佐の如き、同一の辞令を三、四本も貫ひたる如きにても萬察す。以上二件、呉々高慮を禱候。

前便申進候を失念せり。乃御令息之事也。鴨緑江已来、殊に敵前之動作を直接に間接に監督注意し来候上々等は、気力動作の一身より指揮操縦の職責の上に至る迄、実に立派之将校也。幸にも小島大尉は早くより大隊長の代理を為したるゆへ、数多の戦場に中隊長としての働らき出来たるは、一層の仕合に有之候。右体にて候間、他に対し御自負ありても宜敷程也。元来生は御承知通り余り褒る言は、容易に口外、況や筆に記候如き事は為さゝる流儀なれとも、茲に断乎と保証致候。就而は同し戦列上の位置なれとも、将来は一面に師団全般の運用も知り得、直接には戦線上に広正面の指揮を咄〔ママ〕ひ為せし目的にて、伊崎少将の副官に致候筈也（旅団長の戦線に在るへきは、御承知通り生は副官も書記も従卒も損傷せしめたり）。右御報慮有之度、旁御含迄申進候。謹言

九月念九　遼北羅大台に於て認む

逐而名葉〔カ〕恭拝受せり。

〔原史料番号〕①19–3。

4　明治37年11月12日

略啓高許　伊崎少将之義に付而は煩高慮、遺憾之至御坐候。右は当時貴電に御答致候通、少生之認め居候事実に於而は一将官の進退に及候様之事故は全く無之候故、即夜軍司令部に至候処、司令官は所労に付藤井少将に面談事故承り候に、某参謀之報告を過大に誤聞候事柄主眼にて有之候間、更に夫を審糺し、某参謀之自記する書面を以てまで誤を正したるも、已に中立済にて容喙之道無之とて頑として承引不致、然るに当時は不日攻撃之予定に有之候故、夫迄有余〔猶予〕を取り、伊崎少将の面目為相立候心算にて其義を談候も是亦引請不申、誠に不本意之次第に御坐候。尚此件に付而は長岡少将へ申送候間、御序を以て事情御聞取可被下候。

将又石田正珍義に付、柳原大佐の書信に仍れは、事故は兎に角く此際に於而不都合千万之義乍ら、廃将に致候は軍国の不利なるのみならす不面目之事柄にも無之に付、同人は弾雨下に於而は訖度御用立可申事は少生之確認する所に有之候間、相応之位地に御引出し相成度希望之至御坐候。実は当第一聯隊長渡辺中佐、格別之過失と申程之義は無之も、敵前にて働らき振充分に無之故、同人と交任之義軍司令官へ申出候処、伊崎、深谷等悉く変り候も如何に付、今少し見合候様懇談有之為に此回は取り止め候も、内談は右様相成居候故、可相成は右交任之義御所置被下候はゝ、多幸之至に御坐候。右内密拝陳致度如此御坐候。乱毫多罪仰高恕候。敬具

十一月十二日　浅田信興

寺内閣下

乞必親展

〔封筒表〕□京陸軍省　□内陸軍中将閣下　郵便　乞必親展
（消印日付）37.11.22。
〔封筒裏〕近衛師団にて　浅田陸軍中将　十一月十二日発。
〔原史料番号〕①19-4。

5　明治（38）年4月14日

謹啓　奉天会戦も御尽力之効果を以て我軍之勝利に帰候段、先以御同慶之至御坐候。爾来御令息も至極御健全、少生も無異仰御放念候。
今回渡辺湊転職之義は、軍司令官より之事故御承知之義とは存候へ共、為念申進候。同人義も意志薄弱にて、敵前之軍隊指揮に不適任なるは深谷大佐に同しく、曾て沙河戦後に処分之積に御坐候処、重見始め幕僚之意見、深谷は迚も望み無之なれとも渡辺は尚今一度充分之厳戒を加へられ度しとの切願に候間、已に再三教戒訓告も致候上なれとも尚特に厳重之戒告申聞候処、深く已往に顧み将来を改め可申と誓言候故、今度こそはと心頼にいたし居候。然る処天賦の性質は或る緊要に際し再発遂に医す可らさるものと見へ又々不都合不少、耶の温順なる木村少将も堪らへ兼ね叱責之如き仕合にて到底見込無之、此所決に立至候次第に御坐候間、左様御承知被下度候。乍序深谷大佐帰京後は身を省て謹慎いたし居候事と存候処、意外千万にも己の非を飾り以の外の言を喋々説き居候由、殊に本省内には比較的知人多にて中には彼か才弁に惑され候者も有之由、驚入候。斯る不心得に而は迚も改悛の望無之者ゆへ、要すれは職前之不都合、個人の怯惰縷述可致候間、被仰越度候。当時申上候文句中に敵に後ろを見せ候義は無之と認置候は、右様卑劣之者とは存し不申故幾分歟名誉を保候様記載候も、御承知の如き勝利続之戦故後ろを敵に見する場合は実際無之訳にて自然当然之事、其他の場合に於而は保証不致、改て此段申進候。尚ほ彼か虚偽之言を吐候中、少生より一回之忠告も受たること無之とのことは余り反対之造言に候間、一寸申添候。元来本人は多年社交上に於而別而懇意之間柄故、聯隊長として採用之節も歓迎候程に候。故に人物の見立損しは少生にも責任有之次第故、彼か職分之過失行為之怯惰に付而は或は懇諭し或は叱責し、結局懇親は私之事、此上改悛之印見へされは所謂大義親を滅すを以て公義に換へ難く、断然之所決を為すへきに就き其覚悟す可しとまで申聞候。如此為し得る限の治療は加候も彼か固疾は終に癒すへき望無之、あきらめ申候事に御坐候。不幸にも二人迄斯る品物を背負込み一ケ年内外辛抱之心情、御明察賜り度候。軍国之大事御多端之御中、御耳を汚候段、多罪萬謝。草々敬具

四月十四日　浅田信興

寺内賢台剣北

〔原史料番号〕①19–5。

6　明治44年9月8日

謹啓　残暑難去候処、閣下益御壮武、慶賀之至奉存候。陳は少官今般教育総監被命、分外之大任、恐懼此事に御坐候。依而は自今別して仰御懇情御指導相蒙度候。右御吹聴旁御依頼如此御坐候。草々敬具

九月初八　浅田信興

寺内将軍麾下

〔封筒表〕東京麻布笄町　寺内陸軍大将閣下　侍曹　（消印日付）44.9.9。

〔封筒裏〕大坂市　浅田陸軍中将　教育総監拝命御礼　（消印日付）44.9.10。

〔原史料番号〕①19–6。

13　安達謙蔵

1　明治(38)年2月27日

拝啓　陳は本日の議院に於ける閣下の謹厳真切なる御演説に対しては満場頓に同情を表し、其結果上奏案の頓死と相成、実に快心に堪不申候。一昨日拝趨の砌仰御高配置の大連湾出漁の件に付ては、外松局長より種々教示を受け本日正式の願書提出仕置候間、何卒特別の御詮議を以て御許可被下度、右偏に願上申候。先帝国議会最終日の御勝利を祝し旁願用迄申〔ママ〕縮度、匆略如此御座候。草々敬具

二月廿七日夜　安達拝

寺内陸軍大臣閣下侍史

〔原史料番号〕①2–1。

14　安達峰一郎

1　大正2年2月7日

拝啓　帝都は一昨日以来春色頓に相催候処、錦地は如何に御坐候哉。閣下には益々御壮康にて王業御鞅掌之御事奉慶賀候。降て小生久振之帰朝故私事甚た取込申候得共、心身幸に依例頑強に御坐候間、乍余事何卒御放神〔心〕被為下度祈上候。

扨一昨日は数ならぬ小生を顧念被為下御懇到なる御手書御恵投被下、乍毎度御高情之段感謝之至に不堪候。遠隔之土地故出発前参堂拝晤致兼候段無念に御坐候得共、近き将来に於て帝都にて御直属之仕事を為すへき機会も到来致候半歟と空想に耽り楽居申候。尤も小生の出発は唯今の所にては五月十日と相定居候故、閣下或は其迄に御上京之折も有之候事乎と楽居申候。東京は政変之最中に御坐候。政治も益々面倒に相成候様相感申候。夫に付ても閣下之益々御健康に朝夕御留意相成、萬々御自重御自愛の程奉祈願候。小生長女先般武富時敏氏長男武富書記官と婚約相整申候。又去明治三十年巴里に御出張之際母之胎内に在りたる次女も、将に或外交官補と婚約を結はんとする様に相成申候。小生も追々霞ケ関連中之長老と可相成時乎と相悲申候。

本野大使の難病御存知に御坐候哉。本日接到之同夫人書柬に依れは、中々六ケ敷もの丶様相感申候。実に残念之事に御坐候。先は御高情に対し御厚礼申上旁々御清栄にて御全堂御消光之御事相祈度。草々謹言

二月七日　　安達生拝

寺内伯爵閣下侍史

追て御奥様には御帰京と拝察仕候。其内相伺度楽居申候。

〔封筒表〕朝鮮京城　寺内総督閣下　親展　二月十日受領不及回答　正毅　（消印日付）2.2.7。
〔封筒裏〕緘　東京麴町区永田町　二の廿八　安達峰一郎　（消印日付）2.2.10。
〔原史料番号〕①3-1。

2　大正4年12月29日

拝啓　時下寒冷之候、閣下益々御清康御鞅掌被遊候御事、奉慶賀候。陳は今般露皇族来朝に付閣下接伴の衡に当らるることと成りたるに依り、閣下の御冀望に基き小生閣下の御用を伺ふへき旨外相より懇々御話有之候処、御承

知の通り小生墨国に於て重き肝臓病に冒され、癒後殆んと慢性と相成専意療養に尽力中に付頗る躊躇致候得共、兼てより閣下に対し深き敬仰の念を抱き居候故、夫々相談熟考之上、外相に対し御受可申旨返答致したる次第に御坐候。就ては閣下の御期待に副ふを得へきや否や懸念致され候得共、充分注意之上御用相務むへき決心に有之、別紙旅行日程に依り貴都に参り委曲御命相奉じ可申楽居申候。先は取急右申上旁々御健康祈上度、草々此の如くに御坐候。敬拝

十二月廿九日夜　安達峰一郎

寺内伯爵閣下侍史

〔封筒表〕京城総督府　寺内伯爵閣下　必親展　一月一日　正毅　日割 □ 及 □ あり（スタンプ）書留

（消印日付）4.12.29。

〔封筒裏〕緘　東京赤坂区丹後町十　安達峰一郎（スタンプ）宮内省（消印日付）5.1.1。

〔原史料番号〕①3―2。

3　大正5年2月11日

拝啓　昨夜着京之山県総監其他之人々の話に依り、賢閣不相変御勇健之御容子を拝承し、欣賀之至に不堪候。降て小生義先日帰京以来長旅の労も出てす日増健康に勉励致居候間、乍余事何卒御安慮被為下度願上候。扨昨臘以来公私両面に於て小生に対し御表彰被下、御高情は小生に於て感激に不堪所、到底筆紙を以て御礼申上兼候間、今後実行を以て報效を期するの外無之候。陳は去弐日夕御邸に於て御仰付相成候田中次長に対する御書状之義は、去六日早朝同氏方に参り侍者を以て交付致候得共、発熱平臥中なりし故会談を不得候処、昨朝同氏来訪内話する所によれは、病中書状を以て夫々必要の手続を為され、彼件も其後大に進行し大低〔抵〕成効すへき見込に相成候由、為国家実に慶賀の至に御坐候。是れ偏に賢閣御高配の賜に有之、感謝無此上候。何卒此上とも御配慮相成度御懇願申上候。○石井外相には去六日午後長時間会談、御示之通に御話申上置候。願くは此好機を逸せず日露政策之基礎を確立せられんことを日夕祈念罷在候。帰来山県公には未た御面会不致候得共、宮相、首相、大島次官、其他数十人に面会仕候。何れも賢閣之御尽瘁の結果として、露太公之来朝の結果之完美なるへきことを期待致居られ申候（畢桂芳の件は、宮相に於ては当初より東台の都合

上実行致兼事と存候。先以賢閣の御意見を伺ふへしの意見なりしも、外省〔ママ〕に於て已に同意を表したる後なりし故枉て反対せさりし次第なれば、右実行せられさりしこと当然と思ひ居りたる由、宮相の御咄に御坐候）。日露関係根本問題の件に付ては、已に他より電報及書面を以て詳細御報告申上置候半と存候間、茲には省略仕候。

接伴事務関係書類も一通り整頓致候間、宮相宛報告書案起草の上当方各員の回覧に供し至急瀏覧相願度、郵送の手順に致置候。

御承知之如く小生先般墨国駐箚は殆んと三年に亘り候得共、内乱麻の如く全然無政府の情態に陥り居候為め、何事も進んで為し得ず帰朝仕候。其間の辛苦永くして甚たしかりし為め心神損傷致候間、尚暫く静養相願ひ四月上旬には台湾視察に赴き度存居候処、先日一寸御話し相成候通り若し賢閣にして北京に赴かるゝ様のことも御坐候節には、格別之御役にも立たさるへきも御随員の一人と為り犬馬の労に服し度熱望罷在候。乍去帰来諸般之情況を綜合して考ふるに、賢閣には近き将来に於て大命に依り帝国全般の責任に当らるゝの已むを得さるに到るものの如く感せられ、支那御出張の件は多分事実と為りて出現せさるへしとも存せられ申候。

先日御留守宅に参上候処、御奥方様其他皆々様至極御健勝に被為渡候。又昨夜寿一様には四年振にて御面会仕候処、御快活御元気、欣慰の至に御坐候。先は乍遅延御厚礼旁々御報告申上度、又真卒に小生之心事申上候段は何卒御海容被為下度祈上候。数日前より寒気相増候。時節柄何卒御自愛専要に御願申上候。草々謹言

紀元節午後　　安達生拝

寺内伯閣下侍史

〔封筒表〕朝鮮京城総督官邸　寺内伯閣下　親展　二月十五日　正毅　（スタンプ）書留（消印日付）5.2.11。

〔封筒裏〕赤坂丹後町十　安達峰一郎拝送。

〔原史料番号〕①3-3。

4　大正5年2月12日

拝啓　不相変寒冷厳敷御坐候処、賢閣益々御健勝御鞅掌之御事、奉敬賀候。陳は昨日申上候接伴報告書案の義は当方諸員の回覧を経申候間、内山大将より一応瀏覧に供する為め郵送申上候。何卒御高閲之上御返下被下度御願申上候。山公之御蔭に依り政局の危機も一過し、日露事

件之為め折角尽力中之趣に付、神速に好果相結候様祈居申候。先は不取敢右のみ申上旁々御清康御祈申上度。草々謹言

二月十二日　安達生

寺内伯閣下侍史

追伸　本文復命書出来候上、小生葉山に参り露太公東京御出発後の状況奏上致候方宜しとの御高見に御坐候は丶、何卒御垂示被為下度御願申上候。内山大将の咄に、露太公東京御出発までの状況は閣下より奏上相成置かれ候に付、陛下に於かせられ至極御満足に拝せられたるが、其後の状況は未た何人よりも直接奏上無之由に御坐候。此段為念申添候。敬拝

〔封筒表〕朝鮮京城総督官邸　寺内伯閣下　内展　済　二月十六日　正毅（消印日付）5.2.12。

〔封筒裏〕東京赤坂丹後十　安達峰一郎　（消印日付）5.2.15。

〔原史料番号〕①3-4。

5　大正5年2月20日

拝啓　二月中旬に入てより寒気頓に相増、病人も益々多く相成、昨夜以来当地は大雪満都に御坐候処、賢閣には愈々御清康に被為渉候哉奉伺上候。当方に於ては三、四日前荊妻御奥方様に拝鳳長時御邪魔申上候処、至極御健勝に拝せられ、寿一様外皆々様にも御無恙之趣に拝承、降て当宅に於ても幸に風邪の微恙も無之、老父母始め小生共並に児童に至るまて至健各々相励居候間、乍余事何卒御省慮被為下度祈上候。

陳は先日は御懇書を賜はり、御芳情之段感激に不堪候。何れ賢閣の驥尾に付し報効を図るの期も遠からさるへしと相励居候。

露国太公も愈々御帰国露帝に奏上相済、陛下並に閣下に対し同帝より親電有之候由、祝着之至りに奉存上候。此上は両国接近の事業速に実現相成候様、鶴首相待居申候。

去十八日午前葉山御用邸に於て拝謁被仰付、露太公東京御出発の情況奏上仕候趣は、当日電報を以て御報申上候に対し御鄭重なる御返電に拝接致居候次第に御坐候処、当日陛下には御用邸南方之大広間に御出御被遊、フロックコート御着用、小生待〔侍〕従長及宮内大臣の御先導にて御間に入ると同時に陛下に御机の前に御起居遊はされ、宮内大臣並に待〔侍〕従長は椽側に出でられ、小生は三拝して御前に近つき、閣下の御注意に基き露太公東京御出発之情

況を奏上するは無上の光栄なることより、国寺津にて太公と落合ひたる模様を奏上し、汽車中閣下より兵器のことを告けられたるときの殿下の御喜の大なりしこと、桃山両陵御参拝、生花環捧呈の模様、大阪工廠の視察、紀章親授、弾丸製造力の世界一なることを御聞及相成驚嘆せられたること、御大典の御跡御覧の際の御感想、殊に大嘗宮御視察の際に申上けたる説明に対する御感想の深甚なりしこと、二条離宮御覧の際大餐場に於ける御観想、久原邸に於る武術御観覧の際の御模様、奈良正倉院御観覧の御感想、殊に建物改築に関する数度の御勧説、大仏及法隆寺等の歴史的説明に御感興甚大なりしこと、並に京都御滞留最後一日の御清遊の御容子等を重に精神的、心理的の見地より奏上仕候。宇品の設計完備に驚かれたること、関の工事の偉大なるに感嘆せられたること、宮嶋の御遊覧に興せられ永く日本に留り度き御意思を発表せられたること、二軍艦に分乗することを悲まれたること、馬関通過の際の天候、両岸群衆の歓送に御感動相成りたること、釜山上陸前後御感想の深かりしこと、朝鮮南部の開発に御注目ありたること、翌日進て総督官邸を御訪問相成りたること、処々御観覧中博物館、審勢館、工業伝習所等は最も深き印象を殿下の脳裏に与へたる様拝せられたること、壮雄端麗なる龍山官邸大食堂に於ける午餐会の成効したること、午餐後露領事館茶会までの間閣下、極東局長と長時御会談相成、小生之に参列したること、同夜最後の非正式晩餐の模様、夜汽車の極めて安全にして好晴なる安東に翌朝定刻に到着し、愈々殿下と閣下との離別と為りたる模様、帰城後閣下より直に宮相宛御発電相成りたること、翌夜宮相の電報に依り陛下の優渥なる御沙汰を拝し感激したること、長春御出発の際の御模様のこと等を前段同様重に精神的の方面より奏上仕り、右の如き永き殿下の御滞留中何等の支障なく、殿下並に御一行の円満なる好感を以て終了したるは、陛下の厚き思召、政府並に国民一般の真摯なる感情の発露、天候の良好、各都当局の励精、殊に陛下に於かせられ寺内伯の如き内外に威望高き重臣を御簡派し給ひ、同伯に於ても身を挺し常に細大の衝に当られたるの結果にして、日露関係の歴史上此上なき好影響あるへきを疑はさる旨など奏上仕候。陛下には少しも御倦怠の御容子なく、益々深甚なる感興を以て辱くも終始御傾聴遊はされ、至極御満足の旨並に寺内伯に宜敷伝へよとの御沙汰を賜はり、御前を拝辞し廊下に於て時計を検すれは正に二十八分を経過致居候に相驚候次第に御坐候。

単独不講和に関する倫敦宣言に加入の件に関し、枢府に於て正式に内閣の措置を非難するの決議を為したる事、本朝新聞には相見不申候得共、洋字新聞には重大なる危機を胎むものとして評論致居候。外別段の事柄無之、平々凡々の議会は其の終期に近き居申候。

先は右申上旁々御清康御祈申上度。草々謹言

二月廿日　　安達生

寺内伯爵閣下侍史

〔封筒表〕京城南山　寺内伯閣下　内展　（スタンプ）書留

（消印日付）5.2.22。

〔封筒裏〕東京赤坂丹後町十　安達峰一郎。

〔原史料番号〕①3-5。

6　大正5年3月11日

拝啓　数日来都門に輝き渡れる春光頓に去りて、白雪飛散し冬季に戻り、不順極まる気節に御坐候処、賢閣益々御清康国事に御鞅掌被遊候段、慶賀之至に不堪候。降而当方に於ては御留守邸御一円不相変御清勝之御容子に拝承、私共も亦別恙なく消光罷在、小生之健康も以御蔭旧時の強態に相復申候間、乍余事何卒御安慮被為下度祈上候。

陳は小生義今般愈々墨国駐剳被差免本省勤務と相成候間、是亦何卒御安慮被為下度御願申上候。欧州戦乱之関係の外、家族上の事柄も有之、暫く本邦に於て相当勤務に服し度希望に御坐候間、何なりとも当地に於て御用に立候事御坐候は丶、御申付被為下度御願申上候。

外相よりは小生に対し未だ何等之話無之次第に御坐候得共、閣下には特別重要任務を帯ば（ママ）れ露都に赴かれ候趣に有之、其際には小生随員として御供可仕旨内定せる由にて問合来り候者有之候処、若し右様之事実現出候はんには小生に取りては仕合の至と存居候。

先は右御起居伺上度、草々如此に御坐候。謹言

三月十一日朝　　安達生拝

寺内伯閣下侍史

〔封筒表〕京城南山　寺内伯閣下　内展　三月十四日接　正毅　返し済　（消印日付）5.3.11。

〔封筒裏〕東京外務省　安達峰一郎（消印日付）5.3.14。

〔原史料番号〕①3-6。

7　大正5年3月30日

拝啓　春光再び都門を訪ひ申候処、賢閣益々御清康にて御鞅掌之段、慶賀之至に不堪候。次に当方笄町御全堂を始め小生方に至るまで至健罷在候間、何卒御省慮被為下度願上候。陳は一昨日は寔に御懇篤なる御手翰を拝接、数次披読、御高情之段感激の至に御坐候。何卒将来倍旧御鞭撻被為下度祈願申上候。

昨日「コサ《〔ザ〕》コフ」氏手書別紙写の通参り候間、不取敢貴覧に奉供候。右書簡は石井外相にも内示仕候処、去二月十八日本野大使と露外相との会談に於ても露相は我提案即ち哈爾賓以南鉄線譲渡に関し主義に於て異存無之旨明言したる儀なれは、同相の内訓を受けて来朝したる「コザコフ」氏が君（即小生）に対して同様の事を言ひたるに相違なしと信する旨の談話有之、且つ右は事後に至り露国参謀本部辺より異議を提起したるに依り、今に至り誤魔化さんとするものならん。右に関しては二月十八日付本野大使の電報を楯とし同大使に喰て懸る次第なりと附言被致候。右賢閣極密之御含までに内申致候間、何卒其の御心持を以て御聴取置被為下度願上候。○先日は御奥様態々御光臨被為下、長時間御懇談被為下、御高意之段、弊屋一同無此上感謝致居候次第に御坐候。○Verdun 戦況心配に御坐候得共、大局は畢竟我に利あらんことを祈願仕候。○支那の形勢も混沌を極め、最も注意を要する時節柄と存居候。現内閣は昨今其儘にて相続き可申とは当地辺の下馬評に御坐候得共、真相如何、小生等にも窺知致兼候。

先は右御礼旁々御健康祈上度。草々謹言

三月卅日　安達生拝

寺内伯閣下侍史

〔封筒表〕朝鮮京城南山　寺内伯閣下　内展　（消印日付）5.3.30°

〔封筒裏〕緘　東京赤坂丹後町十　安達峰一郎　（消印日付）5.4.2°

〔別紙〕

M. Adatci,

Copie de la lettre de Mr. Kosakow: adressée à Mr. Adachi.

Pétrograd, 26 Février/20 mars 1916.

Mon cher ami,

C'était très aimable de votre part de penser à moi au moment où on entamait les négociations concernant une union plus étroite entre nos deux pays.

Personne en effet n'a accueilli avec plus de plaisir cette nouvelle; j'espére que ces nègociations marcheront vite et qu'elles ne tarderont pas d'aboutir à la signature d'un acte qui formera une page heureuse dans l'histoire des deux pays.

Si pourtant des difficultés quelconques surgissaient au cours de ces nègociations〔sic, négociations〕, permettez-nous de compter sur votre aimable concours pour les aplanir.

Serait-ce abuser de votre bonté si je vous priais tout d'abord de m'aider à éclaireir un petit malentendu qui s'est glissé au début même de nos pourparlers.

Le Baron Motono, se basant sur les〔sic, ces〕instructions, paraît croire qu'il s'est âgi entre nous, lors de ma visite au Japon, de la cession de tout le tronçon sud du chemin de fer russe.

Or, comme vous vous souviendrez, je n'ai parlé que de la partie de ce tronçon située dans la sphère japonaise, e, -à, -d, entre Rwancheutsze et le Soungari〔松花江〕.

Nous avons même discuté la longueur de la ligne qui pourrait ainsi cedée.—

Je n'attache pas une importance exagérée à ce malentendu, qui ne manquera pas, j'en suis sûr, d' être mis au clair. Je vous serai pourtant trés reconnaissant si vous voulez bien m'y aider en eu disant un mot au Baron Ishii.—

Veuillez me rappeler au souvenir de vos collègues du comité de reception, dont nous gardons tous un si agréable souvenir et croyez-moi.

Votre cordialement dévoué,
G. Kosakow.

〔訳文〕
安達様
安達氏宛コザコフ書簡写
ペトログラード、一九一六年一月一六日／二月一〇日両国間の更なる緊密な提携に関する交渉にご配慮頂き、感謝申し上げます。この報告を、これ以上ない喜びをもって歓迎しますとともに、この交渉が速やかに進展し、両国間の歴史に幸福な一ページを形作る調印に至ることを望んでいます。もし、交渉の途中で何らかの困難が生じた場合は、それを取り除くようご協力頂けますでしょうか。交渉の冒頭での些細な誤解を晴らしてくださいと最初に貴方に頼みましたら、貴方の親切心につけ込んでしまうことになりますでしょうか。

この指示に基づき、本野男爵は私の訪日中にロシア鉄道南部の全区域の譲渡が我々の間で進捗すると考えているようです。

ところで、ご記憶のとおり、私はこの区間のうち、Rw-ancheutsze と松花江の間の e, -à, -d の日本側の領域に関してだけ話しました。我々は譲渡可能な鉄道の長さについても議論しました。

私はこの誤解を誇張してはいませんが、はっきりさせることになるだろうと思っています。石井男爵にお含みいただければ助かりますし、大変うれしいです。

我々がみな忘れがたく、私を信頼してくれました接待委員の同僚によろしくお伝え下さい。

敬具

コザコフ

〔原史料番号〕①3-7。

8　大正5年4月15日

拝啓　其後久敷御無音に打過居候処、賢閤益々御清康にて御鞅掌被遊候御事、奉慶賀候。降て当方小生事も以御蔭依旧至健相励居候間、乍余事御安慮被為下度御願申上候。京地政海其後小康之有様に有之、本日も久敷首相に面会仕候処至て元気に被見受申候。支那事件も愈々混乱之傾向有之候得共、欧州は大戦に悩み、米国は墨国事件に没頭の今日故、本邦の対支行動割合に自由に可有之候。唯〔寒〕関心に不堪は一般媾和の際に於ける本邦の位置及行動、殊に戦後東亜に於ける列強の反動的措置に対する方策如何に在ることと被存候。

扨突然御懇願申上度私事有之候。それは小生新宅接客室楣上之額に御揮毫被為下度件に御坐候。小生此迄赤坂丹後町伊地知将軍邸に僑居仕居候処、同邸買受希望之向数多有之到底安居致兼候に付、過去廿余年継続せる生命保険契約満了の結果として保険会社より入手せる金額を以て下渋谷青山学院裏に本居男爵之建築したる新邸を買受け、之に手入を為し過日引移申候。今後四、五十日を経ば手入増築の工事も終了可致、老親と児童とを本邦に残し、何時にても後顧之憂なく海外在勤の身と為り可得と喜居次第に御坐候。小生故郷山形之茅屋は古来「対賢堂」と称し楣上右の三字を大書せる額ある次第に御坐候故、此の新宅をも対賢堂と題し度存候処、若し賢閣に於て御寸暇御割愛被為下右三字御揮毫の労を御執被下候はゝ、如何計り小生一家の光栄に可有之哉、又如何計り小生の喜に可有之哉、御想像之外に有之義に御坐候。就ては甚た恐縮の至に御坐候得共、小包郵便を以て御手許に拝呈仕候布地に小生の懇願を御実現被為下候様、幾重にも御願申上候。右平素御高情之深厚なるに甘へ御無理御願申上候段は、何卒御海恕被為下度悃望に不堪候。尚花時とは乍申変化多き季節柄、為国家何卒充分御自重御自愛被為下度祈上候。何れ不遠拝鳳之好機も御坐候半と期待致居候故、萬々其時に相譲度、御懇願用まで草々如此に御坐候。謹言

四月十五日夜　　安達生拝

寺内賢閣侍史

〔封筒表〕朝鮮京城南山 寺内伯爵閣下 内展　四月十九日
正毅（消印日付）5.4.16。

〔封筒裏〕緘　東京府下渋谷六一四（青山学院裏）安達峰一郎（消印日付）5.4.18。

〔原史料番号〕①3-8。

9　大正5年5月13日

拝啓　其後久敷御無音に打過居申候処、賢閣益々御健剛御鞅掌被為遊候御事、為我国寔に慶賀之至に不堪候。次に当方に於ては御留守邸に於て皆々様御安泰に為被《（ママ）》入候間、何卒御省慮被為下度願上候。降て拙宅に於ても何等無恙夫々相励居候間、乍余事是亦御放神《（心）》被為下度祈上候。陳は兼て御無理御願申上候御揮毫、一昨夜難有拝受仕候。一家挙て深喜千謝致居候。強剛典雅なる御筆跡寔に美事に有之、拙家之重宝に御坐候。月末には表装完成可仕、朝夕之に対し自省発奮可相叶喜居候。殊に懸物二枚をも御染筆被為下候御高情謝する所を不知、只管報効を期し居申候。」

当地表面別条無之、昨日首相及閣員の方々にも面会仕候。何れも元気に被見受申候。」

兼て一寸御咄申上候小生末女義も色々話のありたる末、故河津祐之氏二男益雄（三井物産会社晩香坡支店長、四十一年仏法科卒業）に嫁せしむることに内定仕候。婚儀は六月中旬に挙行の筈に御坐候。是にて娘共も皆片付き、

小生も内顧の憂少く海外勤務も可相叶、喜居申候。御厚礼旁々私事まで申上候段、何卒御海恕被下度祈上候。尚折角御厭被為下度懇願申上候。草々謹言

五月十三日　安達生

寺内伯爵閣下侍史

〔封筒表〕朝鮮京城南山　寺内伯閣下　内展　五月十六日　正毅（消印日付）5.5.13。

〔封筒裏〕緘　東京市外下渋谷一四　安達峰一郎（消印日付）5.5.16。

〔原史料番号〕①3–9。

10　大正5年5月24日

拝啓　追々入梅に相近き申候処、錦京之気候如何に御坐候哉。京城日報に依れは賢閣には益々御清康にて朝夕御鞅掌之御容子、為邦家寔に慶賀之至に不堪候。降て当方以御蔭不相変至健相励居候間、乍余事何卒御省慮被為下度願上候。

先日御恵贈被為下候対賢堂御額愈々出来上り、明朝書斎に奉置可仕準備中に御坐候。日夜之に対し自省発奮、報効相期可申楽居候。〇我露大使に托し「コザコフ」氏より別紙写之通り来信御坐候に付、早速外相に内示致置候。何卒御内見置被為下度御願申上候。九仞の功を一簣に欠き度なきものと存居候。〇欧州戦雲何時晴るへきや逆覩すへからさる次第に御坐候得共、講和に関する準備充分整頓致置度外相之内意に有之、小生に於ても奮励従事之覚悟に御坐候。何れ不遠之内御東上と存候故萬其節に相譲度、御清康萬祈申上候。草々謹言

五月廿四日　安達生拝

寺内伯閣下侍史

〔封筒表〕朝鮮京城南山　寺内伯閣下　必内展　（消印日付）5.5.25。

〔封筒裏〕緘　東京市外下渋谷614　安達峰一郎　（消印日付）5.5.28。

〔別紙〕

Pétrograd, le 26 avril/9 mai 1916.

Mon cher ami,

Merci pour votre carte de Nara. J'en ai été vivement touché.----

S'est le cœur gros que je vous écris. Car je suis plein de

doutes sur les résultats du travail que nous avons commencé ensemble lors du séjour du gr. Duc George au Japon, sous les auspices du Comte Térauchi.

Je me demande si, au lieu d'arriver à un acte qui mettrait définitivement nos pays sur la voie de la solidarité, nous n'aboutirons pas à la réouverture de la rivalité que nous paraissions taut〔sic, tout〕regretter.

Le Baron Motono insiste ici sur la cession d'une partie de notre chemin de fer dans notre zone. Il prétend agir sur des instructions formelles de son Gouvernement, qui lui reproche son peu d'énergie à plaider la cause japonaise. C'est presque le ton des négociations austro-italiennes.

J'ai tout lieu de croire qu'en Russie cette concession, si elle était faite, produirait le plus mauvais effect. On se dirait que le Japon a profité du moment où la Russie était engagée dans une lutte pour sa situation de grande puissance, pour nous forcer à lui accorder des concessions qu'on ne fait que sous la menace de la force. Quel est le Gouvernement qui saurait lutter contre une opinion publique travaillée par de telles idées?-------

J'ai toujours été d'avis que l'amitié russo-japonaise devait être basée sur une renonciation de Japon à toute tendance d'exploiter économiquement la Russie et sa sphère en Chine. Ceci me paraissait d'autant plus possible qu'une parfaite réciprocitété sous ce rapport était garantie aux japonais de notre part, et que le riche terrain chinois était ouvert à l'industrie et au commerce japonais, où nous ne faisons rien pour rivaliser avec eux.------

C'est avec peine que je vois maintenant avec quelle insistance le Gouverment japonais demande à être admis à l'exploitation économique de notre sphère en Mandchourie et de nos possessions en Extrême Orient. Comme tout cela est loin des conversations amicales que nous avons eues avec le Comte Térauchi et avec vous! Et comme tout cela prête aux inquiétudes sur le sort Futur de nos relations amicales, auxquelles j'ai consacré depuis dix ans tant de travail!

Excusez la franchise avec laquelle je vous expose ici mes doutes et mes doléances. Je sens que j'abuse de votre amitié! Mais c'est dans les moments de tristesse et de découragement qu'on éprouve surtout e besoin de se confier à ses amis.---

Votre sincèrement dévoué.
G. Kozakow.

〔訳文〕

ペトログラード、一九一六年三月九日／四月二六日

親愛なる友よ

奈良の葉書を下さり感謝します。深く感動いたしました。

私は深い悲しみを抱き、貴方にこの手紙を書くことにしました。寺内伯爵支援のもとゲオルギー大公訪日の間に一緒に始めました作業の成果について、大きな疑問を抱いているからです。我々の国が連帯する方法を最終的に整えるよう行動するに至る代わりに、全てを後悔しそうな敵対関係に再び陥ることはないのではないかと思います。

本野男爵は我々の領域にある鉄道の一部を売却したいと、ここで主張しています。彼は自国政府の正式な指示に従って行動すると言い張っていますが、本野男爵は、自国の立場を訴えるのを彼がこれまで怠っていると日本政府から非難されているため、日本政府の支持に従って、我々の領域にある鉄道の一部を売却したいと、ここで言い張っています。これはほぼ、オーストリアとイタリアの交渉の雰囲気であります。

もしそれが成ったとしましても、ロシアではこれを容認することは最悪の結果を生み出すと捉えるでしょうということが、あらゆる理由から考えられます。無理矢理我々に譲歩させるため、日本はロシアが大きな戦いに巻き込まれている間に利権を獲得したという声も上がるでしょう。そのような考えによって動かされている世論に反することができる政府は一体何でしょうか？

日本はロシアと中国におけるロシアの領域を経済開発しがちですが、日本とロシアの友好は日本がそれを断念することに基づくべきであるというのが、私がずっと抱いてきた考えです。こうしたことは、日本と我々の権利の完全な相互性、および豊かな中国の土地が我々の競合なく日本の産業や商業に開放されること、これらが我々に保証されることによって可能になると思います。

日本政府が、満州における我々の領域の経済開発と極東の植民地を持つことが容認されるよう執拗に求めることは、今は困難を伴うことがわかりました。寺内伯爵や貴方と親しく話したことがなんと遠のきましたことか！　そして、私がたくさん働き一〇年を費やした我々の友好関係の未来は、なんと不安が多いことでしょうか！

私が抱いている疑念と不満をここに勝手に述べることをお許し頂きたい。あなたの友情を損ねていると感じています！　しかし、悲しみ落胆のあまり、友人に告白するほかなかったのです。

敬具

コザコフ

〔原史料番号〕①3—10。

11　大正(5)年6月28日

拝啓　御懇書難有拝誦仕候処、貴管内は豪雨洪水多害にも不拘、賢閣には益々御清剛御鞅掌之御事、敬賀之至に不堪候。降て当方に於ては一昨日御尊邸に一寸相伺申候処、御奥様、寿一様にも御清康之趣に有之、又拙家に於ても此程来之大取込に不拘一同瓦全罷在候間、乍余事何卒御省慮相成度願上候。

石井男に相伝言の件、今朝同男に面会し序を以て御話致候処、奉満実業家之運動し居る事柄は到底出来ざる事故実際上何等支障も起り得さるへしとのことに有之、又日露協商の件は文言も全く協定済に御坐候得共、今度は予め枢密院の内議に付する手続中に付露京調印は七月一日頃に可相成歟とのことに御坐候。松花江川北の鉄路を得さるは如仰残念に御坐候得共、賢閣之斡旋動機と為り両国結合の鞏固を加ふるに至りたるは大局上寔に可賀事に有之、賢閣に対し感謝之情最も深からざるを得さる次第に御坐候。

末女成婚に付御祝詞被為下、奉感謝候。又御奥様より寔に結構なる御祝品をも頂き、乍毎時御芳情之段、感佩不能措候。何れ不日御上京之御事と拝察仕候故、萬事其節拝鳳之上申上度、玆には草々為国家御健康之円満を祈上候。草々謹言

六月廿八日午後　　安達生拝

寺内伯閣下侍者

〔封筒表〕朝鮮京城南山　寺内伯閣下　内展　了　七月一日。

〔封筒裏〕緘　東京外務省　安達峰一郎。

〔原史料番号〕①3—11。

15　安達隆成

1　明治44年9月29日

一筆啓上仕候。時下残暑之候に御坐候処、高堂益御機嫌克、御平安に被為渡候御事と奉賀候。然れば私儀、今般都合に拠り南清に旅行する事に相成候に就ては、微力の達する限り保護致さんとの素志に有之候処、急遽渡南之儀乍遺憾出発可仕候間、何卒今後王化成の一身上に付き其方法を講ぜられ度、伏して奉願候。先は出発に際し御願申度、如斯に御坐候。頓首謹言

安達隆成

寺内正毅殿台下

〔封筒表〕東京麻布区笄町　寺内正毅殿。

〔封筒裏〕緘　明治四十四年九月廿九日　上海日本領事館内

安達隆成　王化成の身上御願。

〔原史料番号〕①4-1。

16　阿部貞次郎

1　明治45年5月5日

欽啓　向暑之節に御座候処、閣下愈御清武に被為入候段、慶賀至極に奉存候。小官義、天津に着任以来茲に三年半、此長日月之間何等成績之見るへきもの無く、心窃かに慚愧罷在候処、閣下には御叱も無之、却て礼詞を賜はり、誠に汗背仕候と同時に、士は己を知る者の為めに死すると云ふ古訓も思ひ出され、深く感銘罷在候。赴任之途次御地に参上、久々にて尊容を拝し、親しく御礼可申上之処、前電申上候如く事心に任せす、遂に失礼仕候段、不悪御容赦被下度、尚将来御誘掖之程を懇願仕、茲に謹て閣下之御健康を奉祝候。敬具

明治四十五年五月五日　阿部貞次郎

寺内伯爵閣下

尚小官は来る廿五、六日頃当地発足可仕候間、申添候。

〔封筒表〕朝鮮京城　伯爵寺内正毅閣下　私信親展　正毅

〔消印日付〕□5.12。

〔封筒裏〕天津　阿部貞次郎　〔消印日付〕45.5.8。

〔原史料番号〕①436-3-1。

17　阿部充家

1　大正(5)年2月27日

愈御清福御起居なされ、珍重の至りに御坐候。貴着京後、児玉伯、徳冨監督等に社の近状不取敢陳述致し置き候も、目下児玉伯議会中にて多忙を極め居られ、閉会を待つて当地に於て社の今後の方針等一応打合を了し帰り可申との事に付き、其覚悟に罷在候。児玉伯も東拓問題に付ては大分御骨か折れたるやにて、世間にても其単騎奮闘の苦心に同情を表し居る人も尠からず、今回の御経験は他日対議会上多大の練達をなされたるべしなど評し居たる人も有之候。着後早速御左右可伺上の処、彼是取紛れ今

日に至り、恐縮仕候。先つは右まで申上候。已上

二月二十七日　　阿部生

寺内総督閣下　左右

〔封筒表〕朝鮮京城　寺内総督閣下　三月一日　正毅（消印日付）□.□.27。

〔封筒裏〕封　東京麻布桜田町十七　阿部充家（消印日付）5.3.1。

〔原史料番号〕①1-1。

18　天野御民

1　明治32年12月18日

謹啓　追日寒気加り候趣、閣下愈御清康奉恭賀候。さて平素は御無音のみ仕、千萬恐縮に奉存候。何分老年之悲さ執筆に苦み、何事も懶惰勝に相成、御憫笑被成遣度候。且又近頃甚奉恐入候得共、一事之御願有之、幵は他に非す、兼々御愛顧被成下候倅平八之事なり。同人陸軍大学校之入学試験二度迄落第致し、本人は勿論小生もいか計りか遺憾此事に御座候。依て之が原因を探求仕候に、先年小生親之情にて妻を迎させ、已に今春一児をも挙げ申、就ゐて修業中家累之内顧有之、又小児ては兎角愛に引され、つい余計之手間ひまを費し、且婦人之健康と記憶に大害あるは今更申上迄も無之、現に平八之躰格も大に衰弱致候様見受られ申候。右等之事は親之口からどふも子に対し申遣兼候間、閣下御手数奉恐入候得共、はがきにて御呼寄被成遣、此後浦賀に居候とも、馬関に赴候共、今一応受験、修業中妻児は両親之処か又は妻之里方へ預け専心一意修業致候様、縷々淳々御説諭被成遣候は難有奉存候。倩々此事を考るに、閣下之外御申聞被遣候者無之、又小生も閣下之外御依頼仕者なし。是等之情実篤と御酌取被成遣、幾重も偏に奉懇願候。先は為其、態々如斯に御座候。誠恐頓首

十二月十八日　　天野御民再拝

寺内将軍閣下

〔封筒表〕東京四谷区塩町　陸軍中将寺内正毅殿　乞親展。

〔封筒裏〕山口県山口町大字今道　天野御民（消印日付）32.12.20

〔原史料番号〕①436-5-1。

19　荒井賢太郎

1　明治(44)年12月26日

拝啓　御道中無御支被遊御帰任候条、奉慶賀候。小生二十一日朝帰京致候。此許無別条予算も大体結了、一般会計の分と共に不日閣儀〔議〕にかゝる筈御坐候。汽車中、中橋商船会社長と偶然同車、東上致候。同氏より朝鮮便船会社の件問合せ申候に就、相当説明致置候。多分同氏の上京は、閣下の御面謁前に於而同社の模様採聞の為東上せしにあらすやと被致推察候。小生の帰京を待合せ、原田、大池、堀、吉田の四名来訪致候に付好都合と存し、中橋氏上京の由を告け、同氏訪問意思の疎通を計るへき趣勧告致候処、同日午後中橋氏を訪問致候趣にて、その後今朝迄の経過大要、左の通御坐候。

一　二十一日午後吉田秀次郎発起人総代として中橋氏を訪問、会社成立の由来を述べ大阪商船会社の賛同を希望せし処、中橋氏能く其の趣旨を了し、二十三日午後に回答すへき旨答ひ、それにて別れたり。

一　二十三日早朝中橋氏より書面別紙一号覚書を添へ、同社は屢運輸課長深尾隆太郎を小生方に向け覚書に対し意見を求めしに付、右の内株式幷取締役の件は難問なるべくも、先は右覚書の条項を以て朝鮮郵船会社発起人に交渉可然旨答へたり。深尾立帰りし後原田を呼召せ右覚書を内覧せしめ、此際出来得る限り両社間に円満なる協商を遂くへき旨勧誘し、尚ほ株は発起人株を分割し、郵船、商船同数を所有せしめ可然、又取締役の事も熟考を望む旨申述べし処、株数は両社各七千五百株位宛を所有せしめ差支なかるべきも、取締役は社長の外一名の積にて此は吉田秀次郎を充つる内意なるにより、商船会社の希望を容るゝは困難なるべきも、兎に角午後の先方の回答に接したる上尚ほ熟議すへしとの原田氏の答なるに依り、その趣旨にて交渉を進め宜敷旨申渡し置きたり。

一　翌二十四日早朝、商船会社専務理事山岡順太郎、深尾と同道来宅、昨日交渉の結果（前陳の通）を報告し、尚ほ山岡より商船会社は総督府保護の航路と競争するか如きは勿論之を避けざるべからさるに依り、朝鮮沿岸航路の着手は意見合するにつき、総督府に於ても会社の立場を諒察ありて可成会社の条件を認めらるゝ様幇助あり度き旨依頼あり（山岡は、中橋氏本件の為に特に呼よせたるならむ）。又深尾よりは、商船会社か大株主として専務理事を一名入社せしむるは商船会社か朝鮮沿岸の航路に甚大の利害干系〔関係〕を有するより必要なる事に付、是非左様に御才〔裁〕断あり度との希望を述へたり。此に於て小生は双方に多少誤解あるを認めたるに付き、新会社は全く独立し旧会社と何等関係なきに依り、必ずしも商船会社の代表者を容れさるも旧会社の専横に流るゝは懸念はなかるべく、又強て商船会社より入るゝときは旧会社側の発起人に於て或は商船会社の勢力範囲内に新会社を置くにあらずやとの疑を抱くに至るの恐れあるにより、専務取締役を入るゝの一条項は再考を要するに非らずやとの趣旨相話し候処、此項は商船会社の最も必要視する所にして之を主張するは決して新会社を我社の勢力範囲内に置くと謂ふか如き趣旨にあらず、只朝鮮沿岸に於て従来商船会社の抱懐せし計画を抛棄し新会社の一株主として甘んずる次第なるにつき、新会社の経営振奈何に依りては大株主たる商船会社の利害に干系〔関係〕すること多かるべく、第一経営其宜を得ざるときは益商船会社は損失を招くべく、さするときは折角商船会社か自己の計画を擲て新会社に賛同したる甲斐もなく、株主に対しても申訳なき次第なるにより、新会社経営の確実を望む点より、信用あり経験ある人物を推薦したき希望なりとの趣旨陳述致したる上、別紙第二号覚書、即第一号に対し朝鮮沿岸航路の経営を見合する旨修正したるものを差出したり（此は昨日小生より注意し置きたる点なり）。尚ほ種々談論の末、本日午後に新会社発起人より正式に回答ある筈なるに依り、之を得たる上更に報告すべしとて別れたり。

午後原田来宅、同様昨日交渉の結果を報告し、尚ほ株は商船会社に一万株を与ふることに協義したる旨、専務取締役の事は余地なきに依り近藤、中橋を相談役に致度希望を以て、本日午後先方に回答する手筈なる旨語れり。談話中吉田より電話にて交渉の模様、原田に宛て報告あり（商船会社との交渉は大池、堀、吉田の三人当り、原田は表面に立たず）、専務取締役の件に就て双方主張一致せす、当方にては平取締役ならは勘弁すへき旨答へ別れたりとのことなり。依て原田の意見、小生より問合したる処、平取締役ならば差支なかるべし、但近藤の意見を一応確め先方に回答すべしとの事にて立帰りたり。

一　二十五日朝商船会社深尾来宅、昨日交渉の結果を報告し、専務取締役の件に就て双方の主張一致せざるも、先つ先方申出の平取締として一旦交渉を結了し、今夜帰阪、廿七日の取締会に提出すべし。但し此儘にては通過覚束なく、若し専務取締役を不可とすれば他に多少の條件を要求することあるべく、其節は理事の内直に上京すへきに依り宜しく頼むとの趣旨陳述あり立帰りたり。

一　二十六日朝原田来宅、交渉の模様聞取りたり。

交渉の経過は大体右之通に有之、第二号覚書中にて但書を除き他点は悉く一致いたし候。僅の点に就き商船会社にても大したる異議可無之と存候得共、中橋氏え二十四日晩帰阪致候より当地にて決し兼ね候事と存候。小生の愚考にては、新会社に而吉田を取締役とする内意なるに於而は、或は商船会社推薦の確実なる人物を今一名加ふることの互に嵌制として却而得策に非すやとも被存候得共、之は原田社長幷に郵船会社の意向もあるへきにより、愈面倒なる時は閣下の御才〔裁〕断を仰く事とし、先つその儘に聞置申候。中橋社長と御会談之節此等の点に関し申出る事可有之と存候間、取急き右大要御報告申上候。恐惶敬具

十二月二十六日　賢

寺内総督閣下

尚商船会社との協商は是非必要と存候。商船会社は多数の船を有するより其運用上補助を要せず、仮令ひ損失を醸もすも朝鮮沿岸航路を開始すべき見込を有せしとのこと漏れ聞候に付、此協商成らずは補助問題につき議会に面倒を見に至らんと存候。

〔封筒表〕寺内総督閣下　御親展。

〔封筒裏〕〆　荒井賢太郎。

〔別紙1〕

拝啓　過日は汽車中欠礼致候。陳は昨日大池氏其他両氏共来訪相成、一通り先方之希望聞取申候。依ては之に対し小生方之希望を申出度、為之乍御迷惑閣下之御内意相伺度、依て弊社朝鮮航路担任者深尾隆太郎差上候間、御面会御許容奉願候。頓首

十二月二十三日　中橋生

荒井長官閣下

〔封筒表〕荒井長官閣下　親展。

〔封筒裏〕〆　商船会社　深尾隆太郎氏御紹介　中橋徳五郎。

〔別紙2〕

一号

129　荒井賢太郎

覚

一、朝鮮郵船株式会社創立ニ当リ、大阪商船株式会社ハ該会社発起人大池忠助、吉田秀次郎、堀力太郎三氏ノ申出ニ依リ、該社ニ於テ経営セントスル各航路ノ営業ハ大阪商船株式会社ニ於テ従来経営スル内地朝鮮間各航路ノ営業ニ対シ競争セサル範囲ニ於テ経営スルモノナルコトヲ認メ、大阪商船株式会社ハ両社営業上ノ将来ノ利益ノ為メ進ンテ該社ノ成立ニ尽力スヘシ。

二、大阪商船株式会社ハ朝鮮郵船株式会社株式六万株ノ内、壱萬五千株乃至壱萬株ヲ申受ケタキ事。

三、朝鮮郵船株式会社創立総会ニ於テ、大阪商船株式会社ヲ代表スルモノ壱名ヲ取締役トシテ選挙セラレタキ事。

　但右取締役ヲ専務者トセラレタキ事。

四、朝鮮郵船株式会社ニ於テ船舶ヲ購入セラル、ニ当リ、大阪商船株式会社ニ於テ希望ヲ申出テタルトキハ、新会△社設立ニ関スル要領第五項ニ相当スルモノトシテ同様ノ取扱ヲ受ケタキ事。

五、大阪商船株式会社ハ朝鮮郵船株式会社創立ノ為メ、発起人壱名ヲ差出ス事。

二号

覚

一、朝鮮郵船株式会社創立ニ当リ、大阪商船株式会社ハ該会社発起人大池忠助、吉田秀次郎、堀力太郎三氏ノ申出ニ依リ、該社ニ於テ経営セントスル各航路ノ営業ハ大阪商船株式会社ニ於テ従来経営スル内地朝鮮間各航路ノ営業ニ対シ競争セサル範囲ニ於テ経営スルモノナルコトヲ認メ、大阪商船株式会社ハ既ニ着手セル朝鮮沿岸航路ノ経営ヲ見合セ、両社営業上ノ将来ノ利益ノ為メ進ンテ該社ノ成立ニ尽力スヘシ。

二、大阪商船株式会社ハ朝鮮郵船株式会社株式六萬株ノ内、壱萬五千株乃至壱万株ヲ申受ケタキ事。

三、朝鮮郵船株式会社創立総会ニ於テ、大阪商船株式会社ヲ代表スルモノ壱名ヲ取締役トシテ選挙セラレタキ事。

　但右取締役ヲ専務者トセラレタキ事。

四、朝鮮郵船株式会社ニ於テ船舶ヲ購入セラル、ニ当リ、大阪商船株式会社ニ於テ希望ヲ申出テタルトキハ、新会社設立ニ関スル要領第五項ニ相当スルモノトシテ同様ノ取扱ヲ受ケタキ事。

五、大阪商船株式会社ハ朝鮮郵船株式会社創立ノ為メ、発起人壱名ヲ差出ス事。

〔注〕別紙2は「大阪商船株式会社」の罫紙。

〔別紙3〕名刺2枚

大阪商船株式会社
運輸課近海係長
深尾隆太郎

大阪商船株式会社
取締役理事
山岡順太郎

〔原史料番号〕①14－1。

2 大正(1)年12月21日

拝啓　時下益御安泰被遊御坐候条奉賀上候。陳は整理案提出其他の模様は、過般藤川書記官宛通報、児玉局長迄被通置候様申遣置候間、自然御聞取之御事存上候。西園寺首相大磯より御帰京相成候に付、昨日参邸委細御説明申上置候処、今朝特に秘書官を以而誠に十分なる整理を遂けられ、深く謝意を表する旨御挨拶あり、右の趣旨小官より閣下に申上候様御依頼有之候に付、右申上候。余は年末帰任の上、委細可申上候。恐惶敬具

十二月二十一日　賢

寺内総督閣下

〔封筒表〕朝鮮京城　寺内総督閣下　御直披（消印日付）□.12.21。

〔封筒裏〕東京市小石川区金富町五十六　荒井賢太郎（スタンプ）　朝鮮総督府封筒第二号　（消印日付）□.12.24。

〔原史料番号〕①14－2。

20　新井晴簡

1　明治37年3月12日

粛啓仕候。爾来益々御清武御鞅掌之条奉賀候。却説日露事件も益々盛境に進み、日々同僚之征途に上るを目撃するは、実に羨望之至に不堪候。勿論君国之大事に方り各自其分に安し職務に尽砕《倅》するは当然之事に候得共、御承知之如く小生義嘗て不遇にして、廿七、八年の戦役にも従事することを得す、目下の位置に在ては今回亦倒《到》底微

力を致すの望無之、此儘老朽退引に至りては実に終世之恨事に候間、今後に於て好機会も有之候得は、如何なる職務にても差支無之候に付、是非共戦列に加はるの栄誉を得度、伝承する処に依れは不遠攻城廠をも編成せられ候趣に付、幸に之を指揮することを得は本懐不過之と存し居候。爰に切に素志を陳述し尊慮を煩し申度候間、宜しく御諒知置之上可然御斡旋被下度候。右乍突然懇願まて申上置度、如此御座候也。敬具

三月十二日　　新井晴簡

寺内閣下

〔封筒表〕東京麴町区永田町官舎　陸軍中将寺内正毅殿　親展　私信（消印日付）37.3.15。

〔封筒裏〕下関市　新井陸軍少将。

〔原史料番号〕①436-7。

21　荒川巳次

1　明治(37)年4月7日

拝啓　陳は爾来閣下益々御清穆被為渡候段奉大慶候。特に日露開戦に付而は不一方御配慮被為在候結果、先つ手始めに帝国海軍偉功を奏し、別して海外に在る本邦人等帝国の萬歳を祝すると共に、直接其衝に当り居られる閣下等の御尽力を深く感謝す折に御坐候。続ひて陸軍の大勝利も不遠電報あるべしと折角相待ち申居候。益々此際別して御自愛、為邦家御尽力被下度祈居候。然は児玉秀雄様義、小生と行違ひ帰朝被為在候間、同君御両親は勿論、御一同様御安心被為在候筈奉大慶候。此方別に異状無之、一月以来濃霧に閉口罷在申候得共、本月に入り大に春暖を覚へ来り、大に仕合に御坐候。当国民の帝国に同情を表する尋常ならす、談話に新聞に到る処帝国軍人の勇敢を賞揚せざるものなく、又同時に萬一を気遣ひ種々の戦術奇策を申し出でるもの多く御坐候得共、何れも一笑に附すべきものに御坐候。軍人遺族扶助金募集の如きは最も好結果を収め、今に引続き申込御坐候。先便第一回分十二万円程送金仕置候。余事は他日に譲る。右乍遅延、御礼旁御喜申上度、如斯御坐候。敬具

四月七日認　　荒川巳次

寺内正毅殿　閣下

追而御奥様え御序を以而宜敷御伝言願上申候。又秀雄様御夫婦方えも同しく御願上申候。

一　当国在勤武官宇都宮氏は、非常に精勤致し居られ候事は直接御承知の筈と被存申候得共、只茲に内々御一考を相煩はし置度は同氏の健康余り勝れざる処ある一事に御坐候が、兼而勉励家に御坐候処、此際は別して昼夜心配、不健康なるにも拘はらす奔走勉務致し居るやに窺はれ申候に付、何にとか御都合出来き一時本邦に於而御用勤められ候様に相成申候はゞ如何のものかと、友人等窃に案し居申候。然し之は単に私情より出て候義に付不悪御思召被下度、内々御一考を相煩はし申度御坐候。此段御含まで副申候。以上

〔封筒表〕via America His Excellency Mons. M.Terauchi Tokio, Japan　東京陸軍大臣官舎　寺内正毅殿　親展（消印日付）37.5.9。

〔封筒裏〕荒川巳次　CONSULATE GENERAL OF JAPAN。

〔原史料番号〕①15-1。

22　有賀長雄

1　大正(5)年11月16日

拝啓　御安泰奉恐賀候。陳は小生十一月七日午前北京着、八日林公使に面会、九日大総統に謁見、十日陸宗輿、曹汝霖を訪問して大体の形勢を聞取り、十三日英人顧問モリソン、米人顧問ウイロビー氏と倶に大総統の晩餐会に招かれ、十五日段国務卿及秘書長徐樹錚に面会、秘書長とは三時間密談し、其の間に於て段総理と十五分間計り会談仕候。

袁世凱氏在世の当時、段氏は陸軍総長、徐秘書長は陸軍次長として有賀を知り居らるるも、今回特に有賀を容れて意中を話さるるに至りしは、主として左の二原因に依り申候。

（一）中介者〔仲〕をして、有賀が従来日支親善の為に尽力し、就中昨年日支交渉の際は危険を冒して元老の間に奔走し、親善の大破せざるに努力したる事実を述へしめたるに、段、徐二氏も之を記憶し居られたること。

（二）本年帰朝中、有賀は駐日公使章宗祥氏を日本の有力者に紹介することに尽力し、章公使は十月十日松方

侯に面謁し、同十六日古稀庵に於て山県公に拝謁し、両公とも長時間に亘り公使を引きて親切なる意見を御述へに相成り、公使より之を段総理に電報したるに、段総理よりも返電あり、章公使の依頼に依り有賀より之を両公に提出致し置候。之と同時に章公使より、日本に於ける有賀の地位を段に詳細報告せしめおきたること。

十月廿八日地方官会議午餐会の後に於て拝謁の際、閣下より有賀え御内話の中、政府の機密に触れす、当局の外交を妨けずと信する分を斟酌し、閣下は此の如き趣意を以て支那問題御研究中なりと申述候処深く感佩し、愈々胸襟を披きて意中を小生に明かすことと相成り候。段は有賀に向て再ひ、日本元老の遠大なる意見に感服する旨を述へられ候故、有賀は今日の寺内々閣に在ては元老と内閣との間に区別なく、就中支那問題に付ては両者全然一致なる旨説明いたし置候。

茲に段総理、徐秘書長二氏談話の要領を摘み、之に他の方面より聴取したる二、三の事実をも加味して、別紙御内報申上候。恐惶頓首

有賀長雄

十一月十六日

段内閣の現状

段内閣の病根は、内部に国民党の異分子を有し、何事も内部より破壊せらるるが故、一歩も進むこと能はさるに有之候。孫洪伊は昼は国務会議に列しながら、夜は毎宵十時より国民党員を集めて秘密会を開き、之に国務会議の要件を報告して党略を評議いたし候由。因て政府の機密は尽く外間に漏れ、不便甚しきのみならず、国民党の党略とする所は苟も北洋派の権力の基礎を堅くする原因と成る事には尽く反対し、国会及新聞紙をして之を破壊せしむるに在るか故に、建設的事業は一も行はれす候由。

軍事に関する事は敏速と秘密を要すること多きが故に、国務院の会議に附せすして直に実行することあり。国務員は翌日新聞紙を見て始めて之を承知し、徐秘書長に向て専断を責め候由。同秘書長の不評判は此の辺に原因する所も不少候由。

徐世昌は今明日中に北京に着すへく、着の上は段に代り内閣を組織すへしと云ふ説と、自ら責任の地位に即くことを避け、唯た総統府、国務院の間を調停するに止まる

へしと云ふ説と、二様有之候。愚察する所に依れば、徐世昌は大局を維持することを得る最後の一人なれば飽くまで自重可致、参謀総長王士珍も国務総理と為ることを断して承諾せざる旨宣明したる由に御坐候へば、北洋派中他に人無く、左りとて南方派の人にては治まらさること明なれば、止むことを得す段氏を慰撫して其の地位に止まらしむることと相成るへきか。

国民党及総統府側を満足せしむる為には、此の際、徐秘書長を退くること絶対的必要にして、本人も亦熱河都督の地位を得んと運動しつゝある由を伝ふるも、元来段総理は身心の精力に乏しく、懶惰の弱点あり、毎朝九時頃国務院に出勤し、十時には直に退出し、長く人と談話することをも好まざる由に御坐候へば、到底徐秘書長を離し得さるべく、其の結果か、昨日見受けたる所にては徐秘書長も落ち付き居中候。

段総理に現在の内閣を改造てし〔して〕留任せんとする底意あることは、左の二事に依り推察可致候。

（一）大隈内閣は強ひて南北をして連合せしむる主義を取られたるも、寺内内閣に至り此の主義を踏襲せられざる形跡あるを見て、昨日会見の際此の事に対し特に感謝の意を表せられたり。

（二）段総理と徐秘書長の間には内閣改造に関し略ほ腹案あるものの如く、徐秘書長は「果して改造の余地ありや」との拙問に対し其の大要を漏したり。

徐秘書長の談に依れは、民国の内閣をして今日の如く不統一にして紊乱を極めしめたる罪の一部分は、其の実之を大隈内閣に帰すへきなり。支那の南北は到底一致連合して倶に政治を行ふことを許さざる事情あり。是れ長き歴史と国情とに因ることにして、一朝一夕の談に非す。然るに大隈内閣は強ひて之をして一致連合せしむる方針を取り、南方に力を仮〔貸〕したる為、止むことを得す異分子を容れざるへからざる結果と為り、今日の不統一と紊乱とを来したるものなり。然るに寺内内閣に至り此の主義一変したるを見て段総理は大に安心し、現在の内閣を改造することに対し其の歩を進めつゝあり云云。而して徐秘書長か改造の腹案として漏したる所、左の如し。

孫洪伊　孫内務総長は異分子中の異分子なれは、断して排除せさるへからず。彼れは唯た破壊を目的とするか故に、彼れの国務院に在る間は民国は一も建設的事業を行ふことを得す、到底紊乱を避け難し。

陳錦濤　陳財政総長も排除せさる可からず。然しながら、其の理由は全く孫洪伊と相同しからず。陳錦濤は破壊的に非さるも、無能なり。彼れの財政上の知識は銀行事務に限られ、民国財政危急の今日に於て之に処するの手腕なし。故に排斥せさるへからず。

谷鍾秀　張燿曾　農商総長谷鍾秀、司法総長張燿曾は国民党に籍を置くも、近来大に北洋派に接近し段氏の意を迎へつゝあれは、今之を排斥する必要なし。

許世英　交通総長許世英は才機縦横にして、国民党にも善ろしければ北洋派にも善ろし。唯た惜むらくは気節（節操のこと）に於て欠くる所あり。因て今現に其の気節を養成中なり（是れ秘書長の言）。

范源廉　教育総長范源廉は好人物なり。唯た少しく其の規模の小なるを惜むのみ。

程璧光　海軍総長程璧光、可も無く不可も無し。現在の民国は、外国に対しても内国に対しても海軍に重きを置く必要なし。故に唯た消極的の政策を行ふのみ。従て何人が海軍総長たるも問ふ所に非す。

新外交総長伍廷芳に関しては、先つ段総理か何故に彼れを推薦したるやを説明せさるべからず。国会は既に内国の推薦したる者を二人まで否決したれば、若し第三の候補者にして亦否決せられんか、国民党は必す此の事を利用して段内閣破壊の具に供すへし。故に国民党の断して否決すること能はさる人を推薦したる次第なり。然れとも、彼れは長く官海を離れ且老衰して時務に堪へされば、必す自ら辞職するに至るべし。

以上の如く、徐秘書長は孫洪伊、陳錦濤をさへ排斥せば、内閣は改造し得へきものと信し居ること明なり。

日本公使館に関する国務院側の感想

徐秘書長は竊に拙者の注意を促して曰、国民党の有力者は常に日本公使館に往来し、林公使に接近を求めつゝあり。然るに我か国務院よりは公務上の外、何人も日本公使館に往来して林公使に接近を求めさる故、公使は必す不満足ならん。然れとも、我等は此の事に付国民党の政治家輩と競争することを欲せさるなり云云。其の情、恰も林公使が国民党の政治家を近つけ、其の意見に傾聴せらるるを怨むものの如し。

尚ほ徐秘書長は此の事に関し、最近に起りたる左の事を語れり。曰、国務院は外交部より、日本公使が英国公使と連合して老西開事件を速に解決せしむへき勧告を為したりとの報を得、既に寺内内閣と成りたる今日のことなれば、大に之に重きを置き、直に国務会議を開き、之に対する方針を議したり。是れ前週木曜日（九日）午前のことなり。然るに同日午后に至り、総統府より通知あり。曰、日本公使が連合勧告に同意したるは事実無根なりと。因て国務院は前の決議を改めたり。然るに又同日午後五時に至り、総統府より通知あり。曰、先きに通知したる日本公使連合の事実無根との件を取消すと。即ち総統府第一の通知は国民党の政治家が日本公使館に至り聞き得たる所を総統府に伝へたるに由来するもの、総統府の取消は仏蘭西公使館員が総統府に向て運動したるに基つくものなり。責任なき者をして政治に関与せしむることは、此の如き不便あり云云。

（按するに、総統府が最初の通知を取消したるを以て仏蘭西公使館員の運動に帰するは事実に非ず。別に聞知する所に依れは、此の事の真相は左の如し。

林公使は英国公使より連合勧告の相談を受け、他の公使館員に協ること無く、又外務大臣の訓令に待つこと無く、独断にて同意を与へられたり。因て公使館員は固より此の事ありしを知らず、支那政治家の問に対し其の事無しと答へたり。然る後に至り公使の独断を知り、前の答弁を取り消したる次第なり。）

又、林公使は、今日の支那に時局を収集〔拾〕し得る者一人も無し、段祺瑞、徐世昌と雖其の能力無之、例へは馮国璋の如き必すしも段の命令を奉する者に非すと信し居られ候様子に御坐候。御参考まて申添候。敬具

〔封筒表〕寺内伯爵閣下　秘密御親展　北京　有賀長雄　了
正毅　要存　十一月廿五日接。
〔封筒裏〕十一月十六日。
〔原史料番号〕①16-10。

2　大正(6)年2月5日

拝啓　御手数恐入候へ共、別封伯爵閣下へ御提出被下度奉願上候。頓首

二月五日　長雄

内閣総理大臣秘書官御中

拝啓　余寒之候に御坐候処、御安泰奉恐賀候。陳は先頃一書拝呈候に対し御鄭重なる御挨拶を辱し、痛入候。対

支外交方針御変更之御盛意、追々支那官民之間にも徹底致し、大慶奉存候。此地之事情は追々他方面よりも御報道申上候こと丶奉存候間、今回は我等外国顧問官の直接関係致居候事件のみ御参考まて申上候。

英国人モリソン博士、米国人ウイロービー博士及小生は、袁総統の当時より契約上大総統直属の顧問に相成居り候。因て表面上の勤務所は総統府に有之、且実際我等三名は他の顧問と異なり、何時にても電話を以て大総統の都合を問合せ意見を面陳することを免され居り、又大総統より臨時電話を以て呼出され質問相受候こと有之、或は三人打揃ひ晩餐に招かれ食卓上にて質問相受候ことも既に両三回有之候。然しなから実際の政務は国務院が執居り候ことに付、我々顧問官も国務院より用務を命せらるること多く、別して昨今は国会に於て憲法討議中に付中々多忙に御坐候。

憲法に関する支那政府の内密は日本人中小生の外に之を知るの便を有するもの無く、憲法果して成立すへきか、若し成立するものとせば如何なる憲法なるへきかは日本将来の対支外交にも関係ありと奉存候間、大略申上候。但し支那政府は其の憲法に対する方略の民党に漏れて行はれ難きに至らんことを恐れ、全く之を秘密に致居り、小生等は此の秘密を厳守する義務あり候間、此段御含奉願上候。

抑々憲法に関しては、袁世凱氏逝去し多数の民党北上して国会に勢力を振ふに至りたる上は、反動に因り極端急進の憲法を作らんとすること勿論に付、政府当局者の意中には之に対し二様の方略を立て、形勢に依り何れか一方を行はんとしつ丶ありたるものの如く見受け候。第一策はわざと極端急進主義の憲法を作らせ、之を実施するに至り其の不可なることを事実に証明し、然る上之か顚覆を謀ることに御坐候。第二は憲法討議に際し国会議員を操縦して、成る可く政府の要求を容れ穏健なる憲法を作らしむることに御坐候。

支那当局にして第一の方略を取るに決せは、我等顧問の職務は暫く無用に帰し候。之に反し若し第二の方略を取るに決せば、表面上は民党の意志に従ひながら、実際は支那に有利にして日本其の他の外国にも不利ならざる制度を工夫する為め、憲法上の学識経験を利用する余地は十分に有之候。

昨年七月小生暑中休暇を得て帰朝するまでは、政府の方略一定せず候。因て小生は七月六日、我か公使館に出頭して小幡代理公使に面会し右の事情申述へ、支那政府にして若し第二の方略を取るに決し且つ其の実行せらるへき望あるに至れば再ひ帰任いたすべきも、左なくば此の儘引揚けと可致、暫く内地に在りて形勢を伺ふ積りなりと申上置候。

其の後大隈内閣は林公使を任命せられ候に付、小生は公使の同窓なる早川千吉郎氏を介し、支那の憲法制定に関する実況御聞取りの意あれば御一報次第参堂すへしと申入置候。然し林男よりは何の御沙汰も無之に付、儀式上の訪問に止め置候。

八、九月の両月は事情に変化なく、十月に至り支那政府は漸く第二の方略を取らんとするの形勢相見え、国務院内に憲法研究の秘密委員を設けられたる内報を得候間、十一月の初に帰任仕候次第に御坐候。閣下より拝謁を賜りたるも此の時に御坐候。

帰任後直に段総理、徐秘書長に面会し事情を聞取候処、当時の二、三閣員をさへ交迭〔更〕せば、現在の内閣、現在の国会にて大局を維持し得る見込み立ちたり。今若し第一方略を取り極端急進の憲法を制定せしむるときは、一旦内閣を民党に引渡さざる可からず。然るときは彼等は何事を為すかも分らず甚た危険に付、成る可く現状を維持し、現在の国会をして憲法を制定せしむる積りなり。因て政府は内々政府に款を通しつゝある議員をして、如何なる事に賛成し如何なることに反対せしむへきやを決する為、国務院内に委員を設け秘密に研究を進めつゝある次第なりと申され候。然しなから民党をして之を知らしむるときは我か策行はれざるに至るを以て、此の研究会は総統府に対しても秘密にせざるへからずと申事に御坐候。

会議は国務院秘書長を会長とし、徐樹錚辞職の後は張国淦之に代り、法制局長方枢、同局賛事二人、前参政にて支那の仏蘭西学者として有名なる馬良、伍廷芳の令息伍朝枢、国務院参議曾彛進、同秘書林某、国会議員遜潤雨、ウイロービー博士、法制局顧問仏国人ドルマン氏、及小生を会員とし、モリソン氏は政治顧問にて法律上の知識なき故加入致し居られず候。

政府か議員操縦の実力無きに非さることは、近頃に至り彼の省制度を憲法に加ふると否の問題に付事実に顕はれ申候。此の問題に付ては各党派の間に激烈なる争ひ有之候末、一個の仲裁案成立し、省制度を憲法に加ふることを極端に主張する〔挿入〕一派と、極端に之に反対する一派（研究会と益友会と）を除き、其の他の各派より代表者を出たさしめて審議会を設け、此の審議会に於て多数の賛成を得たる折衷案に対しては国会議場に於ても反対せざるの約束成立したり。因て政府は表面上省議会を重して、其の実は中央集権に害なき案を作り議員の名を以て提出せしめ、遜潤雨氏其の間に在りて最も尽力し、遂に審議会多数の賛成を得たり。此の法律に依るときは、省議会は其の省限りの法律を作り、省の予算を議決し、省の負債を起し、省の財産を管理し、省長を弾劾する権利を有し候。然しなから、省議会の決議は国家の法律に違反することを得さるのみならす、大総統の命令にすらも違反することを得す。大総統は省参議会の同意を得て省議会を解散する権あり。省参議会は省長指名の議員六人、省議会選出の議員六人を以て組織し、省長を以て議長とするか故に実際は中央集権に害なく、却て少壮政治家の政争を地方に移すの利あり候。

国務院に於ける我等の秘密会は既に省制度の研究を了へ、目下参議院、即ち上院選挙法改正を研究中に御坐候。現在の参議院は旧法に依る各省の省議会より議員十名つゝを選出したるものにて、年齢も衆議院は二十五歳以上、参議院は三十歳以上なれは両院の間に大差なく、参議院の組織を改正する必要は衆目の認むる所に御座候。之を機会として上院の組織に幾分の保守分子を加味し、下院の極端急進を抑制せしむることは支那の利益にして、又日本将来の対支外交の為にも望むへき所と奉存候間、小生は此の間に処して尽力罷在候。然しなから、正面より保守論を唱ふるときは行われざること明白に付、名を世界の最も進歩したる選挙法なりと云ふに仮りて、全国の商業社会、地主社会、金融社会、官吏社会、学者社会及教育社会の六種団体、並に全国の重要なる都市より参議院議員を選出せしむる法を工夫し、米国人顧問ウイロービー博士の同意を得て連名にて意見書提出中に御坐候。但しウイロービー博士は支那の事情不案内に付深く小生に依頼し居られ、小生は亦態さと氏の名を利用して事の実行を容易に致居候次第に御坐候。此案の成否は固より全く未定に御坐候へ共、支那政府の憲法に対する態度並に我等顧問官の勤務状態、御参考まて言上候次第に御坐候。我公使館を初め他人の全く知らさる所に苦心有之候也。

茲に我公使館の小生に対する態度に付、一応御聞に達し度き事情有之候。

故袁世凱氏の帝政運動には小生賛否を表示せず、共和より帝政に移るは上より革命を行ふなり、革命は法律事務に非すとの理由の下に賛成を拒み居候こと、当時船津書記官の尋問に対し言明致置候次第に御坐候。然るに一昨年十二月十一日国體変更を決議し、国務院の文武官吏、袁氏に向て推戴の式を行ひ候より形勢全く一変し、各部応聘の日本人顧問官も其の部の注意に因り総統府に至り簿冊に姓名を記入して賀意を表し、各外国人も同様にて、小生は総統府部内の者に有之、日々袁氏に接近して深き信任を受け居候関係上、もはや態度を曖昧にす可からさる事情あり、因て賀状を呈し、支那に利ありて日本に害なく、或は日支両国に利ありて害なき法律事務の為には忠勤を誓ひ候こと、当時日置公使にも説明致置候通りに御坐候。然るに、之か為に北京の大和倶楽部は小生を除名致候。

大和倶楽部は種々の人士を以て評議員と為すもの故、如何なる決議を為すも自由に御坐候。然るに、此の時より日本公使館は公私の宴会に小生を招待せざることに相成り候。

日置公使在職中は上に大隈内閣ありて小生は之に反対の行動を為したる者に付、上官に憚り小生を除外せられしは解し難き事に無之候。然るに内閣の交迭〔更〕と倶に外交方針も一変し、昨の非は今の是と相成候今日に至りては、公使館に於ても其の態度を一変せらるること至当と存候。公使館の態度此の如くなる故、小生に於ても自然公使館に出入するを快とせざる事情有之、十一月帰任の際一回と、年末に一回と公使を訪問し、公使よりも一回答礼ありたるのみ。何か公使館に内報致しおくべき事件あるときは、小生より坂西大佐殿に申上け、大佐殿より公使閣下へ御伝へを願居候次第に御坐候。

公使館の態度一変せさるは、在北京日本人間の空気の一変せさるに因り、此の空気の一変せざるは順天時報を中心とする各新聞社通信員輩の民党に接近しつゝあるに因ること、既に御承知之所に御坐候。外に京都大学の勅任教授にて八年前より北京大学に応聘の法学博士岩谷孫蔵氏が、小生就職の初より支那政府の小生に厚く同氏に薄きを遺憾とし、常に民党に媚ひ、少壮新聞通信員輩に推され、小生に反対せられ候事情も有之候。我か公使館の此の態度は自然此地の支那人及西洋人間にも反響し、顧問として有効に職務を行ひ機を見て日本の利益を計候上に不便多きこと、最も遺憾とする所に御坐候。一身上の事を以て御煩申上候は甚た恐多く奉存候へ共、曾て日支交渉の際親善の大破綻に至らんとするを見て危険を冒し弥縫に努候微衷御酌量被下、公使館と小生の関係改良候様何とか御処置被下度奉願上候。誠惶頓首

有賀長雄

二月五日

寺内伯爵閣下侍史

〔挿入〕

遥啓者一月二十六日（星期五上午十時）本院討論法律届時務請台端早臨列席是為至盼此頌公綏。

国務院秘書庁啓

〔挿入の付箋〕国会通知書、証拠品として供貴覧候也。

〔封筒表〕有賀長雄　寺内伯爵閣下　秘御親展　二月十三日了　正毅。

〔封筒裏〕二月五日。

〔原史料番号〕①16―1。

3　大正（6）年2月13日

拝啓　電報に依れは閣下御不例之由、其後如何被有候や。去る五日一書拝呈之後、米独国交断絶之事あり。此の為支那政府内部の形勢、更に一変仕候。

茲に先つ日本京都大学出身曾彝進と申仁之事、御聞に達置候必要有之候。同氏は先年憲政考察大臣の随員として来朝以来小生と親交有之、袁世凱氏在世中は秘書官として其の深き信任を受け居られ、袁は氏を小生官邸の近所に住居せしめ、常に小生と袁氏の間を往復せしめをられ候。袁氏失敗の後は段総理の下に於て国務院参議の職に在り、段総理と小生の間を連絡する地位に居られ候。段総理は右曾彝進氏に意を含め時々其の私邸に秘密の晩餐会を催し、国務員中の腹心者と小生と接触せしむる事に取計ひ被居候。

去る十日の会合には司法総長張曜曾（我帝大出身国民党員にて、実は段氏の腹心）、国務院書記官長張国淦氏之出席あり候。其の目的は、今回支那か米国と行動を倶にするに至りたるは文明人道の為のみ、他意あるに非す、誤解

なき様日本の有力者へ伝へもらいたしとの意味なりしと奉存候。

翌十一日曾彛進氏来訪にて、其の内話に依れは、目下支那政府に向け盛に引入れ運動を為しつゝあるは米国なる如く噂すれど事実に非す。運動の最も盛なるは英国にて、而かも公使館以外の人物を以て運動しつゝあり。伍廷芳父子は親米主義者なる如く視做され居れど、之も事実に非す。彼等は親英主義者なりと申事に御坐候。

又曾彛進の内話に依れば、目下段総理は寺内閣下に誠意の在る所を披攊〔瀝〕し相倶に将来を企画し度きも、果して如何なる方法に依るへきか頻りに考案中なりとて、小生にも其方法相談有之候。

又昨十二日国務院に於て国交断絶の時期及断絶後独逸に対し取るへき手段に付顧問会議を開かれ候節、支那側よりは前外相陸徴祥、書記官長張国淦、並に伍廷芳代理として子息伍朝枢出席の外に曹汝霖、劉崇傑も参会せしを見れは、日本政府の意志に重きを置き、苟も違はざらんと勉めつゝあることは明に御坐候。

右顧問会議の内容は此地公使館まで報告致置候。右小事のみに御坐候へ共、目下日支外交の重要時機と奉存候間、御報告申上候。恐々頓首

二月十三日　有賀長雄

寺内伯爵閣下侍史

〔封筒表〕寺内伯爵閣下　秘親展　有賀長雄　二月十九日接。

〔封筒裏〕二月十三日。

〔原史料番号〕①16‐2。

4　大正6年2月13日

拝啓　御手数恐入候へ共、別封伯爵閣下へ御提出被下度奉願上候。頓首

十三日　長雄

内閣総理大臣秘書官御中

〔封筒表〕東京麴町区永田町　内閣総理大臣官舎　伯爵寺内正毅閣下　親展　書留（消印日付）□.□.17。

〔封筒裏〕北京　有賀長雄　二月十三日（消印日付）6.2.18。

〔原史料番号〕①16‐3。

5　大正(6)年2月20日

拝啓　御安泰奉賀候。陳は西沢氏を以て御内示之趣、昨

日坂西大佐より確に伝承仕候。

此地に於ては十五、十六両日とも国務院に於て顧問会議有之、其席上に於ける梁啓趙〔超〕氏の態度面白からさるに付、坂西大佐へ内報申上候処、大佐は十七日夜西沢氏同道梁啓趙〔超〕を訪問被致候。其の模様は既に御承知之事と奉存候。

結局日本か支那の参加を機会として支那内地に対し侵略手段を進むるを恐ると云ふに有之候。実際支那人の一部分は日本の内意を疑ひ、協商側加入を勧めれは勧めるほど尻込みする有様に御坐候。

由て小生は先便申上候国務院参議段氏の腹心曾彜進の来邸を請ひ、適当に斟酌して御内趣之概要を伝へ、日本が既に賛成を表したるに拘らす今日に至り国交断絶をすら決行せざるは遺憾なり。日本政府には決して梁啓趙〔超〕の憂ふる如き意志なき事は申すに不及、日本が支那の参加を望むは、之に因り無形の援助を得んか為なり。支那の如き大国が中立しつゝある間は独逸は我を折らず、因て必すしも交戦加入と言はず、此際何なりとも支那が協商側に同情する事を明にする行動を望むと申述候。

尚ほ茲に考量すへき事は、支那が此の上一歩を進め開戦を意味する行動（例へは最後通牒発送）を為すには、臨時約法に依り国会の承諾を要することなり。然しなから、開戦の名を避けなから実は知らす識らず開戦の関係に立至る如き行動も多々あり、例へは独逸人の追放、独逸銀行差押へ、沿海に在る独逸船舶差押へ等なりとの小生の意見も申添へ置候。

曾彜進は今朝段氏と内談し、先刻電話を以て小生に国務院へ出頭を望み来候間出頭候処、大要左之通談話有之候。

段総理は寺内閣下の御趣意の在る所を十分了解し、毫末の疑心も懐き居らず。

梁啓趙〔超〕一派の疑心は謂はれなき事なり。日本元老達は自分（段氏の語）より幾倍えらいかは測り難いが、少しは自分よりえらいこと確実なり。其の元老方の援護せらるる政府が、自分より見ても此の如く拙なる策を行ふべしと思はす。梁啓趙〔超〕の疑心は全く杞憂なり。

自分が未た決行し得ざるは全く二の原因に由る。第一は副総統か反対なりしこと、第二は機会の生せさることなり。然るに副総統は既に賛成したれば、今は唯た機会を待つばかり也。

国会の事は憂ふるに足らす、賛成も中々多数なり。馬君武を中心とする独逸留学生（議員）一派の大反対あるのみなり。

支那政府自ら機会を造る為め、独逸に対し戦時的の行動（例へは独逸人追放、銀行差押へ等）を行ふことは未た思ひ及はず、是れより秘密に研究すべし。

右之趣、機会あれば寺内閣下へも御伝へ申上け呉れと申事に御坐候。

尚ほ曾彝進の意見として申され候には、段氏は自分より切り出し〔す〕事を為さず、常に受け身に立ち、事情止むを得さるに至り始めて動く人なり。是れ氏の性癖にて、袁世凱と大差ある所以なり。

尚ほ曾彝進の意見に依れは、北京に於ける日英露仏の公使館にて引入れ運動に熱心せらるることは余り善しからず、却て支那人の疑を深くする恐れあり。其れよりも寧ろ協商各国の政府より連合して支那に交戦加入を勧告し来たらは、支那は之に応すへき形勢なりと。此の一点は段氏の語にては無く曾氏一個の考へなれど、此の如き形勢は確に有ること丶奉存候。頓首

二月廿日午後六時　有賀長雄

寺内伯爵閣下侍史

〔冒頭欄外〕郵便時間切迫に付、乱筆の儘差出候。御推読を乞ふ。

〔封筒表〕寺内伯爵閣下　秘親展　有賀長雄　了　二月廿八日　用済返収の事。

〔封筒裏〕二月廿日夕六時。

〔原史料番号〕①16－4。

6　大正(6)年3月4日

拝啓　二月廿一日貴墨難有拝誦仕候。早速御平癒之由奉慶賀候。先便申上候通り顧問会議に於ける梁啓超の態度面白からず、又曾彝進氏の談に依れは、段総理の性質として自ら進んで物を決行すること無く、常に受身に立ち、他より余義なくせられて始めて動く場合多き故、或は聯合各国政府より勧告の必要も有之べきかと存居候処、廿日夜西原氏長時間梁啓超と談話の末、梁に少しも疑ふへき点無く、却て彼れに由り話を具體的に進め得へき望ありと、坂西大佐殿より承候。具體的とは、日本が支那の関税改正外二、三の要求の為援助するに代へ、支那は交戦に加入する事之由にて、曹汝霖、劉崇傑等も通訳致居候ことなれは固より間違あるへき筈なく、因て小生は西原氏を訪問し、唯た梁啓超の性質に付注意を促置候。彼

れは人を欺く意志あるに非す候へ共、俗に謂ふ後入師となる性質にて、後に聞く所に依り前に自ら主張したる所を改むる風あり。因て果して交戦加入か事実と成るまでは決して監視を緩むへきに非すと申上置候次第に御坐候。

是より一週間後、陸徴章〔祥〕、段総理に代り聯合側の公使を訪問し、国交断絶の場合に於ける支那の要求に対する聯合各国政府の意志如何を問合せあり。因て右各国の公使より三月一日支那政府に提出したる意見書中に

「外交断絶の内に必然含蓄せらるる総への結果にまて之を推し及ほすを条件として云云」の文言有之候。是に於て支那政府は昨日（三月三日）午前十時顧問会議を召集し、「外交断絶の内に必然包含せらるる総への結果」は何々なるかを諮問相成候。会議には支那側より陸徴章〔祥〕、梁啓超、夏詒廷〔霆〕（前次長）、伍朝枢、曹汝霖、劉崇傑等出席有之候。

顧問等は、国際法に於て外交断絶の結果として固より一定したるもの有るに非す、之を小にしては公使の謝絶より、之を大にしては開戦に至るまて色々あり、形勢と関係紛争国の意志如何とに依り決する問題なる旨解答し、尚ほ四顧問の意見を取纏め書面を以て回答する旨約束致候。夕六時モリソン氏宅に集会して回答書起草に着手する前、小生は芳沢代理公使を訪問し打合せの末、モリソン氏宅の会合に臨み、左之通主張仕候。

支那政府は未た交戦加入の決心なし。然れとも支那の為に謀るに固より加入を可とし、且聯合側の各国政府も固より之を望むに因り、今日の場合支那の取るへき手段として列記する内に、支那をして独逸と開戦せざるを得さるに至らしむる如きものを加へては如何と。

他の顧問等も内心此の考へありしに因り直に同意せられ、モリソンは支那は自ら宣戦するの責任を避くる為め、独逸より支那に対し宣戦するを待ち居るなりと被申候。因て仏人顧問パドツア氏起草の任に当り、今（三月四日）朝支那政府へ提出候意見書の中に左の如き手段を加へ、独逸が無法なる潜航艇戦に因り自ら文明国交の常規以外に放逐せらるるを致したるを以て其の理由と致し候。

在留独逸人を一定の地域内に抑留する事（宣教師を除く）

居留地以外に在る独逸人の商店を閉鎖せしむること

支那各官衙に於て独逸銀行の銀券を受領し、又は官金を独逸銀行に払込むを禁すること

支那諸官衙の雇ひ独逸人の雇ひ契約を中止せしむること
支那各港に在る独逸商船を差押ふること
北清事変賠償契約中、支那に関する部分を取消すこと
（千九百〇一年口上書第六条）
関税条約中、独逸に関する部分を破棄すること
治外法権を取消し、独逸人を支那法権の下に置くこと
（千八百六十一年条約第三十四条乃至第四十条）
独逸の居留地を廃し、之を支那行政権の下に置くこと
以上意見書全文は公使館へ報告致置候。
支那政府か此等手段の果して幾分を実行し得るかは尚ほ疑問に属し、今日の形勢、交戦加入の望は殆と無く、唯た外交断絶に止め、而かも米国と歩調を一にせんとする運動余ほど有力に見受候。
了
来る六日我公使館に於て催の汪大燮送別会は公式のものに付出席希望候処、林公使は小生を除名したる大和倶楽部の会長なりとの理由の下に拒絶せられ候。其実は一部在留者の反対を恐れらるるに在り候。因て昨夜電報を以て御干渉願上候次第に有之、失礼之段平に御容赦奉願上候。恐惶頓首

三月四日午後　　　有賀長雄

寺内伯爵閣下侍史

〔封筒表〕寺内伯爵閣下　秘御親展　有賀長雄　了　三月十日接。
〔封筒裏〕三月四日。
〔原史料番号〕①16-5。

7　大正(6)年3月23日

拝啓　御安泰奉恐賀候。陳は過日は汪大燮氏送別会へ列席之儀に付御配慮願上候処、御蔭を以て敏速好都合に相運ひ、御厚情奉深謝候。公使館との関係も至極円満に相成候間、御放神〔心〕可被下候。
其後は国交断絶より起る諸問題に付、日々顧問会議に忙殺せられ居り候。昨日曾彝進に面会候処、目下段総理は境遇の困難なる為め余ほど屈託の模様に御坐候。其の一原因は露国の革命に在るも、幸に昨日電報参り、臨時政府は現在の戦争を最後まで遂行する決心なること判然せしより、段氏は大に安心せられ、直に其の電報を国内に

発表することを命せられたる由に御坐候。更に一の原因は中上くるまでも無く、国交断絶の交換条件が意の如く進行せさるに在り候。元来支那人の脳中には最近に至るまで国交断絶と交戦加入とを混同し、国交断絶を決行しさへすれば直に交換条件を得らるるものと誤信し居られたる形跡なきに非す、今日は既に坂西大佐殿、西原先生等の御尽力に因り此の誤解は毛頭なく、支那人は別に「戦団加入」なる文字を設けて国交断絶と区別することゝ相成り候。

交換条件中尤も重大なるは固より関税改正にて、是れ日本に関係する所最も多き問題に有之、日本政府が此の問題を交戦加入の事より分離せんことを主張せらるる正面〔上部欄外〕の理由は、関税改正は中立諸国にも関係する問題なり、因て之を以て交戦加入の条件と為すことは穏当ならずと云ふに在り。而して其の内実の理由は、日本国内に反対も多きこと故、目前に総選挙を控へ居る今日、反対党をして此の問題を利用せしむるを好まざるに在ることも段氏には十分解り居り、日本政府の主張が無理ならざる丈け、それ丈け段氏の立場が苦しき訳に御坐候。

支那は既に日本の為に棉花、羊毛、鉄の輸出税を廃することを承諾したり。之を廃するに付ては自身紡績工場の持主たる張謇の大反対ありし由、然れとも遂に廃止を断行したれば、日本に於ても何か特別に折合ひの工夫なきものかとは、是れ曾彝進の希望に御坐候（但し曾氏は唯た其の知る所に依り段総理の意中を説かれたるのみ、決して段氏の内命を受けられたる次第に無之、昨日の会話は殆と遇〔偶〕然に行はれたるものに御坐候）。

此の後更に一歩を進め、支那人の所謂戦団加入を実行する為めの調査機関は、先日設置の国際政務評議会にて、其の人選は左の如き内情に依り候由。

王士珍　参謀総長
孫宝琦　税務処督弁
劉式訓　外交次長
　以上三名は其の職務の関係上任命せられたるもの。
張君邁　梁啓超代表者
周善培　岑春煊代表者
熊希齢
　以上三名は自ら勢力家たり、或は勢力家の代表者として任命せられたる者。
汪大燮

陸徵祥
夏詒霆
以上三名は外交に経験ある廉を以て任名〔命〕せられたる者に有之、其の中、夏詒霆は実は陸徵祥の忠実なる秘書官に有之、陸徵祥自身は各国公使館を訪問する任務ありて会議に出席し難きこと多きに因り、此の人を加へたるなり。
曹汝霖
陸宗輿
以上二名は日本に対する関係上加へたる者。
丁士源
此の人は元来軍人出身にて、軍需官（即ち経理官）なり。段総理の信用深く、英仏語を善くする故、段氏の意志を受けて各国公使を訪問することもあり、段氏と此の会議の間の聯絡を取る為め加へられたる者なり。
張国淦　国務院秘書長
劉崇傑　国務院参議に転任
伍朝枢　外交部参議
以上三名は会議の書記官、即ち役員として働く為め任命せられたる者也。
汪兆銘　民党
王寵恵　民党
章士釗　民党
魏宸組　半民党
趙炳麟　議員
右五名は議会操縦の必要上指名せられたる者。
計二十名
我等外国顧問官は会議に列席せず、陸徵祥又は丁士源より問題を主席顧問モリソン氏に致し、日々モリソン氏宅に集会して評議致居候也。
梁啓超の代表者張君邁は早稲田大学卒業後独逸に留学し、上海商業会議所の書記を勤め居り、梁啓超の部下に投したる者に御坐候。先夜質問を以て小生を訪問したる時の口気より之を察するに、梁の意志を承けて成る可く独逸に対する処置を穏便にし、只管其の怨を買ひ怒を招くことを避けんとする形勢は明に御坐候。
又伍廷芳の息、伍朝枢も、若手の故に中々の勢力あり、開戦を避け米国と歩調を一にすることに努力致居候。一例を以て之を申せは、我等顧問官は一致して独逸領事の裁判権を和蘭領事に移すを承諾すへからずと主張したるに、遂に普通の民刑事は之を和蘭領事に移すことを承諾し、支那の安危に関する重大事件のみ支那裁判所に於て管轄することに一決致候。恐惶頓首

有賀長雄

三月廿三日

寺内伯爵閣下侍史

〔冒頭欄外〕拝見済 本野。

〔上部欄外〕反対党議員中には、追々段氏を詰る者も有之候由。

〔封筒表〕寺内伯爵閣下　秘親展　有賀長雄　外務大臣拝見済　了　三月廿八日　外務大臣一閲の上返収□事。

〔封筒裏〕三月廿三日。

〔原史料番号〕①16－6。

8　大正(6)年4月13日

拝啓　御安泰奉恐賀候。三月三十一日付御書面拝誦、御鄭重御挨拶痛入候。偖独支断交後は独逸人裁判権の事、独逸専管居留地の事等の小問題のみにて、重要の戦団加入問題に付ては何等発展を不見候間、昨十二日午後国務院秘書室に参り曾彝進氏等の内話聴取候所、大要左之通に御坐候。

形勢遅滞は国論不一致の結果なり。国論不一致は国会に在るに非す、却て北洋派の内部に在りて、地方軍人及商会の上に影響を及ほせは、是れ事の困難なる所以に御坐候由。

国会の多数が加入に賛成なることは確実なり。是れ梁啓超と岑春煊か賛成なるに因る。又有力軍人の中にても陸栄廷は岑と気脈を通し賛成なるか故に広東、広西の議員は皆賛成なり。反対は唐継尭の輩下なる雲南、貴州議員全部、及四川省議員の一部、国民党中孫洪威〔伊〕の一派、及馬君武の丙辰倶楽部にて合計一百名以下に有之候由。

地方軍人の中にても、多数は賛成の電報を寄せたり。然しなから、少数の反対者の中に却て有力者あり。即ち安徽省長倪嗣中、長江巡閲使張勲、雲南督軍唐継尭、湖北督軍王占元は反対の電報を寄せ参候由。

何故に彼等か反対するかは、先日来京中は賛成なりし副総統か、帰行の後段総理に先きだち彼等に電報を発したるに因る由に有之、其の反対理由とする所は聯合各国か支那の交換条件に同意せさるに有之候由。

総統府部内の者は馮副総統の意中を怪しみ、此の事を利用して段氏を斥けんとする野心あるに非すやを疑ひ居候。是に於て段総理は最近に加入の理由を一変し、各省軍人に向て電報を発せしめられ候由。

右電報の要は、元来交換条件の事は自分の本志に非す。各方面より加入の利益を質問せらるる故、止むなく之を提唱したれど、元来加入不加入は交換条件の如き区々の小利益に依り決すへき問題に非す。将来世界に向て発展せんとする支那は、仮令戦争か聯合側の敗に帰し聯合側と与に独逸に償金を払はさるべからざるに至るとも、之に加入して其の同情を得おかさるへからず。是れ将来の外交に関する大方針の問題なり。此の見地より再考を望むと云ふに在り。

又段総理は反対の電報を寄せたる各地方の商会へ向ても電報を発し、通商復旧の為には今日の戦争を一日も速に終止せしめさるへからす、此の為支那も加入せさるを得すと説諭せられ候由。但し商会に対しては国民党の勢力行はれ居るも、其の反対は余り重要視し〔ママ〕せられさる模様に見受け候。

今日は米国の加入もあることなれは、支那も早晩加入に立至ることは疑なかるへしとの事に御坐候。

以上段氏の加入理由一変は重要と被存候間、御報告申上候。恐々頓首

四月十三日　　有賀長雄

寺内伯爵閣下侍史

〔封筒表〕寺内伯爵閣下　御親展　有賀長雄　了。

〔封筒裏〕四月十三日便。

〔原史料番号〕①16-7。

9　大正(6)年5月3日

拝啓　御安泰奉恐賀候。選挙も都合よく相済み、大慶奉存候。此地久しく旱魃之処、昨日来降雨、人民鼓腹致居候。

曾彝進病気引籠中に付久しく面会不仕候処、昨日電話あり、支那政府は弥々宣戦に決定したるに付、段総理の命に依り種々宣戦と倶に施すへき手段に付意見聴きたければ、私宅へ来車を乞ふとのことに付参候処、二、三要件相談あり候。其節曾氏の話に依れは、対独方針に付督軍会議及国務院の意見二派に分れ候。親日派は皆聯合軍側に加入を主張するも、親米派は米国と提携せんことを主

張致し、段総理は双方を満足せしむる為め加入の字を避け、支那が単独にて独逸に対し宣戦するの形式を取るに決せられたる次第なる由に御坐候。当地日本人中には、交換条件の成否未定なるに因り加入を他日に譲りたるものなりと推測する者もあれど、真相に御坐なく候。

李敬義を財政総長に任命の事情に付、曾氏の内話も世間の想像と多少相違致居候。元来李敬義は財政上の才能なく、又近世事物の学問も深からず且性来頗る懶怠にて、今に至り阿片を喫することを止めず、清朝時代に地方在任の時も毎日晩刻に至り始めて役所に出勤し、決裁すへき多くの書類の中より面白き文章を以て処置するに適したるもの一通のみを選り出して、之か処分案を起草す。其の文章は実に立派なるものなれど、唯た此の一事件のみにて、他の事件は尽く他人委せ故、治績は全く挙らさりし由に御坐候。されば段氏は何故此の如き人物を挙けたるかと云ふに、普通世人は国会の同意を得るに便利なる為めと申居候へ共、事実に非す。段内閣の従来の国務員は多く若輩にして、経歴年輩とも地方督軍、省長等の下流に在る故、督軍、省長等は之を子供視して其の命令を用ひす、唯た交通及農工部の二総長のみは若輩にて差支なけれど、財政、司法、内務の三部には老練の総長を置く必要あること益々明瞭となりたるに因る由に御坐候。李敬義は李鴻章の弟の子なれは、固より門地あり官界の経歴もあり、且一の美徳は甚た謙遜にして、先つ懇篤に人と応接し、其の同意を得たる後に非れば之に向て命令を発せさる風なれは、此の地位に迎へられたる次第に有之、即ち段内閣は督軍会議及日本に於ける総選挙の結果に力を得て、漸く政党出身の若年政治家を斥け、代ふるに老練にして輿望ある人物を以てせんとしつゝある次第に御坐候。

茲に此の序を以て失礼を顧みす聊か愚考申上度儀有之候。即ち従来日本か支那の同意を得て或る事業（例へは借款）を成さんとするには、徐世昌、陸宗輿、曹汝霖を中心とする所謂日本派の勢力に依頼し来り候処、今日の形勢到底是れのみにては十分ならさること、最近二、三の事実に依るも明瞭と奉存候。さりとて我か公使館は日々の応接及報告に忙殺せられ、深く此辺の呼吸を研究被致候余地ありとも見受けられず候処、幸に近ころ四ケ月間計り北京に滞在して専ら此の点の観察に従事せられたる仁有之候。即ち前の台湾銀行総裁柳生氏の秘書にて、吉野小一郎と申仁に有之候。別に何等之用務なく、唯た静に観察せられたるのみにて、小生と屢々会談致候処、頗る要領を得られたるやに奉存候間、何時にても御沙汰次第参上、筆紙には尽し難き北京政界の内情御話申上られ候事に取計置候間、児玉伯より台湾銀行へ御沙汰被下度候。恐々頓首

日本側各顧問官と外国人顧問官との交親を計る為め、小生主人と成り、明晩此地グランド、ホテルにて晩餐会催候。案内書差出候処、林公使、芳沢賛〔参〕事官も御出席被下、支那側よりは陸徴〔祥〕章も出席被致候様申来候。申上置候。匆々

五月三日　　有賀長雄

寺内伯爵閣下侍史

〔封筒表〕寺内伯爵閣下　秘親展　有賀長雄　了　五月八日
返事□〔カ〕要す　済。
〔封筒裏〕五月三日。
〔原史料番号〕①16-8。

10　大正（6）年9月13日

謹啓　御安泰奉恐賀候。令婦人御不快之由、御心痛此事に奉存候。追て小生儀、九月六日北京安着、十日段総理に面謁、御近情申述候処大に喜はれ、今より十八年前日本に於て閣下の御厚遇を被受候当時の懐旧談なと被致候。同氏も頗る健康にて、且得意の色相見え候。是れ近来政界の形勢順調なるに因ると申す事に御坐候。

談話中、日本に於ては馮総統と段総理との現在の和協が果して何時まで続くへきかに関し、有力者間に懸念の色なき能はずと申述候処、段氏は此の事に関し左の如く申され候。

今の馮氏は代理総統なれば、来年十月に至れば臨時約法に依り正式大総統を選挙せさる可からず。此の時に至り、果して馮氏か当選すへきや否は未定なり。自分は一旦斯く乗り出したる以上は、最後まで国家維持に努力する決心なり。尚ほ別に徐世昌氏のあるあり。余と同一の決心を有せり。因て将来に対する準備は十分なり。

此の談話を通訳したる曽彝進氏の説明に依れば、右は馮氏当選せば段氏は総理として之を輔くべく、自分当選せは甘して大総統の職に就くべく、徐世昌氏当選せは段氏は固より之を輔くへしとの意味に有之候由。

臨時約法に依るときは、正式大総統は国会両院の合会〔ママ〕に於て選挙することに相成居候。因て選挙前に先つ国会無かるべからずとは段氏も苦痛の色を以て述べられたる所に有之、其の国会を如何に組織すへきかは目下の最大問題にして、南北の争点も亦係りて此の点に在之候。

此の際幾分南方に譲歩して一致を計るべしとは多数政治家の議論なれど、善く段氏の意中を知る者の言に依れば、南方の要求に譲歩せば底〔停〕止する所なきに困り、段氏は一歩も譲歩せさる決心甚た堅く、唯たむやみに拒絶して絶望せしむることは得策に非さるに因り、目下譲歩すへきや否を考量中に在るの状態を装ひ居らるるに過きすと申事に御坐候。

南方人士の日本に往来する者多きに付ては、軽々しく新聞紙の報道や伝説を信じられさる様、日本当局の希望なり（これは本野外相の伝言）と申述候処、其辺は章公使の報道に依り善く了解し居れりと被申候。

退出後、曾彝進氏か自己の所感として、然しながら万誤まらさるの責任を以て小生に告けられたる所に依れは、段氏も寺内閣下と均しく軍人出身の政治家にして、其の閲歴境遇も亦略ほ相似たるものあるに因り、特に閣下に対し深き同情交感を懐き居られ、目下の処寺内閣下の要求と知れば支那に不利なきものは何事にても承諾し、仮令不利ありとも、其の不利が少なければは承諾する主義を取り居らるること確実なりと申事に御坐候。但た果して真に閣下の御要求なりや、或は外務省又は公使館以下の要求なりや明瞭ならざるには、時として困らるること有之候由。

（右は固より関係重大の言なれば、曾彝進氏か自己の臆断のみを以て口にしたるものとは信し不申候）。

十日午後五時小生引見の前、段氏は三十分間曾彝進氏と密話せられたる模様に有之候。

以上の談話中には固より、来るへき国会組織及総統選挙に関し遥に閣下の御後援を望まれ候意味も可有之、宜しく御推察奉願上候。

尚乍末筆、小生出発前の御高配に対し深く奉謹謝候。恐惶頓首

有賀長雄

九月十三日

寺内伯爵閣下侍史

〔冒頭欄外〕了　九月十八日。

〔原史料番号〕①16–9。

23　有地品之允

1　大正1年11月14日

拝啓　過日は御機嫌能御帰京奉賀候。陳は御繁務中には被為在候得共、或は御楽とも可相成哉、先日大坂〔ママ〕に住居之人より表銘備前国長船住宗左衛門尉祐定、裏銘寺内太良左衛門尉重代作之承応元年十一月吉日とあり、寸法弐尺弐三寸之物有之、若し総督閣下之御先祖にはあらさるやと相尋越申に付、不取敢伺置、近日参堂之節拝承可仕候。為其敬具

十一月十四日　　品之允

寺内閣下

〔封筒表〕麻布区笄町一七二　伯爵寺内正毅殿　親展　返事済　（消印日付）1.11.14。

〔封筒裏〕神田淡路町二〇七　有地品之允　（消印日付）1.11.14。

〔原史料番号〕①436–8–1。

2　大正4年11月1日

拝啓　今朝拝顔之後周布氏と相談之末、午後大隈総理を官邸に問ひ、幸に面会候而馬屋原氏大病之事申入候処、驚きたりとの事。依而同氏之履歴之大略を話し、且つ書付相渡し、維新前より故桂公と同時に尽力不少に付、授爵之御詮義相成度、貴族院之同僚として上申す。尤同人之経歴は壮年時代剣術場に於て同門に有之、其後は方面違ひ之方にあり、近来又貴族院に於て特に同派にあれは、中途之事は寺内伯之最も詳細承知之事なれは、或は伯に御尋相成候得ば書面已上之事相分り可申、別紙桂公之書面写も有之、公に於ても御詮義相成相当と相認め候事と被察、何分にも宜敷願ふと申入、御名義申入御迷惑哉に候得とも、先方より被相尋候に於而は強而御差支へも無之哉に存候故に、御内意も不伺右申述候次第、御海恕奉願候。唯今周布氏より電話に而同氏は椿山公へも申入置候由、尤大略を申述、詳細は入江氏へ申入置きたりとの事に有之候。大隈伯は至極引受良かりしもの丶如し。何分宜敷奉願候。敬具

十一月一日　　品之允拝

寺内伯閣下

〔封筒表〕麻布区笄町一七二　伯爵寺内正毅殿　急親展　（消印日付）4.11.1。
〔封筒裏〕緘　四谷区大番町八五　有地品之允
〔原史料番号〕①436—8—2。

24　有馬太郎

1　明治41年1月1日

謹奉賀新年
明治四十一年元旦
有馬太郎拝
寺内陸軍大将閣下
豊受の神の宮居のまつかけに　蒼生草も御代祝ふらむ

〔封筒表〕東京陸軍省　陸軍大臣寺内正毅閣下　御親展　（消印日付）41.1.1。
〔封筒裏〕〆　大阪市東区南本町二丁目　陸軍二等軍医正有馬太郎　明治四十一年一月元旦。
〔原史料番号〕②1—12。

2　明治43年1月1日

謹奉賀新正
明治四十三年元旦
有馬太郎敬白
寺内陸軍大将閣下
新年雪
つま川に千代の光をさしそへて
豊につもる今朝の白雪　香堂

〔封筒表〕東京陸軍省　寺内陸軍大臣閣下　親展　（消印1日付）42.12.31　（消印2日付）48.1.1。
〔封筒裏〕大阪市東区南元町二、有馬太郎。
〔原史料番号〕②1—8。

25　有松英義

1　大正(2)年2月10日

拝啓　愈御清適奉賀候。偖拝別以来萬事齟齬、国家有禍乱之兆、不勝切歯扼腕や御起居如何、伏祈御自愛候。今日之場合多言を須ゐす、唯歎息之外無之候。時之不可なる、奈何ともすること能はすと雖、帝国之前途、誠に容易ならさるものあり。再祈御自愛候。

二月十日　　英義再拝

寺内伯閣下

〔封筒表〕朝鮮京城　伯爵寺内総督閣下　御親展　〔消印日付〕□.2.10。

〔封筒裏〕□　東京麻布本村町二十七番地　有松英義　〔消印日付〕□.2.13。

〔原史料番号〕①17–1。

2　大正(2)年10月18日

拝啓　愈御清適奉賀候。陳は桂公の薨去は為国家誠に痛惜に勝えさる所に有之、抑昨年来公の境遇、事毎に志と違ひたるは蔽ふへからさるの事実にして、公の将来に待つ所ありし後進に取りて、感慨所不能禁御坐候。而て今回政府及宮内省之処置は、功臣を待つの道に於て頗る遺憾に存候。蓋し宮中席次変更を敢てしたると意趣に於て其帰《ママ》を一にしたるものと被存候。今や吾人君国に殉するの志を懐く者は中心を失ひて帰嚮する所を知らす、空く天を仰て大息するの醜態を演し居申候。政海之前途固より予測し難しと雖、原敬氏か桂公臨終に際し公の遺志を奉せんことを公の枕頭に誓ひたるか如きは、聊か暗流を認め得たるの感を起し申候。近々御帰京之上は徐に状勢御審察、機を見て御唾手是祈候。実に帝国興亡の関する所と存候。敬具

十月十八日　　有松英義

寺内総督閣下

〔原史料番号〕①17–2。

3　大正3年8月4日

拝啓　暑中に候処、益御堅勝被為渡候段、大慶奉存候。爾来政海は兎角真面目を欠くの形跡多く、内閣は殊に責任を解道《ママ》せさるの言辞を為して憚らす、而て其実行は之に伴はす、閣外之有力者は依然其態度を一定せす、甚た憂慮に勝えさるの折柄、突如欧洲に一大事変を生し、国を東洋に作す者亦決して平然たることを得さるの形勢に相成候。或は廃減税之如き之を中止するの口実を得たるへく、此一事は内閣之僥倖に可有之候得共、大体に於て頗る不安之状況に御坐候。折に触れ閣下を天の一方に望むもの、独り我輩のみにあらさるへし。而て小生は黙々閑職を謹守罷在候。御憫笑可被下、粛て御左右御伺申上

度、不相変泣言を呈し申候。拝具

八月四日　英義

伯爵寺内総督閣下

〔封筒表〕朝鮮京城　伯爵寺内朝鮮総督閣下　御親展　八月七日　正毅　済（消印日付）3.□.□。

〔封筒裏〕封　東京麻布区本村町二七　有松英義　（消印日付）3.8.7。

〔原史料番号〕①17-3。

4　大正4年7月25日

拝啓　暑中に候処、益御清穆被為渡候段、恐悦至極奉存候。頃日は内閣に内患あり、良医と雖殆と施すに術なきの危境に陥り候哉に想像被致候。然とも、自ら健強を称し居候間は、忠言却て猜忌を惹くの因と相成可申、黙止して経過を傍観するの外可無之候。国家は之を救はさるへからすと雖、機を見て動くに非されは遂に事を敗るの恐あり。折角御加餐奉祈候。先は暑中御伺申上度、婆心余事に渉り候段、御寛容を賜はり度候。敬具

七月廿五日　有松英義

伯爵寺内総督閣下

〔封筒表〕京城　伯爵寺内朝鮮総督閣下　必親展　七月廿八日　正毅　返事済（消印日付）4.7.2□。

〔封筒裏〕封　東京市麻布区本村町二七　有松英義　（消印日付）4.7.28。

〔原史料番号〕①17-4。

5　大正5年7月26日

拝啓　苦熱煩人候処、益御清適奉賀候。過日は偶然拝顔之栄を得、感喜不啻。一昨日は破帽御返送被成下、御手数相掛候段恐縮奉存候。図らす御頭上を汚し、帽子は定て光栄を誇り居候事と奉存候。扨御用新聞か小生を構陥せんとすること実に露骨に有之、曾て蜚語を造りて官紀を紊せりと譏り、一転して加藤子爵と通したりと評し、三転して閣下に対して悪声を放ち居ると記せり。其勢小生を傷けすんは已まさるものゝ如し。今後も色々讒誣を逞くすることあるへくと被存候。其手段の陋劣なる、寧ろ笑柄と為すに足る。小生は十分警戒して、一切言はす語らすと極め込居候。御一笑可被下、御挨拶申上度、余事に渉り候段御海容是祈候。敬具

七月廿六日　有松英義

寺内伯爵閣下

〔封筒表〕□州函根宮の下富士屋ホテル　□爵寺内元帥閣下　御親展　（消印日付）5.7.26。

〔封筒裏〕封　麻布区本村町二七　有松英義（消印日付）□.7.26。

〔原史料番号〕①17‐5。

6　大正5年2月3日

啓上仕候。無恙御帰府、弥御清適被為渡候段、大慶奉存候。扨国債整理基金問題に付貴族院之主張追々明に相成、予算不成立は免る可からさるの勢と相成候に付ては、伯より公に訴ふる所あり。公は一昨日、議会閉会後に於ける伯の桂冠を親近信するに足る人々に告くることの内諾を得て、始めて内閣及貴族院間の調停に御着手せらるゝに至り候。本日、陛下御還幸を待て参内せらるゝは其意略想像するに難からす。既に他方面より御内報申上候ことゝ存候得共、為念一書捧呈仕候。敬具

二月三日　　有松英義

伯爵寺内総督閣下

追て先是、公の伯に会せらるゝや、伯より後図に付考慮せられ置かれよと言ひ、公は伯に何等か意見ありやと問ひ、伯意見なしと答えられたることも有之候由。

〔封筒表〕朝鮮京城　伯爵寺内総督閣下　必親展　要存　二月八日　正毅（消印日付）5.2.3。
〔封筒裏〕封　東京麻布区本村町二七　有松英義（消印日付）5.2.5。
〔原史料番号〕①17‐6。

7　大正5年3月15日

拝啓　愈御清適被遊御座候段、大慶奉存候。陳は曾て京都にて拝見仕候御歌三首御認被下候分、昨日頂戴仕候。御大礼之記念として、永く相伝家宝と可致申候。扨政海之波動に付ては夫々御観察可有之存候処、対支対露の両案件並に陸相交迭〔更〕問題は此儘推移し、来月に至り候はゝ、或は政治上に一新生面を開くに至るへき歟と想像仕候。折角御加餐是祈候。先は取〔カ〕生之御礼申上度、如此御坐候。敬具

三月十五日　　有松英義

伯爵寺内総督閣下

〔封筒表〕朝鮮京城　伯爵寺内総督閣下　必親展　三月十八

日　正毅　了　（消印日付）5.3.15。

〔封筒裏〕封　東京麻布区本村町二七　有松英義　（消印日付）5.3.18。

〔原史料番号〕①17-7。

8　大正8年9月29日

拝啓　愈御清適奉賀候。近来御容體如何被為渡候哉、謹て御見舞申上候。過日老母死去之節は御弔問を辱くし、御鄭重なる御供物を賜はり、分外之光栄に存候。忌明之上親く御礼可申上候得共、不取敢右拝謝仕候。

扨本日は御桂冠後一年に相成候に付、児玉伯を以て御懇篤なる御挨拶を蒙り、恐縮に堪えす候。閣下御在職中之御治績に付ては天下自ら定論あり、後世史上長く朽ちさることゝ存候。然而爾来一年、我国内外之政策甚た遺憾とすへきもの多く、人心将に現内閣を去らんとす。当是之時、政局新生面之展開を望まさるを得さると同時に、伏て閣下之御全快を祈りて已む能はさる所に御坐候。蓋是天下之心ならん。冀くは御静養御自愛可被遊候。敬具

九月二十九日　有松英義

元帥寺内伯爵閣下

〔封筒表〕神奈川県大磯御別荘　元帥伯爵寺内正毅閣下　御直　了　30/9（消印日付）8.9.29。

〔封筒裏〕封　東京麻布区本村町二七　有松英義。

〔原史料番号〕①17-8。

26　有吉忠一

1　明治45年7月1日

拝啓　炎暑之節に候処、道中御無事御上京被為在候趣、奉敬賀候。御任地も益安泰に相向候段、単に閣下御配慮之賜に不外、国民一同感謝致居候儀と奉存候。只御身辺不逞之徒不尠哉に承及、甚憂慮罷在、何卒為邦家御自重被遊候様奉願候。扨而別便御送申上候夏密柑は当地固有之産にて、外形も美ならす、核子も多く、貯蔵も久敷に不堪等の欠点有之候へ共、香味は宜敷様被存候に付、御試味相願度奉存、甚乍些少呈上仕候間、御笑納被下候はゝ本懐之至りに御座候。謹言

七月一日　忠一

寺内総督閣下

〔封筒表〕東京市麻布笄町　寺内正毅殿　親展　返済（消印

日付）45.7.1°

〔封筒裏〕〆　宮崎町字広嶋　有吉忠一（消印日付）45.□.□°

〔原史料番号〕①18-1°

2　大正1年12月31日

拝啓　年内も余日無之候処、御起居如何被為在候哉、謹御伺申上候。目下内地政治界の人心は甚面白からさる傾向を呈し居候様被見受候に付、定めし御痛心被遊候儀とは奉拝察候へ共、新附之領土は却而人心頗る平穏に着々仁政の余沢に浴し居候事、単に御配慮之結果に外ならす、為邦家寔に慶賀之至りに奉存候。次に当地は僻陬の小区域に不過候へ共、幸に漸次開発の気運に相向ひ、官民一致、開田殖林交通等の経営を進めんと致居候間、何卒時に御叱正を蒙り益奮励仕度、切望罷在候。先は御近況御伺旁如此に御座候。謹言

大正元年十二月丗一日　忠一

寺内尊台侍曹

〔封筒表〕朝鮮京城　寺内正毅殿　親展内啓（消印日付）2.1.3°

〔封筒裏〕〆　宮崎町広嶋　有吉忠一　済°

〔原史料番号〕①18-2°

27　安　藤

1　明治(36)年　月　日

去る三日休業日勉強の結果、此名文と成り申候。御一笑被下度候。若し不敬の字句等有之候へは、修学不足の致す処と思召し、御宥恕被下度願上候。

Zentsouzi〔善通寺〕- Le 6 février.

Mon général

Depuis un mois j'ai un négligé de vous écrire et de vous témoigner mes respects; mais je vous prie de croire la sincérité et à l'etendue des veux que je forme toujours pour votre santé et pour votre prospérité.

À la fin de l'année dernière j'ai été nommé Adjudant major à la onzième Division. Je suis bien reconnaissant de cette nouvelle nomination; mais tout en appréciant cette faveur je ne puis oublier mon ancien bataillon que j'aime de tout mon cœur et je regrette beaucoup la vie de la garnison qui n'a duré qu'a peine une demie année 〔sic, demi année〕

Mon Général, l'intérêt que vous voulez bien porter sur mes affaires de famille me fait un devoir de mettre à votre connaissance que tout n'étant pas encoré réglé, je me suis rendu seul à mon nouveau poste.

En vous demandant votre haute protection pour l'avenir et en vous renouvelant l'expression de ma reconnaissance, je suis toujours, avec respect, Mon général, votre très - humble et très - dévoué serviteur.

Y. Ando

〔訳文〕

善通寺　二月六日

将軍閣下

一か月もの間便りも出さず失礼しておりますが、ご清祥のことと存じます。

昨年末、第一一師団の准尉を拝命しました。新たに任官されたことを大変ありがたく思っていますが、この恩恵に感謝しつつ、心から愛しているかつての大隊の生活を忘れることができません。そして、衛戍地で半年しか過ごさなかったことをとても後悔しています。将軍閣下、私の家族のことに対して篤くご配慮頂いておりますのでお知らせしなければなりませんが、すべてが未だ解決しなかったので、私はひとりで新たな部署に赴きました。

篤いご庇護を乞い、謝意を更に表すことで、私はいつも尊敬の念とともに閣下の忠実な僕でおります。

安藤

〔原史料番号〕①436-6。

28　安藤巌水

1　明治(33)年6月28日

謹啓　追々暑気相加はり申候処、益々御清健奉大賀候。降而巌水、御地出発以来海陸無事、本日十四日着高、爾来、引続隊務鞅掌罷在候間、乍余事御休神〔心〕被下度奉願上候。過去十数年来之御薫陶、御引立に就ては今更筆紙にて御礼之辞も無之次第、只々肝銘之外無之候。尚ほ向後も不相変御眷顧之の程偏に奉懇願候。着後第三期検閲其他萬事不馴之為め隊務繁劇、随而御礼書之進呈を怠り候段、何卒御宥恕被下度候。殆んど二十年振りにての帰郷、見聞するもの百事不思議勝にて、昔噺の浦島の帰郷も斯くありしかと不覚失笑致居候様之次第に有之候。隊情に付ては未だ何等御申報可申上件をも発見不仕候得共、僻地交通不便の結果、凡百の事業に不幸を感じ居る状態に有之候。先は乍遅延御礼旁々着任之御報迄、匆々如此に御坐候。敬具

二伸　北清地方之変乱、御本務一層御繁劇之御事と奉恐察候。為邦家切に御健康を奉祈候。

六月二十八日　　安藤厳水

寺内正毅閣下

〔封筒表〕東京四谷区塩町壱町目　寺内正毅閣下（消印日付）33.6.29。

〔封筒裏〕高知　歩兵第四十四聯隊　安藤厳水（消印日付）33.7.2。

〔原史料番号〕①10-1。

29　安東貞美

1　明治（28）年2月25日

拝啓　益御勇健御奉務之段奉賀候。陳は頃日陸軍次官閣下より拝承する処に依れは、四月上旬頃より北海道屯田兵を出征せしめられ候由、就ては右輸送の為め船舶之事は閣下之御指揮あるにあらされは、別に調査之事も出来兼候へとも、鉄道輸送に関しては粗取調候処、列車数は凡そ弐拾四、五列車内外にして、青森停車場も之か為め別に増築等を要せす、総て差支なき見込に御坐候。又、近衛及第四師団之戦闘部隊之輸送計画も完成致居候間、何時御発令相成候とも差支無之候。但し鉄道局にて時間表改正及車輛集方等の都合有之候間、可相成は開始より凡そ十日前に御内報被下度奉願候。又本月より三月、四月に亙り、前記諸隊之外各師団制式車輛及其人間若くは徒歩砲兵聯隊の残部等輸送之為め、殆と間断なく軍用列車之運行を要し候。然るに、時機切迫之時に臨み、其都度時間表を調製候ては鉄道局にて其煩に堪へすとの事に御坐候間、仙石委員と協議之末、試に三様之時間表を作り、輸送之種類に依り之を適用致度意見に御坐候。右時間表は出来次第拝呈、御採否可奉伺候。該表は青森より広島に至る全線に通し、大輸送用一日十列車、次は一日五列車、次は目下一部分のみ既役なる甲乙丙三列車を全線に拡張可仕積りに御坐候。

大蔵大佐よりも上申可仕由に候へとも、第四師団用馬匹輸送方には殆当惑仕候。尚其考案は追而具申可仕候。

下官は本日参謀本部第一第二局御用取扱を免せられ、竹内中佐、第一局御用取扱被命候。就ては鉄道線区司令は運輸通信長官並に参謀本部第一局長に隷すとの規則に従へは、下官は今より下級者之令下に立たさるを得ず、由て名誉上速に自ら所置せさるを得さる境遇に立至り申候。然るに、目下の戦時に際し常人すら尚奮つて軍に従ふ之秋に方り、自ら一身を潔するか如きは躊躇決する能はさる所に御坐候。閣下何微衷御賢察被下、戦列隊へ配属之事にても御取計被下候はゝ、実に望外之幸福に御坐候。又、鉄道線区司令部には熟練なる両名之副官有之候間、木村少佐か、若くは竹内中佐兼勤被命候はゝ、毫も差支無之と奉存候。忌諱を憚らす前件陳情之次第、御洞察奉仰候。下官目下之境遇、退ん歟身軍籍に在り、時も時未曾有之大戦に当り、国民の分よりするも本心に問ふも共に許さゝる処、留らん歟、軍秩を如何せん、名誉を如何せん。進退維に谷り為す処を知らす、閣下旧来之御高誼に感し、私を以て具状仕候次第に付、不悪御高裁之程懇願之至に堪へす候。謹言

二月廿五日　　安東貞美

寺内正毅閣下

〔封筒表〕広島大本営　陸軍少将　寺内正毅殿　秘　必親展。

〔封筒裏〕東京陸軍省内　安東貞美。

〔原史料番号〕①11–1。

2　明治44年9月13日

拝啓　残暑之候、閣下益々御壮健奉大賀候。陳は今回御転職に就ては御挨拶を辱し、恐縮之至りに御座候。御在職中は御懇篤なる御薫陶に預り、深く御礼申上候。尚今後共御指導之程奉希候。茲に謹而閣下の御健康を祝し、部下一同に代り篤く御礼申上候。草々敬具

明治四十四年九月十三日　　男爵安東貞美

伯爵寺内正毅閣下

〔封筒表〕東京麴町区　陸軍大将伯爵寺内正毅閣下（消印日付）44.9.15。

〔封筒裏〕陸軍中将男爵安東貞美　大臣御辞任の際に於ける告別の辞に対する答礼。

〔原史料番号〕①11–2。

30　阿武二郎

1　明治34年1月7日（阿武素行宛て）

謹啓　其後寒気日々相増し候も、御両親始め皆々御機嫌克く御起居被遊、芽出度御越年之御事と奉賀候。私も去月二十九日以後毎日外出仕り候が、身体健康にて喜び居り候。就ては本日九時考課列席読み聞かし有之候が、先日申上置き候如く、実に一学科之為列外と相成申候。今更致方なく候も不孝之罪深く、御許し被下度候。能く〳〵愚考仕り候が、到底小生にては阿武家之相続致し難くと存じ候。左に記憶のまゝ、一寸其理由相認むべく候。瓦は如何に致し候ても金玉之光は無之候。元来小生之性質極めて愚鈍とても申し候わんか、何事にも人なみには致し得さる方にて、小学校よりの成蹟にても明かに御座候。幼年学校入学後は益々不出来にて、後来軍人となるに覚つかなくやと存じ候。次に身体は未だ軍医に掛り候事わ無之候が、何分身体短小、今に漸く五尺にて、後来成長之目的なく候。又小生之一言一行は皆人之笑ひを招くのみにて、実に校舎に在り候ても、一つとして面白き事無之、小生の性質によるにかわ存じ候わず候も、友人として語り呉るゝ人なく、冷笑のみ受くる有様にて、以後父上之後をつぐ等云ふ事は勿論、軍人となれるや否や心配にて、唯家之名、父之名を汚がさゞる様致す迄にて候。はや五、六年昔之事故、父上にも御忘れの御事と奉存候が、二郎は軍人より寧ろ田舎之先生が好かるべしと申され候事、実に其当を得たる様覚え候。其時小生は如何にもして軍人たらんと存じ候事も、今は右之如く水泡に帰し候。新蔵も其中又帰るべくと存じ候間、能々勉強致させ可被下候。小生も本年八月頃迄、今一度机に向ふ覚悟に御座候。先一寸考のみ申上候。泣血頓首

七日午前十時

御両親様膝下

〔封筒表〕京都下京区下河原通東入鷲尾町十三番戸　阿武素行様　親展。

〔封筒裏〕封　東京陸軍中央幼年学校第一中隊第一学年生徒阿武二郎拝　明治三十四年正月七日午后一時投函（消印日付）34.1.8。

〔原史料番号〕①436–2。

31　阿武素行

1　明治(33)年3月12日

弥御壮健に御奉職奉賀候。陳は先達而は品川子爵終ひに薨去となり、いかにも残念之至りに候。其際折節流行感冒に罹り出京する不叶、遺憾之至りに候。其砌松本氏へ御懇切なる御伝言被下、難有深く奉謝候。素行分は爰に充分と聞喜申候。尚乍此上宜敷奉希上候。却説戊辰之役戦死者、本年三十三回忌に相当候。東福禅寺に於て執行候に付而は、御多忙之御中種々之御手数を煩し申候。両三日前内海氏と談し、石灯籠へ刻する文字及ひ祭日を五月十日としては如何と、鳥尾子へ向け問合せ置申候。四十余名之位牌其他は已に八分通り出来いたし、御地に於て之集金は夫々姓名を記し、四月中旬頃迄に多少御送附願度、当ち〔地〕に於ても少々は寄附金も可有之哉と考居申候。萬事松本、内海氏等と申合せ取計可申候也。先は御厚情なる御伝言を謝し旁草々頓首

三月十二日　素行

寺内老台閣下

二白　当ち〔地〕頃日春寒殊に烈しく時季不順、別而御保護肝要之御事に候也。

〔封筒表〕陸軍中将寺内正毅殿　必親展。

〔封筒裏〕京都市下京区下河原鷲尾町　阿武素行　番地不明に付、有馬組へ托す。

〔原史料番号〕①436―1―1。

2　明治33年3月26日

御書簡拝見、益御壮健奉賀候。陳は来る五月十日於東福寺祭典入費、当地に於て募集する金高何程入用かとの御尋ねに有之、右は兼而鳥尾子爵より於東京壱千円丈けは心配するに依り、其辺を目途とし萬事之見込を立て準備いたし呉候様はなし有之申候間、右様御承知可被下候。過日も申上候通り、来月にも相成候はゝ、五百金丈けにても御送附被下候はゝ仕合申候。先は貴酬迄に候。草々頓首

三月二十六日　素行

寺内閣下

〔封筒表〕東京市四谷区塩町二十八　寺内正毅　殿親展（消印日付）33.3.26。

〔封筒裏〕京都市下河原鷲尾町十三ばん戸　阿武素行。

〔原史料番号〕①436-1-2。

3　明治33年6月26日（児玉如忠宛て）

弥御壮健に御奉職奉賀候。陳は先達而申候奇〔寄〕附金一条に付而は萬御配慮を煩し、為に祭典も無滞相済せ申候。い〔委〕細は鳥尾子不日帰京に可相成に付、御聞取可被下候。就而は惣て之費用仕払等之事は当ち〔地〕之田中治兵衛と申者に托し、祠堂料其他惣て之受取書は素行手元に取置申候。其大略別紙に記載し差出し候間、御一覧可被下候。決算残金弥百二十九円二十八銭八厘となる。是へ七十一銭二厘を足し、退耕庵の維持費之内へ百三十円となし納むることに決し申候。此維持費は森清右衛門兼而世話いたし居候間、不日来京之筈に付、該人へ托す事にいたし居申候間、是又御承ち〔知〕置可被下候。萬松本鼎氏と申合せ取計申候。尚分明之廉も有之候はゝ、御用捨なく御申遣はし願度候。私も昨年来「リヨウマチス」病に罹り、今に込〔困〕り入申候。先は取急き草々頓首

六月廿六日　　素行

児玉老兄閣下

尚御序之せつ、奥様へ宜敷と山の神より。

覚

一　金五十円也　　鳥尾子爵ヨリ

一　仝四百六十八円也　　第一回

一　仝弐百六十弐円也　　第二回

一　仝五十壱円弐十四銭也　　第三回

　　弐円七十六銭也

　計　金八百三十四円也　東京より之送金高

一　金八拾壱円拾銭　　京都有志者香料高

　合計　金九百拾五円拾銭也

収入之部

覚

一　金百五十円也　　東福寺法会費

一　〃弐百六十九円九十五銭也　　石灯籠費

一　〃三十八円七十七銭弐リ也　　位牌其他費

一　〃九十六円〇一銭也　　供養費

一　〃拾三円十二銭也　　新聞広告費

一　〃拾円七十六銭也　　雑費

一　〃七円二十銭也　　田中へ謝礼

計　五百八拾五円八十一銭二厘也
仕払之部
　差引金　三百弐十九円二十八銭八厘トナル

覚

一　収入金　　九百拾五円拾銭也
一　仕払金　　五百八拾五円八十一銭二厘也
　　差引金　三百弐十九円二十八銭八厘也
　内
一　金弐百円也
　　戊辰之役防長殉死士之為メ、永代祠堂料ヲ納
　ム
　残金百二十九円二十八銭八厘トナル。依テ些少金ヲ
　足シ百三十円トナシ、退耕庵へ維持費トシテ寄附ス。
　　七十一銭二厘ヲ足ス

〔封筒表〕東京牛込区大久保余丁町百〇六番地　陸軍歩兵大佐児玉如忠殿　親展。
〔封筒裏〕京都下京区下河原鷲尾町十三　阿武素行（消印日付）33.6.27。
〔原史料番号〕①436－1－3。

4　明治33年6月29日（児玉如忠宛て）

弥御壮健奉賀候。今回又金20之辻〔カ〕、御送附に相成、正に落手仕候。一両日前決算書差出し、最早御落掌之御事と奉存候。今回之分と合せ、150之辻〔カ〕、維持費として繰込置覚悟に候。尤御異見有之候はゝ、御用捨なく御申聞を乞ふ。

　六月二十九日午后

〔葉書表〕東京市牛込区大久保余下町百〇六番地　児玉如忠殿　京都市下河原鷲尾町　阿武素行（消印日付）33.6.30。
〔原史料番号〕①436－1－4。

5　明治33年8月27日

拝啓　秋季之節に至るも暑却而甚しく、弥御壮健に御奉職可被為在奉賀候。却説嫡二郎義之事に付而は不容易御配慮を蒙り難有、御陰を以て今回漸く御地之学校に入学する事と相成候。尚乍此上萬宜敷奉希上候。先は右乍略義御礼旁御依頼迄に候。草々頓首

　三十三年八月廿七日　　素行

寺内老台閣下

〔封筒表〕東京四ツ谷塩町　寺内正毅殿　嫡二郎に托す。
〔封筒裏〕〆　阿武素行。
〔原史料番号〕①436―1―5。

6　明治35年6月1日

時下不順之候にも弥御清適之段、欣喜此事に御坐候。二に生義不相変無事消光罷在候間、乍余事御安慮可被下候。陳は二郎事、御地在校中は不一方御配慮を蒙り罷在候処、今回漸く驥尾に付し卒業相叶、歩兵第三十七聯隊附被命候。色々と御光庇被下候段、深謝之至りに御坐候。先は不取敢鳥度御礼迄に候。草々敬白

三十五年六月一日　素行

寺内老台閣下

〔原史料番号〕①436―1―6。

7　明治41年5月31日

謹啓　時下不順之候、弥御清勝、大賀之至りに候。陳は今回態々森清右衛門御差遣はし、二郎へ篤と御申聞被下難有、い〔委〕細之儀は清右衛門より可申上候。御懇切之段、右御礼迄に候。草々敬具

四十一年五月三十一日　素行

寺内子爵閣下

〔封筒表〕□京陸軍省官舎　子爵寺内正毅殿閣下（消印1日付）41.5.31（消印2日付）41.6.1。
〔封筒裏〕京都市下河原　阿武素行。
〔原史料番号〕①436―1―7。

8　明治42年5月10日

拝啓　弥御清適奉賀候。陳は過般来私方家政上之事に付、御多忙之御中にも不拘、不容易御配慮被下候段難有、い〔委〕細森清右衛門より承り、何とも恐縮之至りに不堪。就而は遺言書も近日相認め、御手許迄差出し可申候へ共、実以て賢兄に対し非常之御迷惑相掛け、千萬恐入候得共、遺言執行者として御依嘱奉希上候。左すれは、先以て弊家之基礎も御蔭を以て確定可致候間、何分にも宜敷奉希上候。先は右一応之御礼迄に候。草々敬具

四十二年五月十日　阿武素行

寺内正毅閣下

（寺内筆）五月廿日午前、森清右衛門、本書翰を持参す。且事情を陳す。同日午后、承諾の旨、阿武氏へ返翰す。

正毅

〔封筒表〕子爵寺内正毅閣下　親展。

〔封筒裏〕緘　阿武素行。

〔原史料番号〕①436―1―8。

32　飯田俊助

1　明治(27)年12月6日

拝啓　爾後倍御清適奉賀候。扨は小官も今回大佐に任せられ、一身之光栄不過之候。是偏に閣下多年御薫陶之然らしむる処と奉感謝候。唯此上は一聯隊を率て一快戦を実地に試度、遥かに西天を仰て天令之下るを待つの外余念無御坐候。先は御吹聴旁御礼迄如斯に御坐候。其内為国家御自重と奉存候。匆々頓首

十二月六日　飯田俊助

寺内閣下侍史

〔原史料番号〕①436―46―1。

33　飯田　愿

1　明治(36)年5月30日

拝啓　其後御無音に打過候段、平に御宥免被成下度候。頃日本邦新聞紙上には随分日露関係に就き書立て、危機一髪の如き有様に拝見仕候。当地方面に於ても一時は種々の浮説流行、或は露兵朝鮮国境に入込みたりとか、或は本邦第二、第四師団既に韓国に上陸せりとか、又は当地には水雷を敷設せりとか云々噂相立候為め、商業上にも多少の影響を及申候。実は本邦への誤報か、又は噂の巨大に失し過ぎたるために、斯の如き事に至り候義と被存申候。然し今日に至りては平穏に相成申候。過般本店よりも其筋の依頼なれは、当地方面萬端注意取調方之内命有之、可出来丈は夫々調査報告致居り、又当地視察のため渡航せられたる陸海軍の御方にも及ぶ限り御便宜申上げ、見聞に入りたることは一々御談申居候。萩野氏には旅順を経て芝罘より御来着相成り、昨日内地に向け御出発相成申候。

御用有之候節は、何なり御仰付被成下度候。先は右申上度まで。匆々敬具

五月廿日　　ダルニー市三井　飯田愿

寺内正毅殿

〔封筒表〕東京四谷区塩町一の九八　寺内正毅殿　Mr. Terauchi Esq. Tokyo, Japan（消印日付）36.6.9。

〔封筒への付箋〕此郵便物は　　へ持参せしに、左の場所へ転居に付持戻候也　麹町区永田町　東京郵便電信局集配人

（消印日付）36.6.9。

〔原史料番号〕①67–1。

34　鋳方徳蔵

1　明治38年9月19日

拝啓　閣下愈御清穆奉南山候。小生頑健罷在候間、乍余事御放神〔心〕被下度候。扨幾度か危機に迫りし媾和談判も首尾能く相纏り、交戦の目的も達し、帝国全体の利益を図られたる御苦心、実に想像に余りあり。然るに世の瞶〔ママ〕之者流、現時対峙の彼我の形勢、四周列国の思惑、我国力の如何をも顧みす、只管陸海軍の光輝ある勝利に眩暈し、先は中正に近き媾和条件に不満を懐き、不穏の挙動を企て、輦轂の下を騒かし、宛然露都同様の有様とせしは、其愚可憫と雖も、多少有識の者迄之を教唆し、之を使嗾せしに至ては、実に寛仮す可らさる事と奉存候。従て鎮撫の重任を負はせらるゝ閣下の此際の御苦衷遥察に堪へす候。折角為邦家御加餐奉禱候。当地方目下休戦中の好機を利用し、引継き軍隊の精練は勿論、功績調査及兵器之具材料の検査を為し、其現状を視察し、其損廃の程度を一考し、其命数を察し、他日改良の材料を蒐集し、且整頓する為の主任部長をして検閲せしむる筈にて、不日出発、第一線出長〔張〕の計画に御坐候。又対敵の動作薄らぐと共に、恩郷の念厚きに至るは人情の免かれさる処に候得共、訓練及諸勤務の余暇、一周〔週〕一回位神身を慰る為め演芸会抔の催も有之、中々賑に御坐候。軍隊は社会の反影たるに背かす、数多人員中には俳優あり、講談師あり、三味線弾あり、祭文語あり、義太夫語あり、此等専門家以外にも殆んと之に劣らさる特有の技能を有する粋者も少なからす、各必死の伎倆を振ひ候へは、一見の値充分にして、将卒の歓ひも亦非常に御坐候。

総司令部調査各軍衛生景況の調査表によれは、当軍最下位に有之候は赦顔の次第に候へ共、其原因は他軍に比し体格劣等の者多き為には非さるかと存し、即第十一師団

の如きは現員の三分二以上は補充兵より成立、補助輸卒隊の多くは本年二月動員のもの多く、而して是も大部はよぼ〳〵のものにして、筋骨の鍛練なき故かとも考居候。其源〔原〕因に付ては軍医部にて調査中に候間、其果して何れか原因なるか、不日判明可致と存候。併兎に角此山紫水明の地に在り、衛生的設備計画には充分注意せし積に候処、斯る不結果を生せしは、誠に遺憾千萬の次第に御坐候。

技術審査部々員日野大尉昨日来着、本日は付近の将校を集め、同人の講話及実拠情況を聴視せしむる筈に候。

先右近況御伺迄如斯御坐候。時下料冷、為邦家御自玉奉禱上候。

九月十九日　　鋳方徳蔵頓首

寺内閣下

〔封筒表〕東京麹町区永田町官邸　陸軍大臣寺内正毅閣下

私親展　書留（消印日付）38.9.19。

〔封筒裏〕鴨緑江軍司令部　鋳方徳蔵（消印日付）38.9.28。

〔原史料番号〕①69-1。

2　明治39年12月11日

奉祝

御栄進

御無音打過候処、益御揃御清穆奉賀候。河南地方犬操〔喧噪〕の詳細は、松川少将詳細御報告相成候事と存、相略申候。

其後演習報告及湖北省各軍事学堂改良の所嘱を受、近頃漸く緒に就き申候。従つて其間多忙相極候為め意外の御無沙汰仕、失敬御海容奉願候。湖南省醴陵劉陽等の地に革命を旗幟とする土匪猖獗相極、同省巡撫村々余〔ママ〕して結果尚湖北より本日歩兵四大隊、山砲二中隊よりなる一枝隊を編成し、王得勝に指揮を以て討伐に前進致候。武器は固より紀律訓練なき烏合の集なれは、討平に付くは接指可相待とは存候得共、彼等土匪逃れて広西に入り、三、四年前頗る勢力あり。両広総督も数年に亘りて漸く討滅せし該地土匪の残党と相結托する様の事も萬一有之候は〻、事多少面倒と相成候はんかとも杞憂罷在候。北京にては立憲準備とか何とか高襟的議論に浮身をやつし居候際、各地方は依然混沌たる十五、六世紀の有様に候。立憲制の行はる〻は向後、何十年の後にあるや殆んと預〔予〕測出来兼申候。清国か斯く蒙昧の域を脱せさるは将来又々東洋問題の種となり、我帝国の累を為すこと浅少ならすと存候。小生不相変頑健罷在候間、乍余事御省慮被下度候。尚帝国議会開会も切迫、萬事御繁忙奉察候。茲に謹て閣下の御健康を禱上候。

十二月十一日　　鋳方徳蔵頓首

寺内大将閣下

〔封筒表〕東京陸軍省　寺内大将閣下　私親展（消印日付）12.12.06。
〔封筒裏〕清国武昌　鋳方徳蔵。
〔原史料番号〕①69－2。

3　明治44年4月28日

粛啓仕候。閣下愈御清適御起居被遊奉恭賀候。却説別紙は目下哈爾賓在住の出田と申ものより郵送仕候鮮人情況にて、在外鮮人の懐抱する意図を知るにはよき材料と存候間、朝鮮御統治上の萬分一の御稗補と存、呈左右候。公暇の一読被成下候はゝ、出田の幸栄のみならすと存候。御帰任も切迫候様新聞紙上にて承知仕、御多繁奉察候。時下春暖、為邦家御自玉奉禱上候。

四月二十八日　　鋳方徳蔵頓首

寺内閣下

〔封筒表〕東京麹町区陸軍省寺内総督閣下　私親展（消印日付）44.4.28
〔封筒裏〕〆　朝鮮羅南　鋳方徳蔵（消印日付）44.5.10
〔原史料番号〕②6－31。

35　生田清範

1　明治28年2月20日（山県有朋宛て）

謹啓　扨私義は是れ迄諸事閣下の御配慮を煩はす而已にて、何に一つ御報効も不仕候に付、今日に在ては決して何事も申上けらるへき筈に無之候。因而今日迄は他同僚どもは夫々自分の希望を吐露し、種々の運動によりて追々と其希望を達したる者不尠候へとも、私義は固より他に依頼すへき者無之、且つ閣下に対しては前申す通りの次第に御座候へは、差控へさるを得さる身分に有之候。抑私義か今日迄尚ほ内国に居残り候は、其原に溯りて申せは畢竟幸が不幸と相成りたる訳に御座候。其故は、中隊長と相成候以来は学術共聯隊中の他中隊より一二等以下に下ること無之候。然るに元来天性羸弱之人共殆んと一日も欠勤致したること無之に付き、聯隊長は余程私義か無理がまんをするとの御推察によりて、身体摂養の為め一時気候よき地に転任せしむべしとの御諭示より大隊区へ参り候。右等の御心切よりして遂に今日は尚ほ内国に残り居候事と相成り候。従来及現今に就き私か身上を顧みれは、実に残念至極に御座候。為めに或は寝食を廃し茫然大息して已む可らさること、毎日の如くに有之候。因て残念の余り遂に前後を顧みす、此書を認めて尊覧に呈するに至れり。

抑誰にても其希望する所は、自分か長所に就而希望する者に御座候。私義は固より長所とては毫も無之候へ共、何卒海外に在る兵站部員又は民政庁の属員に相成度希望に有之候。実に国家の大任を負はせられたる御身分、殊に御病後のことに候へは何も差控ふへき筈に候へ共、胸中切迫之余此書を奉呈するに至りしを以て、特別之御寛恕を賜はり右希望の段を寺内閣下又は其他可然御方へ御取成被下度、誠に懇款之至りに堪へす哀願茲に至り候。国家の大事御繁劇中とは奉存候へ共、生涯復た在らさる希望に付き御引立を願上くる為め如此に御座候。恐々謹言

二月廿日　清範再拝

謹呈

閣下

〔封筒表〕広島市段原村保田八十　吉抱家　伯爵山県有朋殿　御親展を乞ふ（消印日付）28.2.20。

〔封筒裏〕〆　在馬関　陸軍大尉生田清範。

〔原史料番号〕①436-48。

36　井口省吾

1　明治(27)年10月22日

粛啓　去る十六日宇品港出帆以来差したる海荒も無之、本日午后十一時頃長門丸は大同江口に安着、昼中航路の危険なる故翌払暁入湾、九時投錨致候。航海中一頭の斃馬ありたるのみにて、人馬共に頗る健全に有之候。十五、十六、十七、十八の四日間に搭載出船せる諸船舶は本日を以て悉く安着、病者は至て少く、来着以来一名の赤痢患者と一名のチーフス患者の外は全軍殆んと病者無之、頗る健全に有之候間、御安堵可被下候。爾后の発船の今日に至る迄延引したるは、揚陸上撰定に関し陸海両者の

間に聊か意見の協合せさるもの有之候に因したる故に有之、今は此問題も氷解致候に付、最早目的地へ向て発するの時期到来致候。当地の気候は思の外緩〔暖〕和にて、本国に在るの時より別に冷気を感し不申候。陸地の形勢は実見不仕候間委しくは申上兼候得共、陸地兵站輸送の困難は実に存外の事にて、大本営より第一軍に送付せられたる貨幣七千萬は数日已来当地兵站部の恠けなるバラック内に積し在る如きは其一斑を窺ふに足る事と被存候。承る処によれは、平壌附近の韓人は今日も日本人を避け嫌ふ様子に有之候得共、当海区の韓人は大に邦人に慣居、甘んして我役に服し居申候。前途の作戦に関しては未た詳細を悉〔ママ〕し兼候得共、揚陸の際敵の兵力に依る障碍は案外に少なく、天然の敵に打ち勝つ方却て困難なるへきかと被察候。

発途の前日御下命相成候今井博士の信書、返送仕候。田島氏の件、可然御尽力奉希望候。不取敢一書如斯御座候。

謹言

十月廿二日　　於大同江口魚隠洞　井口省吾

寺内少将閣下

〔原史料番号〕①70-1。

2　明治(38)年6月6日

拝啓　益々御勇健奉賀上候。陳は小生去月廿四日大連へ安着、先つ奉天に赴き、卅一日旅順に至り二日間滞留、古戦場其他一般之情況実見仕候。同要塞整理に就ては特に御掛念之様子に被窺候処、目今之整理経過は至極良好に捗り居り、去る卅一日を以て全く一段落相告け、各種の車輛大破砲身の如重大物件を除く外、兵器弾薬器具材料家具書籍等各部類を分ち、悉く蒐集を終り、海正面砲台は概ね整頓を終り、追々不都合之ケ処へは改築を加ふるの運に至り居り候に付、整理に付ては先以て一段落相付き候ものと被認候。尤も陸正面各種防禦営造物之如き爆破損毀等甚しく、迚も僅々之改築工事を以て物になる可きに無之、其他新市街家屋之修築、道路之修理之如き目今之整理に漏れたる事項は何れも今後之大事業として残置せられ有之は致方可無之と被存候。土地家屋等所有権の調査も荒方相終り候様子に有之候。バラショフ以下廿余名之赤十字社員は本月一日を以て退去、是て要塞防禦に関係せし露人は最早一人も居らす成り申候。多少之外国商人は残留致居候得共、是も速かに退去可致注意相受け居申候。過日挙行せられたる京釜鉄道開通式之余波当地に及ひ、貴衆議員六十余名一時に侵入し来り、旅順之如きは接客に日も亦足らす、逐次操〔繰〕り込ませの手段を執り居り候。当兵站に於ても悉く将校用の宿舎に収容出来す、已むを得す事情を陳して一部は下士用の宿舎に収容せし有様にて、表面には何れも戦地の事故満足之旨申居候得共、陰言にては随分不平も有之哉に漏承り候。下士用の宿舎とて戦地の設備としては中流以上之宿舎として不苦程に整ひ居るに拘はらす、斯る不平は少しく身勝手にはあらさるやとも被存、元来無理なる要求にて一顧の価値も無之ものと被存候。大連、旅順には現今も縉士の宿泊に足る旅館二、三軒出来居り、此後も追々増加の有様に有之候間、追ては右両地抔にては自弁渡航御許可之事に相成可然かと被存候。関東州内民有地、官有地、陸海軍用地及要塞地区之区分整理等も概ね相付き、其々管理法相定め候運ひに至り居候間、御安意可被下候。営口、安東其他地方にて軍政委員の徴したる税金、罰金、義捐金等の精算に付ては、督促を怠らす速かに報告せしむる様致居候。支那馬車使用賃率に付ては、戦場を遠かるに随ひ逐次逓減の有様にて、戦場附近の価額一台十円内外に比し、大連の如きは目下三円内外に過きす、是は需用之緩急に応する自然之趨勢にて、人力の如何ともする能はさる所に可有之かと被存、標準価額決定に付ては大に考慮を要す可き事と被存候。一般に酒保商人は軍隊の威光を笠に着て支那人と軍隊との間に立ち、酒保営業以外の供給受負（勿論支那人名義）抔に従事も不当の利を貪るもの不尠、是輩に対しては当兵站管区内に於ては小生赴任以前より厳重の制裁を加へ居り候得共、尚ほ一歩を進め、各部隊をして可成酒保商人の随行を避け自営官業と為す方萬々安全の策の〔ママ〕被考候。現に自営酒保を実行致居る部隊も有之候得共、絶へて弊害を見す候。当兵站部内には将来可成此方針を執る様、一般に注意可致存念に候。之に反し満州に於て主として支那人を花主として正当の商業、若くは工業を営まんとするものは大に歓迎する処に御座候。勿論確乎たる目的を有し一定の資本を備ふるものに限り、空挙にして一攫千金を僥倖せんとする者は害ありて益なきものに候得は是輩は取除き、前記資格を有する者は可成多く渡航被差許候様致度ものに御座候。若又一度渡航被差許候者にても、猥りに土地を買収して官業を妨くる者、軍需若くは交通運搬物件を買占め軍の不利益を来す者、我か国威と国旗とを濫用して無智の清人より不当の財物を奪取する者の如きは、相当の制裁を加へ且つ直ちに退去を命す可きは勿論の儀に御座候。

尚大連には水道、電灯の設備はは〔ママ〕有之候得共、水電共に供給不充分にて一部の需用を充たすに過きす、且つ両者共海軍の管理に属し居り候。然るに当地の糧秣集積量は実に莫大なる者にて、倉庫及露天堆積のものを合し延長千余米には亘り、警戒防火等実に不容易、萬一失火等の虞あらは其損失不尠、是全軍の志気にも影響するの恐なしとせす。故に充分之か警戒防火に便するの策を講するは目下の急務と被存候。第一に水道を拡張し倉庫の為め消火栓を設くるに足るの水を給するを得せしめ、第二に電灯を拡張し倉庫の週〔周〕囲に点灯せしむること必要の事と被存、是事に就ては追而公然申請可致心得居候間、其節は御認可相成候様致度候。是件は営口、遼陽、鉄嶺の如き大倉庫所在地には何れも同様に御座候。右中上度。

草々敬具

六月六日　井口省吾

寺内中将閣下

〔原史料番号〕①70-2。

3　大正2年12月1日

拝啓　爾来益々御健剛に而、一昨日は無事御入京被遊候趣、恭賀の至りに奉存候。当地御通過の時刻は予め副官より駅長へ問合せ置きしも遂に通報を得す、殊に同日は大演習の慰労休課〔ママ〕を以て長篠故戦場実見に出掛け旁英姿に接する得す〔ママ〕、遺憾此事に御座候。増師問題の前途も頗る暗澹、野生等梱外の職に在るものは其事情を悉くさす、加ふるに東京の軍国何となく寂莫を感せられ、今後如何に成行ならんと憂慮に堪へさる折柄、閣下の御入京は我か軍国の為め百万の援兵を得たる心地して、野生等梱外者の大に意を強くする所に御座候。願くは現下の情況に応する最善を尽させられ、閣下の御威徳に依り我か国防の前途に安心を得度ものと切望罷在候。先は右御通過之際に於ける欠礼御詫旁如斯御座候。敬具

十二月一日　豊橋に而　省吾

寺内大将閣下

二白　本年は特別大演習参加の光栄に浴し候得共、不慣無経験の事故、結果如何あらんと心配罷在候処、各団隊

長以下の奮励努力に依り幸ひ人並に経過を得候間、乍余事御安神〔心〕賜り度候。親友東條英教近来病増悪、最早余命も多からすとの医士の診断の由、気の毒の事に候。同人は世人の信する如く閣下に対して決して悪感情を懐き居らす、真意は野生の夙に詳知する所に有之候。萬々一にも御疑団も候はゝ、責めては今端の今日に際し御疑念を晴らさせられ度、悃願の至りに不堪候。已上

〔封筒表〕東京市麻布区笄町　伯爵寺内正毅殿　親展（消印日付）2.12.1。

〔封筒裏〕豊橋市在高師官舎　井口省吾（消印日付）□.12.2。

〔原史料番号〕①70‒3。

4　大正3年2月8日

粛啓　新紙上に而御微恙の趣拝承、御案し申上候。速に御快復の程奉祈上候。扨過日は故東條遺言に付軍事新報前後二号進呈仕置候付、御高覧被下候事と存候。該遺言に併せて同中将人格叙述中に閣下参謀本部次長御在職中の出来事載録仕候は、同人人格を写出する上に好適の材料と存、又別に御迷惑相懸け候事も無之と相信候儘、御意図をも不伺載録仕候次第、不悪御宥免賜度候。目下中央政海の風雲転た暗澹たるに反し隊下一般至極平穏、何等特に御報導可申上様の異事も無之に付、乍憚御安意可被下候。先つ乍略儀紙上御見舞旁如此御座候。敬具

二月八日　豊橋に而　井口省吾

寺内大将閣下

〔封筒表〕東京市麻布区笄町　伯爵寺内正毅殿　親展　二月九日接　正毅（消印日付）3.2.8。

〔封筒裏〕豊橋市在高師　井口省吾（消印日付）3.2.9。

〔原史料番号〕①70‒4。

5　大正4年2月6日

謹啓　閣下益々御勇健、恭賀の至りに奉存候。陳は野生今回朝鮮駐劄軍司令官に補せられ、身に余る重任、菲才敢て当らすと雖、幸ひ任地は御膝下に在りて、従来の御厚誼に鑑み御懇篤なる御指導と御庇護とに依り幾分身の不足を補ひ可得かと期待罷在候。着任の上は萬事可然御示教相願度切望の至りに不堪候。受命当時電報申告申上候処、早速御返電を辱ふし、深謝此事に御座候。一旦上京、安東前司令官より事務上の申送り相受け、本月二十日前後頃貴地著〔着〕の心組に御座候。先は右就職御披露旁御

挨拶申上度如斯御座候。敬具
二月六日　　静岡に於而　井口省吾
伯爵寺内正毅閣下
〔封筒表〕朝鮮京城総督官邸　伯爵寺内正毅閣下　私親展
二月九日　正毅　要保存（消印日付）4.2.6。
〔封筒裏〕静岡市紺屋町四六　井口省吾（消印日付）4.2.9。
〔原史料番号〕①70-5。

37　池田正介

1　大正3年8月4日

謹啓　本年夏期之炎暑は例年より一層烈敷、貴地も定而同様之事と推察申上候処、閣下益御健全被為渉、邦家之為め奉欣嘉候。降而小生義、過般三田尻駅に於而得拝鳳候後病気稍々重大に変化致候故、兼而石黒男閣下之御勧諭も有之に依り早速上京罷在、同官之御指図にて第一何医之治療に可相附候哉之問題決定之為め、平井赤十字病院長、并に光線療法専門医にて目下軍医学校教官肥田一等軍医正、両官之診断に被相附、種々試験之結果、ガン種腫物之食道狭窄と判決被下、差当りラジウム治療被相命、其後軍医学校に於て毎日其療法相受候。然処同校へ備付之ラジウムは単に壱ミリグラム之少量即ち最少限之効力而已にて、稍々不充分に有之候故、他に於而適当之物無之哉と相尋候処、男爵岩崎久弥殿之所有にて兼而曾禰子爵へ貸与相成候分目下不用之由に依り、萬一小生へ貸与相叶間敷候哉之希望を以て、先日高田慎蔵氏多々尽力致呉、借入之保証人と相成、其友人にて男爵家之顧問役和田維四郎氏へ相談相成候処、一寸貸与は容易之事に無之、此問題に付而は加藤高明氏又は木内重四郎氏より男爵へ一言被申越候はゝ直ちに確定可致候由。然処小生は右両氏とは直に一面識も無之、従而小生に対し信用も有之筈なし。就而は至極申上兼候得共、小生之一命救助之思召を以て、目下幸に閣下之御部下に有之候木内重四郎君へ、永年間閣下之知遇を忝せる小生へ当分之内岩崎家所有之ラジウム貸与に尽力致呉間敷候哉之御依願得相成候はゝ、小生に取り無比幸福之至に不堪候。萬一木内氏に於て承諾之砌は岩崎男へ早速交渉之上、其結果は男爵より小生へ直接に回答得相成候得は、時日節約之為め一層好都合に奉存候。此段伏而御懇願方々〔旁〕得貴意候。
草々敬具

八月四日　　正介

寺内閣下

東京宿所

麹町区平河町三丁目　金生館内

池田正介

〔封筒表〕朝鮮京城総督府　伯爵寺内正毅閣下　乞御親展

八月七日接　正毅　要保存。

〔封筒裏〕緘　東京麹町区平河町三丁目　金生館内　池田正介（消印日付）3.8.7。

〔原史料番号〕①436―47―1。

2　大正3年8月16日

謹啓　残暑未相去候処、閣下愈御清祥被為在奉敬賀候。降而小生病気之件に付過日以来非常に御配慮相煩、恐縮之至に奉存候。病情も其後日々不良に落入る如く被相考、稍々閉口仕候。乍併医者之説に拠れはラジウム之効力は使用着手後三週目より相始る由に依り未た全く失望不致、毎日軍医学校へ通ひ治療相受居候。却説素と同校へ備付之ラジウム少量に付、今少し効力強大之分借入云々御面倒之件御依頼申上、種々御心配之結果、遂に一昨日頂戴致候。以電報土肥博士之診断相受候而は如何之御下問に対し篤と熟考致候処、最初に平井院長之意見に拠れは同官幷に肥田軍医正に於而種々試験之結果、食道内之腫物はガン種にして其位置も確実に判明致居候故、此上他之医者数人之試験に附するは腫物を無益に刺戟し反而不良に無之哉と之意見に従ひ肥田軍医正に一任し、同官も亦熱心に治療致呉候。然処今回効力強大之ラジウムに附する為め土肥博士之診断云々、折角御申越に依り早速石黒閣下へ及御相談候処、肥田は光線療法之専門医、土肥は皮膚病専門にて食道には不適当なり、故に其診断は無益に可相属ならん。単に同人所有之ラジウム丈を貸与致呉候はゝ萬事好都合に有之候得共、是れは営業道具故決して他人へは貸与致間敷候。就而は従前之通り肥田に任せ気永く保養之外良法無之候様被申居候間、石黒、平井両閣下之意見相添へ、一昨日御下問之際不取敢以電報御回答申上候。補足は如斯御坐候。今後も御見捨無之、萬事宜敷御依願申上候。草々敬具

八月十六日　　正介

寺内閣下

〔封筒表〕朝鮮京城総督府　伯爵寺内正毅殿　乞御親展　廿日接　正毅（消印日付）□.□.7。
〔封筒裏〕緘　東京麹町平河町三丁目　旅館金生館内　池田正介　八月十六日（消印日付）3.8.20。
〔原史料番号〕①436―47―2。

38　伊崎良熙

1　明治18年1月1日

恭賀新年　本日は尊顔に対して御健康なるを遥に奉祝たりし、併言語を奉交し能わさるこそ恨なれ。昨年着仙来は殊外多事に有之、乍存御疎遠赧然之至に御坐候。我国も近頃多端にて、兎角腰間秋水を倍々可磨時節に相成候。以下相記し候件は既に御承知に奉存候へとも、十日菊を不憚述陳仕候。実に一度ならす再応支那人之無礼、切歯此事に御坐候。朝鮮独立党中、金玉均、朴永孝、除光範、李戴元外に両三名は断髪西洋服替候に逃れて○○来り、現に東○にて某政○の保護を受け居る由。高嶋、樺山両子は主戦論、井上伯も亦頗る憤発之由。在京仏○は好機を得たる思ひにて主戦説を持込、器械軍艦に応分は弁すべし抔申居候由、何いたせ面白一戯場の仕組に御坐候。全国中追々志士憤発之様子伝承仕候。○当県下の一中隊は既先般苦戦〔ママ〕いたし候間、先鋒は引受と待居申候。

今度の朝鮮事変は十二月四日夜に朝鮮郵便征局開業宴会の際、大臣刺殺の騒動に始まり、即時政府の更迭あり、事大党政権を失ひて独立党朝に立ち、五日京城内無事国王大闕に還御し、六日も亦無事なりし。此夕に至り京城駐在支那兵の司令官袁世凱は在留の支那人に命し、城内の日本人は男女官商の別なく一切これを屠殺すべしと催促し、同時に大兵を卒ひて大闕の東門に押寄せ、先つ外衛の朝鮮親軍を撃破りて、次に内衛の我日本兵を攻撃したるより忽ち京城の大乱と為り、遂に国王、皇太后以下王宮を遁れ出て玉ひて支那兵の手に渡り、大闕は支那兵の焼く所と為り、日本公使幷に公使館は支那兵幷に朝鮮兵の襲撃する所と為りて士卒数名これに死し、城内の日本人は男女の別なく二十余名の多き皆支那兵幷に朝鮮の屠殺する所と為り、其住家什物は支那兵幷に朝鮮兵の掠奪焚焼する所と為り、日本公使館幷に日本兵営は其貯ふる所の糧食被服を掠奪せらるゝの後、支那兵並に朝鮮兵の焼く所と為り、日本公使以下囲を衝いて仁川に来るの途上、又支那兵幷に朝鮮兵の要撃する所となりたりと雖も、幸にして日本人の勇武能く彼等が一夫をも生還せしめじとの兇謀を挫き、一応仁川にまて引揚くるを得たるなり。斯る乱暴狼藉は我日本国の名誉上、権理上、利益上に決して黙許すべからさるか故に、我政府は直ちに参議井上伯を特派全権大使に任し、随行には中将高嶋子、少将樺山子、野田少佐、土屋少佐、中邨大尉、香川大尉、田中大尉、草間大尉也、広島より二大隊護衛兵派出す。本月中旬迄には和戦何れは、我輩の耳朶に達するなるへし。〇時機既に熟せり、機失ふ可らす。

成仁取義又何妨　日本男児錦繍腸
江南梅花呉嶽月　好洗汗馬受傾觴

為邦家尊体之御愛護、伏而奉禱候。敬具

十八年一月一日宮城県下仙台に於て　良熙百拝

在仏国巴里　寺内正毅殿閣下

此書御落手相成候へは、仰き願くは回答を給らんことを。日支萬一干戈に訴るの日に至らは、又夫何れの日を期してか好音をなすを得んや。

仙台歩兵第十六聯隊第二大隊に於て　良熙又白

磯林大尉は朝鮮の難に死、可憐。

〔原史料番号〕①436-56-1。

2　明治(27)年9月30日

謹啓　我軍連戦連捷、誠に帝国の為め恭賀無涯義と奉存候。

閣下爾後も益御勇壮御在陣奉萬祝候。当地御留守館え訪問仕候処、目下令夫人御微恙之為温泉御入浴之趣、逐日御快方と奉察候。然は此書は少将閣下として奉るに非らす、多年良熙か師とし先輩として尊敬する所之寺内閣下に捧くる事と御読覧奉願候。

現今独国公使館に来遊する同国の一軍人は近頃迄支那地方に在留し、頗る同国の事情に通し居候確報を得申候。是等外国人を軍事之秘密に使用せは尤〔最〕も効力著きものと存候。仮設〔ママ〕十万、二十万之金を費すも今日惜むに足らす、使用必要と存候。

清軍の専守防禦なることは明々白々に候得共、今日に至ては万々一にも攻勢取る能はさるは亦明白と存候。然らは我国防に常備の必要なし。此機七師団を挙け、速戦するに若かす。

右二ケ条は良熙か戦略研究の為め他日御叱正を乞も

のに候。

外交之事、爾後如何に相成候哉。一日も早く相運ひ候様仕度、憤激之余益行違を生し候而は遺憾之至に御坐候。中佐竹島音次郎、今般俄然教導団に転職す。同人は部下中屈指之一人にて、甚た惜申候。本人之落胆察申候。何卒出戦之折は復隊為致度と存候得共、当時近衛は見込無之候。可成は他にても戦闘を実行せしめ、技倆を練磨為致度候。

公命の下寸毫も私情を容るゝ能はさるは勿論に御坐候得共、偖々赤帽は憐れはかなき有様にて、気息〔休〕めの充員に消光致候も、弓矢神にも見捨られ候事は千緒万感之至に不堪、噫男児たらん者此千歳〔載〕一遇之時期に際会し後へに到着候も一念茲に及ふ毎に只聞く剣の悲鳴、苟も軍人にして戦時其用を為さる〔ママ〕ものなれは不若噄〔潔〕く骸骨を賜らんことを。

終に臨み閣下之御健康を祝し、幷て益御武運之光栄を奉祈候。恐々敬具

九月三十日　某拝

将軍閣下

打てといふ仰せいかにと待ちわふる
近衛の衛士の身そくるしけれ

〔原史料番号〕①436-56-2。

3　明治(28)年1月5日

粛啓　然は田邨之件に而種々御配意被下候段、御高誼深く奉謝候。右之義、過日乍不充分電報に而御回答仕置候得共、尚ほ左に開陳仕候次第御賢察被下、為国家御尽力奉願度候。田邨も積年為陸軍熱心に努力致、其功績も不尠被存候。今日巳後国家益多事の時に際し如此有用之士を徒らに無用に帰せしむるは、為君国甚た遺憾に被存候。今般之出来事は今更に操〔繰〕返し喋々不致、唯善後策として田村従来之名誉を失墜せざる適当之地位に就職之義、閣下御尽力被下間敷哉。若し事茲に運ひ候得は本人の決意を翻さしむるの見込有之に付、敢而一言以て閣下に呈す。閣下幸に採用あらんことを。良熙、平素閣下之知を忝ふするに甘へ、此段切望仕候。不備敬具

一月五日　良熙拝

寺内将軍閣下

長岡と申、田邨と申、何そ武運に不幸なる一将は得易からす、正理公道は世に容さる歟、唯俯仰天地に愧されは

足れりとせんか、噫。御読候後、火投を乞。

〔原史料番号〕①436‐56‐3。

4　明治37年9月16日

今宇品抜錨に臨み、従来之高恩を感謝し、謹而深厚なる敬意を捧く。閣下益御武運長久を奉祈候。昨日広島に到り各病院之負傷将校を慰問致候節、各軍医に相尋ね候処、目下平病中戦地より還送者の十分の二強は脚気病之趣、若かも門司に入る頃斃るゝ者多しとの事に御坐候。戦闘に於て血を以て血を買ふは止むを得さる事なれとも、此脚気病の為め兵力の減乏は実に最大の遺憾に御坐候。麦飯果して効あらば断然決行し、姑息の為めに大事を誤らざる様、甚だ差出ケ間敷候得共奉存候。拝具

九月十六日　乗船前　宇品にて　伊崎良熙

寺内将軍閣下

〔封筒表〕東京永田町　陸軍中将寺内正毅閣下　必親展　軍事郵便（消印1日付）37.9.17（消印2日付）37.9.19。

〔封筒裏〕緘　広島市宇品　陸軍少将伊崎良熙。

〔原史料番号〕①436‐56‐4。

5　明治（37）年10月6日

軍国多事之折、閣下益御壮武可被為在と、為君国慶賀之意を表し候。

扨良熙九月廿七日遼陽之東北羅大台に着陣仕候。予而閣下より御噺しも有之、旁途中各所之兵站事務、殊に運送物品の蓄積等及ぶ丈を視察も致し、予而相知之者には意見も多少試み申候。就中砂〔沙〕河の兵站部は不整頓と存候へとも、一方より申せは物品貯蔵の材料に欠乏いたし居候次第、是等今日は鉄道の開通に際し更に過去に属し候半歟。委細は今般帰京之本郷大佐に申聞置候。

着陣後御令息寿一様にも拝顔、至極御健康御盛なる事に候。御休情可被下候。頂戴のブドウ酒一、二本遥々持参り是れにて互に盃を挙け、前日之誤報物語等いたし浩笑致候。

長谷川閣下及ひ本郷大佐等帰京に付、自然状況御承知可相成は多言せず、要するに敵の兵と器械力は正に我に優り居候。加て総而中々注意周到にして大胆の行為尠からす、我は軽視して粗暴の大胆に出つるの感なきにしもあらず。

山地戦の研究は各軍今日迄の実践及平常内地にての演習と相待ち過き来り候へとも、今後大平野の戦闘は大に研究を予め努めて違算なきを要すと信申候。殊に爾後は死傷一層と覚悟致候。是れを可成最小極に止めんことを考慮仕候。

先は所要迄、茲に再ひ謹而閣下御壮栄奉禱候。敬具

十月六日　伊崎良熙拝

寺内将軍閣下

陣中之走筆総而整わず、御用捨御推読を奉煩候。

〔封筒表〕日本東京永田町官邸　寺内陸軍中将閣下　親展

軍事郵便。

〔封筒裏〕第一軍近衛第一旅団　伊崎陸軍少将。

〔原史料番号〕①436-56-5。

6　明治(37)年12月24日

謹啓　良熙先般沙河の戦闘に於て敗を取らざりしが、一身上には敗を取り申候。名誉なる戦場に武士の面目として無限の遺憾に不堪、其何の罪過なるやを論弁せんと一と度は思慮せしも、亦言ふに忍ひさるあり。就中国家安危に関する敵を眼前に扣へ、一巳〔己〕の利害を論争す可らさるを覚悟し、寧ろ理想の武士道に殉せんと決して終に其機会を得ず、残軀を抱て本島に着任致候頃は上田将軍着台、閣下の懇篤なる慰問を辱ふし、多罪にて慚愧之至に不堪。

抑も良熙紛々たる世人の毀誉に至ては自信あり、何等精神に打撃を感せずと雖、別に一団〔ママ〕苦痛の甚たしきものあり、則閣下始先輩知巳〔己〕に対する良熙の面目に候。武士の分限に於て前日知己今日尚知己なりや否と、一念茲に至れば百感胸に迫り感慨の情尽す能はず。既に死を決して死機を得ず、尚ほ此恥を忍んて敢て自信に委し生存致候。閣下幸に諒せられ、並に垂教を賜はらんことを。夫れ掩はれて顕はれさるもの無く、隠れて知られさる物なしとの真理、果して然りとせは、亦何をか求め何をか憂ん。

うき雲のかゝる身をしも捨かねて
尽すこゝろは神やしるらむ

と感念致、励精報効〔功〕を期し候。

梓弓折れて摧けて朽るとも　わか真心を通ささらめや

茲に多年閣下の知愛を辱ふせしことを繰返、謹て満腔の敬意を捧候。本島の武備に至ては日夜懈怠なく焦慮致候。軍国益多事、閣下の御武運隆盛を千祈万禱之至に御座候。

敬具

十二月廿四日　　良熙

寺内将軍閣下

追白　良熙に関する戦闘詳報写しは先日長岡迄送り置候。

〔端裏書〕伊崎少将。

〔原史料番号〕①436－56－6。

7　明治39年12月1日

拝啓　今般閣下大将に御栄進被遊、慶賀之至に奉存候。且又令息には大学校御入学之段、重々芽出度、謹而祝詞を捧候。陳は良熙前日休暇を以て北京観光を試み候節、山海関旅館大和館主人所有天下第一関の屋蓋鬼瓦を得候而、陸軍省前田主計正に托し送呈致候。素より秦時代には無之、乾隆年間二百有余の星霜を経過せる物には相違もある間敷と存候。

天津、北京等短時日之観光、何等有益を得不申候。一般に当国規模の雄大なるは本邦の遠く不及処、其富に至ても多大なるは勿論に候得共、人民何となく活気に乏く、形以上の亡国は蓋し免かれ難きかと感し申候。此行往復関内外鉄道に依り申候。同道は克く文明と実地主義を旨とせし如く、是を我国の其れと比するに彼れ優ること一、二に止まらす、我南満鉄道今後の経営には頗る参考に可相成、其一、二を申は改札等混雑煩なく、三等車輛の腰掛を省略したる車輛出入口は広大にして横曳戸なる、其他規則正しく、殊に本邦の如き列車の発着等に急劇〔激〕の衝突を提起する等の危険は毫も無之、感服致候（目下南満汽車の脱線又は殆んと日々遅着等無責任なるに比すれは、彼れ老大国抔と申は赤面の至に候）。袁世凱其他嘗て本邦に遊学せし書生も、今は堂々たる将官となり居候。皆面会致候得共、寒暖の時例に止め此方より多くは語らす、故に何等申上候事無御坐候。先は初筆御祝詞申上度如此。追而厳寒に相成候間、別而御自重千萬奉祈候。敬具

十二月一日　　伊崎良熙

寺内将軍閣下

山海関にて

長城の壁は破れて風寒し

〔封筒表〕東京永田町官邸　寺内陸軍大将閣下　親展　（スタンプ）軍事郵便　（消印日付）39.12.10。

〔封筒裏〕緘　金州歩第三十二旅団　伊崎良熙　十二月一日

発。
〔原史料番号〕①436－56－7。

8　大正5年3月11日

朶雲疏誦仕候。漸暖和相催申候処、益御清康被為在奉恭喜候。然は這般拝献仕候管城侯に而縷々御挨拶を賜、却而赧然之次第に御坐候。御試み被下候上、尚御意に叶ひ候様筆工に申付候間、筆の大小、毛の長短、剛柔等御下命可被下奉待候。過般拝受之御揮毫は既に表装に遣し置候ゆへ、不遠出来上り可申と楽しみ居候。再ひ御恵与之御礼奉申上候。時下倍々御自愛被遊候様切に奉祈候。荊妻より同様申出候。拝復旁捧鄙牘候。敬具

三月十一日　　良煕拝

伯爵寺内将軍閣下

朝日さす南の山のゆきまより　もえいてるらし春の若草
〔封筒表〕朝鮮京城南山　伯爵寺内正毅閣下　乞親展。
〔封筒裏〕緘　東京府外高田村旭出四三　伊崎良煕　（消印日付）5.3.16。
〔原史料番号〕①436－56－8。

9　大正6年1月7日

時事所感
伯爵寺内閣下に上る。　良煕
なまめける若木の花のそれよりも
ゆきふり積し峯の老松
〔封筒表〕永田町官邸　伯爵寺内正毅閣下　親展　一月八日
要存歌あり。
〔封筒裏〕緘　市外高田村旭出四三　伊崎良煕　時事所感
一首奉呈　（消印日付）6.1.8。
〔原史料番号〕①436－56－9。

39　石井菊次郎

1　明治45年3月28日

粛啓　益御清康奉賀候。陳は例の太皇に対する訴訟事件に関し、過日在横浜米国状師アカイパー氏、大使館書記官と共に小生を来訪し、委細の事情を面陳し、之を閣下に転致せられたしと願出候。要点は左の如し。

伊藤公は当初よりの持論と而、太皇帝に多額の金銭を所持せしむるを欲せす。此儀は屢次公の口よりコルブランへ言明せられたる所なり。特権売買交渉の開始せらるゝに当ても、常に此見地より注意を蒙る所ありたり。此かため日本団体は右交渉中伊藤公の旨を受け、太皇には七万五千円を渡せは充分なり、即はち百二十万円の内、コルブランは百十二万五千円、太皇は七万五千円にて可然旨、団体代表者竹内綱氏より来書ありたり（とて其来書なるものゝ英訳文を読み聞かせたり）。右来書の原書は同状師の金庫内に保蔵しあり、何れ適当の時機に法廷に提出の積なりと申添候。猶此他前後の内情約一時間に亘りて説明あり。彼は誠心にコルブラン側に充分道理ありと確信するものゝ如く被見受候。以上早速達御聴度と存候処、俗事紛糾延引に相成候。猶両三日中に同件に関し、在横浜米国総領事サモンス氏より会見致度旨昨夜申込来候に付、何か新奇なること有之候はゝ早速御通報可申上候。時下玉体御自重被遊度、為邦家祈上候。匆々頓首

三月廿八日　　石井菊次郎

寺内伯閣下

〔封筒表〕朝鮮京城　寺内総督閣下　親展（スタンプ）書留

（消印日付）45.3.28。

〔封筒裏〕外務省　石井菊次郎　小松局長済み（消印日付）45.3.31。

〔別紙〕

追啓　昨夜英大使館書記官は大使の命なりと而、小生に左の内報致候。

「朝鮮半〔ママ〕輸出税廃止の件に関し、帝国政府の回答の趣は電報及文書を以て本国政府に報告し置たるに、本日（三月廿七日）外務大臣より来電あり。其要旨は日本政府の主張は相当の理由ありと認むるに付、英政府の主張を全然放棄すると云ふには非るも、本件に関し請求を断念すへしといふに在り。此にて本件は両国政府の関する限り結了せり。猶ほ両三日中に公文にて此旨内田大臣に回答可致も、不取敢右内報す云々。

右公文に接し候はゝ其要領御電報可申上候得共、序を以て以上高聞に達し置申候。再拝

〔原史料番号〕②3-8。

2　大正3年8月25日

Son Excellence M. le Comte Téraoutchi, Seoul, Korée, Par Amérique du nord
朝鮮　寺内総督閣下

国家多事、倍々御健全を祈る。

大正三年八月廿五日　　巴里　石井菊次郎

〔原史料番号〕①84-1。

3　大正4年6月12日

S. E. M. le Général Comte Téraoutchi, par Tokio, Japon
朝鮮京城　寺内伯爵閣下

大正四年六月十二日　ケロザル社堂にて
ルボン将軍夫婦、年来の誘招に応し今日遠来の客となる。閣下在仏当時と三年前将軍夫婦御再会、当時の話て持ち切り候。遥かに閣下幷に伯爵夫人の御健勝を祈り奉る。

石井菊次郎
同　玉子

〔原史料番号〕①84-2。

4　大正（4）年10月18日

粛啓　益御清適奉慶賀候。陳は不肖図らす今回外政に当ることゝ相成、菲才其器に非るは固より自覚仕候も、政府之都合上是非にとの事にて、不得已御請致したる次第に御坐候。就而は今後何角別而御指導を蒙り度切望罷在候。政界禍中の消息、小生には頓と相分不申、唯外交之事は党争域外に措而只管国家の本位と可致は勿論之儀に付、此基礎之上に及ふ限り尽し度と存候。尚微衷御諒察の上、何分宜布願上候。不日京都に於て拝眉萬縷申上度候得共、不取敢右得貴答置度如斯候。草々拝具

十月十八日　　菊次郎

寺内老閣虎皮下

乍末伯爵夫人へ荊妻及小生の敬意御伝声願上候。再拝

〔封筒表〕京城　寺内伯爵閣下　親展　要存　十月廿一日正毅。

〔封筒裏〕封　石井菊次郎。

〔原史料番号〕①84-3。

40　石井忠利

1　明治37年5月23日

五月廿三日

謹啓　軍国多事之今日、閣下益々御勇健奉恭賀候。忠利も健在にて今日征途に上らんとす。幸ひに今回は三年以来自ら教育したる部下を実地に試むるの好運に際会したれは、聊か微功を樹てゝ皇恩萬一に報し得へきかと預〔予〕期致居候。聯隊長石井大佐殿も大元気にて、諸事周到の注意を払はれ、忠利等の大ひに仕合に御座候。去る七日は石光少佐第一着に部下の大半を引〔率〕ひて出発致候。聯隊一般に軍紀整粛なれは、何処迄も之で遣り透〔通〕ふし度希望致居候。閣下より蒙りたる宿昔山岳の御高恩に対し云はんと欲する処多々有之候へとも、云はぬは云ふに勝る丈先の譬も有之候間、不言実行主義にて出発前御暇乞の微意を表し度迄寸楮如斯。尚為邦家謹て閣下の益々御壮健ならんことを祈り奉り候。匆々敬具

石井少佐

寺内中将閣下

〔封筒表〕東京陸軍大臣官舎　寺内閣下　平信　（消印日付）37.5.23°

〔封筒裏〕緘　姫路砲兵隊　石井忠利　（消印日付）37.5.23°

〔原史料番号〕①436-54-1。

2　明治39年12月19日

謹啓　今回寸效〔功〕もなき不肖殊勲者の列に加へられ、功四級に叙せらる。天恩の優渥に感泣するは勿論なれとも、亦閣下陛下の帷幄に参与し輔弼の賜物と、及ひ平昔御光庇御薫陶の結果に頼るものと銘肝し、謹んて御礼申上候。今後一層の奮励をなし、益々微衷を效（ママ）さんことを御誓ひ申候。右御礼申上度。早々敬具

明治三十九年十二月十九日

野戦砲兵第八聯隊附陸軍砲兵中佐　石井忠利

寺内中将閣下

〔封筒表〕東京麹町区永田町陸軍大臣官邸　寺内中将閣下

御礼詞　（消印日付）39.12.21°

〔封筒裏〕封　弘前砲兵聯隊　陸軍砲兵中佐石井忠利。

〔別紙〕

論功行賞之普且厚不堪感激謹賦

神国大軍破露帰　論功行賞悉金衣　天恩優渥無量涙
濺出如今再戦機

今年夏期簡閲点呼執行官として一部地方を巡り情況を視察せしに、到る処行賞の普且つ厚きに感し、殊に輸卒の殊勲者ありたるは、尤も一般の感情を良くしたるを認めたり。又軍人戦後の謙譲と軍紀あるとは、大ひに地方を感動したるを認めたり。

拙作は不肖等の微意は勿論、一般に将来に取りて此覚期は慥に要求せられ得へしと信し申候。

歳末御祝詞可差上は当然なれとも、御多用中御妨けと存候まゝ差控候。折角只管閣下及御芳族の御健康を祈上候。

忠利百拝

〔原史料番号〕①436-54-2。

41　石黒久賀子

1　大正（　）年4月25日（寺内家奥附宛て）

御奥様日増に御快き方に被為入奉賀候。此品いかゝ敷候へとも、御見舞之印迄にさし上候。御看護之方にて御上被下候はゝ仕合候。右申上度。かしく

四月二十五日　石黒久賀

寺内家御奥附御中

〔封筒表〕寺内伯爵家　御奥方御附御中。

〔封筒裏〕□　石黒久賀子　（スタンプ）東京市牛込区揚場町十七番地　石黒。

〔原史料番号〕①436-53。

42　石黒忠悳

1　明治25年12月29日

拝見　頃日願置候各大戦死傷数幷出師人員等詳に御調査被遣、御手数奉万謝候。是を以て爾後講習等之基数に可仕候。

一、先日来参謀旅行之節は村中、鹿島両医正、段々御教示被下奉恭謝候。両人共至極相悦居申候。小生よりも御礼申上候。右申上度、昨日尊書之時不在不得貴酬候間、此段申上候。余は来月旬。

石黒忠悳

寺内歩兵大佐殿坐下

明治廿五年十二月廿九日

高橋有之も宜敷奉願上候。

〔注〕本紙は「東京牛込揚場町十七番地石黒氏私用」の罫紙。

〔原史料番号〕①83–1。

2　明治(28)年4月3日

小生には何より之珍書御呈被下、奉萬謝候。桃灯熟読、明朝返上可仕候。明日は是非了早くと今夕弁当申付置候。余は拝芝可申上候。忠悳敬具

四月三日夜

寺内閣下

〔原史料番号〕①83–2。

3　明治(28)年7月13日

拝見　残念と申より外無御座候。川上閣下えは小生より直に貴价に頼み、為御知申置候。但し可相成は明朝一寸川上閣下え御立寄被下、喪を発して宜敷候はゝ、其段貴官より柳樹屯江口え御一電被下度候。小生明朝は病院へ巡り候約有之候間、此段願置候也。

七月十三夜　忠悳

寺内閣下

〔注〕本紙は「東京牛込揚場町十七番地石黒氏私用」の罫紙。

〔原史料番号〕①83–3。

4　明治33年8月20日

一昨夜は拝芝奉萬謝候。御話通り北京も占領、誠に欣喜之至候。我陸軍之光威列国の間に輝き、平和を維持候事、為国民奉敬謝候。○昨日朝日新聞の亀谷参り候間、一昨夜寺内閣下に質ねたら十五日頃は占領可相成との話なりしに、果して号外可成居と話候処、今朝の同新聞に閣下へ為話迹〔後〕始末の事を話たなとゝ涅〔捏〕書候間、直に取消申遣候。明朝取消を出可申候。為念申上置候。○当今隠居候内官用有之、馳廻り居不得参堂、書中申上置候也。

八月廿朝

〔葉書表〕市中四谷区塩町　寺内陸軍中将閣下　従　（スタンプ）東京牛込揚場町十七番　石黒忠悳　（消印日付）33.8.20。

〔原史料番号〕①83–4。

5　明治37年7月15日

炎暑之節、益御多祥慶賀候。さて日来広島を経当地へ来候処、広島に於て佐藤氏始頗る尽力、又当地にては菊池

氏尽力にて患者間は治療上無遺憾候。

一、ロセツタをも一覧候。至極都合克出来居、決して他観に被誂候事有之間敷候。救護員勤務もよろしく候。◯俘虜に付段々観察仕候に、近日に至りては頗るよく相届き、今日なとも朝百余名来着、夫々収容之実況を見申候。細事に付御聞に入度事、御参考に可被成事は有之も、全般に於て整頓いたし居、少も御懸念に被及間敷候。右一応申上置度、月末帰京に付可申上候。謹言

三七　七月十五日　　忠悳

寺内大臣閣下

〔封筒表〕東京市麹町区永田町　陸軍官舎　寺内陸軍大臣殿閣下　御直披。

〔封筒裏〕〆　於松山市　石黒忠悳。

〔原史料番号〕①83-5。

6　明治37年9月4日

御配意を以て昨日は皇后陛下より社長え優渥なる令旨下賜、難有御礼申上候。

一、先日申上候書面之内、救護班に対する一ケ年之費額精算候処、違算有之候間、為念左申上置候。

一、金弐百九拾四万弐百卅四円余　　壱ケ年間の費用予算

内訳
- 内国幷外国に派遣之救護班
- 病院船費
- 材料庫費
- 特設救護病院費
- 患者休養所費
- 恒救費
- 臨時救護部費

〆

右之通明治三十七年度に於ては原資金には手を不附候て支弁得可申候。尤此後尚大事に至り候はゝ、固より原資金に手を付け候てもと申気込にて、夫々準備可仕覚悟に候也。

三七　九月四日　　石黒忠悳

陸軍大臣閣下

〔封筒表〕市中麹町区永田町陸軍官舎　寺内陸軍大臣閣下御直。

〔封筒裏〕〆　石黒忠悳（スタンプ）東京牛込揚場町十七番

地　石黒忠悳。

〔原史料番号〕①83-6。

7　明治40年1月29日

昨日為御礼参堂候時御不在にて親敷不拝芝候間、今朝参上親敷心事可申上と存居候処、今朝は御来客も詰かけ居、匆々御暇申上仕候ゆへ、此に心事相認め瀆尊覧候。昨日之恩賞は不存寄事にて、日露戦役には国民として、況や予後備なりとも軍人として、陽に陰に可相尽は当然之事、況や召集之栄を辱し候上は其光栄に対しても不得不尽、然るに召集之栄を辱しなから別に是そと申績もなく打過き候て、大捷凱旋之時は在外百戦之将卒と共に御宴に列するさへ身に余る光栄と存、家乗に記録致置候次第、然るに昨日は光栄無此上勲章拝賜、加之金員迄賜り候儀、必〔畢〕竟貴閣下御推薦被下候故と深く感銘仕候と共に、実に恐悚之至に候。実は此大戦も片付き候ゆへ、本年よりは宮中之御祭典其外とももはや差扣籠居可致と存居候処、此光栄を拝賜候上は尚不相変当年も可相勉とまで感銘仕居候。右之段申上度、余は拝坐之折申上候。謹具

四十年一月廿九日

石黒忠悳

寺内陸軍大臣閣下

〔封筒表〕市中麹町区永田町陸軍官舎　寺内陸軍大臣閣下　御直披　（消印日付）40.1.29。

〔封筒裏〕〆　石黒忠悳　（スタンプ）東京市牛込区揚場町十七番地　石黒。

〔原史料番号〕①83-7。

8　明治41年4月12日

益御多祥恭賀候。然は彼の男爵連中会之儀、師団長上京中に付、親敷御話有之候は丶意味違ひなき様可相達かと被存候間、心附きまて申上置候。御熟考被下度候。

忠悳頓首

四月十二日

寺内子爵閣下

〔封筒表〕市中麹町区永田町陸軍官舎　寺内子爵閣下　御直披　（消印日付）41.4.12。

〔封筒裏〕〆　石黒忠悳　（スタンプ）東京市牛込区揚場町十七番地　石黒。

〔原史料番号〕①83-8。

9　明治43年7月28日

御安着之段、日々新聞にて拝承奉賀候。御着任早々定めて御多用被為在候事と拝察仕候。御出発後当地暑気中々甚敷、御地同様と拝察候。○予て御内示により組成候同志会（陸軍出身男爵会）之儀段々固まりかけ、小生も不得止表向き絶縁状を二七会に送り、同志会に入り候て幾分か補助いたし候次第、而して今度の島津珍彦男薨去補欠は陸軍出身にて充候事各派と交渉（二七会を除き）相済、於陸軍之人選は陸軍同志四十二人え投票を求め投票来着二十四にて、原口、坂井、黒瀬といふ順に付原口と定め推選候事に相決し、協同、親睦（海軍男爵会）、清交クラブ之各会も之に同意いたし、来る八月廿八日之選挙には初陣としてせひ当選為致度と夫々手をまわし居候央に候。然る処、真鍋男儀いつも異論候。加之二七会より広島へ遊説候伊達男爵等に逢語候談中には二七会に利にして同志会には不利之事等有之候由にて、同志会員も頗る感情を損居候気合相見、困却候。来年之惣選挙には真鍋男なとは撰中に可入重もなる人なるに、今日如此にてはいかゝ可有之かと腐心候次第に付、もしや閣下より御序も候はゝ、選挙之事等に関しては陸軍同志之方を信し他方を不信方為めなるべしと之御一言有之度と同氏之為に被存候。是は内々閣下迄申上置候事に候。○本日松井茂（元貴地警保〔ママ〕局長、軍医松井有隣の忰）に逢候処、同人儀部之廃官省ある為に、統監閣下の厚意あるにも不拘一時辞任を願候処、情意のある処御洞察被下立派に辞官相済、尚将来之事迄御厚庇被下候間、小生より手紙等差上候砌も候はゝ宜敷申上、尚後来之事も願上置呉候様申居候。○曾根〔禰〕子爵も日々病苦増すやに承候。菊地〔ママ〕院長も片瀬へ参候望に候へ共、同人も持病にて半臥之由に候。○先は御左右伺旁申上度、為邦家御自重奉専念候。

四三、七月廿八日　　石黒忠悳

寺内子爵閣下

二白　令夫人閣下へ老妻より呉々もよろしく申上候。

〔封筒表〕韓国　京城統監官邸　寺内子爵閣下　必親展　（消印日付）43.7.28。

〔封筒裏〕東京　男爵石黒忠悳（スタンプ）東京市牛込区揚場町十七番地　石黒（消印日付）43.7.31。

〔原史料番号〕①83-9。

10　明治43年8月12日

乃木伯病気、昨日はよきと申上たり。一昨日施術已来よろしく、先安心候。昨日見舞候時耳に御よせ
　還暦の翌《よく》年障子突破り
との程唯小さき位に付、御案被下間敷候。

八月十二朝　　忠悳

寺内子爵閣下

〔封筒表〕韓国京城　寺内子爵閣下　御直披　（消印日付）43.8.12。

〔封筒裏〕石黒忠悳（スタンプ）東京市牛込区揚場町十七番地　石黒（消印日付）□.8.18。

〔原史料番号〕①83-10。

11　明治43年8月19日

乃木伯、昨日午後、岡田、加古、山上立会、岡田執刀施術いたし、爾後経過よろしく、今日午前十一時初めて調節交換いたし検し候処、創処もよく排膿も十分、痛も減し、此分にては先安心と被存候間、此段御報申上候也。

八月十九日午後　　石黒忠悳

寺内子爵閣下侍史

東京にては一方は水の引のを、一方は御地の報を、今か〳〵と待居候。


〔封筒表〕韓国京城統監官邸　寺内子爵閣下　（消印日付）43.8.19。

〔封筒裏〕〆　東京　石黒忠悳（スタンプ）東京牛込揚場町十七番地　石黒忠悳（消印日付）43.8.2□。

〔原史料番号〕①83-11。

12　明治43年8月21日

益御多祥恭賀候。さて水害は其筋之報告にて御了知可被為在通り、天明度已来百三十年目之洪水にて、実に惨状を極め申候。加之首相始め諸大臣不在、旁以て政府の評判も不宜、且又近年は地官〔ママ〕并中央之当局にも光〔ママ〕き博学の士多きも事に終〔ママ〕れ、又斯る場合に於て到意即妙之機を得候者稀なる故に、救急処置に付ては謗誹不少、其実際を見候ても或は其憾なきにしもあらさるかの感を発申候。且又もはや十日近く経過候今日となりては、此災害を利用いたし種々猲〔ママ〕策を講候者、又は無頼之徒等も徘徊候次第、当局之苦心被察候。今日尚深川本所は床上に数尺の

水をたゝへ居候向不少候。小生住所牛込辺などは地盤高く候ゆへ被害はわせ〔早稲〕田丼に江戸川筋一部に候得共、惣計浸水家屋三千六百、内床上迄浸水家屋千八百七十戸に候。他に推知可申候。○乃木大将耳病、小生大に案候間、推て入院をせしめ両度之施術にて遂候。先は安心と可存候。一時は頗る心配仕候。○水害に付被害者救護収容所にて折々仏教又は耶蘇之演述いたし候を見受け、此際社会主義之演述等を含み候ては由々敷大事と存、竊に視察仕候に、此は見当り不申候。尤此事は内務大臣閣下へも心付き申込置候。併し今日之現状被害者に対してはフロックコートなとでは却て怨を引き候ゆへ、汚れたるシヤケツに足袋はだし、又はわらじ懸といふ方、却て気受けよろしき様に候。陸軍之方は評判もよく、又現に赤羽工兵の士官の如きは自宅の浸水にも不帰省して隊の倉庫流失防禦に従事、引続き害災〔災害〕者救助に従事、十日頃より今日迄丸て戦場同様之為体、実に感心すへきものに有之候。○今度の洪水にて小生は其原因を森林乱伐、河川工事の不当（河渫にのみに注意し、汎〔ママ〕洪時に不注意）、流末埋立地の不注意、鉄道、〔ママ〕に帰し不申候やと考中に有之候。○先は右申上度、為国家御自重専念候。乍末令夫人閣下へ老妻よりよろしく申上候。謹具　四三、八月廿一日

石黒忠悳

寺内子爵閣下

笄町にて皆様、御健勝に候。

〔封筒表〕韓国京城　寺内子爵閣下　御直披　三年八月二十四日。

〔封筒裏〕石黒忠悳（スタンプ）東京牛込揚場町十七番地　石黒忠悳（消印日付）43.8.24。

〔原史料番号〕①83-12。

13　明治43年8月29日

本日之官報により、此に韓国併合之御偉勲を奉賀候。不一方御尽粋、国民一般御偉勲を称候事に候。いつれ不遠内御帰京可相成に付、不取敢書中賀詞謹述候。謹具

四三　八月廿九日　正午　男爵石黒忠悳

統監寺内子爵閣下

〔封筒表〕朝鮮国京城　統監寺内子爵閣下（消印日付）□.8.30。

〔封筒裏〕男爵石黒忠悳（スタンプ）東京市牛込区揚場町十七番地　石黒（消印日付）43.9.□。

〔原史料番号〕①83-13。

14　明治43年9月15日

併合後日夜御尽瘁之処、御障なく御坐候間奉賀候。笄町にても御無事、御省意可被成候。水害も頃日大洪水之後尚他地方にも引続き浩雨〔ママ〕水害有之、今日に至る迄兎角雨勝ちにて、秋穫如何を案居候。無難なるは九州地方而已と被存候。○曾〔禰〕根子爵も遂に薨候。併しよく永く被相保候事、必竟医療被行届候故と被存候。○山県公爵近日一寸風邪様なりしも、さしたる事なく被癒候。併し尚一月来頗る体重の被減るゝは可考一事と被存候。平井も種々案候も何も見出不申と申居候。○乃木伯はもはや創所さへ癒合すれば、病院放免無差支迄に至申候。○水害に付朝野ともいろ〳〵と論説もあり、会なとも出来、至極結構に候へ共、畳之上の水練も多く、実地にはいかゝのものかと被存候。精〔神〕新知識者に対しての試験石に天が此水害を下したるものではなきやと被存候。○近日於華族会館大隈伯の演述は中々受けよき由に候。夫是考候へは来年の貴族院議員選にはいかなる事起り可申かと被案候。幾分か崇仰さるへき輩の言論は唯々一場の喝采を博すに止らず、慎重の考を要度きものと被存候。先は御近況伺旁先日皆様より被下候絵はかきの御礼をも申上度、為国家時気被為厭度専念仕候。謹具

四三　九月十五日　　　忠悳再拝

寺内子爵閣下

二白　令夫人閣下へは老妻より別てよろしく申上候。

〔封筒表〕朝鮮京城　寺内子爵閣下　御親披（消印日付）□.9.15。

〔封筒裏〕石黒忠悳（スタンプ）東京市牛込区揚場町　石黒

〔消印日付〕43.9.18。

〔原史料番号〕①83-14。

15　明治43年9月30日

今朝石本次官を其新宅に訪候て、昨夜拝見之御書中に有之候御慰問相伝候処、大に悦居候。尤今日は病床はのべ置有之候得共、西洋間之応接間にて先客井口中将と対話致し居、井口帰退後も小生を引留め新宅之講釈なと諄々相話申候。尤夫人は留守故一人にて寂敷き折柄とは乍申、いろ〳〵と談話候次第に候。昨今熱も高くて三十七度五、六分にて、酒は一切やめ、烟草も不用、先々摂生は十分

に候。自身にて病と感候は咳《せき》と痰《たん》に候と申居候。今日頃之様子にては、此儘静養致居候はゞ左《さ》程懸念と申にも無之と存候。当人曰、大臣閣下之御厚意よろしく謝上候て、とにかくに御留守はよく相守り居候事と申上呉候様申居候。但し今年冬期にかけ、殊更来年厳寒之節議会に出てゝ弁解といふ事は、たとへ病況不進とも大無理と被存候。○乃木伯爵一昨日見舞候。もはや全身に患無之、唯致施術候耳骨之一部いまた骨膜不生処有之候間入院被致居候事にて、他は少も病的之処無之候。○菊地事当人も身体不宜、又妻も同断にて、夫婦にて赤十字病院へ入院加養中に候。先は石本の近況申上御安心を得度。早々敬具

況翁拝

四三、九月三十夜

寺内子爵閣下

〔封筒表〕朝鮮国京城　寺内子爵閣下　乞御直披　〔消印日付〕43.9.30。

〔封筒裏〕石黒忠悳　〔スタンプ〕東京市牛込区揚場町十七番地　石黒。

〔原史料番号〕①83–15。

16　明治44年5月23日

先日北越へ旅行仕候付、乍思御疎音申上候。時下清和之節、益御健栄奉賀候。久く御不在なりし事故、定めて御帰任後御用繁奉察候。御宿痾如何被為在候や。申上候迄には無之候得共、御食養専一に被遊候様、為国家専禱仕候。

一　先年老生在職中軍医講習之為め規画候永楽病院は小池当局中文部省へ引渡し、原職員而已兼務位之事に相成、専ら他之学用に帰し、今度東京市にて設け候施療院は全く海軍々医講習の用に充てられ候より、学事専欲之青壮年軍医に取りてはいかにも羨敷念に不堪様子、然るに今度紀元節に恩詔被発、施療事業大に被興候に付ては、在京并各衛戍地に在る軍医は右恩詔に基き各々其技術を以て万一に奉報度、且其間に於て技術の研磨も仕度と之念より、右之主意書を口事といたし、其筋へ御進達相願候事一般軍医之輿望と之事にて、一は聖詔に感憤候忠心、一は学術研究に熱心なる迄より、右之事内々森局長も同意致進達候由、何卒其筋え御廻被遣被下度、局外之老生よりも奉願上置候。尤此事は折を以内々桂侯爵へも申し

置候は丶、他より申置候よりも先鞭を着け置度由、森局長も申居候。他の医師も団体よりも此事申出べき相談相起り居候事故、速に申出候方可然と申に御坐候。何分之御保顧相願候事に候。

一　大蔵平蔵〔三〕男、何分にも重患に候へ共、割合によく相保ち候。福島安正男は已に退院被致候。松石少将は幾分応答あるやに被見受候へ共、到底此世のものに有之間敷と申事に候。先は御近況伺旁申上度、呉々も時気被為厭度奉専念候。令夫人閣下へ老妻より宜敷申上候。

四十四年五月廿三日　　石黒忠悳

寺内惣督閣下

〔封筒表〕朝鮮京城　惣督官邸　寺内子爵閣下　必親展　（消印日付）44.5.23。

〔封筒裏〕石黒忠悳（スタンプ）東京市牛込区揚場町十七番地　石黒（消印日付）44.5.26。

〔原史料番号〕②6–9。

17　明治44年6月3日

廿九日付御はかき拝見、益御栄昌奉賀候。昨日も笄町御尋申候処御無事、御安意可被成、得能君も兄同様にて別に進み候訳にも無之候。○御次男様御儀、先頃は中学御卒り、専修も御終り被成候由、大慶に候。○大蔵男終にせまり候へ共、よく保ち候。福島男は湯河原にて保養仕候も、暑前には出勤可被成候。松石も近日は幾分は咀嚼等いたし候も、全く人事不省は少も不復候。鳥尾子爵久く病気にて候へ共まだと存居候に卒去、萩原と共に可惜事に候。○男爵軍人同志会にてもはや総選挙前に付、種々交渉又内会等いたし、先頃軍人同志会々員中にて予選いたし、其当選順を定め申候。是は各予選投票により相定め候事に候。而して其当選不当選は弥投票の時迄は他に不漏、極秘密に致置候（会員中にも示不申候）。而して真鍋、勝田二氏奇少に其数中に入り候間、多分惣選挙にも当選之内に可入と存候。付ては在京にて丸で利害関係なき小生の如きすら旧同僚の為めとて種々斡旋罷在候事ゆへ、右両人儀、他の同郷出身者等に対し十分尽力可致旨、貴閣下よりも御一言可被下候。いつれも此選挙等に関して種々之辛苦ある事を不知輩、内々困入候（已上極内啓）。○藤田儀、近日不相変相働き居候様子に候へ共、此末如何可有之や甚被案候。よろしく御注意御戒被下度相願候。○此手紙認居候処え青山光令夫人尊託被下

候。一寸御礼申上候。○先は右申上度、暑気へも向候間別て御摂生専念仕候。令夫人閣下へ老妻よりよろしく申上候。謹具

明治四十四年六月三日　石黒忠悳

寺内伯爵閣下侍曹

〔封筒表〕朝鮮京城　惣督官舎　寺内伯爵閣下　御直披　（消印日付）44.6.4。

〔封筒裏〕石黒忠悳　（スタンプ）東京市牛込区揚場町十七番地　石黒（消印日付）44.6.7。

〔原史料番号〕②6-12。

18　明治44年6月22日

其後御疎を申上候。梅雨之節、益御多祥奉賀候。老生夫婦久々にて帰省、去る二十日帰京旁以て御不沙汰に打過き申候。○福羽家にても若夫人受胎之様子に伝承仕、御賀申上候。近日参り様子承可申と存居候。○軍人同志会男爵議員選挙之儀、漸く九人を出候事に相成候て、同志会予選之結果

黒瀬　坂井　原口　藤井　山内　小池　勝田　真鍋　沖原

といふ連名に候。九人とはよくとれ候かと被存候。本選挙に於て多分無間違当選可相成も、軍人達は投票等に付ては実に可驚程わからず、黒瀬、原口、山内等の骨折被察入候。老生は唯管理者体之処に立ち居申候。此当選相済候はゝ退き可申と存居候。○大蔵近日少しつゝよろしく、尚一ケ月位はもち可申との事に候。○済生会出金に付てはいろ〳〵世評有之候。とふぞ聖旨を誤解せしめざる様致し度きものに御坐候。○先は右申上度、為国家時気御自重奉専念候。敬具

四四　六月廿二日　石黒忠悳

寺内伯爵閣下

二白　令夫人閣下へ老妻より宜敷申上候。

〔封筒表〕朝鮮京城　惣督官舎　寺内伯爵閣下　必直披　（消印日付）44.6.22。

〔封筒裏〕石黒忠悳　（スタンプ）東京市牛込区揚場町十七番地　石黒（消印日付）44.6.24。

〔原史料番号〕②6-24。

19　明治44年7月7日

薄暑之節、益御健栄大賀仕候。さて老生帰省其外小旅行

にて数日相立、漸く本日角筈え参り訪問候処、恰好老若両婦人とも在邸、ゆる〳〵相話候に至極折合よく、若夫人妊娠之事も近日参候歟にて可相話と存居候処なる由にて、三月下旬より経行止り候ゆへ多分十二月下旬ではなく一月上旬安産といふ運ひに可相成考候由、老夫人大悦にて被申話候。御当人至極健にて少も悪阻《をそ》《つわり》の気味もなく食物も大に進み、全身無異状と之事に付、御案に不及候。○男爵議員選挙も弥近々相成候。同志会投票順に

　黒瀬　坂井　原口　藤井　山内　小池　勝田　真鍋
　冲原

といふ順に候間、冲原迄〆九人出役と存居候。十の九分九り迄是丈けは当選之事と信居申候。佐野少佐等は入会すゝめ候へ共不入会故、今度は凡て選に当り不申候。気之毒に候。併し今度の男爵選にて協同会之処置中々公平には不参、甚遺憾に候。但し此事は御他漏被下間敷候。○済生会出金に付てはいろ〳〵と評論有之候。大坂連之出額、思之外少きとの事、一話に候。○東鉄市有を政府より被申出たりとはいろ〳〵と議論百出に候。併し議論は物になり申間敷候。○朝鮮より近日帰り候者（官吏ならす、真の実業家又は耕作家）より朝鮮の近況を承り候。概況（三、四人之分を惣括し）、左に御参考に申上候。

一　近々惣督政治已来随分内地に同しく其非を聞きたれとも、近日は熄止させし、其実我輩実地家としては所謂投機僥倖家か困る丈け夫丈け便利にて、実際耕作九月に手を着け居候者にて其利を感し、不利を不感候。

一　近日いはゝ郡役所ともいふへき地方政所へ、朝鮮人長官の下に内地より古き郡長だのいろ〳〵之人新任候が、其輩随分地方行政に熟練之人々ありて頗る便利に候。此等之学校卒業早々之人、又は他より転勤にても年若《わか》く功名を急き候人参候処は、人民頗る迷惑致居候。旧来の習慣等にて大に善且便なるものを打破して、新に書面上一片の法方〔方法〕を設け候等の事致し篤々にて、困り候。

一　警察は惣長にて一統せられ候ゆへ、前之如く憲兵は是として警察は非とするやうの事なく、隅々まてよく届き一統なされ候ゆへ、近日新に面目を改め候事を覚候。

一　収税吏か末輩になると酷な事を致候事内地に不異、誅求の実ありて或は惣督政を傷くる事なきやと被案候。

一　東拓之事、他事は不知候へ共、各地方に至り候て

は内地より若干の金を持ち渡朝之輩の地所を購め親しく耕耘せんとする者と土所の売買を競ひ、東拓之方には郡守其外官吏の応援と限行買に付直〔値〕段に無頓着との関係より此輩をして苦しましむる事所々ある所也。如此事は東拓にては北方の地等に於てせられ南方移民易き所に候。各自に被任候はゝ却て本邦人移住を勧め可申と被存るゝも、如何のものか。

右等耳底に存候事のみ申上候。御参考にも被成候はゝ幸に候。先は前に認め候福羽家之事確に申上度、乍末老妻より令夫人様によろしく申上候。

四四　七月七日午前角筈より帰りて直に　況翁拝

寺内伯爵閣下

〔封筒表〕朝鮮京城　惣督官舎　寺内伯爵閣下　必直披　（消印日付）44.7.7。

〔封筒裏〕石黒忠悳　（スタンプ）東京市牛込区揚場町十七番地　石黒（消印日付）44.7.□。

〔原史料番号〕②6‐8。

20　明治44年8月2日

第三報

一　八月二日午後二時五十分、柴田、福羽、長谷川、其他の出迎員と共に令夫人笄町邸へ安着、道中少も無障頗る健なり。着直に寿一宅に入り霊前に被参、得能夫人、柴田夫人、児玉未亡人等に面会候上、本邸奥間に於て体息せらる。

一　四時よりは小会議を開き、左件を定む。

1　明三日午後三時より読経、四時出棺、火葬する事。

2　右火葬には寺内、能得之近親、火葬場え送ること。

3　明後四日朝八時、火葬場へ参、骨揚けする事。

4　明後々五日は死後一七日にて、四日は七日の逮夜《たいや》に付、午後僧を招き鄭重なる読経をし、近親焼香回向し骨は寺内家仏壇に守護する事。

5　已上にて一段落相付き候間、四日逮夜読経も済候上は五日よりは平常に復し、来詰の人々等をは謝し返し、伯爵帰京本葬迄は平常之通いたし、唯喪に服し居る事。

右之通相談いたし候。但し屍体は注射薬いたし、棺之顔面部にはガラス窓を付け、本日伯爵夫人帰京之節為御見申候に少も顔容不相変、臭気等更になく、誠に麗敷死顔にて御別れ相成事に候。寿一、毅雄幷福羽若夫人皆健にて夫々執事被致候間、御案に不及候也。

　四十四年八月二日　午後五時半　於笄町邸

石黒忠悳

寺内伯爵閣下

〔注〕本紙は「陸軍」の罫紙。

〔封筒表〕朝鮮国釜山府　府尹気付き　寺内伯爵閣下　必直披（スタンプ）書留（消印日付）44.8.2。

〔封筒裏〕東京市　石黒忠悳（消印日付）44.8.5。

〔原史料番号〕①83-16。

21　明治45年2月17日

先般来御病気之処、近日御快方被為在候由、大賀仕候。乍去尚寒気之節、此上十分御摂養、為邦家専念仕候。○福羽御新宅にても御揃益健、御小児も頗る肥立に付御安心可被成、本宅老夫人眼病も思之外不進、先は仕合と被存候。○議会も上院は本より予算惣会に相かゝり候。今日は支那関係の質問にて一日相暮し、明後日位には惣会も済、分科会に可相成も、当年は別に是ぞと申事無之相済可申、詰り此借債をいかにして済すかといふ点之外無之も、是迚以て何人か局に当るも金は出不申候ゆへ、詰る処は無致方といふに止り候事と被存候。唯其大経論といふ事こそ聞まほしく存居候事に候。○陸軍出身之新議員をも常任委員に、原口　黒瀬　予算、外松　冲原　決算、小池　坂井　請願等にやう〳〵向け申候。原口などは中々熱心にて、旧来之ものも不知事迄調られ候には感心仕候。○今之処議院にても外務大臣にはあまり重を不置傾向有之候。新陸軍大臣は久しき議院通とて、さすが受流し上手に被見受候。先は御全快を祝旁申上度、重ね〳〵御摂養相願候。

忠悳頓首

　四五、二月十七日

寺内伯爵閣下

御覧後御火中是乞候。

〔封筒表〕朝鮮国京城　惣督官邸　寺内伯爵閣下　必御直披。

〔封筒裏〕石黒忠悳。

〔原史料番号〕①83-17。

22　明治45年3月31日

拝啓　石本陸相事、先日申上候後電信被発、御懇ろなる御返電を得て落涙被致候由、而して直に南書記官長を被招、同人へ辞意をもたらせ西園首《〔ママ〕》相に意志を被述候処、只今陸相辞表にては他に響き可申に付、暫時其儘にて十分静養可被致と之返事、為に辞職は思ひ止り候と被申候。而して今日之容体は、精神は頗る慥かにて言語も明瞭に候へ共、食飲共に不十分故に日々衰弱、昨日よりは下脚に浮腫を成し申候。此分にては順当に参り候ても二週間位之ものと被存候ゆへ、強て辞表をすゝめる訳にも不参、其儘に致し居申候。○福羽子爵はまた被引籠居候へ共患部は全癒、此上御案に不及候。○野田は左下脚不良に相成候得共、命には別条無之と被存候。○先は右申上度、被為於貴閣下候ても極めて御摂養専念仕候。ブランテーも時としては毒なり。メチールアルコホルを含居候品有之候に付、十分精選被成度相願候。

況翁頓首

四十五年三月廿一日

寺内伯爵閣下

桂公爵の眼は幸に梅毒性と見へ、水泡療法幾分奏功候。引続き此療をつゝけ候はゝ進み申間敷と悦敷候。

一　令夫人閣下へ老妻よりよろしく申上候。

〔封筒表〕朝鮮国京城　惣督官邸　寺内伯爵閣下　必直披

（消印日付）45.3.31。

〔封筒裏〕石黒忠悳（スタンプ）東京市牛込区揚場町十七番地　石黒。

〔原史料番号〕②3‒14。

23　明治45年4月6日

先日は御投書被下拝見仕候。尊恙引続き御快方奉賀候。さて石本陸相其後引続き重症、遂に薨去、尤薨去前二時間には粥もすゝられ候次第、其前日小生参り視てすゝめ候て青山博士にも診察を受候次第に候。療法は全く相尽し候上に有之、小生等之見込には全く一ヶ月余は愈にて命を保ち候事と存候。男子は皆出来もよろしく、資産は頗る富（五十万なとゝも被称居候）、官位人臣を極め候事ゆへ遺憾なき事と被存候。葬儀も盛にて皆々満足仕候。○新陸相世評嘖々として、よろしく候。○福羽子ももはや全快、出勤被致居候。若御夫婦、御小児とも頗る健、御安心可被下候。○当年は知人多く他界の人となり、感懐仕候。東久世、高崎、西、長谷川、梅浦、石本、古澤、其外にも多々有之候。いつれ其内、当弔と存居候。○社会一般に流行候労働者同盟罷業は早晩我邦をも大に襲来候事と被存候。有力にて有望之壮者か今より労働社会に身を委し候て其牛耳を執り、公平に国家之為に尽し候誠意の士、そろ〳〵必要之時と存候。いかに思ひ候ても半死之老朽には無致方と歎息仕居候。○先は右申上度、時気被為厭度専念仕候。

忠悳頓首

寺内伯爵閣下侍史

四五、四月六日

〔封筒表〕朝鮮国京城　惣督官邸　寺内伯爵閣下　御直　（消印日付）45.4.9。

〔封筒裏〕石黒忠悳　（スタンプ）東京市牛込区揚場町十七番地　石黒（消印）45.4.10。

〔原史料番号〕②3－22。

24　明治45年5月25日

拝啓　益御多祥奉賀候。然は宇佐川男儀、小生いまだ不逢候へ共、平井之談によれば真の癌にて病勢もかなり重く、とても回復は六ケ敷と之事、小生も明日にも小閑を得候はゝ見舞可申と存候へ共、一両日中島根県地方え参候に付取込居、まだ見舞不申候。不取敢此旨申上置候。

況翁拝

寺内伯爵閣下

四五、五月廿五日

〔封筒表〕朝鮮京城　惣督官邸　寺内伯爵閣下　親披　（消印日付）45.5.25。

〔封筒裏〕〆　石黒忠悳　（スタンプ）東京市牛込区揚場町十七番地　石黒（消印）45.5.27。

〔原史料番号〕②3－18。

25　明治45年6月11日

本日宇佐川男を赤十字病院に訪問候処、此両三日は至極よろしく、鯛之外魚類もうまく食ひ、熱は此一周〔週〕半已来平熱、痛もなく血色もよろしく、此分にては危険と申事は毫も無之候。但し治不治は予定難致候。体重は他時に比すれば四貫目減候も、此二週已来四百目増候とて悦ひ居候。○福羽家皆健、老夫人眼少しつゝよろし。○桂公爵欧行と之事、出先（先日来山陰道に参り居）にて新聞にて承知、帰後直に保利、平井に逢ひ問学〔学問〕的に質議いたし候て、先々五、六月間之欧行には無懸念と之事に候間、一寸申上置候。○橋本子爵方にても二月中当子爵の長男

〔生れ子〕死去。先月は高木と申三井社員へ遣し候妹死去、今度は長男長勝〔久しく独逸へ留学、帰後精神病にて大磯又は大森に居り候者〕死去、本日葬義に候。未亡人に対し誠に気之毒千万に候。○先は右申上度、宇佐川の事御安心可被下候。

四五　六月十一日午後　　況翁拝

寺内伯爵閣下

〔封筒表〕朝鮮国京城　惣督官舎　寺内伯爵閣下　御直披
〔消印日付〕45.6.11。
〔封筒裏〕〆　石黒忠悳　〔スタンプ〕東京市牛込区揚場町十七番地　石黒　〔消印日付〕45.6.14。
〔原史料番号〕②3-10。

26　大正1年10月15日

久敷御不沙汰仕候。秋冷之節御健栄奉慶賀候。さて乃木家之事も御高庇に家も片付き申候て、一昨日は三十日祭にて、本日は自宅にて祭致し候て午餐有之候。来会者重なる者は上村大将、児玉中将、田中、斎藤両少将、落合、武居両監督其外に候。各元師よりは副官代参候。塚田、田中両君、不相変よく世話被致呉候。○墓所参詣人実に多く、毎日巡査二名は付き切に候。

御大葬場拝観之者は不残参候事ゆへ、墓地へ毎日有之葬儀之時など殆と葬列に困り候程に候。昨日も沖男葬儀に巡査に頼み、一時往来を止めもらひ候て葬列を入れ候程に候。○居所市へ寄附之儀、条件等考慮致し置き、十一月中上京候はゝ速に寄附致候方可然と被存候。其訳は、市にても今之内乃ち乃木熱熾にして不熄間に於て、市長か誰か首唱候て維持金之五万位は出来可申やに噂いたし候。此熱は半年も立候へは必す熄み候間、熱之盛なる内に定め不申候てはといふ説に候。○穂積八束も俄に歿し、二十を首に七人の子供を残申候。大学の元良〔心理学専門〕、宮内省の佐々木〔林野局長〕迄も一両日中に可歿被存候。○先は乃木家之事御心配被為懸候儀と存候間、順当に経過居候事申上度、為国家冷気御いとひ奉専念候。

謹具

元年、十月十五日　　石黒忠悳

寺内伯爵閣下

〔封筒表〕朝鮮京城　惣督官舎　寺内伯爵閣下　御直　〔消印日付〕1.10.14。
〔封筒裏〕〆　石黒直悳　〔スタンプ〕東京牛込揚場町十七番

地　石黒直悳。

〔原史料番号〕①83-18。

27　大正1年11月28日

昨日御発車をばぜひ御送り可申上と存居候処、一昨夜より眩まい又発し打臥居候為め御送不申上、誠に失礼仕候。今度之御帰京中は御忙敷被為在候為め染々伺候も不致、旁以て失礼勝に候。

一　先日いたゝき候磁碗いかにも精作にて、古高麗其儘に候。必竟〔畢〕工業界御励奨之結果と感佩仕候。朝せん〔鮮〕はどこ迄も古高麗を学ひ候より外なく、是が第一と又被存候。古高麗の磁は列国共に仰く所に御坐候。

一　善隣商業大倉学校敷地之儀に付、同校より願出候転地之所御下渡之儀、何分にもよろしく奉願候。大倉氏八十才に達候はゝ、幸に老生其頃存在候ならば尚公益事業にあまり出資為致度と存候に付、何卒此学校に対し特に御厚庇被下度、老生より願上候。

一　また幸徳風之者まゝあるやにて甚懸念に候。老生は終生の仕事として、世の不平者を慰安する事に勉め居申候。不平家は中々多く、其中には真に其所信に対し候者も有之候間、油断出来不申候。老生の手にて慰安候者もかなり有之候。但是等之事は在朝之方は全く御知りなき事かとも被存候。昔年の勤王心を以て勉め居候事に候。本日眩暈よろしく候間勉めて筆をとり、昨日御送不申上御わび申上度、御地は特に寒冽別て御自重為邦家専念仕候。

忠悳頓首

大正元年十一月廿八日夜

寺内伯爵閣下

〔封筒表〕朝鮮京城　惣督官邸　寺内伯爵閣下　御直披。

〔封筒裏〕〆　石黒直悳　（スタンプ）東京牛込揚場町十七番地　石黒直悳　（消印日付）□.□.30。

〔原史料番号〕①83-19。

28　大正1年12月10日

頃日新聞上に貴地御発之時刻まて記載に付、御留守宅へ伺令夫人閣下へ伺候処、また何とも御電報なきとの事にて相帰り候。時下寒気日々増、当地も朝は結氷候次第、益御多祥大賀仕候。御留守宅平安、毅雄様も御順快にて無御障候間、御休神〔心〕可被遊候。本日は説文解字翼徴異書御贈被下置、毎々珍敷御品御恵与相成、恐入候。此本は五百部限之珍書、別て難有御礼申上候。○内閣之件は新聞のみならす何之家にても又車夫待所なども内閣談にて持切に候。都下にても入閣を夢み居候政客多く可有之と被察候。山公も日々参内被致候も別に身体には無異状と之事、平井より電話有之候。先は御礼申上度、呉々も寒気被為厭度、為邦家奉専禱候。謹具

大正元年十二月十日　　石黒忠悳

寺内伯爵閣下侍曹

〔封筒表〕朝鮮京城　惣督官邸　寺内伯爵閣下　御直披〔消印日付〕□.□.10。

〔封筒裏〕石黒忠悳（スタンプ）東京牛込揚場町十七番地石黒忠悳　〔消印日付〕1.12.13。

〔原史料番号〕①83-20。

29　大正1年12月29日

久く御疎音申上候。本年も最早僅に二日と相成、さそ御用多と拝察仕候。寒気例年より甚敷も、御障不被為入奉賀候。さて政海熱瀾已来中々騒々敷処、遂に桂公之巨腕にて収納に至り、乍去まだ〳〵頗る擾々、第三十議会はいかなる況情〔情況〕か、にはかに測定難仕候。先日新富座に於ける憲政擁護演述会より俄に、活気と可申か殺気と可申か、不穏之実況をも来候。殊更大浦内相はまだとして、川上警視惣監新任と承事に付ては一入激昂候向も有之、目白老台に対しては或は不穏向もまゝ有之候やに相聞申候。○海陸を離間して以て互に其勢を減耗せしむる策を取る者有之候にも不心付、漫に海とか陸とか偏り候立論詮議候輩有之候には痛歎之至に候。終には漁夫之利と不相成様致度ものと被存候。○先は久々に御近況伺旁一書拝呈候。此書状着之時は新年御迎之時と被存候。為邦家御自重専念仕候。謹具

忠悳

寺内伯爵閣下

大正元年十二月廿九夜

当地昨夜より降雪にて終日不止、屋上平面五寸余相つもり居申候。

ましまさはおはしまさはと思ふかな
此の有様を見るにつけても

〔封筒表〕朝鮮国京城　惣督官邸　寺内伯爵閣下　必御直披。

〔封筒裏〕石黒忠悳（スタンプ）東京牛込揚場町十七番地
石黒忠悳（消印）2.1.1。
〔原史料番号〕①83−21。

30　大正2年1月6日

御健昌御越年奉賀候。さて当年は都下も実に寂閴に候。然るに承り候所によれは、桃山御陵は二日朝すら停車場より御陵辺は絡繹にして参拝人打続き候との事に候。
一　政変已来所謂憲政擁護会とか民会とかいふ種類之会続々有之、其間には中々不穏之心を憤起せしめ候演述等も多く、斯く打続候はゝ危険思想も相昂り不申やと不堪懸念候。兎角実着持重之言論は聴人なく、慷慨激切常軌を外れ候言論こそ耳に入易きには歎息之至に候。
一　野田男先日来肺炎相発、肺炎は分離付きかけ候も心臓之障害重く、昨今危篤に陥り居候。今日にも相逼り居候事に候。昨年来妻を亡ひ、又妾を亡ひ、旁以て気之毒千萬に被感候。
先は御近況伺旁申上度、為邦家御自愛奉専念候。
大正二、一月六日朝　石黒忠悳
寺内伯爵閣下

〔封筒表〕朝鮮国京城　惣督官邸　寺内惣督閣下　御直披。
〔封筒裏〕（スタンプ）東京牛込揚場町十七番地　石黒忠悳。
〔原史料番号〕①83−22。

31　大正2年1月30日

寒気益冽に候処、益御勇健被為入奉賀候。本日も一寸御留守邸え伺候処御安全に付、御安心可被遊候。さて政海中々風濤烈敷、此際に当り所謂処士横議、各演述会に於ていろ〳〵之議論のみならす青年之会等迄政事論を注入候輩多く、実に真に憂国之情より出候とすれば、其注入を受けたる青年か成年後にいかに相成るかと不堪懸念候。横議処士どころては無之、報知新聞一月廿九、卅、卅一、日に登載之大隈伯が第一高等学校々友会に於け（マヽ）演述を御覧被下候ても相分り候次第に候。併し此間に於て政府当局者又は宮内官なとはいかに此世情を被解候や。況皇室に対して如何なるかといふことを慮られ候かと、其辺に思及へば眠を不成夜も有之候。御察可被下候。老生は唯々世の不平者又は下層民に対し慰藉に勉め居候。併如此事は所謂椽の下の力持に候得共、経世には必要事には候も為す人稀なる業と確信仕居候。

一　井上侯両三日前より頓に半身運動知覚等麻痺、平井も被招主治医に助言罷在候も、例之老侯毫も医言不被相用、困却之由に候。但御案被成には及申間敷候。

一　日本赤十字社も会計上にて小沢に付恐喝いたし、先に五百円を収め尚又弐千円を要られ候より事始まり、遂に検事之手に落ち予審中に候。其本人は皆社に使用、殊更嘗て重用候もの丶由に候。皆々真事には有之間敷も、火之なき所には煙起らざるべしと懸念に不堪候。今日に相成候ては社長も副社長も官任故に社としては割合に責任少きも、いつれ一層取締を要候事と被存候。先は右申上度、呉々も寒気被為厭度専念仕候。謹白

大正二年一月卅日　石黒忠悳

寺内伯爵閣下

御一見後御火中願候。

〔封筒表〕朝鮮国京城　惣督官邸　寺内伯爵殿閣下　御直披

（消印日付）2.1.30。

〔封筒裏〕石黒忠悳（スタンプ）東京牛込揚場町十七番地

石黒忠悳（消印日付）2.2.2。

〔原史料番号〕①83-23。

32　大正2年2月7日

益御多祥恭賀仕候。さて近日は政海之風濤刻々急にて、遂に昨日之議会再停と相成申候。此上来る九日将来再開相成候にも風雲は益急にて、遂に解散と可相成被存候。解散後新選挙にも新政党大多数を占得らるへきは頗る疑問と被存候。桂公之事故万々無遺〔違〕算事とは被存候も、此事はいかに可有之歟。大浦内相と川上警視惣監といふ顔揃ひには随分一般選挙区之感情も害し居、又後藤男之敬金方策といふがはにて聊気骨ある者之注意をも引き候ゆへ、其結果如何被案候。何に致せ長生候得はいろ〳〵之幕か見得候ものも、近日は中々長生か致度相成申候。御地にて九日北野元峰和尚御招被遊候由、老生も嘗て心経や維摩を同師より聞き候事有之候。同師は珍しき徳者にて、真の禅僧と可称徳者に候。御逢之節、石黒よりもよろしく申候と御伝を願上候。先は右申上度、為邦家御自重奉専念候。謹具

大正二年二月七日　石黒忠悳

寺内伯爵閣下侍曹

昨日桂公於衆議院之質問答弁之口頭答弁は不答方却てよろしかりしにといふ説、貴族院がは〔側〕にも多く被相唱候。

〔封筒表〕朝鮮京城惣督官邸　寺内伯爵閣下　御直披。
〔封筒裏〕石黒忠悳（スタンプ）東京牛込揚場町十七番地
石黒忠悳　（消印日付）2.2.9。
〔原史料番号〕①83–24。

33　大正2年2月12日

貴地は如何。当地は先頃暖気相催候処、両三日前より又々寒気にて、一度五十度已上に相成候ものか両三日は三十八度已下に下り候次第、昨冬之雪はまた屋比〔庇〕に残居候。斯る不時候なるも益御健勝とて尊書を拝し奉賀候。御留守宅平安、御安意可被遊候。さて近日之政変已来実に不可言不始末、桂公爵之為に惜み候而已にならす、外国人へ対しても実に無面仕合〔ママ〕、去る十日之焼打騒きなとは川上警視惣監任命之最初より識者は必す第一に憂居候事にて、事此に到候は当然と被存候。此間処士横議、人民之気志を攪乱し、詰る所は皇室之御憂とは不相成やと暗に落涙仕候。上下一般一点之誠意なく、国家百年之大計には毫も顧る所なき結果と歎息仕候。今明日には支那之大政客も来着と之事、定めて舌を吐きて帝都を可観と被察候。今日は於宮城元老会議被相開候由。聖上之御心を拝察し、何とも言語に難述感慨有之申候。先は右申上度、都下之景況は新聞にて御覧可被遊、為国家御自重奉専念候。謹具

大正二、二月十二日　　忠悳

寺内伯爵閣下

〔封筒表〕朝鮮国京城　惣督官舎　寺内伯爵閣下　御直披
二月十五日接（消印日付）□.2.12。
〔封筒裏〕〆　石黒忠悳（スタンプ）東京牛込揚場町十七番地　石黒忠悳（消印日付）2.2.11。
〔原史料番号〕①83–25。

34　大正2年3月23日

昨夕は御厚餐被下置、難有御礼申上候。今明日に御礼に登門可仕筈之処、議会も此日曜に二十六日定期間に結了候積にて、差迫居候間不得登門、御海容奉願上候。令夫人閣下へも宜敷御礼、わけ〔別〕而願候。今朝絵はかきにて御安着之事、伯林へ申上置候。○頃日貴族院予算惣会（秘密会）に於て江木、目賀田より陸軍大臣に対する質問之実況を岡次官より御聞取被下度（但し、決して小生より斯く申上候との事は不被仰候て）、目賀田并に江木に内々せま

り、質問被出候はゝ或は端緒を捕置度との意に候処、いかにも其要を不得残念至極に候。○先は右申上度。敬具

三月廿三日　忠悳

寺内伯爵閣下

〔封筒表〕市内麻布区笄町　寺内伯爵閣下　必御直　（消印日付）2.3.24。

〔封筒裏〕石黒忠悳　（スタンプ）東京牛込揚場町十七番地　石黒忠悳　（消印日付）2.3.24。

〔原史料番号〕①83–26。

35　大正2年6月18日

久く御不音申上候。梅雨之候益御健栄、各地御巡廻奉賀候。○行政整理も先表発〔発表〕相成、浪人も多く出来、知人之内にも遭難者有之、救済に孜々罷在候。○桂公爵病状も自身は左程に不被相思候得共衰弱不復、此上如旧之健康は可被得や否と懸念居候て、葉山に静養されても葉山え行幸被為在候間は自然来客之来訪も可被多と之を避け候為め、他え転せられ候様御勧め申置候。同家令嗣も遂に逝去、解剖候て胃癌にて随分学問上有興味難症に候て、去なから全人事は相尽し居候故、寸毫無遺憾事に有之候。○山県老公先月腸大にわるく大に被案候処、幸によろしく、先々案候場合丈けは経過候。○穂積陳重腎盂炎にて日々悪寒大発熱、昨日より大学へ入院、近日腎截除術を行ふへき事に相成候。五十九といふ年と体格近日は不宜、且昨年来兄弟逝去候為精神大によわり居候間、術後の逕〔経〕過如何可有之かと大に案居申候。如此病人多候中に、とにかくに健にて走り居候を省み、何たる幸そと自身の幸福を相悦居申候。先は是にて御近況伺度、為国家御自重奉専念候。乍末令夫人閣下へ老妻より宜敷入書申上候。

謹具

大正二、六月十八日　忠悳

寺内伯爵閣下

〔封筒表〕朝鮮京城　惣督官邸　寺内伯爵閣下　御直披　（消印日付）□.6.18。

〔封筒裏〕〆　石黒忠悳　（スタンプ）東京牛込揚場町十七番地　石黒忠悳（消印日付）□.6.20

〔原史料番号〕①83–27。

36　大正2年6月29日

梅雨もあけ候ゆへ暑気も相催候処、益御康栄奉賀候。当

方いつれも御障なくまゝ御安意被下度候。○又々病人のがはより申上候。児玉御母堂レウマチースにて在床、尤平井も折々伺候が今度ははか〳〵しく治り不申、時に痛有之候。唯其心臓へ之転移を恐れ、致手当居候。一昨日来は大によろしきとの事に候。○穂積陳重右腎臓を切除き、手術之夜より三夜四日は熱三十六度程なるも、脈百三十位にて大に案しやり、今か〳〵と存居候次第之処、四日前より大によろしく、もはや命丈けはつなき留め申候事に相成候。○林董伯は右の大腿中央より切断いたし候。切後改め候へ共、久敷骨髄炎にかゝりられ〔ママ〕候事相分り候。是はまだ安心とは参り不申候。○山県老公は先日血の混り候便まで被致候も近日は回復、五、六日前見舞候時には共に山庭（小田原邸）を散歩被致元気もよろしく、御案に不及候。○桂公は小生未逢候が、平井其外愚人仲間の話に、何故か衰弱不復困ると申居候。近日一寸可相尋と存居候。とても末社の面々を率ひて地方遊説なとゝは参るまじくと被存候。○病人の話は是れにて打切と致申候。政界談は先々不申上候。とふぞ〔ママ〕当分は御地にて高地の御見物を希候。○本日は和田維君より貴方様より御托なりとて朝せん〔鮮〕膳弐脚、団扇十、通ひ盆弐為持越、受領候。御心入之御賜物、いつれも難有御礼申上候。直に試用可仕と相楽居申候。本日にてかけばんと称候膳具、即ち朝せん〔鮮〕の此膳の変形したるものと被考候。○令夫人様養替地被遊候由新紙上にて拝見、老妻大に仰景仕候。○先は右申上度、呉々も時御いとひ為国家奉専念候。

忠悳謹具

大正二年六月廿九日

寺内伯爵閣下

〔封筒表〕朝鮮国京城　惣督官邸　寺内伯爵閣下　親展（消印日付）2.6.29。

〔封筒裏〕〆　石黒忠悳（スタンプ）東京牛込揚場町十七番地　石黒忠悳。

〔原史料番号〕①83-28。

37　大正2年11月14日

本月十日付尊書、唯今拝見仕候。寒冷に向候処、御障不被為入奉賀候。大演習には御上京かと存居候て御不沙汰申上居候処、今回は御見合と之事、敬承仕候。さて御内書中、藤田氏之事御尤至極に候。実は愚考には疾に早くとも存居、風〔ママ〕かに意を承候事も両三度有之候得共、当人いかにも熱心にて受け付け不申候て今日に至り候事に候が、今日と相成候ては最早不得止事と被存候。乍併今日之栄地に昇り候も必〔畢〕竟貴閣下之知遇を得候故之事にて於当人も些も無遺憾事、又他よりは寺内伯だからあれまで被用たりとは一般の公評に候。当人も御知遇を得候故に十二分之手腕をも振ひ得、今日之事業も為し得候事に候。さて後任者之儀、内外科其外各科ともとにかくに已に全備致居候事に候。院務を総統いたし候職務に於ては誰か陸軍々医監之古き者にて、内外科之手腕はなきも院務実務統率といふがはに役立候者を御差出被成下候はゝ夫にて可然、但し佐藤恒丸儀、学術といゝ才気といゝ、此者に候得は内科部長を兼ねて立派に院長に候得共、或はまだ少し年齢と重みとが不足とも可申か。左候はゝ一ケ年か弐ケ年間、同人に尚重み付き又世故に慣れ候迄候間、誰をいれ可申か不然は、大西を藤田代りに御差入（尤藤田之如く御重用被成候には不及）、其迹へ佐藤を御廻し被成置候て、一ケ年半か二ケ年を御見合せ被成候ては如何に候やとも被存候が、是は全く即時の浅考にて申上候事故へ、御上京迄には篤と熟考之上可申上候。○山県公爵閣下、近日は頗る良況にて元気能く候。東郷大将は昨日膀胱切開、結石摧出済、経過よろしく、伊東元帥は中々重症にて昨今少しよきとは被申候も、油断出来不申候。渡辺昇子は肺炎にて、一時よろしかりしも遂に薨去に候。○政海はそろ〳〵濤立ち懸け申候。頃日大演習御発輦之当朝、曾我、浅田の挙舞は直に佐藤氏の引わけにて済候も、浅田大将の時と所とを不選発言、曾我子の先づ挙を被出候にて、いつれも陸軍将官として世間に対し汗背之至に候のみならす、増師説には幾分之阻石を並へ候感有之候。○後藤男退会に付ては世上中々論多く、詰る所男の直〔値〕打を少し下け不申候やとの説多く候。○政友会政事勢力ぢり〳〵と襲ひ来り、当年議会にはいかに可相成や。何に付け是に付け、先帝陛下之御事を偲ひ奉り、又今上陛下をして御独りに社稷を御憂ひ思召し玉ふ事を擁し奉り候ては暗涙を催候事、日としてなきことなく被存候。先は不取敢御近況伺旁御答申上候。令夫人閣下へ老妻よりもよろしく申上候。謹具

大正二年十一月十四日　忠悳

寺内伯爵閣下

〔封筒表〕朝鮮国京城　惣督官邸　寺内伯爵閣下　必御直披

（消印1日付）2.11.14　（消印2日付）2.11.17。

〔封筒裏〕石黒忠悳　（スタンプ）東京牛込揚場町十七番地石黒忠悳。

〔原史料番号〕①83-29。

38　大正3年6月23日

御帰任後益御健康大賀仕候。久々之御不在ゆへ、種々緊用御蝟集之事と被存候。何卒一図に御当りなく除に御処決可相成、精神を急、頓に御過労不被為在様専念仕候。○藤田之件、同人も今度は全く時機已に熟し、此後久居すれば却て名声を損事等思当り候様子にて、後任者の定まり候を悦居候様子に候。承る所によれば、官制に関し即時難被行や之由、成可く早く御交迭〔更〕可然と存候。○此手紙認候時、恰も六月九日付在独少佐殿より之はかき到着、馬傷も已に全癒、已に御出勤相成居候と之事に候。御安心可被遊候。愚息忠篤儀もシベリア行より変し、来月一日横浜平野丸にて印度を経て渡欧之事に仕候。○本日は大隈総理之施政方針演述にて、衆議院には質問続出候も惣理中々余地ある一種にて骨なき容体にて、頗るおもしろく候。尾崎法相之東京教育会に於ける演述之問題は大ぶ〔分〕難問題と被存候。此回中にいつれよりか出可申と被存候。○先は右申上度、令夫人様へ老妻より別てよろしく申上候。謹具

大正三、六月廿三夜　忠悳

寺内伯爵閣下

〔封筒表〕朝鮮国京城　惣督官邸　寺内伯爵閣下　御直　六月廿六日接　正毅　（消印日付）3.6.24。

〔封筒裏〕〆　石黒忠悳　（スタンプ）東京市牛込区揚場町十七番地　石黒　（消印日付）3.6.27。

〔原史料番号〕①83-30。

39　大正3年7月28日

貴地は如何に候や。当地は三日前まで日々九十度已上の暑気にて二十年来になきとの事、然るに一昨日驟雨、爾来八十度辺に下り大に凌好候。高堂益御多祥奉賀候。さて藤田事も弥後任就任相成候に付ては不日交代可相成、同人事是迄首尾能相勤め今日之位置に至候も、必〔畢〕竟貴閣下御高庇之故と恭謝仕候と共に、上京候はゝ親敷可申聞候。同人事哲学的之素養頗る否皆無之者故に、今後処世之上に於て已に亨け候栄位を辱しめさる様精々注意は可致も、其出立に臨み貴閣下より厚く御戒告被下度、小生

より相願候。稍もすると益とか利とかにへ〔ママ〕走懸り不申候やと懸念仕居候。新任芳賀儀も先日来親敷話試候に、大分現世と隔り候感も有之候間、出発前大学其外之牛耳を握り居候輩と聯絡するなと致注意呉候が、元来北方出之者ゆへ機敏と不参候間、其辺は十分御叱正被下度相願置候。先は暑中御見舞旁申上度、時気御いとひ奉専念候。謹具

大正三年七月廿八日　石黒忠悳

寺内伯爵閣下

〔封筒表〕朝鮮京城　惣督官邸　寺内伯爵閣下　親展　七月廿一日　要保存　正毅　（消印日付）3.7.28。

〔封筒裏〕石黒忠悳（スタンプ）東京市牛込区揚場町十七番地　石黒。

〔原史料番号〕①83‐31。

40　大正3年8月7日

唯今電信相達、拝見仕候。炎暑之節益御健栄恭賀仕候。さて欧州之事実に意外、定めて種々御心配拝察仕候。怍も恰も紅海航行中にて、何不知して十二日にスイスに着候てびつくり可致と被存候。〇芳賀軍医正明日出発、所々巡視参京可致、何分宜敷奉願上候。〇池田少介〔正〕、先日来上京、平井其外に頼み診療為診候。平井はとても不治に付、可相成早く帰郷、天命を可静得と申候も、当人中々不守呉、在京候故に、肥田に頼みラジウム療法試願候。其節岩崎へ小生に頼呉候様被申候も、小生従来岩崎とは少も知り合に無之、元来小生頑固にて不相変頭を下け頼み候事は頗る心に不安、加之ラジウムは金塊より貴しと信居候小生に之を頼むは金を借るより苦敷候間、固拒致居候事に候間、折角之御電頼に候へ共、小生其間に立候事は御断申上候。此段御諒察可被下候。尤池田えも其事は申遣申候。先は右御返事申上度、暑気御厭奉専念候。謹具

大正三年八月七日夜　石黒忠悳

寺内伯爵閣下

二白　岩崎へは高田慎蔵を以て頼込候も被拒（家法不許とて）候事にて、とても小生なとの手には叶不申は明かに候。和田維四郎は同家の顧問に候付、同氏ならは御承可申と存候。

〔封筒表〕朝鮮京城　寺内伯爵閣下　御直　八月十日　正毅

返事済。

〔封筒裏〕〆　石黒忠悳　（スタンプ）東京市牛込区揚場町十七番地　石黒　（消印日付）3.8.10。
〔原史料番号〕①83-32。

41　大正3年8月17日

尊書敬読。暑気御障不被為在奉賀候。さて欧州開戦に付ては御令息様御儀いかに被成候や、案しられ候まゝ陸軍省に来候も不詳、一般独乙留学生弐百人許中には夫婦連之者も有之、実に被案候も無致〔ママ〕、唯々大使館之処置に倚頼候より外無致方、尤南独逸之方は普国とは大に人情を異に致し居候ゆへ、多分は南へ転可申候とも申居候。御令息様之如きは普通留学とは其趣を同せす候間、右等之御心配なきと共に御責任も重く、旁以御案之儀御察中上候。愚息は明十八日にはマルセーユ着之日割に候間、二十一日頃までには着之電信可参候と存候。○池田少〔正〕介儀漸々不宜（当人は癌と為知候も、何分死ぬ心になれさる様子に候）、両三日前より全然流動物なぞは通し不申、誠に気の毒に候。帰宅と自家にて安く〔ママ〕為瞑目度処、中々頑張り居金生館に寓し、日々軍医学校にてラジウム療法を受居申候。○昨日独乙との交渉発表されたるも、市中は平穏に候。唯輸入品一般騰貴、尺四方の板カラス一枚にて十二銭も高く相成、それにつれ台湾にて出来候砂糖まて上り候次第に候。○近日風雨ありしも稲作は上々吉にて、各地とも豊穣を期居申候。○岩崎云々、是は無致方候。書画之内にても他の為めには一毫を不与といふ風あるやに被存候。池田之事も初めより全然いけざる事は相分り居候事にて、往々おじぎして頼候ものか馬鹿といふ位に候。御高察可被下候。○右申上度、時節柄殊に御自重専念仕候。令夫人閣下へ老妻より厚く入書申出候。謹具

大正三、八月十七朝　忠悳

寺内伯爵閣下

〔封筒表〕朝鮮国京城　寺内伯爵殿閣下　御直披　八月廿日接　正毅　（消印日付）3.8.17。
〔封筒裏〕〆　石黒忠悳　（スタンプ）東京市牛込区揚場町十七番地　石黒　（消印日付）3.8.20。
〔原史料番号〕①83-33。

42　大正3年8月29日

陸軍省にて承候得は、在独武官は不残和蘭を経て英国へ被参候由、付ては御令息様も御一所との事故、安心仕候。

愚息儀も予定通マルセーユえ十八日着、同処にて当方より之電信披見、直にロンドンえ相向け候由申来候。今日頃はロンドン着、御令息様にも拝芝致居候事と被察候。○意外に戦雲重畳、遂に東亜にまで波及候次第、都下一般之人気、なんの蕞爾たる青島がといふやうなる侮軽之心を持候者多く、もしや交戦上初頭に不利なる事もあらば大に人気阻喪不致やと被案候間、青島は小なるも陰に独墺之大なるありと常に警告に相勧め居申候。来る三日には又々議会召集と之事にては各派とも申合済、ほんの形式的之全会一致と被存候。又左もなくては不出来事と被存候。○田中義一少将、先日来修善寺に静養、当人は何ともなしと唱居候も、いつれには病根は不蟠居やと被案候。池田少介〔正〕はラジウムにて此両三日大によろしと申居候も、前途有限事と気之毒に候。近日は夫人も上京被致、肥田軍医正之熱心なるラジウム療法は当人には無此上幸と被存候。○福羽一門皆健、御安意可被成候。右申上度。敬具

大正三年八月廿九日午前

本日は雨にて気温俄降、七十六度に相成候。

石黒忠悳

寺内惣督閣下

〔封筒表〕朝鮮京城　惣督官邸　寺内伯爵閣下　御直　（消印日付）3.8.29。

〔封筒裏〕〆　石黒忠悳　（スタンプ）東京市牛込区揚場町十七番地　石黒　（消印日付）3.9.3。

〔原史料番号〕①83‐34。

43　大正3年10月27日

遂日冷気相成候処、益御健栄奉賀候。於英国寿一様にも御健全之数々、愚息又は穂積重遠等と御逢に候事忰より通信有之、又御当人よりも御はかきいたゝき申候。不遠御帰朝可被在〔ママ〕と御待申居候。○福島大将も明日頃より九州中国え向け出立内地旅行いたし、十二月中旬迄は巡候由に候。愚考には此際あまり活潑之挙動はいかゝと被存候。御手紙之御序も候はゝ、御高見何卒被遣〔ママ〕と存候。名を知られ候者は出処進退之際はいろ／＼不慮候ては意見之誤解を被来候事と存候。○近日になり大隈内閣之あらゝしき事ぽつ／＼唱出され候か、議会はどうか平穏に致度と存居候。○先は御近況伺度、冷気に向ひ候際は別て御注意御保養を専念候。謹具

大正三、十月二十七日　　石黒忠悳

寺内伯爵殿閣下

〔封筒表〕朝鮮京城　寺内伯爵殿閣下　御直披　十月卅日
正毅（消印日付）3.10.27。

〔封筒裏〕〆　石黒忠悳（スタンプ）東京市牛込区揚場町十
七番地　石黒（消印日付）3.10.29。

〔原史料番号〕①83-35。

44　大正3年11月23日

益御多祥、頃日は大演習御参観にて御帰省被成候由、大賀仕候。御東上不相成事はさすが御達見と感佩仕候。さて先日在英愚息より之内書によれは寿一君と度々御逢語申、児玉友雄氏とも会談、寿一君帰朝後之事など懇話之末、迎妻之事すゝめ候に、初めは中々当分不要との一点張之処、度々懇話之末、帰朝候はゝ早々可迎と之内話に迄相運ひ候に付、帰朝逢語之時体よく老生よりすゝめら れ度くとの極秘として申越有之候間、帰途御地にて御逢相成候節は、其積にて御話之序、よき機会に東京へ行たら先輩や友人とも話し、よめも尋ねたらよかろうといふ位之極めてさつとした確答を不要御談有之候はゝよろしかるべくと被存候。此段心付き申上候。当地にては柴田君にも内談可仕置と存候。○在郷軍人会之儀頃日詔勅も被発候儀、旁爾後は省外之人を御要之儀と存候。是等に配当すへき軍人之常人と双方之事によく通し候壮年輩、御尋ねにて御苦心之事と拝察仕候。動もすれは政党等に利用され候弊を生候事、頗る可慮事と被存候。先は右申上度、向寒之節益御自重を専念仕候。謹言

大正三年十一月廿三日　　忠悳

寺内伯爵閣下

〔封筒表〕朝鮮京城　惣督官邸　寺内伯爵殿閣下　必親披
（消印日付）3.11.23。

〔封筒裏〕石黒忠悳（スタンプ）東京牛込揚場町十七番地
石黒忠悳（消印日付）3.11.□。

〔原史料番号〕①83-36。

45　大正3年12月26日

寒気之節益御勇健奉賀候。当方無事御省意奉願候。さて議会も昨夜弥解散、為国家又々旧予算とはさて〳〵と被存候も、無致方候。○寿一様御無事御帰朝、大賀仕候。早速御目にかゝり候も、また染々と談合候時間なく、い

つれ此年内に一夕ゆる〳〵と逢語候て、縁談之事も熟談可仕と存居候。児玉伯には先日逢語懇談仕置候。児玉伯夫人には今日御話いたし置候。近日得能未亡人にも逢ふて話し置度と存候。何に致せ先之事は常軌外に付、其辺十分行届き居不申候てはとかく邪摩とか妄信とかに被妨候故に、いろ〳〵心配に候。○先日は令夫人閣下尊賀〔ママ〕被下、其節は大鐘御送被下、いかにも珍品にて恐入候。ゆる〳〵拝観候に、時代中々古く、加之全く韓国製造の兆を表居瑋き物に御座候。厚御礼申上候。○先は右御礼申上度、寒気御いとひ御健にて御重歳を奉専念候。

大正三年十二月廿六日　況翁

寺内貴爵閣下

二白　寿一様御事昔日と其思考一変せられ候と申事、親しき人々認め喜居候。

〔封筒表〕朝鮮京城　惣督官邸　寺内伯爵殿閣下　御直披
十二月廿九日接　正毅（消印日付）3.12.26。
〔封筒裏〕〆　石黒忠悳　（スタンプ）東京市牛込区揚場町十七番地　石黒　（消印日付）3.12.29。
〔原史料番号〕①83–37。

46　大正4年1月9日

尊書拝読。御健栄御越年奉賀候。御留守邸令夫人閣下御始御厚寧御越年、御安心可被遊候。御令息御儀、御帰朝後は惣て御一変にて、夜間も遅帰り等はなく、たま〳〵山口子爵方は夜話に御出迎候事やに候。夫人之事も心当り一、二申上候も、いつれも及第に不到、尚所々探索中に候。いつれえ申上候にせよ、先方にて一書当方へ探りを入候処は得能氏と被存候故、本日も得能後室之閑居を訪、それとなく少話参候が、毫もわるき感情は不被持居候間、大に安心仕候。尤寿一君も已に両回訪問被致候由、又頃日は得能当主人と会食にも有之候と被悦居事に候。○本日笄町御邸にて御近揮之富士と松原之画を拝見仕候。高雅と可申、感佩仕候。○先日御送被下候古鐘は、尊書にて支那物様に有之候も愚見には韓物かと被存候。古雅可愛ものと珍重仕候。○本日之新聞には、来月にも相成候はゝ御上京可被為在やに記し有之候。議会はなく各方面とも選挙に級〔汲〕々たる時節に付、却て御上京にはよろしきかとも被存候。昨日之地方官交迭〔更〕も前日之内相専任等に候。今度は政府もうんと臓〔ママ〕を出され候事と予想被致候。磐洲翁もとふ〳〵入閣、是では杉田翁も尚前途に望を抱かるべく被存候。人の変遷相遇はいろ〳〵之ものと被観候。○先は御近況等伺度旁一書呈上仕候。寒気被為厭度奉専禱候。

大正四年一月九日　　忠悳拝啓

寺内伯爵閣下

〔封筒表〕朝鮮国京城　惣督官邸　寺内伯爵閣下　親展　（消印日付）4.1.9。

〔封筒裏〕〆　石黒忠悳　（スタンプ）東京市牛込区揚場町十七番地　石黒　（消印日付）4.1.12。

〔原史料番号〕①83-38。

47　大正4年3月4日

寒気強候処、益御多祥奉賀候。さて寿一君嫁之儀、華族はいや、廿才已下いや、と之事、いろ〳〵聞合候も適当之者なく、困入候。然る処

伊豆韮山江川英武三女

二十一才

在東京牛込弁天町別荘

東京女学館卒業

右之者儀、才色共に秀居、其性頗る良なるを知候間、先般児玉国雄君之よめ被求候節提出候処、同家にては右之人弱き由にて選に不入、其後親敷其家出入之者に聞合、又医家に問ふも弱きといふ事は無之と之事にて、愚考には是は良好之者と信候間、本日寿一君えは如何と相勧め置申候（尤先方にてはくれるか不呉かは予知難致候も）。尚其人之姉は法学博士山田三良之夫人に候間、金井延君等に可申遣御探知可然と被存候。○乃木甥玉木正之儀、先妻離縁後久しく相成候間求妻之事すゝめ候処、予備砲兵大佐椿晃長女二十二年之者有、椿之妻は山内長人男之妹に有之、此者をもろうふては如何と相勧め候人有之候由にて、貴方様へ伺ふて取極め度と申居候。当人より申上候はゝ、何分之事御示相成度候。

一　内地は選挙之為内閣大臣も惣懸り、次官も起つ役人も起つ、首相、法相之御演述は蓄音機にて八方え為聞るといふ仕合にて、殆と国務は選挙一方にて、大臣之内半分は地方巡回、其巡回は即ち遊説といふ工合、他は御高察有之度候。惣ての事が利害之有無を百年之後に考候やうなる昔片気はとても一時其時〳〵之曷〔喝〕采を博候片気〔ママ〕と大に違ひ候間、書斎に引籠り候より外無致方と被存候。

先は前段之二項御聞に入度、時気御自重為国家奉専禱候。

大正四年三月四日　　　　　　　　　　　　忠悳

寺内伯爵閣下

〔封筒表〕朝鮮京城　惣督官邸　寺内伯爵閣下　必直披　（消印日付）4.3.4。

〔封筒裏〕〆　石黒忠悳　（スタンプ）東京市牛込区揚場町十七番地　石黒　（消印日付）4.3.7。

〔原史料番号〕①83-39。

48　大正4年3月21日

益御多祥奉賀候。然は老生親族西脇済三郎（越後多額納税者之壱人にて身元は頗る鞏固、且当人は久敷英国に留学罷有候者）御地え罷出候に付、御用閑之時、貴閣下え拝謁被差許度、小生より相願呉候様悃請に付、差出候。御逢被下候は丶、老生之光栄に候間、供々相願仕候也。

大正四年三月廿一日　　　　　　　　　　石黒忠悳

寺内伯爵閣下侍曹

〔封筒表〕石黒忠悳　寺内伯爵閣下　付西脇済三郎。

〔封筒裏〕〆　（スタンプ）東京市牛込区揚場町十七番地　石黒。

〔原史料番号〕①83-40。

49　大正4年4月10日

御機嫌克御上京奉賀候。早速参昇可仕候処、先月末之宿痾兎角不宜、今日惣理大臣邸午餐会も、十一日、十三日之参拝も、何分正装佇立に不相堪と被存候故に、御断申出候次第に候。十二日には押ても病院へ参り、看護婦之為め昭憲皇太后陛下御遺徳講話可仕候為、其前参邸可仕と相伺候処、同日は閑院宮殿下へ被為伺候由、付ては其後に於て参上可仕候。○京城にては西脇済三郎御逢被下候而已ならず、同人発熱之事被為聞、特に医官まて御遣被下候趣、本日同人より申越、何とも無申上様御懇切之御待遇被下、重々難有御礼申上候。御庇にて順快各地を巡り可致帰京旨、申来候。○右申上度、いつれ不日参上、縷々申上。謹具

大正四、四月十日午前　　　　　　　　石黒忠悳

寺内伯爵閣下侍曹

二白　宿痾之儀荏苒には候へ共、幾分つ丶かよろしく、且又必要に無之候得は押て外出も出来候事故、御案不被下候様奉願上候。

〔封筒表〕市中麻布笄町　寺内伯爵閣下　侍曹（消印日付）

4.4.10。
〔封筒裏〕〆　石黒忠悳　（スタンプ）東京市牛込区揚場町十七番地　石黒　（消印日付）4.4.10。
〔原史料番号〕①83–41。

50　大正4年7月18日

昨今は俄暑気強く、日々書斎も九十度を超候次第、貴館益御健栄奉賀候。さて御帰任後彼の令息婚事に関し令夫人も不一方御心配、又老生輩も乍不及偵探〔探偵〕候も適当之人なく、困入候。可相成華族は避けて学習院之出身にてと之事は随分六ケ敷注文とも被存候も、尚いろ〳〵聞合居候事に候。○政海も中々風波之すさみ候様子之処先々鎮静、為国家慶候。併し此後冬議会までにいかに可有之やと危み候向も有之様子に候。○陸軍参政官も先に陸相御答通り軍人にて被充、幸に候。併三浦は歳費と恩給とを合候得は副参政官になり候為、幾分減額、加之同志よりはなせ別に入つたかとの小言も有之候由にて、全く陸軍に対しての御奉公と申居候。○目白公爵も意外に出来能く、少も盛暑にも不被屈、大健栄に候。○先は久々に御近況伺度、為邦家御自重を専念仕候。謹具

大正四年七月十八日　　忠悳百啓
寺内伯爵閣下侍曹

二白　愚息忠篤儀、米国を経て去る五日帰朝仕候間、乍序申上置候。不相変御厚庇を奉願上候。
〔封筒表〕朝鮮国京城　惣督官邸　寺内伯爵閣下　御直披
（消印日付）4.7.18。
〔封筒裏〕〆　男爵石黒忠悳　（スタンプ）東京市牛込区揚場町十七番地　石黒　（消印日付）4.7.21。
〔原史料番号〕①83–42。

51　大正4年9月11日

不順之気候に候処、高堂益御健栄大賀仕候。御地始政紀年会幷共進会御開、定めて御多用拝察仕候と共に、会後に於ける国民之進歩にぞ見るへきものあるを信申候。赤十字会も御開にて、小澤男、長崎君等、惣裁殿下に拝陪、渡鮮各地をも被巡候由、好都合と被存候。○本日柴田君に逢ひ、御令息嫁御之事問合候処、壱人適当者と認め候者有之候も、井上侯之件などにて差延に相成居候間、近く取調提供すへく被申居候。○十一月御大礼にて御帰京可相成、其節迄にはせひ定り候候補者を得度と探し居候。

○先は久々之御近況伺度、時気御自重奉専念候。

九月十一日　　忠悳頓首

寺内伯爵閣下

令夫人様へよろしく妻より申出候。

○小生明朝出立、浜松泊、明後十三日之名古屋之乃木講演会に参申候。

〔封筒表〕朝鮮京城　惣督官邸　寺内伯爵閣下　親披　九月十四日　正毅（消印日付）□.□.11。

〔封筒裏〕石黒忠悳（スタンプ）東京市牛込区揚場町十七番地　石黒（消印日付）4.9.14。

〔原史料番号〕①83-43。

52　大正4年9月19日

尊書敬読。不順之時候に候処、益御勇健被為入奉賀候。○老生去る十二日には浜松、十三日には名古屋て乃木将軍追憶談いたし候処、浜松は六百人、名古屋は二千人にて、両所とも大当に候。名古屋にては大庭師団長閣下も一席被演候。然るに其会場まて東京新聞社より電話又は電報にて乃木家再興之事幷可否等問来候間、一切は関係等已に恩命下り候上は一言もなく、唯感泣する而已と申置候。十六日に帰京候処、世論頗るやかましく、十八日之新乃木伯華館に於ける夕食招請なと、凡八十名之招に来会者三十余名と申事にて、来会者之内此にて記憶候は、岡陸相、川村元帥、山根中将、山根男爵、菅野少将等にて、学習院之小笠原氏も大迫氏も不被参候。澤柳氏、井上氏等特に新聞上之立論被致候も、身分柄として感心不致候。○共進会始政五年紀年会には御招状被下、難有奉存候。よき同伴者を見付け、膝栗毛式にて十月中旬頃に参観仕度存居候も、如何可相成候や未定に候。○立花俊吉、チュヒス〔ママ〕にて一時は頗被案候兆候之処、昨今佳良、先性〔生〕命には無障と安心仕候。○当年之議会はかなりやかましかるべく被推候。政府当局者兎角其時一時凌きの計策多き故に、いつも却て難凌場合に立至り候様被存候。先は右申上度、御自重奉専念候。

大正四、九月十九日　　忠悳

寺内伯爵閣下

〔封筒表〕朝鮮国京城　惣督官舎　寺内伯爵殿閣下　御親披　九月廿二日　正毅（消印日付）4.9.19。

〔封筒裏〕〆　石黒忠悳（スタンプ）東京市牛込区揚場町十七番地　石黒（消印日付）4.9.22。

〔原史料番号〕①83‐44。

53 大正4年9月20日

乃木家一新之一条、漸く世論を引起申候。中には此問題を以て種々方面攻撃之材料に供候輩も有之やに被察候。老生なとへも各所より電文、電話、又は訪問等にて忙敷程に候。小生は確と旧乃木家は十二日午後十二時にて相続願出人なきに付絶断、猶此故希典将軍之素志達し遺言通す。聖上陛下は故希典之勲功を御追思被為在、又先帝陛下の希典を御愛し被為在候御大心を御追憶被為在て、新き伯爵家を御立被遊、之にて故乃木家の祭をなさしめ玉ふ深仁なる御大心に対し奉り感泣之外無之と存候間、其段各方面え表言致居候。○伝聞によれは貴閣下より玉木え乃木系譜其外引渡方を速くすべく御申遣との事（真か訛か不詳）有之候得共、是は御急き相成候と却て世論を引起し可申に付不宜と被存候。此はいらぬ差出口と御考可有之も、心付き候事不申候ては不忠と此申上候。何でも来月一日頃は此事に対し大演述会でも有之やにも噂致申候。歎息之至に候。敬具

大正四年九月廿日　石黒忠悳

寺内伯爵閣下

二白　小生持説は本日第一先之参候中央新聞社え遣候間、掲載と被存候。

〔封筒表〕朝鮮京城　惣督官邸　寺内伯爵閣下　必御直披　九月廿二日　正毅　（消印日付）4.9.20。

〔封筒裏〕〆　石黒忠悳　（スタンプ）東京市牛込区揚場町十七番地　石黒　（消印日付）4.9.23。

〔原史料番号〕①83‐45。

54 大正4年9月24日

秋気漸催来候処、益御健栄大賀仕候。紀念祭幷共進会にて御来客も多く、定めて御多用と拝察仕候。さて小生儀、去る十三日名古屋乃木講演会に参り十六日帰京候処、其間於十三日毛利元智氏被命伯爵、同日改氏乃木を被冒候に付、名古屋へ長距里電話等にて東京と大坂より小生之意見徴来候も、勅命之辱きに対し別に無意見と申置候。帰京後も続々問来候間、之に対する意見述遣候も、いつれ之新聞も今迄に認帰候ものか皆出し不申、夫は激論でなく極めて平穏にして論資《ママ》に不相成故と被存候。唯二十三日之時事新報丈け其大意を掲け申候。新聞雑誌言論界

にては此件をよき種として、種々之方面に対して横議いたし候事に可相成と、此後之事被察候。〇小生輩容喙すへき事には無之候得共、毛利家即ち新伯爵乃木家に於て玉木、大館之外乃木一族に対し、丸で没交渉ならばいさ知らず、苟も交渉するとする已上は極めて親密に、極めて謙遜に、極めて敬意を表されぬと不可復誤解や齟齬を可生に付、其辺之処は貴閣下よりも被仰遣度希候。今日と相成候ては、との道に致せ、聖意を不辱事に相尽し不申候ては遂に皇室之恩域〔ママ〕を損候結果に可到と案居申候。先は右申度。敬具

大正四年九月廿四日　忠悳

寺内伯爵閣下

立花俊吉、一昨日は実に危篤之処、昨朝より聊か好兆を呈候。とうぞつゞかせ度禱居候。

〔封筒表〕朝鮮京城　惣督官舎　寺内伯爵閣下　親披　九月廿七日正毅　（消印日付）4.9.24。
〔封筒裏〕〆　石黒忠悳　（スタンプ）東京市牛込区揚場町十七番地　石黒　（消印日付）4.9.27。
〔原史料番号〕①83-46。

55　大正5年1月13日

御上京に付ては早速参候可仕処、小生十二月来腸カタルにて引籠り居、于今流動物を食し居候次第、外出を不得依て参候不致得候間、此段宜敷御諒恕被下度奉願上候。尤十七日之議会迄にはぜひとも登院可仕と専ら加養仕居候次第に付、御案不被下様奉願候。謹具

一月十三日　石黒忠悳

寺内伯爵閣下侍曹

二白　頃日は令夫人様特に御見舞被下れ、難有御礼申上候。

〔封筒表〕市中麻布区笄町　寺内伯爵閣下　侍曹御中　（消印日付）□.□.3。
〔封筒裏〕〆　石黒忠悳　（スタンプ）東京市牛込区揚場町十七番地　石黒　（消印日付）5.1.□。
〔原史料番号〕①83-47。

56　大正5年1月19日

昨日二十一日ふりにて外出、議院に参り、帰途可伺と存候処、先々と帰宅候に、昨夜は又不宜、今日は引籠り候仕合、為に今度は御滞京中不可伺候間、御海容被下度候。

○伯爵松平直之（旧厩橋藩主）之娘当年十九才之もの有之、評判よき嬢之由に候。御参考までに申上置候。○議院兵器払下質問中々やかましく、目賀田、倉富等の問、其急処にも当り居候も、国交と殊更戦時必要品之交付といふ点に付て先一考を要度もの、議場之開き居候処にては陸相も弁被兼候処も可有之に付、秘密会ても開き胸襟を披かれ候はゝ速に疎通可致被考候に付、昨日限〔ママ〕主計局長へ其段相話置申候。今日は出頭、右之質問之続きを聞き、よき程にて動議をも可出と存居候処、病引といふ次第、御察被下度候。右申上度、病中乱筆御高恕奉願上候。日々之御苦労奉拝察候。何卒為国家御自愛奉専念候。謹具

一月十九日　忠悳

寺内伯爵閣下

〔封筒表〕市中麻布区笄町　寺内伯爵閣下　御直披　（消印日付）5.1.19。

〔封筒裏〕〆　石黒忠悳　（スタンプ）東京市牛込区揚場町十七番地　石黒　（消印日付）5.1.□。

〔原史料番号〕①83-48。

57　大正5年2月6日

当年は当地之外々暖く候。御地はいかゝに候や。先般は魯国大公御接伴にて御上京之処、病中とて不伺得、大失礼仕候。無御障御用済御帰任奉賀候。老生義荏苒不宜、押て議院に出席候にとても不宜故、本月一日より絶体〔対〕流動食にて静体可致旨、平井君より被命、五日間相守候処頗る快方、本日より些少之粥と一片之パンとを被許候次第、体重も二貫五百目減申候。乍去先つ快方に向候間、此後一周〔週〕相立候はゝ一寸議院へ可被出と被存候。御案被下間敷候。○山県老公頃日上京、其翌日より大腸カタルにて一日二十行之下利〔痢〕、腹痛、脈も亦わるく、平井も大に心配し、カンフル注射等いたし候て脈も直り候も、何分老体之事故に平井に往々小田原より安広を呼ひ付被致候処、段々回復、脈もよくなり、又精神もはつきり致し候も、昨日も尚八回之下利〔痢〕有之候。もはや御案には不及と存候も、何分老体故に、油断不相成候。○貴族院之対政府件も先落着申候。明日之予算惣会へ小言付きて原案可決と可相成候。○真鍋男爵、まだ依然入院加療にて、岡陸相は議会中実によく病を押され候ゆへ、議会了り候はゝ今度は十二分之保養必要と被存候。蒲柳之質

被察候。○先般御話有之、一旦御断相成り候、旧富山藩前田利同子之娘は、幸に極親近之者より承候に、よほどよろしき様に被存候。一旦御断相成候ものゝ、尚御再考ありては如何と心付き候故申上候。先は右申上度、時気御自重専念仕候。謹具

大正五年二月六日　石黒忠悳

寺内伯爵閣下

二白　山県公病状は貴夫人より御地えは詳報可有之と存候も、前文之趣、政務惣監閣下へ御話被下度候。

〔原史料番号〕③66-30。

58　大正5年2月7日

一昨日申上候山県公病気、一昨日はまた八回下利〔痢〕有之候も、本日は夜来二回と相成、頗る佳兆に候。此分にては先不可案と被存候。痩せ鶴もどこか丈夫之処有之ものと被存候。○小生も病気故、去る三十日より議院を断り不参仕居候。今日之予算惣会に、尚又河村氏より乃木問題之事質問出候。同人は戸籍法に御座候故、戸籍上の知識を発揮候ものと被存候。倉富君の陸軍兵器売却に付ての質問も、其所学の精を発揮されたる事之由に候。とかく学問はあり過ると常軌を脱候観有之候。○今年は貴院中々やかましく候も、先此位にて止み可申と被存候。○公爵病状、七日限に候。敬具

二月七夜　忠悳

寺内伯爵閣下

〔封筒表〕朝鮮京城　惣督官邸　寺内伯爵閣下　御直披。

〔封筒裏〕〆　石黒忠悳　（スタンプ）東京市牛込区揚場町十七番地　石黒　（消印日付）5.2.10。

〔原史料番号〕①83-49。

59　大正5年3月4日

聊春暖相催候処、益御健栄大賀仕候。笄町にも御揃御安全、御省意可被遊候。さて令嗣縁談之義に付ては令夫人も不啻御心配、折々尊駕御相談も有之老生も不尠心配仕候も、いつれも呈出之分は否決といふ仕合、いかにも無致方候処、児玉伯も近く帰鮮可相成付、同伯在京中何とか決定不致候ては大に催促も致候処、昨日も電話、今朝は老生も病を押て児玉家へ参、令夫人とも相談

東郷安の妹　宮岡の二女

京都山本子の娘　石井外務の二女

之内いつれかとの事談合、此人々を呈出、当人に為選候て、其定まりたる人を尚取調へたりといふ事に略相談置申候。尤伯爵は不在に候。当人もいろ〳〵望は申もの、何を申ても二度目は当人御家之事、先妻の事故等有之候故、先方にても十か十直にうんとて申ましく、当人は此方より呉ろと頼むのはいや、先方か費〔遣〕ふに呉れろと申者などゝは申候も、それは中々無之候。詰り中に立つ者の取計に任せ候より外無之候。○議会も先つ相済候ものゝ、当年は老生は十二月来の腸病未癒、今日にて七十余り、朝粥にスープ、昼ハン〔パ〕ン一牛乳、夕粥スープといふ仕〔ママ〕候。床より議院に出、帰りて床に入候次第、終に末期には議院にも不出得候。貴族院も騒敷かりしも、大山嗚動鼠一疋といふ謗を不可免と存候。○山県公爵、于今不宜候。平井とも日々電話にて話居候が、老体故に此病を出られ候はよいがと過慮仕候。○倅肺炎にて一時危かりしも、幸に坂を越先づ経過よろしく候も、尚両名之看護婦を附置申候。其節も閉口之年に候を、父子とも先々快方に向居候間、御省意奉願上候。先は久々にて一書呈度、時気御自重為国家奉専念候。

大正五、三月四日　忠悳拝

寺内伯爵閣下

〔封筒表〕朝鮮国京城　惣督官邸　寺内伯爵閣下　御直披

（消印日付）5.3.4。

〔封筒裏〕〆　石黒忠悳　（スタンプ）東京市牛込区揚場町十七番地　石黒　（消印日付）5.3.7。

〔原史料番号〕③66–15–2。

60　大正5年4月19日

其後御不沙汰申上候。春暖之候益御健栄、御留守宅にても皆様御安平奉賀候。次に小生も去月十八日より外出、悴も幸に危を免れ近日は看護者をも去り、昨日より試に外出し得られ候次第、御安意奉願上候。小生議会丈けはと存押て登院いたし居候も、三分の一位は終に不得登院に至申候次第に候。併し現時は全く回復仕候。○山県老公一旦小田原に被帰候も、又々血尿（原因不明）幷に肺之一部に障害有之、動もすれは発熱被致甚被案候処、昨今は稍よろしき方に候。併し当年は大に弱られ候兆顕れ申候。所謂齢には勝て不申候。○岡中将、昨今何分不宜候。当人には不為知候も、平井之所見にては胃癌と被診候。但し極秘に致居候間、御他漏被下間敷候。長くて当年中保ち得可申か、事によると意外早く病機か進と、竊に案居申候。第三十七議会には真鍋参政官は丸々入院、次官は表向之場には出られ不得、三浦では位置か不満というふ訳から、丸々病を押て被出居候ゆへ、病機大に早め候次第、是ぞ真に職務之為め命をちゞめられ候事にて、他の大臣の党派の拡張之為めや、故郷え錦を飾り候為めにわい〳〵巡り候輩とは丸て事を異に致候訳、たとへ引退されて臥し居候とて、何か特別之御遇し方はなきものかと竊に案居申候。斯る事に逢ふ毎に、宮中にかゝる事に心を用ひ候人乏しき時は遂に皇室と臣下人民之関係上段々溝壁を深く又高くするに不至やと、杞人之憂を抱き申候。○真鍋腎臓病依然不癒、入院罷在候。口は十二分に用立候も、身体は健全に至り不申候。児玉淳一郎は段々迫り申候。○病人之御事のみ申上、大失礼仕候。森惣監も御庇にて円満に退き、鶴田も進み、御礼申上候。此程も師団長会議之内衛生部に関する二、三師団長の説を伝聞候に、物質的科学に乏しき師団長より衛生部に対する評論批責等には随分無理之事もありて、医務部当局者も壮にして重からさる時は随分難儀と被察候。○御よめ様之事いろ〳〵心懸候も、適者なく困居候。次回御上京迄には幾多之候補者を捕置度と心懸居候。○先は右申上度、時気被為厭度、為国家専念仕候。謹具

大正五年四月十九日　　　　石黒忠悳

寺内伯爵閣下

〔封筒表〕朝鮮国京城　惣督官舎　寺内伯爵閣下　御親披

（消印日付）□.4.19。

〔封筒裏〕〆　石黒忠悳　（スタンプ）東京市牛込区揚場町十七番地　石黒　（消印日付）5.4.21。

〔原史料番号〕①83‒50。

61　大正5年4月26日

春暖之節益御康寧奉賀候。御留守宅御無事、御省意可被遊候。○山県公爵近日小康、此分にては先つよろしかるべきかと被存候。○真鍋は退院、明日頃出立、別府へ参候積に候。是は今日位之処て止り可申、全治は難期ものと被存候。○岡前陸相は穏に候得共、病機は進む而已にて退候事は有之間敷、是は誠にお気之毒に被感候。○よめ御取り之儀、令夫人不一方御心配に候得共、まだ見当り不申候。承り候処によれば六月には御上京との事に候間、夫迄には多少候補者を儲置度ものと被存候。候補者

之内より選定、高圧的に御当人に御あてがい被成候より外有之間敷候。○先日は朝鮮古蹟帖弐冊、惣督府書庫所より御送被下、難有御礼申上候。○先は御近況伺度、時気御自重奉専念候。

大正五、四月廿六日　忠悳

寺内伯爵閣下

〔封筒表〕石黒忠悳　寺内伯爵閣下　御直。

〔封筒裏〕〆（スタンプ）東京市牛込区揚場町十七番地　石黒。

〔原史料番号〕①83-51。

62　大正5年5月24日

清和之節益御多祥大賀候。御留守宅平安、御放意可被遊候。○山県老公には折として尚血色尿出候も熱もなく、此分にては御心配不及と被存候。伊三郎君帰朝後別に無異状候。○岡前陸相はどうも盆頃までのものではなきやと被案候。先日御見舞品等賜り、感悦被致居候。○来月は御上京可相成と之事ゆへ、御待申上候。よめ之件、上杉では先方でも呉れ度き念有之候様子に候。○先は右申上度、御上京を待申上候。謹具

大正五年五月二十四日　忠悳

寺内伯爵閣下

〔封筒表〕朝鮮京城　惣督官邸　寺内伯爵閣下　御直（消印日付）5.5.24。

〔封筒裏〕〆　石黒忠悳（スタンプ）東京市牛込区揚場町十七番地　石黒（消印日付）5.5.26。

〔原史料番号〕①83-52。

63　大正5年9月12日

先日来上方地方御遊覧之由、高野にてはさぞ種々御覧之事と被存候。明日は乃木神社遷宮式に御臨可有之と被存候。小生も十一日夜汽車にて参り、十二日夜の祭より十三日遷宮式を為済、十三日午後教育会之乃木講演趣〔赴〕候積之処、コレラ之為め中止を被申趣候間、折角いたし候支度を解き相止め申候次第に候。乍去貴閣下御臨被下候はゝ、高野山人もさぞ被悦候事と被存候。○申述候までには無之候得共、是は流行之コレラに付、予防撲滅にも少し手ぬるき所も有之、且又最初は伝染之勢もはげしく候に付、有病地方は必御避け相成度、大坂えは決して御入り無之様希候也。

大正五　九月十二日　　忠悳

寺内伯爵閣下侍曹

〔封筒表〕京都市三条小橋　大津屋旅館にて　寺内伯爵殿閣下　御直（消印日付）5.9.12。

〔封筒裏〕〆　石黒忠悳（スタンプ）東京市牛込区揚場町十七番地　石黒。

〔原史料番号〕①83-53。

64　大正5年10月3日

時節柄来訪者多にて、さそ御迷惑と拝察仕候。俄に冷気御注意専念仕候。老生去る二十三日より又々腸カタルにて二十九日迄流動食、併に幸に昨今快方に赴き候も、病床中之為に御不沙汰申上居候。○上杉の已に嫁候娘之次の娘有之候由。又石井外務の長女二十三才之もの有之候由、是は先妻の子にて巴里にて寿一君御存かとも被存候。此二人いつれえかと申居候由に付、御参考に申上置候。○新聞の上て拝承候通ならは、貴閣下之御提言は何卒御貫き相成度と希上度く、政変は是迄になき波瀾と被存候。人と人といふ訳ではなく、政体といふ事に関して之変するか不変かの大問題に被存候。○いつれ両三日相立候は丶全快伺候可仕、呉々御自重奉専念候。謹具

大正五年十月三日　　石黒忠悳

寺内伯爵閣下

〔封筒表〕市中麻布区笄町　寺内伯爵閣下　御直（消印日付）5.10.3。

〔封筒裏〕〆　石黒忠悳（スタンプ）東京市牛込区揚場町十七番地　石黒。

〔原史料番号〕①83-54。

65　大正5年10月6日

大命御拝受之段大賀仕候。速に参賀可致候処、今以宿痾不宜候間、書中申上候。時に承り候処によれは近日某医之治療御受、下剤御服用との事、以之外之事と存候。此際外〔下〕剤等御服用相成ては、第一此八面応鋒之時に当り幾分哉損候気力之為め、平生に倍して御宿病に障を生し、百日之暖を一日に冷さしむる害有之候間、速に該治療相止め、果して之を御信用被成候ならは不得止候間、数月之後、徐ろに御服用御試可被成、此儀は切に御諫迄申候也。

大正五年十月六日夜　　忠悳

寺内伯爵閣下
一両日中に御玄関まで参賀可仕候。
〔封筒表〕市中麻布区笄町　寺内伯爵閣下　御直披　石黒忠悳　（消印）5.10.7°
〔封筒裏〕（スタンプ）東京市牛込区揚場町十七番地　石黒。
〔原史料番号〕①83–55。

66　大正7年1月5日

寒気甚敷候処、益御健栄奉大賀候。先日来御転地被成、幾分御宜敷と之事、大悦仕候。御用之時は御帰京候ても、当分御転地之儀希候。令夫人様にも先々無御案と被存候間、此際十分御静養、議会始り候迄之間御過し被遊度候。老生旧臘より軽微之風邪にて、老軀やり損候と肺炎を恐れ候に付、押して引籠り摂養仕居候故、年末年始とも不致登門次第、御諒恕奉願上候。同年之千家男なとは死亡候故に、一入用心仕居候。久く不得拝鳳候間、一書拝呈仕、御近況を伺候。謹具

大正七、一月五日夜　石黒忠悳

寺内伯爵閣下
〔封筒表〕相州大磯町加藤氏別荘にて　寺内伯爵殿閣下　侍曹　（消印日付）7.1.6°
〔封筒裏〕〆　石黒忠悳　（スタンプ）東京市牛込区揚場町十七番地　石黒。
〔原史料番号〕①83–56。

67　大正8年2月1日

久敷御不沙汰申上候。近日雪と共に寒威相加候処、一寸御障之由承り大に御案申上候に、幸に小発作にて直に御平治之由、大賀仕候。乍去此寒気にては、且又近日流行性感冒非常に悪性に傾き候間、十分御静養、必す御上京等なき様専念仕候。此五日間は実に戦慄すへき程之死者にて候。最も肺になり易くなれは、三、四日にて歿るもの皆に候。〇議会も衆議院は本日にて予算惣会は終り候由、明日より分科に移り候。多数之党員を持ち候内閣は楽々ものと被察候。尾崎此後いかゝ処すべきか、一問題に候。今度躍出しても相共に和し候ものはあるましく、それは自分も悟り居候様子に候。〇田中問題、華族仲間にては議院へはもはや持出す間敷きも、また納まり不申、困りものに候。〇不取敢御疎遠之御わび申上度、平井より電話にて御留守令夫人には無御障との事、御安意可被

遊、呉々も御静養を奉専禱候。

況翁拝啓

寺内貴爵侍曹御中

大正八年二月一日夜

〔封筒表〕相州大磯町加藤別荘にて　寺内伯爵殿閣下　〔消印日付〕8.2.3。
〔封筒裏〕〆　石黒忠悳　（スタンプ）東京市牛込区揚場町十七番地　石黒。
〔原史料番号〕①83-57。

68　大正8年2月25日

久敷御不沙汰を申上候。昨今寒気聊ゆるみ候処、益御機嫌克奉賀候。御地はもはや梅花と被存候。先日御発作被為在候も早速御平治之由、安心仕候。山県老公も意外に好結果、御同慶仕候。当地流行性風邪に続き、肺炎殊更劇性にて続々斃れ候に付、寒心仕候。本月に入、知人七人を亡ひ申候。○議会も先々平安に候。予算も只今貴族院にて審議中にて、昨日、一昨日は第四分科陸軍にて秘密会を被開候。○田中問題また片付き不申候。近日又々もへ出可申と被案候。○先は御沙汰之御わび申上度、呉々も御用心御静養を専念仕候。

大正八年二月廿五朝

六時三十分、室内無火て四十八度　石黒忠悳

寺内伯爵閣下

御普請相進み、日々御覧御楽みと察し申上候。

〔封筒表〕神奈川県大磯町 加藤氏別荘内　寺内伯爵殿閣下
〔消印日付〕8.2.25。
〔封筒裏〕〆　石黒忠悳　（スタンプ）東京市牛込区揚場町十七番地　石黒。
〔原史料番号〕①83-58。

69　大正8年3月9日

昨今寒気ゆるみかけ、貴地梅花已に末と拝察候。其後益御順恢大賀仕候。さて議会も昨今は貴族院之季節と相成、日々早出晩帰にて、三島子爵も遂に薨、研究会もいかゝかと存候も、是はさしたる事もなく参り可申候。壮年幹事会制度には松平康民子でも三島に代可申、其かた却て可宜なとゝの噂も有之候。日本銀行之辺には所謂むこ八人と之事風聞にて、誰か鎌倉へ行たとか、誰か小田原へ行たとか、誰が大磯へ行たとか、誰か芝公園えかけ付け

たとか、いろ〳〵噂仕候。〇貴族院此後之問題は高等教育拡張、老生なとも此下賜金いたゝき方又分配には頗る心を痛め候事有之候。近日秘密会でも請求し且問且査且意見も申述度と存候。必〔畢〕竟此莫大之恩賜をよく人民にいたゝかせ度との意に不外候。又借地法案なとも一論ものと被存候。〇陸軍之事、シベリアにてあまり惨状に逢ひ多く之兵を惨失之事に付ては、頗る議論有之候。但し今度の陸相はぱき〳〵自白するとて一体の評判はよろしく候。〇先は御近況伺迄申上候。此変更之時節、一に御摂養を専念候。

三月九朝　　忠悳

寺内伯爵閣下

朝せん〔鮮〕紛擾に付ては、有識階級之内にて大に心配致し居候輩多く候。

〔封筒表〕神奈川県相州大磯町加藤別荘にて　寺内伯爵殿閣下　御直披（消印日付）8.3.9。

〔封筒裏〕〆　石黒忠悳（スタンプ）東京市牛込区揚場町十七番地　石黒。

〔原史料番号〕①83-59。

70　大正8年5月1日

尊書拝読。昨今めつきり初夏景色に成候処、御障不被為在大賀仕候。平井より御近状は常に承り居も、尚一寸親敷伺度と存居候が、いろ〳〵と被責候て今日はと申一日之閑なく、為に乍念御不沙汰申上候。年寄の冷水にて先日山形より帰り候て又々腹をいため候も、三、四日流動食にて幸に全治仕候間、御省意被下度候。当月は本社総会にて、もはや地方よりいろ〳〵申来候件多く、日々忙殺被致居候。〇巴里に於ける我特使に付ては都下いろ〳〵と罵評多く、其為め演述会等毎夕に候。〇先は御返事旁御見舞申上候。呉々も御大切御加養奉専念候。

大正八年五月一日　　忠悳

寺内伯爵閣下侍史御中

〔封筒表〕神奈川県大磯町加藤別荘にて　寺内伯爵殿閣下侍史（消印日付）8.5.1。

〔封筒裏〕〆　石黒忠悳（スタンプ）東京市牛込区揚場町十七番地　石黒。

〔原史料番号〕①83-60。

71　大正8年6月1日

一寸可相伺と存居候処、赤十字社に於て五月之惣会而已ならすシベリア派遣救護幷に仏国に於ける五国会議等にて何分惚忙、去る二十六日惣会相済候処、二十六日午後より老妻宿痾再発、日々注射を要候次第等にて不得拝堂、大失礼仕候。今朝も平井へ電話にて御近況（今日は宅に病人なけれは可相伺得日と存候故に）相尋ね候処、特に御電話もなき故に先以て無御障と信すとの返答故に安心仕候。時候の変更候時節に付、専ら御加養奉専念候。○昨今之米価実に非常なる事にて、此上此直〔値〕段続き候は丶騒擾之害ある事と被信候。米価のみならす綿織物之騰貴、是は寒時に向ひ不申候故に目につき不申候も、此冬季に尚如此に候は丶是は米よりも尚一層之問題と被存候。○新潟県之中野貫一と申者にす丶め金一百万円差出、公益団体を為造、右創立之為め今月中旬新潟へ三、四日不参候ては不相成、其前一寸可相伺と存居候。久々に御見舞申上度。敬具

　大正八年六月一日朝　　忠悳

寺内伯爵閣下

〔封筒表〕神奈川県相州大磯町別荘にて　寺内伯爵殿閣下（消印日付）8.6.1。

〔封筒裏〕〆　石黒忠悳（スタンプ）東京牛込揚場町十七番地　石黒忠悳。

〔原史料番号〕①83-61。

72　大正8年7月2日

昨日は参上久々に拝鳳、老生予想よりも頗る良好之御容体を認め、欣然帰京仕候。さて不思長座いたし候而已ならす午食まていたゞき、難有御礼申上候。早速麻布御本邸えも御報申上候。不取敢右御礼申上度、此際十分御摂養を専禱候。

　大正八年七月二朝　　石黒忠悳

寺内元帥伯閣下

二白　高木事は帰京後静養有之て、新聞伝ふる如き危篤には無之候。

〔封筒表〕神奈川県大磯町別荘にて　元帥寺内伯爵閣下　御直披（消印日付）8.7.2。

〔封筒裏〕〆　石黒忠悳（スタンプ）東京牛込揚場町十七番地　石黒忠悳。

〔原史料番号〕①83-62。

73　大正8年7月25日

暑気甚敷候処、益御勇健奉大賀候。頃日御本邸え伺承候処、令夫人先日一寸御発熱之処、両三日にて御平治、爾来無御変と之事、御安意可被成候。○世上米価高騰は唯歎声而已にて、未た別に顕れ候事も無之候も彼の職工労働者ストライキは続々顕れ、是より外地にも可相発と存候。老生は資本家連中に此際先んずれは制彼に候間、先へ〳〵と手を付け候事を勧め申候。着手とて別になく、労銀を増すこと之外は無之候。会社がは〔側〕にて役員賞与、株主配当に相応したる額之金を工夫、工女に頒候より外はなしと愚考仕候事に候。○令夫人御事、御病状御落着き被成候は丶、よき折に御地へ御転も可然かと被存候。○華族連中一般に時勢之変遷に不心付、たま〳〵心付き候かと被存候輩は突飛至極の考を持候には不堪嘆息に候。工夫仲間に入るとか、新思想村を造るとか、華族として此際処世の工風〔夫〕する者少きには驚入候程に候。○先は暑中御見舞申述度、呉々も御自愛奉専念候。謹具

大正八年七月二十五日　石黒忠悳

寺内伯爵殿閣下

〔封筒表〕神奈川県相州大磯町　寺内伯爵殿閣下　御直披
（消印日付）8.7.27。
〔封筒裏〕〆　石黒忠悳（スタンプ）東京牛込揚場町十七番地　石黒忠悳。
〔原史料番号〕①83‐63。

74　大正8年8月7日

昨今雨も霽暑中らしく相成、暑気も甚敷候処、御障不被為在候や奉賀候。頃日は御令息様御進陞奉慶賀候。殊更聯隊長之栄職、夫に付け候ても御独身にてはと乍蔭心配罷在候儀に有之候。○頃日は笄町尊邸より員大なる茄子、赤茄子等沢山御贈被下、御地にて御採収之儀と直にしきやきに致し相試み候。好味無此上候。本日は其赤茄子え牛肉を詰焼き候積に候。老女と共に御礼申上候。○労働者問題にて世評持切りに候。来る十六日には徳川公爵、大岡議長、渋澤、清浦といふ顔触にてホテルへ集会、協調会といふものを組成之由にて召集状を得申候。暑中なれとも参り、老朽論でも可陳述と存居候。山東青島に関する外相之宣言に対しては、世上不平之言不少候。戦地将卒之父兄なと、子弟は犬死せしに近しと迄歎き居候輩

も有之、切に慰諭仕候事に候。◯朝鮮之事、新聞通り斎藤大将にては是も神速迅雷に任命あれは格別、時日遷延候といろ〱世論出可申と被存候。夫は武官排斥之意なしとの事に可有之候。◯先は御見舞を申上度、乱筆御判読を相願候。呉々も時気被為厭度希候。謹具

大正八年八月七日朝五時認　　石黒忠悳

寺内伯爵閣下

〔封筒表〕神奈川県大磯町山手別荘　寺内伯爵殿閣下　御自展（消印日付）8.8.7。

〔封筒裏〕〆　石黒忠悳（スタンプ）東京牛込揚場町十七番地　石黒忠悳。

〔原史料番号〕①83-64。

75　大正（　）年3月21日

先刻は御早々申上候。さて御婚儀御相談之為、明夕七時揃にて尊邸に児玉男爵夫人幷に宇佐川御夫婦とも御来会と之事、敬承仕候。必参上可仕候。但し山妻は今夕之景況にて、もしや明日咳嗽甚敷候はヽ小生壱人代理を兼ね参上可致旁此段御含置可被下候也。

三月廿一日　　石黒忠悳

寺内閣下侍史

二白　小生も微恙に付、明日は七時揃ならでは帰途遅く可相成に付、七時御揃之事はよろしく願置候。

〔封筒表〕寺内閣下　石黒　拝復。

〔封筒裏〕〆（スタンプ）東京牛込揚場町十七番地　石黒忠悳。

〔原史料番号〕①83-65。

43　石田新太郎

1　明治44年9月23日

謹啓　秋冷相催候処、閣下益々御多祥に渉らせられ、慶賀至極に奉存候。降て不肖義、日夕洪恩に報じ度く微力相捧け居候へ共、何分にも浅学蕪才、不本意の事のみ多く、恐懼罷在候。然るに此頃学校諸規則の再調を牧瀬教授、桑原秘書官に御下命有之候由伝聞仕り、萬一御威信に関する程の錯誤等有之候場合には不肖等の罪軽からすと心痛罷在候処、一昨日学務局長より桑原秘書官等の意見なりとて開示相成候事項を一々調査致し、単に細節に渉る文字上の一家言なりと承知致し、聊か安堵仕候。其

の説多くは当地の実情に通せさる内地人士が只管文部省小学校教則を完全無欠とのみ思ひ込みて尤もらしく異論申出てたる事多く、中には閣下の御指揮に出て候条文にも大胆なる批評を試み、或は牧瀬教授の熱心主張致候事項をも軽々に論評し去りたる跡有之、殆と評者の定見なるもの捕捉致し難く見受申候。

特に事務上の事項に付ては従来の慣例上宜しきを得居候事にも好んて異論を申立たる気味有之候。不日拝顔の光栄に浴し親しく卑見陳述の好機を得ば仕合はせと存居候。仰き願はくは曩に局議として決したるものに御決裁下し給はらん事を奉懇願候。次に諭告案及訓令案は全く未定稿の儘尊覧に供したるものと存候。其後修正を加へ候もの出来致し居候に付、御留任の同局長より清覧に供することと存候。御上僭越の罪を犯しつゝ申出候。恐惶謹言

九月二十三日　　新太郎拝

寺内伯爵閣下

〔封筒表〕東京市麻布区笄町　伯爵　寺内正毅殿　仰親展

九月廿七日閲　正毅。

〔封筒裏〕緘　京城西部内需司洞官舎　石田新太郎（消印日付）44.9.26。

〔原史料番号〕①82―1。

2　大正（4）年12月19日

拝啓　近日御帰任之由、新紙により拝承仕候。途中御安泰に御帰府被遊度祈上候。不肖昨日京都大学に参り小西教授に面会致し、満州支那の学事所観聞及候折、兼て御下問有之候人物に付何となく相尋候処、幸に愚見と一致致し、左の二氏御推薦申上候。

広島高等師範学校教授兼幹事

赤木萬二郎

御影師範学校長

和田豊

二氏何れも確乎たる人物に候間、御採用之思召有之候はゞ、先以て関屋学務局長がちよこちよこしたる態度を改め余程寛弘の態度に出づるにあらずは、決して永く部下として在勤する人々には御座なく候。次に御願申上度件は京城広江商会主人澤次郎は義塾商業学校の出身に有之、天真偽りなき青年に御座候。伏して願はくは時々御引見被下、青年血気之勇に走らぬ様御高教を賜はり度奉願上候。今回一小著述を公に致し、再版の際には閣下の

題字を頂戴致度旨、先月末依頼相受け居候。不肖打忘れ申出ざりしを以て、乍失礼茲に御願に及候。若又御写真を御下附被下候はゞ、室内に掲け日夜英姿を拝し以て事務に精励致度旨申居候。御帰府の後拝趨致す事と存候に付、その節御引見の栄を与へられん事を奉願上候。謹言

十二月十九日　新太郎

寺内伯爵閣下

〔封筒表〕寺内伯爵殿　仰親展。

〔封筒裏〕封　石田新太郎。

〔原史料番号〕①82-2。

44　石塚英蔵

1　明治42年12月26日

粛啓　陳は本年も弥切迫、最早余日も無之、議会其他之御用務、定而御繁忙被為渉候事と恐察仕候。偖其後は久々御疎音罷過候段、恐縮之至に御坐候。

当地も伊公遭難以来種々事件続出、為に小生迄も多忙相極居候次第に御坐候。曾禰統監にも大分健康回復被致候得共、何等歟之故障有之ものゝ如く時々平臥被致居候。先般来京地と当地間意思之疎通を欠候哉に被察候場合も有之、窃かに苦慮罷在候。就而も今後統監は事情容るす限りは頻繁出京、細大御打合之必要も有之と存、屢々御勧申上候処、兎角廻引相成、一月三日には当地出発上京之事内決仕候。今般合邦問題に付而は、統監幷に司令官之御意図に依り聊微力相試候次第に御坐候得共、右は司令官より直接御報告相成候事と存、差控申候。毎度及内啓候通、当地尚整理を要する事多々有之候得共、之を事実上に出現するは四囲之境遇上至難之業に属し、窃かに焦慮罷在候次第に御坐候。

当地之実況、小生よりも直接御報告申上度存候処、兎角其時機不成、今期議会にも小生は多分出懸候事相叶申間敷歟。尤御用都合にては出京抔は何年不致候共心苦しく不相覚、乍微力寔に大奮励仕候覚悟に御坐候。

今回曾禰統監上京不在中は大久保司令官代理に致候事、至極好都合と思考被致候処、一昨年官制改正以来は特に親任式之手続に依るの外直に代理に致候事不相叶様之次第に御坐候。

現在は御熟知之通官制上之職員中、副統監、総務長官幷に参与官一名（定員二人の内）は久敷欠員に相成居、此

上統監御不在とも相成候はゝ、事務之実際は兎に角、外観は如何にも其態を成さす、朝鮮人に対する威信上に於而も如何可有之哉。或は統監不在中「副統監事務取扱」にても被置候而は如何歟とも思考仕候。是は真之御参考まて内啓仕候次第、可然御諒察之程奉祈願候。

年末之御礼可申陳心得にて不覚余事に渉り、恐縮此事に御坐候。何卒御諒恕相賜り度、委曲は曾禰統監より親しく御聴取被遊候事と存、省略仕候。草々敬具

二十六日　英蔵

寺内大臣閣下御侍史

取急乱筆、御寛恕賜度候。

〔封筒表〕小石川麹町区永田町　寺内子爵閣下　御親展（スタンプ）書留。

〔封筒裏〕封　京城　石塚英蔵（消印日付）42.12.29。

〔原史料番号〕①86-1。

2　明治(44)年2月2日

敬啓　御上京以来益御健勝、日夕御鞅掌之段、為邦家慶賀此事に御坐候。偖今回は空前之御英断にて、今期議会は向後諸事円満に進行可致は勿論、将来国務之発展上至大之効果可有之、国家之一大慶事として謹而御喜申上候。

御出発後、小官担任之事務は特に可達尊聴もの無之、唯々諸事予定之通進行致居候。新任朝鮮人委員も夫々問題を提供して調査に従事為致居候。旧奎章閣図書も御示之御方針に依り、目下引継方交渉中に有之候。従来取調局と他部局とは事務之性質不相同、随而其取調も殆と他之部局とは無関係に進行致来候処、斯くては甚た不便相感候場合も可有之と被存候。試みに一例を挙くれは、取調局は郡以下地方制度に関する旧慣を調査し、将来施行せらるへき地方制度案に資せんとしつゝある間に、平安南道長官は総督之認可を得而一般に管内洞之併合を断行候事有之、又取調局は其取調事務に関し地方官、殊に郡守等之調査を需むるの必要有之候処、右に対する何等之職権無之、不自由相感居候次第、特に御一考相仰度奉存候。或は将来は寧政務総監に取調局長官を兼称しめられ候事は如何に御坐候哉。是迄之経験に依れは、取調局長官は専任者之必要無之、加之右之兼任に依り調査及実行之二事務は交互連繋し、緩急相応して進行致候事相叶可申と奉存候（台湾は民政長官、旧慣調査会長たり、又我総督府の法律取調委員会に該る事務は同会の一部たり）。尚臨終御

参考として内申致度一事有之、今回東洋拓殖会社に対して何等歟之御改革も有之哉に仄聞仕候処、為其自然同社重役之異動も有之候様之次第に候はゝ、内閣拓殖局第一部長宮尾舜治と申者、御使用相成候而は如何に候哉。同人は御承知も可被為在通、大蔵省出身（目賀田男之推輓を蒙れり）にて、久しく台湾に在り、殖産、専売に局長として相当に手腕を振候人物にて、東洋拓殖会社重役として比類なき適任者と確信仕候。目下拓殖会社は兎角事業不振之世評も有之候折柄、此に新人物を引入れ充分活動被為致候はゝ、同会社今後之振興は期而可待歟と被存候。但此義に付而は、本人幷に周囲諸官人之意見は全然承知不致、唯々不図小官之考に上り候丈之事にて、単に御参考として閣下に開陳致候次第、何卒唐突且不遜之廉は幾重にも御諒恕之程奉仰候。草々敬具

二月二日　　在京城　英蔵頓首

総督閣下御坐右

〔原史料番号〕①86‒2。

3　明治(44)年4月9日

拝啓　其後閣下益御健勝被為渉奉慶賀候。

先般仰尊閲候地方制度改正案幷に地方費令案は一、二ケ所更正之必要相認、別紙内申仕候に付、更に御査閲奉仰候。尚面制、区制、郡約案共仰高閲候。郡以下之制度に関しては頗る苦心致候処妙案も無之、窮余之一策として別案差進候。古来郷約は広く行はれす、且其成績に於而も別に見るへきもの無之は施行之方法其宜しきを得さるに原由する義と被存候故に、深く此点に留意し余り煩察に渉るを相避候は、必す好成績を挙け可申と思考仕候。右各案之参照として調査致候書類は只今整理中に有之、出来次第順次可仰御高閲候。

裁判所之組織は、現在之儘にては朝鮮之実情に適合せさるのみに無之、歳計之点より見るも是非御一断なくして不相叶事と窃かに思考致候。右に関する意見書も不日御手許へ差出可申心得に御坐候。草々頓首

四月九日　　英蔵

総督閣下御侍史

〔原史料番号〕①86‒3。

4　明治44年9月1日

敬啓　閣下弥御健勝被為渉奉大賀候。内閣更迭も終に事

実と相成、其間如何計歟は苦心も被為在候事と奉恐察候。更迭之必要理由も外間には認知難致哉に奉存候得共、必す事之不得已御事情も相存候事に可有之と奉拝察候。但閣下之総督御専任は人心之赴く所を定め、将来之御統治上至大之御利益有之事と奉愚考候。拓殖局総裁之地位には異動無之事と推察罷在候処、矢張党人を以て之に充られ候は中央政争之余波を新領土に及ほすの端緒を開き、遺憾至極に奉存候。唯々幸に閣下始各地之総督等に御異動なきは、大に人意を強ふするに足候事と窃かに奉思考候。

行政整理之件は其後次第に府員間に相属候様子に有之、一般官吏に疑惧を抱かしめ、延而執務上も自然不真面目と相成候恐れも有之と存候間、寧御施行之期を早められ候而は如何に御坐候哉。此義御参考までに奉得御意候。

草々頓首

九月初一日　　英蔵

総督閣下御侍史

〔封筒表〕東京麻布　寺内総督閣下　御直披（消印日付）□4.9.2。

〔封筒裏〕封　九月初一日　京城　石塚英蔵（消印日付）44.9.4。

〔原史料番号〕①86-4。

5　明治(44)年9月25日

奉敬啓候。逐日秋冷相催候処、尊堂御揃弥御健勝被為渉候段奉拝賀候。

偖兼而御聞及も可被為在候半、先年公使館時代に於而日韓人交際機関として設置被致、其後種々之事情に依り殆と有名無実之姿と相成居候大東倶楽部と、南山麓下に在り内地人官民之組織に係る南山倶楽部とは、日韓人間之融和を図るの目的を以而合併致候事に双方決議仕候。過日総会開催之上、会名、役員等決定之筈に相成候。其上は旧南山倶楽部は本部、旧大東倶楽部は支部として当分両所に分置致候都合に御坐候。会名も種々候補名有之候得共、「明治倶楽部」は適様なるへく被存候。役員は、総裁は山県伊三郎閣下に相願度、前以御内意相伺候処、略御内諾有之、会長は内地人より、副会長は朝鮮人より、評議員、幹事等は適宜日鮮人双方より等分に選出致度希望に御坐候。右何卒御含置相賜度、両倶楽部合併之事は、双方に席を有する国分象太郎、山口太兵衛等も尽力、大東倶楽部総会之希望として合併を南山クラブ〔ママ〕に申込来候次第にて、其間秋毫も不自然又は無理なる廉も無御坐、小生は南山クラブ〔ママ〕代表之位置に居候縁故より聊か斡旋相試候次第に御坐候。

右は御帰任之日を待而親しく具申可仕心得に有之候処、双方之決議も相纏り候に付、於此機会合併之顚末一応奉達尊聴度存候に付、以書中及内啓候次第に御坐候。草々敬具

九月二十五日　英蔵頓首

総督閣下御侍史

〔封筒表〕東京麻布笄町　寺内総督閣下　御直披（消印日付 44.9.26）。

〔封筒裏〕封　京城　石塚英蔵　九月二十五日。

〔原史料番号〕①86-5。

6　明治（44）年11月18日

謹啓　当地御発程以来、御道中終始御平安にて御入京之段、奉慶賀候。殊に大演習中は風雨も御厭なく御陪覧被遊候哉に承及居候処、何之御疲労も不被為在候段、為邦家慶悦不禁次第に御坐候。却説清国紛乱に対する朝鮮人之感想一、二聞及候に付、為御参考申陳候。其一は、日本か昨年を以て韓国を併合したるは好運なり、本年ならは決行困難なりしならん云々。其二は、清国は不足恃、日本に併合せられたるは朝鮮人之至幸なり云々に有之、極めて平凡なる感想には候得共、元来朝鮮は清国之反射的に統治せられなは事容易なりと兼而相考居候次第も有之候に付、不顧平凡、右奉達尊聴候。

官制改正案は大抵御確定之御様子に御坐候処、其後熟考之末一、二気付の廉有之候間、御参考迄に茲に開陳仕候。土木局を総督官房中に置かるゝの得失如何哉と被存候。同局は一切の工事を施行する所にて、物品の購入、工事請負等必す多かるへく、其間千慮の一失より或は忌はしき問題を惹起し、為に直に累を総督に及ほすか如き場合なきを保せす。此点より見れは、別に独立の一局とせられ候方、御得策に非すや。次に総務部の廃止は時宜に応する良案に相違無之候得共、官房には互に性質を異にする種々の局課駢立し、為に官房内之事務不統一に陥るの虞なきや否懸念に堪えす。総務部存在中の今日に於ても各局往々まち〳〵之働きを致居候哉に御見受候場合有之候。新官制に於ては此点一層注意を要すへしと被存候。

右之二廉は無論夙に御承知済之御事に可有之と奉存候得共、折角気付の事項を其儘埋没致候も職責上不可然と存候に付、此機に於而御参考之一端として内申仕候次第に御坐候。民団制整理之件に関連し広く地方制度一般之調査、宇佐美に御内命相成候に付、政務総監之御承認を得而、今春小官之内申仕置候地方制度案に関する一切之書類写は同官に送付致置候間御含相賜度、乍序右及御報告候。

先は御安着御喜旁内申之件々如此御坐候。草々頓首

十一月十八日　英蔵

総督閣下御侍史

〔封筒表〕東京麻布区笄町　寺内総督閣下　親展　廿二日

正毅（スタンプ）書留（消印日付）□.11.19。

〔封筒裏〕十一月十八日　京城総督府　石塚英蔵。

〔原史料番号〕①86-6。

7　大正1年7月31日

奉謹啓候。今般先帝陛下之崩御に付は嘸々恐悚之外無之、別に御挨拶申陳候令辞も無御坐、当地一般何れも誠意を以深謹慎罷在候次第に御坐候。曩に御不例以来今日に至る迄如何計歟は痛神〔心〕被遊候事と、乍蔭拝察罷在候。京地出発前日閣下御示命之各事項は、政務総監幷に其他之関係官に伝達仕候。尚其後水産組合に関し政務総監迄御来示之趣も正に敬承仕候。実は同組合之件は過日同総監より閣下宛御電報之次第も有之、小官帰任前多分解決之事と心得居候処、水産主任者会議等之為未た進行不致居、爾来頻りに調査中に有之、同組合より認可申請中之事項は別紙之通にて、兼而之御趣旨に基き更正を要する分は夫々更正之上認可之事に只今立案取急居候。各道長官之指名すへき総代は可成新人物を出さしめ、以而総代今日之空気を一新するの必要相認申候。又技師林駒生は閣下兼而之御内意も被為在候事故、此際全羅南道之浅原技師と相互更迭被命候方可然、是亦別に具案相伺可申候。右は従来之係り官に於而は躊躇之形迹も相見候得共、断然俗論を排して御方針通決行可仕候覚悟罷在候。

先は取急右数件而已稟申仕候。草々敬具

大正元年七月三十一日　英蔵

総督閣下御侍史中

追啓　承れは御奥様には御病気御全快被遊候趣之処、御令息又々御病中之趣、如何之御様子に被為渉候哉、乍筆

末御伺申上候。十二分之御加養之上神速御全癒之事、奉祈上候次第に御坐候。

〔封筒表〕東京市麻布区笄町　伯爵寺内総督閣下　必親展（消印日付）1.7.31。

〔封筒裏〕厳　京城大和町　石塚英蔵　七月三十一日（消印日付）1.8.□。

〔原史料番号〕①86-7。

8　（　）年5月1日

奉敬啓候。偖此程は御旅程御無事御終了御帰京之段、奉大賀候。別紙は地方制度改正案に対する経費調之大要幷水道管轄区域に有之、御査閲奉仰候。道所在地は前案中之慶興を削り、更に清州を加申候。道数は矢張前案通三十六に御坐候。右及内啓候。草々頓首

五月初一日　英蔵

総督閣下御侍史

〔原史料番号〕②6-1。

45　石本新六

1　明治(18)年7月8日

前略御免可被下候。

扨錦地出発後「ルハーブル」に至り楠瀬氏には面晤、軍艦其後砲具等も見撃致し候。去る七日を以て海陸之旅次を経て当府へ安着仕り候間、乍憚御降念被下度、此段願出で候。就は錦地滞在中は色々厚く御世話被下、千萬在難御礼申述へ候。当地着後未た何ら之着手には及ひ兼ね居り候て、兎角言語之不自由なること何より之困却にて、爾後調査之事件に至ては一層之困難に会遇可致義と心痛此事に在之候。

賢台には此手紙御落手頃には最早御帰着之義と遠察被致候。御旅行中定めて千萬之御研究を被得候義と実に欣慕之至に不堪候。小生宿所は左記之通りに在之候間、何分御用向き等も有之候は丶御申越し有之度、念之為め申進し置き候。

Kensington Boyd's hotel, Russel Road, Kensington W.

森、上原之両氏へも御面晤之節宜敷御伝声有之度、願出

で候。
先は不取敢安着之旨御報申上度、早々如此に御坐候。頓首
七月八日　　在龍動　新六拝
寺内君
〔原史料番号〕①85–1。

2　明治(40)年6月10日

其後引続御機嫌克御旅行之趣、恐賀此事に御坐候。当地に於ても時々電報を以て要件申進候外、別に是れと申程之事も無之、省内一統之者精励勤務罷在候間、御安息有之度奉願上候。別子銅山之暴徒も出兵之余威に依り直ちに鎮静に帰し、何より之事に在之候。西大将より之電報は直ちに御報道申上候通に在之、将又御指命に応し同氏へも直様謝電差出し置申候。当地は其後追々暑気相加り候処、御地は如何有之候哉。折角御加養是祈候。先つは御起居伺迄、早々如此に御坐候。敬具
六月十日　　石本新六拝
寺内大臣閣下
追て御留守宅様に於ても御変り無之候間、御神〔心〕配無之様願上候。
〔原史料番号〕②1–6。

3　明治45年3月26日

明治四十五年三月二十六日午后九〃十一時四十五二十分東京発京城着
総督宛　　石本
第　号暗号
極秘
小生儀、本月初以来病気ニテ引籠リ療養中ノ処、既ニ約一ケ月ヲ経過スルモ急ニ快復ノ見込モ立タス、此ノ儘尚ホ引籠居ルハ不本意ノ至リニ耐ヘス、又帝国議会モ本日無事閉会セルヲ以テ、此ノ際辞表ヲ提出セントス。然ルニ小生一身上ハ特ニ閣下ノ御高庇御推薦ニヨル次第故、先以テ閣下ノ御内意ヲ伺ハントス。内閣側ヘハ未タ何等ノ申出モナサス、又後任者等ニ就テハ宜シク御撰定有之度。病中文意ヲ尽サス。敬具
〔注〕本紙は「朝鮮総督府」の電報用紙。
〔原史料番号〕①85–2。

4　明治45年3月28日

明治四十五年三月廿八日午後六時五十分東京発／〃八時四五分京城着

総督宛　石本

第　号　至急官報　暗号

極秘

御丁重ナル御返電ニ接シ感泣ノ外ナシ。小生ノ意見御同意ヲ得タルニヨリ、内閣総理大臣迄辞表ノ儀内談セシ処、目下ノ情況ニ於テ辞表等ノ提出アリテハ自分モ大ニ困却ス。依テ今暫ラク現状ノ尽〔儘〕々ニテ御静養アランコトヲ是非ニ希望ストノコト故、暫ラク総理大臣ノ意見ニ従ハントス。依テ後任者ニ関シ元帥ノ意見ヲ問フコトハ見合セタリ。右御了承ヲ乞フ。

〔注〕本紙は「朝鮮総督府」の電報用紙。

〔原史料番号〕①85-3。

5　明治（　）年5月12日

此程は御無事御地へ御安着之趣、大賀之至に不堪候。扨御申越牧瀬教授之件は来川少将へ内談之末、当分之内是れ迄通に致置不申と之事取極め候間、御安慮有之度候。将又柴田書記官長へ御申置有之候吉村、秋山両参事官昇進之件取調へ候処、末永くは都合悪敷様に在之候得共、当分之内来年度限り位ひ之事なければ俸給之融通も何とか相附き可申、是非両名共昇進可然と之義に在之候は丶、来る六月は陸軍省文官昇進之時期に在之候間、何分之義御一報相願度候。当方別に異状無之、御安神〔心〕被下度。山形之大火に対しては、総て先例に依り処理致し置候間、御諒承有之度。先は御安着を祝し且つ御起居伺迄。早々敬白

五月十二日　石本次官

寺内大臣閣下

乍末筆奥様へ宜敷御伝声是祈候。

〔封筒表〕京城に於て　寺内陸軍大臣閣下　秘親展　五月十七日　返事済。

〔封筒裏〕東京陸軍省　石本陸軍次官。

〔原史料番号〕②1-31。

46　石渡敏一

1　（　）年8月1日

拝啓　極暑之候益々御清祥奉賀候。小生不相変罷あり候

間、御休心被下度候。諏訪蘇山と申す者京都市之陶工にして、其途之名家と存、年来懇意に致居り候。同人は殊に朝鮮物に妙を得候より、此度渡鮮致し候事に相成り、就ては別に御願に及び候事も無之候共、自己之作品等御覧に供し一度謦咳に接し度懇望致居り候間、御迷惑とは存候共、一度御面会之栄を賜り候はゞ幸甚之至に候。敬具

八月一日　　敏一

寺内伯爵閣下

〔封筒表〕寺内伯爵閣下　侍史　紹介状　石渡敏一　八月卅一日　正毅。

〔封筒裏〕諏訪蘇山君に托す。

〔原史料番号〕①436-55。

47　出石猷彦

1　明治18年6月13日

一翰奉拝呈候。薄暑之候に御坐候処、益御壮健被成御奉職奉恭賀候。降而猷彦無異相凌居申候条、乍憚御休神〔心〕被遣度候。扨其後は御無音仕候段、不悪御聞済被遣度、御地彼是御鞅掌之由嘸々御配神〔心〕奉恐察候。何卒御身体深御保護可被成候。扨又当校々長も御転職、其後学科提理も転職被致候。御承知之通三浦中将殿は于殊教育上に御尽力、真に良能之士官出来可仕と奉存候処、右之次第遺憾萬々、小にして士官学校之不幸、大にして日本国之為めにも不幸と奉存候。乍去御用掛には有之、于殊士官学校之事は他に転するも決而投擲は不仕との御旨意懇々拝聴は致居候得共、主と副之別自ら無之、操〔繰〕々遺憾に御坐候。極而尊公様にも御同感と奉存候。操〔繰〕々も旧校長之御懇深には奉感銘候。原口、平佐之両少佐も御尽力故、其段は御安神〔心〕被成度候。

本年は信甲地方へ行軍演習有之、演習上ベルトー氏之意見も有之、其益不尠候。扨又此海苔頗些少に候へとも、幸便に任せ拝呈仕候。苔〔ママ〕は御晩食にも被相加候は丶、生之大幸不少候。種々申上度義も候得共、別に珍事にもなく、又煩尊聴候程之事件にも無之候間、先は御安否御伺迄。書外後便に相譲候。草々頓首

十八年六月十三日　　猷彦

寺内様

追而時下折角御保護専要に奉存上候也。

〔原史料番号〕①68–1。

2　明治(28)年7月17日

拝啓　暑気相増候処、益御壮栄被為成御奉職奉恭賀候。閣下には続而御鞅掌之程奉察候。扨松本少佐、先般来御指向被下、頗好都合奉多謝候。同官も一昨日帰京に付、当地之景況は同官より御聞取被下度、第五師団も大に相運候に付、御安心被下度。
過日鳥渡電報御伝送申上候福原閣下御薨、何共難申上次第出来、閣下には御間柄、御愁傷奉拝察候。御承知之通り、猷彦も去明治十一年以来御眷顧相蒙り候事故、何共遺憾萬々難尽筆紙候。扨又原田大佐より別紙唯今到来、過日之御送り物相達候に付、右御書中拝見、不計も落涙仕候。実に可惜名将如此次第、愚痴申上も恐入候得共、操〔繰〕々残念仕候。種々申上度義も候得共後便に譲り、先は御吊〔弔〕詞旁如此御坐候。頓首

七月十七日　出石猷彦

寺内閣下

二白　天時御愛養可被遊候。

三白　過日進達之大久保少佐に関する明細書は思召如何に候哉。若し本人不幸に相成候而は不相済候に付、思召も御坐候はゝ、改正今少し相上け更に取調候条否御示奉希候。種々痛心候得共、当地に而は事情も不相知候間、何卒御明察奉希候。乍序中進置候也。

〔別紙〕

謹啓　時下益々御清祥奉恭賀候。第三師団も昨日にて輸送終り、第五師団今三分一を終り、来廿五日迄には終了之目途に候。二、三日前より船泊の着船多く、為めに意外の進歩を求め、今日の景況にては第五師団は瞬間に相済可申候。扨寺内閣下の御贈与之趣を以て鉱水四箱御送被下、正に拝受仕候。然るに福原閣下は今日十二時死去被遊候付、該品は適当に取扱然る上御一報可申上候。誠に閣下の死去は意外に出て大に落胆仕候。先は御請旁如斯に候。敬白

七月十三日　良太郎

中佐殿貴下

〔原史料番号〕①68–2。

3　明治(28)年7月31日

拝啓　炎暑之候に候処、御満坐様益御健康奉恭賀候。陳は大久保少将閣下え御指送り荷物来着之義、井上大尉より拝領、大久保少佐へ問合有之、右は本日返電致候に付、最早相違候義は御承知と奉拝察候。然るに右電報中猷彦より郵書を以景況閣下迄可申上旨通知置候に付、左に申上候。

右荷物御指向之節小生へ御添書有之、御書中之御旨意に従ひ原田大佐え添書いたし、当時出帆之仁川丸に相托し候処、其後原田大佐より書翰之荷物未た不相達趣電報に接し候に就ては、仁川丸帰宇之上詮議致候処、其当時船員之交代有之、或室内へ格納致置、之かため誤而御届得致不申との旨船長申出に付篤と譴責致、次回には必す早々可相届可申旨相命し置候処、猶未着之趣に付再取調候処、乍延引次回には船長持参、直に原田大佐へ相渡候旨申出候条、左様御承知被為下度、左様之始末に而頗延引に相成、小生よりも深御断申上候条、不悪御聞済被為下度、先は概略如斯に御坐候。頓首

七月三十一日　猷彦

寺内閣下

二白　天時御愛養可被成候。

三白　昨夜電報を以て御申付之趣は謹承。着似《ママ》之上は国分大尉へ面会相談之上、いすれ電報を以可申上候条、左様御承知被為下度、此段別而申上候也。

多忙中乱毫御断申上候也。

〔原史料番号〕①68―3。

4　明治(28)年8月16日

拝啓　原田大佐より之書翰遅着、本日相達申候。右は先日御送之平野水之件に有之候。別紙供高覧候も御追愁の種と奉存候得共、閣下之御厚意又原田大佐之取扱、故福原将軍閣下も地下に而御喜悦と奉存候間、為念指進候。御承知之通杖柱之恃頼心相発居中候閣下之事、如此書翰披見、其情難尽筆紙候。先は右迄申上候。頓首

八月十六日　猷彦

寺内閣下

〔原史料番号〕①68―4。

5　明治(28)年10月29日

拝啓　益御健康奉恭賀候。降而当地一同無異奉務罷在候

間、乍余事御安神〔心〕被為下度。

別紙は在台湾基隆蔵田砲兵少佐之書翰中抜き謄〔ママ〕に候間、為御参考指進候。勿論右様之義は万々事情も御承知と奉拝察候得共、為念指進候。

当地之近況は三上中佐出京に付、御直に申上くれられ候様相願置候間、最早御承知と奉存候。部内雇船之破損は別紙之通に御坐候。昨今は混成枝隊帰朝に付彼是繁忙ゆへ、先右に相止候。頓首

十月二十九日　猷彦

寺内閣下

二白　天時御加養可被遊候。
三白　過日糸崎附近之出来事は惨又惨、極而御痛心奉察上候。乍去転倒に比し死傷の少き、不幸中之幸に御坐候。先は右申到候也。

〔原史料番号〕①68‐5。

6　明治44年11月8日

拝啓　寒気日深之処、益御機嫌能被遊御坐奉敬賀候。其後は御機嫌も伺不申、御無礼申上候段、不悪御聞済被成下度候。陳は閣下には御出発前、少々御不例之様被仰、其後は可被為存候哉。実に御重任、彼是御配慮も不少御事故、為国家一層御加養被遊度候。
清国も先日来天候不良、就而は殊更御配慮之御事と奉拝察候。先は奉伺御機嫌度、如此に御坐候。謹言

十一月八日　出石猷彦

寺内伯爵閣下

操〔繰〕々候へ共、天時御自重被遊度、愚生へ随身之御用有之候はゝ、被仰越候はゝ難有奉存候。右別而申上候也。


〔封筒表〕朝鮮京城　伯爵寺内正毅閣下　平信（消印日付）44.11.9。

〔封筒裏〕東京荏原郡大崎町池田侯爵邸内　出石猷彦（消印日付）44.11.11。

〔原史料番号〕①68‐6。

48　伊瀬知好成

1　明治(　)年2月6日

拝啓仕候。其後は御起居も伺上奉らず、終始御無沙汰勝ちに打ち過ぎ誠に不相済、平に御宥恕願上候。陳ば過般来議会も開会中、嘸々彼れ之れ之事に付御多忙御配慮此

之事と奉恐察候。然かし、時節柄厳寒之候に有之候へ共、益々御多祥御精務に被為在候段、目出度大慶至極に奉存上候。降而小生、当地帰省以来極めて大元気に消光罷在候間、乍憚御安心度成〔ママ〕被下候。偖て今般計らずも叙勲之御恩命を蒙り、昨日無事勲章拝受仕候。就而小生寸功も無之に斯かる光栄を忝ほせしは、全く閣下平素之御引立と御配慮之結果然からしむる所と深かく奉感佩候。右不取敢書面を以て御礼御挨拶まで如斯御座候。敬具

二月六日　好成

寺内陸軍大臣閣下

〔封筒表〕東京市麴町永田町　寺内陸軍大臣閣下　親展。

〔封筒裏〕鹿児島市荒田町　伊瀬知好成　二月六日。

〔原史料番号〕①436–52–1。

49　一木喜徳郎

1　大正4年9月26日

拝啓　秋冷之候、益々御清祥御座被遊、大慶之至に奉存候。小生此度非才を以て不図内務之重任に当り、日夜恐懼罷在候。今後一層之御厚情を願上候次第に御座候。回顧すれは、先年閣下之御尽力に依り一兵に衂らすして朝鮮を併合致候てより已に五年、今回始政紀念共進会を開くに至り候は誠に御同慶之至に有之、殊に共進会も非常の成功にして朝鮮民心に多大之好影響を与へ候趣伝聞仕り、真に欣賀之至に不勝候。実は此好機に於て渡鮮致し親しく御祝詞をも申陳へ、且は視察をも相遂け度本意に候処、目下府県会議員改選中に有之、又御大礼に干〔関〕連して諸般之用務輻湊致し居り、当地を去り難き事情有之候に付、地方局長を派遣致候事と相成候間、其辺宜敷御酌取被下度候。先は右得貴意度、如此御座候。敬具

九月廿六日　喜徳郎

寺内伯爵閣下

〔封筒表〕朝鮮総督伯爵寺内正毅殿　親展　九月卅日　正毅　要返事（消印日付）4.9.26。

〔封筒裏〕緘　東京麴町区内山下町官舎　一木喜徳郎（消印日付）4.9.29。

〔原史料番号〕①90–1。

50 一戸兵衛

1 明治33年4月29日

拝啓仕候。春暖之砌に御坐候処、益御清康可被為渉奉賀上候。陳は閣下今般参謀次長に御栄転之趣、為国家奉祝賀候。自今直接麾下に職を奉する儀に候得は、御鞭撻御誘腋〔掖〕之程偏に奉願上候。

当師団長にも予備被仰付、後任師団長未着、多忙消日罷在候。先は御栄転御祝詞幷に伺候迄寸楮如此に御坐候。

敬具

四月廿九日　一戸兵衛

寺内中将閣下

〔封筒表〕東京参謀本部　寺内陸軍中将閣下　（消印日付）33.4.29。

〔封筒裏〕熊本　一戸兵衛　（消印日付）33.5.1。

〔原史料番号〕①91-1。

2 明治(37)年12月21日

拝啓仕候。寒冷之砌、閣下益御清康可被為渉、奉賀上候。降而小生事、今猶碌々瓦全罷在候間、乍憚御安意被下度候。扨出征後は一向御伺出も不呈、無拠打過候処、先般盤竜山砲台攻撃後、身上浮説有之候際は態々留守宅之者へ実況御示被下、御蔭を以て一同安心仕候由申来、其際も早速御礼可申上処、倥偬之際にて萬事不任意、今日迄延引仕候段、不悪御承引御海容奉願上候。

当方面戦闘之状況は日々之報告有之御承知可被為有、爾霊山（203）高地奪略以来、北砲台之占領あり、敵状稍萎縮致候様被存候。殊に二十八珊ち榴弾砲之効果意外に顕著にして、敵艦攻殆と全滅、目下尚日々旅順市街之要件を砲撃致居候。又去五、六日頃、死体収容之事に関し各処にて彼処将校会見有之候。已後時々小交渉あり。其状況を聞き観察すれば、彼之士気沮喪、窘蹙萎靡、戦に捲み居模様着々相見得、結局も程遠からべく〔ママ〕相信居申候。

当方面は要塞戦之事にて労働少なく、且給養富豊〔豊富〕、従而患者も多からす、是丈仕合に存候。然砲台守備攻略作業等之為め日々十名内外之死傷を生し候事、甚惨憺に存、苦心罷在候。

先日は元部下聯隊長中村大佐昇進致、御引立之結果と存、深く謝上候。

先は久敷御無音拝謝、且近況一、二陳上仕度、乱筆如此

に御座候。最早年内余日も無之、折角御厭被遊度、軍国多事之際御自重御専一に奉存候。再拝敬具

十二月廿一日　兵衛

中将閣下侍史

追白　乍末筆令夫人御初皆々様へ宜布被伝上被下度希上候。

〔原史料番号〕①91－2。

3　明治(38)年8月25日

拝啓仕候。残暑未過候得共、閣下御初御家内中様益御清康可被為入、奉賀上候。陳は兵衛事も碌々無事消日罷在候条、乍憚御放意被下度候。扨先日は宇佐川少将戦地巡回せられ、其際被懸御心閣下より洋酒御恵贈被下、御芳情難有奉拝受候。早速御礼状可差上処、多用に取紛れ延引之段、御海容奉願上候。

次に兵衛事、去三月奉天戦後第三軍参謀長被仰付、是御引立之結果に外ならすと深銘肝罷在候得共、菲才其器にあらすして、終始司令官閣下之御庇蔭により纔かに其職責を塞き居候段、恐懼之至に候。

先日御令息寿一様当地へ御出に相成、久々にて得拝顔候処至極御健勝に見受けられ候段、御安慮被遊度候。滞陣永々に相成候得共、軍紀風紀衛生上等都合至極宜敷、従軍外国武官抔は極口真実賞讃致居候。只物足らぬは補充者等にして、未た一戦を試みさる者の進軍令に接せざるを遺憾とする一事に有之様被見受申候。先は御礼且久濶を謝し上度、一書如此に御坐候。乍末皆々様へ宜敷被仰上被下度奉願候。再拝頓首

八月廿五日　兵衛

寺内中将閣下侍曹

追白　司令官閣下には名誉高く、且御健全に入らせられ候段、是亦御安心被下度候。

〔原史料番号〕①91－3。

4　明治43年9月25日

拝啓仕候。秋冷之砌に御坐候得共、閣下御初皆々様御揃益御機嫌能可被為渉、奉賀上候。降而当小宅も無異碌々罷在候条、御放神〔心〕被下度候。扨先般来御執掌之結果、幾十年来之難問題も容易に解決を見るに至り、樽俎談笑之間に大事を結了し、今に至り何等波瀾を起すに至らさるは、御稜威之然らしむる処とは申なから、必〔畢〕竟巧妙なる

御手腕、孫子に所謂善之善なる方法に拠られたる閣下之機略肯綮に中りたるに依る事と、深く敬服仕候。然し今後内政之基礎を鞏固ならしむる迄には幾多之難関を経過せさるへからさる儀と被存候。御心労拝察之至に奉存候。当師団も創立後三年に相成、漸く壱人前之働も出来可申、先般特別検閲あり、又此十一月には大演習に千萬之光栄を担ひ可申、一同発発《〔ママ〕》罷在候。此頃工兵隊長渡辺兼二大佐に昇進し、誠に難有奉存候。然に兼々御耳に入置候輜重兵隊長小笠原中佐は今以昇級出来不申候。甚以困入申候。此義は閣下御心に留め置かれ候様奉願上候。

先は先般之御祝旁御伺申上度、如斯に御坐候。当地相応之御用被仰付度、又御一族方へ宜敷奉願上候。頓首敬白

九月廿五日　　兵衛拝

寺内大将閣下侍曹

〔封筒表〕朝鮮京城総督府　陸軍大将寺内正毅閣下　煩親展

（消印日付）43.9.25。

〔封筒裏〕封　岡山第十七師団司令部　陸軍中将一戸兵衛

（消印）43.9.27。

〔原史料番号〕①91-4。

5　明治(44)年7月6日

拝啓仕候。局暑《〔ママ〕》之砌に御坐候得共、閣下益御清康可被為渉、奉恭賀候。小生目下師団幹部統裁之為福山出張中、碌々頑健罷在候条、御放神〔心〕被下度候。扨爾来甚御無沙汰仕居候処、御障も不被為入候や。新聞にては時々御任地之状況拝見仕、益御盛大之段、窃に欣悦罷在候。去月中各歩兵隊随時検閲仕候処、何れも昨年に比し成蹟向上に見受けられ先安心仕候得共、各特科隊は昨冬隊長更迭致、其成蹟如何に可有之か懸念罷在候。歩兵隊中殊に著しく面目を改めたるは岡山増田聯隊にして、教育、内務共秩序的に改良進歩致、曾而岡山御巡視之際御注意有之候状態と比較せば、全然別物之感有之迄に整頓致申候。是必壱人増田に組織的材能に富める結果に有之か、将来は参謀長又は高等官衙之要部に御採用相成候而も、慥に其価値有之ものと見認仕候。次に松江聯隊は兼而優良之成蹟に有之候処、本年も同様にて昨年と差異無之候得共、白川聯隊長は中々之老練家にて、和田中佐に内務之整頓を、津野田中佐に将校団教育を担任せしめ、何れも非常之勉強にて、隊中無風波至而平穏に経過致居候。福山も口羽聯隊長は緻密に物堅き

性質にて著しき事無之候得共、着実に進歩致居候。独り浜田聯隊は昨年来屢々物議を耳にし懸念に付、不絶注意を怠らずに罷在候処、本年検閲之結果隊務之成蹟は昨年に比し大に進歩致居り、其物議之根源は聯隊長年少気鋭之余り部下将校に対し稍突飛之言動多く、為めに感情を害し居る点不尠と存候に付、将来之為め注意を与へ、本人も納得せる点如有之相認申候。四個聯隊共、操典内務書之改正に伴ふ形式丈は稍整候様なれは、是より真正なる攻撃精神及中隊家庭之内容を充実致度努力可致存居候。又各隊とも経理上之事は余程注意周到に相成、当然之事とは存候得共先可喜事と存候。然し各隊長専ら意を経理上のみに用ひ、軍隊之要之目的たる軍事教育を疎にするの傾向を生じ、露軍戦前之状態を演出候而は不相成と存、緩急不失要之注意は充分致置、又小生に於ても深く戒心可仕存居申候。

○先日御発表之御訓示、新聞にて拝見仕候。至極適切なる御事と奉存候。外人も注意不怠ものと見得、新聞に英露大使は多額之費用を以て各本国へ電報せし如く記載有之候。又近日は内地新聞に御地之事を論するもの鮮少に相成、健忘性を無遺憾発揮致候。為国家御身神御健全御鞅掌被為有度、希望之至に御座候。先は久闊謝罪、団下之状況御報申上度、乱筆如此に御坐候。頓首

七月六日　　兵衛拝

寺内大将閣下侍史

追白　令夫人初御近親へ宜布御致声奉願上候。先日大久保閣下と御内談有之候由承り候。何分宜敷、先日小生より申上候事円満結局候様、御勘考奉希上候。

〔封筒表〕朝鮮総督府　寺内陸軍大将殿　私親展　（スタンプ）書留。（消印日付）44.7.6

〔封筒裏〕封　備後福山町出先　一戸兵衛　（消印）44.7.8。

〔原史料番号〕②6-37。

6　明治44年8月31日

拝啓仕候。残暑尚厳烈に御坐候得共、閣下益御清武可被為渉奉恭賀候。先日は若夫人之御不幸、何とも申上様無之、御痛恨拝察之至に御坐候。

扨此度は依政変陸軍大臣御辞任、朝鮮総督御専任に被為成候趣昨日公報有之、拝承仕候。多年陸軍行政之首班に御在任、日露戦役戦後之整理等非常之難局に当り、多大之効果を挙け、今日之整頓を見るに到り候処、偏に閣下

之御手腕且御精励によりたる事と一般感謝不能措処に御坐候。然今後倍多望之我帝国、閣下之大策に待つ処多かるべく、今日之事は他日大飛躍之前提にも可有御坐、折角御自重御愛護被為被下度希望此事に御坐候。御後任石本大臣は永々御手許に奉職致されし事なれば、其軍政上之方針も大体変更なかるべく、是丈安心致居候。

大久保閣下も先日転役に相成、来月九、十日之内当地に立寄られ候由に御坐候。其際は何れ御養子之事は相談可有之、兼而御願申上候通御勧告可仕存意に付、何分宜敷奉願上候。

不遠朝鮮へ御帰任被為在、当地御通過も候得は得尊顔可申候。先は前件申述度、乱筆如此に御坐候。残暑尚不褪御厭被遊度、又乍末筆皆々様へ可然御致声願候。再拝頓首

八月三十一日　兵衛

寺内大将閣下侍史

〔封筒表〕東京市麻布区笄町　陸軍大将寺内正毅閣下　私信
〔消印日付〕44.8.31。
〔封筒裏〕封　岡山市天瀬町　一戸兵衛。
〔原史料番号〕①91-5。

7　明治44年12月12日

拝啓　寒冷相募候得共、閣下益御清康可被為渉奉賀上候。扨其後は甚御無沙汰申上候処、如何に被為入候や。内外多端之今日、嘸御心労に可被為渉、奉拝察候。清国内乱も漸次佳境に近接しつゝある如く察せられ、此模様にては早晩我躍起料理之時機到来可致、財政不如意とは申乍ら、百年之悔を貽さゝる様機宜之御施設遺算〔違〕なき様被為有度希望此事に御坐候。小生先般当大坂へ転職仕、各隊之状況は一通承知仕候得共、師管内全況は今以不明に付、目下頻に研究中に御坐候。各隊は前師団長以下之尽力に依り、兼而聞及居候状体とは稍面目を改め居候様被存、今日にては何時何れの方面へ御使用被下候而も決して他師団に対しおくれを取る事なかるべく相信じ居申候。両旅団長中、河合は申分無之、藤本は稍老衰せし評あれとも戦術能力は未衰、現に本年之機動演習も中々勉強して視るべき動作有之候。少将中大分故参に相成候に付、若進級之場合も有之候はゝ、一旦現役にて進級相成候様希望罷在申候。其他由良要塞司令官野中、経理部長大野、軍医部長中館、法官部長松本、獣医部長等、何れも申分

無之適任者と奉存候。参謀長高山は井上大将以来之師団長を補佐し、師団内之事情には精通致居候得共、隊長としての経歴永からず、将官に進級する以前、一度現今に於ける歩兵聯隊長之職務を実験為致候事、為本人為陸軍、将来有利に無之哉と奉存居候。

○大久保閣下も此頃見附へ冬籠相成候由、色々御世話に相成候事と奉存候。将来も宜敷奉願上候。御養子之事、如何相成候や。曾而申込置候通、毅雄君を煩すを得ば、一般申計無之好都合と奉存候。何分宜敷御勘考奉希上候。寿一君にも先日進級、又毅雄君御病気御全快にて近衛候補生に御入隊相成候由、重々御目出度奉祝上候。朝鮮御帰任之際、当大坂へ御一泊被遊如何に候や。時勢之御高話も拝聴致度御待申上候。若御立寄被為有候はゝ、予め御通知希上候。

先は御無沙汰御詫旁大坂着任後之状況一、二入御耳置申度、乱筆如斯に御坐候。乍末筆令夫人へ宜敷被仰上被下度奉願候。再拝頓首

十二月十二日　兵衛

寺内大将閣下侍史

〔封筒表〕東京市麻布区笄町　伯爵寺内正毅殿　煩親展　（消印日付）44.12.12。

〔封筒裏〕封　大阪大手前町師団長官舎　一戸兵衛。

〔原史料番号〕①91-6。

8　大正3年8月7日

拝啓　陳は本年は例なき酷炎之暑気に候処、尊堂益御清栄に被為渉奉恭賀候。降而小宅一同無異御放神〔心〕被下度候。扨欧州平和も忽然爆烈、西天暗澹、未曾有之壮観に御坐候。今日之状態にては自然東洋に迄波及、我帝国も袖手傍観之位地に在るを許さゝるの時機到来可致か。此機会を利用し我国政論之統一、支那に対する利権之拡張等多々可有之、国家百年之大計を愆らさる様祈処に御坐候。閣下之位置声望、他日に期待せらるゝ処多からん。御自愛被遊度候。

大久保閣下も此頃養子可致詮議に取懸り候。毅雄君之方不調に帰し候上は、福島中将之四男、目下中央幼年学校在学中之人如何やと、先方之意向捜索中に御坐候。

今度第一師団軍医部長より貴地病院長に転任之芳賀氏は、明日出発赴任仕候。同人は兼而御承知之事と存候得共、

至極之勉強家にて且木実と相認居申候。将来宜敷御指導御誘腋〔掖〕被下度、小生よりも御願申上候。先は暑中御伺旁一、二陣上仕度、乱筆如此に御坐候。乍末筆令夫人へ可然被仰上被下度希上候。頓首

八月七日　　兵衛

寺内大将閣下侍史

追白　昨夜田中少将帰朝着京、至極元気に見受申候。

〔封筒表〕朝鮮京城総督官邸　伯爵寺内正毅閣下　親展　八月十日　正毅　（消印日付）3.8.7。
〔封筒裏〕封　東京市外上渋谷　一戸兵衛　（消印日付）3.8.10。
〔原史料番号〕①91-7。

9　大正4年1月29日

拝啓　厳寒之処閣下愈御清康奉賀上候。扨今般大久保閣下薨去に就而は多大之御厚意御配慮を蒙り、小生に於ても不堪感謝処に御坐候。昨日概略電報を以て申上候通、故人最後に関し重要なる諸件は好都合に相運候様被存申候条、御安心被下度候。叙位昇勲幷に皇室恩典之事は明石中将、岡大臣之御尽力により最上御恩賜に預るを得る事に相成、今明日中勅使参向之筈に御坐候。又柴田様も内閣向御尽力被下、偏に前数人の御好意による事にして是皆閣下御接示之賜に存申候。

又家名相続之事、就而は宗家大久保忠利之上京を促し、廿六日大久保、幸原両人着京、直ちに金井、川村、大久保、幸原四名に会議決定を促候処、是非小生にも参列致呉候様申候間、其意に従ひ、先遺書を開封之処、適当の者あらば之を保護して家名を相続せしめよ、然らされは家資を分配して家を断絶せしめよとの単簡なる遺書なりしと云ふ。其際大岡老人危篤之報に接し、小生は暫時其会議を決〔欠〕席せり。帰来四人決議之趣を承候処、先第一に寺内毅雄君を乞ふ事、第二に川村之三男を擁立する事、此二ケ条之外此急場に応する処置無之事に略決定致し候由、依而不取敢閣下へ電報を以て御願申上候次第に御坐候。

然に閣下より断然之御決答有之候に付、更に会議を開き川村伯三男純之助を立つる事に決し（此間若干之波瀾ありたれとも）、先大体に於て一同之同意を得、其夜宮内大臣之認可官衙届出、宮内大臣へ報告等之事を廿八日午前迄に片付、同日三時三十分薨去発表致し、是より先故大将

は時々病気発作あり、入浴中俄然腕之不自由を来したる事ありたれと暫時にして復旧、其後右肺故障を生し薨去迄継続せり。廿五日朝電報にて少々不快之事申来り、九時頃参候処、只今医師還れり、脈悪し、午後平井来診すへしとの事、又嘔気あり、発言宜しからず、安静を要すとの事、依而隣室に在りて控居れる其内、金井、川村も来り候。其際どふも今回之発作は尋常ならずと思ひ、電報を以て大久利〔ママ〕忠利氏に上京を促せり。又大濱に電話して来宅を求めたり。正午前小生は師団司令部へ出頭、午後三時頃電話にて危篤申来罷出候処、既に薨去後にてありし。臨終には養子寛夫婦、大将召使一人枕辺に在り間に合候由、全く心臓マヒ之為薨去相成候。十五分後平井来り注射致候も効力なく、近親者之為甚遺憾に御坐候共、何之苦痛も無之様子に有之、是丈は責めてもの慰安に御坐候。

只々祭資〔祀〕料御下賜に付宮内省へ親族出頭すべく申来、又明日勅使御参向之達有之申し候。

右は只今迄之経過之概要に御坐候。薨去を耳にするや、多数之同情者続々来訪、葬儀萬端何之故障なく相運居申候段、御安心被下度候。又明日青山斎場に於て行儀桐谷に於て茶毘に付し、先墓に合葬之手筈に御坐候。

大関老公も廿七日薨去、三十一日葬儀、其後黒羽へ埋葬之筈にて、両家同時之不幸、大に混雑仕居候。匇々乱筆御推読御無礼之段可被為致候。頓首

一月廿九日　　兵衛

寺内伯爵閣下御時下

〔封筒表〕朝鮮総督府　伯爵寺内正毅殿　私信（スタンプ）

書留　（消印日付）4.1.29。

〔封筒裏〕東京市外上渋谷町百卅五　一戸兵衛。

〔原史料番号〕①91-8。

10　大正(4)年2月10日

拝啓　御懇書被下、難有拝見仕候。凜烈之寒気にも拘はらず愈御健勝に被為渉候趣、為国家敬賀之至に御坐候。扨大久保大将薨後之状体は過日申上候後、大臣以下満腔之同情を以て大将最後之光栄を発揮せられ候事、親属〔族〕一同深感謝致居候。是必〔畢〕竟閣下御配意之然らしむる処にして、長く忘却すへからさる事に存申候。喪儀も首尾能相済、嗣子相続之手続も相整候処、後見人撰定之必要を生し、普通ならば川村伯適当と存候得共、如何なる為めか

親類会議は強而小生に後見人を依托され不得止承諾、尚閣下を欲して其看視を請上候次第に御坐候。差当り不可不為事多々有之、目下日々大久保邸に参り整理中に御坐候。幸近傍に故大将過日懇意に渉、且最誠実なる後備中佐小池信一と申人と、大久保之親戚大濱久太郎之両者を補助に依頼し、着々歩を進みつゝ御坐候。

遺産之状態は意想外好況に候得共、男爵家を継続するに数年之後は差閊無之と存申候。遺産之大体は

現在家屋大凡二萬四余〔ママ〕

公債七千円

預金五千円

桑原金之助へ貸金七千円

生命保険二千円

当坐預金二千円

祭資〔祀〕料三千円

金鵄年金一千円

浜松宅地約八千円

見付宅

刀剣、書画、骨董等多数

先五萬以上と存し、此内払出すへきものも多数有之、即ち

葬儀費二千円

返礼及召使放逐、五十日祭等二千五百円

遺書に依り実子幷に増井に遺すへきもの五千円

見付之邸は大将妹敏子殿へ

彼是一万円に見附邸

差引四万円余にして、邸宅を引けば先二萬円、是を純之助成子迄利殖し候得ば、相応之一家を為し得べくと存候。又現在之家は百日祭迄此儘に致置、其後も適当之人に賃貸するか、又は小生に当分居住致呉候様親戚申候間、或は左様可致か。其家賃は修理、諸税、暮掃除、祭典、残余純之助養育費に充当可致事に概定に御坐候。

以上は真之概算にして実際は若干齟齬を免れさるべく、甚しからさるを祈居計に御坐候。

来四月には御上京被遊候由、其際可承乞御示教候。

大関老人之方隠居之事、殊に親属〔族〕旧臣等多数有之候為、簡潔静粛に終了致、其際も色々御心遣被下、拝謝之至に奉存候。

先は御懇書を拝謝し、先信に継き概況陳上仕度、乱筆如此に御坐候。余寒未褪、御自愛奉祈候。頓首

二月十日　　　兵衛

寺内伯爵閣下侍史

〔封筒表〕寺内伯爵閣下　内信　二月十四日　正毅。
〔封筒裏〕〆　一戸兵衛。
〔原史料番号〕①91-9。

11　大正(4)年3月22日

拝啓仕候。春寒尚料峭に御坐候処、閣下愈御清栄奉賀候。当拙宅も一同無事に候儘、乍余事御放神〔心〕被下度候。扨大久保家宅之事、親族一同之意見に依り一年祭経過之後売却する事に決定致居、其手続に及べく準備中之処、何れより聞込候や早川鉄次処望之旨申来、両三度談合之結果、現金弐万円にて譲渡事に協議相調、今月中小生は旧宅へ引移り申候。右は意外之好都合高価に相成、誠に大久保之為喜しき事に御坐候。早川氏は頻りに閣下と御知合且事業上関係有之由申居候得共、自然其余光之賜かと存、深御礼申上候。

現金は一先十五銀行へ預入、時機を見公債証書にても買入、世襲財産に致候はゝ、将来萬全かと奉存候。右にて現在総財産は現金概略参万参千円、五分利公債七千円、用立金七千円、計四萬七千円にして、年々利子弐千五百円、扶助料九百円之計参千四、五百円之収入に御坐候。是迄倉庫に格納致居候什物類は営業倉庫へ可預入詮義致候処、中々之高価にて永年之為不得策と存候得は、一旦小生宅地へ板倉を設、これに格納致置べく預〔予〕定に御坐候。家に安置しある神霊《みたま》は本家大久保忠利君預るへき希望に候得は、追而小祭執行之上見附大久保家へ移転可致預〔予〕定に御坐候。

兼而御承知之浜松地処は長谷川鉄雄君之御尽力にて高価に売却相済候に付、遺言による分配金は夫々分配相済、見附之邸宅は忠利君へ可引渡、目下其登記手続中に御坐候。嗣子光野は学習院へ通学、健全に御坐候。

川村伯は旧臘談合之後未た返答承不申候得共、御尽力により母君へ月百円宛賜金有之、又亡春野殿遺産弐千円之分配を受候得は目下差当り困難もなかるべく、家計整理は今尚研究中ならんと存候。久敷面会不致、強而訊詰候も不宜と存、其儘に打過居中候。

右之次第一応御報告申上候。御賢慮あらば御示被下度候。

頓首

三月廿二日　　　兵衛

寺内伯爵閣下侍史

陸軍教育上之事も各方面とも古き歴史を有し居候事にて一見直ちに容啄も難出来、目下勉強研究中に御坐候。春来各学校野外之研究時期にて、東西奔走視察致居候。何れ拝顔之折可承乞御示教候。副敬具

〔封筒表〕朝鮮京城総督府　伯爵寺内正毅殿　私用親展　三月廿五日　正毅　返事済。

〔封筒裏〕封　下渋谷字代官山　一戸兵衛。

〔原史料番号〕①91-10。

12　大正4年8月14日

謹啓　炎暑之砌、閣下愈御健勝に可被為渉、奉賀上候。扨兵衛儀、今般不図も進級之恩命に浴し候段、感激之至に奉存候。是偏に平素御高庇之賜に外ならずと深く奉肝銘候。尚将来も不相変御眷顧奉希上候。早速御礼状可有処、実は去月初より病気罹り赤十字病院に入院、去十日退院仕候得共、疲労尚回復に至らず当分静養之必要有之、今尚引籠中に御坐候。病症は軽微之胄〔胃〕腸炎にして、特別検閲より帰京後間もなく発生せる迄苦痛を感不申候得共、廿日間計絶食静臥之為め身体衰弱致候結果に御坐候。幸に逐日快方に御坐候。乍憚御消慮被下度奉希候。

右に付御留守宅皆々様より度々御見舞を賜候而已ならず、此度之進級に際しては過分之御祝頂戴仕、毎々之御芳志感謝之至に奉存候。

閣下近来は倍御清健之由、為国家慶賀之至に御坐候。又此頃は博覧会御開催との事、御心労奉拝察候。先日中央政界之出来事、一時は閣下御出馬之事にも可成かと存候処、纔かに弥縫補綴、目下小康之姿に御坐候。

欧州戦争も甚不面白発展にて、懸念之至に奉存候。然し聯合軍たるもの此際大奮発、耐忍持久、今年中持続致候はゝ、或は悲境輓回之機会到来可致かと奉存候。兎に角我立場は国歩艱難浮沈之界と奉存候。只々挙国一致、応急之準備致居候外無之と奉存候。定而御胸算も可有御坐候。閣下之如き重望を負へる方には瞬時も御念頭を去らさる御事に奉存候。

川村伯長男先日死去仕、甚痛ましき事に御坐候。右に付光野身上に関係を及ほし候事もなきや心配仕候得共、川村伯も先般大久保へ養子之際、萬一之場合考慮決行致候事とて今更取戻等之意思無之由態々申出に付、御承知置被下度候。

先は進級御礼申上度、寸楮如此に御坐候。応分之御用被仰聞度。近日令夫人御令息御渡鮮之由、当地之近状は御聞取被下度候。再拝頓首

八月十四日　　兵衛

寺内伯爵閣下侍史

〔封筒表〕朝鮮総督府　陸軍大将伯爵寺内正毅殿　親展　八月十九日　正毅　要保存　返事済　（消印日付）4.8.□。

〔封筒裏〕封　東京市外下渋谷字代官山　一戸兵衛　（消印日付）□.8.17。

〔原史料番号〕①91–11。

13　大正8年1月17日

拝啓仕候。陳は旧臘来大磯御静養御超歳被遊、其為御病気も御相応に被為入候由、先々御芽出度奉存上候。一度御見舞に参上致度存居候得共、不如意失礼罷在候段、何卒御海容奉仰候。扨昨日は御書面にて御訊之件、小生に於ても至極御同感に奉存候。山本氏一家は普通之一家として実に申分無之、善良之家庭と申へくも、主人は武州川越辺之人にして、浅田大将とは従兄弟之間柄、妻は九州久留米辺之人、高等師範学校卒業者之由、小生は金沢在勤中より昵懇に致居候。目下世田ケ谷村之西方新市街地に千坪計之宅地を求め居住致居候。其家族之状態は別紙寛妻久邇女之記載に相違無之と存候間、篤と御覧被下度候。

右不取敢拝答申上度、匆々閣〔擱〕筆仕候。頓首

一月十七日　　兵衛

寺内伯爵閣下侍史

〔封筒表〕□奈川県大磯町加藤別邸　伯爵寺内正毅殿　私用親展　（スタンプ）書留。（消印日付）8.1.17

〔封筒裏〕封　東京市外上渋谷一三五　一戸兵衛。

〔原史料番号〕②2–27–2。

14　大正8年8月　日

謹啓仕候。炎暑之候、御機嫌御伺申候。扨而兵衛、教育総監在職中は公私共御誘掖を賜はり、難有奉萬謝候。過般軍事参議官専務と相成候。就而は不相変御指導を賜はり度奉懇願候。先は御挨拶申上度、如斯に御座候。謹言。

大正八年八月　　一戸兵衛

伯爵寺内正毅閣下

〔封筒表〕神奈川県大磯町　伯爵寺内正毅閣下　侍史　（消印

日付）8.9.2。
〔封筒裏〕〆　東京府下上渋谷　一戸兵衛。
〔原史料番号〕①91-12。

51　市原盛宏

1　大正3年9月4日

謹啓　残暑尚難凌御坐候処、愈御清康御起居被遊候由、大慶至極に奉存候。扨欧洲之戦乱も思之外大仕掛と相成り、終に我東洋にまで波及致候に付而は諸事一入御配慮を要候次第、御多忙之程深く奉拝察候。就而は弊行総会も已に相済候に付、拙生も一日も早く帰任致度存候も、戦乱之為め金融市場も実に異常之窮態に陥り、左なきだに年末に際し朝鮮之金繰不如意に相成り候実例なる故、本年は特更困難を相感じ候半歟と懸念し今より其準備致置度候も、暑中と云ひ特に時局之為め関係者に面談する事も自然手間取り未だ用談相済不申、漸く昨今に至り交渉相始め候問題も有之候間、此等を取纏め次第成るべく早く帰西可仕覚悟に御坐候。浦塩貿易問題に付而は色々工夫致候処、萬国郵便為替を利用して為替尻之決済相付き候見込略相立ち申候間、此分丈には多分政府を煩さずして解決出来可申歟と相考へ居申候。渋澤翁へ御伝言之朝鮮軽便鉄道問題に付御意見先方へ申伝候処、懇篤に先方之意見も承り候に付、何れ帰任拝芝之節萬縷可仕、同人も決して仏国側之申出で《ママ》を丸呑に賛成致候考へには無之様子に御坐候。書外不日拝趨之上上申可仕、不取敢暑中御伺旁一書拝呈致度如斯に御坐候。恐惶頓首

九月四日　　市原盛宏

寺内総督閣下

〔封筒表〕朝鮮京城　伯爵寺内正毅殿　御親展　九月八日要保　（消印日付）3.9.4。
〔封筒裏〕封　東京四谷大番町　市原盛宏　（消印日付）3.9.7。
〔原史料番号〕①89-1。

2　大正3年12月15日

謹啓　陳は大坂にて拝芝之栄を得候後、其晩之列車にて東上、翌朝元気よく入京致候処、不幸にして其晩より当春再三相煩申候気管支加多留に罹り大に苦悩致候故、医師之勧めにより当大磯に転地療養仕候。然るに再三の経験通り病気は日々増し軽快致、二週間計にして平癒致候

様相感候間、本月八日東京に入り一両日にて用務を弁じ、早速帰西致候筈に御坐候処、よく〳〵拙生の気管衰弱致居候ものと見へ、再其夜より同病に相悩み、腑甲斐なくも又復大磯へ敗走致申候。実は年末を扣へ居、当年は別して両農工銀行之整理を要し、剰へ米価下落之為め朝鮮之財界も甚懸念に堪不申候故、一日も早く任地に帰りて行務を視度切望仕候へ共、此分にて貴地之厳寒に接候はゞ果して如何なる結果を見ん歟頗る危険に相感申候より、当分当地方にありて根治の途を相講候方得策ならんと相信候間、乍不本意帰任相見合はせ候次第に御坐候。尤も当地方にあれば殆んど平素と異なるなく、行務を見る事も一向差支無御坐候間、大体之事丈には精々注意して監督致居候積りに御坐候はゝ、過日水越を以て一応事情拝陳為致置候へ共、茲に寸楮相認め重ねて近況上申仕候間、不悪御諒恕被遊度奉懇願候。一先之必要相生候場合には病を強行しても帰任可致覚悟に御坐候間、右御含置被下度候。右得貴意度、匇々如斯御坐候。敬具

十二月十五日　市原盛宏

寺内総督閣下

〔封筒表〕朝鮮京城　伯爵寺内正毅殿　御親展　十二月十八日　正毅　要保存　返事済。

〔封筒裏〕封　大磯音羽　市原盛宏　（消印日付）3.12.18。

〔原史料番号〕①89–2。

3　大正3年12月31日

謹啓　陳は多事且不幸なりし本年も、弥本日を以て終了致候事と相成候処、閣下益々御清栄御健勝にして御越年被遊候御儀ならんと拝察奉恭賀候。拙生儀も幸に其後病気殆んど全快、当地方にさへ居れば平素に異なる所無之程に相感申候。就而は医師は尚三、四月頃まで気候温暖、空気清潔の地に於て静養すべき様勧告致候へ共、時節柄医師之註文通りにも致兼ね、当年之如き経済界険悪之状況を見ながら遠地にありては中〔裏〕心甚不安之念に駆られ居候折柄、閣下之御注意も至極御尤に奉存候間、明後日より当地発、兎に角釜山まて引取り、同地に於て暫時経過を試み可申心得に御坐候。同地に滞在致候へば、御膝下に於て朝夕御指揮を仰き候程には参り不申とも、臨機応変之働を致候ても甚敷差支も有之間敷歟と確信仕候。内地も経済界頗る不振に有之候折柄、議会も終に解散と相成り、欧洲戦乱之終局も未だ見込相立不申、旁一入不

安之状態に相見へ申候。書外後鄭に譲り、年末御機嫌伺
旁右得貴意度如斯に御坐候。頓首再拝

十二月卅一日　　市原盛宏

寺内総督閣下

〔封筒表〕朝鮮京城　伯爵寺内正毅殿　御親展　一月二日
正毅　（消印日付）3.12.□。
〔封筒裏〕大磯　市原盛宏　（消印日付）4.1.3。
〔原史料番号〕①89-3。

4　大正4年2月5日

謹啓　当年は一入厳寒相覚申候処、閣下には益々御勇壮御起居被遊候段、大慶至極に奉存候。拙生儀も当地へ罷越候以来、一時は風邪之為め相悩み候ひしも一、二週間にて全快、目今は殆んど平日と異なるなく、唯気候等之変動に対して抵抗力之恐敷丈は残念に御坐候。総会出席之為め、今夕より東上之運に就き候間、今回は御暇乞にも参上不仕、甚欠礼之段恐縮仕候へ共、不悪御海恕被遊候様奉願候。総会後尚暫時静養相試み候上、可成早く帰任可仕候間、是亦よろしく御寛恕被成下度候。幸に米価之騰貴等により朝鮮之経済界も昨秋比之如く険悪に無之、漸次恢復之徴候相見へ、誠に御同慶之儀に奉存候。必要有之候節は何時にても帰城可仕候に付、御下命被下度候。右乍略儀御暇乞旁寸楮如斯に御坐候。頓首敬白

二月五日　　市原盛宏

寺内総督閣下

〔封筒表〕京城　伯爵寺内正毅殿　御親展　二月七日　正毅
（消印日付）4.2.5。
〔封筒裏〕封　釜山　市原盛宏　（消印日付）4.2.6。
〔原史料番号〕①89-4。

52　伊藤博文

1　明治(27)年11月3日

今朝御談話之土佐丸使用之事に付、別紙之通外務大臣より回答有之候。野田監督長へも御転覧可被下候。早々頓首

十一月三日　　博文

寺内少将殿

〔原史料番号〕②13-1-2。

2　明治(39)年4月1日

別後愈御清栄国事御鞅掌、遙察仕候。小子赴任以来僅に数旬、未た事功之可記もの無之は勿論に候得共、韓皇及其政府も稍平静之情態は表面相顕れ居候。乍然裏面には多少陰謀之形迹非無之、尤其効果は可知而已。当国之上下如斯は到底所不免と存候。陳は今般枢要各件事情開陳之為、児玉書記官に暫時命帰朝候間、詳細同人より御聞取被下、各件善後之手段御講窮又は御相談之上可然御指諭相願度候。為其匆々頓首

四月一日　博文

寺内男爵閣下

〔封筒表〕寺内陸軍大臣閣下　親展。

〔封筒裏〕緘。

〔原史料番号〕②13-1-1。

53　伊東巳代治

1　明治(　)年9月19日

拝啓　昨宵は欠敬之段御恕可被下候。扨唯今柴田書記官へ御来問の件、一にはGoldと有之、他の一にはYordと有之、何分不明に付、尚御取調奉願上候。右小生より拝酬仕候。草々頓首

九月十九日　巳代治

寺内少将殿

〔原史料番号〕①87-1。

2　大正5年11月8日

拝啓　老穐之候、聖駕に扈従日夕御勤労之段、奉恐察候。陳は小生儀、昨七日不図も帝室制度審議会総裁之命を拝し、恐懼不能措候。御熟知之通皇室制度整備之事業は恐多くも先帝陛下深く叡念あらせられ、故伊藤公亦懿旨を奉體して多年心力を竭され候沿革も有之、其任極めて重大なるは特に申述候迄も無之、而も皇室の法制は其国務と相渉る場合頗る多く、旁々甚大の御援助を辱するに非されは完全に此の大任を遂行する不能と存候。不日御帰京之上、拝青親しく前年之経過顚末を具陳し、更に可奉仰御垂教候得共、不取敢御披露旁右悃請之為得貴意度如此に候。敬具

丙辰十一月八日夜　巳代治再拝

寺内首相元帥閣下

〔封筒表〕□岡県福岡市内閣総理大臣旅館　内閣総理大臣寺内元帥閣下　内啓袖展　（消印日付）□.11.□。

〔封筒裏〕封　東京市麹町区永田町一丁目十七番地　子爵伊東巳代治　（消印日付）5.11.10。

〔原史料番号〕①87–2。

3　大正（6）年2月2日

拝啓　昨夕は辱御寵招不一方御款待を蒙り、芳情不堪感銘之至、早速趨候親敷鳴謝可仕之処、却て御迷惑と存し態と差控、乍存曠礼罷在候段、御海涵被下度候。扨御内嘱之文案に付ては其以来杜門謝客、殆と床食を忘れ全力を傾注し関繋書類を参照して潜考凝思罷在、後藤内相とも面議を尽し大體之腹案出来、昨夜拝別後徹宵執筆、又用意周匝を旨とし朝来推敲を加へ、唯今繕写中に有之、出来次第内相之来邸を請ひ、大體之結構より所載之各項に渉り詳密説明之上、同相を経て御手許へ拝呈可奉仰御取捨と存居候。委曲は過刻黒田、荒谷へ申含置候に付、既に御聞取之事とは存候得共、昨夜之御礼旁乍略義寸楮達聴如此に御座候。艸々敬具

二月初二日　　　巳代治再拝

寺内元帥首相閣下

〔封筒表〕寺内元帥首相閣下　密啓差上置　大正六年。

〔封筒裏〕東京市麹町区永田町一丁目十七番地　子爵伊東巳代治。

〔原史料番号〕①87–3。

4　大正（6）年5月22日

上諭案

朕ハ時局ノ拡大ニ鑑ミ、永遠ノ利害ヲ慮リ、側近ニ臨時委員会ヲ特設シ、中外ノ情勢ヲ考査シテ応機啓沃ノ任ニ当ラシムルノ必要ヲ認メ、茲ニ臨時外交調査委員会官制ヲ裁可シ、之ヲ公布セシム。

年　月　日

御名御璽　　　副署

拝啓　昨夜趨候之砌は不計も長坐御静閑を妨け、恐悚之至に不堪候。今朝椿山荘往訪之次第は、親敷公爵より御聴取之事と奉存候。其内拝青之上、委曲内申可仕候。御奏議之眼目を臨時調査局官制の上諭文中に相認候方可然との注意も有之、試に起草之上公爵へ差出置候間、御参

考迄に不取肯〔敢〕別紙尊覧に奉供候。書外萬緒期面答候。

艸々敬具

五月念二日　　巳代治再拝

寺内首相貴爵閣下

〔封筒表〕寺内首相貴爵閣下　内啓親展。

〔封筒裏〕封　東京市麹町区永田町一丁目十七番地　子爵伊東巳代治。

〔原史料番号〕①87-4。

5　大正6年6月27日

粛啓　議院開会中、日夕御勤労之段、不堪恐察之至候。昨日議会之状況は今朝都下之新聞紙にて詳悉、尚児玉翰長より議事速記之回付に接し一層判明致候に付、不取敢以電話同翰長迄鄙見申入置候へは、既に御聴取之事と拝察仕候。昨日憲政党の議院内に於る作戦之跡を観るに、本会議之席上質問を続発して閣下に突撃を試んとするの苦策も、閣下之御応答其機を制したるか為に意外之頓挫を来し、憲政会領袖連も勢の非なるを看て忽ち質問演説之通告を撤回するの醜態を現すに至り、開会早々戦略を誤り敗戦之状、見苦しき次第に有之、為現内閣所賀に候。萬一予算委員会に於て同一の質問相生し候節は、既に本会議之懸案となりて質問書之提出なき限りは、其故を以て応酬相成候様致度候。猶昨日貴族院に於て解散後之議会に対する閣下之御演説に対し、反対党之首領加藤子爵は現に議席に在りて親しく之を聴聞したるに拘らす、一言の質問又は批難をも加ふること不能して拱手沈黙に附し去りたるは、反対党の首領として天下に面目を失する次第、現内閣に取りては意外之僥倖と可申候。折角憂慮罷在候議会も、其劈頭に於て以上之好果を収むるに至り候義は御同慶の仕合に奉存候。何卒今後十分此の機運に乗して深甚之注意肝要と存候間、各相とも御熟議之上、国務大臣としての言動に一層の自重を加へられんことを翹望罷在候。新聞紙の伝る所に依れは、昨日国務大臣中、議員の質問に応へて与国の兵力強弱に関し云為したる者あるの如きも、此の如きは軍事上又は外交上に顧み、事體最も戒慎を要すへきものと思考致候。切に御注意を所希に候。其内島田三郎より昨日之質問書提出致候はゝ、早々御回付を仰、応答書を起草して御参考に可奉供候。此の件に関する政府の答弁は単に一議員に対する弁明に止まらす、之に拠りて天下に向ひ今般臨時外交調査会特設之理由を闡明し、世の妄論謬説を一掃することを得へしと存候。明廿八日午後六時より霊南阪官舎に於て審議会之総会を開き候為十二時迄は不在に候得共、其他は昼夜在邸、何時たりとも貴需に可応平素心掛仕候間、無御遠慮被仰越度候。右内密御含迄、奉得貴意候。艸々敬具

丁巳六月念七日　　巳代治再拝

寺内首相貴爵閣下

〔封筒表〕寺内首相貴爵閣下　機密恵展。
〔封筒裏〕封　東京市麹町区永田町一丁目十七番地　子爵伊東巳代治。
〔原史料番号〕①87-5。

6　大正(6)年6月29日

拝啓　憲政会之提出に係る不信任案に対し、昨夕来潜考之末、試に御演説案起草仕候。至急を要する場合に付、今朝黒田甲子郎を呼寄、口語体に相改置申候。今春之場合と違ひ院内敵味方之形勢一変致居候次第に候へは、其辺之事情にも深く注意立言致置候。御静読之上、御取捨奉仰候。在支那之本邦人挙動に関しては、個人に渉るの事実を避け、抽象的に弁明致置候方、事體に相叶可申と存候。右内密御含迄奉得貴意候。艸々不宣

六月念九　　巳代治再拝

寺内首相貴爵閣下

再申　島田に対する答弁書は、御帰邸之頃迄に尊邸に差上可申候。

〔封筒表〕寺内首相閣下　内啓親展。
〔封筒裏〕封　東京市麹町区永田町一丁目十七番地　子爵伊東巳代治。
〔原史料番号〕①87-6。

7　大正(6)年6月29日

過刻奉供尊覧置候御演説案中、故らに今春之憲法論に渉らすして立案致候義は、懸引之次第も有之、詳密児玉翰長へ口陳可仕置候間、御聴取被下度候。

島田之質問に対する御答弁書は、一昨日来推敲之末、別紙之通起案仕候。至急を要する場合、浄写之暇無之、初稿之儘差出候間、早速奉仰尊覧度候。此の答弁書は、明日不信任案の本議に上る前に於て議場に朗読せしめられ候はゝ、御演説と前後対照して完璧を得可申歟と奉存候。児玉伯は後刻来邸之筈に有之候。敬具

六月念九

巳代治再拝

寺内首相貴爵閣下

〔封筒表〕寺内首相閣下　内啓親展。

〔封筒裏〕封　東京市麹町区永田町一丁目十七番地　子爵伊東巳代治。

〔原史料番号〕①87―7。

8　大正(6)年8月8日

拝啓　昨日は酷暑之候、長時間会務御統督、御勤労之程不堪恐察之至候。扨其節歎願仕置候奥田義人之件に付ては、拝別後直に波多野宮相之官邸へ往訪、面会之上詳細懇談仕候処、同相にも即時快諾を表せられ、早速閣下へ御協議可致旨被申答候。尚乍此上御眷顧被下置度、重て懇願仕度、乍略義寸楮如此に候。敬具

八月初八日

巳代治再拝

寺内首相貴爵閣下

〔封筒表〕寺内首相貴爵閣下　内啓恵展。

〔封筒裏〕封　東京市麹町区永田町一丁目十七番地　子爵伊東巳代治。

〔原史料番号〕①87―8。

9　大正(6)年9月5日

拝啓　爾後令閨御容體如何被為在候哉。連日御看護之御疲労嘸かしと不堪恐察之至候。扨船政統制之案件に付ては、昨夜於弊宅、本野外相幷田逓相と三人鼎坐、協議之結果を以て閣下之御指揮を可奉仰事に申合置候末、過刻児玉翰長御来訪、原君へ打電之手続等協議仕置候。委曲御聴取被遊候事と奉存候。

此品甚軽微之至に候得共、御見舞之印迄に奉供尊覧候。刻下内外御多端之折柄、日夕御摂養為邦家所萬禱候。

艸々敬具

九月初五日夕

巳代治再拝

寺内首相貴爵閣下

〔封筒表〕寺内首相貴爵閣下　内啓差上置。

〔封筒裏〕封　東京市麹町区永田町一丁目十七番地　子爵伊東巳代治。

〔原史料番号〕①87―9。

10　大正(6)年10月28日

拝啓　愈御清適被為渉奉恭頌候。扨過日蒙御籠招候節御

願申上置候、王鴻年氏趨候之上、敬意を奉表度旨申出候に付、何卒以御繰合、暫時御引見御垂諭被下置候は丶、於小生も大幸不過之候。右悃請之為寸楮如此に候。艸々不悉

十月念八日　　巳代治再拝

寺内首相貴爵閣下

〔封筒表〕寺内首相貴爵閣下　王鴻年氏持参。

〔封筒裏〕封　東京市麹町区永田町一丁目十七番地　子爵伊東巳代治。

〔原史料番号〕①87-10。

11　大正7年8月22日

謹啓　残炎之候、愈々御清適被為渉、奉恭頌候。陳は今般臨時西比利亜経済援助委員会を特設せられ、昨廿一日、委員長以下の任命発表相成候趣にて、昨夕刊幷今朝刊の諸新聞に依り、閣下幷後藤外相の同委員に与へられたる訓示を閲読して、始めて其性質任務等を詳悉することを得たる次第に有之候。而して閣下の御訓示には、此際露国人に対して物資の供給、産業の復活、通商の振興を援助するは帝国当然の責務にして、且善隣相拯ふの常道なりとあり。又外相の訓示中にも、帝国は其地位関係に考慮して西比利亜を済ひ、之を以て露本国に及ほすへき中核と為すの良計なるを信したりとありて、其目的とする所は専ら経済的援助に在りと雖も、事體帝国の対露外交関係なることは疑を容れさるのみならす、既に御訓示中にも列国相提挈して其間支吾なきを期すへしとあり。外相も亦、聯合与国に於て西比利亜経済援助の事務を講し、英国の如きは帝国政府に交渉する所あり。米国に在りても亦、西比利亜援助の団體を組織したるを以て、此等の団體と常に接触を保ち、互に相俟ち相倚りて援助の目的を達すること必要とする旨を力説せられたるに視れは、如何に辞柄を巧にするも、之を外交上の重要案件に非すと云ふ能わさるへく、随て此の如き外交問題の外交調査会に諮詢せらるへきものたるは、同会を特設せられたる要旨に徴して当然の事に属し候義と存候。然るに、今次調査会の一議をも経すして決定せられ候理由に至りては、不敏の到底解すること能わさる所に有之候。小生は常に御諮問を蒙り候に方りては、乍不及国家の為日夜全力を竭して、陰に陽に献替尽瘁、今日に到り候微衷に顧み、実に一層の遺憾を禁すること不能候。叙上の大要は昨夜

後藤外相の来訪に接し候に付縷陳に及ひ、閣下に伝言を請ひ置候へは、必す御聴取の事と存候。過日満州駐屯の帝国軍隊の一部を移動するの場合にも、前約を履て調査会に諮問せらるゝことなくして直に決行せられ候為物議を生したるも、当局の弁明に由りて幸に事なきを得たるに、未た旬日を経すして調査会を無視せらるゝの事あるは、洵に遺憾の至に堪へす。目下内外の国務御多端の折柄、彼是御高慮を奉煩候は不本意千萬に候得共、事體の関要重大なるに顧み、一応御趣旨の存する所仰御垂教度、以書中特に得貴意候。草々拝具

戊午八月念二日　巳代治再拝

寺内首相貴爵閣下

〔封筒表〕寺内首相貴爵閣下　機密親展。

〔封筒裏〕東京市麴町区永田町一丁目十七番地　子爵伊東巳代治。

〔原史料番号〕①87-11。

12　大正(7)年10月1日

粛啓　時下不順、起居愈々御健勝被為渉、奉恭頌候。実は本日御挨拶を兼ね、李王家一件に付重而御願申上度、趨候之心得に罷在候処、昨日は御多端之央〔ママ〕御賁臨を辱し、加之既に原首相と種々御懇談被下候委曲御垂示を蒙り、御厚志千萬不堪感謝之至候。其砌拝陳仕候通、王公家軌範及皇室裁判令の両案は、既に枢密院より返上相成候今日に於て、同院に対し差向何等の措置を施すの必要無之、又改めて新内閣に提議致候事は、就任早々の場合にも有之、且再査之都合等にて今暫く稽延、適当の機会相待候方可然、随而右両案に対する今後之方針は他日の議に譲り、此際に於ては事実差迫居候李王家婚儀之一条に付、急速進行を図り候事、喫緊と存候。而して此婚儀之件は、王公家軌範案とは直接関渉せさる別箇之問題に属し、専ら宮内省幷内閣に於て、之か為に皇室典範の改正を必要とするや否やの意見に依りて決すへく、萬一にも典範の改正を必須とするに於ては、其改正案を枢密院に諮詢せらるゝ事と可相成候得共、之に反し帝室制度審議会の意見に基き前来の方針に拠りて典範の改正を不可とするに於ては、枢府の議を煩すの必要なく、同府と何等交渉を要せさる次第に有之候。此の点は明瞭に区別して、王公家軌範案と混同すへからすと存候。然るに、昨日尊話之趣にては、原首相は夫等の経路に付十分諒解不致居哉に

相窺はれ、原首相より此際顧問官連中へ開談相成候事は、却て事端を滋すの虞有之候に付、何共恐悚之至に候得共、閣下より一日も早く重ねて原首相へ御注意を賜り候はヽ幸甚之仕合に有之候。尚李王家婚儀に関し、皇室典範を改正するの不可なる所以は、宮内大臣に於ても亦御詳知之通全然了解被致居、帝室制度審議会の意見に基きて今日に到るまて進行被致来候次第に有之候得共、今回内閣の更迭と共に、宮内当局に於て萬一にも前来の方針を一擲し、初志に背馳するの措置を執られ候様の事有之候ては、実に国家千載の恨事たるは言を須す。閣下積年之御高配も遂に徒爾に終るの虞有之候へは、何卒原首相へ御懇談被下候と同時に、波多野宮相をも至急御召寄之上、此際一層初志を固持して邁往候様、特に御声援被成下度、不堪悃願之至候。書外拝晤を期し、不取肯〔敢〕昨日御懇問之御礼旁当用如此御坐候。草々頓首

十月初一日　　巳代治再拝

寺内元帥貴爵閣下

〔封筒表〕寺内元帥貴爵閣下　至急恵展。

〔封筒裏〕東京市麹町区永田町一丁目十七番地　子爵伊東巳代治。

〔原史料番号〕①87-12。

13　大正8年3月15日

拝啓　時下愈々御清祥被為渉奉恭頌候。其後御見舞之為趨候可仕之処、却て御静養之御妨仕候も不本意之仕合に付、態と差控居申候。疎慢之段御海涵奉仰候。扨去月三日、十九日、幷廿二日、三次之外交調査会々議は、国際聯盟規約案之重大問題に付審議を尽され候次第に付、右三回之会議筆記紫刷之上、本日小包郵便に托し、厳封を加へ、御参考之為御手許へ差出置候。右にて今日迄之経過は詳細御諒知を得へしと存候。而して、該筆記文中に相見へ候、調査会提議に係る在仏我全権委員に質疑之件に付ては、既に去月已来、政府当局に於て発送を了し候得共、猶未た回電に接せさる趣に有之、其回電接到之上は、前途之措置に付篤と凝議を尽し、適当の善後策を講すへきの必要に差迫居候。申迄も無之候得共、本件は至重至大の問題にして、其帰結如何は実に帝国前途之消長に激甚なる影響を来すの虞あり。刻下の趨勢に任せて空しく拱手傍観、何等挽回若は緩和の手段を執らさるか如き、竊に憂慮不能措次第に有之候。折角御静養中に有之

候得共、小包郵便着到次第、何卒前後御通読之上、御心付之廉は無御伏蔵御垂教を賜り度、不堪悃請之至候。小生義も、当初閣下の御推薦を辱し候為、自ら揣らすして今以調査会之席末を汚し居候上は、此上とも各位閣下之驥尾に附き、最後迄乍不及報效〔ママ〕の微衷を尽し度と存し、御静養中をも不顧、特に聰聴を奉煩候次第、幾重にも御諒承被下度候。尚昨今不順之候、切に御加養奉萬祈候。

草々不宣

三月十五日　巳代治再拝

寺内元帥貴爵閣下

〔封筒表〕神奈川県下大磯町　加藤正義別邸　伯爵寺内正毅閣下　機密親展　書留　（消印日付）8.3.15。

〔封筒裏〕東京市麹町区永田町一丁目十七番地　子爵伊東巳代治。

〔原史料番号〕①87-13。

14　大正(8)年4月5日

拝啓　其後尊恙如何、御案事中上〔ママ〕居候。扨過日御報告仕置候質議要項に付、在仏我全権委員より答議到来致し、且人種差別待遇撤廃問題に付対応政策討議之為、去卅日、外交調査会々議を被開、孰れも重要之問題に有之候に付、別冊之通当時審議之顛末筆記整、各位之高覧に供し置候。乃紫刷一部拝呈仕候間、御気分宜しき折御閲読被下候はゝ、本懐之仕合に候。時下御摂養専一奉萬祈候。草々

頓首

四月五日　巳代治再拝

寺内元帥貴爵閣下

〔封筒表〕寺内元帥貴爵閣下　恵展。

〔封筒裏〕封　東京市麴町区永田町一丁目十七番地　子爵伊東巳代治。

〔原史料番号〕①87-14。

15　大正(8)年4月26日

拝啓　其後御疎音に打過、不変御起居候処、御容體如何被為在候哉。折角一層御加養千祈萬禱仕候。却説、講和会議之状況は兎角我国に利あらすして、前途実に不堪憂慮之至候処、小生に於ては乍不及為国家最後迄懸命の努力を尽し、閣下之御推輓に負かさる決心を以て鋭意従事致居候次第に有之候。此内政府を促して外交調査会を開かしめ、其席上鄙見を開陳し、殊に青島問題に付ては在

仏我全権等に対し、特に訓令を発せしめたる事に有之、当日会議之顚末は別冊筆記にて御承知被下度、為其一部拝呈仕候間、御気分御宜しき折、御一覧を賜らは本懐之仕合に候。御病中に付余事態と差控候得共、今後之形勢に於て不容易事體に立到候節は、可煩御考慮と存居候。

草々不備

四月念六日　　巳代治再拝

寺内元帥貴爵閣下

〔封筒表〕寺内元帥貴爵閣下　親展。

〔封筒裏〕東京市麴町区永田町一丁目十七番地　子爵伊東巳代治。

〔原史料番号〕①87-15。

54　伊藤柳太郎

1　明治(36)年7月21日

謹啓　益々御健勝奉大賀候。然は去月廿四日門司出帆、海上無事、廿七日太沽に着、天津を経て、廿九日北京に入り、諸準備を整へ、本月六日同地発程、十日承徳府に着、降雨の為め数日滞在、十六日同地発足、去十九日無異当王府に着任仕候間、乍憚御省慮奉願上候。当地の事情可申上に候得共、着任日尚浅く、未た充分の調査も出来兼候間、逐而御報導可申上、先は不取敢着任の御報迄、一書如此に御坐候。早々拝具

七月廿一日　　蒙古喀喇仙王府　伊藤柳太郎

寺内正毅殿侍史

〔封筒表〕大日本東京　陸軍省　寺内正毅殿　侍史　軍事郵便。

〔封筒裏〕七月廿一日　在清国　伊藤柳太郎　（消印）□.8.□。

〔原史料番号〕①88-1。

55　稲垣三郎

1　明治(38)年(5)月　日

謹て小官進級の御礼申上候。

閣下愈々御勇武之段奉大賀候。降て小官健康奉務罷在候間、乍他事御放神〔心〕被下度候。

戦局も何時終る可きかは今日預〔予〕想の外に有之候処、露艦の一たび新嘉坡を過きたる以来、海戦は欧州人目の焼〔焦〕点となり、批評家、戦略家に好問題を与へ申候。満州に於

ても、頃日連りし彼我の小衝突を耳に致し候。多分遠らず大戦の起ることを期待致居候。

日英同盟の拡張、無条件攻守同盟の説は、頃日英国政治家の口より出て、今や殆んと同盟の拡張は英人の異口同音と相成申候。固より現同盟の現戦役に及ほしたる間接の結果は、我国に利益を与へたること少らず、然も之を仏国が露国に与へたるものに比しては、消極と積極の観を顕出致居候。但し英国の輿論が常に我国に満腔の同情を表し居り候を見ては、其国に駐在する小官等の目にはうれしく感ぜられ申候。

閑院宮殿下、去月御無事御帰朝の趣を拝し、慶賀に不堪候。

祈御健康。敬具

於英国　稲垣騎兵中佐

寺内閣下

〔原史料番号〕①72–1。

56　犬養　毅

1　大正6年9月26日

謹啓　先日拝晤之時一事申漏らし候は、北京英公使ジョルダンの事に御座候。同人は再ひ北京に派せざる様相成し候様兼て承居候が、果して如何なる関係に相成候や。いづれ本野氏に相尋候筈に候得共、兎に角我邦には甚不利益と被存候。英政府、予め何の交渉もなく、突然此に出てしとは考られ不申、何か外務の考違ありしにはあらすやと被存候。草々不一

九月廿六日　犬養毅

寺内伯閣下

〔封筒表〕麴町区永田町官舎　寺内伯爵　恵展　九月廿七日返事済　（消印日付）6.9.2□。

〔封筒裏〕封　東京市牛込区馬場下町　犬養毅　（消印日付）6.9.27。

〔原史料番号〕①80–1。

2　大正(6)年12月30日

謹啓　過日調査会の題案は重大に付甚憂慮致候。汎論と

して、成る可く戦を遁る上に於て何人も異議なきか如くなれども、其根本の主意には全く二種あり、此際進取的活動の機会を生するを喜ひ、其底意を以て与国を動さんと欲する者と、

我国力の満を持して列国の形勢に対するが為めに、勉めて此際の出兵を避けんと欲する者と、

二種の区別あり。小生は後者の意見を有するものに候。種々思慮致候得共、西比利地方に於て広大の版図を獲得する事は、列国の形勢到底之を許さる者と信候が故に、斯る危険の事は勉めて避くるを以て得計と確信致候。猶近日拝容の上、高教を仰き度奉存候。

○林公使帰朝を機して面目一新の御腹案可有之と奉存候。本野子は此点に関し、小生等の意とは多少相異可有之と被存候。

○国防問題付議の事は如何被成候御考に候や。調査会の内規に明記しあるに対し、何とか御処置可有之とは存候得共、既に予算も定り議会にも付せられ、時機と順序と〔ママ〕於て奇異のものに相成候様に被存候。是も御高見承度と存居候。

○小生、今日旅行致候得共、御一報被下候はゝ何時にても帰京可致候。匆々不宣

十二月廿日朝　　犬養毅

寺内首相閣下

陸軍の調に係る一個師団の七百万円と四百円とは、共に違算はなきやと懸念致候。小生の打算にては頗る莫大の額に上り、財政経済の上に到底見込立ち不中候。

〔封筒表〕寺内首相閣下　秘啓　一月四日。

〔封筒裏〕緘　東京市牛込区馬場下町　犬養毅。

〔原史料番号〕①80―2。

3　大正7年11月30日

敬啓　特に御手書を辱ふし、恐縮に奉存候。追々御復常之趣承り、欣慰之至、尚十分御静養被成度、来二日の調査会は前回に於て付托したる特別委員より著〔着〕手上の方針を定る事を求めらるゝ位のものにて、重大の件も無るへき様に想像致候故、御病中強ひて御出席を煩はす程のものとも不被存候間、成るへく御静養、根本的御回復を希ひ候。前途多事千万、御自玉奉祈候。早々不具

十一月卅日　　犬養毅

寺内伯閣下

〔封筒表〕麻布笄町　寺内伯爵　台啓　（消印日付）7.11.30。
〔封筒裏〕封　東京市牛込区馬場下町　犬養毅。
〔原史料番号〕①80–3。

57　井上幾太郎

1　明治35年12月4日

謹啓　厳寒之砌りに御座候処、閣下並に御高門皆々様益々御健勝に被為渡候と奉恭賀候。降而幾太郎事、不相替無恙消日罷在候間、乍憚御安神〔心〕被下度候。

扨当節は日本にては丁度議会開設之際に御座候へは、閣下には一層之御多忙に渡せられ候事と奉恐察候。幾太郎も当地着已来既に二ケ月余を経過致し候。去とて言葉も少しは相通り、生活にも稍々慣れ一層に愉快、熱心に勉強致居候間、御安神被下度候。幾太郎も幸に三ケ年の留学を許可せられ候に就ては、茲第一年丈は軍事上之研究を中止致し、全力を語学に注き、以而後日之軍事研究に便し度決心にて語学研究に取懸り、日夜勉励致居候。然し性来之鈍頭、進歩之著しからざるは遺憾とする処に御座候が、此節は少しは進歩致し申候。

経財〔済〕之状況は先つ好都合に御座候。素より非常之倹約を致居候が、第一年は平均月額百二十円ならば事足るべく信申居候。但し此額は実に大尉たるの面目を破らざる、真之最少限に有之候。

当地は兼而申上候通り、サックセン大公国之首都とは申せ、至而少き市街に有之候へは、閑静にも有之、人気も宜敷、語学研究者之為めには先つ好適之地と相考へられ候。

中川大尉は去る十一月廿日より当地に来り、語学研究に従事致居候。異境に良友を得て、殊の外仕合申候。但し、日本語は同君着之翌々日より厳禁に致居候。

今年は例年に比し稍々暖き方之由に御座候か、目下（十二月初）已に中々寒く、日本之大寒より遥かに寒く感じられ候。先は概況御報旁々如斯に御座候。尚閣下並に御高屋各位之御健康を祈上候。早々頓首

十二月四日　独乙ワイマールに而　井上工兵大尉

寺内中将閣下

〔封筒表〕日本東京麴町陸軍大臣官邸　寺内中将閣下（via America）Seine Excellenz General Terauchi, Tokio Japan。

〔封筒裏〕Die besten Glückwünsche zum neuen Jahre! Weimar (Deutschland), 1. Januar 1903. Hennsstrasse 10. I. Inouye Hauptmann.。

〔原史料番号〕①73-1。

58　井上一次

1　大正8年1月25日

拝啓仕候。

時下寒冷之候、益御機嫌克、大慶至極に奉存上候。陳は出発前は特に御面謁を賜はり、色々御教示を蒙り、辱く奉拝謝候。当時御申付相成候タフト氏への御書面は、去る一月十八日、同氏の華盛頓に帰着致候際、面会を得差上候処、同氏は非常に喜ひ、閣下の変りなき御友情を感謝致し居り、閣下の御病気の由承り居候か、如何なるやを問ひ候間、出発前には御軽快にて、応接室にて拝眉を得、別に御変り無之由申上候処、御病気は何ならんやと問ひ候間、糖尿病なるやに承り居候旨答へ候処、夫れなれは食療法を行へは心配に不及旨申居り、閣下御近状を聞き、欣喜に不堪旨申居申候。タフト氏は大統領解任後、エール大学名誉教授として時々政治外交に関する講義を致居候へとも、昨年米国の参戦後、戦時国民労働調節局とても申す業務の総裁となり、新約克其他へは屢々出張し、事実問題の解決に任し居申候。先年大統領時代よりは稍痩せ被居候様被見受候へとも、中々元気にて、英気勃々たること旧の如く被存申候。共和党も、ローズベルトの死去後「タフト」氏の地位は漸次勢力を加ふるに至り、来年の大統領選挙には候補者の一人に推挙せんとするの運動も有之様子に御坐候。近く全国に亘り、国際聯盟に関し遊説旅行を致候由に候。面謁当時、小官に対しては非常に再会を喜ひ、当地在任中如何なる援助にても与ふへき旨申居り候。共和党は来る四月以降、上、下両院共多数党と相成り候間、将来各種の便利を得候事と存し、欣喜罷在候次第に御坐候。先は御礼旁タフト氏面謁の情況御報告申上度、如斯に御坐候。時下益御健康之程奉祈上候。敬具

大正八年一月二十五日　　井上一次

寺内元帥閣下

タフト氏の目下の住所、左の通りに御坐候。

Hon, Wm. H. Taft 2029 Connecticut Av. N. W.,

Washington D. C., U.S.A

〔封筒表〕His Excellency Marshall Count M. Terauchi, Tokyo, Japan.　東京市麻布区笄町　伯爵寺内元帥閣下　御親展（消印）31.□.1919。

〔封筒裏〕General　在米国　井上少将　来信　（消印日付）8.2.19。

〔原史料番号〕①76－1。

59　井上亥六

1　明治36年10月28日

拝呈　向寒之候、益々御壮栄に被為渡候段、奉賀候。出発の際、種々御配慮を辱ふし、深謝罷在候。御蔭にて隊付後も誠に便宜を得、喜び申居候。殊に六月以来、「マダガスカー」及び北清戦役に工兵隊長として従軍し、其後は大統領従属武官として其名高かりし Legrand 大佐、当聯隊長と相成られ、隊の面目も一新致し、好参考と相成候事不少、又鉄橋材料の豊富、出師準備の整ひ居候と、教育の実用的なるは、誠に羨しく奉存候。元来当仏国の鉄道隊は、主として線路の修理、破壊及び新築に任し、運転及び保線の事務は、七大鉄道会社に平時より従事せる予後備の軍人を以て充つる制なるにも関らず、猶ほ先頭にて若干の運行をなし得ん為め、現役兵の内、百六十余名をして、Chatres Orleans 間の運転（建築及び保線のことは隊内にて教育し、此線路にては兵数少なきを以て、之れを会社の手に托たり）に従事せしむるの外、七大鉄道之諸勤務に従事せしむる為め、毎年各社に十五、六名の二年兵を派遣し、残余の二ケ年の兵役は其鉄道にて実務従事致さしめ居候のみならず、毎年三乃至四ケの中隊を一ケ月以上も鉄道工事の為め各地に分遣致し居候為め、下士卒は意外に其勤務に熟達致し居候。」

軍用自動車に関し、過日概要報告仕置候。本邦にても少なくも若干御採用相成候事必要と奉存候。

有名なる「ブラヂル」人「サントウヂユモン」氏は、日下十二人乗りの自由気球を造り、飛揚の準備中に有之候。未た多くの欠点は有之候得共、晴朗の天気には一人乗り第九号気球の如く、此第十号気球も成功致し候事と、実験の日を楽み申居候。

明春一月にて隊附満季と相成候に付、其上は上原閣下の御意見に従ひ、軽気球の研究に従事仕度存居候。猶ほ御指導奉願度候。
先は御自重専一に奉祈候。謹言
　十月二十八日　「ベルサイユ」にて　井上亥六
寺内大臣閣下
〔封筒表〕Via New York. Monsieur le General Teraouchi. Tokio Japon. 東京永田町官邸　寺内大臣閣下（乞親展）
（消印日付）28. 10. 03。
〔封筒裏〕（消印1日付）36. 12. 14（消印2日付）Nov. 13. 1903（消印3日付）DEC. 03。
〔原史料番号〕①74−1。

60 井上　馨

1 明治(44)年2月16日

益御多祥、敬賀之至奉存候。過日は御多忙中にも御繰合、御来訪を辱ふし、御高誼之段奉感謝候。其後も日々開院中御繁多千萬、御苦心程奉恐察候。先日大略御咄申上候米人ホーマーリーなる人著書、将来参考に要し候と相考、望月小太郎え命し翻訳を了し候。出版仕候間、一部呈上仕候而、御一読被成置〔ママ〕候。多々御入用も候はゝ、望月え被仰聞候はゝ同人より転売仕候様申付置候。先は為其一書呈上仕候。匆々拝白
　二月十六日　馨
寺内陸軍大臣殿
〔封筒表〕子爵寺内陸軍大臣殿　親展　別冊添。
〔封筒裏〕緘　井上馨。
〔原史料番号〕①436−50−1。

2 明治(　)年4月12日

益御多祥奉賀候。陳は明後十四日御企之内外貴賓御招待に倍〔陪〕席候様御下命之段、御高情奉多謝候。小生事、両三日海辺に於て咽喉療養仕試み候而、昨日帰宅仕候而少々快気に候得とも、何分にも発音談話候得は其反況〔ママ〕を生し候間、不本意千萬に候得とも、右当日は参宴仕兼候間、御海容之程奉願候。先は乍延引書中を以御断申出置候。匆々拝白
　四月十二日　馨
陸軍大臣台下
〔封筒表〕寺内陸軍大臣殿　親展　馨。
〔封筒裏〕緘。

〔原史料番号〕①436―50―2。

3　明治（　）年5月14日

益御多祥御精勤奉敬賀候。陳は先達て御内話置候毛利家将来之義に付、協議員御引受事件に付而は、御承諾を得候而元昭公にも事情申出置候処、全然御同意にて、御依頼書は昨日落手仕候次第に御坐候。最御多忙之御任務中に候得共、御互に旧主家之情義上不得止事に候間、御引受奉願候。何れ不遠内、山県公、桂侯、杉子等と一日集合を企て、現場或は未来等之事態等御協議を仕度候間、御含置奉願候。参堂可申上筈候得共、別封差出置候。元昭公え御請書御差出方奉願候。い〔委〕曲は譲拝晤申候。匆々拝白

五月十四日　馨

子爵寺内正毅殿

〔封筒表〕子爵寺内陸軍大臣殿　必親展。
〔封筒裏〕緘　井上馨。
〔原史料番号〕①436―50―3。

4　明治（　）年7月25日

謹読　昨日被仰聞候工業伝習所製之茶碗、早速御持せ被下、御厚情奉謝候。実に古製を伝習候て、珍愛可致候品に有之候。厚く御礼申上候。先は御請御答迄。匆々拝復

七月廿五日　馨

伯爵寺内賢兄坐下

〔封筒表〕伯爵寺内殿　親展拝復。
〔封筒裏〕緘　井上馨。
〔原史料番号〕①436―50―4。

5　（　）年12月15日

拝復　益御健勝被為渉候段奉賀上候。陳は先日御話し相成候上奏書控壱部御送付被下、難有御請仕候。右は為其御答申上候。敬具

十二月十五日　井上馨

寺内伯爵殿

〔封筒表〕寺内伯爵殿。
〔封筒裏〕□　井上馨。
〔原史料番号〕①436―50―5。

61　井上角五郎

1　明治(45)年3月15日

拝啓仕候。閣下御病気早く御全快被為游、大慶此事と奉存候。朝鮮申慶均夫人、金允植、趙義渕両氏の添書を持ち来り、仝人の獄事に付閣下へ情願致呉度申出候。両氏書面の大要は、右慶均は申櫶の孫、申正淵の子にて朝鮮の名門、殊に祖父は江華條約全権大臣にて、日本に関係あるもの、郡守収贓罪現に控訴中、独り恩典に洩れたるは気の毒なりと申候事に有之、閣下へ親しく申上度候得共、御赴任中止むなく元田惣裁へ相談致候。御地御施政上私共より口を出すへきものには無之候へ共、他事と相異なり一人相助け候事ゆへ、右様致候。元田惣裁より別に被申上候事と存候。小生は単に事情のみ申上候。夫人并に随行は夫々相戒しめ、固く萬事を秘密にせよと申付け置候。此段申上候。何卒事情御憫察、相当の御処分願上候。申氏夫人随行申玨〔玨〕均に此書為持、帰郷為致候。御一覧被下度候。敬具

三月十五日　井上角五郎

寺内伯閣下

〔封筒表〕寺内伯爵閣下　御親展　申玨均の持参せし書翰　三月廿四日。

〔封筒裏〕封　一番町　井上角五郎。

〔別紙1〕名刺

京城南部棗洞二十八統十戸

申玨均

〔別紙2〕名刺

京城北部典洞四十四統八戸

黄宇秀

〔原史料番号〕①75-1。

2　大正6年9月(9)日

拝啓　益々御清祥奉賀候。小生、時局の財政経済に就て愚見起草致候。素より謭劣、取るに足らざるものと自信致候得共、若し御一覧を忝ふせば光栄不過之、茲に別便にて奉呈致候。御査収被下度候。頓首

九月　井上角五郎

伯爵寺内正毅　閣下

〔封筒表〕麻布区笄町　伯爵寺内正毅殿　済　（消印日付）6.9.9。
〔封筒裏〕一番町五四　井上角五郎　時局の財政経済に就て愚見起草致候間、御一覧を忝ふせは光栄に存候　草案別送
（消印日付）6.9.9。
〔原史料番号〕①75-2。

62 井上友一

1 大正(6)年5月25日

謹啓　益々御清康奉賀候。陳は本日之御訓令は戦争国の思想輸入甚迅速なる目下の時局大切の儀に奉存、一入肺腑に銘し候。過日府下徴兵検査に立会候処、壮丁中戊申詔書を知らさる者十中八、九、殊に亦国體観念に付徴兵官の質問に対する答弁茫漠たるには驚入るの外無之候。依て其翌日は神職会へ五百円補助の件申渡しの砌なりしに付、右の点大に警戒を与へ、通俗講話の事申置候。又、本月の始め府下青年団代表者大会の節は、一同協議の末指示中には殊に我東京府か皇室之御恩沢を亨〔享〕くることの多き諸点を一々述へ、是等の事実に依て具體的に青年を教へ、自然皇室崇仰之情を養ふへき一事に付ては、最力を容〔入〕れて諭示仕候。府庁員一同の光栄に有之候。右考慮中本日一般官公吏に対し国體中心之御訓令を発せられ候事故、一層深く感動仕候。事務敏活之御諭示は府の如き生産業活気ある地方には最肝要に付、曩に願届等は電話を利用し、又事務進行表を作りて督促する新法、並部長は各課を巡りて渋滞を矯正する手段等、別紙之通り相定め候。是亦部長、課長骨折の結果に付、御一覧之程奉願候。就中内閣交迭〔更〕の為め官紀如何あらんとの御心配、最剴切之御観察と感銘仕候。近来中央政府之威信減少は如何にも遺憾に有之候間、此際御訓令服膺実行之事十二分に徹底仕度。依て選挙当時以上に厳重部下に戒飭仕度勘考中に有之候。御訓令発布感激之余、御繁忙を察し奉り不取敢庁務御報告を兼ね、以寸楮如此に候。早々稽首

五月廿五日　東京府知事　井上友一

伯爵寺内首相閣下侍史

〔封筒表〕井上東京府知事来信。

〔別紙〕

青年団ノ戦後教育ニ付府知事訓辞

戦後教育ハ実ニ今日ノ急務トス。青年団ノ戦後教育ノ目的ヲ大別シテ三ツト為ス。一ハ国家奉公ノ精神ヲ養ハンカ為メナリ。二ハ団体生活ノ向上ヲ計ランカ為メナリ。三ハ生産能率増進ヲ期センカ為メナリ。

第一国家奉公ノ精神トハ、如何ナル幼キ少年ト雖モ、其レヲシテ常ニ帝国ノ為メ其一員トシテ責任アルコトヲ自覚セシムルニ外ナラサルナリ。則チ一青年ナリトモ、国家ナル全団體ノ一員トシテ之ヲ養成スヘシ。伊太利チユリンノ一新聞紙ニ、独逸通信トシテ左ノ記事アルヲ見タリ。曰ク、『小学校児童ナリトモ、祖国ノ為ニ馬鈴薯ヲ学校ノ庭上ニ植エヨト命セラルレハ、直チニ其ノ責任ヲ意識ス。彼等ハ已ニ自分ノ事ヲ自己一人丈ノモノテナク、全団體ノ一部分テアルコトヲ認識スルナリ。彼等ハ僅カ十平方米ノ馬鈴薯モ、是ハ独逸帝国ノ為メニスルモノナリト自覚シツヽアリ』云々トアリ。此ノ如キ国家奉公ノ精神ハ我国民ノ固有性ニシテ、素ヨリ彼等ニ劣ルヘクモアラス。唯彼等ハ大戦争ニ依テ厚ク深ク訓練サレツヽ、アルカ故ニ、平和春風裡ニ教育シツヽアル我帝国青年ニハ、更ニ一層留意ヲ要スヘキヲ信ス。誠ニ申スモ畏キ事ナカラ、我大都府ハ、上　皇室ヨリハ数々御手厚キ御恩遇ヲ恭〔忝〕フシタルコト、他ノ地方ニ異ナルモノアリ。聖上陛下ニ於カセラレテハ、常ニ府民一般休戚ヲ　軫念アラセラレ、曩ニハ府下ノ民状、殊ニ輸出事業ヲ始メ、産業ノ事、学事教育ノ近況、並貧民救済ノ事業、ニ付テ委曲御下問アラセラレタルハ、返ス返スモ感激ニ勝ヘサル所ナリ。乃チ其節奉答セル次第ハ大體今日配布シタル東京府現勢大要ノ内ニ包含サレ居ル筈ニ付、参考セラレタシ。又東京市教育資金、慈恵救済資金、並府功労者表彰資金ノ如キ、皆府市カ蒙リタル特別ノ恩賜ニ基ケリ。其他府下ノ大ナル各団體、殊ニ救済事業ニ於テハ、皇室ヨリ優渥ナル御沙汰ヲ蒙リタルコト十数回ニ及ヒ、其金額モ亦甚タ多大ナリ。而カモ其恩沢ハ我等東京府民ノ直接ニ、又特ニ厚ク享クル所ニ属ス。是等ノ儀ハ少年子女ニモ能ク会得セシメラレンコトヲ望ム。曩ニハ　皇后陛下カ御親カラ紅葉山御養蚕所ニ於テ十石余ノ繭ヲ御作リ遊ハサレシ状況ニ付テハ、皇后宮大夫ヨリ近ク之ヲ拝承セシニ付、直ニ公報ニ上ホシ、又師範学校卒業生ニ対シ、此席ニテ辞令交付式ヲ行ヒシ砌リニモ、是ヲ謹告シタリ。又近ク東宮殿下立太子式ヲ御挙行遊ハサレタル節ハ、御誕生地タル我東京府ノ模型ヲ府ヨリ献上シタルカ如キ、又之ト前後シテ園芸学校学生ノ手ニ成リシ盆栽、農事試験場ノ野菜、並ニ小笠原島ノ果物、植木ヲ　両陛下ニ献納シタルハ、皆府民献芹ノ誠ヲ表スルノ微衷ヨリ来レル次第ナルヲ以テ、一々是ヲ公報ニ上ホセ一般ニ報導セシメタリ。是レ皆各位ノ教育資料ニナルヘキヲ信シタルカ故ナリ。思フニ、昔シ御遷都以前、又今日ニ至ルマテ、京都市民ノ　皇室ヲ尊崇シ奉ルノ至情ハ、其趣キ他ニ異ナルモノアルヲ認ム。　皇室尊崇ノ事ハ、帝国何レノ処モ聊カ異リナキ所ナルヘキモ、我府民ハ常ニ皇城ノ下ニ、日月、雨露ノ恩沢ニ浴スルヲ以テ、尚一層奉公ノ念ヲ厚クセンコトニ留意セサルヘカラス。

第二団體生活ノ向上ハ、一ニ公民教育ノ力ニ由ラサルヘカラス。依テ将来ハ補習教育ノ一課トシテ、公民科又ハ自治科ノ新科目ヲ追加スルニ至ランコトヲ希フ。又補習学校及青年団ニ於テ、青年ニ授クル研究題目ニ付テモ、都市農村ノ団體生活ニ直接関係アル事柄ヲ択ハンコトヲ希フ。今日ノ青年ハ、都市農村共ニ、其団體ノ一員トシテ、其公民教育、自治教育ハ最モ重キヲ置クヘキ筈ナルニ、惜ヒ哉、従来力ヲ茲ニ用ユルコト薄キヲ覚ユ。団體思想、郷土思想、自治思想ナルモノハ、先ツ各位ニ於テ修養ノ工夫ヲ積マレンコトヲ切望ス。

第三ノ生産能率ヲ進メンカ為メニハ、一ニ青年団ノ力ニ依リ実業教育ヲ徹底スルニ在リ。今ハ机上ノ実業教育ヲ更メテ、実際ノ職業教育ニ移ルヘキノ時節ナリ。欧米諸国ニ在リテハ小学校スラ『勤労教育』ナル新主義ヲ鼓吹シ、実物実地ニ就キ手ト足トヲ動カシテ、職業教育ヲ授ケツ、アリ。青年団ニ於テハ殊ニ此勤労教育ニ注意セラルヘシ。東京府カ近ク『副業奨励規程』ヲ発布シ、各地ニ於テ副業講習ノ事務普及セシメントス。是レ一ニハ青年団ニ此ノ勤労教育ヲ徹底センコトヲ欲スルニ由レリ。我国民ノ工業上ノ生産能率ハ、欧米人ニ比シテ其二分ノ一ニ及ハストハ工学者ノ常ニ言明スル所ナリ。又農家ニハ主業副業共ニ尚開拓スヘキ余地アリ。現在府下ニ八千四百萬円ノ農産物アリト雖モ、他ノ府県ヨリ東京市ニ輸入スル農産物ハ已ニ一億円以上ニ上ホレリ。農村開発、農民教育ノ必要ハ茲ニ在リ。

以上、青年団ニ望ム所ヲ約言スレハ、忠実ナル国民、公民、堅実ナル農民、商工民ヲ造クル事ニ帰着スヘシ。終ニ一言シタキハ、此ノ如キ立派ナル国民トナルニハ何分ニモ強キ體力ヲ要ス。我東京府民ノ體格ハ、徵兵検査ノ比較表ニ依レハ、大阪府ト鹿児島県トヲ除テハ、日本ノ最末位ニ在ルハ甚ダ遺憾トスル所ナリ。英国カ兵式其モノノ訓練ノ拙キモノアリト雖モ、能ク独逸ノ精兵ト戦フテ劣ルナキハ、全ク平素ニ於ケル體育ノ賜ナルヘシ。思フニ工場ニ於テ旋盤ニ向フ時モ、鍬ヲ把テ荒蕪地ヲ開墾スル時モ、風土ノ全ク異レル南洋ニ殖民スル時モ、體力ハ総テノ問題ノ前提ナリ。都市農民スヘテヲ通シテ有力ナル事業家、有志家ハ、青年ノ為メ適宜武道體育ノ施設ヲ具ヘラレンコトヲ望ム。此クシテ我府下ノ青年カ平時ノ良民トシテモ、戦時ノ勇士トシテモ、共ニ第一流ノ国民タルヘク、之ヲ養成スル責任ハ一ニ各位ノ双肩ニ在リ。此上トモ青年ノ戦後教育ニ付テ十分ノ努力ヲ望ム。

〔原史料番号〕①78-1。

63　井上仁郎

1　明治(37)年7月17日

拝啓　不日韓国を去るに際し、当地方之状況を申上置くも全く無用にも有之間敷と存し、私直接之関係には無之候得共、数ケ月間に経験したる所を申上候。

一　韓国人民は上流者なる両班（吾旧時之士族の如きもの）は官吏となり、其他は之か虐使を受ける労働者にして、其間教育も智識も甚しき差違有之候故に、両班なる者は或は官吏となり、又は商人となり、其多は官吏にして商人を兼ね、皇帝と外国、或は皇帝と人民との間に立ちて私利を貪ることのみを是れ力め候。即ち此両班なる者は官にあると野にあるとに論なく、人民を虐けて私利を図る計に御座候。之に反して人民は愚にして懶惰、為めに貯金することなし。是れ貯金すれは官吏に取上けらるれはなり。

二　韓国には其道徳の基礎となるへき宗教なし。此事に就ては余程各種の人に問ひ合せしも、答るものなし。只学校にて教ふる所は孔孟之書物なれとも、此国にては単に之を家族制度間に用ふるのみにて、他人に対しては、慈愛とか、徳義とか云ふもの更になし。換言すれは、人を欺くは欺かるる者の愚なるなり。盗品は之を返納せは徳義の罪なしと云ふ事となり、云ふ事、書く事、殆んと

七月十七日

於龍山　井上仁郎

偽ならさるはなし。殊に両班連は教育ある丈け、其丈け其偽言偽文に巧なり。是を以て此等之人と言を交へ、或は文書を交換するには、充分精密なる実際調査と理想とを以てせさるへからす。之に関しては其例少からすと雖も略す。

三　韓人には尚報恩及返礼と云ふこと少なし。是を以て之に恩恵を与ふるも感せす、曰く、吾も亦人に恩恵を与へ得る位置に至り度ものなりと。又礼を知らす、愛恭〔敬〕之体度更になし。之を略言すれは、韓人は東洋人に存在する陰徳の最も甚しき性質を、欧米人等に存する自尊傲慢之気風とも並有する至難之人民にして、之に対するには常に剣を提けて事を談するの法を採さるべからす。否らされは多くの金力を要す。此二方法は、曾て露国の当国に対する方針にあらさりしか。

以上は、私儀約四ケ月間当地にありて、下等人民及所謂両班之士にも接して自ら会得したる判断にして、最初は左程とも思はさりしも、事情之分るに従ひ益々其人情之亡国的なるを感候。如此土地柄、人民柄なるが故に、此国に勤むる外交官は勿論、軍司令官及幕僚之如きも能く当国之事情に通し、外交と相俟て時事を処するの能ある人物なるを要す。単に武人的計り之人にては韓人に軽侮せられ候風相見へ申候は、如何にも側方観なから心苦く感候。何卒此土地之軍司令官は高位高官之人乎、否らされは敏腕之人を置るる事を、軍人中〔仲〕間は勿論人民も希望致居候様、確に見受申候間、御参考迄に申上候。

近来当地にて排日運動をなし、若は新要求に対する韓国政府の挙動抔は其由来可有之候得共、一方は公使之不在、他方は軍隊少く、且軍司令部の剣威なきに原因すること少からさることと迄信するもの少からす候。」

倭城台に砲台を築き、常に韓政府に向け、平日は号砲位に用ゆるは児戯的威唱なれとも、成立せは効力大に可有之候。迚も当国人に対するには日本人之心を以てしては間違にて、矢張り朝鮮的に威圧する方、彼等之感する事確実に候。先は御報迄。草々頓首

寺内閣下

〔封筒表〕□本　東京陸軍大臣官邸　寺内中将閣下　親展

（スタンプ）軍事郵便　（消印日付）□.7.18。

〔封筒裏〕韓国龍山　井上仁郎　（消印日付）□.7.25。

〔原史料番号〕①79-1。

2　明治37年9月18日

九月十八日

於安東県　井上仁郎

拝啓　其後不一方御無音仕候段、御宥免願上候。御令息寿一様御戦死之報に接し、其後相確め候処、間違にて御健全被為在候由に付、大慶至極御慶申上候。扨韓国滞在中は色々之事申上、定めし御迷惑之事と存候得共、当時事実左様之有様にて、又山根閣下も中々他の言を用ひて自ら方針を改むるを好まれさる性質を有せされ、已を得す在京上官の力を借て同鉄道業務を整理進歩せしめんとせし微意に出たる儀に有之候間、不悪御含奉願候。其後吾等軍人之言、就中出発前後に於ける渡辺兼二の言、遂に同閣下に勝を制し、今日にては牧野大佐も同部に就職することに相成候間、同部の事業も今後は発達可致乎と存候。兎に角山根閣下は端緒を開かるることに長せられたれとも、整理は頗る御下手に付、之を掣肘するには困難を極め候。況んや同閣下は鉄道隊も工兵大隊も後備工兵中隊も、全く同格を以て使用する考を持たれ居り、為めに鉄道隊も随分迷惑を感候。併し此等は已往に属したる不必要のことに附、最早再言不致候。尚同国駐箚軍も今般長谷川大将閣下任命相成候由、国家の為め大慶のことに御座候。何卒同閣下軍司令官として同国へ御乗込の節は、仁川御上陸の前後より最も其出迎儀仗等を盛大にし、要すれは韓国大官をして仁川迄出迎はしめ、同国民は勿論、同国居留民に対して大に威厳を張らるることを希望致候。是れ同国民は未た支那風の虚勢的威厳を尊信すること、最も深けれはなり。之に反して文明風の単独旅行抔は迚も分り申さす候。尚同国に於ては外交官と武官との協同大に望ましく候。表面は融和し居る様なれとも、兎角吾等間接軍人には仕事の奪ひ合ひ、換言すれは功名の立競へと云ふ様な底気味、文官中〔仲〕間に相見申候は心苦く感し候。出来得れは一般に軍政を布くこと、最も効力あるを確信致候。迚も韓国のことは十年前の韓国を以て之に擬すへからす、同国大官等の口と虚礼の進歩は著しきものに候。」私出発後、山根閣下御病気、過般は愈チフスと分り、一時は大分御艱みの由なりしも、昨今は快方との報に接し大に安心致候。以上は岡大佐帰朝之上は、充分御聴取相成候事と信候。

次に今回は可なりの大事業目下工事最中にて、鳳凰城迄は遅くも来月上旬迄に開通為致候見込に御座候、然るに一方にありては、預〔予〕約（日清戦役及北清事件に建築請負をなせし者にして、陸軍大臣の自由通行証を持する矢吹なるものに命し、龍山出発前より芝罘より五千計の人夫を雇ひ来らしむ）せる人夫若干到着するも、忽ち逃亡（逃亡は独り当隊人夫のみならす、他のものにして山東方面より来りしものは、手附金を踏仆す手段にて逃亡者多し）し、且当地方にては一般兵站業務の為め小〔少〕数の人夫ならては集むることを得さると、線路中河川水流の為め架橋甚た多きと、内地より送る材料器具の順序に齟齬あると等に因り、工事の進歩に少からさる影響を来し、痛心致居候。況んや当地方は不健康地にて安東熱（マラーリヤ性）、赤痢（目下少数）及脚気多く、兵卒の四分一位は作業に使用することを得す、病院は傷病者溢れ居る始末にて、衛生上の痛心も不一方候。尤も吾隊は毎日実働約十時間、即ち総時間十一時乃至十二時間使用致ささるへからさるを以て、少く身体に故障あるものは病気となるは兎角容易なる次第に御座候へば、加給品にても増し、聊か慰労可致と存候。」

昨今天候は秋気を加へ、朝夕大に涼しく相成、工事には好都合に候得共、病人は減少致さす候。現に私事も去十三日一度熱発〔発熱〕を被り候得共、直ちに退却し、平常に服し候次第に御座候。

余事は扨置き、今後此鉄道を完成するには（奉天か遼陽か迄）中々人と材料とを要候に付き、私の考を次に記載致候。

一　此鉄道は略ほ同種材料にて遼陽、若は奉天に連結したし。而して下馬塘間の工事は本年中には是非百難を排しても完成したき考なり。下馬塘より遼陽間の材料も可成速に集収し、明年氷解後、直ちに送附相成度事。

〔付箋1〕

二　此作戦の経過如何によりては、今後尚軽便鉄道材料を要することあるへし。故に兼て参謀本部より陸軍省に移されたる独乙式軽便鉄道材料二百吉米分は、此戦役中に於て内地又は米国にて製作せしめられ度事。

（理由）当鉄道の材料は其出処は承知致居候。然るに機関車の力比較的強からす、就中車輛の如きは最初手押式の設計のものを中途にて機関車牽に変更したる由（製作会社員の談）に付、其構造の疎末にして軽便なるは勿論、緩衝機の構造頗る薄弱に付、破壊の恐あり。然るに近世に於て軍用軽便鉄道の諸材料は独乙式に優るものなし。

故に次の作戦の為め此種軽便鉄道材料を買入れ置かるることは、軍事上非常の進歩なり。又軌鉄は初より鉄の枕材を附し、梯状をなしたるものにあらされは、敷設の進歩頗る遅々たり。今日に於て如何に容易なる場所にても、一日二吉米以上を敷設することを得す。之に反して独乙式の運転材料と軌道材料ならは、一日約十吉米を敷設し得る利益あれはなり。

〔付箋2〕

三　大隊の人員を漸次増加相成度事。

理由　百五十吉米の鉄道を急速に完成せんには、独乙流となせは少くも左の人員を要す。

路盤工事の為め　三乃至四中隊（多数の人夫は此外とす）
架橋工事の為め　二乃至三中隊（材料の運搬は此外とす、此運搬頗困難なり）
敷設作業の為め　二中隊
材料廠及中継停車場の為め　一中隊
　建築合計八乃至十中隊

其他運転の為め　六乃至七中隊
　運転の為め別に六乃至七中隊

〔付箋3〕

然るに目下大隊は僅に三中隊にして、其半数にも足らす。之に補助輸卒隊六隊の附庸するものあれとも、固《もと》鉄道の素養なきを以て一々之に教さるへからす。此外多数の人夫を使用すれは、中隊の兵卒は下士位の価なかるへかす（ママ）。然れとも此価はなし。故に小隊長は平時の中隊長より大なる仕事をなし、中隊長は平時の大隊長より大なる仕事をなささるへからさるに至り、到底指揮の徹底充分ならす、正当の手段と云ひ難し。今更ら中隊の数を増すことは出来さるを以て、我隊出身の将校下士卒にして他の隊にあるものを悉皆増加員として転属せらるることを希望し（本件は兵站物監宛上申置たり、自然御耳に入ること存候）、尚京釜及内地鉄道にありて尚召集せられさるものも、此際召集し増加員に加へ、又補充隊の下士卒として増加召集し、漸次増加員に加ふれは、若干我隊の苦痛を医するに足へし。○此事は目下応急の策にして、今年新兵入営し、明年三月卒業（本年は百九十名入営の筈に付）せは、之れと相合して増加員を増加し、実際一中隊以上増加したる事実となること必要なり。○現に吾隊出身の将校下士卒にして他隊に在るもの、凡そ左の如し。

将校
- 大隊附少佐佐久間盛雄　近衛師団兵站司令官（復旧の後は安東県停車場司令官引当見込）
- 大隊附中尉石井泰一　近衛後備工兵中隊（小隊）長
- 同　中尉佐藤鋭次郎　近衛師団架橋縦列附
- 同　中尉細田四郎　近衛師団野戦電信隊附
- 同　大尉（中尉より昇進）松井順　遼東臨時電信隊副官

同上中継停車場（鳳凰城、林家、下馬塘）司令官、若は通信長引当

下士卒
- 近衛工兵大隊　兵卒二
- 工兵第三大隊　下士一、兵卒一
- 工兵第四大隊　下士卒一、兵卒若干
- 近衛野戦電信隊　下士七、兵卒十一
- 第四師団野戦電信隊　下士卒十四
- 第一師団後備工兵中隊　兵卒若干
- 第四師団後備工兵中隊　兵卒一
- 第三師団野戦電信隊　下士一
- 韓国駐箚電信隊　下士一

（臨時軍用鉄道監部　下士七

其他、我隊出身にして士官学校教官となり、目下乙碇泊場司令部々員大尉山内岳造（中継停車場司令官引当見込）

以上、復隊せしむへき人員は、運転開始後、停車場役員に必要なり。

〔付箋4〕

四　陸軍省附属として陸軍鉄道電信廠を設くること。

理由　今回の戦役に於て鉄道及電信の延長は非常の長にして、之に用ふる材料も亦容易ならさる数なり。今後此器具材料の追送補充及整理をなすは、陸軍省の下に右の如き臨時官衙を置き、委員又は役人として作業局の国沢技師、鉄道大隊の将校（補充隊長にして兼勤出来されは、特に前項に掲けたる内の将校一名を入る）、電信教〔導〕大隊長若は大隊附、逓信省の電信材料掛員、其他鉄道技手書記電信の下役人及下士等を加へ、此処を本家として総て此鉄道電信及要すれは気球の器具材料を総括すること、最も便ならんと信す。是れ此等の器具材料は工兵課は勿論、兵器廠にても分らさること多く、為めに敏活を欠くのみならす、此業務は永続すへきを以て始終逓信省の厄介と

もなり居られさるものとす。加ふるに此鉄道電信業務は今後発達の見込あるを以て、今より此器具材料に熟する将校下士を作り置くこと必要なれはなり。○諸外国大抵此種の廠の設備あり。吾等は今回に於て大に其必要を感せり。仍て此際設置せられんことを切望す。但し此等の器具材料は俄に容易に之を買収し得さるを以て、特に之か為め製造所をも此廠内に設けられんことを希望す。○砲兵工廠にては迚も未た此製造を托するを得す。

〔付箋5〕

五　東清鉄道、京義軍用鉄道（可成は京釜鉄道をも完成後、合併し）を陸軍の管轄に属し、長く之を維持すること。

理由　占領地は勿論、韓国に於ては軍事行動を永久に維持すること必要なり。故に鉄道も亦陸軍に於て之を管理運転すること当然のみ。官設鉄道若は会社の手に委せは、其設備軍事的とならす、今後の軍用を妨害す。況んや支収相償はさる憂あるに於てをや。

六　安東県、遼陽（奉天）間の此鉄道は、永く吾鉄道隊の演習鉄道として、平時に移るも之を維持すへきこと。

理由　鉄道隊は今日迄演習鉄道を有せす、教育に頗る困難なり。故に此鉄道を以て、一は占領地の軍需品の輸送に充て、併せて鉄道隊の運転演習鉄道となせは、最も適当なりと信す。尚要すれは、他の方面にも演習として之を延長すること、恰も露国西比利鉄道隊のなせし如き法に拠るを可とす。

〔付箋6〕

尚今後鉄道隊は大隊四個位平時に必要ならん。之に鉄道補助兵として多数の職工（大工、鍛工、木挽、石工、土方、鳶、井戸掘、車工等建築補助輸卒隊と同様のもの）を約半年位入れて教育し、戦時に際し之に適当なる幹部（鉄道隊出身の将校下士卒）を附して動員するを良とす。鉄道隊数は多からされは用をなさす。是れ戦地に於ては、今回の実験に徴するに、他の兵站業務の為め地方人夫を得ること困難なれはなり。此鉄道隊増設のことは、今より之を研究して着手せされは、折角此鉄道を完成するも之を永久に維持すること能はさるに至るへし。

又鉄道隊の将校は漸次候補生を隊に入れ、戦術教育は之を第二となし、一種の技術将校を養成する方法を設くること必要なり。尚下士に於ても一層技術教育を盛にすること大に必要あるを認む。〇到底今日の如く鉄道兵を工兵科として他のピヲニエーと同一に取扱ひ、若は混して動員せらるるか如き有様にては発達せす、又用をなさす。由来吾国民生死を堵〔睹〕して戦闘をなすは得意なれとも、工芸及技術に服するは軍人として之を好まさる風あり。為めに後方勤務、就中兵站勤務の如きは徒に費用と労力を費すの遺憾あるか如し。陸軍の技術は今や銃砲剣槍等の製造のみにあらす、文明の利器たる諸工芸技術を之に応用するの力なかるへからす。之か為めには軍人をして歩兵は小銃及軍刀並に弾薬等に、騎兵は馬具及鞍並に馬に、砲兵は火砲材料及火薬並に其附属車輛に、輜重兵は運搬車輛及其附属具に、工兵《ピヨニエー》は工具、爆薬、架橋等野戦土木術に、鉄道兵は鉄道諸材料及鉄道土木並に運転に、電信兵は電信諸材料及其応用に従事せしめ、尚工兵の進歩したる一兵科様のもの（仏・墺のジロニー、英のローヤルインジニアー、独の高等技術学校卒業生の類）を設け、総ての土木、電気、電信等を研究せしむる必要、今や正に生せり。是れ即ち技術参謀官なり。普通の参謀官をして之を兼ねしむることは、今日の如き技術の種類多く、且日進の場合にありては不可能に属す。

〔付箋7〕

又二十七八年戦役及今回戦役の結果を見るに、碇泊場及上陸地には揚陸兵（工兵の一種にして操舟、蒸汽の運転、重量物の荷揚）と名くへきもの、全国に二大隊（六乃至八中隊）を置き、之に揚陸補助兵として多数の短期兵卒（仲士類）を入営せしめ、以て上陸場及碇泊場の業務に服せしむること必要なりと信す。目下の補助輸卒隊は道具もなく、又重きものを揚陸する法も知らす、為めに大に碇泊場業務を渋滞するを見る。当地の如き吾多数の鉄道材料を揚くるには、鉄道隊は最初自ら之に当り彼等を教育するの必要生せり（此揚陸隊のことは、曾て大連湾に於て大井菊太郎と半夜論議したる処にして、今日に於て益其必要を認む）。

〔付箋8〕

又今回の戦役に於て工兵隊不足する為め兵站路の修繕行はれす、兵站輸送に大に妨害を来せり。仍て今後は各工兵大隊にて少くも二中隊の後備工兵隊を動員し、之を大隊組織として使用すること必要なり。今の後備工兵中隊は独立にして良き様なれとも、将校の不適当なると、上に統轄者なき為め、其効力頗る弱し。尚攻城工兵廠は平時より準備すること必要あらん。

〔付箋9〕

以上は余程以前より考へ来り居候処、最早可申上時期到来致候と存候間、右の如く申上候。若し要すれは、私事一度帰朝しても差支無之候。

寺内閣下

為国家祈閣下之御健康候。

〔付箋1〕

此材料準備は暫らくの間、既に準備済のものに止め置かれ可然。尤測量済の上、軌条に不足を告くるの見込あれは、夫れは買収するを要する意見。

〔付箋2〕

本項は可成御採用相成度意見。

〔付箋3〕

増設の必要なることは、軍備増設計画に於ても既に認められ居れり。

〔付箋4〕

工兵科将校は非常の払底なり。而るに后備工兵六中隊、幷に急増設六中隊、計十二中隊を新設せらるゝ筈にして、其所要将校、大隊本部四個として其要員八名、幷に中隊長以下四十八名、計五十六名を要す。其他野戦隊の補充要員等にして、之れ等要員の原方《〔ママ〕》には専ら士官学校を卒業すへき者を引充て、尚不足のものは、目下止むを得さる事故待命員として召集猶予者約七名、幷に特務曹長より昇進者を以て充つるの考へなり。

鉄道方に於ても現制の三ケ中隊の人員にては不足なる□□と雖も、之れには技師以下の文官を増加すれは可なり。必しも軍人に限らす。故に隊附又は縦列附のものを鉄道隊に転属の義は同意し難し。

但し、兵站司令官佐久間少佐は転属せられても支へなし。

山内大尉は既に工兵第九大隊中隊長に任命済。

下士卒、―の在郷者は、此際悉皆召集のことに御詮議中。」

戦列隊にあるものは一、二名つゝにて、態々鉄道隊へ配属替をなすだけの価値なしと思ふ。電信隊に在るものは、電信要員の不足より鉄道隊へ返すこと困難なり。

〔付箋5〕

此問題は、平和克復后、満韓の鉄道電信処分の方針に依りて解決するものと思考す。

一　陸軍に於て之を所有するものとすれは（希望する所なり）最も必要なるへきも、其組織は単に井上案の如く材料の補給追送に止まらす、鉄道電信に関する一切のことを統轄する一官衙を新設し、陸軍大臣に於て直轄せらるゝことを望む。

一　若し又克復后、之を陸軍の所轄より放すものとすれは、之を特設するの必要を認めす。唯材料の整備、補給、業務に関する職員を同一事務所に集むれは大ひに便宜なりと雖とも、作業局に於ては陸軍の要求に応するためには、各課に渉り調査を要すと云ふ。左すれは、一つの作業局を形ち造る丈けの職員を集めされは、其目的を達すること能はさるへし。

此事は先般既に問題に上りたることありしも、右の理由に依り消滅したり。

〔付箋6〕

五、六の意見は仝意なるも、鉄道大隊の本務は軽便鉄道の敷設運転にあるものと誤解しあらさる哉の疑ひあり。

〔付箋7〕

一工兵将校にして普通工兵の事にも鉄道にも電信にも通暁せしむることは、固とより不可能の事に属す。故に本案の如く分科せしむる、亦可なり。然れとも、将来鉄道隊の大拡張后なれは格別、今日にては人事の関係上（主として昇進）、之を独立し能はさるものと考ふ。

〔付箋8〕

揚陸兵を平時より特設することは一理ありと雖も、此等の演習は大規模の設備を要し、従て巨額の経費を投せさる可らす。即ち平時に於て殆んど教育し得へからさることに属す。

〔付箋9〕
一師団に後備工兵を二、若くは三中隊の大隊編成となすことは必要なり。

〔封筒表〕東京陸軍大臣官邸　寺内中将閣下　親展　一閲済
軍務局長　□□（スタンプ）軍事郵便（消印1日付）37.9.19（消印2日付）37.9.26。
〔封筒裏〕〆　鉄道大隊　井上仁郎。
〔原史料番号〕①79–2。

3　明治(38)年4月16日

四月十六日　　井上仁郎

拝啓　当地方も大分暖気相催、工事に好都合之気候に相成候得共、第四中隊未た到着不致為め、前方には補助輪卒隊二隊と人夫を出し、去一日より工事を開始致候。又兵站輸送は昼夜連続六列車と我材料列車一列車相出候得共、何分車両之薄弱なる為め破損及磨滅甚しく、遠からす車輪等は悉く磨滅不致やを気遣居申候。当鉄道も撫順方面に方向変換相成候由、大に面白く感候。元来私之意見は、此鉄道は独立して飽迄も北に延し、右翼方面之兵站輸送を請負を至当と考へ居り、此考は此鉄道之存在し、此戦役之在る間は勿論、戦後に於てゝも之を保存し（三、四の隧道を穿ては好線路となる見込）、以て満州宝庫之開発に任すれは徳用と存候。去九日、山根閣下御来臨之際にも、此意見相述置候。若し京義鉄道の当地端より更に我方面に準軌道之鉄道を設くる事を今日に於て了とする者あれは、此地方を知らさる人の論のみ。何は此谷間は貧地にして我狭軌鉄道ならば支収相償ふ事を得るも、広軌としては荷物なし。東清鉄道すら利益を見るを得さるに、更に長く利益なき鉄道を今より二重に此方向に敷設せんとするが如きは、金之有り余りある国ならはいざ知らす、日本の今日には不適当大早計之事と確信致候。過般巡視せられし増田鉄道技師なども同意見に御座候。夫よりは寧ろ海岸を経、三道浪頭又は浪々城、或は蚊子溝（米国之に注目す）又は大東溝（鴨緑江右岸、当地より皆下流にありて、当地より良き船附場）迄之を延し、此沿岸之揚陸に便し、金あれは岫巌を経て海城方面に向はしむる事、事容易なると、土地之豊富なると、収入あるとの利益有之候間、再ひなから申上候。
又我鉄道は延長するに従ひ、中隊之増加を要する事は勿論之儀にして、今日之運転及保線之景況にては、当地、下馬塘間百七十余吉米間には、三中隊と輸送隊三隊は置かさるべからす。又此後之下馬塘、撫順間百三十吉米之間には、是又少も二中隊と輸卒隊数隊を置かさるべからす。故に差当り第五中隊を編成し（実際二中隊必要なれとも、材料廠中隊を補助輸送隊にて代用せるを以て之を省き、一中隊とす）、増加相成事、刻下之急務に有之候。将校は当隊在来のもの、補充隊のもの（新任少尉来れは、二、三名は過となる筈）を取り、下士は補足隊のもの、当隊のものを進級せしむるれ〔ママ〕は足る。故に兵卒約三百余名と、以上の内地より来るもの及車載器具一式を当地に送られ、当地にて第五中隊を編成せしめられ度、此度之如く内地にて一中隊編成相成も、事実は当地着之上ならでは出来不申に付、人馬材料被服装具等を当地に送られ、私に編成下命相成候方、尤も利益有之、即ち二重之入換等々（進級其他の関係上、兵卒は各中隊入換を要す）必要なきに至るへくと存候。」又今後撫順以北は我鉄道は何方面に延さるるや。私之考にては海竜を経て吉林に至るを至当と存候。此線は戦後に於ても効用可有之に付、之に要する材料を先つ御購入願度、可成ならは独乙式のものを御採用相成度希望に堪へす候。

新聞紙にて散見候処にては、鉄道隊を牛久とかへ移転相成由、是は定めて何乎の間違か、或は中野地方の地価を下ける手段と推察仕候。兼て閣下之次長御勤務之節、電信隊を隣地に建設するに際し、電信、鉄道、気球等之交通隊は、現位置附近に集むる之至当なる事を申上候結果、電信隊を今の処に設けられ候訳と心得候故、今更此御意見は御変更無之儀と存候。如何に鉄道隊を拡張するも、先年差出たる井の頭池を占領して同方面に演習を延し、尚不足之分は落合之水田、又は鉄道隊営北方の水田を跨りて演習地を設くれは充分と存候。又兵営とては現在の者の中に一大隊、其東方隣地に一大隊、其東方に一大隊、兵営の北方空地及道路の北に一大隊位宛は充分建て得られ申候。況んや青山練兵場も早晩市街と可相成必要生すへきに付、東京各兵之演習地としては、青山より世田ケ谷方面に一箇所、戸山学校裏より鉄道隊附近に亘り、水田、畑共に尤も大なるもの一箇は設けられされは到底収る間敷と存候に付、鉄道隊営及其演習所は此演習場之一部に加へられ可然と存候。鉄道隊之新兵教育には決して広き土地を要せす、又鉄道演習には細長き土地にて水田を挟む高地ある場所と、真の池、川等ある場所と、二、三箇所あれは沢山に御座候。尚鉄道隊は其拡張するに従ひ、器具材料の修理注文、東京各工場との関係、益々盛となるを以て、此運搬の為めにも、其兵営之東京と離るるに従ひ人之知らさる多額の費用を要し、軍隊は損する計に御座候。故に兵営は今之処附近に置き、演習地を遠方に取り置く事適当と存候。或は今後、相模平原に戦闘射撃場、又は演習場を設けらるる必要も可有之、然る時は鉄道隊若は戸山附近なり、軽便鉄道（可成は本鉄道）を設け、我隊にありては之を以て運輸之初歩演習をなすことを得へく、一挙両得と存候。」若又現今之我鉄道を、私の意見の如く我鉄道隊にて長く運転保線をなさしめら候得は（此事は兼て呈せし意見書にも述たる如く、極力主張致候）、内地兵営に居る隊は、例令は旅団なれは其半数二大隊位に付、演習場は新兵及第二、三期教育の為めに多く使用せらるるを以て、左程広大なるもの必要無之、寧ろ当地にて演習旁実際之鉄道を建築運転せしむる事を得策と存候。」露国にて今回は八中隊の鉄道隊を持来るか如し。我国に於ても此位は当地方に永久駐屯せしむるを可とす。是れ鉄道隊は決して不生産的のものに無之、之を利用すれは軍事上と土地之開発とを同時に平時に於て当地には行ふ事を得れはなり。」又私の考にては本戦役終を告るも、数年間或は尚長く当地方には駐屯隊を置く必要可有之に付、鉄道隊も長く之に伴ふて、若は之と分離しても、当地方に置き土地開発に力むる事、支那に対し、又今後の露国に対しては得策と存候。

以上之諸件にして我隊の将校の口述を要する事あれは、一時意見具申之為め、山越少佐にても御召出被下度候。私は到底只今の処、動かれ間敷候。

鉄道隊の事は内地にて御分り之御方少く候に付、私は飽迄も此隊の事に付ては意見申上る積に御座候間、若し御下問之事あれは非常に光栄と存候。」以上は私共鉄道隊に関する大事件に御座候間、充分御玩味被下度候。以下は私の見聴したる事を掲け、御参考に供候。

一　陸軍省にては金の使ひ方、物品糧秣之購入方、中々御行届を見候得共、戦地にては兎角金を荒く使ふ風あり。殊に後方勤務は全く金なるに拘らす、若干使ひ方に周到の注意足らさるやの感なしとせす。畢竟兵站勤務は陸軍省より出すものの運搬方なるを以て、此運搬費を減少することは陸軍省に居る者を以て余程注意せさるへからす。

又武人たるものは明日死を決する迄も勉むる処は勉め、尽す処は尽ささるへからさるに拘らす、戦線は知らす、後方にありては高価のものでも必要であるから、どし〳〵買へ使へと云ふ傾なしとせす。勿論、露国の如き後方勤務の不都合はなきこと確かなれとも、軍人兎角金を使のことの下手なるには驚候。充分尚再三再四、大本営よりも閣下よりも訓示的の言あるを必要とするのみならす、視察者の来ること必要なり。但し兵站勤務を熟知する人なるを要す。戦地の仕事は仕方によりて大に差あるものなり。

二　軍政署の方針色々になり居るか如し。当地の如く日本人多き土地は民政庁となすを得され〔ママ〕も、軍政署に適当なる文官を置き、日本人を指導するを必要とす。兎角軍人の御政治は老練家にあらさるよりは旧藩の専制となり易し。又此土地に新居留地なるもの出来つゝあり。此等は軍政の内なるや、又之を今日より無理に発達せしむへき筋のものなるや、疑問に堪へす。之か為め他日何乎事故起らさるか。〇土人計りの処なれは軍政委員にて良けれとも、日本人の沢山居る処には其下に民政官（台湾の如く）ありて、日本人を指導すること実際必要なりと確信致候。

三　本戦役中の今日迄の衛生は可也と云ふへきも、手腕を要せさる戦線に軍医の手腕家多く、且定員常に充実し、大事の傷病兵を再用すへきものと後送すへきものと撰り分け、戦地としては充分なる治療をなすへき場所の兵站病院長は予後備役の人にして、且看病人も軍医も少く、恰も此病院は内地へ還送する傷病者の宿泊所の如く、病院の狭き、人の少きを理由として何でも乎〔ママ〕ても後送し、病院の患者さへ送り出して減すれは先つ責任軽くなれりと云ふ有様に見受候。果して職責を完全に尽したるものなるや否や。又予備見習軍医の如きは治療法の不確実なるは勿論、丸て軍服も刀も身に沿はす、如何にも不思議なり。我兵卒抔は此診断を恐るるものなしとせす。或人評曰く、軍医の補助輸卒なりと。当らすと雖も遠からす。此の如き有様なるは果して何人の責任なるや。」当地方の如き麦飯すら長く食せしめす、之を食したるは私の申出により私隊丈け昨年末食用したるのみ。戦時の実地に迄も医者の学理計りを振舞されては、軍隊は迷惑なり。

四　当地方には第一軍時代より御用商人らしきもの沢山入込み居り、鵜の眼鷹の眼にて奇利を得んとす。又清人夫抔も第一軍時代は随分当地にては某商人の一手のみに依頼し高価なりしも、今は一口銀四十五銭となれり。又手押鉄道も一兵站区七、八里にて、一台（二人）にて二円四十銭乃至三円五十銭なり。当地と通遠堡間各兵站地に各四百台を運用すれは、一日の支払高五千九百何円となる。第一軍時代は尚一円位高価なりし故、此軍にて此鉄道の為め人夫請負に払ひたる高は、昨年四ケ月間には百万円以上なりしならん。曾て第一軍兵站経理部長に当地より遼陽進入迄第一軍兵站輸送費幾何を要せしやを質問したるに、中々手数にて取調難き旨回答あり。仍て更に御見込にても良し、返答ありたき旨要求せしに、米一俵遼陽迄三円五十銭の運搬費掛れりとの答ありたり。兵站経理部にては運搬費と隊費と其他必要なる科目に支掛金の統計をなし置く必要ありと信す。第一軍兵站経理部は中々綿密なりしか如し。而して此回答位に止るは遺憾と存候。兵站監は軍の前進及作戦の為めには非常手段を採ることあるも、充分注意して金を使はされは無用の失費を要するに至るへし。若し各軍のものを合すれは、又比較すれは、如何程となるへきや。陸軍省は金を出す本家なり。而して兵站業務は全く金なり。故に陸軍省の我鉄道の支払区分に対して要求せらる位のことは、兵站業務に対して科目を定め其報告を要求せらるるを至当と考ふ。是れ兵站業務に払ふ金は鉄道抔の比にあらす、頗る多額なるものなれはなり。」私の考にては戦時の払金の科目を単に人件費、物件費と区別するは、少く概括に失することなき乎を感候。今少し経理の当局者に於て戦地を視て之に改正を加へられては如何のものにや。少くも運搬費（鉄道にては運転費として科目を設く）位は別に設けらるる必要あらんかと存候。

五　戦地建築部なるものを設け、之に建築班なるものを附属せられしは頗る可なり。然れとも、此部長たる人は可成は現役の将校となし、今日の人より優秀なるを必要とす。今回の戦役には比較的経理官に失策者少きは二十七、八年役より経理部の発達せし処もあるへしと雖も、此経理官なるものは英独国抔の計官の如く活用力少く、可成上官の命を仰き、責任を免るる風ある極めて単純なる計算官なり。此の如き人に戦地建築をなさしむ不廉、又は薄弱、或は不適当の建物出来る訳なり。石井主計正の建てたる当地方急造倉庫の如きは、各倉庫間に一間位、各倉庫団間に二間位の間隔を以て、広き土地にも何処にも建てあり、小生は此間隔の余り小に失し、火災の時大なる損害あるへきことを注意せしも、一向覚らす。○此倉庫は海岸等狭き場処に沢山設くるとき、已を得す土蔵造として荷の出入に便ならしむる為め設くる式ならんと信す。然るに之を急造アンペラ式にして、然も広き余地ある場所に建つるは、如何にも其理由を発見するに苦む。○私の兼て申上し如く、兵営建築は普通の家屋と異し一種特別の技術に属す。今後此建築のことは経理部より除き、別に本科将校中の適任者に特別の教育を加へ使用せらるるを至当と考ふ。墺国には此方法を採用し居れり。是れ高等技術学校の必要なる一部なり。

六　私は韓国及当地方に於て可也大規模の牧場及軍馬育成所を設け、今後の戦役の為め、多数の軍馬を内地より汽車に乗せ船に載せ送ることを可成避くる手段を採るの必要あるへくと存し、大蔵閣下に申上候。本件は我陸軍に採りては重大なる事件にして、又以て満韓開発の一助と可相成、茲に閣下の御一考を仰候。○当地方にて清国人を相手に商売をなすも、到底彼の勤勉にして生活の度低に対し、勝利を占むることは期し難し。寧ろ水運、鉱業、鉄工場及右牧場等にて利益を吸収するの至当なるを可とすと考へ候。

右色々之事迄、遠慮を顧みす申上候。御含み被下候得は幸甚に御座候。先は御機嫌伺旁例之通小理屈申述候。頓首

寺内閣下

〔原史料番号〕①79-3。

4　明治(38)年4月19日

四月十九日　井上仁郎

過日可也長き書面差出候得共、尚申残候事有之候間、左に記載致候。

一　鉄道大隊之徴兵区域を全国と改正相成度事。

理由　鉄道隊は前々便及前便其他意見書にも申述置候通り、戦役中にも拡張を要し、又戦後にも拡張を要すへきに付、今より徴兵区域を全国（但し対馬、壱岐等小島を除く）となし置かば、本戦役中にも増加に都合宜敷かるへくと存候。何は、全国とすれは鉄道業務関係者を得る事容易にして、且有力なる下士卒を得る事も出来可申と存候。戦後之事は兎角戦争之止みたる時より始めて研究に

移り候様の傾き従来有之候間、今回は如此遷延不致さる様預〔予〕め戦後之事を今より着手相成候様願度、気附申儘申上候。

二　通訳之弊害。

通訳は其国語を談す丈にて何の能もなし。其奏任取扱之者抔は、兎角外面丈け軍人と同様に心得居りて、精神及行為は普通人民、若は其以下のものも有之、且往々我と土人との間に立ちて利益を貪る風有之、官の高き丈け由〔油〕断不相成候。又其直属長官には随分都合之良き事のみ申し込を信用せしめ、何乎金銭之関係ある事でも命すれは、得たり監下にて私利を営まんとし、私之見る処は半数以上は怪けなる者と思候。元来彼等は素養少く、只清韓を渉りたるか、又は其語学を覚へたる位のものにして、其精神は大抵清韓風の小策士か、又は豪傑風か、或は全く之聖人風に有之候。是を以て今後は是非之を廃し、将校及下士卒を以て之に充さるへからすと確信致候。其方法は先般申上たかとも存候得共、尚ほ申上候。（幸に私方には清語高等通訳無之、只語学校出身の韓語高等通天谷操なる少年あるゝ〔ママ〕に付、通訳に対する弊害は少も無之候。）

地｛第一将校、下士卒に対して語学奨励法を設くること
内｛第二右之為め、若干研究の時間及金を与ふること

清国駐箚軍、台湾守備隊及韓国駐劄軍に命して此語学奨励をなし、其成績により漸次戦地に使用するを可とす。此事は今日より之を始むるも、決して遅からす候。

又内地に在るものは、試験に及第したる者は、将校は韓清、露国等を一回漫遊せしむる方法を取り、下士卒は若干賞金を与へ、又は帰休を命する如き手段を採るを良しと存候。

我隊の兵卒にて清語に熱心なるものあり。当地転進以来之を奨励して勉強せしめたるに、今日にては一、二年北京に居りし者よりは実際上手に談し、道台抔の来る時にも、どーかこーか六ケ敷なからも通訳する様になり申候。仍て賞金を与へて奨励すれは、清国、台湾、韓国にて清韓語之通訳は将校、下士卒共確に成効可致候。

兎も角も通訳なるものは、所謂日本の横浜辺の通弁にても弊害あるものに付、平時金を掛けても軍隊軍衙に使ふものは軍人なること最も必要と存候。兎角平時に金の掛け方少きものは、戦時には非常に多額の金を費すも好成績を得難く候。

三　本戦役後には欧州強国に在る癈兵院及孤児院等の設け必要かと存候。本件は在伯林之当時申上候事有之候得共、本戦役は確に此設立の時機にあるかと存候間、乍余事申上候。

四　当隊に逓信省より増加員として配属せられたる鉄道吏員及電信員にして、七十名計り召集猶予之者有之候処、此古今未曾有之大戦役に於て国民兵すら召集せられ、退役者すら志願応召する世の中に、逓信省より出したる者計は召集せられす、是か内地にて逓信省之仕事を為し居るならは未たしも、同しく戦地にありて同しく鉄道及電信業務に服し居るものにして、只多は鉄道隊出身若は工兵出身でなき為め召集免除となり、其本職の儘我業務に服するは、義務兵役者をして戦役に従事せしむる上に於て権衡を得す。依て委細取調へ、此戦役間丈にても此の如きことなからしむる為め、苟も鉄道業務に経験あるものにして兵役義務あるものは、内地の交通を妨止せさる限は、各兵科の補充隊に在るもの及戦地の後方勤務に服し居る諸部隊に在る者及以上当隊に在る者等一切を我鉄道補充隊に一時召集し、若干教育又は復習をなさしめ、我隊に増加員若は今後の中隊員として配属せられたき旨、兵站総監宛申出置候。可成成立する様願度候。本件は制度の改正に属するを以て、若干通過に困難あるへくと存《(ママ)》へとも、今戦役の鉄道大隊員増加法としては目下此法より外応急の策なきと信、意見上申致訳に有之候。元より此種の義務兵役者は鉄道監部及鉄道提理部各補助輸卒隊にも可有之に付、此等も併せて頂戴致度考に候。但し将校も此種のものは可成多数我隊に貰ひ度儀に有之候。実際鉄道作業局より来りし線路工夫の如きは、一、二ケ月線路にありたるものにて、其腕の未熟なる、驚の外無之候。畢竟作業局にて速成したるものと信候。作業局にて速成するものなれは、鉄道大隊補充隊にて速成する法、軍人のことを覚へる丈けにても当方は仕合に御座候。又我大隊は純然たる軍隊なるを以て他の鉄道監部及鉄道提理部の内部と大に趣を異にするに依り、軍人以外の人は事務、設計、倉庫、経理、職工、工場等の外、好ましからす候。」又元来私の眼中に兵科を固守する必要を認めす、只其人の適する処に用ひらるれは可也。但し業務の進行を第一とす。故に鉄道及電信（電信は最も容易にして此将校、下士卒は非常なる腕力を要せす、寧ろ歩兵以下の寸法の兵にて綿密且才智あるものを可とす）の如きは、必すしも今日の如き場合にては工兵科のみを撰ます、何兵科にても役に立ちさへすれは宜しと存候。此意味は兼て御参考迄に呈出致候意見書中、第一戦役中に関するもの其二に記載致置候得共、直接口上を以てすると違ひ、如何にも遺憾に存候。別紙写御参考迄に差出候。

五　今回の戦役に於ける補助輸卒隊なるものは、二十七、八年戦役の人夫に懲りて起りしものにして、結局人夫の代りに兵役義務者を使用するに過きす。然るに其編制余り漠として、而も独立の機関を備へ、其隊長様は大尉より少尉、時としては特務曹長迄有之、又此頃は小隊長も特務曹長となることを得るに至り、如何にも幹部丈は大仕掛の様にて却て役をなさす。熟ら当地方に居る補助輸卒隊の有様を見るに、隊長様は大抵所謂人夫の御頭の如く傲然構へ込み、中々尻重く、又仕事に出ても憲兵や騎兵や輜重兵の古物故、事の分り方中々遅く、又下士卒も此種の人物にて只威張ると命するとにて自ら行はさる風有之、如何にも滑稽なる処有之、仍て曩に輸卒隊長は本戦役間は中少尉となし、其小隊長の乗馬は無用に付廃止相成度旨、意見上申致置候。是又編制問題故通過困難かとも考候得共、気附を云はさるは不忠と存し申出候。只兵站輸送に任する輸卒隊には、雨の降りたるとき位は小隊長も馬か欲からんも、其他は仮令ひ馬を与へても其丈け周到に且つ元気良く乗回り、馳せ回り、指揮し不申候。少も我隊に属する建築輸卒隊及碇泊場並に長く固定の位置に使用するものは、全く小隊長の乗馬は無益にして、寧ろ勤務出場人員を減する丈け有害なり。○戦地に於る馬は一頭にても可也。沢山の運搬費掛り居り、且糧秣の多量に要するを以て、不用に近き乗馬は廃止せらるる方、国家の為めと存候。○此事は即ち私共をして適当なる牧場を韓国及当地方に設け、可成本国より馬を持来すことを少くし、且補充を容易ならしめんと迄も考へしめし所以なり。

六　将校上経理上の教育を士官学校にてなし置くこと。

経理之事は丸て軍人外之仕事の如く考へ、普通軍人には之を教へさりし為め、吾等軍人は分任官にてもなれは跡の始末に大に困難し主計の厄介となるに至ることは、今日に始りたる訳にあらされとも、迚も今日の如く経理上の仕事混雑し居りては、全く主計か計手の手に掛らされは仕事出来さることとなり、慨歎に堪へす。就中我隊の如きは長き距离〔離〕に分散あるを以て、証書の正誤、其他金の払ひ方の間違等を修正するに手数掛りて困難す。最も補助輸卒隊に於て然りとす。仍て平時より経理之途等は一応学校にて教へ置くことと必要と存候。吾隊抔は多少金と云ふことに将校の脳を向けさるへからさる状況にあるを以て若干良けれとも、兵站守備隊抔にて主計も計手も本部にあり、長く各地に分在する若き将校、若は一年志願兵出身のもの抔は、随分之を知さら〔ママ〕さるか為めに不便を自ら起し居候。又総て兵站業務は金なるに拘らす、高きものを買ひ、或は無益に金を費す傾あるは、経理の原則を知らさる為めに有之候間、教育総監としても此処御一考を煩度候。

七　「各軍政署之業務に就ては先便申上候得共、何とか一定の勤務令、若は綿密なる訓令を下し置かれされは、軍政委員の考に依りて大差を生し、頗る不安に存候。元来戦地之業務は其応用の範囲比較的広を以て、勤務令あるも尚足らさるに、軍政委員の業務の如きは兵站勤務令の民政官吏と云ふ方でもなく、深く疑問に属し、各所其為す処を異にするに到るへく候。例〔仮〕令は当地軍政署の如には全く新居留地経営を主とし、所謂軍政之方と片手間と申有様になり居るは如何にも疑問に堪へす。又何処に何を報告すると云ふ様之規定も無之様子にて、支那通の互に連絡位にて事務を採り居候事にはあらさる乎之様、相見申候。如何のものにや、御含み迄に再ひ申上候。」

先は思出候もの如此に御座候。尚見当り考附き候得は、続々可申上と存候。頓首

　寺内閣下

二伸　当地方昨今雨天多く、柳葉草芽僅に緑色を呈候。

〔原史料番号〕①79-4。

5　明治(38)年6月10日

六月十日　　井上仁郎

拝啓　日本海之海戦大なる好結果を奏し、国家之為め慶賀之至に御座候。扨当方鉄道も目下平台子迄工事に着手致、其以北撫順迄も測量相済、目下渾河左岸東清鉄道分岐点迄の測量も済、尚平台子より渾河堡に至る線路も預〔予〕測中に御座候。同線路は平台子より奉天に至る捷路として、且工事容易なる部分に有之候間、後日如何なる場合に建築方方向変換相成候ても差支なき様、預〔予〕め考へ置候儀に御座候。実は初は東清鉄道分岐点との事にて測量中、

急に馬郡丹より撫順に至る馬車鉄道に連絡する様を偵察せよと之事起り、諸方に人を馳せたる為め、一方之測量は中止する、他方は始める事出来す、漸く二週間之後愈々平台子より康大山山海浪塞班猫岑石仏廠を経て撫順に至る線路と相成候始末、此之如き途中之変更は実に無益之時日を消費し、誠に難有からす存候。尚先般来、当隊は新式材料を以て撫順より海竜、吉林を経て尚前進する工事に任する預〔予〕定之由にて、当方線路は鉄道線路は鉄道監部に引継く準備を致せとの事にて、各準備及先方鉄道工事計画中に有之候。何分四個中隊之正味にては如何に命令相成ても、補助輸卒隊如何に多く附属せられても、手を延する巨离〔距離〕は限りあるものに付、如何様とも致兼、大に困難致候。然るに内地にても私之申出候各兵科之鉄道業務者を集むる件は追々実行せらるる哉之様子にて、何やら聯隊とやら相成模様相聴候間、此ては一大事と存、別紙（別紙は加藤工兵大佐の許に送る）之通り意見差出置候。御一読被下候様願度候。実は独乙国にては各中隊独立して之を某鉄道司令官之許に統轄する様成り居る如く相見へ候得共、日本、殊に戦地にありては何隊も独立したく、従て殿様になりたき性質相見へ、独立すれは自然権力を振ひ度、従て間違多く、之を司令部之許に集るも、例へは軍司令官に属する師団之如く、中々思ふ様に動かさる風有之候のみならす、我国之進級之程度にありては独立中隊は如何にも危く、且他に対して力なく候間、我等鉄道隊は中隊を以て独立之形となし置くも、実権は全隊長之を握る之得策なる信〔ママ〕し、聯隊抔の名称は之を止め鉄道兵団となし、又凡そ大隊長に応る場処に佐官と副官様之ものを置き得る如く応用を広くし、意見相立候。之ならは仕事之上に於て大に便利と考候。若し鉄道隊を他之兵種之如く大隊とか聯隊とか名け〔ママ〕れは、決して敏活之仕事は出来申間敷候。何者〔ママ〕は此名称は其隊を一処にして、其大隊長、聯隊長之指揮監督之許に使用する為め之編制にして、決して我業務之如く長巨离〔距離〕之間に亘りて種々之仕事に任し、中隊長すら多の場合は毎日其区域を監督出来さる隊には尤も不適当と考へ候訳に有之候。現に単純なる兵站守備隊之如きものすら、聯隊長、大隊長は殆んと用なく、皆中隊長以下之指揮監督となり居るに於ても明瞭に御座候。仍て鉄道隊之平時編制を大隊、聯隊、旅団に分つは、平時之統御上至極宜敷と存候得共、之を其儘戦時に用ゆるは大なる間違と深く此戦役之実験上確信致候。」又鉄道隊は是非共本戦役中より拡張する事必要に付、一方にありては定めし此御研究有之事と存候。右に付ては、先般印刷風となし差上候意見中、平時に関するものの内に記載有之候。即ち平時鉄道隊を二聯隊（十六中隊）之旅団となすこと、又陸軍部内に鉄道電信廠を設くる事、鉄道隊之材料廠を拡張する事、及当地方にて殆んと永久に右兵之運転及保線並に建築之演習、鉄道及演習所を設ける事等に御座候。去三十一日、石本閣下当地、鳳凰城間を往復被致候節も色々御談申置候。即ち其中にて必要なるものは、此鉄道は此儘鉄道隊之人員にて長く運転し存置する事に御座候。此軍事費の倹約を要する時機に於て、大金を投して此鉄道を本鉄道に改築する抔とは丸て実地を知らさる空論にして、又鉄道経済之事を知らす、略言すれは、逓信省之臨時軍事費を喰ひ物にせんとする乎、又は内地鉄道屋請負屋之喰物にせんとするに過きすと存候。是れ京釜鉄道も尚年々補助を要すへく、京義鉄道及東清鉄道は勿論のことに候。只当地方鉄道はどうやら収支相償を得る乎と存候。是を以て鉄道隊にて之を持ち、演習と自活之補助となせは、鉄道隊増加の為めにも、今後預〔予〕期すへき戦役之為めにも、共に有利と信候。他之鉄道之事は暫く措くも、此鉄道は約八中隊之人員あれは辛ふして永久に持続し得へくと存候。尚後来維持の事に就ては研究中に御座候。此の如くして八中隊位を此鉄道に拠して自活せしむれは、残り八中隊を（但し聯隊は二聯隊とし、之より八中隊位の下士卒に分遣する積）内地にて養ひ置けは足る事に相成候。即ち第一年は内地に於て教育し、第二年の半より当地方に於て実地教育することに相成訳に御座候。蓋し鉄道隊少けれは今回の如く後方勤務常に困難と相成、非常の金銭を此地方に再ひ撒くに至るへく候。」先般、児玉大将閣下、当地方より連山関迄当鉄道を利用せられ候間、何乎御心に浮ひ候事も可有之、又当地軍政署之事も御覧相成候結果にあらさる乎。過日遼東兵站監部より、軍政署を廃し兵站司令部をして兼ねしむる預〔予〕報有之候由、此事実行之上は当地方も若干宜敷相成候事と信候。先は御機嫌伺旁依例如此縷々申上候。頓首

寺内閣下

〔原史料番号〕①79-5。

6　明治39年2月22日

二月二十二日

奉天　井上仁郎

拝啓　本年一月は面白からさる出征後、再度之元旦に御座候間、御年始状は態と進呈不仕候。次に私事、先つ無事に此冬期も相過し、来二十八日当地出発凱旋仕候。帰京之上縷々可申上とは存候得共、当地より出す再〔最〕後之書面として左に一応依例愚見申上候。

一　当地方には大分日本人入来致居候。乍併軍政官とか軍務官とかは兎角支那通のみゆへ小策を弄し、而も支那官吏風之蟄居と机上的にて、来る人民は誰でも面会し誰でも談し、着々現況に伴ふ如く処置する事なきは遺憾と存候。矢張支那通は単に清国例之交渉官として置き、軍政官は別に頭の正当なる人を置くこと必要なりしを此地方にも発見致候。兎角支那通之連中は支那風にて、己と云ふことを先きに立てる気味有之、為めに支那風の尊大となり、却て清官吏は心中に笑ひ居る様に見受申候。

二　私共の鉄道、当地新民庁間六十二吉米の軽便鉄道は初め鉄道監部に引継くへき処、此両地に当隊にて建築せし尋常鉄道六十吉米（遼河橋梁は六百九十四米ありて、中間に三十尺の鉄桁二処を設け舟行の便に供せし外は皆木造にして、十月中旬より一月五日迄に完成）の路盤と遼河橋梁を提理部にて引継き敷設工事を始むるやのこと有之、丁度山根少将来られ此事を聴き意見上申となり（一月二十三日）しも、中々決定せられす。然るに、一方にては当隊の出発は三月一日との内定を聴き、如何にも引継之遅延に困り、参謀本部の当局者に催促するも要領を得す、依て鉄道監部に迫り、初命令の如く引継かしめんとし、又同監部も引継く考を起し、事漸く運ひ居りしに、昨十九日突然之を提理部に引継くへき命令に接し、大に混雑と手数を要するに至りしも、幸に監部の人員を以て媒介的引継をなし、どうやら出発出来そうに相成候。兎角中央部に鉄道業務の担任者なき為め状況通せす、如此番狂せを起さしめられるには、朝鮮出発の引継、安東線の引継、本回之引継にて、都合三回共同筆法之突然に迷惑致候。次の戦役迄には鉄道のことに付ては少くも大本営及参謀本部等の要部の組織を改め、隷属之官僚と業務の関係と能く條理を正し、猥りに急変のことなき様致さされは、命令者は知らさるも、受命実行者は実に困難のみ致候。」今回の戦役も戦地と内地と意思の流通頗る相欠け候様見受申候。此意思疏通の為めには、陸軍省、大本営、出戦軍に確なる伝令将校を置き、常に頻繁に使者の交通をなすと、又出戦総軍司令部には少くも陸軍省之有力なる責任者を出し置き、以て本省との連繋を採らしむること必要と存候。殊に後方勤務に於て最も必要と信候。是れ此後方勤務は陸軍省の頭脳を以てせされは事々物々損計りすることとなるを以てに御座候。」東清鉄道改良に付ては、内地の鉄道屋中〔仲〕間に軌隔の広狭論随分有之候由、右は京釜、京義の連絡上、四呎八吋半、即準軌道を最も適当と存候。内地と当地方と軌隔に差ありても決して差支なし。此地方は清国の軌道とも連絡する必要あるに付、是非共之を準軌道となし、昌図以北、即ち長春（寛城子）より逆に工事をなせは、已に昌図、長春間は現在の我軌道にすると同し手数と費用とにて出来申候（右は同地方若干偵察の上、申すことに候）。昌図以南は漸次改良して決して差支なし。是れ此鉄道は暫くは大なる輸送をなささるへきを以て、漸次改良すれは宜敷候。又此鉄道は新民庁にて関外鉄道に連絡せさるへからす（此連絡点の土地の事に付ては、曾て総司令部へ図面迄出し注意せしに、我隊にては此の如きことはなすを要せさる旨、落合少将より申聴られたるを以て、私は之を処置致さす候。只乍余事新民庁軍務官に計画を見せ注意を与へ置きしのみに候。土地のことは今の中に総督府にて諸方に着々実施せられされは大に不利と存候）。故に奉天、新民間に於ける我工事せし路盤及橋梁は準軌道にも適する如く成し置き申候。

実は私は御存の通りの広軌鉄道論者にして、二十九年仙石と共に大に之に関し動議を起せしも、時の政府は実行し得さりし。然れとも、私は今日と雖も日本の鉄道を広軌（即ち準軌）になすことは、金さへあれは大賛成に候。乍併大陸の鉄道は、内地の北陸奥州の連絡線や何乎は暫く年度割を減するも、之を準軌道となし置く必要ありと存候。原口要抔は露国軌隔を主張し居る由、是は突飛に失候。何は、露国は五呎の軌隔を採用して如何程利益を得居るや。蓋し準軌道四呎八吋半に対し僅に一吋半軌隔の広き為め、露国は欧米諸国の運転材料を応用するを得す、自ら好て高き銭を出して普通品（普通常用の品は何にても比較的特別のものより安きものなり）以外のものを作り、若は買入れ而も運搬力に於て差したる差異なく、材料は重くなる、石炭は割合余計に焚く、水も余計入〔要〕る等の不便のみならす、他国の鉄道には移入るへからさる等の不便を有し居申候ことは、私嚢に独露の境に出張せしときも大に感し申候。故に鉄道の如き世界的のものは世界並になし置くこと最も必要にして、且経費の点も利益に候。」日本の運転材料は小なる割に準軌道のものと其価比較的安くは無之候。兎に角日本をして今日の如き狭軌鉄道を採用し、二十九年の我等の準軌道改築に躍起となりし時にも行ひ得さりしに、今日に至りて之を実行するを得るや、即ち之を実行する勇気と財力あるや否や疑問を存候。併し何時乎此改築論の国有論は事実となること望ましく存候。人往々我狭軌にても運転材料を改良すれは準軌と同しく多数の貨物を運転すへしと云ふ者あり。若し準軌道を採用して尚之を改良すれは、欧米諸国のものよりも尚一層多数の輸送に堪へることは狭軌改良の比にあらす候。又或は複線とすれは準軌道と同一の輸送に堪ゆへしと云ふものあり。是れ比較を誤るものあり。鉄道の複線となるは輸送力の要求より自然必要となりて起るものにして、狭軌でも準軌でも複線のことは起るへき時代か来るなり。故に狭軌を複線として準軌の力を凌かんと論するは、鉄道なるものの主旨を誤解したるものの言のみ。」但し日本内地のことは後日に譲るも、当地方丈は準軌採用相成候様切望に堪へす候。

今後日本国の発展は、陸にありては鉄道、海にありては船に有之候間、此方面には先見の識ある人を用ひられんことを切望致候。只時世の流行に連れて渡る人にては、遂に国家の大事を誤り可申候。私の考にては戦時の海運のことは最早殆んと完全なる経験を得たり。故に本件は陸軍運輸部を尚少しく拡張して、之に全実行権を委任し、且つ此業務に従事すへき人の養成処とすれは足るかと存し、併し今少く海軍と連絡を密にし、海軍の偵察又は測量する作戦地の沿岸には常に之に托して人を派し、上陸計画、又は其地の開発業務の材料をも採ること必要と存候。

之に反して兵站及鉄道、電信のことは未た人の普く知り居るに係らす、完全に至らす。因て此方は兼て意見書にも述へたる如く、平時に兵站監部、又は交通監部、或は交通局と云ふ様のものを設け、此業務を平時より採り且研究せしめ、尚兵站司令官等の養成所となす必要ありと信候。参謀本部の第三部は参謀本部の一部としては雑務多く、又直接業務を採らさるを以て妙な機関となり、其当時〔事〕者も遣り悪くあらんと存候。私の所謂兵站監部とか交通監部とか又は交通局とか云ふものは、陸軍省と参謀本部の中間に置き、即ち戦時の兵站業務の基礎となさんとするに有之候。参謀本部は作戦計画上之を利用し、陸軍省は兵站経理業務上之を監督するとか云ふ風になせは良からんと存候。今後、戦術家と兵站業務家とは、先便にも申上けし如く、其人間に若干差異を生すへくと存候。即ち戦術家は戦線のことを主とし、兵站業務を副とす。又兵站家は経済と技術とを以て作戦を援助し、戦術を次とす。之を内地の陸軍官衙に例すれは、戦術家は参謀本部の正味の処にして、兵站家は陸軍省の正味を以て作戦を助成すると同しく候。

又今後は砲工学校には工兵と要塞砲兵は二年、野戦砲兵は一年位に致可然と存候。」工兵の学術は大に進歩せしむる必要あり。其効用は砲兵技術と大に趣を異にし、作戦及兵站業務に直接影響を及ほし候。故に右二年の外、高等科及専科を設け、此学術技芸の発達を促すこと大事に候。之か為めには総ての学校を教育総監の下に集め、其教育を分け、一途一主義に出てしむる必要可有之候。教育総監の今後の仕事も中々多端と存候。余り長きに亘り候間擱筆致、帰京之上一応之拝談に譲り度候。頓首

寺内閣下

〔封筒表〕□京永田町陸軍大臣官邸　寺内中将閣下　親展（スタンプ）□事郵便　公用（消印1日付）□9.2.21（消印2日付）39.3.2。

〔封筒裏〕〆　奉天臨時鉄道大隊　陸軍工兵大佐　井上仁郎。

〔原史料番号〕①79-6。

7　明治45年6月12日

六月十二日　井上仁郎

拝啓　暑気相加候処益々御勇武被為在候由、邦家之為慶賀之至に御座候。扨先般は閣下陸軍省御在職中之御記念品を特に仁郎迄にも御頒与被下、難有拝受仕候。実は其節は不遠閣下御出京之御様子に付、拝顔之上篤と御礼可申述と存候処、今日に至りても尚拝顔之期を得す候間、一応書面を以て右御礼申上候。次に仁郎事、瓦全今に東奔西走、交通隊之本職と気球研究会の業務とを兼掌仕、剰へ本年は五月上旬旅団司令部及鉄道聯隊、六月上旬電信及気球隊之特命検閲を受け、本日を以て終了致候処、大なる過失も無之、別紙写之通り訓示を蒙候間、今後益

奮発勉励致、交通隊之業務を進歩せしめ、以て閣下之御推挙に背かさらん事を期する積に御座候得共、何分御熟知之通魯鈍之性質、迚も世と共に推移する之能なく、単に我職責を尽すに足らさる哉を日々恐懼するのみに御座候。乍併交通兵諸隊之将校は目下一般に向上の精神を以て服務致居、一昨年末就任以来少しは進歩之途に在る事丈は申上得る次第に候得共、別紙訓示中にある世界之進運に伴ひ技能を発達向上せしめんとするには、最早今日となりては目下之人と制度にては頗る困難を感し、工兵制度と相待て改正を要する儀と相考候。何卒御気附之点も御座候得は、当局者及仁郎へも御教示之程偏に奉願候。先は御礼を兼、検閲成績御報迄如此に御座候。時下梅雨之候、折角御用心之程奉祈候。余は拝眉之上萬縷可申上候。頓首

寺内閣下

〔封筒表〕朝鮮京城総督官邸　寺内大将閣下　御直被　六月十五日　正毅（消印日付）45.6.12（朱書）。

〔封筒裏〕〆　東京牛込中町十四　井上仁郎　（消印日付）45.6.15。

〔別紙〕

仁郎ノ受ケタル訓示ノ写

一、旅団長ノ部下各隊統率ニ関シ採ル所ノ方針ハ概ネ適当ナリ。

二、各隊検閲ノ成績ハ概ネ良好ノ状態ニアリ。然レトモ既ニ各隊長ニ訓示セシ如ク、尚ホ進歩改善ヲ要スルモノ尠シトセス。旅団長ハ目下採リツツアル方針ニ基キ各隊長ヲ誘導シ、諸般ノ実行ヲ督励シ、特ニ世界ノ進運ニ伴ヒ交通兵ノ技能ヲ発達向上セシムルト共ニ、各隊ノ特性ニ稽ヘ之ニ応スル戦術上ノ能力ヲ併進シ、以テ実戦ノ要求ニ適合セシムルヲ要ス。

第一特命検閲使

〔原史料番号〕②3-11。

8　大正4年2月15日

二月十五日　井上仁郎

拝啓　寒気未た残り居候砌、御清康被為在、大慶至極に奉存候。次に仁郎事、今回進級之栄を得候事は全く閣下従来之御引立に依る儀と深く感佩仕、御礼申上候。今後

益奮励、交通諸隊之発達を期候間、倍旧之御庇護を以て御鞭撻被下候得は仕合に御座候。

客年十一月末釜山にて御別申候以来、私不在中六ケ月間に起りし事は、時日之多からさるに係らす戦役従事之諸隊比較的多く、目下気球は全隊復員平常と相成候も、電信隊は尚青島に電信隊として及事務員として少佐一、大尉二、中尉四並に下士卒分遣致居、又鉄道隊は全部彼地に在りて引揚は三月中に終れは早き方と被存候次第にて、剰へ今後航空隊之方面は勿論、電信隊之方面にも無線電信及電灯之仕事起り、鉄道隊にも欧州視察之結果尚整備研究を要する儀有之、随分多岐に亘りて仕事有之、心のみ急き候得共何分器械類は欧州より之輸入少く、為に内地にて研究調査するも、従来長く模造を以て唯一之仕事〔ママ〕せる我邦之工業界には彼地にて此之如きものあり、作りて見よと申ても中々出来不申、一入不便を感候。今や我邦之欧米諸国に劣りたるは実に製造工業に有之候間、之か為には政党政治騒きの如きは暫く措き、此機を以て隣国方面に商工業之発展を企る事急務に有之、従て内地之工業を根本的に改良進歩せしむる必要有之事と深く感申候。尚体育之必要、常識之養成等、色々申上度事は沢山有之候得共、御出京之期に於て萬縷可申上、先は此度は進級之御礼迄如此に御座候。時下不順之候、深く御自愛之程邦家之為祈居候。頓首

寺内大将閣下

〔封筒表〕朝鮮京城総督官邸　寺内大将閣下　御直披　返信済（消印日付）4.2.15。

〔封筒裏〕〆　東京牛込中町十四　井上仁郎（消印日付）4.2.18。

〔原史料番号〕①79-7。

9　大正(6)年5月9日

五月九日　井上仁郎

拝啓　初夏之候と相成候処、閣下益御勇武被為在、邦家之為大慶至極に奉存候。昨年末以来混雑致居候政界も一段落相附、多少御安心被遊候事と存、茲に一書捧呈仕候。
請願令之発布は人心を融和し、国家之為誠に賀すへき事に御座候。併し地方之人心は多年政党者流之馴致せし結果、利已〔己〕主義之発達せる事実に驚之外なく、此際閣下之御力に依りて防腐せらるる事を祈候。又年来之問題とな

り居候満鮮鉄道合併之件も御着手相成候由、過日当地通過青島に向ひし田中義一より承り、欣喜に堪へす候。此成立に依り満洲に於ける各種雑然たる我機関を統一し、鮮、満、支那及露国方面との鉄道交通を完全ならしむることを得は、東洋之平和維持上大なる進歩と存候。若井上事、此事業之為に御用有之候得は、微力を捧け〔ママ〕へく候。先は御機嫌伺旁依例勝手之事のみ申上、不悪御含願度候。頓首

寺内閣下

〔封筒表〕寺内元帥閣下　御直披　了　五月十二日。

〔封筒裏〕〆　下関市壇之浦　井上仁郎。

〔原史料番号〕①79-8。

10　大正6年8月12日

八月十二日　井上仁郎

拝啓　残暑殊之外厳敷候処、国家之御大任を負せられ、愈御清武と承、大慶至極に奉存候。次私事、此度待命被仰付、来月は一応帰京拝謁可仕と存候得共、先般林平四郎を以て申上候当地関門連絡鉄道決定之急務なるを認、別冊愚見起草仕候間、御一覧願度進呈仕候。尚申上度事も有之候得、〔ママ〕帰京之上に萬縷可申上、茲に謹て閣下之御健康を祈候。敬具

寺内元帥閣下

〔封筒表〕□京永田町総理大臣官邸　寺内元帥閣下　御直披

〔消印日付〕6.8.12。

〔封筒裏〕下関市旧壇之浦　井上仁郎　〔消印日付〕6.8.13。

〔別紙〕

関門連絡ニ関スル意見

関門連絡ニ関スル意見　大正六年七月於下関　井上仁郎

関門連絡鉄道ハ速ニ政府ニ於テ之ヲ計画決定シ、地方官民ヲシテ之ニ関連スル爾後ノ設備ニ拠ル所アラシムルヲ要ス。

以下之ニ関シ研究セシ事項ヲ記述ス。

関門連絡鉄道ハ数十年来ノ懸案ニシテ、技術ノ進歩セサル時代ニアリテハ架橋モ隧道モ共ニ頗ル難工事ナルヲ免レサリシモ、近年ニ至リ世界ノ技術大ニ進歩セシ結果、

壇ノ浦、明神岬間（早鞆、瀬戸）四千百尺ノ架橋モ、彦島大里間（大瀬戸）五千三百尺ノ水底隧道モ之ヲ実行スルコト困難ナラサルニ至レリ。其他現今実行中ノ鉄道院関門貨車輸送設備ヲ拡張、関門間又ハ彦島ノ某港ヨリ小倉又ハ若松ニ列車海上輸送ノ案アルモ、風浪及潮流強キ当海峡地方ニ在リテハ此列車海上輸送ハ確実ノモノニアラス、以下関門間ニ於ケル現在ノ連絡状態ヲ記述シ、最後ニ架橋隧道ノ利害ヲ比較研究スヘシ。

第一、鉄道院ノ連絡設備ハ旅客ノ為メニハ関門両停車場ニ近ク、又貨車輸送ノ為メニハ下関及大里ニ特別ノ桟橋ヲ設ケ、次ノ如ク輸送ス。

其一、旅客ハ列車ニテ関門各停車場ニ到著〔着〕スル毎ニ、小蒸汽船ヲ以テ其手荷物ト共ニ各列車ノ発車ニ間ニ合フ如ク輸送ス。

其二、貨車ハ当地貨車輸送請負者宮本高次ノ設計実施セシモノヲ数年前鉄道院ニ買収シ、貨車三輛宛ヲ一木船ニ積載シ、小蒸汽船ヲ以テ之ヲ曳キ、汽船五隻ヲ以テ一日約十往復ヲナシ、約百六十貨車ヲ輸送ス。

以上ノ方法ヲ以テ辛フシテ関門連絡旅客及貨車ノ輸送ヲナシアルモ、規模過少ニシテ、且風浪ノ関係上輸送ヲ中止又ハ杜絶スルコト、最近四年間ノ平均ニ依レハ一年間約五十六回ナルコト、次表ニ示スカ如シ。

鉄道院関門連絡欠航月報回数表（一時欠航ヲ含ム）

〔次頁の表〕

平均一年間五十六回

而已ナラス、列車ノ貨物ハ益増加スルモ、此海上輸送ノ量ハ船体ヲ大ニシ其積載貨車数ヲ増加スルモ、現在ノ搭載揚陸設置〔ママ〕ヲ以テシテハ回数ヲ増加スルコトハ困難ナラン。故ニ此方法ハ仮ノ設備ニシテ、永久ニ存続スヘキモノニアラス。又此方法ヲ拡張シタル列車海上輸送ハ、其関門間ナルト、下関、大里間ナルト、彦島、小倉又ハ彦島、若松間ナルトヲ問ハス、如何ニ設備ヲ完全ニスルモ、風浪ノ為メ一年間数十回ハ交通杜絶ヲ免レサルト。特ニ此海峡ニ航海スル他ノ汽船、帆船及漁船ノ交通ヲ妨クルコト大ナルヲ以テ矢張リ不得已サル姑息ノ手段ニシテ、他ニ良好ノ方法アレハ実施スヘキモノニアラス。況ンヤ

年別＼月別	大正三年	同四年	同五年	同六年	計
一月	三八	二四		四〇	一〇二
二月		三四			三四
三月					
四月	四		八		一二
五月	六		八		一四
六月					
七月					
八月	二〇				二〇
九月	一〇				一〇
十一月			四		四
十二月			二八		二八
計	七八	五八	四八	四〇	二二四

当海峡地方沿岸一帯ニ勃興セシ工業ト、益発達セントスル商業及航海業トノ為、此海峡ニ出入スル船舶及石炭輸送帆船、若クハ曳船ハ愈其数ヲ増加シ、以上ノ如キ列車海上輸送ヲ許サヽルニ至ルコトハ今日ニ於テ之ヲ推定スルニ難カラサルニ於テオヤ。

第二、関門間ノ普通交通ハ、関門汽船会社ニ於テ下関中部ヨリ門司中部ニ向ヒ、毎日午前四時ヨリ夜十二時半迄小蒸汽船ヲ以テ往復八十七回ノ航海ヲナシ、其一航海時間ハ約十五分ニシテ、午前七時ヨリ午後六時迄ハ十乃至十五分毎ニ、午後六時ヨリ同八時迄ハ二十分毎ニ、同八時ヨリ十時半迄ハ三十分毎ニ、同十時半以后及午前四時ヨリ七時迄ハ約一時間毎ニ、両岸ヨリ発航シ、人及小荷物ヲ輸送スルモ、牛馬及人力車以上ノ車輌ハ他ノ和船ニ依ラサルヘカラサルヲ以テ、此汽船会社ハ単ニ旅客ノ輸送ニ任スルニ過キスシテ頗ル不便ナルノミナラス、其賃銭モ一航海拾銭ニシテ、会社ハ小且粗悪ナル汽船ヲ使用シテ、其株金ニ対スル配当ハ数年間午《〔カ〕》二割ト云フ高率ナリ。右ノ弊ヲ医スル為、門司市ハ下関市ニ対シ此交通機関ヲ両市合同ノ市営ニ移サントスル協議ヲナセシモ、下関市ハ市議纏ラス、未タ之ヲ実現スルニ至ラス。

此ノ汽船会社ハ尚大里、彦島方面ニ巡行セシムル汽船ヲ以テ、此地方トノ交通ヲ実行ス。

其他関門間ノ交通ニハ小船ヲ以テスル個人ノ営船アリ。土地ニ慣レタル時ヲ惜マサル人、又ハ多数ノ荷物ヲ有スル旅客ハ此船ニ依ルモノ少カラス。

而シテ関門汽船ノ三ケ年間ニ於ケル航海不能ノ回数ハ次表ノ如シ。

自大正元年至大正五年関門汽船会社航行不能回数表

年別＼区別	一日全休航	半日以上休航	三時乃至四時間休航	計	事項
大正元年		二	五	七	西風又ハ東風強キ為
同二年		二	四	六	
同三年	二	五	二	九	
同四年	一	五	三	九	
同五年	一	五	四	一〇	
計	四	一九	一八	四一	

此航海不能ノ回数ヲ以テ鉄道連絡船ノ航海杜絶回数ニ比較スレハ頗ル過少ナルカ如シト雖モ、此連絡ハ単ニ旅客ニ過キサルヲ以テ、鉄道連絡船ニ於テモ旅客ノ交通杜絶ハ関門汽船会社ト同数、又ハ其以下ニシテ、其他ノ大多数ハ貨車輸送ノ杜絶ナリ。是レ旅客輸送ハ万難ヲ排シテモ之ヲ行ハサルヘカラサルモ、貨車輸送ハ安全ヲ専一トシテ之ヲ行フヲ以テ、少シク風浪アレハ中止、又ハ停止スルコト少カラス。数年間関門港務部ニ奉職スル職員ノ語ル所ニ依ルモ、今日迄一週間全ク関門ノ交通ヲ断チタルコト一回アリタリト言フ。以テ関門交通ノ不確実ナルコトヲ証スヘシ。

此ノ如ク関〔門〕関海峡ノ交通設備ハ、已ニ普通交通ノ為不都合多キノミナラス、昨年福岡県下ニ於テ行ハレタル特別大演習参加ノ為第五師団ノ当海峡ヲ通過スル状況ヲ見ルニ、師団ハ数日ニ亘リ当地方ニ滞在シ、幸ニ天候良好ナリシヲ以テ陸軍運輸部ノ戦時的施設努力ト鉄道連絡貨車輸送トヲ併用シ、辛フシテ渡海セリ。若シ戦時ノ師団ヲ以テシ而モ天候不良ナラハ、実ニ寒心ニ堪ヘサルモノアリ。

古来当地方ニ於ケル本土ト九州トノ連絡ハ下関亀山神

社下ヨリ大里ニ至ル和船ノ航行ヲ以テシ、今日ノ如ク関門直接ノ交通アルコトナシ。是レ当時ハ汽船ナキヲ以テ、海峡ノ潮流及風ヲ利用シテ航海スル和船ノ連絡トシテハ適当ノ処置ナリシナリ。又関門海峡ハ元来一港湾ナルニ係ラス、両岸其所管ヲ異ニシ、従テ門司港及下関港ノ区劃ヲ設ケ、其中間三條ノ自由航路ヲ存シ、大ナル船舶ハ門司ノ貿易港ナルト、石炭供給ニ便ナルト、港ノ稍広キトニ依リ之ニ碇泊シ、九州鉄道発起点ナルト相俟テ、近年俄ニ門司ノ発達ヲ来シ、其勢頗ル盛ナルニ反シ、下関港ハ港狭ク、僅ニ近海航路ノ船舶出入スルニ止リ、只本州鉄道ノ端末点、及朝鮮連絡船ノ出発所トシテ古来ノ繁栄ヲ維持スルノミ。是ヲ以テ此両地ニ於ケル一部ノ栄〔ママ〕業者ハ強テ関門連絡鉄道ノ成立ヲ希望セス、寧ロ古来ノ習慣トシテ利益ヲ得ツヽアル船待ノ旅客ヲシテ長ク滞在セシムルヲ望ム風アリ。従テ其施設スルコトモ現下ノ状態ニ適応スルニ止マリ、深ク将来ヲ顧慮スルモノ少シ。然ルニ、港トシテノ門司ハ東及南ニ山ヲ負フヲ以テ此方面ノ風ニ対シテハ安全ナルモ、西及北ノ方面ハ風ヲ遮ルモノナク、冬期ニ於テハ船舶ノ碇繋困難ナリ。之〔ニ〕ヲ反シ下関港ハ北ニ高地ヲ負ヒ、西ニ彦島アルヲ以テ、東風ニ対シテハ安全ナラサルモ、西及北ノ風ニ対シテハ安全ナリ。故ニ此両港ハ之ヲ区劃スルコトナク一港トシ、自他ノ不利ヲ医スルヲ得策トス。現ニ小蒸汽船、又ハ帆船ノ如キハ、風浪ニ際シテハ之ヲ対岸ニ避ケ居ルコトハ事実ノ証明スル所ナリ。

明治四十三年ヨリ大正十二年迄ノ継続事業トシテ、内務省ハ八百拾万円ヲ投シテ関門海峡ノ整理工事ヲ実施中ニシテ、其目的ハ周防灘ヨリ六連島ニ至ル航路ノ改良ト、海峡内泊地ノ拡張トニシテ、之ヨリ生スル土砂ヲ以テ彦島ノ東方沖ノ洲ヲ埋立テ、面積十七万坪ノ土地ヲ生出サントセリ。又関門税関ハ此土砂ノ一部ヲ利用シ、税関東方ニ約二万坪ノ埋立ヲ実施中ニシテ、門司市ハ之カ東隣ニ小港ヲ築キ、且埋立ヲ計画中ナリ。其他三菱会社ハ巌流島ノ西方ニ於テ二万六千坪埋立ノ許可ヲ得、鈴木商店ハ其彦島亜鉛工場ノ西側ニ於テ六万坪埋立ノ許可ヲ地方庁ヨリ受居リ、尚其六連島ニ面スル処ニ六万五千坪ノ埋立ヲ出願中ニシテ、九州方面ニ於テハ鉄道院ノ鉄道沿岸埋立、製粉製糖両会社ノ沿岸埋立出願、及小倉築港、若松築港、久原ノ小倉ヨリ八幡ニ亘ル沿岸埋立計画等、此海峡沿岸ハ工業ノ勃興ト共ニ港湾ニ関係アル築港埋立事業亦頗ル多ク、折角内務省ニ於テ計画実施中ノ関門整理工事モ、其終了スル頃ニハ更ニ一層大ナル関門、若、倉ニ亘ル築港、又ハ整理ヲ行ハサルヘカラサルニ至ルコトナシトセス。即チ関門港ハ如何ニ之ヲ整理改良スルモ、幅員狭ク、且潮流急ニシテ、完全ナル港ト云フヲ得サルヲ以テ、此近海ノ港トシテハ若松築港ヲ拡張シ、小六連島ヨリ突堤ヲ出シ、茲ニ若松、小倉ヲ包含スル外港ヲ設ケ、尚大六連島ト豊浦郡武久沿岸トヨリ突提ヲ出シ、六連島ト彦島及武久沿岸トノ間ニ一大外港ヲ設ケ、関門港ハ之ヲ内港トナシ、朝鮮方面トノ連絡ノ如キハ此外港ヨリ行フヲ有利ト思考ス。然レトモ、此等外港ノ設置ニハ多大ノ経費ト時日トヲ要スルヲ以テ、暫ク之ヲ後日ニ譲リ、朝鮮連絡船ノ出発所モ現在ノ下関停車場ノ設備ヲ拡大シテ之ニ充テ、先ツ内港タル関門港ヲ整備スルヲ至当トス。数年前、下関ニ於テモ築港ノ設計成リ、将ニ実施セントセシ折柄、一部ノ反対者ノ為騒擾ヲ惹起シテ之ヲ中止セルモ、早晩再ヒ此築港ノ起ルコトハ確カナリ。此際政府ニ於テモ、下関築港ヲ補助シ、関門港タラシムル如ク之ヲ設計指導スルコト必要ナリ。

以上、関門海峡一帯ニ亘ル築港、埋立等ノ事業ハ勿論、其他両地方ノ個人経営事業、関門連絡鉄道完成スル暁ニハ、皆直接又ハ間接ニ影響ヲ被ルニ至ルヘシ。是レ速ニ此鉄道ヲ計画決定シ置ク必要アル所以ナリ。

次ニ此連絡鉄道ヲ如何ニ敷設スヘキヤヲ研究スルニ、技術上ニ於テハ架橋、水底隧道共ニ実施シ得ルモ、早鞆、瀬戸上ニ架橋スルヨリハ、大瀬戸下ニ水底隧道ヲ設クルヲ有利トス。以下此両者ノ利害ヲ比較ス。

一、軍事上ニ就テ

橋梁ハ外観甚タ美ナルモ、敵ノ遠距離射撃ニ依リ破壊セラレ易シ。此場合ニハ両岸ノ交通ヲ杜絶スルノミナラス、其残骸ハ水道ヲ閉塞シ船舶ノ航行ヲ防〔妨〕碍、又ハ杜絶スルニ至ル。隧道ハ此等ノ不利全ク之ナシ。

二、工事実施ニ就テ

早鞆、瀬戸ニ於ケル架橋ハ、此水道ノ潮流急激ナルト、船舶ノ出入非常ニ頻繁ナルトニ由リ、之ヲ鴨緑江ノ架橋ノ如ク航路開閉式トナスヲ得ス、如何ナル大船巨艦ト雖モ其下ヲ通過シ得ル如ク高キ橋梁ヲ架セサルヘカラス。而シテ此橋梁ヲ水面上幾何ノ高ニ架スヘキカハ大ニ考慮ヲ要スル点ニシテ、先年百九十尺位ニテ可ナラントシテ計画セシコトアルモ、今日ニ於テハ扶桑級ノ軍艦ハ水線ヨリ檣頭迄二百九尺アリ、今後益大艦巨船建造セラレ、従テ之ニ備フル無線電信モ有力ナルモノヲ必要〔ママ〕スルニ至リ、為ニ船檣ハ益高ヲ増加シ、今後幾何ノ高サヲ以テ限度トスヘキヤ、海軍当局者ト雖モ断言スルコト能ハス。或ハ二百五十尺位トナシ置カハ現在ニ於テハ支障ナカルヘキモ、数十年後ニ於テハ尚一層高ヲ増加スルニ至ルヤ予想スヘカラス。

此ノ如キ高ク且張間長キ架橋工事ハ欧米ニモ実例アリテ敢テ不可能ニアラサルモ、頗ル困難ナリ。若シ工事中暴風又ハ地震、或ハ人為ノ錯誤ニ因リ墜落スルコトアランカ、忽チ水道ヲ閉塞シ、船舶ノ航行ヲ妨碍又ハ杜絶シ、非常ナル損害ヲ他ニ及ホスニ至ルヘシ。

水底隧道ハ十年前迄ハ其工事困難ナリシモ、現今ニ於テハ技術ノ進歩セル為、水底地質ノ如何ニ係ラス圧搾空気ヲ応用シ筒枠鉄管ヲ用ユレハ施工困難ナラス。田邊工学博士ノ設計ニ拠レハ、此連絡鉄道ハ山陽線三百二十八哩ノ点ヨリ起リ、小瀬戸海峡ヲ通過シテ彦島ニ渡リ、水底部隧道五千三百尺、彦島取付部隧道四千六百尺、九州取付部隧道五千三百尺、勾配ハ彦島取付部百分一、水底部ハ水平、九州取付部曲線ノ所ハ千分ノ九ニシテ、水底隧道ノ頂ハ水底トノ間ニハ二十尺余ノ地層ヲ有ス。而シテ其位置ハ（附図参照）朱線ノ箇所ヲ最モ適当トシ、鉛筆点線ノ箇所ハ距離少シク短縮スレトモ両岸取付部ノ位置適当ナラスト云フ。

三、前車及機関車ノ重量ニ就テ、列車及機関車ノ重量ハ年々増加ノ傾向アリ。最近二十年間ニ二倍以上トナリ、欧米ノ鉄道橋ハ其負担ニ困難ヲ感シツツアリ。然ルニ隧道ニハ此懸念更ニナシ。

四、列車運転ノ利害ニ就テ

高キ橋梁上ハ平常ノ運転ニ於テモ速力ヲ減シテ細心ナル注意ヲ要シ、其不利益頗ル多シ。尚水底隧道ニ於テハ其降下ヲ利用シ隋力ヲ以テ運行スルコトヲ得ルモ、二百五十尺モ高キ橋梁上ニ於テハ之ヲ行フコト能ハス。

五、工費ニ就テ

早鞆、瀬戸橋梁ト大瀬戸隧道ト、孰レカ多額ノ費用ヲ要スルヤノ問題ハ、専問〔門〕家ノ言ニ依レハ、水底隧道ハ橋梁ヨリ少額ナリト云フ。

前述田辺工学博士ノ設計ニ拠ル水底隧道ハ鉄管式ニシテ、

広軌道単線ニテ見積レハ、水底部ハ長一呎ニ付千円、取付部隧道ハ一呎百四十円トシテ、水底部五百三十万円、両取付部百三十八万六千円、合計六百六十八万六千円、若シ複線隧道双眼鏡式トナセハ約千三百万円ナリ。又工事期限ハ五ケ年以内トシ、山陽線ノ三百二十八哩ヨリ九州線ニ連絡スル迄複線鉄道七哩半トシテ、総工費約二千万円ナリ。

又此連絡鉄道中、小瀬戸ノ橋梁ハ低水面上約三十呎、全長五百尺〔ママ〕トシテ、複線軌道ヲ敷設スル為ニハ約二十万円ヲ要ス。

但以上費用ノ計算ハ戦役前ニ於ケル鉄ノ相場ニ拠ルモノニシテ、今日ノ如キ暴騰ノ時ニハ相当セス。実施ニ当リテハ宜ク時価ニ換算スヘキモノナリ。

但小瀬戸ハ海軍ニ於テハ重要視セサルヲ以テ、鉄道ノ為ニハ之ヲ閉塞シ、又ハ閘門ヲ設ケテ船舶ヲ通行セシムル位ニ之ヲ埋立テントスル考案ヲ有スルモノアルモ、此案ニハ同意スルヲ得ス。何は、此瀬戸ハ大瀬戸ト相俟テ関門港湾ノ潮流ヲ若干ニテモ緩和スル天然ノ水道ニシテ、若シ之ヲ閉塞セハ大瀬戸ノ潮流ハ一層急激トナルハ論ヲ俟タル〔ママ〕ノミナラス、小瀬戸ハ下関港ヨリ外海ニ至ル小型船舶ノ捷路ニシテ、毎日之ヲ通航スル船舶数ハ左ノ如クナルヲ以テ、若シ之ヲ閉塞セハ、此等ノ船舶ハ今ヨリ一層潮流急激トナルヘキ大瀬戸ヲ経テ遠ク彦島ノ北端ヲ迂回シ、六連島附近ニ出テサルヘカラサルヲ以テ、其永久ノ不利益ハ地方トシテハ鉄道橋梁費ノ若干増加スルニハ代ヘ難キ所ナリ。況ンヤ閘門式トナサントスルカ如キハ、此急流ニ於テ果シテ技術上之ヲ成シ得ルヤ否ヤ頗ル疑問トスル所ナルオヤ。

一、近海航路汽船　六、　一、石油発動機船　五、
一、漁船　一〇〇、　一、其他雑船　一〇、

以上述フル如ク、当海峡一帯ノ事業ハ此関門連絡鉄道ノ完成ノ為殆ント全部影響ヲ受クルヲ以テ、政府ハ速ニ此鉄道ヲ決定シ、事業経営者ヲシテ拠ル所アラシムルヲ目下ノ急務トス。況ンヤ当海峡地方ハ、支那、満、鮮、其他外国ト連絡スル要点ニシテ、其事業ノ盛大トナルコトハ帝国富源ノ重要ナル部分ヲナシ、之ヲ助成スルニハ此連絡鉄道ノ完成大ニ与テ力アルコトハ勿論、今日ノ帝国トシテハ此海峡ノ鉄道連絡ヲ欠クハ恰モ大動脈ノ完全ナ

ラサル不倶〔具〕ノ身体ノ如ク、外国ニ対シテモ頗ル恥カシキコトナルニ於テオヤ。

尚茲ニ希望スル一事ハ、関門直接ノ人馬ノ交通ヲ完全ニスルニアリ。之カ為ニハ、政府ハ現今ノ関門汽船会社ヲ改造セシムルカ、又ハ之ヲ官営或ハ市営トナサシメ、大ナル汽船及桟橋ヲ以テ安全ニ人馬車輛及荷物ヲ輸送セシムル途ヲ講スルコト必要ナリ。之ト同時ニ、英国「デ〔テ〕ームス」河底ニ通路ヲ設クルト同様ノ方法ニ依リ、関門間ニ水底人道（人ノ徒歩通行シ得ル隧道ニシテ、両端末ニ昇降器ヲ備フルモノ）ヲ設ケ、譬ヘ暴風雨ノ時ト雖モ之ニ依リテ人ノ交通ヲナサシメ得ル如ク設備スルコト必要ナリ。

〔注1〕同封の地図は省略。
〔注2〕別紙は「陸軍」の罫紙。
〔原史料番号〕①79-9。

64 井上　光

1 明治16年8月21日

六月六日附朶雲を辱し、一巻一収措く不能、難有拝誦仕候。爾来御清適御精励被遊候段、無此上幸慶に奉存候。二光碌々消日、御恥敷限りに候。時に先便双眼鏡御送附被下、難有仕合、正に真鍋歩兵少佐より落握し、且つ代価も直様該少佐に捧呈仕置候。又東京事件御報道により福原歩兵少佐と共談笑議仕候処、該件は仏国之廟議廟算那点に在ることを確知せすと雖も、議院の論議或は軽卒〔率〕にあらさるを保ち難し。何則東京を兵力にて鎮圧するには少くも四萬以上の兵隊を要すへし。多分は商権争にて兵隊は席上陳列に過さるへしと。又果して兵力鎮圧に着手せは支那政府と葛藤を生すへし。是亦兵力を以すと云へは、右四万の外に更に四万を要すとすへし。是れ戦闘点東京にあらすして他点なると信す。故に此別要あり。左すれは先十万の兵隊を要すと概算せさる可らす。此十万の遠征の費用果して徴集するに容易なるか、議院之を予知せしか。且つ支那は昔日の支那にあらすして、東京なる黒旗兵、猶且つ然り。而して四万の兵隊以て支那地方を蹂躙すること、昔日の連合軍と同様にする事、或は容易ならさるへし。且つ支那の風例（ママ）として談判を遷延し戦期を持長して、仏国萬一にも進て取る所なく退て償ふ所あらされは、仏国東洋之関係僅少ならさる耳ならさるへしと。」仏国の為にするには英国と共同せさる可らす。

英国と共同周旋せは、或安南紅河の商権を充分維持拡張するを得へし。此商権二ケ国に半分する利益少々なるを嫌ふなかれと。」支那と雖も亦然り。如何独国の尻推ありと雖、独国は早〔カ〕々仏国の報讐の期を遷延するか消滅するかの私意に外ならす。何をも魯独英仏四ケ国の関係あり、愚考せらるなり。米国の聖人「ワダチ」の商人の如き気がする。何そ協同戦闘に従事する者ならんや。又支那の風、大功者を妬み、却て其功を妨くる事多し。今、李中堂なり他人なり、是件に関係し充分の国利と為ることをなせは、其人の身持ち実に苦しかるへし。又其為す事柄に妨害を与ふる事僅少ならさること、鏡に掛て明也。故に充分の勝利を得ること、実に容易ならさるなりと。」兎角に其件平定せは自然と支那の光栄となるへし。充分の勝利を得す、又五分五分とならさるも、自誇大にする支那旁三分の利あれは充分勝利と傲言して東洋中当る可らさるの勢なるへしと信す。其時より我帝国には直接の利害を影響することと予定すへし。況んや台湾なり朝鮮なり琉球なり、皆掛り合ありて、而かも半途の姿なれはなり。嗚呼、我軍備拡張は迂闊に思ふ可らさるなりと。」我兵の編制論中に三部編成の賛成者ありしと。発論者は仏国将官（ルバール）氏とか。之を賛成する説に云ふ、兵学に適切即運動法に好しと。又費用節険〔倹〕に叶ふと。又部隊の組合に適すと等なりき。而して、矢張四部編成乃ち旧来の儘実施せらるゝ内議とか洩聞せり。

時に光も監軍部へ転務来日々用事は甚少く、所好に有之候故、色々検閲之事愚考せしも、如何実験せしこと無之、又故敗却せらるゝこと多く、乍然此迄之例と稍精神とか仕向とかゞ遷転変換の姿に近からんと自信の福原少佐、今一年監軍部に仕るか、国沢歩兵大佐検閲迄も勤続かることなれは、切歯之事も単に谷川大佐在ることなれとも、彼は中部、光は西部にして、共行出来す。旁以困却なれとも、何分にも本年実験の上にと治定仕候。何角検閲の事に御気附き、且御教示被下候得は、難有仕合に有之、此検閲も最早近寄来る二十六日には上途して東部巡回之考、猶得貴意度件も山海難尽なれとも、一先擱筆仕候。時下炎暑土俗も異り幸に候。御自珍為国之祈る。

十六稔八月念一日　　東京上二番町　辱知光拝曰

寺内歩兵少佐殿虎皮下

近々上途巡回故に書認して、小阪千尋士〔カ〕に相頼候。尤思出次第乱筆、御推読を乞ふ。意味不徹底御免。孰れ帰京後縷々□□。

〔原史料番号〕①77-1。

2　明治(27)年11月1日

時下向寒の候に御座候処、閣下益々御壮剛、大慶奉存候。随而当方司令官閣下始め、諸員一同健全振て進軍罷在候間、御安堵可被下候。陳は当地揚陸の景況、其他当方面敵国の状況に就ては、既に大本営へ公然の報告送呈せられ居候得は、委細御了承の事と敬察仕候間、省略仕候。去る廿五、廿六の両日第一軍鴨緑江辺の戦闘に就ては、本日仁川より混成旅団の一部を搭し来れる運送船の齎し来り候伊藤砲兵中佐の手を経たる大本営よりの通報にて承知仕候。察するに、第二軍の当地方に揚陸したるは、恰も第一軍と相待て安東附近に集団し在りたる敵を前後より同時に擁扼するものにて、彼れの今後為さんとする所の計策は、其得意とする遁逃の一あるのみにて、旅順金州に退かんとすれは第二軍の其臂を抑ゆるあり、鳳凰若くは秀巖を経て北方に退去するより外手段なかるへきかと被存候。果して然るときは、第二軍の此両地を占領する近きに可有之、然るに同軍の生活上、大孤山港を占領するは最緊要の事に可有之候得は、該港及沿岸の交通掩護の為め鳳凰、秀巖両地の占領は、第一軍の為め必要不可欠事と被考候。此両地にして一旦我第一軍の手中に落つれは、秀巌以西、蓋平附近に至る間、南北の交通は山嶽の障碍若くは第二軍の占領に依り全く杜絶せられ、東の方安東県より西の方金州に至る盛京省の南岸は全く我か掌中に之れ有る可く、殊に沿岸地方土民の性情を察するに、温良にして我に対し敵意を挿むか如きの状毫も無之、旁以て此地方を通して陸地電線を架設するは敢へて希望し得へきものと被信候。目下第二軍は前途軍用電信線の不足を慮り、花園口より架設を始むることなく、貔子窩を以て架設の起点と為すの方略を取り、不日着手の都合に有之得は、将来、貔子窩と義州との間約七十里の間に電線を通し、一は来春進捗すへき作戦に便し、一は第二軍と大本営幷に第一軍との相互連絡を確実ならしむることは最大至要の事と確信仕候。此電線架設にして果して竣功〔工〕せは、大孤山以東は第一軍、同地以西は第二軍の管轄に属され、各其保護の任をも併せて担当せしめられ可然と愚考仕候。前条貔子窩義州間架電の件は全軍の命脈にも可関最緊要のものに有之候得は、兼而より御考案も可有之とは存候得共、公然の具申に先ち予め賢慮を煩し置度候。将又来春に於て進捗すへき作戦を顧慮し、旅順港と山海関との間約百十海里間の海底線沈架の事必要と存候間、夫々御配慮相成居候事とは信居候得共、既に今日に於て其準備に着手可然時期到来せるものと被相考候。且又第二軍は大連湾を占領する後にあらされは、確実なる根拠を得る能はす。此点に於ては深く配慮罷在候得共、該湾占領も不日に可有之と存候。兎に角海上背後の交通は軍の命脈の繋る所に有之、一日も等閑に付し難きものに有之候得は、宇品港より定期の航通を被開候事切要の儀に有之候得は、少くも毎月五、六回の航通は殊に電信の欠くる今日に在て不可欠ものと被信候。是亦御配慮を煩度候。第二師団は当分使用の用途無之、且つ旅順守備兵の幾分は既に平壌及九連城に敗滅したる今日に際〔ママ〕りては、一師団半の兵力は該地攻略に充分余力ある事と被考候得は、同師団の招致は暫く申請を見合せる見込に有之候。尤も背後連絡線守備の為め野戦軍の一部を割くは極めて不利なるものと被察候間、後備歩兵二、三大隊、同騎兵一、二小隊の招致は請求の心算に有之候。前条の諸件、追て公然其筋へ具申可相成儀には候得共、預〔予〕め御含み迄申上置度、如斯御座候。謹言

十一月一日午前八時　　井上光

寺内少将閣下

追而第二軍金州を占領し確実なる根拠地を得たる時は、第二師団の内騎兵大隊に限り、招致を請求致候事有之哉も難計に付其辺御含置被下度候。

〔注〕本紙は「第二軍司令部」の罫紙。

〔原史料番号〕①77-2。

3　明治28年1月1日（川上操六・児玉源太郎と連名宛て）

大元帥陛下弥以御機嫌麗敷、諸将軍閣下増御健在と、明治四七之年頭慶賀目出度申納候。時に別紙は我軍砲工部長、為光考按せしものに有之、其占領地守備一日も軽忽に附すへからさるは無論なれとも、我本邦之守備は猶更之事と存候。本邦及ひ占領地に係る守備之緩急、施為之順序等固り己〔已〕に適当之考按あり。自然〔ママ〕は隈部砲兵中佐等へ御中含御差遣被成候事と相信申候。而して所謂占領とは作戦上一時之事なるか、或は政略的永久持続するものか、其目的により占領地守備之方法并作戦も多少変化す

へきやに被相考候。是れ目下占領之関東半島のみならす、山東省に於る将来作戦にも亦自然影響すへき義と存候。右に係る方針は、相成義なれは我軍司令官へ預〔予〕め御訓示相成間敷や。又光所聞にては講和問題起る後は地方徴発も戦利品送還も六ケ敷内、但休戦中なれは之を成得ると。其説果然は休戦時間に於て永久占領の目的にあらさる地方之重砲等は之が輸送を成遂けさる不可、就而は前述方針により之か処分法を今日より研究する亦不要之問題にあらさるへし。右は事重大に過るも、光一個人之意見として乍出過見聞之儘陳述し供御参考度、新年御祝詞と共禿筆にて奉得貴意候。拝具

　二十八稔元旦於金州城認置く　光

川上中将閣下

児玉少将閣下

寺内少将閣下

二伸　別紙は壱本にして、控書無之ものと御承知可被下候。

三伸　寺内兄に前鄙見陳述之処、何角御考慮あれは、貴台限り其儘御留置き相成度候。又新年之悦に半ケチ」壱タース」許り御恵投被成下候まて。ひかる

〔原史料番号〕①77-3。

4　明治33年9月3日

去月十八日付朶雲難有拝誦、愈以御清適御動止被遊候段、千慶萬賀之仕合奉存候。二光六々辛苦、乍余事御放念可被成下候。時に北清事変に付而は不一方御配意之義と不堪推測候も、御渡清之前後に於ゐて成得義なれは、一寸面晤御教示相受度と電信之処、固り御多忙、殊に時日限り之御仕事中不得其儀、当時は残多相考候も幸に山口中将之尽力に而連合軍北京に入り、公使始無事には殆意外之仕合、併先つ一段落には有之可申、此後は固り廟堂諸老外交手腕に可属は来示之通りなれとも、尚貴本部に於ゐては不可遁関係多く、御高配中と奉了察候。其後学にも相成候義は折に御教示所希候。又今歳抜擢名簿は、最早決定も成候歟。其停年名簿すら未た一閲不致候を以て光推量不得致候共、当師団参謀大尉弐名共昇進せは、身体之健全旁太田朗を其儘留置さるゝこと可然存候。又決定名簿一閲之上は、別連隊長壱名（渡邉大佐）、仝大隊長壱弐名（林昭正、次に鈴木か）位は新陳代謝為致可然や。但時機によれは稍早決行するやも難計相考申候。此辺御

含置被下度候。頃日伝承によれは広監〔ママ〕督は昇級や之噺し、益々当方と交換等相運ひ申間敷や。但相成候義なれは、若手なる一、二等監督にて動員之際変換無之方所好に、已下是亦御一考奉煩候。先は御返辞に御依頼を兼ね乱筆走々〔ママ〕奉得意候。敬具

三十三稔九月初三　　於小倉市　ひかる

寺内将軍閣下

二伸　目下定期検閲中に而可也忙敷、然に其結果は昨年に比し大同小異、御耻敷千萬なりき。乍末毫御令閨さま始よろしくと荊妻よりも申出候。不尽

〔封筒表〕東京四ツ谷区塩町壱丁目二十八番地　陸軍中将寺内正毅殿　煩直拆要旨。

〔封筒裏〕小倉市米町百廿一　陸軍中将井上光

〔原史料番号〕①77-4。

5　明治33年10月9日

秋冷時節、愈以御清穆御動止可被遊、慶賀至極に奉存候。二光六々奉務、乍余事御放念可被成下候。時に北清事変義、先は一段落を告たる為体なれとも、従是先きは外交に伴ふ貴部之要件多かるへく、御高配は反て已前に倍するならん、御了察申上候。而して内閣更〔更〕代とのこと、自然は伊藤侯之物なるへき義、台湾や株屋等之噺有之、旁大臣之変更もあるへく、随て惣長之入代にも可相成、跡代りには今之処山県侯なるか、若しや桂子とした処が、老台之位置は随分御困難を感せらるゝならん。併此際こそ為邦家充分之御忍耐御尽瘁、実に奉希望候。光此頃定期に従事すること大凡一ヶ月、諸方巡視すること多く、新聞すら飛々に閲読し、北清幷貴京景況詳知不致候処、何角後学に可相成件有之候はゝ、御繁劇中恐入候へ共、御教示奉煩度候。先日久留米足留中に一個之菓子器相求め、戸山学校入学士官に相托し、老台へ恭呈之様副官へ申付置候間、自然〔ママ〕は御笑留相願度候。又依田大佐当地転務之由、光固り人好は致不申候へ共、なれは新決定者補任之事との預〔予〕測には相反し申候。但大島健一之為めなれは、驚入る外無之候。時に光、昨日にて検閲為相済候義、概して昨年に異ることなし。矢張内務実施と此頃新旧隊之被服保管転換をなし、其整理に関する注意及ひ教練之訓誨的講評に適候。是等二年続けたれは、明年よりは之を繰返さすして候補生や青年士官及ひ下士、上等兵等之教育上、視察することに致度と、各団隊へ申噺候次第に

有之候。其点に付ては、依田之赴任は或は一助をなすあらんか、又今歳之抜擢決定未た無之と、多分大臣不在之為ならんも、我師団之大尉より少佐には昨年も今歳も不充分之者多く、何れも左様ならん、実に我陸軍之為め困却之事候。又少佐中にも多少新陳代謝可然意見に有之候処、按外にも夫よりも先きに交換を要すへき者入来る等、光之断行を遅疑せしめ申候、噫。余り御無沙汰打過候。然に久振今日家居、比較閑隙に付、先は御見舞御伺旁禿筆走し奉得貴意候。敬具

　三十三稔十月初九　　於小倉市紺屋町　ひかる

寺内中将閣下

二伸　乍末毫令閨さまよろしくと荊妻よりも申出候。乍序に申添候。不尽

〔封筒表〕東京四ツ谷区塩町壱丁目廿八番地　寺内陸軍中将閣下　直拆。

〔封筒裏〕小倉市紺屋町百四十八　陸軍中将井上光。

〔原史料番号〕①77-5。

6　明治33年10月22日

去十九日付朶雲敬読、愈以御清適奉賀々々。陳は我師団参謀大尉山本大尉義、今回進級決定可致に付、他え転職、後任は御撰定相成候上は、固り立花大尉留置の必要無之候間、可成速に其御運ひ被成下度所希候。時今般九州地方御巡視中なる皇太子殿下、当地御二泊被遊、砲台及ひ野外演習等御覧、昨日当地を御発車、熊本え行啓被遊、光久留米迄奉送仕り、先つ御機嫌麗敷有之、好都合と安心仕候。先は貴酬旁右御報之為め禿筆走々得貴意候。敬具

　三十三稔十月念二　　小倉市紺屋町　ひかる

寺内次長閣下

〔封筒表〕□□□参謀本□　寺内陸軍中将閣下　貴酬直拆。

〔封筒裏〕小倉師団司令部　陸軍中将井上光（消印日付33.10.24）。

〔原史料番号〕①77-6。

7　明治37年6月4日

歩兵大尉磯林直明、陸軍属尾崎宗達、昨日来営、愈以閣下御清適御動止被遊候段詳知、大慶之至り、殊に葡萄酒壱籠御投恵深謝之極御座候。二光六々送陽、乍余事御放神〔心〕可被成下候。時に昨年来日露交渉之間には種々御心労

被為在候ならんも、終に今日に至り申ては、其已前之経過は寧ろ有利之状情たりし様被相伺申、乍併今後成行上に於ける御配意は層一層より倍蓰することに可有之存候。幸に御忍耐御尽瘁と、只管為君国奉祈望候。其韓国え臨時鉄道監、築城班派遣等一着々々御実施は大に光等迄之歓迎する所有之。叉手我師団は昨夏之駄馬編成換之調査より又は臨時之変装とか派遣とか、幕僚は夏冬之休暇も無之勤勉せしも、遂に最後之動員となるも、勤勉に酬ゆる所ありしと存候。又渡韓後は尚ほ寒冷なりしと行程之長き為め、多少之苦難や病患も出来せしが、部下一同元気能く且つ忍耐したると、先年と違ひ兵站線を設置しつゝ前進する等も、運輸なり給養なり、又韓人等迄経験と利欲に慣申故に、余程軍隊之行動を容易ならしめたり。又先日九連城攻撃に於ける山砲師団は覚悟之前なれは、随分之嶮悪なる山河を跋渉せしに、按外容易に靉河右岸高地は奪領され候。是は主に重砲之威力によりしならん。其蛤蟆塘に到つては、又実に按外之獲物と中外無之、全く木越旅団、殊に第二十四連隊之奮闘又山砲之なりし為め、憔に敵に多少之攻撃を与へしならんと存候。夫等既に新聞紙上、殊に軍司令部之報告にて御詳知之事と相信候。要するに乍毎度天祐ある我陛下之御威徳によることは光深感信致候次第也。又伝承によれは、第二軍之金州南方高地攻撃には数多之死傷出来候由、左すれは幹部之死傷も多き事ならん。又大和尚山東麓に従ひ（御同情に不堪次策也）如何なる部隊ありしかも、編成任務及ひ其行動里何如や、戦術研究上承知致度も光は未た詳知不致候。兎角に露兵は固り先年之敵清云の比にあらす。但負傷後迄捕虜たるを耻ち自殺する的日本気象に異なる丈と被相察候。夫故に、此山地より遼陽附近之原野へ出たる後之戦闘は従今不堪想像候。況や騎兵多く、連射砲良き敵に対する我山砲師団に於をや。併其頃は多分「カオリヤン」と申す「キビ」之繁茂し鬱葱〔蒼〕たる時期と相成り、随て又一種之森林戦、狭隘戦となり、或は我師団に僥倖せしむるかと空頼致居申候。又或は時過満駒之如くして遂に旅順之無理攻に終らんか、夫迄唯々部下休養之外意念無之、但佐々木支隊は靉陽辺門に派遣されたるも、其近傍には敵騎二、三千に不過様承及申候。先は御礼御報告、御見舞を兼ね禿筆走々、奉得貴意候。敬具

三十七稔六月初四

於鳳凰城東方康家堡子　辱知光拝

寺内陸軍大臣閣下

二伸　渡韓後二回迄御令息に邂逅す。御休意相成度、又乍憚御令閨さまえ可然御致情奉希候。

又曰　爾後編制上には無論夫々御詮義被成しならんも、単に一言するは師団騎兵と砲兵の中隊数少きことのみ。派遣支隊多場合には軍旗を大行李へ留置するの不得已に際会するならんと相心得致申候。呵呵

〔原史料番号〕①77-7。

65　茨木惟昭

1　明治(37)年8月19日

拝啓　謹て呈一書候。炎熱酷烈之時期、閣下春来軍国多忙之際、別而御鞅掌御健全に被為渉、欣賀之至に奉存候。開戦已来陸海軍之連勝、実に可賀次第に候。幸ひ生も留守職之栄を得、殊に大坂地へ在るを以て、益光栄と難有候。偖茲に内申仕度は今回御発布之韓国駐箚軍司令部職員の改正に在り、益拡張せられ、皇国之武威を発揮せらるゝ様被窺候。就而は此司令官は重大之任務故、生等不肖之望む可からさる義歟とも被存候へ共、又一方よりは予備之籍に在りと雖も、戦時職務として随分大命の降ること無之とも不謂次第故、不肖之身をも顧みす希望之段、閣下迄内申仕置候。萬一恩命を拝するに到れは、老後之名誉として努力勉励之覚悟に候。或老大将諸閣下之内に任命之事歟とも存候へ共、報公至誠之難止より申上置候間、御一考煩し度、御多忙中恐縮。頓首再拝

八月十九日　茨木惟昭

寺内大臣閣下

逐て当管内之情況に就而は、諸官僚を時々差遣せられ、御視察も被為在候通り、萬般大なる障害無く静粛統轄罷在候。又教育上も在郷将校等に対し随分種々手段を設け、復習罷在候。兵卒も未た第二補充兵迄は多く召集すること無く、各種之兵員を集め速成教育罷在候間、御安易被下度。四月已来戦地補充も兵員に在ては約四千百名、馬〔匹〕は壱千弐百余頭に及へり。報告上御知悉と存候へ共、副申候。以上

〔封筒表〕寺内陸軍大臣閣下　煩必親展。

〔封筒裏〕在大阪　茨木中将。

〔原史料番号〕①66-1。

2　明治(38)年9月11日

拝啓　残暑之候、閣下益御健勝被為渉、欣賀候。扨本日当地に於て国民多数之大会合に就き御配慮も有之候付、唯今之概況内申候。

九日には部隊長に内訓する処在りて、下士以下は多く外出を為さしめす、之れ何の心なく彼等は此会に立寄るを予防せり。憲兵隊長よりは、警務課長と取締上協議之顚末を聞き、同意す。猶取締る点一、二ありし。十日府知事来団す。開会之主意に就き、府庁之取締方に就き一、二新聞之発行停止に就き談する処在り。当方に於ても予之意中に於る準備計画すること在りし。

本日は正午より之会合故、情況視察之手段を為し置候処、二時過に聞く処、開会前後屋内には参、四千は充満するも、屋外は炎熱に堪へさるや、停止する者五、六百名位にて静なりと。

後四時頃警務課よりも先つ平穏なりとの電話あり。憲兵隊よりは至て静なり、午後一時前後屋外より石を投する者ありたるも格別の事なしと。

因ては屋内に於る言論は如何なる景状歟知るに由なきも、外部騒動は配慮すること無しと認めり。知事は十二日之東京会合も、本日之景況を認めたる上に非されは出発せすと。多分此景況に因れは、今夕出発と存候。左すれは、此書面到着前にはいさゝ情況も御聞取とは存候へ共、為念報告す。

明十二日は部下之団隊長一同、司令部に会同之筈。右は此回休戦之命在ると、補充見合すとの点に於て、是迄之情態一変せり。最早許す限りは国資を節する、教育上、兵営之程度、即在営兵之取扱、分病院之整理等は、部隊長之注意監督上如何に依ては節約整頓を速にし、出征部隊之凱旋に際し大誤無らしめんとするに在り。又俘虜に対しては何分之下命之在る迄は、一も当職より下命せさるは勿論なれとも、多数に係候員は、各自之心底に於て区々之処置在りては不都合故、其大体之方針を申示す筈に候。

参謀長之交迭〔更〕に付、矢野中佐は早く去り、有田中佐は未着なり。然れとも業務上幕僚諸官を督励して着々起案せしむるに何等支障なし。御安易被下度。

右等大体之報告を呈候。謹言

九月十一日後五時　　惟昭

寺内閣下

猶々本日之会合に就而は、一、二の風説を起せるも、必〔畢〕竟想像と杞憂にして、其形跡無之候。又唯今頃は、浮説は閉鎖し、其内若干員は宴会に移れるならん。此宴会所は場所も異なる故、一段落と存候。以上

〔原史料番号〕①66‒2。

66　今井天禄

1　大正5年2月5日（大藤貫一宛て）

謹啓　時下非常に温暖にて、寒中漸く開き、立春を迎へ候。御地も定めて当年は不順に御座候様遠察仕候。

過般来は大将閣下始め奉り、貴官も露大公殿下御随行にて、一入御処労之御事と恐察申上候。御役芽出度相済、御同慶之至りに奉存候。

先般中観音、左、右、水墨瀧之図差出し候処、大将閣下之御意に適せず候由（密画御望之所へ水墨画にて貴意に適せざる赴〔趣〕、野津大尉殿より評細御書信を賜わり恐縮仕、実て〔ママ〕委曲大将へ言上願上、今一応双幅揮毫之儀同大尉へ申出候処、大将へ言上被下御快諾賜り候由。依て拙手を不顧、誠意二幅を作り差出し候）に付、更に双幅

向つて右　林和靖之図　極彩色

向つて左　郭子儀之図　極彩色

〆弐点

御送附申上候間、貴官より閣下へ御差出し願上度、伏して御願申上候。

何れ野津要太郎氏貴官に御面会之節にて、委曲御話し被下候様御願致置候。不悪御取計之程奉願上候。誠恐々頓首

二月五日　天禄九拝

総督府副官　大藤貫一殿　虎皮下

〔封筒表〕朝鮮京城　総督府副官　大藤貫一様　返済

14/2/16（消印日付）5.2.5。

〔封筒裏〕二月五日　兵庫県下神戸市長田村　今井天禄拝向つて右　林和靖之図　左　郭子儀之図　極彩色贈呈の件。

〔原史料番号〕②2‒16。

2　大正6年11月3日（池邊龍一宛て）

拝復　爾来殊之外御無音申上候処、貴官益々御清栄之御條、大賀此事に御座候。本日御書面被下、拙画に付て御

配慮の程、難有奉謝候。今般は一方ならざる御配慮に預り、其上首相閣下に於て願意御聞済被下、該画御宝に御留置御受納被下候さへ身に余る光栄と感泣仕候。小衲之身に取り候ては、文展合格して俗人之批評を受くるより、高士之方之御一人之御鑑賞を得ば本懐至極に奉存候。寧ろ今回不合格を以て光栄無上と奉存候。如上之儀は決して虚偽之作言に無之、誠心誠意自分作品之光栄を感謝仕候條、宜敷貴官より御礼御言上被降度、伏して奉願上候。付ては出品目録に価格を附せず非売品に仕度候処、少々堂宇修膳等一寸事情之為めに、且又価格余り安きに過ぐれば體面に関する等により、欲張価格を附せしは一世之恨事と考へ候。

右之理由に御座候間、何卒其辺貴官に於て御含み被下、若し首相閣下より報酬恵与等之恩典儀に付貴官に下問相成候節は、前文展出願書記入之価格御取消被下て、只閣下之御恵に依り拝領するには紙一枚下附せらるゝとも小衲に於ては充分に御座候。此儀は呉々も御願申上度、只首相閣下之拙画御受納被下候御恩を多とする之外、何等之衒気、欲心無之候を盟て、斯く御返書申上る次第に御座候。尚時下向寒御自愛専一に奉祈上候。誠恐々頓首

十一月三日　　天禄拝上

池邊秘書官殿虎皮下

〔封筒表〕東京市麴町区永田町首相官邸　池邊秘書官殿　奉乞御親展　今井天録〔禄〕画（消印日付）6.12.31。

〔封筒裏〕封　神戸市長田　今井天禄拝上　十二月三十一日

三幅対画関係　受領証在中　（消印日付）7.1.1。

〔別紙1〕大正6年9月25日付池邊龍一宛今井天禄書翰

謹啓上　先般来より破格之御法愛を以て微意御同情を賜ひ、御多繁中御手数相煩し、恐縮之至りに奉存候。御意得たる通り文部省御掛りへ直に郵送して御届け申置候儀本意之処、文展規則書中に当月中は省内に事務所有之、来月より展覧会場へ事務所引移り可被為致候様見受候儘直楼〔ママ〕に差出す筈に候処、萬事不案内之事に候間、乍此上甚だ御手数相懸け申訳無之候へ共、越権にも本日此書と共に絵画、鉄道便貴重品として貴殿宛差出し候間、何卒不悪宜敷御願ひ申上度候。今般之作品禅祖三幅対は、中は達磨大師、是は蘆に乗りて江を渡る云々は大師に尊厳を附して之伝説に候間、浪も立てず静かに衣に風を含みて、廓然無聖ときめ込める體影に苦心仕候。右徳山禅師

は黄檗之祖、室内に在りて参禅之僧を待つ処、臨済禅師も黄檗之会下僧にて、徳山は三拾棒を以て有名之大徳豪僧に有之候に付、意之如く筆運ばす苦心仕候。左臨済禅師は禅中之大豪、会下之僧三年にして悟道出来ざる者は生埋に仕候程之荒禅師が、大修行中に黄檗と松を裁〔栽〕ゆるに付て之大問答之処、是亦生等之如き薄禅者之筆には難題にて、三葉共技術よりは其性格及び問答之意に重々之責任有之候画にて、普通之画家としては技術にて描き、我等法之末席を汚し、聊か座禅も居士禅ならす本式に苦しめおるゝ者は、一筆拝礼せずは筆を落下するを許さゞる画題にて、実に難題を我物顔なる振舞、汗顔に之至りに不堪出来上りて、熟視し意之如く成らざりしを悔み申居候。

是非本画着之上は首相閣下へ一応苦心之在る処言上被下て、不出来之作品電覧を煩わし奉り度、寸暇を与へて御覧被下ば実に光栄之至りに奉存候。

実は文展出品としては図柄不利益之立場に有之候難物に候間、落選は覚悟仕居候。

先日御送附仕候履歴中、御大典御祝賀之為姫路市より献上之大対立革製之下画、白鷺城之秋景を、市長井上正進氏市会之決議を以て小生に謹写方嘱託せられ、実写之上拝写仕、其後出来上り、市長及び市会議員高井利介之両氏宮内省に献上之節、下絵謹写せる小生之履歴掛り官より御請求相成り、委細書上申候。此一事、書き漏し申候。

先は御願迄如斯に御座候。誠恐々早々頓首

付言　萬一入選のとき枠張其他費用等御申付け被下度、落選候共、御送付料何卒御申附被下度候。

大正六年九月廿五日　　天禄九拝上

尚々閣下御治政之秋に当り、処女作出品仕落選候共、御一覧を賜へは光栄と存候。尚御覧被下ときピンにて張り、三幅揃へて御電覧賜わりたし。

池邊龍一様虎皮下

〔別紙2〕解説書・履歴

解説書

〔欄外1〕命題ノ説明、禅祖三幅対、中ハ達磨大師蘆葉ニ乗リテ江ヲ渡ルト、仏書ニ有リ。周知ノ図ニニ〔ママ〕付説明ヲ略ス。右徳山禅師ノ三十棒、参衆ニ向ツテ先ツ三十棒ヲ打ツ、仏〔欄外2〕書臨済録ニ在リ。左臨済禅師栽松図、師黄檗ニ在テ杉松ヲ栽ユルトキ、黄檗ノ曰ク深山裏ニ許多ノ樹ヲ栽ヘテ何トカナサン、師曰ク云々、是亦臨済録中ニ在リ略ス。

履歴　平民　今井天禄（押印）

拙者前名貴三郎、慶応二年十月二十日、兵庫県神戸市兵庫富屋町一番地ニ生ル。十三歳ニシテ京都ニ出テ、円山派故国井応文ニ学ブ。明治二十三年帰省以来、画ヲ以テ業トス。明治三十二年十二月廿六日附ケヲ以テ、文部省ヨリ私立松陰女学校図画科教員ノ認可ヲ受ケ同校ニ勤務、其後辞職。明治三十九年三月七日、臨済宗南禅寺派ノ僧籍ニ入リ、天禄ト改名願許可ヲ得。同四十一年三月五日、七等教師ニ任ゼラル。現住長福寺住職ニ管長ヨリ任命セラル。爾来一級昇等、現ニ六等教師ニ在リ。　光栄

北白川宮殿下、伏見宮殿下ノ御前揮毫、独乙皇族カールアントン殿下御来朝ノ節、絵画作品献上、御嘉納。明治四十四年十一月廿四日、先帝明治天皇陛下ニ絵画作品三幅対伝献、御嘉納。同四十五年一月、故有栖川宮殿下ニ絵画作品献上、御嘉納以来三度献上、御嘉納。同四十五年五月渡鮮、昌徳宮ノ命ニヨリ日本式水閣ノ襖全部謹写。大正六年、昌徳宮李王殿下御来朝ノ辰、京都御旅館長楽舘ニ伺候、絵画作品献上、御嘉納ノ上御褒詞ヲ賜。拝謁ノ上金壱封下賜セラル。

罰ナシ。

〔欄外1〕此行四字加入（押印）。

〔欄外2〕此行一字、張紙訂正（押印）。

〔別紙3〕出品願

出品願

私儀、美術展覧会規定ヲ遵奉シ、左記目録ノ通リ出品致度候間、御許可相成度、此段出願候也。

大正六年十月一日

住所　兵庫県神戸市長田村字上界地十九番地

職業　臨済宗南禅寺派長福寺住職六等教師

出願人　今井天禄（押印）

文部大臣岡田良平殿

出品目録

部名	命題	寸法	代価	備考
第一部	菩提達磨	幅三尺 竪七尺	金五百円	京都陳列会出品希望
第一部	徳山、臨済二幅対	幅二尺 竪七尺　二枚	二枚 金五百円	京都陳列会出品希望

〔原史料番号〕②2-17。

67 今橋知勝

1 明治40年12月18日

謹啓　向寒之候愈御消光奉慶賀候。降而小生儀目下全く健康に復し、無異消曜罷在候。乍他事御放慮被降度。平素は絶て御音問を欠き多々罪々、不堪汗顔之至、平に御寛容奉願候。却説先般小生京都へ移住之計画中、折柄御来坂之節伊崎少将へ迄小生か衛生上に関し御懇諭を給り候趣き、当時直に少将より伝通を蒙り御懇情之程深く肝銘、熱誠を以て感謝之意を表し奉り候。御諭示に従ひ京都方面を断念し、爾来神戸を中心として摂播之間を詮索仕り、漸に今回明石町に移住仕候間、何卒御休神〔心〕被成下度奉希候。先は多大之御懇誼を陳謝し、転居御報旁如斯に御座候。敬具

十二月十八日　今橋知勝

寺内大将閣下

〔封筒表〕東京陸軍省官舎　□爵寺内正毅殿　侍曹　（消印日付）40.12.19。

〔封筒裏〕□　播州明石町大明石村三十番邸　今橋知勝。

〔原史料番号〕①436-49-1。

68 今村信敬

1 明治(27)年12月20日

拝呈　寒気甚敷候処、益御清栄御奉職奉賀候。

降而小子義、出征以来今日迄は無事相勤居候。旅順本攻之際は、我聯隊は敵の右翼を攻撃する目的を以て起鉄山方面に派遣せられ、此時当大隊は第一線にて四個中隊共展開戦闘致し先遺憾無之候。此日の戦争には予而御世話被下候馬匹にて馳駆致し任務を遂け、御礼申上候。総ての戦況は軍司令官等より公然の報告にて御承知と存し、今更喋々不仕候。尚二、三雑件御参考之為め申上候。

一　我聯隊は目下普蘭店の警戒隊にて、当大隊は其東北方なる張家屯に村落露営し、皆屋下に入ることを得、兵員の三分一は土間に寝臥せり。土人の多くは逃去せり。

一　薪材は生木を切倒し、約二ケ月を支ふる見込なり。

一　寒気は逐日酷しく、寒暖計摂氏にて午前七時頃零度以下十一、二度、正午は零度以下一、二度位にて、雑役

兵にて水汲中、手の冷へて働くことを得さるに至りしものあり。歩哨は頭巾を覆はすして山頂の如き所にて展望兵たれは寒死する位に有之候。此間喇叭手に午前は十時、午後は一時より演習を命せしに、一、二回吹奏すれは喇叭中の水液氷雪の如くなりて演習するを得さる旨、喇叭兵より報告せり。

一　鼠色外套は実に間然する所なし。実際の用に適す、感心せり。此発明者は勲功者なり。

一　糧食の支給に就ては何も不都合なし。只副食物の多くは梅干、乾物、牛肉の罐詰（ペーパなきは味悪し）類なり。

一　酒及莨は十日或は二週目位にて受領することを得。酒は大隊に一回二樽乃至三樽にて、兵卒一人に付五勺乃至一合位、莨に至りては壱万本内外にて、一人に七、八本乃至十五、六本位。或士官に二、三本の紙巻煙草を与へしに、此れにて二、三日の楽にあふと、即毎朝寝起きに一本つゝ用ふるを最大の快楽となす由。

一　牛鳥類は此れ迄需用の道ありし。爾後獣類を部隊にて屠ることを禁せられ、兵站部より分配するとのことにて、四、五日を経過するも未た及す、鳥類は宿営地より二、三里の所には無之、概して兵站司令部は有福の様に相見へたり。

一　砂糖は下戸の所有物と思ひしに、目下の如き欠乏に際して必要物なることを感したり。

右概況は報道旁御起居御伺迄如斯御座候。帝室之為国家之為め御自重奉祈候。恐々敬言

十二月廿日　　張家屯陣営にて　信敬拝

寺内正毅殿虎皮下

〔原史料番号〕①71-1。

69　井山九峰

1　大正2年8月21日

謹啓　辰下秋暑猶未退候処、閣下倍御清穆に被為渉候段、恐悦の至奉存候。専陳は予て御下附被成下候朝鮮木、本日を以て全部到着致、難在拝受仕候。取不敢〔不取敢〕此段上伸〔申〕仕度迄如此御坐候。恐惶謹言

大正二年八月廿一日　　東福寺　井山九峰

伯爵寺内殿家扶御中

〔封筒表〕東京市麻布笄町　伯爵寺内殿　家扶御中　正毅

（大）2．8．22（消印日付）2.8.22°

〔封筒裏〕京都東福寺　井山九峰　材木全部到着の御礼（押印）厳緘（消印日付）2.8.23°

〔原史料番号〕②1-26。

2　大正3年12月9日

拝啓　時下遂日寒威相加はり候処、総督閣下倍御気〔機〕嫌能被為渡候段、恐悦至極に奉存候。

専陳は甚唐突の義に御座候得共、去る七月京都市会は市の午砲台を第十六師団の好意に依り師団午砲を利用し、当寺東南国有風致林稲荷山々腹に移転設置することに僅々三名の多数を以て決議せられ候。就ては当寺に存在せる多数の特別保護建造物を距る五、六丁内外にして、戊辰殉難士墓所の上約三丁に過きさるの地に有之、日々音響の為め必す被害尠少ならさることゝ存候。殊に特別保護建造物中、山門に於ける兆殿司彩画の如き既に剝落の憂あるものに有之、些少の震動にも偉大なる被害あるものと存候。既に往年当地に於ては東山高台寺後山に設置中、附近寺院古建築に被害の甚しきを以て廃止せられたるものにして、之か実況に対比せは自ら明確と被存候。実に当寺に於ては奉勅創立以来七百年の由緒ある建造物、多大の仏像幷御陵廟等を毀損するは遺憾の至被存候間、曩に京都府庁幷十六師団、文部省、古社寺保存会、農商務省へ陳情、位置変更請願致置候。保存会は一昨日宗教局を経て詮議に及ひ難き旨御指令に相成、京都府庁としては窺知るを得さるも、夙に差支なき旨具申せられたるやにも聞及候。甚国務御多端中尊慮を煩し奉り恐縮の至に候得共、閣下より第十六師団長、京都府知事閣下へ当寺請願の主旨御採用相成候様御取成被成下候ことを得は、翅に当寺の至幸は申迄も無く、曳ては皇国の歴史、美術保存の一端に資することゝ可相成存候間、何卒特別の御思召を以て御聞届被成下度奉懇願候。他順時為邦家尊體御保嗇専要被為遊候様奉黙祈候。謹具

大正三年十二月九日　　東福寺　井山九峰

寺内伯爵殿閣下

〔封筒表〕朝鮮京城総督府　寺内伯爵殿閣下　御親展。（消印日付）3.12.9

〔封筒裏〕京都市　東福寺　住職井山九峰　（消印日付）3.12.11°

〔原史料番号〕①436-51-1。

70　入江貫一

1　大正（　）年3月18日

謹啓　過日は参上御邪魔申上候処、其節御申聞の山県公爵へ御伝言の件、確に同公へ申上候処、深く御芳志を謝せられ、且つ閣下御病気の御模様に就ては甚だ懸念相成、呉々も御自愛希念《(ママ)》に不堪に付、其旨可然申上げよとの事に有之候間、御了承被成度奉願上候。

猶又其節御示しの書類、小生帰京之上、先般之分と照合せ候処、写真は同時のものには無之候へ共、原物と全々同一のものに相違無之候。茲に一括返納旁為念右申進度、如此御座候。

乍筆末猶々御大切に被遊度、偏に奉祈願候。敬具

三月十八日　貫一拝

寺内伯爵閣下御侍史

〔原史料番号〕①81-1。

71　岩倉具定

1　明治（37）年5月12日

謹啓　然は昨日御申上相成候梨本宮御出征之義は、早晩必す御聴許之思召に被為在候得とも、今暫時御待被遊候様との御沙汰に候。乃木中将と御同行と申事は或は六ケ敷かと被相伺候。右之趣閣下へ可申伝被仰出候間、申上候。委曲は拝面之時に譲候。匆々敬具

五月十二日　具定

寺内陸相閣下

〔封筒表〕寺内陸軍大臣殿　必乞親展。

〔封筒裏〕侍従職　岩倉具定（スタンプ）宮内省。

〔原史料番号〕①436-57-1。

2　明治（　）年1月18日

尊書拝読仕候。然は先日来内々相願候件に付詳細御内報被下、難有拝承候。今朝岡沢閣下よりも委細拝承仕候。右に付猶同君とも御相談熟考之上、本人之意旨も取糺候上、更に可相願候。願意之主眼たるもの到底貫徹仕兼候事故如何哉、小生に於ても十分相考候様仕度候。若し弥

別の地位相願候事に相成候はヽ猶宜敷願置候。先は御答迄如此候。匆々敬具

一月十八日　具定

寺内正毅閣下

〔封筒表〕寺内陸軍大臣閣下　必乞親展。

〔封筒裏〕緘　岩倉具定（スタンプ）宮内省。

〔原史料番号〕①436―57―2。

72 岩村団次郎

1 大正3年12月1日

拝啓　大演習後直に御東上之赴〔趣〕新聞紙上に拝見致候に付未た御滞京中と存じ、遙に一筆を飛ばして御左右御伺申上候。在鮮中は公私之御厚遇に浴し、今後少なくとも一年位は勤続之事と存居候処、思い懸けなくも突然新占領地の人と相成候。不慣之事迚唯々当惑罷在候。但し至誠と勤勉とを以て御奉公大事に相励み可申覚悟に御坐候。乍憚御省慮被下度候。何事をも知らぬ者は戦勝之結果とし而一攫千金之遺利を得度希望候向も有之候哉に承候得共、現状は左程紊乱したる次第には無之、矢張山東鉄道と交通船舶による利益を回復する丈け之事に可有之被存候。就而は私共之任務とし而は差当り海面之掃除と沈歿〔没〕船（大港口を塞けるもの）引揚か最も重要と相考へ、直に之に着手致度意見具申致候次第に御坐候。其案によれば本年中には船舶の内港に通する丈けの航路を明け、掃海全部之結了は来年三月一杯位掛り可申予定に有之候。又大港口之汽船及浮船渠之引揚は凡そ六ケ月位にて始末相付可申かとの見込に有之候。之は未発表に付、左様御含み置被下度候。色々申上度事海山不啻候得共、彼是と取紛れ居候に付書余後郵を期し、不取敢御伺旁近状御報申度、一筆如此に御坐候。草々頓首

十二月一日　岩村拝

寺内閣下侍史

末筆恐入候得共、令夫人並に児玉伯御夫婦へ宜敷御鳳声被下度、伏而奉希上候。其後お歯は如何に候哉。私は又一井氏と願度、昨今稍や落付候様に御坐候。不尽

〔封筒表〕東京麻布笄町　伯爵寺内正毅閣下　親展　返事済　要返事　十二月十一日　正毅。

〔封筒裏〕封　青島　岩村団次郎　十二月一日（消印日付）3.12.11。

〔原史料番号〕①436―58―1。

73 上杉慎吉

1 大正(6)年3月3日

謹啓　先日加藤房蔵より尊覧に供し候拙稿「解散明弁」、御意に適ひ光栄之至に存居候。却説先般内務省より選挙人の心得配附相成、誠に時宜を得たることと存候。猶此の上憲法の選挙権を附与したる趣旨を一般に徹底せしむること肝要と存し、乍不遜別紙相認試み申候。簡明に一枚刷に致し、何人にも分り易き趣旨にて書き申候。本日持参愚意陳述致度存候処、午後学生の射撃演習有之、月曜日にても参上致度と存居候。兎に角御覧置を願度、欠礼を不顧御手許に差上申候。微衷御洞察、冒瀆の罪御宥恕被下度候。恐々頓首

三月三日　　　上杉慎吉

寺内総理大臣閣下御侍史

〔原史料番号〕①337―1。

2 大正(6)年9月29日

謹上　陳は去る二十七日参謁之節、故伊藤公憲法恩賜舘に関し希望之趣言上致置候処、昨日青山練兵場側を通過致候処、「明治神宮外苑敷地、憲法記念舘移転工事敷地」云々の立札致有之、何か頻に工事中に有之候。右恩賜舘は既に移転に着手したるものに非すやと思はれ候。依而不顧非礼以書面得尊意申候。恐々敬具

九月二十九日　　　上杉慎吉

寺内伯爵閣下

〔封筒表〕寺内総理大臣閣下。

〔封筒裏〕〆　上杉慎吉。

〔原史料番号〕①337―2。

3 大正7年9月9日

敬申　閣下御辞職の御意向を承はりて最も失望落胆したる者は小生ならんと存候。新聞紙は頻に閣下の御辞職を報し候も、小生一個は最後まて之を信し申さゞりしは、小生として当然ならんと存候。小生は唯国体を基礎とし大権を中心とする憲政の運用の為に一生の心力を捧けんと心掛け居候は、閣下の御承知の如くに候。唯此の心願

より閣下の内閣の成立を喜ひ、閣下に依りて憲法実施以来三十年にして其の正に反〔帰〕るを期し居候に、御病気と承はりては詮方も無之候得共、一昨日閣下の御決意を承はりて志気全く沮喪し候は御推察被下候事と存候。微弱の小生より何を申上候とも最早や御取上も無之事と存候間、黙々として退出致候事に有之候得共、不遜を恐れす一言申上候。御叱なく小生の心事を御憫み被下度候。其は固より閣下の御賢慮に有之候事に候得共、希くは何処まても閣下御一人御病気の故を以て御辞職せらるるものなることを明白に被遊、寸毫も擬似の余地なからしめられんことを、唯之をのみ願居候。委細の儀は小生より申上くるまてもなく、閣下の常に仰せられ居候所に候。責任を負ふとか、連袂総辞職とか、後任者を奏薦するとか申候か如き、苟も大権政治の大本に反する跡を存して国民をして誤解せしめさる様にと、唯々憂慮致居候。誠に無礼千萬なる申状に候得共、平素の御恩顧に褻れ如此候。御高察を垂れ賜はらんことを偏に奉願候。恐々頓首

大正七年九月九日　上杉慎吉

寺内伯爵閣下

〔冒頭欄外〕了　九月十日受〔カ〕。

〔封筒表〕寺内伯爵閣下　御親展　了　9.10。

〔封筒裏〕九月九日　上杉慎吉。

〔原史料番号〕①337-3。

4　大正7年12月28日

拝啓　御静養中恐入候得共、閣下の御引見を得て言上致度事有之、何日参上致候得は御都合宜敷候哉、内々御伺ひ被下御通報被下候様伏而御願申上候。敬具

十二月二十八日　上杉慎吉

寺内伯爵執事御中

〔封筒表〕□奈川県大磯　寺内伯爵執事御中　了　29/12

返事済　（消印日付）7.12.□。

〔封筒裏〕鎌倉材木座一八三　上杉慎吉。

〔原史料番号〕①337-4。

5　大正8年4月21日

謹啓　時下誠に不順に有之候処、閣下如何被為渡候哉、日夜御案申居候。其後暫く御見舞にも参上不致、怠慢御海寛被下度願上候。近頃は内外時事日に非、徒らに悲憤慷慨致居候。却説雑誌我か国、兎に角経続〔継〕致居候得共、

独力にて何彼す〔ママ〕困難致候。就ては閣下の御配慮を仰候外無之、先般御話被下候御趣意にて此際御口添被下候儀相叶間敷哉、御尊慮被下候様伏而御願申上候。御静養中を煩はし候は恐縮に不堪、屢々筆を執て断念致候得共、已むを得す申上候。御推察被下、無念之程偏に御寛容被下度奉希候。右得尊意如此候。恐々

四月二十一日　　　　　上杉生

寺内老伯閣下

不日御見舞に参上致度存居候。

〔封筒表〕神奈川県大磯町　寺内伯爵閣下　（消印1日付）□.□.21（消印2日付）8.4.2□。

〔封筒裏〕〆　東京小石川区　大塚坂下町五四　上杉慎吉

四月二十一日。

〔原史料番号〕①337-5。

6　大正8年8月1日

謹啓　意外之御無沙汰申上、恐懼之至に奉存候。盛夏之候に有之候処、閣下御元気頗御恢復の趣屢々伝聞致、為皇国只管慶祝罷在候。最近には如何被為渡候哉。実は小生休暇に相成候後も諸処講演等に出張致、一度参上致度存居つゝ欠礼致居候次第、偏に御寛容奉仰候。孰れ不日参上、種々申上度存居候。余り御無音に相成恐縮に不堪、乍卒爾以董書得尊意候。頓首々々

八月一日　　　　　上杉生

寺内伯爵閣下

〔封筒表〕神奈川県大磯　伯爵寺内正毅閣下　了　3/8（消印1日付）□.□.1.（消印2日付）8.8.2。

〔封筒裏〕〆　東京小石川区　大塚坂下町五四　上杉慎吉

八月朔。

〔原史料番号〕①337-6。

7　大正8年8月15日

謹啓　頃日は誠に不順に有之候処、閣下其後御容躰如何被為渡候哉、御伺申上候。却説十三、四日頃参趨可致旨電話にて御下命に付両日中参上致度存居候処、少々健康を害ひ、乍不本意其意を不果、誠に失礼申上候。小生明日より講演の為福島県に参、二十二日帰京直ちに学生を率ゐ富士裾野に射撃演習参加の為出張、帰京後又直に埼玉県に参講演致候予定に有之、数日は参上致兼候。三十日頃帰京可致候間、その上にて参趨御見舞申上度存居候。

右何卒御許容被下度候。時下誠に気候不良に有之、其上共御養生奉希上候。頓首

八月十五日　上杉生

寺内伯爵閣下

〔封筒表〕神奈川県大磯　寺内伯爵閣下　（消印日付）8.8.16。

〔封筒裏〕〆　東京小石川大塚坂下町　上杉慎吉　八月十五日すみ。

〔原史料番号〕①337–7。

74　上田有澤

1　明治37年3月31日

拝啓　御分袖後益御勇健奉望候。陳は有澤儀は廿九日無事着任致候。在京中は公私共特に御厚誼を辱し、難有奉鳴謝候。尚将来不相変御懇情蒙り度希望致候。不取敢右御礼申上度。　草々拝具

明治三十七年三月三十一日　上田有澤

寺内正毅閣下

二白　当地の近況は幸に長岡少将帰京に付、詳細申上呉候様相頼み置候に付、御聞取希上候。

〔封筒表〕東京永田町　陸軍中将寺内正毅殿　親展　（消印日付）37.4.6。

〔封筒裏〕〆　在広島　陸軍中将上田有沢。

〔原史料番号〕①436–211–1。

2　明治37年8月13日

拝啓　客月二十一日附尊翰を辱し、感謝之至りに不堪候。本職以下幸に健全罷在候間、御省念被下度。御厚志之段は早速部下一同へ相伝可申候。時下炎暑之候、為軍国閣下之御健康ならんこと奉祈候。右御礼まて草々如此に御座候。敬復

明治三十七年八月十三日　第五師団長　上田有澤

陸軍大臣寺内正毅閣下侍史

〔端裏〕上田第五師長。

〔原史料番号〕①436–211–2。

75　上田恭輔

1　明治(40)年9月7日（後藤新平宛て）

総裁閣下

只今杉浦宛御来電によりて承知致候国旗の義は、実際の所鉄道敷地内始め領事管轄内の本邦人家屋内一軒も国旗を揚げたるも〔ママ〕なきを確言致候。当鉄嶺の如きも旅館の外毫も都督の巡視の模様無之、萩原総領事も随分不注意と存候。之に反し今朝奉天出発の際は支那兵の全営は停車場に正列し、楽隊は君か代を奏し、皇族を見送る通に敬意を表し、陶交渉司外壱人長春まで見送らんことを申出しも、辞退せし次第なり。天野領事の言によれば昨日鉄嶺の知府宛奉天より特に訓令ありしよしにて、知県は幕僚を率ひて停車場に出迎へ、支那兵は悉く停車場に集り捧銃の礼を行ふ、之昨年になき例なり。今晩また招待の代として、山海の珍味を送り候。各駅毎に都督の乗降の際は駅長必ず御案内致す様申付け、之を励行致させ居候。昨夜の夜会は閣下の御旨を奉ぢ出来うる丈萬事に注意致せし為、先づ成功の方にて候。晩餐は都督側よりは上田参謀、佐藤少佐の二人を出し、領事館よりは堺副領事を出し申候。九時より園内にて夜会を開き、外国領事、支那文武官、邦人合せて約弐百名来会あり。其際の都督の演告の主旨は、奉天の滞在中の優遇を反復し、特に観兵式を行はれしことは武官の都督として無上の幸栄なることを告げ、今日世界平和の曙光の輝きつゝある際、日清間の交情の益親好なるを見て両国の為に慶賀し、此交情交換に各国の代表者の参加せられしことを特に喜ぶ旨を告げ、起立して清国の国歌を奏せしめ両陛下の萬才を三唱せらる。総督は閲兵の劣等の結果に終りし旨を弁〔解〕会し、都督と同様の答辞ありて君か代の奏楽を以て我が皇帝の聖寿萬歳を三唱し、支那文武官尤も熱誠之に和す。同夜楽隊は総督の求により我楽隊と一団となりて奏楽せり。天野領事は、近日吉林省交渉司陳昭常任地に赴任すれば、長春のクラブに一泊せしめられ度旨申込みたれば直に快諾し、都合によれば二等車の一部を貸切ても宜敷と答へ置きたれば、御含みあらんことを御願申候。拙者は明日途中より一列車丈早く長春に趣〔赴〕き準備致す筈にて候。只今雑踏の際、乱筆御判読を願ひ奉る。

九月七日　　恭輔

〔原史料番号〕①334-9。

2　大正3年12月27日

謹呈　過日御下命に相成候通り、帰連匆々直に旅順に参り王化成を訪ね候処、生憎同人義安東県に趣〔赴〕き丁度不在中に付き、閣下の御申付趣委細佐藤警視総長にも相談致し、大澤某なるものに付ても注意を促し置候処、警視総長にも深く御心配を相かけ候点に付き恐縮致し居られ候。直に王を安東より電報にて呼戻し閣下の御申付通り懇々訓諭せられ、本人も大に先非を悔居り候由にて、尚大澤なる者に付ては中村都督閣下とも協議の上相当の処分ある由にて候間、乍憚御放念被下度候。濱名主計監は丁度御上京中の事とて、御帰任の際川上理事より尊意の旨伝達致すとの事にて候。御用の黒豹の毛皮は小生も一見致候が、真に珍敷品物と存候。欧洲の戦局も存外の処に影響致すものと存候。目下英仏にてはカーキーの羅紗服間に合はざる為、此度不計も絹紬《けんちう》の製糸解せし屑糸を紡績にかけ、一種のカーキー服の代用を発見致せし由にて候。畢竟これは独逸よりカーキーの染料の輸入杜絶致せしに原因致すものと存候。露国は多数の支那服を注文致申候。会社へも多大なる貨車の注文露国より参り候由にて候へとも、何分材料の不足の為乍残念皆々米国に取られ、英国の米国に注文致せし戦事〔時〕品丈にても既に二億五千万円に上り候。昨今青島の税関長の問題にて日支両政府の間に種々交渉有之候が、実際公平に批評致せば、支那の税関の事情に通暁ぜ〔ママ〕ざる邦人の税関長を任命致せんと欲する我政府は甚無理の注文と存候。閣下既に御承知の通り支那の税関はすつかり英国製の人物及規則を以て創設せられ、如何にゑらき人物と雖も下級の税関吏より漸次に実験を積むで昇級致せしものならでは税関長となれず、又税関長自身も日本の役人の如く盲目印鑑を捺す丈を以て能とせず、一切の年報及外部との交渉等悉く人手を煩さずして出来る人ならでは萬事に於て不都合のみ〔ママ〕らず、支那の税関長はその国籍の如何を問はず、第一に支那語及第二に英語の報告文を書きうる者ならではならぬ事は既に遠き昔に於てサーロバートハートの規定致せし処にて、如何なる事情のもとに於てもこの原則丈は動かせぬものゝ如く愚考致し居る際、仮令日本にては経験ある税関官吏たりとも、支那の事情に通せず支那語の判らぬ者は支那政府寧ろ英国政府の尤も閉口致す処と存候。幸に支那の税関には目下既に邦人にして二人の税関長と約拾名に近き副税務司ありて、英国人を除きては他の外国人に比して遥に多数に且尤も有力の地位を点〔占〕め、特に過大の俸給の終身官の事にて候間、此際可成総税務司アグレーンの主張を容れ、その報酬として約拾五名位の日本人を高等官として支那税関に採用せしむること丶せば、今後拾年を出ずして東洋に於て勢力ある関港〔ママ〕は悉く邦人税関官吏の配下に属するに至るべきかと愚考仕候。此点当局の熟考を要する処にて候。先般頂戴致候人参は非常に結構なる品の由に候へば甚もつたいなき事と存候へとも、深く御高恩を紀念可仕為元旦より一個頂戴致すべく、茲に謹むで厚く御礼申上候。

来春に至て寒気一層酷烈を極むべく専ら評判致居候間、乍蔭不絶御尊體の御安全御健勝を祈り居候。頓首再拝

十二月二十七日夜　上田恭輔

寺内伯爵閣下虎皮下

〔封筒表〕京城　寺内総督閣下　御直披　十二月廿一日　正毅　返事済　（消印日付）3.12.27。

〔封筒裏〕〆　十二月二十七日　満鉄会社　上田恭輔　（消印日付）3.12.29。

〔原史料番号〕①334－1。

3　大正4年2月10日

謹復　益御健勝奉慶賀候。陳は尊翰を以て御来旨の通り今朝挨拶に参候王化成に面会致し、閣下の尊意の存する処を説明致し御歳暮を手渡し致候処、王も御高恩に対し実際に感泣致し居り候。孰れ本人より御礼状差出し可申事と存候へとも、不取敢御報告申上候。刻下酷寒之候、切に御自重の程乍蔭奉祈候。頓首

二月十日　上田恭輔再拝

寺内伯爵閣下

〔封筒表〕京城　寺内総督閣下　御直披　二月十二日　正毅

（消印日付）4.2.10。

〔封筒裏〕〆　南満洲鉄道会社　秘書役　上田恭輔　（消印）4.2.12。

〔別紙〕

今収領

寺内総督閣下賞賜金五百円已収

於容另函陳謝

王化成親筆

上田恭輔閣下

大正二年二月十日

〔原史料番号〕①334-2。

4　大正（4）年3月27日

謹呈　益御健勝為邦家慶賀の至存候。陳は本月十八日付玉翰を以て御下命の王成化〔化成〕の件に付き早速白仁民政長官を訪ひ、閣下よりの御来旨の趣拝読致候処、長官にも王の子息の青島に於て運動がましき行動を致し居るとの事に付頗る怪まれ居候。長官の話に依れば、目下王の手許には満鉄及安東県よりの収入小沢銭〔ママ〕にて約四百円以上の月収あり。特に昨冬は日本金にて壱千円、白仁長官の周旋に依て彼の手許に授けあり。尚相生よりの歳暮なるもの約五百円ある為に不自由なる理由を認めず。然るに尚青島まで出かけて官憲を煩す如き事を致すは甚不都合なれば、今一応本人を呼寄せ篤と彼が所存を糺し見る積りなりとの事にて候。其際長官の考にては、或は例の大澤の如き悪漢の王を手玉に遣ひて活動致し居るやも不知、乍然王化成自身も頗る野心家にて常々何か事あれかしと始終機会を探し居る為、却て空拳党に利用せられ、折角の閣下の御好意すらも皆無に致す事ありと申居られ候。事情は右の如くにて候間、王の活計上には何等御心配に不及、若し彼自ら青島の官憲に向て運動がましき事致し居ること事実に候へば大に戒訓を加ふる必要ありと愚考仕居候。小生愚案仕るに、王化成は旅順の天后宮の裏手にある自分所有の家屋内に居住致し、幾等阿片料を要すると致しても一ケ月三百円あれば充分にて、而かも日本金の事故、昨今の相場なれば支那銀の四百三拾円程の事故寧ろ莫大の収入と存候。これ以上は却て彼をして野心的事業に手を出さしむるに至るべしと存候。兎に角王の救済方法は前記の事情通にて候間、今後依然として王化成なるもの我陸軍官憲を煩すの行為ありとせば、最早閣下の御見捨に相成りて可然時節の到来致候時かと存候に付、不取敢御報告申上候。頓首

三月二十七日

上田恭輔拜

寺内伯爵閣下

〔封筒表〕寺内伯爵閣下　御直披　三月二十八日　正毅。

〔封筒裏〕三月二十七日　満鉄会社　上田恭輔。

〔原史料番号〕①334-3。

5　大正5年2月21日

尊翰難有拝受致候。閣下弥よ御健勝奉慶賀の至に存候。陳は昨日露都よりの電報に依れば、過般大公殿下に対する我国民の歓迎に関する反響は実に想像以外にて、先日本野大使の或田舎に旅行せられし際の如き地方人民は約二千の大群衆を以て旅館に押かけ歓迎辞を述べ、大使の旅館出入毎に群衆してウラーを唱へし由にて候。右の事情は上海出版の排日的親独屋の欧字新聞に転載〔ママ〕られ、大に皮肉的批評を加え居候。

封入切抜は独逸の機関新聞にて、主として支那人の間に独逸の勢力を維持せん為に全支居住の内外人に無代価にて配布致すものにて候が、記事の要領は過般露国大公の日本訪問は主として日本が将来支那に於て自由の行動を為すに対して黙契を得へたるにありとの事にて、出来うる丈支那政府をして日英露に接近せざる様勧告致せしものにて候。御笑読被下度候。

御承知の露国軍隊輸送の件も例の露西亜式にて、真に漫々的にて候。一日の繋船費用弐千円近くもかかる大気〔汽〕船を既に半月以上も大連に滞在せしめ、尚出帆までには十日以上もかかる様子、露人ののんきにも程度有之と存候。

北京のモリソンの帰燕後帝政中止を進言致候事は事実の由にて候が、彼は時々米国公使館に出入致し、名を経済学研究に藉り曹汝霖を始め外交界に多少有力なる外国学校、特に米国出身の支那の若手を集め時々会合致す様子、何事か画する処あるべしと想像致され、分〔別〕て尤も注意を引き候事候。英国公使の指導のもとに発刊せらるる北京の京報及北京時報なとが依然として袁総統の事を大皇帝と称し居ることにて候。

陸軍飛行機試験は奉天の生意気なる支那軍人に向て大教訓を授けし様に見受中候。会社に於て出来うる限便宜相計り居候。

二月二十一日　　恭輔頓首再拝

寺内伯爵閣下

〔封筒表〕京城　朝鮮総督寺内伯爵殿　御直披　了　二月廿三日　正毅　要存　返事済（消印1日付）5.2.21（消印2日付）5.2.23。

〔封筒裏〕大連満鉄　上田恭輔　（消印日付）5.2.23。

〔原史料番号〕①334-4。

6　大正5年3月2日

謹啓
伯爵閣下　過般来輸送中の露兵第一班は旅団長に引率せられ無事出発、第二班は明日の仏船ヒマラヤ号にて出帆、来る二十日頃にて終了致す筈にて候。本件につひては政府よりの内訓もあり、満鉄にて於ては極力厳重に秘密を保ち、社内のものすら僅少の関係者以外に何等の風聞に接せず、沿道各駅及大連市中に於て誰一人露兵の姿を見し者なき程、其筋と打合せうまくやりつゝある積の処、先日押収せられたる大阪毎日新聞の一部分の既に海外に郵送せられしもの有之候為、迅速に独逸の機関新聞にて而かも英語にて発刊致すペキンポストに翻訳して転載せられ、その手を経て各方面に電報せられ申候は実に遺憾の至に存候。如此一新聞社の他の同業者に先んぜんと欲する僅少の功名心よりして重大なる国家の大計を過らしめ、延て我が訂盟邦にまで終世忘るる能はざる恨事を与ふることあり、大に警戒注意致すべき事と存候。大毎の本山社長の如きも自ら志士を以て任ずる人なり、こんな事の判らぬ筈なしと存候。最近著敷支那全国に亘つて排日の風潮を昂めたるも、重なる原因は大毎及その他の大新聞の対支的記事の時々刻々支那新聞に翻訳せられたるによると存候。又支那新聞としても激烈なる排日の記事の沢山掲げある丈それだけ購読者を増す情況にて候。

袁政府も弥よ去月二十三日を以て帝政無期延期を宣言せしにも不拘、自分の機関紙には此事を一切記載せず、依然として自分のことを大皇帝と尊称せしめ、同時に米国風の聯邦共和政體を鼓吹せしめ、また一方に於ては満朝の宣統帝を擁して自分は摂政たらんことを香〔匂〕はし、為に昨今北京に於ても大に人気を落せし様子にて候。

吉長鉄路條約改訂談判、一向進捗致し不申候。政府は何が故に今日の如き時機を選むで特更にこんな面倒なる談判を開始せしめ候や、一向にわけが判り不申候。北京の交渉員の如きも実にミジメなる者にて、若し日本の要求通の我に有利なる條約をむすまば忽ちにして国賊視せらるべく、また我が委員に於ても現今の條約よりより〔ママ〕以上のものを訂約するにあらずんば何の面目ありて復命し得べきや、慥に時機は数倍の困難を加え居候と存候。

北京新聞の報道によれば、段将軍の要求によりて錦州の開放を許可せしことと、支那各地に邦人を警察顧問として雇聘すること、確定致し候様なこと申居候。

陸軍飛行機の試験は支那人に対して非常なる恐怖の念を与へ、とてもかなわぬと感念せしめし様子にて候。此上は我当局に於て満洲駐在の飛行隊を駐箚せしめ、そら何かと申す時すぐ飛出す様に致し、特に昌図以北我陸軍の砲力を識らざる地方、分〔別〕て吉林地方に再度の演習を試まれ度、満洲居住邦人一般の切望にて候。然し当今の如く若手の飛行将校が無暗に酒を仰ぎ、女にもてるを喜ぶ様ではよろしからずと存候。少くとも飛行将校には節酒せしむる必要ありと存候。

陸軍自働車隊も好成績を収め候由、然し一番の好手段は自働車及気〔揮〕発油の輸入を無税とし、どし〳〵民間に自働車を使用せしむることを奨励し、国事にこれを徴発することにて候。先年リージユの攻撃の時の如き、独逸は予備隊の為約三万輌の自働車を用意致し、この無数の自働車が際限なき曠原に一般排列せられ居る写真を視し時は実に驚き申候。戦後英国は世界のゴムを独専〔占〕せん計画あり。今日の急務は式もヘチマも入つたものにあらず、出来うる丈沢山安価の自働車を輸入せしめること〻存候。要するにシリンダーとゴムの材料を極力輸入し置くべき事と愚考仕候。

昨今製紙原料のパルプの問題、弥よ八ケ間敷相成候。小生は数年前より鴨緑江採木公司の如き、何故に伐木地方にてパルプ製造を計画せざるやを詰問致し居候次第にて候。北米オレゴン、ワシントン地方の如きは伐木地方には必ずパルプ製造場の設備有之候。勿論結氷期は休業致すべきも、夏期は水力の供給もあり、また燃料の如きも無尽蔵なり。而かもパルプを製せずは貴重なる原料は朽つるに委す次第、実に愚の至と存候。採木公司は話せない事勿論なれば、閣下の配下の営林廠の採木地方に於て、誰か此際巨額の金を儲けるたる〔ママ〕ものに、国家に御奉公する積にて試験的製造物を計画なさしめられては如何と存候。第一日本がパルプを輸入して居る様なことでは、未だ〳〵一等国ではないと存候。卑語失礼の辞句に対し謹むで御詫申上候。頓首

三月二日　　上田恭輔

〔注〕本紙は「南満洲鉄道株式会社」の罫紙。

〔封筒表〕京城　総督官邸　寺内伯爵殿　御直披　三月四日

正毅（消印日付）5.3.2。

〔封筒裏〕大連満鉄　上田恭輔　（消印日付）5.3.4。
〔原史料番号〕①334―5。

7　大正5年3月15日

伯爵閣下

過般来輸送中の露兵も今朝着連致せし兵員にて全部決了、明朝出帆致せばこれにて本件は終決致す次第にて候。而してこれが到着地点につきては種々下馬評有之候が、敵国側の報道はメソポタミヤなりと称し、米国新聞は封入地図の地点バグダトの南、波爾斯湾を上陸地点と為し、裏海方面の露軍左翼と英軍の右翼との間隔に補充して、以て英露両軍の連絡を取るものならんと批評致し居候。兎に角何等の武器を携帯せず着のめ〔み〕着のまゝの老幼混合の一個旅団程の兵数のことなれば、実力に於ては一顧の価値なきことゝ愚考仕候。さりながら是等の露兵は約三週間も一切煖房の設備なき貨車の中に寿〔司〕計詰にて輸送せられ、大連にては勿論各駅ても散歩を許可せられず、堅パンと豆ソツプのみの給与を受け、一枚の毛布を所持せず単に携帯の藁枕と一本の木製の杓子の長靴の中にさし込み居るのみにて、別に不平らしき顔もせず輸送上の困難につきても一言の苦情を訴へず、愉快らしく萬歳を唱へながら出発して行くを見ては涕がこぼれる程可愛らしく、同時に世界無比の良兵なりとの感有之候。

別に封入致候切抜は独軍の毒瓦斯隊の陣地を飛行機より撮影致せしものにて候。我国に於ては国民一般に未だ今回の戦役に於ける毒瓦斯利用の点につき未だ真想を明かにせず、恐らくば〔ママ〕陸軍に於ても深く此点につき研究せられ居らずと愚考仕候が、此点につきては英仏露の学界に於ても不尠頭を痛め居る様子にて候。単に毒瓦斯の製造及これが発射用の砲身のみならず、要はこれが防禦策にて候。実際墺独とも今日の処は兵力は著敷減少致し、五十五歳までの老兵を召集し捕虜を使用する程にて候へども、益機械力を応用して兵員の不足を補ひ居る様子にて候。過日来連の露国旅団長の言によれば戦争は容易に終結すまじく、独軍兵数足らずと雖も一個聯隊に約四十門の機関銃を備へ、能く旅団の兵を防ぐに足れり云々致し居られ候。

昨今英の仮装軍艦の時に我が商船を臨検致す点につき世論沸騰致し候が、此点につき今少しく冷静の態度を採り、理を以て英に警告する様了〔ママ〕に致し度ものにて候。蓋仮装巡洋艦は船體こそ大なれ、我普通の商船に比して高速力のものにあらず。然るに一回、二回にて停船せざる時は終に実弾を発射せざるを得ざるに至るべし。今日英国の此挙に出てたるには、其消息色々事情のその間に蟠るあり。在東洋の独逸人側の企図する処を悉知〔知悉〕せば、思ひ半ばに過ぐるに至るべし。要は我外務省側の今少しく活躍して、こんな活劇の演ぜざれざる以前に於て相方の間を調節して事を未前に防ぐにあり。実に慨歎の至に耐へず候。閣下の日露同盟案の携帯者として露都に趣かるるとて、支那及外国新聞は盛むに書き立て居候。また邦人側に於ても邦字新聞紙上にて太鼓を敲く者尠からずと候へとも、此点につきても随分警戒を要することゝ存候。彼英国はこんな事を知らぬ顔して打ちやり置く国に非らず。最近に於ける英国側の露都に於ける活動は如何。現に露国新任の宰相は尤も有名なる親英主義の人なり。単に新首相のみならず、苟くも露国俱眼の士は英に接近するの得策なるを詳知し居れり。而してこれ全く経済及財政問題の然らしむる処なり。如何となれば、戦後の財政整理につきては露はもはや仏を断念せざるべからず、米は容易に組すべからず、只たよるに足る者は英国なり。英国自らも戦後の財政整理につきては何等の腹案なきを唱え居候へとも、実際英人の米国の事業に投資せる資金今尚五百億を下らず、彼は中々へこたれる国では無之候。今後我国民は米国の経済界の攻勢態度に拮抗する丈にても実に容易の事にあらず、その上英を敵と致しては立つ処無之候。頓首

三月十五日　　上田恭輔

〔注〕本紙は「南満洲鉄道株式会社」の罫紙。
〔封筒表〕京城　総督官邸　寺内伯爵殿　書留　御直披　三月十八日　正毅　返事済（消印日付）5.3.15。
〔封筒裏〕大連満鉄　上田恭輔（消印日付）□.3.17。

〔別紙1〕新聞記事（写真）

The beginning of a gas attach photographed from a war aeroplane. The man in the centre have just released the fumes, which are being blown toward the enemy. The white figures at the right are German soldiers, ready to follow the fumes with a charge.

〔別紙2〕新聞記事（地図）

WHERE SLAVS AND BRITONS MAY MEET

The capture of Kermanshah, in Persia, and Bitlis, in Armenia, by the Russians, places two of their columns in a position to effect a junction with the British at Kut el Amara. Bitlis is not far from Mosul, showni-n the upper left hand corner of the map, the base for the Turks in Mesopotamia, and its Fall opens the road for the Russians to Mosul. It is reported that the column that captured Kermanshah is marching southwest to join the B

□

〔原史料番号〕①334-6。

8　大正5年3月25日

寺内伯爵閣下

一昨日奉天段将軍卒倒致され一時大騒致候ひしも、漸く元気恢復致され候由。昨今の北京の形勢急天直下の有様、定めて心配の事と存候。

新日露国大使クルペンスキー氏来る二十九日奉天発、伊集院大使と同じ急行列車にて露都に趣〔赴〕かれ候につき、満鉄は日置公使の要求に依り同使の為貴賓車を連結、大に優待致すことゝ相成候。

別紙は米国参謀本部の調査にかゝる世界各邦に所有致す自働車の数輌の由、一寸当にならぬものにて候へとも御笑草に御覧に入れ申候。その外の切抜は、近頃米国の某商会より東洋各地の新聞に広告致居候菜種日まわり草及麻の実買入の発表にて候が、大豆油の輸出不自在の為色々の油の原料に注目致し居ること大に刮目すべき点と存候。付ては朝鮮農村の家屋の周囲も西比利亜沿線同様日まわり草を植ゆることを御奨励ありては如何。種実は南京豆若くは支那料理の西瓜の種の如く食料となり、油は最上のオリーブ油及香油の原料と相成る由。その外、麻、菜種の如きも水田の優等ならざる地方に大に励作せしむべきことかと存候。御参考まで申進候。

三月二十五日

上田恭輔頓首

〔注〕本紙は「南満洲鉄道株式会社」の罫紙。

〔封筒表〕京城　総督官邸　寺内伯爵殿　親展　（消印）5.3.25。

〔封筒裏〕大連満鉄　上田恭輔　（消印）5.3.27。

〔別紙1〕新聞広告

WE BUY RAPE, SUNFLOWER, HEMP, ALFALFA SEED. MAKE US OFFERS. North American Import Co. New York City, U.S.A.

〔朱字の書き込み〕菜種、日まわり草の種、麻の実買入。

〔別紙2〕

Motor Car Census Of The World

Afghanistan…65 Algeria…5,900 Arabia…50 Argentina…12,550 Australia…20,350 Austria…13,160 Belgium…9,400 Bolivia…19 Brazil…5,400 British N. Borneo…5 British S. Africa…8,340 Bulgaria…4,050 Burma…800 Canada…55,660 Ceylon…3,150 Chile…678 China…714 Colombia…1,131 Costa Rica…145 Cuba…2,695 Denmark…3,525 Dutch East Indies…7,431 Ecuador…171 Egypt…873 France…98,400 Germany…71,455 Great Britain…276,690 Greece…335 Guatemala…210 Haiti…45 Holland…3,750 Honduras…9 Hongkong…65 Hungary…6,200 Iceland…11 India…7,7□□ Italy…13,000 Jamaica…548 Japan…1,500 Libya…400 Madagascar…75 Mexico…4,290 Morocco…420 New Zealand…10,060 Nicaragua…18 Norway…975 Panama…18 Persia…37 Peru…350 Philippines…2,580 Porto Rico…2,400 Portugal…2,500 Rumania…1,300 Russia…15,360 Salvador…37 Samoa…10 Santo Domingo…45 Servia…120 Siam…750 Spain…9,000 Straits Settlements…2,193 Sweden…6,086 Switzerland…5,100 Trinidad…275 Tunis…945 Turkey…525 United States…2,400,000 Uruguay…1,810 Venezuela…775 Zanzibar…40

〔原史料番号〕①334−7。

9 大正6年9月25日

謹呈

伯爵閣下

益御清祥奉慶賀候。奥様御病気につきては蔭ながら天護の厚からん事を祈居候処、爾来愈よ御軽快の趣敬承仕り、欣喜の至に存候。東京出発前一度尊顔を拝すべく出頭仕候処、丁度枢密院に御臨席の折柄にて残念にて候。

兼て御話し申上候英国の山東苦力募集は今度五十万人の

制限を超え無限の募集致す事と相成、次て露国も五万人を西比利亜に入る事と相成申候。米国の鋼板禁輸に次て必然出来致すべき重大事件はゴムの輸出禁止と存候間、此際出来うる丈成金連をして該品の輸入を計らしめ、これも支那に店を持ち居る者をして支那経由にて漸々的輸入を計り、必ず目立たぬ様に致し度ものと存候。同時に自働車使用奨励の為当分該品の輸入税を廃し、少くとも日本には十万輛の自働車を所有致す様に計画致さゝれば、とても今後の北満の野に於ての活動は六ケ敷からんかと存候。迂生義、拾数年前中村是公氏と共に英京倫敦に於てゴムの市場を調査致せし事有之候が、該品は未だゴムとならざるパテーの如き状態に於て世界の各市場より一度ロンドンに蒐集せられ、該市場に於て市価を立て其後始て各国に分配せらるる有様にて候間、今後日英の経済戦始り候際、一度護謨の輸出を制限又は禁止せられ候節は只今の鉄材よりより〔ママ〕以上の困難苦痛を忍ばねばならぬと存候間、何卒本問題につきては特に大臣閣下の御顧慮を仰ぎ奉る次第にて候。頓首謹言

九月二十五日

上田恭輔

寺内伯爵閣下　御直披　返

〔注〕本紙は「南満洲鉄道株式会社」の罫紙。
〔封筒表〕東京　総理大臣官邸　寺内伯爵閣下　御直披　返事済　（消印日付）6.9.25。
〔封筒裏〕大連満鉄　上田恭輔　（消印日付）6.9.□。
〔原史料番号〕①334－8。

76　上野季三郎

1　大正5年2月11日

粛啓　時下寒冷之砌、愈御清穆被為渉、奉恐賀候。陳は先達中は露国太公長々之御接伴、御心労之程奉恐察候。萬事好都合に而、殿下初め随員に至る迄非常に満足之意を表し候由、大慶此事に奉存候。さては先日不思懸星附スタニスラス二等勲章を受領仕り、光栄之至に奉存候。只々全く閣下格別之御配慮に依り候儀と深く奉感謝候。此度安達公使帰京に付、只現品正に領収仕候。甚た乍遷延右御礼申上度、草々如此御坐候。敬具

二月十一日　季三郎拝

寺内伯爵閣下

〔封筒表〕朝鮮京城　伯爵寺内正毅閣下　仰御直披　二月十四日　正毅（消印日付）5.2.11。
〔封筒裏〕緘　宮内省　上野季三郎（消印日付）5.2.14。
〔原史料番号〕①436-212。

77　植原悦二郎

1　大正6年11月13日

謹啓　益々御清穆大慶此事に奉存候。扨吾々一行も華盛頓府に於ける大統領の謁見、国務卿の会見、紐育に於ける日米協会の歓迎、天長節の祝賀等を畢へて一先解団自由行動に決し、各自米国各地の視察と研究に忙殺され居候。今回の戦争に依り米国国情の変化は実に顕著なるものにして、殆んど実地の視察に非ずんば推測の及ぶ処に無之と思考罷在候。此無尽蔵の富源と偉大なる財力を有する国民が、各自自覚し協力一致此大戦準備に日夜努力奮闘しつゝある有様は感服の外無之候。目下米国政府の計画しつゝある大規模なる戦闘準備が果して実現し得くるや否やは猶問題なれども、今回の戦争に対する米国民の決心は頗る鞏固なるものに候。今回の渡米に依り得し処不尠、非常に感謝致し居候。吾々の一行も国民の代表者として莫大なる好感情を米国民に与へたる事は疑問無之候。帰朝も切迫、書余は帰朝后可申上候。敬具

十一月十三日　　市加古にて　植原悦二郎

寺内伯爵閣下

〔注〕本紙は「Hotel La Salle」の封筒・便箋。
〔封筒表〕Count Terauchi Tokyo, Japan　東京麴町区永田町官邸　寺内伯爵閣下　CENSORED.（消印日付）Nov.14.1917。
〔封筒裏〕近状報告　シカゴ　植原悦次郎（消印1日付）6.12.5（消印2日付）5.12.17。
〔原史料番号〕①335-1。

78　上原勇作

1　明治(36)年9月11日

時下御多祥珍重之至に奉存候。陳は今回欧行に付ては彼是と御配慮之結果と深く感銘仕候。謹て御礼申上候。東清鉄道も八月六日頃より三回に雨之為め破損し、第三回目之修理も弥出来、明十二日之夜より急行列車を出し候

筈に付、明日は昼間に旅順を出て同所より搭車之考案に御座候。尤も未た全線皆通と申すには無之様子に候へとも、何にせよ露人之申候其返答には更に要領を得る能はす候が、急行列車を出すことだけは確か之様に被察候間、破損之場所を見て車内に眠るまでのことと覚悟し出発致事候。○韓京及ひ芝罘幷に当地方より出てたる訛言、実に抱腹のこと多く、ちよつとしたことでも「浦塩旅順間は軍隊輸送の為めトラヒック中止」なりと鉄道破損にて運輸出来ざるを誤り伝へ、又た婦女子は浦塩に逃けゆくもの多しとは昨今当地及ひ旅順に伝ふる所なり。然るにこれは夏期休暇にて当地方に帰省したる文武官吏の子弟の浦塩に復校するものならん（鉄道破損之為め態々一船を仕立、欧州行旅客を一面には上海に、一面には浦塩に送りたり。〔欄外〕此際には右子弟も多く、婦人も多かりしならん。訛言の出てたるは一に之に因る）。尤も深く如此下だらぬ風評を生する原因を案するに強ちに韓人又は清人のみにあらすして、或は恐る満洲問題矢釜しなりし以来各方面より派出したる者の中又は渡航し来れる者の中にも、之を空想して報告したるものもの〔ママ〕もあらん歟。一言すれば撰を誤りしもある可し。併し追々参謀本部の派出員も帰京したれば、真想も顕はれ右等の誤報も世に明かなる可く信し申候。○旅順港には一の戦斗艦もなし。「リユーリツク」号以下のものあるのみとは真説と被存候。他は皆浦塩に送り修理中とは出発前に承る所なりしが、真説なりしと被存候。○参謀本部を離れし二年来真黒暗の中にありしが、今回東航して金州半島之現況を観来れば其進歩之大には目を覚し申候。先は御礼旁当地出発之御報如此御座候。

謹言

九月十一日夜　　上原勇作

閣下侍史

〔欄外〕○この訛言の起りしは或は帝国艦隊の西海に集まれるより出てたるならんかとも被存候。

〔注〕本紙は「NIPPON YUSEN KAISHA」の便箋。

〔原史料番号〕①336-1。

2　明治36年10月22日

御多祥奉拝寿候。勇作も当地着以来一通り之取調を了へたる后、去る十八日に大臣に面謁致し、御伝言之趣も申陳へ候。至極之好意を以て凡て之取調に便宜を与ふ可く申聞けられ、参謀部之工兵将校（少佐）を附属し呉れられ候付、直に公然之調査に取掛り申候。○諸条例も目下大方は調ひ居候得共、中には実施は未たなるも多く、殊に砲工学校之如きは未た今日に至るも教育之方針さへ明了〔瞭〕には定り兼候有様にて、二、三日前に校長の交迭〔更〕をさへ見に至り候次第に御座候。此事は派遣学生に関して大事件なれば、久松大尉も種々と苦心中に有之候。今日迄の状況は委曲同官より報告之筈に御座候。尤も先日到着致し候二人の砲兵中尉の入校は早くも来年秋なる故、それ迄には充分日本にて御詮義之時日も可有之事に候得共、先決の問題は仏国にては普通科の教育を如何にするや、又た特別科には日本将校を入れ得るやのことにて、折角勇作も調査中、且つ及はす乍らも尽力中に有之候。○留学将校の有様に付ては到着早々閣下の意を悉皆之者に伝へ、厳重に申渡し、「既に大臣よりは訓示戒飾ありし上に、岡大佐にも其上にも尚小官にも懇々意を含められたるは、諸子の大に注意を要するものなり」と伝へ、其后は種別して個人に「をどかし」を喰はせし所、余程恐惶を惹き起したる様子に御座候。原来不勉強もある可しと雖とも、今日之不成蹟は語学の不十分大なる原因に有之候故、之に対する方法も開示致し置候。殊に巴里附近に将校の多数を置きたるは過誤の因由と相成候事と存申候。○殿下も御勉学、中々感入候。ベルタン夫婦にも早速御伝言之旨相伝へ申候。お婆さんは女之事故、余程心配と相見得、種々と懇談に及ひ、帰朝之上は意図を委敷大臣閣下に伝へくれ候様との事に有之、差向き必要と感し候事は本野公使に閑話致し置き申候。尤も別に閣下に於て御心配相成候様の事には無之候間、帰朝之日を期し可申候。○井上は存外真面目に研究致居候。久松も満足致居候。即中附け候事は相応に首尾を付け参り候。これは語学の力と彼の性質との致す所に可有之、勇作只今之考にては、幸ひ当人は電信大隊を含みある鉄道聯隊にあること故に、鉄道隊の調査（（未た十分ならさること多かりしなり））を能く呑み込みたる以上は電信隊の事を調へさせ、それより気球学校に入れ、引続き第一聯隊（気球大隊を含む）附をさせ度ものと存し、岡大佐とも打合はせ候。併し勇作の調査を進め、右等諸隊を査閲したる上に無之ては確定難致に付、岡大佐と伯林に再会し、取極の上に両人の中より申上候筈に御座候。以上の事を命し候へは、三十七、八年の二年を要し候事に相成候。○ラブリー大尉にも面会、御伝言致し申候。当人は三年の休暇にて在巴中に御座候。病気も押通し、宜しきとの事に御座候。フオントニヤ大佐は連隊長にて田舎にあり、先夜ラブリー宅にて面会、伝言致し置候。○アンドレー、陸軍省にてはボアデッフル派を無二無三に駆逐し尽し、ラブリーなど顔色なく候。実に社会党閥全盛にて、勇作等の旧知己はいつれも八十四、五年頃の教育を受けたるものゆへ、彼等の口を以て言はすれば、此党閥の専横を憤慨するの言のみに有之候。政府として多数を基礎として社会党内閣、或はよき歟なれとも、軍隊にても此党閥に左右されては成程困難の事に可有之被存候。始終御閲読相成居候ルタン新聞に御覧之通、新任巴里総督の任命攻撃など、著しき適例に可有之候。今度勇作に附けられし参謀少佐は隊附以来之懇情之者に有之、二局の日清科長に有之候が、如此陣笠連は兎も角に、要途に立ち候者はいつれもアンドレー将軍の所謂党派ならざる可らさることに有之候。併し兎に角に同将軍の期する所の目的には決して不同意を表することは出来ぬと被存候、如何となれば、其現実的に正理なればに有之候。中々意志之強き将軍に有之候半と存し申候。○陸軍の状勢如此に有之候故に、出発前に申上候通に、ボアデツフル中将には面会差扣へ居候。いづれ出発前に御伝言致し候考に御座候。○ビレー大佐の未亡人にも未た御伝言の運に至り不申候。○満韓問題も東京にて御談判之由、御苦心之程遠察仕候。仏国上下の意向は御推察之通、大に戦争を欲せす、又た本野よりも不懈通報之由に付御承知に候半が、中々と流言百出に御座候。尤も昨今は大に静に相成候。参謀本部にては一般に平和に結局す可しと信し居るとの話に有之、又た韓地に於ける日本のプレポンデランスにも至当と評し居候。

西比利亜鉄道旅行中には何ぞ奇態も有之候はゞ、伯林より電信せんなど空想を描き、大に注意して旅行致したるに何等の事もなく、夜間はいざしらす、昼間に於ては軍隊輸送は其跡をも認め得ざりし（十二日旅順発、二十五日モスコー着）。殊に旅順よりバイカルに至るの間、鉄道の設備の未た完全ならさるには一驚を喫し申候。興安嶺とバイカル湖の不便あるに加へて此未完全を以てし、疾呼して我戦闘準備は整ひたりと欧州之野に大なる流言を放つ彼の放胆、亦た愛す可く被存候（先日の流言盛なりし時にも、彼の公債の低落は日本のものよりは小なりしなり）。尤も彼は全力を挙て鉄道の全備に傾注するか故に、目下橋梁など永久的に改築中に多忙を極め、鉄橋の組立には竹冊を焼き、従事しあるは比々〔ママ〕なりし。従て沿道の兵営など未た基礎のみのものも多し。〇此鉄道に付ては段々悪口も耳に致したる所なれとも、先月二十八露里間の大破損の如きに就ても、勇作か見たる所にては一も術工物に就ての破損にあらすして土工の破損なりし（仮橋の破損流失はありしも、橋礎も橋脚も依然として存しありし）。土工のみの事故に、甚た始末付け方早くありしなり。之は大に顧慮す可き事と可有之存し居候。〇旅順にて日本人総代の日野と申仁に托し、留守宅へ手紙差出し候に付、封中に閣下宛の一封を加へて郵送致し候。然るに九月十八日東京発の留守より一信には未た到着之報なし、彼是と案し煩ひ居候。〇彼の疑惑心の盛なる、亦た一契を値し候。勇作の旅行已に旅順には長崎辺より電報ありし由にて、マンチリー駅までは憲兵の同車を辱し、清人との筆談など一々注意され申候。御笑可被下候。先は思ひ附の儘書き綴り、乱筆進呈仕候。御推読可被下候。以上謹言

十月二十二日　　　　上原勇作

閣下

〔封筒表〕Via Amerique A.S.E Monsieur Le General Ter〔aouchi〕Tokyo,（Japon）日本東京永田町　寺内中将殿

上原勇作　（消印日付）36.11.30°

〔封筒裏〕（消印１日付）Oct.31.1903　（消印２日付）Nov.4 1903　（消印３日付）30.Nov.03°

〔原史料番号〕①336－2。

3　明治36年12月5日

御多祥奉拝謝候。二に勇作も仏国之方相済ませ、一昨日を以て当伯林へ転し申候。仏国の方は諸事意之如く調査も出来仕合に有之候得共、当地は各所研究之願を大井之手より既に五拾日前に差出させあるにも関せす、于今何たる返事も無之。尚一昨日より更に打合はせに取掛らせ候所、来る十一日までには何分之沙汰に及ふ可き旨にて返言に接したる始末にて、実に驚入たる次第に御座候。萬一にも拒絶之不幸に遭遇致したらんには千秋之遺憾と存し候。併し左様に相成候ても、工兵之為め差急きに調査を要するものは大井其他駐在員の手を経てなりとも是非一通り取調へ候決神〔心〕にて、公使館附武官よりは勇作の質問に応す可き相応の人物披索中に有之、又た駐在員には部分を分ち取調を委託すると云ふ事に計画中に有之候。

実に旧友知己のなき国に短時日之滞在にて、お負けに研究の途を杜絶されたる勇作苦心焦慮之極、御遠察可被下候。尤も右様申上たらんには御不安心にも可有之候得共、右は単に仏国にて取調へたるもの丶果して実際に然るや否やを証明するに止まり候。独国工兵之教育に関する事の如きは仏国逗留中に細大調査は出来居申候故に、前述の方法を以て調査するも不充分ながら目的の幾分は達し可申にて候。二月中旬に帰朝可仕く、当地は十二月末に引上て、露国に岡大佐同行一月中旬まで滞在、西比利亜を経過之手筈に有之候。

大井氏へ御伝言の件は逐一申続き候。目下隊附其他研究之途殆んと杜絶の姿に有之、心外至極に有之候得共、御高見の如く別段之所置ある可しとも存せられ不申候。漸を以て恢復之他に策も有之間敷にて候。駐在員之勉否に付て、着伯林以来未た時日之尠きと地方の事情に明からさるとにより、仏国之如く之を詳知すること出来不申候。併し一同には御伝言之趣、篤と申伝へ候。

井上亥六は存外真面目に勉強し居、聯隊長大隊長も至極能き引受けにて、同僚之所にてもまじめと見解され居候に付、幸ひゆへ是非当人に電信隊（目下当人か附属しある工兵第五連隊に電信隊は属し、モンワレリアン堡にあり）及ひ気球隊の研究を為致度希望に有之候。電信隊研究の為めに欧州に将校を出すの必要は当春以来野津総監に意見上申し、来年春以後に総監部より派出し得る都合に相成居候故に、此方に井上を差向け度候。而て隊の教育之都合上電信隊に来年二月より遣り、夏期を了り九月末に更に気球隊に転し、卅八年八月末頃まで気球隊の研究を為致度存し申候。故に当人には右二月より電信隊に付きたる方利益ある可きを示し、調査す可き訓旨も申伝へ置候ゆへに、多分此方向に進み可申存し申候。仏国陸軍省には参謀総長幷に第二局長、工兵局長及ひ電信隊長、気球隊長辺へ「若し我大臣にして将校を両当該大隊に派遣する希望あるときは引受を希度ものなり」と内談に及ひし所、いづれも差閊なし、喜で御引受け致さんとのことに有之、誠に好都合ゆへに此好機に乗し春よりは井上を官費にし、之に関する訓令を与へられ候様に御手配を切に希望仕候。之に付ては野津閣下に委曲申遣はし候間、御相談にも可相成存し申候。尤もいづれにしても勇作帰朝之上に愚見の御採否御決定を希上候。左様に相成候上は、私の上よりは亥六の親父君に於て尚一年の在外はお困まり歟とも存すれとも（結婚等の事もありと聞くゆへに）、工兵の為めには止むを得ざるものと存し申候。〇以上の如く工兵の方は萬事意の如く好都合に運ひ、毫も遺憾之点無之候得共、砲工学校之方は誠に不首尾にて、甚た赤面之至に存申候。此方は到頭在仏中に目的を達し不能出発仕候。久松少佐より報告致し候通に、高等科には外人は引受ぬとのことに有之候。然るに普通科の方は我将校を入るゝの必要更に無之、是非共高等科之方に入学致させ度候。御案内通り砲工学校は第三局即ち砲兵局之管轄に有之、凡ての反対は此方面より圧迫し来り居候ものに有之候。同局長（其他中央当局にも爾くありしが如し）に対して我公使館にて注意不足なりしが如し。従ていつも勲章と云へは大頭梁株か或は校長隊長と云ふ風に最上と出先きには廻はり能くして、中部之実際に実力ある部は大に巡はり悪しかりし苦情も耳に聞かされ申候次第なり。もとより最菓たる勲章の為めと云ふには無之は勿論に有之、意向の真実は世界無比の野戦砲の秘を洩らさぬと云ふにあるや明了〔瞭〕に有之候に付、其秘を洩さぬ範囲に於て就学差許され度旨は其筋の者へ私交上の内談も致し、久松少佐にも運動之方法手段幷に注意等申陳置候。これには実に閉口仕候。参謀総長以下悉皆当局者（勇作か調査に干係したる）は招待に応せられ候得共、砲兵局長将官のみは不参なりし。或は事故ありしならむも、勇作は之の為め更に胸に一疑団を生し来り候。御笑に申候。凡て右等の巨細は帰朝之上に可申上候。

仏国陸軍省之情況は先書に申上候通に有之、アンドレー中将現内閣と一致してのやり方故に大なる苦情も不平も旧友より承り続けにて有之りしなり。併し一時軍人間を迷ひと五里霧中に引入れ候所謂新兵器新戦法と云ふ一現象は全く消散し、アングロー、ボナールの大学派捷を占め、要務令の勢力を維持し得て、一先つ落着之姿に有之候。

ボアデツフル中将は其後到頭巴里に出府に及ばす、別紙之通に申参り候（御名刺に添へて御伝言の赴〔趣〕を申遣り、出府の節に面会を求めたるにより）に付き、御送附仕候。其他御名刺は大臣、各実力ある局長（将官に止めたり）に大に振りまき申候。返しの名刺は御預り致居候て、今回は送附不仕候。

陸軍大臣は出発之砌、旅行中にて面会を得不申候て、何等之御伝言不承候。

ビレー大佐未亡人宿所は相分り申候。同未亡人は大佐死亡後バールヂックに隠居し、Rue de Tribel L18, Ber-le-Sue, Mème, 子供を相手に暮し居られ候事故、貴閣下が平生故旧に厚きを知るが故に、勇作も同地まで気張り御伝言を為し状況を見んと欲し手紙を出したるに返書に接せす、其后更に問合はせたるに返電ありて病気にて接見困難とのこと故に、外人に不自由の生活を見せるは否と普通の婦人の状態あるべしとも察したるにより、遂に旅行見合はせ手紙にて御伝言申遣はし、返書は小生に若は大臣に直接に御差出相成度申遣はしたれとも、未た小生には返信無之候。

終に臨み一言仕候。満州問題、依旧はつきり不致候様子に承り候。がや〳〵連中と不動如山的先生とを御相手の仕事、彼是と御苦神〔心〕御察申上候。折角と御自愛為邦家切に希望之至に堪へす候。以上謹言

十二月五日　上原勇作

閣下

親拆之事

〔封筒表〕Via Siberia Monsieur Le Général Teraouchi Tokyo Jopan 日本東京麹町永田町一番地　寺内中将殿　上原。

〔封筒裏〕4.Jan.04。

〔別紙〕名刺

Général de Boisdeffre

〔原史料番号〕①336-3。

4　明治37年7月21日

御多祥奉拝寿候。当軍司令部も一同無恙、去る十六日当岫巌に安着、各部長も先を争ひ精励にて好都合に有之候間、御安心希上度候。第十師団も意気旺盛にて誠に頼母敷存し居候。浅田支隊は二、三日内に全部当地引払ひ、原師団に復帰之筈、又到着之後備旅団も編成匆々出発せしに関せす身心共に健全にて、射撃も当地着之上復習せしめたるに、其事蹟現役を凌くの概ありとの報告に接し、仕合はせと存し居候。○軍は目下第二軍の大石橋攻撃之場合に之に策応せむ為め、柝木城方面に前進の準備中に有之候。○兵站業務も可なり能く運転され、奥山監綿密に参謀長能く補助し、必至と憤〔奮〕励致居候。大洋河の水運も昨今着々成効致し、水運最末地と当地との陸路は、工兵部長の指揮にて工事中に有之候。此水運は多大の省費

を労と金との上に得候筈に候。○給養の善良は前役に比し、多大の進歩を為したり。但しぜい〔贅〕沢に流るの弊を防止するは亦た緊要の事項と存し居候。之に伴ふ運輸の省費は尤も注意す可きことなるも、直にどうと云ふ訳に参らざる可く、目下は二斗俵一里八乃至十銭と申事にて、他軍との比如何にやと存し居候。○物資の多少、又た追送品の事等に関して外松閣下いづれ御承知之事の由なるが、就中て補助輪卒の被服（肩、前掛けの如き）并に雨覆（支那軍のものも）の如きは焦眉の急と被存候。昨今は稍小霖の気味にて毎日午前は雨に候て、粮秣を雨に打たせながら輸送するを見ては心細く被感候。○軍の預〔予〕定行進路の状態は漠然たる土人の言のみにて、万事の計画紙上の計算に止まり居候。不日間牒も帰り候筈ゆへ、幾分の明了〔瞭〕を得可申と存し居候。○馬の減耗は軍も他と同様にて、寒心の至に候。幹部不注意もあり、又た道路の干系〔関係〕もあり、一大困難に存し申候。軍隊及ひ兵站監部にても追々土馬を購買したる由にて、其価格は其間に差も有之、加之兵站地附近にての買収は面白からすと雖とも、其方法宜しきを得ば、太々的買入れも或好結果を見やも知れす、研究中に有之候。縦列の如き目下其効程半減の有様に有之候て、玄海洋〔灘〕戦没〔カ〕縦列の代りの来るを切望致し居候。○補助輪卒隊は編成上幹部の不足を感し候由なれとも、忠実に働き居候も、其車力は凹凸太き支那車道には大閉口、殊に大坂製の第十師団携行の一本轅桿のものは尤も可ならずと申事に候。其輸送力も到底計画通にゆかす、一串〔貫〕して計算したらんには、一人にて二斗俵一の上に出つる能はす（もつこにて二人に二俵を好むもの、又は車を好むものありと云へり）、又た毎日の書面も五百人一隊にて四百内外とのことに候。○地方人心も落着居候て前役の如くならず、併し当地にては婦女子は半数位止まり居る有様に御座候。露人も存外土民に対しては穏かなりしと見得へ、其金力に眩惑され、彼に心服の者も多き由の報に候。我軍及ひ土民に対して間々残忍暴戻の所業を為したるもの有之、取調結了の上、公然報告の筈に御座候。○敵砲兵の威力に付ては大疑問なりしが、第十師団及ひ浅田支隊の受けたる銃、砲創の比格〔較〕は別紙の通に候て、砲創の多きは驚くべきか如しと雖とも、歩兵の激戦なかりし為め銃創の少きは勿論に候なれとも、近衛砲兵の言によれば九連城に於けるか如く敵の榴霰弾被筒の破烈〔裂〕は多からす、束藁の状況も大によし、被筒を検するに九連城のものと同しからすと云へり。而て其損害の尠きは（（分水嶺にて近衛は十二門にて千四百弱発射したり。敵は十六門にて速射したるゆへ、二千乃至二千五百は発射したらん。而て我は死六、傷十なりしなり））。主として射法の適当ならざると射撃の下手なる為なりと、大隊長も言ひ居候。これ等は楠瀬より其筋へ通報之事に相成居候。○敵騎兵は他軍の前面にあるものと同様活気乏敷、近頃は日本流に同化し歩兵の支援隊を有し居候有様にて、槍などは邪魔ものと見へ、急の場合には之を打捨て遁走する赴〔趣〕にて、分捕槍は多く之を電柱、若は担架用としあり、御笑可被下候。○鉄道に近き我前面の敵にてあり乍ら給養は甚たしく悪しき模様に相見得、案外に存し居候。○地方物資は前述の通にて御承知にも候半が、兵站地の給養位のものと存し居候が、薪だけでもある丈は仕合はせに御座候。前方には馬粮も皆無と申事に御座候。

先は別紙密啓之件申上候序、着早々気附きの儘、情況右の如く乱筆申上候。尚追々事態に精通之上、可申上含に御座候。以上謹言

上原勇作

七月廿一日

閣下侍史

〔封筒表〕麴町区永田町一番地　陸軍中将寺内正毅殿　要信親展　軍事郵便　（消印日付）37.7.21。

〔封筒裏〕□　第四軍司令部　陸軍少将上原勇作。

〔原史料番号〕①336―4。

5　明治(37)年8月6日

先日岫巖より一筆進呈致候間、既に御一読被下候事と奉存候。其節別啓に申上候人事上の件は此度の激戦に於ても依然掩ふ可らざる成蹟相見得、誠に遺憾此事に御座候。何とか御工夫切望之至に堪へざる所に御座候。

卅一日の戦斗は左翼端より右翼端までは山を間し谷を隔て其延長五里に近く、其前日を以て電線電話を架設し可成得たけの通信法を講したるにも関はらす、命令、報告、通報意の如くならす、実に困難を極め、従て総軍司令部への報告の如きも支離滅裂なるを免かれす、我彼死傷、分捕品の報告亦た同断にして、嘗て東京に在ては他の遅緩を嘲笑したるに、実際の困難を自覚したる勇作慚汗之至に御坐候。山砲を以て多数の野砲に対したる此戦斗は珍敷戦例なる可く、此方面よりのみ観るときは無理なる

戦争にて、理屈とは違ひ現場を見るときは、山砲はあたまも出されぬと云ふこそ至当なりしならむ（第十師団方面は第五師団方面とは地形を異にしあるゆへ）。又た砲兵が弾薬の浪費を為すとの感を抱き居りしが、今回も砲兵は多数の弾薬を消費したり。数度の実検〔験〕を経たる人に付き聞き取り、又た今回の情態を目撃して観察するに、敵砲の威力旺盛なるときは歩兵の前進困難なるゆへ、勢ひ砲兵格闘は長時間に亘り従て弾薬を多く消費するものに有之、欧州現今の学説の如く砲兵格闘必しも必要ならずとのことは実際に行はれず候。是れ或は平時教育の結果にも可有之歟と尚今日に於ても疑を抱き候。○此回も銃瘡と砲創との比に付き観るに、砲創の比は25％に達し銃創は60％なり。これは確かに山砲対野砲の結果を明示するものにして、先日申上候疑団は氷解されたるものと被信候。なぜなれば今回は激裂〔烈〕なる小銃戦を為し、殊に一部のものは銃鎗の接戦迄をも成したる迄に接近銃火を交へたる故に御座候。○小銃弾薬の消費は比較的少数にして心配無之候得共、砲弾は前述の如くにして、多く本邦の製造額を承知し居る勇作甚た関〔寒〕心之至に有之候得共、止むを得ざる次第ゆへ至急の補充をも請求せしめ候始末に有之候。此戦役間此状態は決して変す間敷被存候間、砲弾の製造は余程多忙を極め候半歟と存し申候。○両師団共に敵砲の威力の価値は最早充分に承知は致し居候得共、「山砲にては」と云ふことは脳より去る可くも見得不申候。○我軍隊が困難に堪へ死を恐れざるの勇気は転た感涙の外は無之候。昨今の暑気は非常にして、殊に戦斗当日の如きは司令部員皆々顔の皮を日光に照りむかれ候位の暑気なりしにも関せす、三十日早朝より翌三十一日夜を徹し一日の朝に至る間、敵前の動作を続行したるの労は何共言辞に尽し難く存し申候。○敵は已に大局に於て利を亡ひながら尚頑強の抗抵〔抵抗〕を為し、第五師団方面の一部には三回迄も逆襲を試み、歩砲兵の為め大損害を受け、東条旅団と第十師団の本隊方面には大々的逆襲を為し、鼓手喇叭手皆鼓噪して突進し来るなど、見事に撃退されたりとは云へ中々勇猛の敵兵と感服致し申候。中には大坂夏陣の絵巻物を見る如く、ズボンのみにて上体は赤裸々の儘突進し来れるものもありと申事に候。此猛兵にも益〔増〕して我兵が敵の歩砲弾雨下の下に立ち、某一中隊の如き二十余名に打成され、中隊長を亡ひ尚芝居を践こたへ、終に決死憤進の敵を撃退すると云ふに至ては、殆んと神兵とも可申にて候。○死傷数も最初の報告には両師団にて四、五百との見込なりしが、昨今に至り殆んと千人に達し、徐ろ傷心之至に御座候。併し敵の遺棄したる死体の四百五十余は確かに我にて埋葬したる所より推測すれば、敵が昼間戦線より持ち去りたるもの及ひ夜間に数は〳〵小突進を試み、同時に収集し得たるべき死傷者を合して、其損害の大なるは疑を容れすと大に自ら慰し居候。○析〔柝〕木城西北方高地なる敵の本陣地の防禦工事の盛なるには工兵科出身の勇作も始めて拝見したることにて、一大喫驚に有之候。凡て高地全体工事にて掩はれ居るの観あり。大体より云へば高地の周囲を閉塞し、防禦線は之を三線に編成し居れり。併し山砲に対すると云ふ意にや、断面は極めて微なりし。如此冗大なる工事は軍隊のみにて施設せしに非らずして、支那人をも雇役して為したりと云へり。故に此むだなる工事は尚此上に上前はねのむだなる国庫の負担も生したるならんと可笑存し申候。○其例証は土耳古戦争当時の如く、如何敷看護婦四、五十人当初当柝木城に来り居り去る、十八日乃至廿日頃に至り排路屯に転したりと間牒之言もあり、先日捕虜の中に混し居、後に至り敵に送り付けたる赤十字社看護手の言もあり、旁事実なるは毛頭疑なし。中々敵も面白き奴原に有之候（先度差出したる敵兵の日記に「将校が遊蕩、飲酒、賭博に耽ける」と云ふ事が明記しありしなり）。『これは夏日の御慰みに申上候、呵々』。○分水嶺より海城迄鉄道架設の計画ありしは勇作存外なりし。路盤は殆んと完成し「本鉄道なるか如し」。軌鉄は海城より五里程成就しあるよしなり。五月中旬より分水嶺陥落まで工事を続けたる由に候。これも例の清人の紀鳳台の請負と申事ゆへ、将校の上前はねは勿論と被存候。○嘗て御話しありし平壌、義州線の延長は如何に御決定に候哉。其節は大石橋に出す方得策ならむと申上候得共、分水嶺より大石橋に出つるには地形甚た困難なり。右の路盤もたとへ小巨〔距〕離なりとは云へ、現在しありかた〳〵此軽便鉄道は海城へ連接せしむること得策と被存申候。○分水嶺及ひ其以北至る所露兵が為したる防禦工事及ひ道路工事は実に驚く可きものにて、独り析〔柝〕木城附近のみにあらす、只今海城より帰りし参謀工兵科将校の言ふ所によれば、海城南面の工事の如きは殆んと半永久に近きもの丶如くに有之候。是等必要以外の工事多きは大に曰くのある可きものと被存候。○前述鉄道路盤工事は単に土工のみに有之、橋梁、短橋《コルベルト》の如きは未た一も析〔柝〕木城迄は見当らす、線路は柝木城よりは本道に沿はす、沙河を沿ひ石門嶺を経て海城に至るものにて、分捕品目中にある少数の軌条、土運車、土工具の如き皆石門嶺附近にて追撃隊か見出したるものに有之候。○支那車輌の出面は軍の北進するに従ひ后方に於て益好況に有之、析〔柝〕木に於ても続々召集に応し誠に好都合に有之、これのみは大安神〔心〕に有之候。○軍隊の健康も依然好況に有之候。捕虜の言によるに、露軍も別に流行病などなし。但し赤痢病ぼつ〳〵あり、病者の百分の二位に相当す（前述看護手の言）とのことなり。生肉も一周〔週〕間に二回位は給し居るとのこと。志気は一般に闘志なしと提供す。一中隊の銃数は百三十乃至百六十なり。聖彼得堡其他欧州より来れる者は約二十五日乃至三十日間を以て海城に来れるが如し。輪送中大概は車中にて食事を為したるが如くに陳す。○山砲でも榴弾は露人に向て効力ありとは両師団の言一致す。故に可成同弾の比を増す可く御計画切望仕候。先日之戦斗に各師団に於て各一門の砲車を破壊され、早速補充致し申候。

以上思出しの儘書綴り差出候。御ひまの節御一覧被下度、別に長岡氏には何等文通調ひ兼ね候間、御序にて参考の節も有之候はゝ御伝言被下度希上候。陣中も以前と異なり不自由も無之候。只た閉口なるは炎暑と蠅の多き事に御座候。以上謹言

八月六日　上原勇作

閣下侍史

尚々第三軍前の現状如何にや案し、且つ不絶話合も致し居候。陣中丸て世外の感あり。新聞も戦争記事にて閲読に懶く、海外新聞は来らぬ、世界の大局如何に輪転し居るや、バルチック艦隊や浦塩艦隊の消息の如き更に耳目に達せす、気楽なるか如く亦た然らざるか如くに日を消し居候。

後備第十旅団は初めて「バプテームド、フー」を先度の戦斗にて受けたるものなり。其大部は（二十と四十連隊）は劇烈なる方面に当らす、第十連隊は東条方面に当れり。此隊の価値に関しては未た十分なる調査を経す、風評は両様に解せられ居候。不日取調之筈なり。○我砲兵の消費弾数の多きに過くるの感に対しては前述の如くなるか、敵は所有砲兵の過半数四十余門を現はし（其全数を現はさゝりしは地形に制せられしならむ）、無暗に連射し、単独

兵でも看視兵でも展望兵でも、見へされ〔ママ〕すれば射撃すると云ふ風に濫発したるゆへ、其発射弾薬は実に夥敷ものならむ。第十師団砲兵一中隊の如きは早朝より天窓を出すこと能はざる迄叩き付けられ、終日にして漸く四門を陣地に付け得、数発して忽ちに圧倒されたるもの等あるも、全砲兵弾数は多し。然るに終日濫発したる敵砲弾数は少も我に比して三倍以上と見て可なる可く被存候。

尚々先度申上候人事上の件、本日電報にて御問合はせ致せしが、此方にして御工夫出来ぬとの御返電に接せば、他に申上度事も有之候得共、今度迄は不申上候。中々意外のことも耳に入り候。戦場では又た戦場の人を要し候事と被存候。

〔封筒表〕寺内中将殿　必親展。

〔封筒裏〕□　栃木城　上原勇作。

〔原史料番号〕①336－5。

6　明治(37)年12月24日

先月二十三日附之御懇書、難有拝見仕候。時下酷寒之候、御多祥珍重之至に御座候。此戦局の拡大に付き彼是と夙夜御配慮之段、御遠察申上候。当地方は（当軍方面）去る十二、十三日の両日に於ける零下二十三度を以て最低寒冷とし、十五乃至十八、九度の低度を普通とし、時々凍傷者を生し申候（もとより不注意より来るもの多し）。各部隊とも熱心に部下戒飾中に有之、又た藤田軍医部長中々熱心の男にて、日々前線と后方を駆巡はり配慮致し居申候。○第一線は悉く穴居し、第二線は悉く廬蓋下にあり、第三線は約三分二穴居しあり。穴内と外気とは十乃至十五度の気温の差を見ることを得申候。尤も穴の作方悪きものは僅に四度の差を見るもありと雖とも、十度の差に作り上ることは難からす、目下改造督促中に有之候。中々言ふことを聞かす、実に日本人の「ストイク」には恐入候。我の強きもこゝにあり、弱点も亦たこゝにあり。高等司令部も肝の煎れたことに御座候。併し衛生上の情態は一班〔般〕に好しく候。これ等は一に御承知之事に御座候。衣食住の三件に付住のみは未た所望之点に至り不申候（人馬共に）。尤も防禦工事に専らなると、此工事の困難にして進捗せざる結果は、亦た穴居の設備不完全なるも有之候。○滞陣の長きと寒冷期に達したるとより、種々と違式のものも出て自分勝手も出て候に付、一々大臣の規定に引き戻し着々整理致居候。○住の事に付ては穴居は存外よしと雖とも、御送り之天幕は試見用として十張受取りたるのみ（総司令部にて何歟考案もあるやにて受取るや否や不分明なり）にて、目下試見中に有之候。

○砲兵大隊長と中隊長行政所分の件、御弁図委曲了解仕候。右両人は何卒適当之事期に御引出し、切に希上候。両人共に自新を期し衛戍地に踏み止まり居候由に伝聞仕候事に御座候。

○独乙の親王は一度戦線巡回后御出向きなし、一周〔週〕二回情報を送り居候。今日迄は別に御不快の感情を懐かれたるを承知せす、但し先日軍の后方勤務の講話を謝絶したることありしも、当然之事ゆへ御不平もある間敷被存候間、御安心被下度御座候。要するに永山は心持を御側役的にせず、側に付きたる監視者的なるを要し、断へす親王の心を忖度し挙動を監督し、通報を適当にして貫度存申候。少佐ブロンサールも一度も其後来らず。○上長を度々変更するの不可なるとの御高見、至極御尤に御座候。深く服膺仕候。「Tojo の件は実に極端までの上下の云為も有之しも、何にも不申上ざりし筈に有之候。Marui の事は御返事により其儘に成り居る中に、遼陽にて最初日に上官より九寸五分を以てするか如き叱責を受け、其結果玉皇庙の動作となれり。○Yamada の事は師団長の上申止むを得さりしと認め申候。御案内通大将とは従来の干〔関〕係もあり、司令官も大に弱はられたるならむと推察致し申候。尤も Maruyama の方は大将より「一、二回の動作にては真価分らぬ」とて、上申を却けられ申候。

○上田閣下のものに至ても司令官は気之毒に思われたれとも、四囲の情形は之を可なりと認めたり。以上の件には少々申分けの如く御考もあらん歟なれとも、一往〔応〕は申上置候義候。○要するに平生に於て人を判断するは難の最も難なるものなる可く、たとへば原田大佐の如く世人は一のハイカラと見居たらん。然るに勇名第一軍に炳然たり。之に反したるの例亦た多し。戦場にて戦斗を指揮する人は勇を最唯一の条件と致し候事故に、上官が認めて以て善良指揮官とし部下か仰て以て信頼するものは抜擢して指揮者たる可く、人事上の御指金は目下の最緊要事件と被存候。之に反して戦斗の指揮者たらざるも、他の方面に向く才幹はそれに御差向けにて可然もの歟と被存候。戦局の進むに従かひ勇敢なる下級幹部の多くは斃れ、兵卒は補充兵の多数を混するに至れる以上、此勇胆なる大に聯、旅団長の人撰は大事と被存候。殊に旅団に於て然る如くに判せられ候。○已に御聞及びにも候半、司令部と云はす部隊と云はす、《学者は「平日の戦術学者」、猪勇者に若かす》とは一の流行語と相成居候。これは決して平時に猪勇者が学者には苦められ居たるか故に復仇的の言を弄するあらすと信し申候。

野津大将より兼て申上られ居たる萩原憲兵大佐は今度当軍兵站司令官にて出征之事に相成、大将にも大に喜はれ申候。併し今一歩を進めて、転科の上歩兵聯隊長とし、戦斗指揮の技能と彼の勇とを国家の用に供し度熱心に希望致され候。余程六ケ敷事歟とも存し候得共、断て閣下に申上く可く命せられ候間、御一臂之御尽力希上度御座候。尤も其他に大将の御気附きの人はなき歟は伺ひ候へとも、大抵従軍致し居るとの事に承知仕候。

英国にある宇都宮中佐病気のゆへに、稲垣き〔騎〕兵少佐御差向け之由に承り候。目下在英我将校は彼の傲岸なる英人相手の仕事を為す可く極めて緊要の位地にあるものなり。宇都宮の請求により稲垣ならば勿論異見も無之候得共、小弟は甚た疑ひ居候（昨年冬に英国に行き、宇都宮にも林公使にも面会して談話振による）。もし宇都宮病気にて在英に堪へぬならば大本営に引戻し、交代には柴五郎か、第二軍の副長歟の如きを御差遣得策にはあらざる可き歟と被信候付、児玉閣下には先日其旨申上置候次第なるが、御参考まで閣下の御耳に達し置候。先は例の如く思出しの儘乱筆匆々如此御座候。以上謹言

十二月廿四日　上原勇作

閣下侍史

尚々新年の御祝辞は御意図により取止め申候間、不悪御海恕被下度御座候。

島津中尉は令息の中隊に小隊長、至極好都合に有之、令息より消息も有之、安心致居候。

尚々御多忙にて御卒読なきも、――――だけは御熟読希上候。又た御一読后は御火中切望仕候。

〔原史料番号〕①336-6。

7　明治(38)年4月15日

近頃甚た不埒打過恐入候。当軍之近況は先度立花大佐帰朝、仔細に申上候筈に有之候に付、別に不申上候。目下は唯将校以下之訓練と或は戦局は尚々遼遠の前途なる可きを顧慮し、冗費のあること無き歟の攻究に有之旨申上候へば足れりと信し申候。当初より御心配相成候独乙皇

族も弥々御帰国之事に相成り、頓と安心仕候。御従軍中はひどく御感情を害し候事はなかりし様に存し申候。但後方勤務講話に関する件にて少々御気色を損したる哉に有之候始末は永山中佐熟知之次第に付、復命可致存し申候。尤も陣地御巡回とか又は集会之節とかに「グロボンね《〔ネ〕》」連以下将校の無愛想にて唯一片の敬礼のみに止まり候には、灰殻の目よりは甚た気之毒にもあり、又は冷汗のこともなきにあらざりし。時として余りに堪へ兼ね、「我将校は西欧のサロンには少々不向きに候」と申上候所、其御答へは外交的妙を極め候。「陛下には将校がサロンの獅子たらんより、戦場の獅子たるを望ませらる可ければ」とありし、感服仕候。随分之には軍司令官にも心配も致され申候が、立花大佐は能く此間に処理致し腕を振ひ候事は御耳に入れ置くの必要有之と信し申候。

今日に於ては我日本軍の状形は能く御存知之事故、戦争永引く時は今日の御帰国は我日本軍之為めには不利益に有之間敷哉。又た仏のコルビザール中佐も帰京せり、これ以て同断にはあらざる可き歟と杞憂致居候。

鋳方中佐なりし様に記し居候閣下の御伝言なる「最早兵力はこれ切だぞ、憤発一番せよ」との事は敬承仕候。然るに敵は捲土重来を声言致す通に実行するとなれば、補充兵隊は皆戦地に御送り相成候ては如何にやと存し申候。此事は立花より御聞取被下候事と存居候。是れは一は兵力の増加、一は将校下士卒の補充を速にするの必要は遼陽戦以来其感の深き故に候。これには更に内地之戦設備も要し候事なれど、研究の価可有之信申候。

目下日々宜を企て総参謀長の帰営相待居候。先はアントン殿下御帰国之期に際し、例の乱筆を以て右申上度如此御座候。以上謹言

四月十五日　上原勇作

閣下侍史

尚々御令息転任にて、島津男も転隊致し候旨に候。今度も無事ゆへ一面には安心し、一面には働振り不束にてはなかりしやと心配致し申候。戦后多忙にて未た第一軍の面々と面会問合はせの機なく、案煩居り候事に御座候。

〔原史料番号〕①336-7。

8　明治(38)年6月4日

海戦之結果誠に目出度、為邦家御同慶至極に奉存候。陸海共に戦斗は我か利に帰し、敵は到底目的もある間敷哉

に被存候へ共、無政府同様之露国之事にもあり、又た露兵同様に無感覚之露国にもあり、内閣にても或は御困却にはあらずなどと空想致し居候。児玉閣下御帰任以来明日始めて訓示有之筈にて、司令官も今日出発、奉天に赴かれ候。軍は目下前進準備を為すと同様に軍紀に技能に訓練を加へ居候。大捷之後に於ける長滞陣、しかも敵に遠き事ゆへ、軍隊之身心に異状なきや仔細に注意致居候。少々の事は全くなしとは申難く候へ共、たいした事も無之仕合に御座候。堀江通訳は司令官之同意を得は、大臣の許へ一書を呈し志望を述へ御意見を伺ひたしとのこと有之、それは追々民政庁設置相成候に付ては彼の方に転しては如何てあろう歟との事に御座候て、司令官は小弟に御意見を可伺申付られ候に付、何分御洩らしを希度、軍に於ては当人を手放し候ても困まりは不致、又た司令官に於ても別に意見も無之候。若し閣下に於て可然との事にも有之候はゝ同人之志望相達し候様御尽力被下候と同時と〔ママ〕、小弟之執る可き方法も（たとへは児玉閣下に直接小弟より申上るが如き）御内示を仰度御座候。堀江には尚書面を以てぢかに閣下にも委曲申上る方宜敷からむと申入置候間、多分一書進呈可致存し申候。先は右海戦之御祝と堀江之件申上度、早々如此に御座候。堀江の件は副官をして御返事御かゝせ、何分の御仰聞かせられ度希上候。以上謹言

六月四日　上原勇作

閣下侍史

〔原史料番号〕①336-8。

9　明治(38)年6月28日

去る十六日之御手紙難有拝見、時下御多祥恐悦之至に御座候。海上全捷、為邦家御同慶之至極に奉存候。平和問題にてペトルスブールが那辺にあるや知らぬ連中迄が償金額や割地策や満洲善後策など大声呼号致し候様に新聞上に相見得、開戦前と云ひ目下と云ひ、余り感心之出来ぬ軽騒之国民と窃に嘆息致し候。多く之人士も当地方に見得候も、研究の結果は太た疑はし。又た尤も弥軍人輩共に談するに足らすとして、勇作輩には其深慮遠謀を泄らさゝるにやと笑止に存し申候。何に致せ引続き御多忙御苦神〔心〕御察申上候。平和風之軍隊、身心に及すべき影響に対しては全力を駆使して□□注意致し居候事に相□□御安心を仰度御座候。其方法として練兵、工事

（交通防禦）に身を労し、数は〳〵偵察等に派遣して心に印象せしむるか如きものに御座候。司令官数は〳〵前線巡回、綹〔恪〕励に相成居候。今日に至るも衛生上の情態は至極宜敷御座候。

「堀江は帰国せしむる事に取計候。民政之方に転せしむる事に付ては、当人も児玉閣下に一度拝眉情願致度を記し、又た勇作もしかあるを至当と存し候に付、児玉閣下に面陳之為め一日同人を奉天に遣はし候所、同閣下の仰せも資格上に於て採用出来すとの御返事承知帰営、其後貴閣下之御手紙にて符節を合はせしに弥〳〵帰朝と一決仕候。只今にてはこれと申して確たる目標あるものとは見得不申候。

当開原以北長春附近に至る間は土地も貧寒之様に被察候。既に目今之我一線に於ても寒村のみにて有之候。舎営には困却致し申候。元来天幕の習慣もなく、又た今迄に其教育もなさゝりし軍隊ゆへ、之を用ひざるには驚き申候。此事は后来大に軍隊の為め習慣を付け度存し申候。敵は将校輩のみ房子にあり、兵は携帯天幕に居るとは毎々捕虜之申出に有之候。敵は馬匹の為めに沙河対陣の寒中にも仮厩を立たる形跡は勇作今迄目撃もせす（我は第一線に至るまで土を掘下け、之を設けたるに）、馬粮は全然地方調弁に依り居れり（目下）。勇作は信し候、彼れは或は我より単簡なる給養に安して居るにはあらずやと。而てこれは平生の馬の飼養慣習之結果によらずんはあらすと存し申候。尤も敵は奉天后目下給養上大困難なる可きは拙案通にて、去る十九日より廿一日に亘り生捕之者十二、三人の中多数は未たに支那ツ〔ズ〕ボンを着け、夏服の支給を受けたるものと否らざるもの半数つゝなりし。又た時々は粟粥をさへ給せらると云ふはうそとも思へ不申候。

春期は大駈走にて満州を通過したるやの感あり。去る十六、七日以来頓に暑気を増し来り、夏既に中すと申有様にて、蠅群来襲には大閉口に御座候。工事に従事致し候者は水に困難之次第ゆへ、煮沸水車の追送は一日も――総理長官――早からんことを、真に雲霓之如くに期待致居候。七月中に到着と申事なれど、目下より其必要を感し申候（先度は四斗樽にて之を急造せむとして経理部長に申附けたるに、大に外松君より叱られ候由にて、勇作甚た気の毒に有之候。御笑可被下候）。尤も朝夕は大に涼敷して凌きよく仕合に御座候て、恰も西欧州の如くに感せられ候。併し欧州の如く新緑滴るか如き彼の愛す可き時期は甚た短少にてありしなり。而て只今は唯た無味単調なる殺風景の夏気色と相成申候。

「冬期に於ては鉄嶺以北は大に寒く候由にて、当開原と奉天とは非常の差と申事なり。弥北進せば此冬は中々の事と被存候。弥以て毛革の必要大なる可く被在候。此毛革の事に付ては目下取調中に候が、未来之戦場の吉林、黒龍たるを期する以上は、未来之戦場には防寒衣は毛革し度〔ママ〕、調査の上取寄せ飼養せしむへし。其毛革は満州犬を盛にし、北海道及ひ東北七県之農家の副産物として飼養する事に御座候。これは屹度成功可致信し申候。満州犬の毛革用のものは三年児を寒の中に打殺し用ふるもの丶由、種類は多く候間どれか最も優等と申事も可有之存し居候。到底山羊の如きは多分に本邦に飼養し得るの見込なきが如し。此事は今日より御着手相成候は丶、他日之為めに御為め筋の大なるものと真面目に信居候。司令官も至極壮健にて、出張以来一回に〔ママ〕病に犯されたること無し。只今では狩猟も出来す毎朝乗馬も致し候始末に候間御安心被下度、又た御伝言の旨早速申上候所多大之感謝を表され、宜敷申上候様被申付候間御聞置き希上候。島津男にも先日面会致し申候。至極壮健に有之候。先度は中隊長に就職にて、大に面目を施し申候。御礼申上候。中隊長と申せば大任ゆへ、未た学識実験不足にて如何と存候へとも、必至憤励、斃而止矣の決心必要なる旨篤と申談置候。連隊長、大隊長深切に世話致しくれられ候由にて、時々文通も致居候間、御安神〔心〕希上候。先は例に依り長たらしき乱文、御一読被下候は丶幸甚に御座候。以上謹言

六月廿八日　上原勇作

閣下侍史

尚々榊原大佐必至と勉強之由、度々手紙も参り、補充教育之情況も分明に承知仕候。工兵教育に関し又た戦後之主張に於て先度二、三申述置候。

「先々度申上候戦地に於て専ら猪勇の賞玩され、馬車馬的動作の余義なき場合多き為め、学文彼何する者ぞとの観あり。若この観念にして大勢を支配するに至れば由々敷大事と存し申候。我の勝を制したるは確かに胆にあり気にあり。然れとも之と同時に軍事的教育は我彼を凌駕せり。此教育を今後等閑に付する如き誤説のあるあらば、それは此回の勝敗の真想を誤認したるものなり。殊に注意す可きは物質的のものは彼遥かに我に優れり。

これはどうしても今後彼と同等以上に進めさる可らすと被存候。
尚々「 の印の分は御一読を希上度御座候。

〔原史料番号〕①336―9。

10　明治40年5月13日

御多祥奉拝寿候。陳は今度弥〳〵満韓地方へ御旅行之由、勇作輩も兼て希望致候事ゆへ、此御旅行は多大之利益を帝国軍に与へ候半と奉存候。又た閣下之御健康上にも宜敷かる可く存し申候事に御座候。是非今度は痩せて御帰朝切に希上候。御年齢と共に御肥満は御健康上如何と存し申事と御座候。

今回の工兵演習も今日より川村閣下御指導之攻防演習に連合致し申候。今日までの演習にては全然目的を達し候心得に有之候。それは即ち我が工兵が従来技術を軽視し戦役中常に此点に於て敵に一籌を輸したるの欠陥ありしを全く暴露せしめ得て、従来之教育に資するの多大なる可きを信し申候。又た茲に一つ閣下之御記憶に留められ度存し申は、此三月に韓国より帰りし工兵第十五大隊が他の近衛第一大隊に比して教育に、将た作業軍紀に大なる逕庭あることに御座候。勇作も之を見て此大隊長に鉄腕を有し、且つ熱誠なる者をやらざりしを大失態なりしと、今更ながら残念に存し申候。

十六、七日御出発之赴〔趣〕に新聞上にて承知仕候。勇作の御願は可成途中一日之御繰合はせを以て当演習地御巡視相成り、帝国軍は如何に堅固に編成したる陣地にても所謂金城湯池にても之を奪略す可きものなり、又た防禦に任するものは如何なる情況にありても守地に死す可きものなりとの意を御明示ありたく、邦家之為め熱望仕候。如此熱心に希望を申上候は、今回は戸山学校召集之戦術学生、海陸大学校学生は勿論、各師団より見学者も多く候ゆへ、悪く間違へ帝国軍か性〔生〕命とする攻撃精神に影響を及ぼす様の事ありては由々敷大事と存し候故に御座候。又た閣下か御臨場一日之結果は、如何に研究の大事にして月桂樹上に睡眠をむさぼる可きにあらざるを天下に呼号醒覚〔覚醒〕する上に多大なるかを存し〔ママ〕ゆへに御座候。

右申上度如此御座候。例之通り乱文悪筆、御推読希上候。若亦た当地御立寄相叶不申候はゝ御目に掛り候事は出来不申候間、折角と御自愛希上候と共に一路平安を祈候。

以上謹言

五月十三日
上原勇作
閣下侍史

〔封筒表〕□京□麴町区永田町一丁目官邸　寺内正毅様　必親展　（消印日付）40.5.13。

〔封筒裏〕緘　富士裾野工兵演習地より　上原勇作。

〔原史料番号〕①336–10。

11　明治(41)年5月3日

御多祥奉拝寿候。先度上京之際は懇切なる御訓示御教戒、逐一感銘仕候。戦後数回之御訓示中、未た励行に至らさるものと一併して是非串〔貫〕徹可致決神〔心〕にてそれ〳〵計画を建て申候間、これより実行に取掛り可申候。尤も業既に実行中之ものも多々有之候結果は、計画之拙なりしに基因せるものも可有之歟と存し候得共、何にせよ断行之心得に有之候。先度申上候通り、又た参謀長にも好機を得たらんには申上候様伝言仕候通り、どうか此夏には（(六月以降に)）一度御下向切に希上候。左候はゝ当地の改善には精神上に実質上に最大進捗を来すは必然と存し申候。而てこれは独り軍隊上のみならぬ事と確信致し申候。殊に樺太の事は大政策上、御巡視の必要有之義と被存候。後藤大臣や一木氏など下向之話も有之候へとも、居候。樺太政策の根底に大鉈を加へ候事は如何にやと窃に存し居候。同島之軍事上に就ては豊邊少将上京委曲上申したる筈にて、別に不申上候。此六月之派遣は可然取計ひ可申上候へとも、来年にも相成候はゝ当局にて一層之研究を遂け、洽〔恰〕当之編成、適当之方法にて実施され度、切に希望仕候。軍隊を未開地に派遣するに職工もつれず、甚しきは喇叭手もなきなど云ふに至ては、大学校ぽつと出青年者之失態とは云へ、甚た遺憾之次第と存し申候。併し是れ要するに、樺太幷に当地の事情が中央部当局者に知悉されあらざるに坐するならむと被存候間、萬一にも大臣の御巡視出来難き場合には当局者御派遣を願度ものと存し申候。原来北海道之軍事上の事が今日の情態にありしは、固より本職の責は恐入るところに候得共、亦た中央当局者之頭脳に当地の実況を描き出し能さるに基くもの尠からざりしなる可く察せられ候節も有之候。

本年の予算に計上を希度ものを設計も出来候に付、不日本省に差出し可申筈に御坐候間、篤と当局に於て詮衡懇切之判断を為し、取捨相成候様の御一言を仰度奉存候。

1°　水道の設備

理由は御詳知の通。

2° 月寒歩兵第二十五聯隊兵営改善、修繕

理由　元来同兵営は歩兵の独立大隊、砲兵、工兵中隊の旧営を改修したるものにて、甚た無洽〔恰〕好のものに候が、欧州兵営を熟知せる勇作には無洽〔恰〕好なぞは何とも無之候得共、二年兵役の為め兵員増加ゆへ非常の狭隘となり、勇作は経理部長を伴ひ仔細に視察致したるが、到底其儘にては我慢出来申さす。経理部長上京之際当局と相談せしに、成規通の一兵の容積に改築は到底行はれすと云ふことの由ゆへ、箱〔函〕館重砲兵営の容積に致したるものに御坐候間、これは御詮議を仰度御座候。

元来こんな不都合を今日まて申出てさりしかと御疑も可有之歟なるが、当地の取調では本省派遣技手の取調之手落と云へど、果して然りしや否な明言も致兼ね候次第にて、已往は已往として御目こぼしを希上候。

3° 乗馬隊（き〔騎〕、砲、輜重）の雪覆馬場各一棟の新設費

理由　これは明瞭の理由にて申上るまでにも無之、年来の申出に有之候。従来の一棟にては新馬調教は雪中にて出来兼ね、新兵の教練、将校下士の乗馬術等之為め必要に有之候。

4° 排水費

理由　上水にして成就したる以上は、当地の健康設備は大半の目的を達したるものと被存候得共、排水所分も亦た之に伴はざる可らす。然るに計上費用は誠に小額にて、到底これにて完全を期し得可きには無之、真に止むを得ぬ分のみに有之候。

5° 歩兵隊の雪覆練兵場の拡張

理由は前述乗馬隊のものと比しく〔ママ〕、各大隊の一棟は冬期長き当地にて教育に支障甚大に付、御詮議を希ふ次第に有之候。これ以て数年来の申出にて、当局者承知のものに有之候。

右申上度如此御座候。小官幷に経理部長に御申附通り、令達以内の費用にて節約を加へ、軍隊自身にやる分は厳重に実行せしめ、可成たけの多くの効果を収め可申奮励可致候。以上謹言

五月三日　上原勇作

閣下侍史

尚々茲に私情御願の件申上候。勇作竹馬の旧友に獣医学士土持綱晟なる者あり。目下岩手県小岩井農場の岩崎男の牧場を支配しあり、今春にて牧場の整頓も相付き之を

辞する筈に有之候所、今般北海道に種馬所新設之赴〔趣〕聞き込み、所長に任せられ候様尽力せと依頼し来り候に付、他に御決定の人無之候は丶、御採用被下候は勇作にも面目之至に奉存候。尤も当人は北海道にも就職しありしものにて、其性行、伎倆、品格等は御部下の丹下と云ふ馬政官承知と申事に有之候間、御詮衡にも相成候ものなれば御聞取を希度御座候。

〔封筒表〕東京市　麹町区永田町大臣官舎　寺内正毅閣下

㊙親展（スタンプ）次官 軍局長。

〔封筒裏〕緘　北海道旭川　上原勇作　次官（押印）軍務局長閲覧の上通知の事。

〔原史料番号〕①336-11。

12　明治44年6月8日

御多祥奉拝寿候。先日は招魂社一条に付御返電を賜はり、殊に将来之為めにも御心添被下、深く感銘多謝仕候。神殿、拝殿、遺族幄舎の三棟を二万二千余円にて建築し、其維持費并に例年之祭典費二口の基金を三万円とし、北海全道より五万円を募集し、官吏、会社、富豪などよりの寄附裕に三、四千円之申込み有之、其払込を昨今二年に掛け候所、已に其過半数は昨年末に於て払込に相成り、建築も北海道としては立派に出来上り、今回の竣工式も祭典も施行致し候始末に御座候。本年末までに払込可相成、残額は大丈夫とは確信致し申居候も、閣下の御電報は洽〔恰〕好之機に到着し来集之支廠長、町長、有志者に偉大之感応を与へ、勇作は大なる増加兵を得たるに等し。最早捷利疑なく存し申候。茲に右前後事業申上度、御礼旁如此御座候。謹言

六月八日　上原勇作

閣下侍史

尚々当師団之事に付ては別段に申上候程も無之候。目下已に野外教育之好時節と相成、各隊とも必至と憤励致居候間、御放念奉希上候。

尚々招魂社建築に付ては人気大に昂り、啻々金員のみならす樹木に灯籠、人夫等の寄附も多く、中々世は澆季など悲観す可きにあらずと人意を強ふし申候。

〔封筒表〕京城　寺内正毅様　平信（消印日付）44.6.8。

〔封筒裏〕□　北海道旭川　上原勇作。

〔原史料番号〕②6-38。

13　明治45年1月25日

厳寒之候御多祥奉寿候。時下御自重と御自愛、偏に願上候。西隣之騒動も片付方思しからす、御苦心之事と奉存候。併し目下北京に発展しある近況は、閣下之仰せ承り候第二案之方には極めて都合よき傾向と存申候か、如何に可有之候哉。勇作も着任後已に四月に垂んとし、各部隊之事情もはつきり致申候が、多少新設旧設混淆之為め北海道とは事態之異なり候点無之には候はねども、要するに教育、経理、衛生、法務等にも矢張最初の見込通り大同小異之欠陥を査出する尠からす、到頭〔ママ〕はこれ等は帝国通有之痼疾たるやも知る可らすと存申候。要するに我将校の頭脳智識は未た以て欧州文明の学術を咀嚼消化せしむるまでに進み居らさる者の多きに坐す。萬一にも此見込適中せるものとせば、教育其他にも大に其心せねばならんではない歟と存申候。制度を彼に取り我遵用者の頭は未熟とすれば、今日の欠陥は必至の数にはあらざる可き歟と存申候。官舎も落成、両三日前移転仕候て、荊妻も不日来宅の筈に御座候。目下仏軍の大中尉各一名、いづれもブレウテラン歩兵隊附致候為め官舎は好都合に有之、又た久し振りにて仏語之恢復も出来可申候。御笑可被下候。前任師団長より御聞取相成居候半か、又は私より申上候か、御承知之事と存候永山男爵家の目下不整頓なる財産一条は、故中将か北海道に大功績を遺こし、廉潔己を持したる為め遺産なき等は北海道の為としては誠に残念之事にて、河嶌氏在職中は同氏に又た其他の有志にも相謀り促ひしも勇作在任中目的を達し得す候所、旧臘に至り邸宅を三菱にて引受け候事と相成り申候。負債贖〔ママ〕却之上何程の残額有之候やは知る能はすと雖とも、これて当主の少佐も重荷を卸し候始末に相成、序に御報中上候。

右寒中御伺旁例之通り之忼慨談やら取交へ乱文如此御座候。御宥恕奉希上候。

一月廿五日　上原勇作

閣下侍史

〔封筒表〕朝鮮　京城　寺内正毅様　平信　御直披。

〔封筒裏〕□　宇都宮市　師団長官舎　上原勇作　〔消印日付〕45.1.29。

〔原史料番号〕①336-12。

14　明治45年2月5日

諸新聞は頻に閣下之御病気を喧伝致し候付、先日明石少将に電問候所さしたる事に無之、両三日中に御平愈〔癒〕ならんとの事に有之候故、客月末には御全快と存し居候に、又々パラチブス〔フ〕症など中伝へ来り、且亦令夫人之御渡海と相成、如何之次第にや案上候。併しパラチブス〔フ〕と申には固より恐るに足らすとは信し候得共、御自愛御摂養切に祈上候。右御見舞申上度如此御座候。謹言

二月五日　　上原勇作

閣下侍史

尚々先度申上候久米留〔久留米〕市にて片甲断鱗ながら承り候第二貴案は、且さに其断行之為めには洵に最良射程内に敵手は入り来り候様に被存候。或は少々手後れの感は有之候も、未た此射程内には慥に有之候様に信ぜられ候。御実行願はしく奉存候。いづれ爾後之紛糾は案中に有之候得共、第一期の末局はこのあたりが御着手の機敷と存申候。尤もそれには御平愈〔癒〕之上は片時も早く御帰京切に祈居候。

〔封筒表〕朝鮮　京城　寺内正毅様　必御直披　（消印日付）
45.□.□。
〔封筒裏〕緘　宇都宮市西原町官舎　上原勇作　（消印日付）
45.2.10。
〔原史料番号〕①336-13。

15　明治45年4月1日

御平愈〔癒〕後益御多祥、珍重之至に奉存候。陳は昨三十一日小田原に参る可き様使命に付早速参上致し候所、元帥閣下より大臣の病気此上劇職に堪へられさる事にも立至り、後任者の詮義に及ひ候半には勇作を推す可き御考案之旨仰聞けられ、且つ種々と懇到なる戒飾訓示等を受け、過分之事にて礑と当惑汗背致候之状、御遠察希上候。御言葉中に嘗て貴閣下にも同様之御腹案有之云々と承り候が、勇作も聊か自知之明も有之、身の菲才は申までも無之、器局の小なる到底大臣の器に無之ことも、又た閲歴尠く威重乏しきことも能く〳〵自認し居候故に、前述之如き元帥之言実以て恐縮千萬に御坐候。併し激励奨励之御言葉や戒飾訓示之旨に対し当坐兎角と申出候ては或は卑怯未練の男と成果てんことを恐れ、其儘引下り帰京致し申候。

勇作固より政界之門外漢にて、真想の一端もも〔ママ〕窮知し不申候得共、新聞紙上等にて見解致候得は、眼孔豆大の

瞶々者流の論客、政客連は濫りに陸軍の縮小を呼号し、群蠅の如くに今にも陸軍に喰てかゝらん乎之様に被存候。然るに其器に非らさる且つ閲歴威重声望なき勇作輩が、此失〔矢〕面に立て一敗地に塗れて取返しの付かぬ事に立至り候ては実以て国家の重大事件にて、勇作は群蠅之襲来にて一身が粉砕されたりとて之を毛頭も畏懼するものには無之候も、此進退は事が国家、陸軍の重事に属し候次第に付、篤と貴閣下之御考慮を煩し度、取急き乱文右申上候。今日之所勇作之天稟幷に修養之長短（長所ありとすれば）両なから明かに御承知之上官は貴閣下以外に有之べくも存し不申、又た多年之御芳志も有之候事ゆへ、何卒何等御腹蔵なく折返し御意図御洩らし被下候はゝ、貴意に基つき進退を決し可申にて御坐候。

右一条は一切に他言致す間敷堅く御申付相成居候間、御含置き被下度希上候。以上謹言

四月一日　　上原勇作

閣下侍史

尚々師団長東京会合も三十日を以て結了。勇作は本日当地へ視察之為め、出張中に御座候。

〔表封筒表〕朝鮮　京城　寺内正毅様　煩御直被　至急要信（スタンプ）書留。

〔表封筒裏〕□　高崎市出張先より　上原勇作　（消印日付）45.4.1。

〔中封筒表〕寺内閣下　私　必親展。

〔中封筒裏〕緘。

〔原史料番号〕①336－14。

16　明治45年4月4日

明治四十五年四月四日午前十時二五分東京発　午後一時四五分京城着

総督宛　上原中将

第　　号　至急親展暗号

昨日岡ヨリ電報セシ通リ小官総理大臣ニ面会シ、総理ヨリ陸軍大臣就任ノ義懇談セラレ、山県元帥ノ推薦セラレタル書面ヲモ示サレタリ。此ノ書面ニハ桂、寺内、両大将トモ異存ナキ旨記載シアリタリ。而シテ将官ハ今夕刻迄熟考ノ猶余〔予〕ヲ請ヒ別レタリ。就テハ年末ノ御厚誼ニ顧ミ、右諾否ニ関シ閣下ノ御意見ヲ伺ヒタシ。何分ノ御回示ヲ乞フ。

〔冒頭欄外〕曩ニ岡中将ヲ経テ申入シ通リ、御承知相成度旨返電ノ筈ニ候。四月四日午後三時半。

〔注〕本紙は「朝鮮総督府」の電報用紙。
〔原史料番号〕①336―15。

17　明治45年4月4日

明治四十五年四月四日午後八時三五分東京発
後九時五五分京城着
総督宛　上原中将
第　　号
岡中将ヲ経テノ貴電感激ニ耐ヘス。就テハ総理大臣ヨリノ内談ニ対シ、本日午後八時承諾ヲ与ヘタリ。右御含ミ迄ニ申上ク。

〔注〕本紙は「朝鮮総督府」の電報用紙。
〔原史料番号〕①336―16。

18　明治45年5月3日

徳富氏帰京便より之御手紙、難有拝読仕候。益御多祥、珍重之至に奉存候。就任に付ては御意之在る所も承り其後手紙も差上くべき筈なるに、何とか方向もたどり付け候上にと存し荏苒今日に至り芳紙に接し、今更不埒之罪汗背之極に御座候。御海恕奉希候。御申聞の如く多忙に有之候。併し此多忙は他動的にて、師団長の様に自動的之発作によるに無之、大閑口に有之候。自他の訪問に、宴会に、又た他面には御案内通境遇一変之為めに、必要なる研究に日も亦た足らざる有様に御座候。御愍笑可被下候。御申越之如くそろ〳〵と入念事に従ふ可くにて候間、御安神〔心〕希度御座候。差向き着手を要する之件には岡、田中両士〔ママ〕と熟議を遂け、目下研鑽中に御座候。目口相付き候はゝ誰か一人御地まで差遣、御意見を伺ひ候心算に御座候。其節は形勢之判断はもとより、此判断に基つき決神〔心〕致候件に、毫頭之御腹蔵なく御指示〔予〕を預め今日より願上置候。右申上度不取敢如此御座候。謹言

五月三日　上原勇作

閣下侍史

尚々陸軍部内も別条無之候。例年の春期諸会議も凡て結了に有之候間、御放念被下度御座候。

〔表封筒表〕朝鮮　京城　寺内正毅様　御直披　（消印日付）45.□.□。
〔表封筒裏〕緘　東京市麴町区永田町一　上原勇作　（消印日付）□.□.6。
〔中封筒表〕必親展。
〔中封筒裏〕緘。

〔原史料番号〕①336―17。

19　明治(45)年6月7日

御多祥奉拝寿候。陳は先度田中少将差出し候節は、諸事御腹蔵なく懇切に御示教被下候のみならす、更に御芳紙にて萬々仰下され、深く感銘多謝仕候。諸事御示教に基き入念歩を進め可申候。本月末には御帰京之由に付、其節は更に細事に亘り御意見承り可申期し居候。目白、青山之方は田中氏より御聞取被下候通なりしが、同氏帰京後更に三田にも同氏を遣はし二師団云々大体申陳へさせ候所、却て大将より第二案（目的のもの）を示され候て意外に感し申候。首相之下にて秘密に調査相成候整理案も、本月末には各大臣へ明示されそうの様子に相見得候。部内は一般無事に御座候。特命検閲も進捗中に有之、近々に軍馬補充部幷に要塞兵器の両検査に着手之手筈に御座候。渋谷、島川の両将を各首坐に命し申候。実に此新職務には大閉口に御座候。こんな事に相成るものならば、前以て御教育下されざりしは甚た御恨みに御座候。預〔予〕算に関する事には目下毎日曜丸潰れにて、其要領会得に努力致居候始末に有之候。御笑可被下候。右御礼申上度旁如此御座候。謹言

六月七日　上原勇作

閣下侍史

〔封筒表〕□□　京城　寺内正毅閣下　御直披。

〔封筒裏〕□　東京市　上原勇作。

〔原史料番号〕②5―2。

20　大正(1)年10月29日

御多祥奉寿候。両整理も首相と各相と各別に交渉中にて、未た小生に対しては何等之交渉も無之候。此辺之事情は御回附仕候計画（？）にて御承知被下度御座候。陸軍之鞏固なる主張と整理を為すと言明しあるには流石に彼等も反弁之辞に究〔窮〕したるものと相見得、上原の拡張論は根本に於て現閣の主義に反するものなれば全然排斥す可し、区々たる金額之論にあらすと原など公言憚らざるに至り候由に承及候。こゝに於て彼等之意志は鮮明に現出し来れる次第にて、「アンチミリタリズム」を露骨に発表せしなり。如此始末にては誠に為国家由々敷大事と奉存候。時節到来候上は申迄も無之候も、御決神〔心〕切に希上候。右申上度。謹言

十月廿九日

上原勇作

閣下侍史

尚々学習院長は昨日大迫大将引受之旨宮相に返答有之候由、今朝大将訪問にて承知仕候。

〔封筒表〕寺内閣下　㊙親展。

〔封筒裏〕□　上原勇作。

〔原史料番号〕①336―18。

21　大正1年12月2日

第一七号

大正元年十二月二日午后八時十五分接

宛名寺内大将宛　　発信人陸軍大臣

師団増設問題ニ関シテハ勇作ノ全力ヲ濺ギテ其成立ニ努〔欄外〕メ、遂ニ予定ノ完成年限延長ノ案ヲ以テ首相ト懇談スルニ至リタルモ、到底通過ノ見込ナキヲ確認シ、已ムヲ得ス十一月二十九日陸軍ノ主張ヲ曲クル能ハサルノ決意ヲ示シ職ヲ去ルノ余義ナキコトヲ説キタルニ、其日首相ハ他ノ閣僚ヲ集メテ臨時閣議ヲ開キ勇作ノ主張ヲ退クルノ決議ヲナシ、一日其旨ヲ伝ヘラレタルヲ以テ辞職スヘキコトヲ約シ、本日闕下ニ此問題ノ行キ掛リヲ伏奏シテ辞表ヲ捧呈セリ。勇作不肖ニシテ其任ヲ全フスル能ハス、又閣下ノ期待ニ反スルハ遺憾限リナシト雖トモ、精力ノアラン限リヲ尽シタルヲ以テ毫モ自ラ恨ミトセス、幸ニ御諒察ヲ願フ。而シテ勇作ノ後任者ナキ場合ニハ内閣総辞職ノ外ナカルヘシト信ス。今後ノ情況ハ元老先輩方ノ尽力ニ待ツ外ナキモ、如何ニ変化スヘキカ予メ閣下ニ報告スル能ハス。然ルヘキ御判断ヲ願フ。今上陛下御践祚ノ始メニ当リテ斯ノ如キ国家ノ不幸ヲ見ルニ至リタルハ恐懼ニ耐ヘス。

〔冒頭欄外〕正毅。

〔欄外〕二字暗号不明。

〔注〕本紙は「朝鮮総督府」の電報用紙。

〔現史料番号〕①336―19。

22　大正（1）年12月6日

御多祥奉寿候。陳は例之一条も勇作菲才を以て遂に目的を達せさるのみならす、今日之情態に立至に中候次第、誠に恐懼之極に御座候。尤も迂余曲折は追々申上候ゆへ、御承知通に有之候。

首相が荏苒時日を空費したるは、其弁疎之如く増師問題を目白之居中調停にて片付け得ると信し居たる歟、或は整理、財政の成蹟を疑ひ到底は此問題を捉へて投出の遁辞とせむと予期したるや、固より知り難しと雖とも、之を原、松田氏等に閣議前迄開示し亦た之を諮らざりしは確実ならんと存し候。

普通信する如く原氏は硬者にあらす、極めて軟なりしは是亦た信するに足るが如し。御在京中もちよと申上候薩派の言動には痛く勇作の心を苦め候。離間中傷之言口耳相接し候故に、或は閣下之所にも彼是と申参り候事も可有之歟と存候得共、此「デリカツト」の事態は一方口のみならす各方面研究の必要ありと確信致居候。

今日に於て薩長の意志疎通を云為するは甚た異な議論なれど、何とか工夫はなきものにやと真実に感し居候。尤も目下目白、青山は交通頻繁にて候。此辺は爾後之為め御考量置肝要と存し居候。

爆裂後には直に事局の発展を見候事と存し居候所、今六日之元老会議も何等確定なかりしにはあらずやと心頭にかゝり居候。

政友、国民、両派之意志も種々之風評有之候も、これと突止め候事も無之、要するに事局の発展を見されば是亦た旗色分り兼ね候半と存し申候が、萬一にも小田原評定の末にお鉢の持巡はりなど相始まり候はゝそれこそ彼等之乗する所となるべく存し、元老諸公之電撃風発的行動切望致居候。右乍遷延二三申上度如此に御座候。謹言

十二月六日　上原勇作

閣下侍史

尚々去る二日以来尚大森に閉居謹慎致候て事務を取り居候。明早朝田中少将来訪之筈ゆへ、彼より元老会ぎ〔議〕の真想も相知れ候半と存申候が、或は今夜已に閣下には一電致し申とも存し居候。

〔封筒表〕寺内正毅閣下　(必)親展。

〔封筒裏〕緘　上原勇作。

〔原史料番号〕①336-20。

23　大正(1)年12月21日

去る十二日附芳紙拝読、殊に昨夕亦た熱誠溢る御忠告之電報拝誦、心肝に銘し御芳情感佩致し申候。

本日電報にて申上候通、願之通に本官を免せられ仕合之至り、在職中之御礼申上候。今後も不相替御眷顧希上候。

さて免官之上は暫待命之儘差置かれ候様希望之旨は岡氏

より其理由を電報致し候由に候が、今回の政変惹起たるに就き謹慎致度はもとより一の理由に候が、他にも左の主旨を有し候間、御聞置き被下度御座候。

増師問題は陸軍一致して大正二年より着手を要すると主張したる所にして、桂首相は之に対し国防は陸海軍統一して慎重に調査するの要あり、之か為めには時日を要し二年度の予算に計上し能はすと声明し、陸軍は止むなく其主張を見合はせたる姿勢は○○の通に進行中に有之候得共、海軍は未たに其主張を固持し毫も之を枉くる態度も見へす（(今日までの有様なり。併し彼か政友会内閣に於て暗夜乞哀的態度にて予算外の仕事を為しありし弱点を、桂公に押さへられたることが知れた以上は、或は如何に変するやも知れす))、又た数日に亘れる会議には流石の元老達も困憊之余りにやあらん、此増師には随分の弱音も出てたる由に承り、且つ我々の最も尊崇すべき先達にして退隠的口調も言動も現出せられ甚た意外とする所に有之、且つ由来、打切り、妥協、情意投合など申す政事も行はれ候ことゆへ、今後局面展開の如何によりては陸軍か首肯同意す可き何等著しき理由なくして三年度より増師に着手せぬと云ふ如きに立至る哉も難計、『桂公の今日に至るまでの態度言動によりては決して此事なかる可きは萬々信すれとも』との杞憂を以て一考し置くの要も可有之、若し萬一萬々一にも前述の如きことあらば我々の主張は全然其意義を亡ひ、陸軍の整理費を他に使用せしめさりしと云ふの外唯内閣を打倒したることのみ相成、発頭人なる勇作は事態を誤り国民を欺きたる者にて陸軍統率の道を失ひ候次第に付、喜て全部の責を引き候覚悟を為さゝる可らす。尤も木越氏も同様の覚悟には候得共、勇作は格別のことと存し申候。之か為めには此問題も本年議会中には何分解決之見据も付き可申に付、少くもそれ迄は待命之位地にある方便利にして得策と考へ候。

浅田氏も就任日浅く未た其抱負を実行するの余裕も無之に係はらす、又た身体弱れりと云ふと雖とも、馬上剣をひねくりたるの師団長時代を去る遠からす、然るに今日之を祭上るは乃ち勇作の為めに人を動かす事に相成、陸軍人事の経営上妥当ならす、勇作の之を為すに忍ひざる所に有之候。而てこれは時節柄注意を要する所にして、岡氏等の心配する『上原を待命にして置ひては、それ見たか、上原は内閣打破の道具につかはれたり。使用ずみの上は待命をかち得たるのみ』との世評の如きは毛頭も念頭にかく可きものにあらすして、寧ろ之に非らすして彼にありと存し申候。

以上の件御一考被下度御座候。田中氏なとは右の主旨は余に神経過敏なり、政事屋的なりと言居候。御笑可被下候。田中は此際ちよつと息抜き之為め外に出し候必要を感し、左様取計可申候。委曲はあとより可申上、又た十分に御遠察と存し申候。

二日より二十日以上の籠居、閉口仕候。神経過敏となるゆへなきに非らすと存し申候、呵々。交叉、紛淆を極めたる此猜忌界、御殿女中然たる所謂政客、国士連に満たされたる東京は一大爆裂的の大雷を鳴せ度、切実に感し申候事に御座候。尤も勇作は目下先日申上候様の外来物なく意志極めて平静に有之候間、御安神〔心〕可被下候。

右乱筆如此御座候。御推読希上候。謹言

十二月廿一日　　上原勇作

閣下侍史

尚々明廿二日は東京に出て諸所訪問か御礼巡はりを為し、明後廿三日午後に目白を訪問し勇作身上に就ては教を乞ふ可く存し申候。尤も愚見も申試候考に御座候。

〔封筒表〕寺内閣下　必親展。
〔封筒裏〕緘　上原勇作。
〔原史料番号〕①336-21。

24　大正(1)年12月22日

一昨日一束進呈、又た昨廿二日を以て電報申上通本日目白に参り、種々御懇話に接し快談三時間に至り、頃日之沈憂一掃致候。公にも別段之異條も無之候間、御安神〔心〕御知と存し申候。但し兎角に新聞等を見られ、彼是と気に掛けられ候は甚た不宜事と被存候。此事は岡次官より副官幷に家従等に屹度申付け有之候へとも、厳格にも参り兼ね候と相見得候。海軍之方は何等歟之目にて六百万円大正二年度より計上之事に相成候由は確実に有之候。乃ち千万円が四百万減に相成候次第に御座候。

身上之件御配慮被下候所、三田は昨日、目白は本日勇作の意を諒とし暫時之間待命に同意せられ、又た大臣も同様に付、御意に背き徒爾に何等為すなく、尸位素餐は軍人として有間敷義ては萬々承知致居候も、一昨日手紙を以て申上候妄執之心事さすがに難捨存し、勇作所存通決行致申候。御怒りは萬々察し候得共、御海恕可被下候。

明日又は明後日出発桃山参拝、重々の罪を陵前に謝し奉り、途中軍隊をも研究し、久々にて古郷之墳墓をも修め候心算に有之候。

返すく〱も事は志と違ひ候始末に想到しては転た無念至極之情に駆られ候心事、御遠察被下度御座候。御帰京之折萬々可申上候。尤も冬期議会中に御帰京にも相成候様なれば、途中出掛け候ても拝眉致度存申候。右申度如此御座候。謹言

十二月廿二日夜　上原勇作

閣下侍史

〔封筒表〕寺内大将閣下　必親展　十二月廿〔カ〕五日接。

〔封筒裏〕緘　上原勇作。

〔原史料番号〕①336―22。

25　大正(2)年1月10日

厳寒之候、御多祥珍重之至に御座候。客冬来一束を裁し、教育総監就任之件、先輩之意見に従はざりし理由開陳致候間、已に御一閲被下候筈、御賛否如何と存し候も多分は御首肯被下候半と遥察致し申候。

勇作は廿六日東京発、途中諸所々に軍隊之研究をも致し一月十一日当地に帰着、旧態依然頑健に御座候。乍余事御放念希上候。嘗て御尽力を以て兵営設置以来当地之発達は驚く可きもの有之、鉄道も来る六月頃には開通之由に御座候て、大臣の古手は俄かに田舎人士の地方発展策や風紀維持やら之相談相手にされ、迷惑此事に御座候。御笑被下度御座候。先度は見事之御獲物遥々御恵与被下、不相替之芳情深く感銘奉多謝候。

先書にも申上候通、御上京之機には馬関あたりにて御面談を致度心願に有之候間、前以て都城町島津男爵邸宛御一電希上候。尤も久々振之帰邑之上に何等為す事なく徒然に候間、附近地方へ消閑之為め旅行を致し候ゆへ、可成早目に御知らせ希上置候。交通不便之日南は実に太古之如き観有之候。

東京之様子は田中氏より文通も有之、仔細に相分り居候。

右申上度如此御座候。謹言

一月十日　上原勇作

閣下侍史

尚々当地之猪肉少々塩漬に致し郵送仕候間、御笑味被下候へは本懐に御座候。塩出し充分に入念候様厨宰へ御申附切望に奉存候。

〔封筒表〕寺内大将閣下　御直披。

〔封筒裏〕緘　上原勇作。

〔原史料番号〕①336－23。

26　大正(2)年2月15日

本日は御電報にて御問合せ成、感謝之至に御座候。旧態依然て頑健に御座候。

御書面は其節直に拝読仕候得共、御返事に躊躇致し候ては速に就任之件深切に仰せ下され候得共、之に関しては少々期心之点も有之候て荏苒今日に及ひ候次第、御海恕可被下候。

前回之政変に事志と違へるに大失望せる勇作は今回之事に至ては天柱摧け地維破ぶれたるの感、言語道断之始末と存し申候。

先度は御展墓之為め御帰朝之御心算も有之候しかど、此際は徒らに世の視聴を惹き候半ゆへ本月中に御決行之運にも至る間敷、一面に於て勇作は先日師団の先頭に馬を立て度辞職当時よりも希望を陳へ、渡辺中将之後任に就くことを得ば仕合なる旨申出て候所、去る十三日頃と存し候が、御採可相成候由電報に接し申候間、発表を待つ之途中軍隊之研究を為し名古屋へ可参と存し申候。発表は三月一日と承り候間、到底御目にかかり候事は六ケ敷、又た政変の結果現下の如きに立至ては急に何と申しても愚意も無之始末に御座候間、ゆる〳〵と御話も可仕と存申候。東京よりは大島次長、田中少将等より上京を促し来り候も、大臣と総長の意図は桂内閣当時と相違なき由承知之上のこと〳〵と上京何之役する所ぞと屹度思定め居候。名古屋に赴任之上は必至と憤励可仕にて候間、御放念可被下候。当地出発期日は未たしかと取極め不申候得共、廿五日頃にも相成候か。萬々一それ迄に山口に御帰り之都合なれば必す駆け附け可申に付、是非御一電切に希上候。尤も今では御動きに成らぬ方得策と存居候。多智者必しも智恵ある事を為さぬものと相見得申候。其推論を以てすれば、愚者必しても愚に落入るものには非らざる可く存し申候。右申上度如此御座候。謹言

二月十五日　　上原勇作

閣下侍史

尚々東京政友会の強ひ御方々の御論旨などよく相分り居候。こゝで一閣にまとまりても其末は知る可し矣と存申候。

〔封筒表〕寺内正毅様　必御直披　二月十九日。

〔封筒裏〕緘　上原勇作。
〔原史料番号〕①336-24。

27　大正(2)年3月23日

貴電拝読。不相替御芳志御尋被成下、感銘之至に奉存候。勇作目下之病状は別紙之通之次第にて、極而微少なる程度を以て熱度漸次に低下致居候得共、数日来之軟食殊に食欲不進〔振〕之為身体疲労甚敷、兎ても今回之上京は無覚束被存、甚遺憾至極に存候。貴電に依れは月末若くは来月初旬には御地御出発之趣承候得共、前述之次第にて今回東京にて拝眉之上御寛話致候望も相断へ、是にて拝晤之機を逸し申候事三度、実に近頃之痛恨事に奉存候。申上度事は山々有之候得共、執筆を禁せられ居候事故、乍遺憾取止め何事も難申上候。何れ全快之上委曲申上へく候。貴閣下より可被為仰聞事は何卒書面にて御申遣被下度切に願上候。

又病院迄も御来訪可被下哉之御厚情も拝承仕候へとも、右は左之理由に依り断而御断申上度候。
一　貴閣下か当地に於て勇作之為に御下車相成候様にては知事市長始め当地之紳士紳商を大に騒かせ、又多年来之情誼を不知面々は時節柄色眼鏡を以て之を見、彼是と降らぬ取沙汰等致候哉も難計事になりと雖も、閣下之為には考量を要すべき事に被存候。
二　接謦咳種々申上度事は先々月来屢申上候通には候得共、只今一面には談話を厳禁せられあり、一面には勇作か胄裡に堪へたる積水之如き杞人之憂は此面会之期に於て其決堤〔ママ〕奔放を抑止し可得哉否、乍遺憾勇作は此自信を有し不申候。実験に依れは此談話之禁を知らすく之間に犯し発熱を促したる失敗は今日迄一、二回に止らす、而も其精神之刺衝より成るを最大之者と致候事故、此際は不願拝眉方得策と存候。
以上二項は御厚情に逆らひ甚失礼之申事に候得共、無遠慮に右申上候次第に御坐候。

幕僚中（文武官何れ共）にて御腹心之者、御帰途之際又は其前後に於て当病院へ御立寄らせ被下候事は願敷存居候。但其人に依り全幅之展開は到来申間敷候間、其展開面は預〔予〕め仰越を希度御座候。

右は近親之者に口授し筆記せしめたる者に御座候也。

三月二十三日　　上原勇作

寺内伯爵閣下

〔現史料番号〕①336―25。

28　大正3年7月27日

今年は殊之外に暑気にて、朝鮮にても同様之由に承り候。時下御多祥、珍重之至に奉存候。不相替御無沙汰に打過き、多罪御海恕希度御座候。

例之陸軍問題も案外之行き艱〔悩〕みし候様に外間よりは被察候も、大臣は左までにも無之旨申居られ候。本廿七日は真之防務会議之第一回開議之事とて、成蹟如何にや案し居候。

総監部之事に関しては先度之極めて平易之業之様に御話も致し候しが、其後追々と研究を積むに従ひ改善之業中々容易ならさるもの有之候。明治廿二、三年頃より大手入も無之候に付現下之状態に陥り居候事と信し申候も、大問題の解決無之今日に於て此方に手を着け候は出来難き事に付、徐ろに研究致候方可然存居候。但し教育諸法規之実行とにあらざるものはどうしても着々厳確に歴〔ママ〕行させなくては不相成義と存居候も、是亦調査中に御座候。

勇作益々壮健に相成、野外にも数は〳〵馬を駆り候て別条も無之候間、乍余事御省念希上候。

右暑中御起居伺まで如此に御座候。謹言

七月廿七日　　上原勇作

大将閣下侍史

〔封筒表〕朝鮮　京城　伯爵寺内正毅様　煩御直披　七月廿日正毅　（消印日付）□.□.27。
〔封筒裏〕緘　東京府下大井町大森字鹿島谷　上原勇作　（消印日付）3.7.30。
〔原史料番号〕①336―26。

29　大正3年8月21日

芳紙拝読。殊之外之炎暑にも御痛み無之、益御多祥珍重之赴〔趣〕に奉存候。三十年来期待致候欧州之大乱も弥〳〵と相成候ては今更之感に打たれ候。帝国も独逸と絶ち候上は軍事上の智識之輸入は従来の如くなるを得す、又た一方協商側は此際殆んと協同一致之好機ゆへ大乱平定後之研究の困難なる可きを見越し、此際は大にそれ〳〵専門之者にて多年研究に大疑問を懐き、将校を大学校を始め官衙団隊より抜き真の研究団を精選し派出せんと計り候も、金が無ひとか或は戦斗は短時日にて片付く可しとか申す議論にて遂に実行之運に至らす、教育之衝に当り候勇作にして而已ならす誠に遺憾此事に御座候。尤も在欧之将校より従軍せしむるとの事に有之候得共、これが真の観戦団たらされば幸と存し申候。日本に在て実際之困難に行き当り頭を苦しめ居当事者、教官ならでは役には立つ間敷とは勇作之所存に御座候。

独逸も最後通牒には多分返事も致す間敷と察候が、外交上如何之ものに申、いづれにしても落着は攻撃之事と存し申候。現閣が金を吝むとかにて、要塞攻撃軍としては（外に対支の必要もあり）微弱なる兵力兵数を以て此大事を四面環視の中に所置せむとす秋にありては、熊本城、旅順のことあり、近く彼の「リエージユ」あり、どうか一文吝みの百損とならさる様祈り居候。金問題は是以て現閣の策略か、陸海軍の対閣策かの一に居る様なれど、国家の大事ゆへ萬全の策こそ可然ものと信し居候。尤も右兵力、兵数は十五日頃の計画なりしゆへ、其後に改正相成候哉も難計存居候。いづれも御承知之筈と存居候。令息は墺都よりいづれに脱出され候哉。独墺二国在住帝国人之為めに大に心配致候者多くして、東京にも流言蜚語の盛行と相見得申候。

御高議之士気振作、是非に種々の手段方法に因り実視の域に達し度熱望は毫も冷却致し不申候。是には上級者之率先身を以てするが最手近の手段と信し候に、旧に依り此点に欠陥あるは御承知之通に有之、誠に遺恨此事に御座候。是等も拝眉口頭申述度件之最大事に有之候。

右御懇書に対し御返事旁如此御座候。謹言

八月廿一日　上原勇作

大将閣下侍史

〔封筒表〕朝鮮　京城　伯爵寺内正毅閣下　私信煩御直披　八月廿七日接　正毅　（消印日付）3.8.22。

〔封筒裏〕緘　相州逗子海岸　上原勇作　（消印日付）3.□.□。

〔原史料番号〕①336-27。

30　大正(4)年2月25日

拝啓　昨夕は態々之御来訪、恐縮之至に御座候。御伝言之趣難有奉存候。支那学生之件、返電電覧に供し候通之始末以外之始末に御座候。更に電報問合申候が、事は至小之如くに候得共、総監之立場よりは容易ならぬ次第に付、善後之所分に付ては充分に念を入れ候含に御座候。

先日御耳に入れ候旅団以上之教練と演習とに重を措きて軍隊を演練するの意見に付ては、御高見を承るの余裕を見す昨日は退出致候得共、大体に就ては御意見もなき見込に存候間、引続き右之意見実行に進み度存し申候事に御座候。別冊は熟読致候付返納仕候。以上御礼旁如此御座候。謹言

二月廿五日　上原勇作

総督閣下侍史

〔封筒表〕寺内総監〔督〕閣下　煩御直披　別冊副。

〔封筒裏〕緘　上原勇作。

〔原史料番号〕①336-28。

31　大正4年8月2日

本年は京城も殊之外之炎熱之赴〔趣〕に承り候も、益御多祥珍重之至に御座候。立花中将上京にも御近状委曲に承知致候。折角と御自愛、此上只為邦家切に希上候。勇作も至極壮健、目下尚軽井沢に避暑致居候。これは甚たハヒ〔イ〕カラ之次第に候得共、先月中旬強度之鼻加谷児に罹り候為め、先年之大患に想到し自他共に大なる警戒を加へ候為めに有之候。誠に馬鹿念之入たる事にて一種之笑草に外ならす、乍余事御省念希上候。

内閣之総辞職は誠に年々頻発之不祥事、遺憾千萬に御座候。元老諸公之此炎熱を冒して之奔走深く感銘致し候が、加之昨今日光御用邸御幸之御予定も御取止め之様に新聞にて承知、恐入申候事に御座候。又た閣下之許には種々と情報やら希望やら蝟集之御苦心、焦慮之筈と遠察仕候。先は暑中御伺まで右申上度如此御座候。謹言

八月二日　上原勇作

寺内閣下侍史

〔封筒表〕朝鮮　京城　伯爵寺内正毅様　私信　平信　八月五日　正毅　返しを要す　済　（消印日付）4.8.2。

〔封筒裏〕緘　信州軽井沢萬松軒　上原勇作　（消印日付）4.8.5。

〔原史料番号〕①336-29。

32　大正5年3月7日

久々御無沙汰打過き、不埒之罪御海恕可被下候。時下御多祥珍重に奉存候。外交、政界之消息はそれ〳〵御詳知之筈に付、別に不申上候。岡大臣も一両日中帰京辞職之決心にて、去る五日面会之折之意向によれば、他之閣員と共に同時に退閣する歟、或は其以前に之を為す歟之点に付ては、きつぱり致し居らす。因て勇作は其以前に於

てするの軍国の為め有利なる旨は縷述致し置候得共、効果如何と存し候事に御座候。大臣之後任に付ては自然と大島中将と推移致す順序なれど、閣員其他に於ける意向（陸軍内に於ても）は、同中将に対しては有望ならすと判定され、且亦た欧州大戦後之に鑑み、我陸軍に大改良を加ふるに於ても四面に折衝するには田中中将を挙け候方最も時宜に適するものと信し候に付、大山、川村、長谷川諸元帥之意志を窺ひ、其後に目白に意見を申陳へ度存し、いづれも伺候して自説を詳説致したるが、大山元帥は進んで同意なれども、他は尚早論にて有之候。大臣、総長の如きは軍隊統率者とは相違し、其時宜に由り、中将以上にして最適者なれば新古の如何を論せす其位置に据へ不申ては時勢に適せすと存し候元来之主張を以て陸軍を見渡し候へば、田中中将に第一指を屈す可きは勿論と存し候。然るに之を新参なりとか、又は未た威望に於て云々する如きは姑息之説と存し申候《たとへ新参云々の理ありとしても、大戦後の大革新を要する陸軍之立場、并に対文攻策に付陸軍の主張を串〔貫〕徹する為めに、「内閣に将亦た四囲に向て」一の腕を必要とするに想到するときは、其資格さへあれば新参云々などは言論之要もなしと信候》。尤も前述三元帥共に大島中将の後継には異論無し、勇作と雖とも同様に有之候得共、目下之時態如何と顧みれば、勇作の持説こそ最も時宜に適し候ものと確信致し候次第に御座候。御高見如何に有之候哉。内密承り得候へば幸甚に御座候。而て御同意にも有之節は御尽力希度存し申候。勇作は明晩出発、福岡地方に参謀旅行視察之途に上り、十三、四日まで同市滞在之筈に付、御返事被下候はゝ同所宛へ希度御座候。以上謹言

三月七日　　上原勇作

寺内閣下侍史

尚々目白も未た臥床中にて、昵近者のみ引見ゆへ久しく面会不致候も、追ては宜敷由に御座候。黒木大将も去月二十二日以来宿痾之為め引籠り、しやくりも出て熱も時々高く、未た危篤とは行かぬ迄も危険なりとの事に有之候。川村中将は余命幾許も有之間敷様子に付、九日に金沢に立寄り見舞之含に御座候。

〔封筒表〕朝鮮　京城　伯爵寺内正毅様　私　必御直披　三月十日正毅返済。

〔封筒裏〕緘　東京市赤坂台町　上原勇作　（消印日付）5.3.9。

〔原史料番号〕①336―30。

33 大正5年4月23日

御多祥奉寿候。陳は先度は立花中将、続て山県総監より之御伝言委曲に拝承、御好〔厚〕情多謝仕候。唯々御申聞之件、逐一肯綮に適中したりとして服膺し能はさるは、勇作之太た遺憾とする所に有之候。要するに時、処、遠隔して情偽〔ママ〕之分明ならさるに帰し候事と被存候。此辺は篤と立花氏に申入れ置候間、御聞取被下候半と存候。尚此上共御注意之精神に由り念を入れ候義、是迄通りに可仕覚悟に御座候。又た田中中将云々に対して之御云為は甚た心外とする所に御座候。是は立花氏も或は直言を憚り候哉とも被存候。拝眉直接に可申上期〔機〕会も可有之存し候事に御座候。東京に於ける政界之様子存外至極にて、あらゆる奸手段を弄する光景は充分之御警戒御尤と存し候。委曲之事情は詳敷御承知之筈に付、西隣之朝改暮変之情態と共に茲に不申上、筆を止め候。謹言

四月廿三日　　上原勇作

正毅閣下侍史

〔封筒表〕朝鮮　京城　伯爵寺内正毅閣下　御直披　四月廿六日　正毅（消印日付）5.4.23。

〔封筒裏〕緘　東京市外大森にて　上原勇作（消印日付）□.4.26。

〔原史料番号〕①336―31。

34 大正(5)年9月19日

先日はバラクへ態々御光来、恐入候。昨日は松候〔侯〕より呼に参り鎌倉に参り候所、大山公へ伝言有之、其要旨は目白より公へ申入られ候ものと同様に有之、唯其色合ひか稍硬色を帯ひ居候位之ものに御座候。平子爵が一昨日目白訪問之後に老候〔侯〕をも訪ひ、去月中旬以後之行き掛り等説明之結果、なる可く老候〔侯〕も大に釈然たる態度に見受けられ候て、公候〔侯〕之希図合致し、其確乎たるものあるを見ては為国家大慶之至に禁へざる次第に御座候。先日一寸申上候公候〔侯〕之間に於て奥歯に物の挟まり居る態度では誠に困却之事と杞憂致し居候所、前述之通ゆへ誠に目出度存し候事御座候。右申上度、不敢取如此御座候。何ぞ御用も有之候はゝ参上可仕、左もなければ暫時参上見合はせ居候間、御諒察希度候。以上謹言

九月十九日　　上原勇作

元帥閣下侍史

〔封筒表〕吉崎副官持参　寺内元帥閣下　乞御直披　要存

九月十九日接　正毅。

〔封筒裏〕上原勇作。

〔原史料番号〕①336―32。

35　大正(6)年5月15日

謹啓　昨日御話有之候次長派遣に付ては異存も無之候も、御派遣之時機は慎重に御撰定可相成義と被存候。未た英仏伊等よりも社会党以外に何等派遣者ありたる様にも無之、又た右社会党之面々も芳敷成功無之哉に被察候に、却て米国よりは堂々たる人物を派出すると云ふ魂胆に、加之に日本が背後攻撃と云ふ流説に神経を悩まし候露国現下之状態にありては、此時機と云ふが問題と被存候。川上位なれば何等視聴を驚かし候様の事も可無之候得共、次長に至ては直に露国は勿論、他国之耳目を聳動す可きものと預〔予〕期せざる可らすと愚考致候。然るに又た露国之真相は一日も速に知悉する之必要も有之事と被存候に付、何分御考量希上度御座候。次長之旅行予定表添加差上候間、御派遣之事に確定致し候へば、呼戻しの都合も有之候ゆへ、御一覧之上何分御心附け希度御座候。以上謹言

五月十五日　　上原勇作

元帥閣下侍史

尚々たとへ呼戻すとしても、北京迄之旅行は預〔予〕定通に決行為致度存し候事御座候

〔封筒表〕寺内元帥閣下　御直披　了　五月十五日。

〔封筒裏〕緘　上原勇作大将。

〔別紙〕

〔次頁の表〕

〔原史料番号〕①336―33。

36　大正8年2月16日

新年に入り未た御起居も不伺、甚た不埒打過き候疎懶之罪、申分けも無之候得共、事情は立花中将へ伝言致し候通之事に御座候。御海恕奉願上候。本朝之新聞に由れは、中将往訪之日より少々御不勝之趣に有之、時節柄例之「カナール」とは存し候得共、萬一事実にも有之候は丶、充分之御静養切に祈上候。自身参上仕度と存し候も、故野津元帥之妻先日来肺炎にて重体に有之、勇作東京を離

参謀次長支那旅行日程

月日	発著地	摘要	月日	発著地	摘要	月日	発著地	摘要
五月一日	東京発	汽車	五月二十一日	上海滞在		六月十一日	北京滞在	北京八泊
二日	大阪著	大阪一泊（花屋）	二十二日	同		十二日	北京発 天津著	汽車
三日	大阪発	汽車	二十三日	同	上海六泊	十三日	天津滞在	
三日	門司著		二十四日	上海発	汽車	十四日	同	
四日	門司滞在	門司二泊	二十五日	南京著	南京一泊	十五日	同	天津四泊
五日	門司発	官船	二十六日	南京発	汽船	十六日	天津発	汽車
六日	航海		二十七日	航江		十七日	奉天著	
七日	青島著		二十八日	大冶著		十八日	奉天滞在	
八日	青島滞在		二十九日	大冶滞在	大冶二泊	十九日	同	
九日	同		三十日	大冶発 漢口著	汽船	二十日	同	奉天四泊
十日	同	青島四泊	三十一日	漢口滞在		二十一日	奉天発 旅順著	汽車
十一日	青島発 済南著	汽車	六月一日	同		二十二日	旅順滞在	
十二日	済南滞在		二日	同	漢口四泊	二十三日	同	旅順三泊
十三日	済南滞在		三日	漢口発	汽車	二十四日	旅順発 大連著	汽車 大連一泊
十四日	済南発	汽車	四日	北京著		二十五日	大連発	官船
十五日	南京著		五日	北京滞在		二十六日	航海	

十六日	南京滞在		六日	同		二十七日	馬関著	馬関一泊
十七日	同	南京三泊	七日	同		二十八日	馬関発	汽車
十八日	南京発 上海著	汽車	八日	同		二十九日	東京著	
十九日	上海滞在		九日	同		三十日	予備	
二十日	同		十日	同		七月一日	予備	
備考	随行者左ノ如シ　陸軍歩兵少佐　佐藤三郎　陸軍歩兵大尉　坪井善明							

れ候事難出来現況に有之候間、乍不遂紙上御伺申上度、如此御座候。余事は其中参上、萬々申上度御座候。以上

謹言

二月十六日　　上原勇作

寺内元帥閣下侍史

尚々小田原も追々好況之由、副官昨夜帰京報告に接し申候。尤もせきは時々出で居候趣に御座候。細情御案内之筈と存上候付、略し申候。

〔封筒表〕神奈川県　大磯町山之手　寺内元帥閣下　御見舞

（消印日付）8.2.16°

〔封筒裏〕緘　東京四谷仲町　上原勇作。

〔原史料番号〕①336―34。

79　宇賀厚彦

1　大正（2）年2月22日

謹呈　厳寒之砌、益御健勝に被為遊、誠に欣賀此事奉存候。近来御無沙汰のみ仕、甚恐入候次第候。爾来当徳山に閑居、殆んと閉口之至候。偖閣下に於ては古代の仏像を御入手被為遊候趣、今回新聞紙上にて拝承致候。付ては私近来当地にて得たるものあり、其真否は何んと申上る事は不相叶候へ共、右仏体に因縁あるものとして閣下に差出申上度候間、一応御閲覧に供度候。又一幅は当地島田平村翁の祖父に当る碩学島田藍泉先生のものせしも

のに付、是亦御閲覧を賜度候。近来波多野閣下は余程健康に被為入候間、御安意被下度候。先は御伺迄、如此御座候。恐惶拝具

二月廿二日　　宇賀厚彦

寺内閣下御許

〔封筒表〕寺内総督閣下　包物添。

〔封筒裏〕緘　徳山　宇賀厚彦。

〔原史料番号〕①436―213。

80　鵜飼末吉

1　明治28年5月31日

謹啓　陳は当地御出発后は海陸御無異御安着之由、奉萬賀候。降而小官爾来引続き無異奉務罷有候間、乍憚様御安神〔心〕被成下度相祈上候。扨て御出発后間も無く近衛師団幷に第六師団諸隊之搭船にて、小官も誠によき研究を致候。尚々来六月中には又々近衛師団之残部当地より搭船之由、今日より折角相楽しみ待居申候。頃日当部員中にも大分宇品え派遣を被命候。残員将校は永田中佐殿始め黒井大尉幷に小官と外壱名の少尉に御座候。小官は黒井氏と同一にて、大に事業上の研究にと相成り、将来之為めに幸福之事と雀躍罷有候。扨て又た閣下当地御滞留中御依頼申上度義有之ども、時日是を許さず為めに空しく御別申上候間、今日更めて小官将来一身上之義に付御含み相頼置度奉祈上候。元来小官は本職を士官学校に奉居候事故に、敢て身上異動之義に付彼れ是れ申上くへき訳に無之候へども、今日之時機如何変動を来すへきやも難計、且つは閣下之外他に依頼すへき人も無之候故、爰に閣下え御頼致置候間、何卒将来一身上之義に付宜しく御含置被成下度、此段御安着御祝旁一身上之義御依頼仕候也。已上艸々拝具

五月卅一日　　末吉九拝

少将閣下

〔封筒表〕大日本東京四谷区塩町壱丁目　陸軍少将寺内正毅殿　乞御親展。

〔封筒裏〕封　廿八年五月卅一日　占領地旅順口運輸通信部陸軍歩兵太尉鵜飼末吉拝（消印日付）28.6.5。

〔原史料番号〕①436―214。

81　宇垣一成

1　明治35年11月28日

謹而御健勝を賀し、併せて出発前の御厚情を奉深謝候。実は当地着早々書面拝呈可致筈に候処、伯林着の日を以て荊妻永眠の訃報に接し、彼是取込候儘遅引仕候段、不悪御諒察被下度、先は御礼旁到着の御報迄如斯に御坐候。時下厳冬に向ひ申候間、御自愛専一に奉存候。敬具

十一月二十八日　宇垣一成

寺内中将閣下　Arndt str. 39^{1} Magdeburg

執事御中

追て同行諸氏何れも健全に被為在候。

〔封筒表〕Via America An Herrn Generallieutenant Terauchi Excellenz Tokio Yapan　大日本東京麴町区永田町陸軍中将寺内正毅殿　執事御中。

〔封筒裏〕（消印日付）□□.JAN.6。

〔原史料番号〕①338—1。

2　明治36年7月5日

謹啓　時下追々炎暑の候に相成り申候得共、閣下益々御清康御起居被遊候御事と遙察奉拝賀候。降而小生無事送光罷在り、語学の進歩も未た充分なる迄には遠く達し不申候得共、兎に角十月初旬より隊附に服務可仕事に致居り申候間、左様御了知被下度、先は暑中の御伺旁如斯に御坐候。尚ほ時分柄御自愛専一に奉祈候。早々敬白

卅六年七月五日　独乙　宇垣大尉

寺内中将閣下坐右

〔封筒表〕Via America Vr. Excellenz dem Kaiserlichen japanischen Generalleutnant Herrn Terauchi fuer Tokio Yapan 日本東京麴町区永田町　陸軍中将寺内正毅殿　執事御中　（消印日付）36.8.10。

〔封筒裏〕（消印日付）03.AUG.10。

〔原史料番号〕①338—2。

82　宇佐川一正

1　明治27年11月16日

拝啓　本国出立候已来御無沙汰相働き、恐縮之至に奉存候。老台増御健全之段奉恭賀候。小生は本国に居るときより健康を増し、至て仕合仕候。扨宇品出発已来は駆け

廻り忙敷、今日迄御無音消日仕候次第に付、不悪御推察可被下候。着朝後人民の無気力と山河の案外に美なるとには在邦中の予想外に出て、京城義州間道路も良好、水田（深田）なくして至る所師団已上の運用に適し、将来我国の編制上にも影響を可及義と相考申候。鴨緑江の渡河に就ては実に唯一の時機にて、我軍の幸福不過之事と存候。若し雨ある時機なれは今日の結果を見ること能はさるべし。九連城陥落後は立見旅団と共に鳳凰城に進入仕り、両三日前此地へ帰り申候。該城も周囲小山を廻らし、鳳凰山を除くの外は攀躋し得、其小山城を巨〔距〕ること千五百乃至二千米突なれは、支那兵の逃遁も無理からぬことと存候。該地は物資沢山、建家は一百年来のもの多し。蓋し近年漸次盛に向ふもの丶如し。惜むべきは兵火（支那兵の放火）に罹るもの二分一已上に有之申候。其他大孤山、安東県、大東溝と云ひ、支那兵の放火惨状を極むることは筆紙に難尽候。我軍も先つ冬営準備と申す事に有之、両三日内司令部も安東に移る筈に御坐候。小生は鳳凰より切に、満州作戦は今後五、六十日間は年間極めて好時機なれは、此際奉天を衝くことを請求せり。是には極めて同意者多く候へ共、其運に至らざるは残念なり。明年三月後に至らは運搬事業の困難と行進の困難とは極めて判然し、且つ敵に防守準備の時間を与ふるの不利は非常なるものと相信申候。茲に強く前論の主張を憚かるは大将の病気是れなり。大将は漸次衰弱し日夜胃部の痛を催し候由、竊に医官は胃癌《ガン》に変ぜしことを恐れり。何とか宜敷御工夫は無之哉、実に気の毒千萬に存候。本日は少し閑を得候に付、大将の模様を申述旁一寸申上候。他事後便申上候。其内時下御厭第一奉願上候。敬白

十一月十六日　一正

寺内閣下

追て大将は渡韓已来始終下痢等に相悩み今日を来候に付、早速の快復は如何かと甚た掛念仕候。

○過日は送物御配慮奉謝候。

〔封筒表〕□嶋大本営　□内陸軍少将閣下　□事郵便　親展（消印1日付）□.□.16（消印2日付）□.□.20。

〔封筒裏〕糊　支那盛京省九連城　宇佐川歩兵少佐。

〔原史料番号〕①341–1。

2　明治28年4月1日

拝啓　久敷御無沙汰申上候。愈御清適御奉務被遊候段、

奉恭賀候。二に小生事、二月廿日迄は無事に候得共、同日前より少々熱気有之、遂に入院候始末に相成、加養候処存外頑固にて、殆と廿日余は三十八、九度より四十度の間の熱に有之、然れ共別段精神を失ふ様なることは無之、其熱之分離相付候而よりは日増快方に相趣〔赴〕き、去月廿日次きは既に海城へ参り候都合有之候処、石坂より是非二、三十日大孤山へ参り休養候様申来り、夫には人事上の事も有之、遂に去る廿六日岫巌出発、此地へ到着休養罷在候間、乍憚御安神〔心〕被下度、途中は始終乗馬にて、初日の如きは途に迷ひ雨中にも係らず午後七時迄乗詰め致候而も差支無之程の仕合に御坐候。此度通訳官中西後送に付、一寸模様申上候。却説東京御内輪には御無事に御坐候哉。一月早々柴田氏よりは来信有之申候。小生も一ケ月余世事に関係仕り不申候得は何事も不案内、此節は李鴻章来朝の由、例の暴客事件は少し気の毒の次第に御坐候得共、談判の結果は如何哉と日々考慮罷在候。我々軍人の望としては四百余州も席巻致度候得共、東洋の将来を考ふれは思ひ通りにも参り不申事と竊に相考申候。右は幸便に任せ一寸病状申上候。其内時下御厭被遊度、談判の結果に依りては近日拝眉を得可申事と相楽居申候。恐惶敬白

廿八年四月一日午後認　　一正拝

寺内様

〔封筒表〕広嶋大本営　陸軍少将寺内正毅殿　親展。
〔封筒裏〕緘　大孤山病院　陸軍歩兵中佐宇佐川一正　廿八年四月一日　托中西氏。
〔原史料番号〕①341―2。

3　明治28年11月6日

拝啓　愈御清適奉恭賀候。二に小生事無異着漢、守備隊も事務取扱致候間、乍憚御休神〔心〕被下度。先般京城事変には推察通り公使館と守備隊の者共相加はり候事は明了〔瞭〕の次第にて、既に田村より報告の筈に付御承知の事と相心得差控居申候。併し守備隊将校已下には罪なし。概ね本国政府の方針且つ三浦公使の命令なれは、其働き振りては金鵄勲章の積りて尽力致候様子なれは、今更気の毒と申外無之候。守備隊下士已下も都合無事、何分長遠征にて家族の援助に相困り、追々村長等よりも事状申出、早く帰り来れ抔申来候向も有之哉に聞及候。故に兵卒等は一円に足らさる日給費も積立候様子なり。元来予後備兵

の日給の少なきは余り面白からさることと存候（復習演習は別段のこと）。又賞賜の事に付ても野戦師団のものは補充隊より鳥渡遼東半嶋と渡りたる位にても無論功労に当りし次第なれは、当隊等賞賜の場合には勲章は兎に角金高は少し増され候事希望の至に御座候。朝鮮軍隊の事に付ては先つ従前の振合にて監督致候。外交上よりすれは余り干渉せさる方可然と存候得共、丸て手を引くときは軍隊は勿論、政府迄瓦解の勢に立至りし掛念有之申候。軍部大臣等より下士官に至る迄、馬屋原等の帰るときは暇乞に来り、如何にも落胆至極の景況有之、下官等不相替世話し遣すことを明言せしより少しく落付の模様有之申候。井上大使来漢の通知あるや、政府部内外に危懼の模様有之申候。是は井上大使の対韓策たる屢々変更され、即当時の金氏等は不向の輩なるに依ることと存候。日本より来りたる朝鮮顧問官等従来の仕事は余り形容的に過き、根本を詳にして改良進捗の実を挙けしめざるやの点多々有之様に被相窺申候。軍政上に於ても誠に然り。故に目下の軍隊は日本の壮士仕組と同様にて、首領の一興一仆直に各自の糊口に影響を及ほし、故に曾て編組したる軍隊は当時の害、当時のものは将来の厄介物たるに過きさる事と存候。故に朝鮮の為めにするには壮士仕組を替へ、国の為に尽すと云ふ軍隊を作る仕組に着手せざれば不相成候事と相信申候。過日訓練隊の両大隊長の逃亡するや、全隊の士官等青く相成り、同しく内々逃亡仕度をする様なる事情も有之申候。実に気の毒千萬の事に存候。又日本居留人民も過日退韓人続々有之為め、頗る商業上に障害を来し候由、萬一此先き守備隊の撤去等に押移り候へは、従前の如く商権は支那人の手に帰し可申、実に目下の守備隊は朝鮮政府と日本居留人民の商権とを維持しあるものと想像され申候。当大隊輜重駄馬は朝鮮馬にして、昨年着漢後非常の高価にて買上け候ものなり（代価は五、六十円と申事）。此馬は当大隊引揚の際は悉く売払之方得策かと存候（目下四十八頭）。此節は物品の受授等に相用居候へ共、都合に依り悉く引揚迄繫留するも無益かと存候間、幾分売却手段は如何、御序之節御賢慮相伺度候。乗馬も七頭有之候得共何れも徴発馬にて、本国へ引帰るも直に売却に付すへきものと被存候。当守備隊交代或は引揚けも井上大使帰朝の上は相決し可申と存候。自然両様の内相極まり候得は予め其時期御内報被下度、右は余り御無沙汰に付一寸申上候。其内時下御厭被

遊度、于今児玉閣下へも御無沙汰致候間、御序之節宜敷御伝言被下度候。草々頓首

明治廿八年十一月六日　　　　一正拝

寺内閣下

逐而御家内様宜敷御伝言被下度候。又留守は宜敷御願申上候。当時此地は余程寒気相加はり、去る二日の夜は雪降り申候。氷は手水鉢等に薄く張り申候。

又御序之節長谷川、柴田御両家へ宜敷御伝言被下度候。山根閣下葬送等には御配慮と奉存候。

桂閣下の御容体は如何、御序之節御知せ被下度候。

〔原史料番号〕①341-3。

4　明治29年4月1日

拝啓　愈御清適奉恭賀候。二に小弟無事滞韓仕候間、乍憚御省念可被下候。追々後備兵交換も差延ひ、帰志一片の老武者の取扱には折々閉口仕候。勿論今日と相成り此交換は決して差支無之（公使も疾に同意なり）、只京城釜山間のものと同時にと申ては地方の情勢上之を許さゝるやも難計候得共、此後備兵は始終暴徒等を前に引受け居候事なれは、自ら志気も振ひ候得共、京城の如きは居留地の隅に蟄居同様の始末なれは、随分中隊長等閉口の趣きに聞及候。何卒可成早く御交換の事のみ希望仕候間、其筋へ御注意可被下候。新聞紙に依れは御尽力にて廿九年度預〔予〕算も通過し軍備の拡張も相成候事に決し、何よりの事と存候。何分一歩にても踏み出しある者の心中にては、一日も早く腕力を振ひ得る時機、否な程度に完備のみ切望致候次第なり。当地の事情に付ては日誌執筆を以て出来事等折々川上中将へ事情の報告文差送り居候間、御笑読被下度候。児玉将軍の御病気如何、追々御快方と存候。未た書状差出方差控候間、御序に宜敷御伝へ可被下候。桂将軍は如何、是も不治病には無之由に承り、果して信なれは無此上事に御坐候。御序に御洩被下度。長谷川、柴田御両家御無事と存候。御序に宜敷御伝へ可被下、尤も柴田殿よりは過日も書状受領仕候。朝鮮も運命の極まる迄京城は陰謀でゴタ〳〵し、地方は暴徒の蜂起にて経過仕候事ならん。到底独立抔と申すことは歴史上許さゞるのみならず、腐敗の今日に於て夢にだも見る訳に参り申間敷、結局人に遣るか我に取るか、又二つ割にするかの外手段無之、日本の国威宣揚否維持上に於て丸て人に渡すことは出来ぬことと相信候へは、軍備上の外

今日より既に準備可致事有之様に被相考候。右は御無音御断迄一寸申上候。其内為邦家御自愛可被下候。乍末御家内様へ宜敷御一声可被下候。敬白

明治廿九年四月一日　　一正

寺内閣下

追て電信守備に憲兵二百人を置くことに御異存無之由（露公使）、左すれは京城守備の内一ケ中隊と釜山中隊の幾分を地方に出し電線守備に助力せしめば、目下の暴徒を支へ得べし。又此暴徒等も農作時期に移り候へは漸次解散可仕に付、今日より其計画にて交換のことに着手せしめらるれは、釜山京城間の後備引揚けと同時に守備隊交換相成可申意見に付、一寸申上候也。

〔注〕本紙は「後備歩兵独立第十八大隊」の罫紙。ただし、取り消し線で抹消している。

〔封筒表〕日本東京参謀本部　陸軍少将寺内正毅殿　軍事郵便　親展　（消印日付）29.4.1。

〔封筒裏〕朝鮮京城　陸軍歩兵中佐宇佐川一正　（消印日付）□.4.□。

〔原史料番号〕①341-4。

5　明治33年9月19日

拝啓　益御清栄奉賀候。二に小生預〔予〕定之通り、十八日午後仁川丸に乗込、今暁門司へ着、石炭積込之為め午後出帆之筈に付、御承知被下度候。是より先き広島に於ては御注意に依り由比少佐へ面語〔晤〕を得、萬事仕合致候。扨新橋出発之節は態々御見送り被下、萬々難有、殊に田口代議士は同船に而渡航致候旁船中は可なり面白き談柄有之申候。由比少佐の申す処に依れは、結氷前太沽仁川間の通信船使用は必要かと存候。又出先師団司令部威厳の行れさる事に付而は、充分御考量を要する事と相信申候。尤も生着の上は、充分意見を述ふる覚悟御坐候。右は御礼迄、時下御自愛被遊度候。敬白

三十三年九月十九日午後　　一正

於門司港

寺内閣下剣右

〔封筒表〕□京参謀本部　□内陸軍中将殿　親展。

〔封筒裏〕□前国門司港仁川丸　陸軍歩兵大佐宇佐川一正　□十三年九月十九日（消印日付）33.□.□。

〔原史料番号〕①341-5。

6　明治45年7月18日

拝啓　益御清武被為渉候段奉恭賀候。陳は過日参邸御妨申上、其節は御馳走に相成、奉感謝候。小生は昨夜帰磯仕候。御子息様御病気如何に有之候哉、御案し申上候。何卒速に御全快、所禱に御坐候。御気に掛けられ居候全北地方作付情況に付、同地方出張中之井上理事より別封之通り申来候間、御参考迄申上候。此度之降雨に而聊安心仕候。右御礼申述迄、時下御用心被遊度。草々敬具

七月十八日朝　一正

寺内伯爵閣下侍史

〔封筒表〕東京麻布区笄町　伯爵寺内正毅閣下　親展　（消印日付）45.7.□。

〔封筒裏〕□　神奈川県大磯禱〔濤〕龍館　宇佐川一正　（消印日付）45.7.18。

〔同封〕

七月十四日　井上孝哉

宇佐川総裁閣下

拝啓　其後漸次御快方に向はせられ候御事と拝察仕候。先日より一週間全北各地の移民を詳細視察仕、昨夜当金堤に帰着致候。其状況を御報告致度と毎度筆を執らんかと相考候得共、奈何にも悲況にて御心配相懸け候を恐れ差控居候処、昨夜より今朝に大雨ありて始めて安堵致し、今日帰社に先たち茲に略筆なから一書捧呈仕候。熊本県農会の金堤移民は最上出来の分なるも、猶六割の植付に過きす。汐辺団体も亦然り。泰仁の岡山農明〔ママ〕団体は二割の植付、井邑の単独六戸は同じく二割、古阜の静岡岳南団体は四割、カツタクの単独移民は三割位の植付に過きす。移民にして此の如き有様ゆへ一般は実に甚しく、廿余年来の大旱魃と云ひ、或所にては十二年前の子歳にも稍今年位の旱魃なりしとも申す者も有之、実に大旱の雲霓を望むか如しとは克く云ふたものと存候。昼夜共に徒らに天を仰ぎて日鮮人共に歎息するのみにて、全北十万町歩の水田と見れは六万町歩は植付未済の状態にて、此救済は奈何にすへきかは大問題に有之、大豆を播種せしめんか排水悪しき場合には不成効に終るへく、止むなく稗を蒔かしむるの外なく、憫むへき成行と存せられ殆と一般に絶望し居りしに、昨夜より今朝に至り俄然大雨来り、全北（全南も同様と存候）の生民は之にて蘇生致し、

会社小作人も移民も苗代は今日迄充分に保護せしめしため、之にて七、八分の作を見ることを得へく、一般の喜悦之に過きす。各般の問題も之にて解決仕候間、此場合は大不幸中の幸福として十二分の御満足と思召相成度、他の各道は因より差支無之哉に聞及居申候。

昨年の水害、今年の大旱にて、移民は奈何に考ふるやと云ふ事を懸念致居候処、更に心を動かすの模様なく、天災は止を得す、石を噛みても成効の期を待つと申居候。昨年の落胆とは引代へて土着の感念の強きには安堵致候。殊に此雨にては最早愁眉も無之事と存候。尤も植付一ケ月近くもおくれ候間、幾分の減収は勿論に候得共、若し両三日以上此雨おくれたらは、移民は兎も角多数の鮮民は実に生命に関する問題なりしに、此幸福を得られたるは総督閣下御始め総裁閣下の御運の宜しきことゝ存候。

敬具

〔封筒表〕神奈川県大磯濤龍館　宇佐川男爵閣下　仰親展
（消印日付）45.7.17。
〔封筒裏〕封　七月十四日　全北金堤東拓出張所　井上孝哉。
〔原史料番号〕①341―6。

7　大正2年8月18日

拝啓　益御清武被為渉候段、奉恭賀候。鮮地概して無事、過日来各出張所長合同、諸事打合致候。本年は受尚〔ママ〕取候や、幾分植付出来さる所有之候得共、例年に比すれは作付多く、今日之処昨年より一層増収の見込に御坐候。扨本社資金之事は御出発前申上候通り、土地買収方針手堅く引締候為め、些少之不足に而相済み可申、此不足は一時借入等に而都合相付可申やに被相考候得共、此度各農工銀行より百五十万円の債券引受方申来り候。就而は是等に対し何とか方法考案中に有之、此儀に就而は荒井長官其他へも相談の上決定可致考に御坐候。要するに此先き本社の増資及外債募集等之事項は不得止実行の必要有之候条、此辺御含之上各方面へ可然願上度、右暑中御見舞旁如此御坐候。恐惶敬具

大正二

八月十八日　一正

寺内伯爵閣下剣下

逐而御令閨様へ可然御致声願上候。

〔封筒表〕東京市麻布区笄町　伯爵寺内正毅閣下　親展　八月廿二日接於函〔箱〕根　正毅　借款要件あり（スタンプ）書留

（消印日付）□.8.18。
〔封筒裏〕□　朝鮮京城　宇佐川一正（消印日付）2.8.21。
〔原史料番号〕①341-7。

8　大正3年6月8日

拝啓　益御清武御帰任被遊候義と奉遥賀候。御発京之当夜は風烈敷、大に心痛仕候。扨て東拓纛島出張所長米山久弥は何分居続は如何やと心痛仕居候処、本人より屢々農工銀行其他へ転し方申来居候。尚前件に就き閣下へ願ひ呉候様申来候得共、今日迄不申上候。其内本人拝謁願出可申に付、御気付等被仰聞候様奉願候。右は御安着御祝詞申上旁呈寸楮候。他事後便希上候。草々敬具

大正三

六月八日　一正拝

寺内閣下剣下

〔封筒表〕朝鮮京城　伯爵寺内正毅閣下　私親展　六月十二日正毅。
〔封筒裏〕封　東京府下　千駄ケ谷新田八百七十、宇佐川一正（消印日付）3.6.19。
〔原史料番号〕①341-8。

9　大正4年1月1日

拝啓　益御清武被為渉候段奉恭賀候。陳は其後は意外之御無沙汰仕申訳無之、丸而御海容可被下候。議会も遂に解散と相成、目下各党共惣撰挙之準備に汲々致居り、費用の点には何れも困難の様子に御坐候。閣下に対しては兎角政友会側に於て我党なる如く口気を洩するもの多き様被相窺、勿論将来或る場合此等御利用は不得止義なれとも、其時機迄は鮮明ならさるを御得策に被存候。又政友会一部のものは山本伯に通するものあり、一方同志会内部の結束堅固ならさる由に聞及申候。旁政界之情況追々復〔複〕雑に向ひ可申、此際一層御健康奉祈上候。右は新年御機嫌御伺ひ迄。草々謹言

大正四年一月一日　宇佐川一正

寺内伯爵閣下

〔封筒表〕朝鮮京城　伯爵寺内正毅閣下　親展　一月四日正毅（消印日付）4.1.1。
〔封筒裏〕封　東京府下千駄ケ谷町八百七十。宇佐川一正（消印日付）4.1.4。
〔原史料番号〕①341—9。

10　大正4年7月5日

謹啓　暑中御見舞申上候。扨此程は内相問題より内閣総辞職と相成り、于今結局の見込相付不申、今日之処現内閣居据説も有之候得共、加藤氏等の辞意固く、真に元老の勧告あるとするも此場合隈伯進て持続の勇気無之様被相窺申候。扨司法官の大浦氏に対する要求は極端迄進迫せし様子にて、斯く迄の成行に至らしめたるは偏に従来尾崎氏の司法部内に威信を欠きある事を証明被致候。閣僚間大浦氏に対しては気の毒に思ひ候様子なり。要するに隈伯の主義性行を異にする寄合内閣の今日あるは自然の結果かと被存候。更迭とすれは後継内閣は何人に依て組織さるべきか。現下政界紛雑の際、眼前に横はる外交、財政の難問題を処理するには、大手腕家を要すること勿論に候得共、少なくも挙国一致の趨勢を訓致し得へき技量は必要に可有之と相信申候。折角為邦家御健康を奉禱候。敬白

七月五日午眠後　　一正

寺内伯閣下

〔封筒表〕朝鮮京城総督官邸　伯爵寺内正毅閣下　親展　七月八日　正毅　済　（消印日付）4.8.6。

〔封筒裏〕封　□京府下千駄ケ谷町八百七十、宇佐川一正。

〔原史料番号〕①341―10。

11　大正5年6月21日

拝啓　益御清武被為渉候段奉恭賀候。近時は甚た無精に而御無沙汰申上、恐縮此事に御坐候。併老軀は益健全を相覚へ候間、御安神〔心〕被下度。東拓重役も辞任の由、随而目下後任者御撰定中に被存、然るに承る処に依れは本年該社事業方針等に就ても確的ならず、随而社員服務の状態忠実ならさる様子に有之候へは、可成速に後任者御確定相成て経営の進行を得度、夫に付平田、小松原両氏よりの意見も既に間接に御耳に達し居可申、即後任者に松平子爵御任用相成候而は如何。是迄の経歴に就而少々不足の点有之候も、事業上に精通し勉励家の一人なれは、周囲の援助を得却而好結果を可得やと愚考仕候。周囲の援助は是迄関係あるもの株主側に於て相当に可有之、右に付而は早速申上度存居候得共、局外者より彼是申上候事は小生平素の本懐に無之、旁差控居申候。風聞に依れは来月頃御出京之由に被相窺、久振可得拝鳳御待申上候。

又頃日政変の意味に於て色々風評相行はれ申候。併是は当になり不申、尤も先般研究会の重立ちたる輩に首相より暗示する処に依れは、来月露国との協商成立を機会に勇退すへきが如く洩されたる趣に承り候得共、是等も毎度の事なれは例に依り一場の談柄ならん乎。右暑中御見舞旁一寸御参考申上、時下為邦家御自愛被遊度。草々敬具

大正五年六月廿一日　　宇佐川一正

寺内伯爵閣下

逐而御留守宅も無別条御様子なり。小生も久敷御無沙汰申上、過日一寸御伺申候処、御令夫〔ママ〕様御不在に而拝芝不仕候。

〔封筒表〕朝鮮京城　伯爵寺内正毅閣下　私親展　（消印日付）5.6.2□。

〔封筒裏〕東京外千駄ケ谷八百七十　宇佐川一正　（消印日付）□.□.24。

〔原史料番号〕①341—11。

83　宇佐美勝夫

1　明治(43)年7月11日

謹啓　暑気日に加はり候処愈々御安泰奉慶賀候。拝承候得は来十五日頃御出発御赴任の御事に御内定被遊候趣、国務御繁劇の段奉恐察候。去四日着任后早速御挨拶可申上筈の処、百事匆忙、寸隙無之、乍思も今日迄御無沙汰致居申候段、不悪御諒恕被下度奉願候。内部行政の概梗〔梗概〕丈は調査致候。猶如何に改良し如何に発展せしむへき哉に付ては、頻りに考案中に御座候。着任以来雨天勝にて暑熱も甚たしからす候。当国に於ては雨天勝は豊作の表兆に候由、吉瑞と存候。

当京城に於ける外観の発展は予想外に候。日本町を一瞥すれは内地同様にて、何等日常不便の事も感せさる事に御座候。先は後れなから御左右御伺迄如此に御座候。百事は御着韓の後に相譲可申候。敬具

七月十一日　　勝夫

寺内統監閣下

乍余白山県閣下も御健勝に被為渉執務御精励に候間、御安神〔心〕被下度候。

〔封筒表〕東京陸軍省　寺内統監閣下　親展　（消印1日付）□.7.11（消印2日付）□.7.14。
〔封筒裏〕封　京城　宇佐美勝夫。
〔原史料番号〕①342—1。

2　大正4年11月5日

先刻拝趨の際申上度存候ひしも、御来客御多忙の折柄に付態と相控へ申候。茲ニ概梗〔梗概〕書中を以て陳情致候間、御閑之折劉覧を賜はり度奉悃願候。

御上京後総務局起案にて同局か博物館事務を分掌するに付ては、従来内務部第一課に於て主掌せる古蹟調査事務及学務局に於て主掌せる有史以前の調査等を総務局分掌に変更するの回議、仰裁することゝ相成申候。本官は左の理由に於て回議案に反対を表し置候。

一、古蹟調査は寺刹を以て中心とし、陵墓若しくは歴史上の古蹟等之に附随す。故に寺刹を司管する内務部第一課に於て本事務に従事するを便とするのみならす、従来此の方針により事務を進めつゝあり。然るに何等の理由なきに突然其分掌を変更する如き何等の利益あるを見す。

一、有史以前の調査は朝鮮語其他歴史上の調査と共に学芸に属し、相待て朝鮮研究を全ふすへきものとす。これ従来学務局にて主掌せし所以なり。然るに何等の理由なく只漫然有史以前の調査のみを博物館に附属せんとする如きは何等の利益あるを見す。況んや此等研究に従事すへき比較的知識を有する者は、学務局に其人ありて総務局に其人なきに於てをや。

一、分掌事務は右の如くするも、調査上得たる材料物件等は凡て之を博物館に引渡し、統一的に之を保管せしむることは固より当然たるべし。

右の理由により、従来の分掌を変更するは何等の理由も利益も無之と信し申候。

加之現在の分掌規程に於ては博物館を総務局の主管となすと雖とも、博物館は其性質上学芸に属し、総務局に於てするよりも学務局に於てするは系統の上及関係者の知識の上よりして理の当然と信するにより、此際博物館を学務局の分掌に変更するの議を起案し仰裁致置候条、是亦何卒御賢慮を垂れさせられんことを奉切願候。文意を尽さす偏へに御明恕を仰ぐ。

大正四年十一月五日　宇佐美内務部長官

寺内総督閣下

〔欄外〕本按は小官の決定通り実行致度候事十二月日〔ママ〕　正毅。

〔原史料番号〕①342―2。

3　大正4年11月25日

謹啓　大典之御役目萬事無御滞御済まし被成、目出度御帰東被遊候段、奉慶祝候。

小生事、予定の通十九日夕立花総長と共に京都出発、二十一日朝無事帰任仕候。途中立花総長之睊《けい》眼能く俘虜収容所を脱走せる独乙将校を看破し、釜山に於て必要なる命令を警官に下し京城にて之を引捕えたるは誠に愉快にして、総長の大手柄に御座候。

御不在中之朝鮮は、総督府医院及京城日報社之失火を除く外、至極平静に御座候。失火したる両所共早速視察候処、医院之焼失病室か一棟に止まり日報社之半焼にて済みたるは全く消防の努力に外ならすと存候。暖房装置工事の請負方法に付ての御下命の件は、政務総監に御話いたし置候。猶善後処分に関しては種々協議中に有之、何れ土木局より案を具し仰裁可致筈に候。

宮三面事件に関しては二十二日、二十三日の両日関係者一同集会協議を尽くし、一切の手筈相定め候。本件に関しては別に政務総監より御報告可有之事と存候に付、今は相略し申候。

外には別に申上度件も無御座候に付、先は茲に擱筆仕候。猶当地之状況は不日上京之立花総長より御聞取被下度奉願候。敬具

十一月二十五日　　勝夫再拝

総督閣下

〔封筒表〕東京市麻布区笄町　寺内朝鮮総督閣下　親展　十一月廿八日　正毅　要存。

〔封筒裏〕朝鮮総督府　宇佐美勝夫　〔消印日付〕4.11.27。

〔原史料番号〕①342―3。

4　大正4年11月26日

謹啓　昨日一書奉呈仕候処、左記の件失念致候に付、追記仕候。

平北大正水利組合灌漑事業工事設計調査之件は、土木局に於て慎重調査を重ねたる上認可を与えたるものなるを以て、萬不都合無之ことゝ信し候得共、御下命の次第も

有之、篤と土木局長幷に山岡技師に対し念を推し候処、猶一応書類を調査し且実地をも踏査致度との意見に有之、今更小生之予期とは相違致し候得共、重大なる工事且つは御下命の次第に基き、土木局の意見に任せ調査を進むることに取計申候。猶至急調査を進め候様申談し候得共、実地踏査の関係も有之、早くも来月十日頃ならては完了致すまじくとの事に候間、御含置被下度奉願候。敬具

十一月二十六日　勝夫拝

総督閣下

〔封筒表〕東京市麻布区笄町　寺内朝鮮総督閣下　親展　十一月廿日　正毅。

〔封筒裏〕朝鮮総督府　宇佐美勝夫　（消印日付）4.11.28。

〔原史料番号〕①342-4。

5　大正5年10月12日

謹啓　閣下今回内閣組織の大命を拝せられ首相の重任に膺られ候段、御心労の程深く奉恐察候得共、国事極めて多端なるの秋に当り親しく国政を燮理し聖明に御奉答相成候義、国家の為め洵に慶祝の至に奉存候。顧れは小官六年有余御膝下に在り常に御高教を奉し、一意専念、職に尽さんことを期せしも、身不敏にして御期待之萬か一にも副ふこと能はす、今更顧みて冷汗背に徹するの外無御座候。何卒今後と雖も不敏を棄てさせられす御指教を賜り度奉悃願候。

不真面目なりし政務を廓清し真に国運の隆昌を期せられ候に付ては、御胸中素より御成算あらせらるべきことは深く確信罷在候得共、嘗て劉猛か上言致候通り、政務百端昼夜御心労の為め萬一御健康に御障り有之候様の事有之候ては真に一大事と存候に付、先以て外交上支那に対する国策を確立せられ以て民心を新にし、他の政務は緩急に従ひ徐ろに御施設被遊候こと、猶日韓併合の際教育制度の確立は暫く他日の研究に待たれ候如く被成候様致度もの抔、乍不及愚考罷在候。愚衷御憫察被下度奉願候。

当朝鮮内不相変無事には候得共、新総督未た任命せられす、政務総監は閑院宮殿下奉迎の為め昨朝安東県に出発せられ、他部長官亦在庁の者無之、真に寂莫之至り、一日も早く新総督の任命を待ち居り申候。

申上度事は山々に候得共、御多端之際余り永々敷相成候ては却て恐縮之至と存候に付、先つは国家の為め切に御自愛を奉祈、且御在職中の御懇情に対し篤く御礼申上け、

併せて将来一層の御指導を賜り度、幾重にも奉悃願候。只々愚筆情意共に尽きす、書余宜敷御憫察被下度候。敬具

十月十二日朝　勝夫百拝

寺内総理大臣閣下虎皮下

〔封筒表〕東京市麻布区笄町　寺内伯爵閣下　煩親展　十月十五日了　正毅（スタンプ）書留。

〔封筒裏〕封　朝鮮総督府　宇佐美勝夫　（消印日付）5.10.15。

〔原史料番号〕①342‒5。

6　大正5年11月18日

謹啓　追日寒気相募り申候処、益々御康安為邦家慶祝此事に奉存候。只今頃は大演習地より既に御帰京被遊候半、次第に国事御多端之折柄、折角御自愛被遊候様悃禱仕候。過日上京の際は種々懇篤なる御眷遇御教示を辱ふし、感泣の至に不堪候。帰任後早速政務総監閣下に復命いたし候。同閣下に於かせられ候ても至極壮健御元気にて、一意政務に鞅掌被遊、庁員一同無事勉強いたし居候。半嶋内格別異状も無之至て平穏に候間、何事も御安慮被遊度奉希願候。吉原前東拓総裁、帰京後間もなく永眠のよし、洵に哀悼の至に存候。林、井上両氏身上の件に付ては児玉書記長に委曲話し置候間、御聞取被下度、猶両氏より願出候事も可有之と存候間、何卒御厚眷を賜はり度、友人の情誼上小生より篤く御願申上候。

過日御話申上候間島降雹被害鮮民に対する救済金（七百円にして、罹災救助基金の利子より支出）は、案外の好結果にて深く排日不良鮮人を感泣せしめたる趣、彼地より報告有之候処、近時又排日派の団体たる孔子教会員は、会頭始め幹部一同相率ゐて我官憲に恭順の意を表したるよし申越し候。時勢に伴ふ彼等の自覚に出てたるものなるべく、聊か快心の至に存候。之に反し近時京城内の五星学校及普成学校（共に宗教学校にあらす）内の二、三教師か不良思想を生徒に注入し居ること、及開城に於ける韓英書院（南メソヂスト派）の二、三教師か私かに不良唱歌集を出版し居れること発覚したるは、真に遺憾の至に存候。尤も学校長等に於ては毫も関与せさるもの丶如く被認候得共、此際此等学校に対し適切なる厳重の措置を講し可申、目下警務総監部と協議中に御座候。

先は乍後過日上京中の御礼申述度、如此に御座候。敬具

十一月十八日　勝夫拝

寺内伯爵閣下

追啓　帰任後公務多忙の為め御礼今日迄遅引いたし候段、何卒御寛恕被下度奉願候。又拝

〔封筒表〕東京市麹町区永田町総理大臣官邸　寺内伯爵閣下　必親展　了　返し　十一月廿二日（消印日付）5.11.19。

〔封筒裏〕封　朝鮮総督府　宇佐美勝夫　（消印日付）5.11.21。

〔原史料番号〕①342—6。

7　大正6年2月11日

粛啓　国務益々御多端、日夕御尽瘁の程深く奉恐察候。頃日は御風邪にて御静養被遊候趣、新聞紙上にて拝承候処、早速御平癒の御様子、慶賀此事に奉存候。何卒為邦家折角御自愛被遊度悃禱の至に不堪候。

過日政務総監御上京に相成候に付ては、当地現下の情況巨細御聴取被下候ことゝ奉存候。其後何等異状も無之候得共、誠に御申訳無之事は過日も一寸申上候と記憶致候か、去る大正四年に卒業し目下全鮮に渉り公立普通学校教員を奉職し居れる高等普通学校附属臨時教員養成所（韓国時代の師範学校の後身にして、昨年三月限り廃止）の学生等か其在校中より不穏の団体を組織し居れること漸く近時に至り発覚、各道長官をして警務官憲と協力調査の歩を進めしめ候処、其結果打棄て置き難き事情あり、即今警務総監部専ら其任に当り地方と聯絡を取り厳重取調中に御座候。調査終了次第篤と善後の措置を講すべく候得共、教育上洵に残念至極、恐縮の至に不堪候。

過日は林市蔵、井上孝哉両氏御採用被下候段、本人の本懐は不及申、小生に於ても洵に欣躍の至り、深く御礼申上候。関屋氏の宿痾全然本復には至らさるも次第に軽快の由、然るに同氏は予て内地地方長官に転任の宿願有之、殊に健康上の状態に於ても是非内地帰還切望の様子に御座候。当地教育上の戒心は今後に於て最も重要ならんとする際、同氏を失ふは残念に候得共、是迄数次の申出にも有之、強て抑止するも詮なき次第と存じ政務総監にも御話の上最早諦め居候間、今後好機も有之候はゞ是非転任の希望貫徹せしめられ候様、幾重にも奉祈願候。

総選挙の結果如何相成可申哉。定めて御成竹もあらせられ候ことゝ確信仕候得共、政界由来紛糾往々にして意想外に出つることあり。誠に出過きたる申分には候得共、何卒充分御用心被遊目出度御素懐を達せられ候様、為邦

家悃願此事に奉存候。
先は時下御伺旁々関屋氏の件御願迄如此に御座候。敬具
大正六年紀元佳節　　勝夫謹白
寺内首相閣下
〔封筒表〕東京市麹町区永田町　寺内伯爵閣下　親展　了
一月《ママ》十五日（消印日付）6.2.12。
〔封筒裏〕朝鮮京城　宇佐美勝夫　（消印日付）□.2.15。
〔原史料番号〕①342―7。

8　大正6年3月22日

謹啓　内外政務弥々御多端の折柄、益々御清寧に被為渉中候段、為邦家大慶至極に奉存候。
過日は御多忙をも不顧、面制案に関する法制局審議の情況に付き、愚衷を開陳し御尊慮を奉煩候処、早速御懇篤なる御示教を辱ふし洵に感佩の至に奉存候。何卒御高配により速に満足なる解決を得るに至り候様にと楽しみ居中候。
政務総監閣下御帰任に相成候に付ては御地の状況等拝承、久振にて寂莫之情を慰め申候。又御帰任の際は図らすも閣下最近の御採影にかゝる御写真の御恵与を辱ふし洵に光栄の至り、永く家宝として珍蔵致すべく、謹て御礼申上候。
長谷川総督閣下の随行を命せられ、約十日間の予定にて明日出発、清州、公州、金州、光州、木浦（木浦より三千浦迄は船）、晋州、大邱等巡視の都合に御座候。出発前、年度末に際し彼是取込居候に付、先つは御写真の御礼申述度如此に御座候。乱筆情を尽きす、委細は後便に可申上候。敬具
三月二十二日　　勝夫再拝
寺内首相閣下
〔封筒表〕東京市麹町区永田町　寺内伯爵閣下　親展　了
〔封筒裏〕封　朝鮮京城和泉町　宇佐美勝夫　（消印日付）6.3.24。
〔原史料番号〕①342―8。

9　大正6年4月22日

謹啓　爾後国務弥々御多端、日夜御尽瘁被遊候段、深く奉恐察候。先以て総撰挙も終了致候処、萬事御意図の好結果を収めさせられ候御事と被存、為国家洵に歓天喜地の情に堪へす、謹而奉慶祝候。

当地無事、長谷川総督閣下には全鮮に渉り御巡視の事と相成、去月二十三日より前後三回に渉り咸鏡両道を除く外各道を視察せられ、明後日より咸鏡道に御出発相成る御都合に御座候。小生も終始随行を命せられ全鮮を一週〔周〕し、猶咸鏡北道にて総督に御別れ申し、間嶋に入り龍井村、局子街等視察之予定に御座候。今回の視察は短時日にて全鮮を周遊する義に候得は真に之れ地方情況の一瞥に過きす、得る所甚た少き様被存候得共、間嶋より帰任後詳細御報告申上度と存居候。

面制案も幸に閣下の御厚配を辱ふし法制局との協議成立致候に付ては、遠らす制令として公布に至るべきことゝ存居候。閣下の御厚庇により事茲に至り候上は、運用上充分の注意を以て御期待に背かさる様可致覚悟に御座候。北鮮地方出発前にて諸事取込居候につき、先は御無沙汰之御詫旁々時下御見舞迄如此に御座候。敬具

四月二十二日夜　勝夫

寺内総理大臣閣下

〔封筒表〕東京市麹町区永田町　寺内伯爵閣下　煩親展　了

□□□事　四月廿六日　（消印日付）6.4.23

〔封筒裏〕封　朝鮮京城　宇佐美勝夫（消印日付）6.□.26。

〔原史料番号〕①342―9。

10　大正6年4月28日

大正六年四月廿八日　済生院庁宇佐美勝夫（押印）

伯爵寺内正毅閣下

拝啓　愈々御清穆奉賀候。陳は閣下当地御在任中、本院農場院児に対し金十円御下附相成候処、右は鶏を購入し院児をして之か飼養を為さしめ、彼等に娯楽を与ふると共に利殖之方法を図る事とし、爾来之か飼育を為さしめ候処其成績良好にして、大正五年度に於ける雛鶏及産卵等売上総収入は三十六円六十八銭に上り候。而して右之内、飼料買入代、翌年度繰越額等合計六円三十銭五厘を扣除したる残額三十円七十二銭五厘は、右飼養に預りたる院児三十名に対し多少之取捨を加へ之を分配致し、彼等之貯蓄中に加算せしめ置候。其之分配額は一人平均約一円二銭宛に相成候。大正六年度は更により以上之成績を挙け得られ候様期待致居り候。先は閣下往日之御下附金之恵沢を頒与するに際し、一応状況御報告申上度如此

に御坐候。敬具
〔冒頭欄外〕了　五月二日　新聞材料。
〔封筒表〕東京麻布笄町　伯爵寺内正毅閣下　五月二日　返事済　精々継続を希望の旨（消印日付）6.4.28。
〔封筒裏〕〆　御下付金利用状況に付報告　朝鮮総督府　済生院長　宇佐美勝夫　（消印日付）6.4.□。
〔原史料番号〕①342-10。

11　大正6年6月26日

謹啓　愈々議会も開会と相成候処、政務一層御繁劇、日夕御焦慮之程深く奉恐察候。

過般小生上京之際は種々御懇命を辱ふし、洵に感銘の至に奉存候。今次李王殿下御上京に付き、宮庭〔延〕の特異なる御優遇は申すに及はす、各地官民の歓待に関しては李太王始め李王家一同の満悦譬ふるに物なく、鮮民亦上下を通して好感相溢れ居申候。李完用、趙重応両氏に於ても深く感激満足の意を表し、如此は素より宮室特別の思召によることとなるは勿論なるか、主として総理閣下御斡旋の賜なりとして厚く感謝之意を表し居申候。殿下には最早無事御旅行を進められ、本日は下関御着の筈、政務総監には御出迎の為め同地に赴かれ居候。

当地不相替無事、只旱天打続き農作の為め憂慮此事に御座候。南鮮地方の麦作は幸にして昨年より良好にて、多少稲の植附もなし得たるも、棉作は多少の損害を蒙りたる趣に御座候。中部以北にありては南鮮よりも降雨無之、麦作其他の農作は凡て不良、稲之植附出来す非常に困却罷在申候。幸に昨日来多少の降雨有之候も未た不充分にて、農家之愁眉を開くに至らす、何卒引続き慈雨降り憂慮を一掃する様にと祈願罷在候。但本年の春蚕は非常の好成績にて収繭量も増加し（未た統計出来す）、価格も高騰し、其最良なるものにありては一石八十五円に達し候由、窮春農家の救済方法として養蚕の副業に一層の努力を要する義と切に感し居候。

小生去十九日帰任、早速御礼状差上可申筈の処公務取込、乍思も遷延今日に及ひ候段、不悪御寛恕被下度奉願候。猶乍筆余為邦家折角御自愛被遊度、幾重にも奉悃願候。敬具

大正六年六月二十六日　　勝夫拝

寺内首相閣下

〔封筒表〕東京市麴町区永田町　寺内伯爵閣下　煩親展　了

六月廿九日。

〔封筒裏〕朝鮮総督府　宇佐美勝夫　（消印日付）6.6.29。

〔原史料番号〕①342-11。

12　大正6年8月3日

粛啓　当夏は近年稀有の苦熱にて洵に難凌候処、閣下には格別の御障りも不被為在国務御燮理被遊候段、為邦家慶祝至極に奉存候。降て小生事、不相変頑健碌々罷在候間、乍他事御安慮被下度奉希願候。

過般の臨時議会は萬事御意図の通進捗、目出度閉会に至り候段、奉慶賀候。満州に於ける行政機能の改善、鮮満鉄道の統一、東拓会社業務の拡張、拓植局及拓植調査会の新設等着々実行の途に上り候こと、閣下平素之御抱負の一端、茲に実現致候儀と奉存候。只此等御施設の実績挙否の関鍵は一に当局其人か能く御意図を体し、至誠其の職に尽くすや否やに存する次第と存候。何卒今後萬事支吾なく進捗良好の結果を挙くるに至らんこと、切に祈願する処に御座候。猶満州、特に間嶌方面に於ける行政機能の改善に付ては多少の愚見も有之、機を見て御清聴を奉煩度存居申候。

当朝鮮内目下別に申上くへき程の事故も無之候。政務総監閣下には至極の御元気にて、炎天の下、日々の御運動は驚く乍《ママ》りに御座候。旱天引続き候為め畑作物不良、米作は好況に候も、今後永く降雨無之に於ては水不足を生し、作柄に悪影響を及ほすことゝ切に憂慮罷在申候。先は暑中の御見舞申上度如此に御座候。敬具

八月三日　勝夫百拝

寺内首相閣下

〔封筒表〕東京市麴町区永田町　寺内伯爵閣下　親展　了
八月六日　返事を要す　（消印日付）□.8.3。
〔封筒裏〕□朝鮮京城和泉町　宇佐美勝夫　（消印日付）6.8.5。
〔原史料番号〕①342-12。

13　大正6年10月19日（池辺龍一宛て）

拝復　刻下秋天快爽の砌、益御清穆奉欣賀候。陳は過般朝鮮僧侶等上京の節は御繁務中持に首相閣下親しく御引見被下、其上前途の方向に関しても敦く御訓誨被下、且つ又在京中観光視察に付ては格別の御賢慮を煩はし候趣にて、御蔭を以て予望外の見聞を弘め、一同心府に銘し

歓喜罷在候。扨此度は首相閣下の芳翰と共に金弐百円を添へ交付方御申越相成候処、李晦光は目下海印寺に帰山致居候に付、同山へ向け郵便為替を以て送達し、又金九河は即今通度寺に帰山中に付、金九河不在中聯合事務所の事務を処理し、且つ観光団に加はりたる水原龍珠寺住持姜大蓮を招き交付の事に取計置候。何れ各本人より拝謝の上箋仕候事と存候へとも、不取敢首相閣下御芳情伝達の概要申上度如斯に御座候。御含頤《ママ》の上、折を以て首相閣下に宜敷御披露の程願上候。敬具

大正六年十月十九日　宇佐美勝夫

内閣総理大臣秘書官　池邉龍一殿

〔封筒表〕内閣総理大臣秘書官　池邉龍一殿　親展　（消印日付）6.10.19。

〔封筒裏〕内務部長官　宇佐美勝夫　返すみ　金九河一行に対する御書簡交付の報告及御礼。

〔別紙1〕

向者東上過蒙　厚賜感激于中至　今難諼帰途　亦利抵伏幸無他　更祝時候　萬福

大正六年九月二十五日

仏教視察団代表

三十大本山聯合事務所委員長　金九河

内閣総理大臣伯爵寺内正毅閣下

〔別紙2〕

敬啓者上月尊師一行晋京之日賫金圭鎮筆蘭竹二幅来恵贈記念好誼謝無辞臨別欲叙礼意無端失会晤之機遺憾曷極始定得知一路平安帰臥山門仍托内務部長官寄餞金一包聊表祖餞之志請幸吒留焉拝具

大正六年十月　寺内正毅

朝鮮慶尚南道伽耶山海印寺　李晦光尊師案下

〔注〕別紙2は「大礼使」の罫紙。

〔原史料番号〕①342-13。

14　大正7年7月3日

謹啓　不相変天候不順、誠に鬱陶敷候処、御健康如何被為渉申候哉。為邦家折角御加養被遊候様、幾重にも奉悃禱候。

過日上京の際は萬端御厚庇御教示を辱ふし候段、今更何とも御礼の申し述へ様も無御座候。鈍才微力、素より国恩に報ゆるの資無之候も、只一意職に尽くし所謂斃而後已而已矣の人と相成可申覚悟に御座候。

帰来半島の事情を察するに何等異変無之候。所謂光復会の脅迫状は未た根絶に至らす候も、近時二兇を捕縛し審糾中に候由。天候は時を得て、麦の収穫は昨年に比し二割八分の増収にして、総額は半島未曾有の数量を得、繭は昨年の春繭に比し二割六分の増収にして約十萬石、夏秋蚕の予定数を加ふれは十四、五萬石に達すべく、長足の進歩愉快の至りに候。四、五日来の豪雨、多少の水害は可有之と存候も、田植には充分の水量を得て十二分の植付をなし得べく、天候の適順喜はしき限りに存候。政務総監閣下にも至極御気〔機〕嫌に御座候。鈴木度支部長官、明朝出発上京の筈に御座候。帰来早速殖産銀行の件に関し、予て御教示の御主旨御伝申候処、同長官に於ては一意御主意に奘〔ママ〕順し朝鮮の為め其素望を達すへく総ての方面より努力、殆と気の毒なる程焦心致し居申候。御接見の折もあらせられ候はゞ何卒慰諭の御言葉を賜はり度、是れ独り同人の光栄のみにあらさるべくと存候。

帰来早急御礼の愚札可差上候処、非常多端にて寸暇を得す、不覚荏苒今日に至り候段、何卒不悪御海容被下度幾重にも奉祈願候。敬具

七月三日夜　勝夫

寺内首相閣下

〔封筒表〕東京市麻布笄町　寺内伯爵閣下　必親展　了　7.8

（スタンプ）書留（消印日付）7.7.6。

〔封筒裏〕朝鮮京城和泉町　宇佐美勝夫。

〔原史料番号〕①342-14。

15　大正7年9月28日

謹啓　過日来御左右御伺致度幾度か机に凴り候も、毎度なから情迫まり筆蹙まりて意を尽くす能はす、遂に今日に立至り申候。拝承仕候得は、今度は愈々御退職被遊候趣、軍国多事、内外の政務最も重大の時機に際し、為君国洵に痛恨至極に奉存候得共、御就職以来二ケ年の久しき国務劇甚、御心労も少からさりし結果、自然御健康を損せられ御静養を必要とせらるゝに至り候事、洵に無余儀御事と奉存候。只小子当地に赴任以来、庸劣愚鈍之質を以て今日まて大過なく職務に従事するを得候は、偏へ

に閣下の懇篤なる御指導と御庇護との賜に外ならす、今後と雖とも一層御教示を垂れさせられ候こと〻確信致候得共、何となく子にして親を喪ひ、魚にして水を離れたるの感に不堪、懊悩無涯に御座候。而して如此の感想は独り小生のみには候はす、在鮮官民、殊に鮮人の如きは一層甚しきもの可有之と存候。左りなから今と相成候ては千言萬語何の益も可有間敷、只偏に為君国切に御自愛御摂養の上、速に御健康御回復被遊候様、禱天祈地する而已に御座候。言はんと欲して筆暢ひす、只茲に従来の御眷顧を奉謝、併せて将来の御指導を賜らんことを奉希願候。敬具

九月二十八日　　勝夫泣拝

寺内伯爵閣下

追白　当地の情況申上度候も後便に相譲申候。只農作は非常の好況にて、米作は昨年に比し百六十萬石増収の予想に有之申候。総督閣下には明後日より金剛山視察の為め御出発の筈に御座候。

〔封筒表〕東京麻布区笄町　寺内伯爵閣下　親展　了　返事を要す（スタンプ）書留（消印日付）7.9.29。

〔封筒裏〕朝鮮京城和泉町　宇佐美勝夫　御挨拶　地方状況（百六十万石増収）（消印日付）7.10.1。

〔原史料番号〕①342‐15。

16　大正7年12月30日

謹啓　爾後不奉伺御左右打過居候中、本年も愈々歳末に差迫まり候段、今更なから徒らに光陰の疾速を歎するのみに御座候。拝承候得は御健康猶未た全く旧に復させられす、専ら御静養被為遊候御様子、国家多事の際御焦慮の程奉恐察候。左れと御健康は御奉公の基と奉存候条、君国の為めと思召し専心御静養、一日も早く御本復被遊候様奉悃願候。小生乍例頑健碌々罷在申候。其後暫く上京不仕候処、家事上の都合もあり、又色々御示教相仰度件も有之候に付、昨今の休暇を利用し上京致度念願に候ひしか、明春早々公務上難離用件有之候為め乍遺憾見合せ申候。何れ其中機を得ば是非上京致度と存居候。

当年亦灘の美禄御恵贈被下候趣、不日到着可致と楽み居申候。以御影〔蔭〕芳醇の香、貧厨に似合はさる新春を飾り可申、御高情感激の外無之候。総督には令弟御不幸の為め、政務総監には萩へ御旅行の為め、共に年賀を受けられす、同僚亦多く旅行不在の為め、京城官界の新春は至て寂し

きことゝ存候得共、小生は独り雄渾（痩我慢なから）の気を以て前途多難なる戦後の新春を迎ひ、万衆と共に大々的気焔を発揮し、君国の萬歳を祈願可仕所存に御座候。御一笑被下度奉願候。

欧州大戦も一と先終息致候処、今回の戦乱か我国に与へたる影響を考ふるに、所謂貨財的物質的には多少好景気を与へたるも、精神的思想的には油断ならぬ悪影響を及ほしたる義と存候。内地に於ける事柄は小生より申上くる迄も無之候得共、当朝鮮にありては彼の所謂小弱国の蘇生、民族の自決なと称する標語は、独り在外鮮人に無益の空想を惹起せしめたるのみならす、国内の鮮人亦仮令ひ口外こそせざれ、心裡には何等かの快感を与ひ居るものゝ如く、殊に米国の強梁は自然当地宣教師輩の鼻を高からしむるのみならす、近き将来に於て米国伝道会社か競ふて大拡張に力め、更に多数の宣教師と資力とを増加し、教育に慈善に布教に大々的活動を開始すべしとの説は、鮮人に対し無限の感想を与ひ居るものゝ如く、洵に油断ならさる義と存候。然るに内地の宗教家も資産家も米穀に付ては相当朝鮮を論議するも、精神的には殆と風馬牛相関せさるか如きの態度あるは誠に寒心の外無之候。兼て御尊慮にかけられ候渡瀬一派の資金募集も其成績微々として振はす当惑罷在候中、過日渡瀬よりの報告幷に帰鮮後の談話によれは、閣下には御病気中にも拘らせられす、特に懇篤なる御指導、御援助を賜はり、更に端を改め明春を期し活動に着手する筈に有之候趣、誠に難有奉存候。戦時中は資金の関係より一時萎縮せる宣教師等の今後に於ける活動の第一目的は組合教会の消滅なり抔の噂有之、鮮人牧師等も何となく憂惧の情有之候折柄、更に一層の御援助を賜はり候義、同教会に取りては真に救世主に遭逢いたしたる感可有之と存候。小生亦可及丈助言を吝ます、誓て御高恩を空ふせさる様努力可致候条、何卒御厚庇を賜はり候様奉切願候。

物価の高騰は朝鮮にありても徒食者及俸給生活者に至大の苦痛と不安とを与へ居り候も、副業の発達と労銀の騰貴とは下層民の生活に余裕あらしめ、殊に米価騰貴に伴ふ農家の景気は実に素張らしきもの有之とのことに御座候。農民の懐中の豊なるは多少奢侈の傾向も有之候得共、近時遊惰無為の徒、乞丐之徒、酔興の徒（路傍に於ける）の減少したるは注目すべき現象にして、農業学校卒業生か少額の俸給を以て公官吏たりし者、往々にして職を辞し帰農する者あるも、亦一般の趨勢を見るに難からすと存候。従て土地競熾にして土地の価格著しく騰貴致候由、固より鮮人間には大面積の売買は余まり行はれさるも、小面積の地は小農民等相競ふて買収し居る模様に御座候。噂によれは閔泳翊の未亡人の家政整理の為め、李完用等相謀り其所有土地を九萬円に買収せしか、李伯等は其地を分割買却して十二萬円を得、其分割地を買収したる者更に小面積に分割買却して総計十八万円に達せりとのことに候。果して事実なりや不明に候も、一般の形勢如此にして、小農民間に土地の分割せらるゝは自作農の増加となり慶すべき次第と存候。兎に角地主と小作農とを問はす、懐中の裕なるは近古未曾有の現象に候。左れと利のある処害亦之に伴ふ、奢侈の風は之を戒め、勤倹の俗は之を奨め度、種々考慮計画中に候。

申上度こと有之候も、拙文徒らに冗長と相成恐縮至極に付、先は茲に擱筆可仕候。何卒君国の為め折角御自愛、芽出度御迎新被遊候様、重ねて奉希願候。敬具

大正七年十二月三十日　勝夫拝

寺内伯爵閣下

〔冒頭欄外〕返事を要す　了　4/1。

〔封筒表〕東京市麻布区笄町　寺内伯爵閣下　煩親展　要存　了　3/1（消印日付）7.12.30。

〔封筒裏〕朝鮮京城和泉町　宇佐美勝夫　（消印日付）8.1.2。

〔原史料番号〕①342–16。

17　大正8年1月27日

謹啓　其後の御経過如何被為渉申候哉、御案事申上候。過日は推参、種々御厚得を賜はり、感銘此事に奉存候。爾後機を見て参上、色々御示教奉仰度存居候処、李太王殿下薨去之為め俄に多忙を極め寸暇無之、殊に帰期を早めさるべからさる次第と相成、今夕十一時発帰任の都合に御座候。折角の上京にも拘らす、意の如く御高教を拝承するを得す遺憾無限に候得共、何卒不悪御海容被下度奉祈願候。猶乍余筆厳寒の折柄、折角御自愛の程奉千祈萬禱候。出発の際行李草忙、乱筆御寛恕被下度候。敬具

一月二十七日夕　勝夫百拝

寺内伯爵閣下

〔封筒表〕神奈川県大磯駅　寺内伯爵閣下　親展　返事を要す　了　29/1（消印日付）8.1.29。

〔封筒裏〕封　東京青山にて　宇佐美勝夫。

〔原史料番号〕①342－17。

84　潮差大蔵

1　大正2年4月9日

謹啓　時下春暖、母国之天地桜花に充され候折、閣下愈御清栄君国之為慶賀此事に御座候。小生は未だ直接閣下の謦咳に接するの光栄を得ざる程の地位低き者に有之候へ共、感ずる処あり、敢而一書を裁して閣下に啓呈致候。小生は閣下が内地政界に対する地位関係に就而は聊不存、且つ揣摩憶測を逞ふせんとするものにも無之候。只閣下が誠忠の二字により新附二千萬の民を撫育し、陛下の為め母国の為めに十三道の開発に日夜苦心焦慮被成候偉大の公精神に対して、衷心感謝を表する者に御座候。閣下は一度上京せんとせらるゝに当りても、其往復先つ民情を視察し、一つは以て上が答申に供へ、一つ以て新植民地の経営に資せらるゝ苦衷は、小生の敬意を払はざらんと欲するも能はざる処に御坐候。希は彼二箇師団問題、内閣更迭問題、又は陸海―薩長均衡問題、宮相問題、山本内閣問題等に対し超然的態度を持せられ、唯々陛下の総督として朝鮮の統治者として雞林十三道の治政に専心ならんことを祈る者に候。然るに此治政上啓発上直接起る処の問題は朝鮮事業資金のそれに御坐候。茲に於て小生は卑案を具して閣下が一瞥の栄を得度存候。即、

朝鮮事業資金調達私案

一、方法　内地公債募集による

一、募集の方法　勧業債券売出の例に倣ひ、朝鮮銀行本支店及之れが為替取引先各銀行をして之れに当らしむ（尚郵便局等を利用するも可なれとも、可成本公債をして内地預金部などとの関係より独立せしめ度きこと）

一、募集の形式　朝鮮銀行をして一旦引受けをなさしむること

一、募集金額　壱回に金五百萬円以内

一、利率　年六分の割

一、募集価格　額面百円につき金九拾七円五拾銭

一、償還期限　五ケ年間据置、後十五ケ年間毎年弐回、四月、十月に、壱回に拾五萬円以上宛償還、前後廿ケ年にて完済

一、券面種類　五拾円、百円、五百円、千円の四種

一、券面様式　御紋章を表し、総督記名調印す。尚全部無記名とす。但し所持人の希望に依り記名証券となすことを得。

一、取扱手数料　取扱店たる各銀行へは募集実際取扱高の千分之壱、朝鮮銀行へは千分の壱半を与へ、広告料、証書印刷費等其他取扱に関する諸費用は一切同行の負担とす

一、取扱手続　総督に於て意決せば、証書の印刷、作成、広告、取扱店との交渉委托、募入金の保管処理等一切を朝鮮銀行に委托すること

（茲に注意すべきは余分に証書を作成し、申込などを省き、実際売出さる丈を募入として、仮令超過するが如きことありとも別途に保管し、按分比例募入法を採用せざるにあり）

理由

先年桂公の異策〔ママ〕によりて内地公債の利率に異同を生ぜしめ、従て市価の変動を誘起したるより、英国のコンソル公債に対比すべきもの無きに至り、公債を以て尤も安固なる資産の大部、若くは一部を形成するに至れる真面目なる内地資産家の不平に対し適好の子孫に伝ふべき放資の対照物を供給すると同時に、必要の朝鮮事業資金を得んとするにあり。進んで数回募集することにより、母国民の直接負担を軽減すると同時に、財政圧搏〔ママ〕より逃るゝにあり。而して一旦朝鮮銀行をして引受の形式を取らしむる故、不足額は同行をして貸上をなさしめ、以て従来と同一の結果に立至るも政治的議論の攻撃を緩和するを得べきにあり。且つ売行証書額、募集額を超過せば、之れを以て萬一次回の募集に生じたる不足額を補ひ、其迄は朝鮮銀行に預入して其運転資金に充てしむると同時に、其丈けの利子を負担せしむ。

手取九拾七半にして且つ利率六分なるは年六分一厘五毛に当り高率の慊ひあるも、内地金融市場の情勢が止むを得ざると共に、応募者をして確実と云ふ外有利なりとの観念を抱かしむること、及従来朝鮮開発による利益が稍もすれば一部策士及商人によりて壟断されたるを、公債を所持することにより之種以外の而も朝鮮政費の供給者たる一般内地国民への報酬との意を得せしむることより斯く案定せり。

朝鮮銀行も愈々東京に支店を設くるに至り、且つ内

地枢要の地には夫々為替取引先あるを以て、公債売出上の不便は萬なかるべく、尚此際九州地方小倉、下関、門司、福岡の内何へかに同行をして支店を設置せしめ、一は以て朝鮮に尤も関係深き山口、福岡、大分、長崎、熊本等に対する為替金融の調節に当しむると同時に、一は以て此方面に於ける売出に便ぜしめ（右の内小倉市は関門海峡整理の結果、遂に将来同地方の中心となるべければ、支店設置の好適地と思考す）、其他北陸、東北等に新取引先を作らしむるも可なるべし。勿論募集は朝鮮内地にても之れをなすべく、其結果該公債は朝鮮に渡来奮闘する者の其成功の結果を形而的に表彰する唯一の標的たらしめ、将来益々奮励努力するの美風を養成する有力なる原因たり得べし。

要するに内地政界より朝鮮の経営を分離して内地財政策に混同せしめず、単独に確歩〔ママ〕する策を講し、従て政治上の防害と攻撃との外に立てんとするにあり。』

述べ来る処誠に幼稚なる意見に不過も、全く朝鮮を思ふの微衷に出ずるものなれば、幸に御一考の栄を賜り度希望に不堪候。尚本件は内地当局者、又は金融業者に謀るの要なく、只荒井長官初め財務当局の官吏及朝鮮銀行の重役のみに諮議被成候事にて足らんかと信中候。終に閣下の健康を祈り、且長文の愚見を読下被下候労を多謝致候。敬具

小生は今便宜本姓を申上兼、誠に失礼千萬々々候へ共、特に御寛容願上候。他日萬一にも閣下に引接せらるゝ日あらんことを希望致す者に御坐候。

潮差大蔵拝

寺内伯爵閣下侍曹

〔封筒表〕東京市麻布区笄町　伯爵寺内正毅閣下　必御親剪。

〔封筒裏〕緘　在鮮　潮差大蔵　四月九日（消印日付）2.4.18。

〔原史料番号〕①343―1。

85　臼井哲夫

1　大正4年1月22日

〔書翰1〕

拝啓　謹戦勝の新年を迎へ、恭しく閣下の御寿福を祝賀

し奉る。偖小生は去一日門司出帆（大島次官、福田参第二部長等の一行便乗）、四日朝占領地着、于今滞在罷在候。」次官一行は北京往訪の後奉天より御地を経由して帰京せられ、福田少将一行は北京にて分袂、漢口、上海視察の上、帰京せらるべしとのこと。坂田通商局長来り、今又侍従武官長の臨島あり。新占領地は巨頭大官の迎送の為め、更に一段―数段の激忙を感じつゝ有之候ものゝ如し。閣下の御手元にはあらゆる官憲の報告書相達し居可申、而も次官大島将軍帰京の途次御伺候被致候上は青島の新事情に付ては何等拝報可仕余地可無之と雖も、官人には自ら官人の視察眼あり。殊に軍政施行中のこととて風霜の権威を帯ひる軍政に莅みつゝある折柄なれは、動もすれは冷静なる局外観の観察と、其の趣を異にするを免れさるものあり。蒭〔芻〕蕘の言亦棄つへからすとなさり、小生は以下視察の一斑、思出候儘摘録して、敢て閣下の劉覧を煩し奉るべし。只他事体を為ざす文字亦意を致し兼候段は幾重にも御憐諒奉仰所に御坐候。

一　青島占領に当て我か軍の権威か惣ての物件、総ての独人に及はさりしは頗る遺憾とする所とす。

○或る外交官の一人は陸軍は弱いとして私に刺簺せり。外交官―日本外交会に笑はるゝ陸軍の弱みは如何なる点に存したるか窺ひ知らされとも、人もあらーに外交官に笑はるゝと申してはよくせきの事ありたりと見ゆ。

○敵の使用に供したると云ふ家屋が、占領当時に於て免れたるに不係、今日に至り続々として押収せられつゝ始まれり。

○昨十三日は未明より家宅捜索の執行せらるるもの十数軒に及ひ、騎兵飛ひ憲兵走り、青島市内の欧《おー》人区は終日剣光閃き鉄蹄鳴り、凄惨を極めたり。

○今十四日は早天より独人の軍政署に拘致せられたるもの数十人。

○他の一市人の話によれは、商店用として借り受けたる家屋内、地下室等の火器の変装して隠匿せられたるを散見するもの亦尠なからすと。

○有名なる海員倶楽部は寛大なる文明軍の押収を免れ、俘虜家族の二十有組を収容（独側に於）しありたるよしなるか、是又昨日に至り初めて押収せられたりと云へり。

押収に際し大砲一門あり。無心の児女、押収官憲にすがりて砲は我等に賜りたし、我等は我等のヲモチヤとして愛翫すべけれはとて、したたかダダをこねたりと云ふ。悲劇的余興。

○青島民政長官某外一人は昨日に至り拘留せられたり。

○開城当時残留せし非戦員幾干の外段々に相顕はれ、二百余人増したりとの噂さ。

○家宅捜索に際し、婦人室には立入るを許さすとは軍令に於て厳命せれ〔ママ〕れたる所なりと云ふ。

○前々項増員の事情は「開城当時非戦員なりと宣明せられたるものに対しては、宣明の儘捜索を為さゝるによれり」と。而も昨捜索の結果は、軍帽、佩剣等幾多の軍事関係物品を発現するに至れり。皆兵主義の独逸人は今日迄斯くあるべしと予断せられさりしは文明軍の寛宏も亦偉大なりしと云はさるを得す。

（占領と同時に「うんと」やって置いたらは、御手際かよかったら〔ママ〕ーかと考られますか、如何のものですか。）

小生は軍事行動に対し敢て批評を試みんとするものにあらず。又鄙見を公言せんとするものにあらす。只閣下の御参考迄事実の一端を拝報したるに過きす。御一覧の上御火中被下候はゝ幸甚に御坐候。

○青島に於て独人の経始営理に成る事業にして継承せらるべきもの、甚た少きか如し。

重なる事業として、

官営に於て

○屠殺場　○造船所　○電灯　○製塩　○水道

等に過きす。

○洗濯所（水道を濫用せしめさるか為めに官営とせり）

等も候得共、其他に於て全以て見るべきの業体は無御坐候。

屠殺場は破壊を免れ、現に使用に堪ゆ。若し夫れ器械の全力を尽すときは、一昼夜僅に二千頭を屠殺し得へしと云ふ。

（千九〇六年已来累年の屠殺数は無慮十二万頭に上れり。）

千九百十二年の如きは二万五千頭を屠り、十三年に至りては更により多くの頭数を屠りたるものの如し。

屠殺場は戦畜を買入れず、又売り出さず、只規定の手数料を収入するに過きされど、千九百十一年の如きは九万三千五百四十一馬克を得たるものゝ如し。爾後累年増額しつゝ進めりと云へり。

若し将来日本に於て検査証明せられたる獣肉の輸入を許さは極めて安価なる供給を得て、都鄙の肉食家は如何計り仕合なるべき。独り民間の仕合のみならず、陸海軍糧秣廠の経財上至大の好響可有之事疑なかるべし。

　造船所は、

一千九百年に創設せられ、一九〇五年には浮ドック作成せらる（一万六千噸）。

百五十噸を揚け得べき起重機は新海口に据付らる。

（川崎造船所は一万二千噸位と記臆す。）

造船所の開成前其の主要なる幾部分を焼棄し爆破し、其の新造船の二艘も多少の爆破を見る。浮ドック亦其の数に漏れす。造船材料山積岡堆、今は海軍に於て整理しつゝ内地に転送の最中なり。

海軍長官（岩村少将）は嘗て閣下の幕下に奉仕したる明敏の聞へ高き将軍なるか、氏の御意見の一端を伺へは、将来修理工場位の処にて使用しては如何と云ふにあるか如し。

造船所の右側なる大港港〔ママ〕口には閉塞船三隻横はり、大港全く用を為さす。

海軍に於ては今通路を求むるは急なるか為め、内陸岸側の一隻を引揚くるに全力を傾注し、奏功近きにあるものゝ如し。

大港に至る青島港港〔ママ〕の航路は、敵の沈めたる閉塞船数十隻なるに不係、海軍の最善なる努力によりて恰〔殆〕と開かれ居れり。

海の方は如斯整理せられたれとも、陸上の維〔唯〕一機関たる鉄道未た修理せられす、青島貿易は尚当分恢復の見込立たさるものゝ如し。今次一百万円前後の支出を以て急速に修築を行ふへく。」次官等一行の使命を齎らされたるべく惣〔想〕像せらるゝはせめてもの慰安に御坐候。

軍事的には海も陸も設備の必要可有之感せられず、余計のことなれど乍序一言仕る。

○電灯

一千九百十四年の予算収入は

　三十七万余馬克

を計上せられ居れど、如何のものにや。今は幾分破壊せられて復旧せす、市内の惣てには尚ほ点火を許さゝる所あり。将来満鉄の夫れの如く副業とすへきや、将た独立の私営を許すかは疑問に付せらる。

○水道

是又大破壊、僅に或る特殊の部分にのみ辛ふじて給供せらる。独式便器の掃除水なきか為め、一切に大難義、只々用水の苦痛のみならず、

製塩

惣督府の所有に属する塩田は約

　四百四十五町余、

産額六千六百六十万斤

に過きす。而も製塩は土人之れに従事し、政府は只輸出税、埠頭税各百斤三歩徴収するに過きさるを以て、収入としては僅かに一千八百元位を得るに過きず。

若し将来日本に於て曹達の原料として輸入を許さは（日本に於て他外国の輸入曹達を排絶するの利あり）、青島よりする山東各位の製塩は頗る多料〔量〕に輸出せらるに至るべし。

小弟友人の調査によれは膠州湾付近の製塩全額は一億七千万斤、山東全部にては四億万斤に上るべしと云へり。

◎民営

の事業中、第一に矚目せらるものは麦酒会社也。

規模甚た宏大ならすと雖も、流石は御本家丈設備万端、余程手の届きたるものらしく相見ゆ。

戦後砲弾破壊の部分も修理せられ、平和克復せは何時にても起業に差支無之ものゝ如し。都合によれは売るも差支無之と云へり。買つて置度ものと存居候。

唯今多少交渉の手を染め初め居候。如何可相成哉。内地との電報、此の週間兎角不通勝、閉口此事に御坐候。

　其他

言ふに足るものなし。

開放後日本人の侵入し来るもの、波濤の堤防を決して入り来るか如し。

汽車毎に汽船毎に—今既に七千に達したりと云へと如何や。

軍事中是非もなきことは〔ママ〕乍申、欧人区の壮大なる市中にさへ怪しき料理店、旅館等開業せられ、各市街を通して既に百軒已上に達したりと云ふに至ては、驚かさらんと欲するも豈に得んやです。

而も其の九十九迄が如何様ものなりと聞かば、恐らくは何人も呆然たらさるを得さるべし。入市者の多数亦然り。

一ケ月位はどうにかして立つやも知らされど、二月三月となりて此等劣敗者の惨劇は如何可相成、思ふに茲に至れは小生等は惻然として膚《はだへ》粟を生するを禁する能はる〔ママ〕所に御坐候。

◯青島、今は外人の物貨を要するものなし。支那人亦取引始まらず、只同志喰—只夫れ同志喰のみ。

来る船も来る船も米、酒、其の他日用的物貨を齎らし来ることとて、物価は大連の夫れよりも安しとの奇観を呈し来り居候。而も夫れか占領地向のまにあひもの多しと云ふに於ては始末にをゑさるも亦無理ならじ。

◎青島の将来は従来の独領のみにては養ひ切れず。

如何なる財政上の工夫をするも、済南よりする河南延長線若しくは直隷、山西に突入する延長線の布設を急かさるべからず。

独逸の既得権に疑問の点なきにあらされとも、帝国は既に山東線を得た以上は新なる権利としても是非とも要求、目的を貫かさるべからず。

只陸軍を弱しと笑ふ外交官能く其の手腕を示し得るや否や疑問なり。

○青島の武装を解ひて商衣を纏ひ、経済的に発展すべき前途に付ては先覚者各高見あるべし。小生は何れ拝謁の折を期し、聊か鄙見を取りて電聴に達するを楽み此の書を閣〔擱〕筆す。

依報愚聞、徒らに電矚を汚すの罪軽からず、幸に御宥恕を得は望外の仕合に御坐候。敬具

於青島　臼井哲夫

伯寺内大将軍閣下

惣撰挙に関し帰京を促す急也。視察も相済候間、天気次第発程帰国仕る筈に御坐候。自然御同情を玉はゝ至幸至極に候。

〔書翰2〕

閣下、小生は今明日を以て海軍御用船に便乗、佐世保を経て上京仕るべく候。小生の青島に関する雑観は、要するに左の如くに御坐候。乍御迷惑御劉覧被為垂候はゝ、過分の光栄に御坐候。

一　青島は武装を解き、商衣を着けしむる事。

一　あらゆる利権を保留し、各国に開放すること。

専管居留地制によるも亦可なり。

一　山東鉄道は独乙の取得し居たる直隷、河南の延長線の権利を継承し布設さるによりて、新なる生命を得べき事。

一　当面の急務として鉄路を修理し、海との聯絡を完備せしむる事。

一　支那人を招撫すること、独乙の前政策の如くすること。

一　山東、就中青島の整理及経営は、今少し大胆にして

果断なる政事家を要すべし。思慮せらる事。

中央直轄も余儀なきや不被計れど、当面は理事者をして拱手痛歎せしむるも亦甚た感心不仕。

青島今や漸く暗黒より脱せんとし、をぼろけながら多少の光明相見ゆ。

併し現在の当事者にては一寸荷が重過きはせずやと杞憂せらるゝ方々なきにあらず。小生も強ち否定は出来不申。

○手出さずば足も出さずにすむならん　骨も折れねは腹も痛まず。」

所謂、餅に搗ける気味は確かにあり。

官有財産処分の如きも、整理出来次第決行、他日に煩を残さゝる方可然様愚考被致候得共、小心なる当事者は如何研究せられ居るや。

「本年は創業多端の際なれは、何事も見合す」

とは一般方針らし。

それも慎重にて結構至極か知ら。

○山東は聖《ひじり》孔子の国なれは　唯無為にして化せんと云ふらん。

されど、独人及独財産処分の如く、占領当時に電光石火的処分を為さすして「あとから、あとから」としみつたれた現在の遣り方を繰り返さるゝ様にては、帝国軍政の威信を如何せんやと、正直の処心配に不禁申候。

青島に関する調査表類は、他日拝呈御参考に供し度存居候。

右欠礼御宥し被下度候。敬具

哲夫

大正四年一月廿二日

伯寺内閣下

〔注〕一つの封筒内に二つの書翰が同封されており、かつ憲政資料室の複製版では二つの書翰の間で錯簡がみられるが、便箋のページ番号の有無、ならびに書翰の内容から、書翰1・2と分割した。

〔封筒表〕朝鮮京城　伯爵寺内大将殿　閣下　一月廿九日

正毅来翰二通在中。

〔封筒裏〕□　青島より　臼井哲夫（消印日付）4.1.28。

〔原史料番号〕①344–1。

2　大正4年2月10日

粛白　愈御健勝被為遊候段、為邦家祝賀至極に奉存上候。

偖物撰挙に付杉山より御願頼申上候義、何分格別の御詮議を以て御許容被成下候様千万奉祈願候。当節は中立候補者として政友会の援助を得へき確約成立（従来候補を出し、毎々当撰し居たるものを止め、政友会の全票を以て加勢すること）、既に夫々準備致し居候事に御坐候。杉山も本日政友会の原氏と会見、小生中立候補に付政友会の援助を得て安全なる当撰を期することに対し熟議を経て、唯今拙宅に来り呉候処に有之候処、前回失敗の跡も其事とて深き注意を以て閣下に対し奉る責任を重する次第、偏に御高察被成下度候。

（島原には三千票あり、前回同志会の候補者本多なるもの五〇〇を得、政友会の候補者帆足なるもの一、〇〇〇を取得し、小生一、五〇〇を得たり。此節は政友会の前代議士帆足、植木の両人小生に加勢し、尚本郡の得票数安全ならさる節は他郡の政友会投票を分譲する約に付、当撰は確実疑ひなしとす。）

右の次第に付、必要の軍資さへ調達相叶候はゝ、当撰は毫も疑ふべき余地無之義に御坐候。

政府の変転に伴ふ小生の暗中飛躍は絶対に院内にあるの必要を認む。何分御高察御救助被為垂被下候はゝ、是れ小生の復活のみならず、又間接に同志活動の機運に資する所尠なから〔ママ〕へく自信罷任候。

若し閣下の御救助を得るの望無之節は、小生は同時に政治的に死せさるを得す。」

実は可成閣下に煩累を及ぼすことを避回〔回避〕し、出来得る丈他の方法相講じ度期し居候得共、既に杉山より歎願申上候事と相成候上は、鉄面皮至極に被存候得共、撰挙事情幷に衷情一斑無遠慮に訴願申上候事必要と存じ、敢て此書を相認め尊教を冒瀆することと相成申候。不礼不敬幾重にも御海恕被成下、死より御救ひ被下候はゝ、子孫をして世々御高恩忘却為致間敷、神かけ誓言仕候。

急言乱筆、特に御宥恕奉仰候。匆々敬具

十日正一時　　哲夫

伯寺内大将閣下

何として十五、六日頃迄には戦線に臨まずしては不相叶、偏に御賢察奉仰候。再拝

〔封筒表〕朝鮮京城　伯爵寺内正毅様　親展　二月十二日

正毅（スタンプ）書留。

〔封筒裏〕□　東京芝新堀町　臼井哲夫（消印日付）4.2.13。

〔原史料番号〕①344−2。

3　大正5年7月11日

謹白　閣下か君国の大事に当り至誠を傾倒し最善の御献替被遊居候儀は、天下の認むる処に御坐候。閣下の御晋京已来茲に数日、未た何等の機微を伺ふに由なきを以て薩、政、国、交、同、中、各派の小生に依りて交歓罷在候者、日夜に消息を得んことを望み、小生か籠城専念一意其の独を謹み居候状を見て、転た悶殺の感に禁へさるもの〻如く、小生も殆と持て余し居申候。小生敢て機微を漏し大事を誤るの不覚を取るものに無御座候得共、私幾分か閣下の御賢察を奉仰度事情も有之候間、甚た恐入候得共御都合の折を以て暫時御引見被成下度切に奉拝願候。
自然御無礼には候得共、電話を以て執事迄御都合御伺可申上候儘、御電示被成下候は〻至幸不過之候。匇々敬具

　十一日　　哲夫

伯爵寺内様閣下

〔封筒表〕麻布笄町　伯爵寺内正毅様　閣下親展　七月十一日　正毅（消印日付）□.7.11。
〔封筒裏〕□　芝公園　臼井哲夫　（消印日付）5.7.11。
〔原史料番号〕①344-3。

4　大正5年7月19日（児玉秀雄宛て）

拝啓　天下の輿望か或る一人に対し注中したること、今日の如きは日本政変史中未た嘗て見さる所の現像〔ママ〕たること、昨、啓陳したる所の如し。蓋し是れ、

甲　世界的変局に決し帝国の運命を千古の危機より救はんか為めに、
乙　東洋の時局に顧み、其の全般の平和を保障し、帝国的位地を確立せんか為めに、
丙　政治、社会、人道を其の頽敗の極より救はんか為めに、

外ならず。（即各政党、各階級は期せすして大偉人の出盧を要望するに一致したり）。同時に元帥伯か、

一　皇室中心主義なること、
一　国家本位の政事家たること、
一　政党を超脱し藩閥に囚はれす又軍閥に超絶したる、超邁雄絶なる政事家たること、

を確信したる結果に不外。
伯は後《うしろ》に空前の輿望を担ひ、前に千古の危機に立てり。」
興国乎、亡国乎、伯の責任や又重大なりと可申。」

昨奉得尊意候通、時局既に解決すべくして而して尚決せ
　さるものは、
　大隈内閣か終をよくすべく、完了すべき残務の尚《なを》時日
　を要するか為めなる乎、
将た、
　大隈伯か与党に対する私情より与党の世話を要望し、
　山公并に平田子等より余義なき交渉を持込まれたるか
　為めなる乎、
の一に外ならさるべしと推測せられ、有識階級の間漸く動揺の予〔余〕地を示し来らんとするものゝ如し。

若夫れ与党に対する特殊関係を余義なくせらるゝことあらは、

第一に一部の国民（政党）に対する私的関係の為めに全国民の反感を来し（寧ろ敵とするもの也）、俊〔峻〕厳なる、一視同仁なる、国家本位なる、皇室中心主義なる、
　伯特有の本領
を没却するものにして、君国をして此上なき悲境に沈落するの恐れあり。小生は一切の俗論飛語を信するものに無御坐候得共、此般の消息は閣下の飽迄御承尽、元帥閣下をして其の万一の過誤より御救被遊候様、泣血期待罷在所に御坐候。元帥閣下にして断々乎として其の御本領に拠り、其の御所信を遂行相成らは、全天下は其の友なり、又何そ一部の私党を顧みるの要あらんや。

菓を熟《じく》せしめて喰はんとするは病余老人の常、注意也。然れとも熟するは腐さるの始なり。熟と腐とは其間、一笑。

特に閣下の御注意千祈千禱せさるを不得。

不相変の御無礼、偏に御海恕奉仰。頓首

　七月十九日　　哲夫百拝

児玉伯爵閣下

御都合次第、元帥閣下に御電覧に供し被下候ても不苦候。

天意人心を無視するものは必す殃を受く。

〔封筒表〕麻布笄町寺内伯爵邸内□き　伯児玉秀雄殿　供高覧寺内閣下　秘展。

〔封筒裏〕東京市芝区芝公園十四号地六番　臼井哲夫　電話芝七八五番　（消印日付）5.7.19。

〔原史料番号〕①344‒4。

5　大正(5)年8月3日

粛白　逆臣大隈、皇上の○○に乗じ国家を私し威福を弄

す。

十四年の時然り。松隈及板隈内閣の時然り。

今や暴戻其極に達す。
一　彼か元老を葬らんとするの異図、国家の権威を私門に壟断せんとするの非為は、反面に於て、
○元老の盲廃、
○志士元気の頽亡を証せられ、
元老及志士は当然に其の責を辞するを得さすとするも、
一　内外の失政、国家をして千古の危機に陥れたりとするも、
而も尚救済の余地なしとせす。独り至尊を要〔擁〕して宗祖の国家を危局に導き、更に玉座をして国民の怨府たらしめ、計るべからさる危険を煽起せしむるを致せるの事実に至ては、君臣の大義を壊敗するものにして、天人共に容るすべからさる大辟也。

問題は直に一転して国體問題となり、政党政脈を超絶して大義名分問題となれり。

正に是れ志士身を以て君国に殉すへきの秋也。

恐れなから、先帝陛下在天の英霊か安らけき大眠を得せしめ玉ふものは、閣下始め元老等の重臣健在なるを以てか故に候はすや。閣下并に元老諸公は確かに先帝の倚託に報する所以の道を解せり。小生狂愚亦閣下等純忠至誠の資に加ふる所なかるへきを知ると雖も、現に帝室の権威か横逆の姦臣に弄せらるの事実あるを見ては、徒らに啼泣自失して止むへきにあらず。敢て心血を濺て君国の大事に趨くこと、又陛下の赤子たる臣民の大節なるべし。

今左に愚見一、二啓陳可仕候。
一　時局をして今日あるを致さしめたるものは平和の名による妥協の余毒也。
妥協に由来する平和は、之を大にしては
国家
を腐敗し、之を小にしては
志気
を喪失せしむ。
世に老熟なる顔付を為し勿体振りて繊巧を弄する輩多し。
従来国家を誤りたること、条表に暇あらず。
大隈か新聞の仕事は乃公の本意にあらすと云ひて、ペテンを三たびし四たひせんとする此際、特に御注意を要望し奉る。

一　但し此際正攻法にては君国の急を救ふの暇なきを恐る。ちと奇巧に属するや計られされとも、

（い）大本領を傷けさる限りに於て多少の申出を承認し、兎も角思ひ切て政権を御受取相成候ては如何。君国の危機を救ふか為めには又余義なき応変の手段也。

（ろ）政権一たひ閣下の手に帰せは

君側

も清めらるべし。あらゆる非為は正さるべし。

一　大隈によりて元老幷に閣下の政治的生命は毒殺せられたり。元老及閣下の死滅は深く痛むべしと雖も、是れ一箇の私情也。而も元老及閣下の死滅の為めに至尊幷に国家か豺狼氏梟〔鴟〕の欲に供せらるゝに至ては最早忍ふべからず。下七千万の生命を犠牲とするも、上御一人は救ひ奉らさるへからす。君国は元老幷に閣下か徒らに死するを許さす。

書して此処に至れる折柄、速達郵便到来せり。披見すれは、文豪恵美氏の時局に付小生に寄せたる痛切なる意見書也。全幅同感、又一字の加ふへきものあるを見す。即ち付して以て此書の続稿とし、敢て拝呈し奉る。血湧き情迫り意亦急也。其の不敬の文字の如き幸に御寛容被遊度奉祈願候。敬具

八月三日　　哲夫拝

伯爵寺内閣下

別紙是非御劉覧奉仰。

〔封筒表〕麻布笄町　□爵寺内様閣下　親展。

〔封筒裏〕芝公園　臼井哲夫。

〔原史料番号〕①344-5。

6　大正5年8月5日

拝啓　愈御多祥奉恭賀候。陳は別紙は昨四日速達郵便を以て友人某より小生に寄せたる私簡に御座候処、事実は兎も角其忠愛の至誠に至ては、時節柄特に之を私するに忍ひさるものあり。即ち茲に謄写に代へ印刷に付して、恭しく奉呈御左右。若し夫れ御小閑の折劉覧の栄を賜り候はゝ、独り小生の仕合のみに無御座候。

八月五日　　哲夫謹言

至尊日光御用邸御避暑の為、上野駅を御発車遊はせらるゝを拝承しつゝ

〔封筒表〕麻布笄町　伯爵寺内正毅様　閣下秘展　了　八月七日（消印日付）5.8.6。
〔封筒裏〕〆　東京市芝区芝公園十四号地六番　臼井哲夫
電話芝七八五番　（消印日付）5.8.7。

〔別紙〕

謹啓　奸臣国に扈りて天日陰影を帯ぶ、これ尋常事ならずと存候。隈侯の云為行動は殆ど押勝、清盛のそれに似たりとおぼしめされずや。

謹厳格勤の山公は一身の保安の為に之を看過せんとするにや。

所謂「適当なる後継者」とは何人が之を選定するか、又所謂「適当なる時機」なるものは誰か之を断ずる。

至尊を挟んで不得要領の辞意を内奏し、政略の具となすが如きは驚くべき大曲事、寧ろ戦慄すべき国民思想の紛乱に候はずや。

至尊の前に跪きて言を二、三にするだに非常の事態なるに、「或種の條件」を至尊に附し且更に「政権の保留」をなし置きたりといふが如きは、臣下の分を攪乱し天皇の大権威徳を冒瀆するの甚だしきものに候はずや。

既に一たび辞意を内奏す、至尊の之を知ろしめし給ふ以上、絶対に詭弁食言の余地あるを許さず。隈侯の為す所は即ち天皇を挟んで国家の主権を私するものに異ならず。これ政党対官僚云々の問題にあらず、区々たる政治政策問題にあらず、一切の論議を超越せる国體、国粋の紛更也、君主権の侵犯也。天皇を以て早稲田の一食客となすに異るなし。未だ辞意を内奏したる事なしと云はゞ已む。若し其の形式の如何を問はず、或は直接、或は間接に、至尊の玉耳に達するの手段を執りて辞意を内奏したる事ありとせば、こは断じて「適当なる後継者」、「適当なる時機」、若くは「政策の継承」、「超然内閣反対」などいふが如きの辞柄を設けて除外例を容るべきものにあらず。

君臣の関係は絶対的也。

元老及寺内伯等が内外環視の前に一隈侯の為に愚弄されつつあるは尚或は之を忍ふべし。而も至尊を挟んで小策を弄するは、直にこれ君臣の大義を破るもの也。山公は此の国奸の輩出を見逃し、互に相往来しつゝ三千年来の歴史を汚すを厭はざるにや。公等若し君主の大権を擁護し国體を尊厳ならしむるの誠意あらば、身を以て清磨、重盛の任に当らざるべからず。至尊若し意を傾け給はずば御前に割腹すべきのみ。これ公の最後を飾るべき絶好の死処にあらずや。

内閣の動揺、政界の紛糾の如きは何でもなし、況や議会及政党の一時的盲動をや。山公なく寺伯なく隈侯なくとも、日本帝国の政治は其人なきを憂へず。而も国體を紊り君臣の大義を破るを怪まざるに至つては、皇朝の歴史、一日にして亡するを如何。

滔々たる政治思潮の頽廃的趨勢は、今や如上の大曲事を見つつ起つて一人の正論を唱ふるあるを見ず。これ実に戦に破るゝよりも更に恐るべき寒心事に候はずや。「〇〇」の堕落は現に御目に触るゝが如し。小生の寄稿し来れる「〇〇〇〇〇」（〇〇〇〇〇〇）も亦隈閣に浚はれたるが如し。行くところ悉く皆買収政略に中毒し、小生の知る限りに於て日本の言論機関は一として隈色を帯びざるものなし。終に筆を焼きて痛嘆するの外なからんとす。

〔三字分抹消〕の迂愚蠢動、亦言語に絶す。党心、党略、党弊に囚はれて彼等の言動、朱を以て朱を洗ふに似たり。山公、寺伯等が日露協約の反対者たる（即ち国家高等政策の反逆者たる）加藤子を首領とせる同志会と妥協し、若くはこれに左顧右眄の状あるは錯誤も亦甚だし。小生は政権の移動、内閣の更迭其ものは何等特殊の感興なきも、至尊を擁して国を謬るものを憎むこと切。曾て露公使館に朝鮮王を捕虜とせるに憤慨する日本国民は、之と殆ど同一の現象を我廟堂に目撃しつゝあるにあらずや。而して之を平然看過して意に介せざる国民思潮の糜爛、吁終に救ふべからざる乎。多年元老の殊寵に浴せる山公以下の功臣は、之をしも黙過せんとするにや。血を戦場に流すのみが忠君愛国にあらず、死を以て君臣の大義を明確にするは即ち今の時なり。若し山公等之を省みず、奸臣と結んで小康を偸むが如くんば、其罪清盛と同じ。元老之を怵れず、国民の之に憤激せざる、寧ろ当然ならずや。敢て鄙見を貴下の御左右に呈す。妄言多罪〳〵

八月三日　〇〇〇〇拝

〇〇老大人坐下

〔冒頭欄外〕枢密院顧問官全部、貴族院各派有力者（但し現閣関係者除く）、多小の衆議院議員に郵呈したり。

（注1）本紙・別紙とも活版印刷。

（注2）大正5年8月3日付臼井哲夫宛恵美孝三書翰（本書101—1）には、別紙の原物の写しがある。

〔原史料番号〕①344–6。

7　大正5年(8)月(6)日

時事新報記者平野氏通信

安達謙蔵曰く（極秘談として）、寺内の方で今度の経過を公表すると云ふ風説かあるやうだが、公表し得るなら公表するか可い。寺内の方で公表するなら我々の方でも公表する。斯うなつて来ると山県や平田は面目か無かろうぜ。殊に平田の如きは二ケ月も前から吾党に提携を申込で居る。其れも一度や二度の話では無い。此の事情を知らずに朝鮮からノコノコ出かけて来た寺内こそ可い〔ママ〕災難で、吾輩も寺内に対しては気の毒に感じて居るよ。要するに山県や平田が早呑込みをしたのだ。其早呑込をした結果か寺内をして今日の窮地に陥らしめた次第さ。斯う云ふ内情だから、仮令寺内か公表すると言つても平田か公表させないよ。公表すれば平田の自殺だからね（記者註、早呑み込みとは、山県公や平田か同志会は寺内と提携すべしとの早呑込み）、併し何にも知らぬ寺内には気の毒だから、決して此の儘で朝鮮に帰すやうな事はしないよ。必ず寺内の面目の立つやうにしてやるよ（面目の立つやうにして露都に遣るとの志、言外にあり）。寺内も充分に吾輩を了解して居る筈で、臼井は不都合な奴だ。今度来たら打殺してやると怒つて居るよ。極秘だよ。

猾稽も茲に至れは又愛嬌あり。併し平田、一木、下岡等の妥協の為め、如何に仲人口を聴きたるかの一斑、想像し得られさるにもあらす。兎角面白けれは御参考迄拝呈仕候。敬具

哲夫

伯爵閣下

〔封筒表〕麻布笄町　伯爵寺内様　閣下親展　八月七日　（消印日付）5.8.6。

〔封筒裏〕東京市芝区芝公園十四号地六番　臼井哲夫　電話芝七八五番　（消印日付）5.8.6。

〔原史料番号〕①344–7。

8　大正5年9月3日

粛白　昨朝は謁を賜り難有奉存候。其砌頂き候書類は篤と連中相談を遂け、最善之方法もて発表仕候事に致し居

候。

昨日骨董屋清水辰三郎来訪の要向〔用〕は、果然政商的大山を打たんか為めの予測運動に御坐候。問題の主人公は将軍観樹子爵に御坐候。右清辰之予測運動は他方面に渉りて行はれ居候もの丶如く被認候得共、運動を受けたる方面が果して真面目に聴取したるやは頗る疑しきものに候。元より秘中の秘たるに相違無御坐候得共、将軍亦与り知らすと嘯き能はさるの事実あり。何れ其中機会を得て拝謁、委細消息啓陳可仕と存上候。

右不取敢要件のみ申上度如斯御坐候。不悪御寛恕奉仰上候。敬具

九月三日　　　哲夫百拝

元帥伯閣下

〔封筒表〕麻布笄町　□爵寺内正毅様　閣下秘展　九月三日正毅。
〔封筒裏〕封　東京市芝区芝公園十四号地六番　臼井哲夫
電話芝七八五番　（消印日付）5.9.3。
〔原史料番号〕①344-8。

9　大正(5)年(10)月7日

（緊急）㊙
一　大命は閣下に降れり。舅姑に降りたるにあらす。閣下此際大決大断、能く其の御本領を発揮せられんことは、上陛下の御御〔ママ〕心を安し奉り、下国民の期待に添ふるの所以也と奉確信。
一　大命降下以後の輿情は更に羸然として閣下に集れり。是れ閣下か純忠至誠、特に政治上無瑕《か》なる点に原由す。然るに前日来平田氏入閣の流言頻に伝はり候為め、有識楷〔階〕級たると衆愚級たるとを問はす、閣下に対する好感同情は翻然として一変し来らんとするの傾向を示せり。是れ君国の為め由々敷大事也。此の人さへ入閣せされは、如何なる内閣出来たるもたいしたる反感なしと云ふ。蟻穴長堤を破る。切に御熟慮被遊へきを奉祈。
小生宅に殺到する新聞記者、日夕数十名を算す。未た一人として此の痛恨事に憤慨せさるものなし。今理由の一、二、左に摘録、御賢察の資料に供し奉る。
一　彼れは陰険邪悪の権化也（顔を見てさゑゾツとすると云ふ）。
一　従来妥協の本家として政海を腐敗せしめたるもの、

比々皆な彼れなり。
一　彼れの字は大沈惟敬也。又一名総スカン也。
一　彼れは都ての方面に同情なし。所謂八方塞り、二方開きとは彼れのこと也。二方とは山公、大浦子を云ふ。
一　同志会の為めに怨まる。
一　政友会の為めにのろわる。
一　国民党の為めにコレラ視せらる。
一　枢密院多数有力者の為めに蛇蝎視せらる。
〇顧問官中放言非難せるの実証は予想外に多し。略す。

右の次第にて、世間にては閣下の誠実に信頼し声望隆々たるものあるに、一ケのコレラ菌鼠入の為めに憎悪と恐怖とを招来するは痛恨無極也。

暴言憚り多きも、輿論を直写し瀏覧に供すること如斯、多罪御寛恕被下度候。

又、
一　同志会は今や益砂上の楼閣となれり。
一　政海の新気運は閣下の至誠に感化せられ、漸く茲に新なる傾向を齎らし来り始まれり。
〇若しも頽敗しつゝ始りし同志会と特殊関係を将来せらるゝこと有之候節は、独り政変の意義を成さゝるのみならず、政党政脈の情勢の極端なる険悪に赴かされは止まさるに至るべし。

来客多数、不得止右にて閣〔擱〕筆仕候。乱筆雑言、何も御海恕被下度候。敬具

七日　哲夫拝

伯爵寺内様閣下

〔封筒表〕伯爵寺内閣下　急秘親展。
〔封筒裏〕〆　東京市芝区芝公園十四号地六番　臼井哲夫
電話芝七八五番。
〔原史料番号〕①344－9。

10　大正(5)年12月28日

閣下
一　豊川良平御招きの上、経済界利導関渉之世話方御懇談之事。
〇同人は嘗て桂内閣の折も公の殊遇に感激し、身心を傾注して斡旋之労に服したり。

〇同人は虚名心高し、義侠心亦頗る熾也。男と見て頼まるれは、火水の中にも飛込む的の変物也。

〇此際閣下か政友として特に寵招せられ、世界的変局

に処し千古の危機に臨み、大命を奉せられたる崇高にして至誠純忠の赤誠を披瀝して御聞せ相成り候は丶、彼は感激身を以て君国及閣下の為めに相尽すへき決心を為すこと的確なりと信すへき理拠あり。

○彼は加藤高明と相容れず。事実也。又加藤の為すなきを知り居れり。憲政会之背景を作《な》し居れるか如きは、門外漢の籬のぞき也。

○彼れは彼れの高名心を満足せしめんか為め、政事上何事かを為さんこと目論見居れり。

一　宴を設けて原、犬養、大石等を相招き、閣下を招待して新気運の打開を試んとし、私に大石に計りたることあり。

一　大石を還俗せしめ憲政会を打ち割り、他の中立を合せて一政党を作らしめんとすること。

○右の如き次第なるを以て、閣下にして天空海濶な大気宇を以て彼に一夕坐を賜ふて、其の虚栄心を満足せしめ置けは、彼れは必す感激身心を捧けて閣下の為めに経済海〔界〕方面の馴導に任するならんと確信す。

○此の機会は乍不及小生に於て萬違算なきを期して作成可仕。

○若し万一十全の結果を得さるも、彼れか知己に感するの私徳として、尠くとも憲政会の為めに白熱的運動を為さるの利あるを失はす。

尚拝謁委細拝陳仕度切願仕候。

一　箕浦、大石邸に推問。

憲政会か結束不確実の事実を訴へたり。

一　武富、亦大石訪問。

加藤は此上党の為め多大の出金六〔難〕かし、九州其の他の遊説は金を出すこと困るから身を以て相尽すと云ふ。金の代償的に出動したりと云ふ実情也。現党の如く多数となりてはあんなものか知らされど、兎も角貧弱怯懦、御話しにならぬと申居たりと云ふ。

最後に大石の衷情

我輩は政党責任内閣主義のものなるを以て、寺内内閣の如き超然ては困るけれとも、既に時世か産み出したる以上は、出来得る限り善政を施かしむることに致さねはならぬ。内閣の屢々交迭することは由来国家の損害也。況んや世界的変局に処する今日の危機に於ては、寧ろ寺内の如き至誠殉国的の哲人をして裁量せしむること緊切也。予は寧ろ局外にありて、寺内の為め即ち時局的国家の為め、最善の助言を吝まさるもの也云々。是亦自然好機を見て特に御寵招、一夕の寛話を許させらるれは非常の好都合なるべしと確信仕候。
豊川のことは可成松の中に御実行被遊ては如何に候哉。小生は切に鄙見御採用相成らんこと、神かけ祈願奉る。
以上
例により乱筆書き流し尊厳を冒瀆仕候義、罪万死、希は御容赦奉仰候。敬具
　十二月廿八日　哲夫拝
寺内元帥閣下
〔封筒表〕伯爵寺内正毅様　閣下　秘展　十二月廿九日。
〔封筒裏〕〆　臼井哲夫。
〔原史料番号〕①344-10。

86　宇多田正輔

1　（　）年7月21日

極暑之節に御座候得共、愈貴公様御盛に御精勤被成御座、珍重不斜奉大賀候。次に於爰許拙者、寺内家内孫三人其外親類中、無別条只々罷居中候。乍憚此段御休意に可被思召遣候。扨は当年は殊之外暑さ張く御座候もの甚込入申候。貴地も決て暑さ張〔ママ〕く御座候と愚安致候。不能申に候得共、時季随分御気躰御保護専一に奉祈上候。先は暑中御見舞旁以麤札如此に御座候。尚追々可得萬喜御意候。
恐惶謹言
　七月廿一日　宇多田正輔
寺内正毅様
尚々幾応もく〵御気元〔ママ〕御励専一に奉祈候。乍筆末御同心之御方様へ厚く御伝声奉希候也。
〔原史料番号〕①436-215。

87　内田一心

1　明治(33)年7月13日

拝啓　近比絶而不得鳳眉、且取紛平常御起居も不相伺、誠に失敬打過候段、平に御海恕願上候。御清適御奉務奉恐賀候。然る処目下之御多事は申迄も無之、御配神〔心〕不一方義と御察申上候。為国家には甚憂慮すへきことには候得共、吾軍人社会には活劇亦一事と存候。斯る御多事中へ迂闊申上候は甚以恐縮千萬申訳無之候得共、此辺不悪

御聞取被下度願上候。迂老義も当度は何卒相当なる本職の御奉公致度不堪希望候。然処予ての職課上当度の戦列員には加ること不相叶、此内広島へも張出、山口閣下へも種々致情願候処、色々御配慮被成下候得共、何分とも既定の職課変更の事甚困難之御様子に而、終に戦列員には列すること不相叶、甚残念存候。就而は尚今後のこと留守師団へ御申送被下候都合故、別役閣下及参謀長へも懇願御依頼申上置候次第に有之候得は、尚閣下に於て此辺可然御洞察被成下候様奉願上候。御承知之通老生動員職課は誠に最後の割付に相成居候間、是にては今後召集のことも甚無覚束存候。何卒可然御都合を以、他師団へ御繰合之事ともは相叶申間敷哉。何分共当度は是非応分の本職を奉し、前年の面目を一洗不致候ては不相済次第と存候。何卒老骨か微衷御洞察被成遣、可然御配慮之程偏に奉哀願候。泣血拝手、頓首謹呈

二伸　御序のとき山県侯へも此辺の事情可然御申込奉願上候。先年来小子か事情は能御承知に相成居候。

七月十三日　一心老拝

寺内閣下机下

〔封筒表〕東京四ツ谷塩町廿八番地　寺内正毅殿　必親展。

〔封筒裏〕山口県阿武郡萩松本船津四百八十四番邸　内田一心（消印日付）□.7.22.。

〔原史料番号〕①436–216–1。

2　大正4年4月2日

拝啓　春暖漸相催候処、益以御清福之段奉欣賀候。陳は此程徳富蘇峰氏来萩之義に付、御配神〔心〕被仰聞、早速関係の者打寄、出来得る丈取調財〔材〕料を与へ、多少不拘応求、公の御生前、幼時のこと共致懇談申候。又彼は処々耳依の点へは徘徊、夫々十分に財〔材〕料相求候間、満足なる様子御坐候。尤滞在は甚僅少一日丈にて、帰京を急出発相成候。先は不取敢行懸丈御報申上置候。拝答旁奉呈寸楮候。頓首敬具

四月二日　内田一心

寺内閣下執事

〔封筒表〕朝鮮京城　寺内正毅殿　親展　四月八日　正毅
（消印日付）4.4.2。
〔封筒裏〕山口県萩町　内田一心（消印日付）4.4.4。
〔原史料番号〕①436–216–2。

88　内田嘉吉

1　大正(4)年10月26日

謹啓　秋冷の候、閣下愈々御多祥に被為渉、慶賀此事に奉存候。陳は不肖身上の義に執〔就〕ては、予て不一方御懇情を蒙むり、深く感銘罷在候。然るに過日以電報申進候通、無余義事情相生し辞職の事に決意し、今回愈々聴許相成候。辞職の理由は書面に認め目下浄書中に御座候間、御着京の上は清覧に供し度存居候。朝鮮共進会は近来の成功と称せられ、帰東の訪客は皆朝鮮統治の反応として、就〔執〕れも閣下の偉勲を嘆称せさるもの無之候。台湾に於ても来春正月共進会開催の予定にて準備中に有之、不肖其位地にあらさるも、御地の施設に倣ひ施設するに於ては効果を挙くることを得へくと存申候。阿部君御迎の為出発の趣に付不取敢愚札差出し、委細は拝眉之節縷々申述度、不肖罷出候節は御面謁御許容被下度、予め願上申候。草々頓首

十月二十六日　　内田嘉吉

寺内伯爵閣下

〔封筒表〕寺内伯爵閣下　煩親剪。
〔封筒裏〕□　十月二十六日　内田嘉吉。
〔原史料番号〕①436―217。

89　内田定槌

1　大正5年11月2日

拝呈　閣下には今回大命により新たに内閣を組織せられ、総理大臣に御就任相成候由、邦家の為め慶賀の至りに存候。近年我国に於ては政界、実業界の腐敗は申すに及はす、社会の風教を維持すべき宗教家に至る迄醜体を露はす様相成候に付、今日速かに此悪弊を矯正し、軽佻浮薄の人心を改め、朝野の区別なく国民皆な真面目に国家の為め努力する美風を養成するにあらざれば、将来我帝国が世界列強の間に立ち生存競争に堪ゆること、頗る困難なる義と存候処、之を実行するには閣下の如き謹厳有為なる政事家の手腕を要し候次第に付、小生は此意味に於て衷心より閣下の御就任を祝し、且つ御成功を相祈申候。欧州戦乱は何時如何に終局するや何人も予言の限りに無之候得共、協商側は独逸を屈服せしむる迄戦争を継続する決心固く、又た独逸は未だ容易に屈服する模様無之候

のみならす、今後若し独墺軍が羅馬尼を占領せば、新たに穀物及石油の供給を得て其抵抗力を増加すべきが故、戦争は益す永続することに相成可申候。右は人道の為め悲むべきは勿論に候得共、我商工業の発展と支那問題解決の為めには却つて好都合かと思はれ候。

先は御新任の御祝旁此段申進候。敬具

大正五年十一月二日　在瑞典　内田定槌

寺内総理大臣閣下

〔注〕本紙は「LÉGATION DU JAPON STOCKHOLM」の封筒・便箋。

〔封筒表〕東京外務省気付　寺内総理大臣閣下　親展　十一月廿二日返し。

〔封筒裏〕在瑞典日本公使館　内田定槌　返すみ。

〔原史料番号〕①346－1。

90 内田良平

1 明治(44)年6月5日

拝啓　先日来滞鮮中は非常なる御高情を蒙り、不堪感荷次第に御座候。帰京後武田範之も愈衰萎の極に陥り、今日の処にては三、四日間の生命と相成候。唯た此節の事は閣下の御恩命に依り萬事十分の手当を尽し、範之に於て人事に遺憾無之と苦悶の中に感肺〔佩〕罷在候而已ならす、知己徒弟の輩も深く奉拝恩命候次第に御座候。且其上御手許より格外の御見舞を賜はり重々の御厚志、良平に於ても拝謝の辞なき次第に候。唯々向後心骨を砕き、為国家萬一の報恩を期候外無之義に候。況んや過日明石少将に対し誓言の義も有之、諸事手配致居候。此内範之の遷化を送り候上は、改めて閣下の可奉得御意候。早々頓首

六月五日　内田良平

寺内総督閣下侍曹

〔封筒表〕朝鮮国京城　□爵寺内正毅閣下　侍曹。

〔封筒裏〕東京市麻布区簞笥町五十五番地　内田良平（消印日付）□.□.8。

〔原史料番号〕②6－34。

2 明治45年5月1日

謹啓　春暖の好季節凌きよく相成候へ共、国務多端心身御休養の遑とて有之間敷、為邦家御勤労の程奉恐察候。李容九重病に就ては御見舞を辱ふし、加ふるに勲功の御

申請を得、恐れ多くも勲一等章を賜はり、容九の名誉於此顕然たるのみならす、不肖共友人に至るまて面目相施し候心地せられ、深く閣下の御厚志奉感佩候。容九病状は去月二十七日ケイレンを起し、一時危険なりしも漸く回復し、今暫く保つへき状態と相成候。而し医士は一日にても保たせんと努むるに過きす、最早快復の見込は萬々無之ものとせるを以て、誠に心細き病人に有之候。右延引なから過日来の御礼迄、一筆如斯に御座候。敬白

五月一日　内田良平

寺内総督閣下

〔封筒表〕朝鮮国京城　寺内総督閣下　親展（消印日付）45.5.1。

〔封筒裏〕□　大阪市中の島花屋　内田良平。

〔原史料番号〕①345-1。

3　大正7年1月31日

敬啓　帝国議会々開中国務繁多にして心身を労せらるゝことの過度にして、御健康を害せらるゝことなくんは大慶之に過きす候。偖て今回率〔卒〕爾なから浪華の旅寓より一書を裁して閣下に奉呈するもの、閣下御多忙の際誠に恐懼に不堪候へ共、世界の大勢に連れて一種重大なる思想が我国民の間に醞醸されつゝあること、歴々として不肖の脳底を電刺するものあるか為に御座候。不肖素より頑愚、国事を論するに当りて真情流露を禁する能はす、為めに言辞の蕪雑にして礼に欠くる所あるは、閣下多年の眷顧幸に之を咎め給はさらんことを祈申候。

不肖近来在野の各社会団体及各階級の人士に接して其論議或は述懐する所を聴くに、衆口一致の点は政党者流に対する不信用と政府に対する不信認の声に在り。犬養、原、加藤等の各政党領袖に対する国民の期待は既に地を払ふて去り、比較的政府者に対して幾分の希望を繋けるやに見受けられ候。而かも両者共に下情に通せす、現代人心の推移と国民輿望の趨向を解せさるは一にして、今や冥々裡に不測の危機を胚胎し時々刻々に之を助長しつゝあるの事実は、閣下の賢明を以てして猶且つ之を看過被成居にはあらすやと、乍憚憂慮罷在次第に御座候。

現下我在野の識者及各社会を通して深くも沈黙を守りつゝあるは、求むる所無く言ふ可きもの無くして然るに非らす、実は大に求めんとし大に言はんとするものあるか為めに頗る厳粛に緊張の態度を持し居るにて候。今や

欧州大戦乱の終局は眼前に迫り、而して勝負は実に五分々の結果を呈すへきは各人の等しく認識する所にして、此状態を以て平和会議の開催を見るに於ては、我邦の将来に対する不安と危惧とは今日より之を予測するに難からさるか為めに、衆人一斉に最も真面目に沈思黙考しつゝありて、其の鬱結せる所思か一朝にして爆発する時は、頃来厳粛にして緊張の極に在りて多大の精力を蘊蓄せると、其到着すへき問題か国家的絶大の要件たるか為めに、其の勢の凄烈を極む可きは不肖の窃かに今日より予測する所に御座候。閣下冀くは不肖か何故に斯くの如き激語を呈する乎を怪み給ふ勿れ。不肖は前述の如く社会の各方面に接触して具さに人心の趨向を察し、其希望と所論とを聴取して綜合的に此等の予断を下すものに候へは、左に人心の一般を開陳して閣下の御留意を請ふこと丶致候。

我国民の輿論は欧州大戦勃発以来、支那問題を解決し彼我の親善提携を以て戦後に処する我か国策を樹てんとするに一致し等しく之を翹望せるに、歴代の内閣か著々として対支の折衝を錯り〔ママ〕、現内閣に至りても全く失敗を免るゝ能はさるに至れるを以て、戦時に於て之を能くせさるものが平和克復後に於て到底之を能くするの理ある無しとして、今や支那問題を解決して将来の我国策を確立せんとするの念を棄てゝ、他に之に代るへき国策を求めつゝあるにて候。然るに我同盟の英国は戦前は勿論戦時に至りて頻りに暴逆を極め、邦人に取りては実に敵国以上の苦痛を感せしめられつゝあり。故に邦人にして足迹一度海外に及ふ者は一人として彼の無情と暴戻とに憤慨せさる者無く、唯終始之に屈従して渝ること無きは国外に在る官吏のみとの譏あるは争ふ可からさる事実にして、此英人あるが為めに此日英同盟あるか為めに我対支外交は常に無残の失敗を来せるにて、戦前実に然り、戦時猶且つ然り。然らは戦後に於て我対支の諸問題に妨害を加ふる者は必す英人なるへきは世人の等しく認むる所に御座候。故に世間一般は戦前に於ける支那問題に於て独人か寧ろ邦人と提携せること多かりしを追想し、之を徳とするの念を有し居るにて候。而して不肖等の知る所には無之候へ共、国民は英国か近来我内政にまで干渉しつゝありとして頻りに憤慨致し居候もの有之候。其の事実の有無は別問題として、国民をして如此観念を抱かしめたる以上、来らんとする平和会議の際英国の帝国に対する体〔態〕度如何により国民は断して之に忍ふ能はさるへく見受けられ中候。

右に関し世人か今日より憂慮せる一例を挙けんに、来るへき平和会議に於て我邦か英国と全然行動を共にすることゝなれは、領土非併合主義の下に拘束せられて彼の南洋の群島と青島とを独逸に還附せさる可からさるに至るへきは明瞭なるか、英国に於てこそ白耳義の独立を回復するを条件として南阿及ひ南洋の独領を返還すべき弱点を有し、其の他の聯合交戦国も戦局は寧ろ敗北を以て終熄すへきを以て領土非併合を以て却つて自家の利益に帰すへきも、我邦のみは絶対の勝利を占めて戦局を終るへきを以て此等の聯合諸国と同一の境遇に置かるゝの理なけれは、日清戦後の遼東還附の場合や日露戦争終局の際等に於てこそ不得已の事情ありて残念ながら譲歩する所ありたるも今回は全く自由にして、平和会議開催の期に達せは我は先つ占領地の不還附を条件として之に応するこそ当然なりとして、国民は決して占領地の還附を肯せさるへき形勢に御座候。而して英国たるものか其際に於て日英同盟の羈絆を緩ふして我に干渉する所無から〔ママ〕んことを望むは、木に縁つて魚を求むるに等しきもと世人は観測致し居るにて候。

是に於て我邦としては此際一大英断を以て新国策を定め、将来尚も日英同盟の下に進退すへき乎、又は独逸と結んて萬全の策を講すへき乎は識者の研究中に属するも、国民一般は既に英国に対して絶対に反対の態度を決し、独逸と提携して新国策を樹立し国運の新生面を拓かんことを希望しつゝありて、独逸は今や敵国なるを以て之か発議を見さるも、平和克復後に於ては衆口一律之を絶叫するに至るへき趨勢に在るは独り不肖の看取する所なるのみならす、各方面に於て盛んに之か研究を遂けつゝあるを目睹する次第に御座候。

斯くの如く平和克復の暁に於て英独何れに結ふへき乎の大問題は直に内閣諸公の焦慮を要すへきものたるへく、然かも英国とは同盟の期間に在るを以て政府としては之を奈何ともする能はさるへきも、斯くては又た民論を奈何ともする能はさる可く、而して政府にして之を圧抑せんとすれは民論は大沸騰を来して遂に之か爆発を見るや必せり。斯く成り果つるに於ては政府は交迭〔更〕せさるへからさるに至り、後継者と雖も到底之に処するの善後策を講し得可きに非らす。而して国民の不平にして一度爆発するに於ては、勢力の馳馳する所如何なる禍機を激成せんも測る可からす。別して此等の機会に於て恐るへき社会的余病を併発し、近来閉息せる社会主義及ひ新たに萌芽せる民主々義等か其の混乱に際して毒焰を漲らすに至らんこと、不肖の憂懼禁する能はさる所に有之、這般の形勢を冥想すれは現内閣は歴代の内閣か未た曾て遭遇せること無き内乱の噴火口上に置かれたるか如きものに候はすや。

翻て一面に於ける観測に於て欧州の戦局か英国に多大の不利を来して終局を見る場合は、英国たるものは只管我邦の歓心を求め来るへけれは、日英同盟は今日の如き属邦的対遇〔待〕を免かれ、従つて我か為めに尠なからす便益を生すへしと為す者もありて、此の点に於て新たに独逸と結ふと何れか可なるやの利害如何を研究しつゝあるも、英人の据傲不遜なる国民性を以てすれは、例令〔仮〕戦敗の場合に於ても決して其の態度を変する者にあらす。而して世界の形勢は急激なる変化を来し、彼の露国の革命に次て政権を握れる過激派の政府か小邦の独立を許すの宣言を発したる為め著々〔着〕として之か実現を見るに至りたれは、将来多くの小邦として分立するにせよ、等しく独逸の勢力に圧せられ軍事上に将た経済上に之か頤使に属すへきは明白なるを以て、我か邦か将来尚独逸を敵とするに於ては此等独逸の傀儡か東洋に突出し来るに備へさる可からさる困難を生すへく、而して聯合軍に取りて不信不義の極を尽せる彼の露国過激派政府に対し、英国たるものか何等膺懲の途を講せす却つて其政府を認めんとする程に此等小邦独立の影響が印度に波及するを憂慮せるに見るも、決して軽視すべからさる大問題たるへきを覚るに足る可く、将来の印度が第二の露国たるへきや否やは別問題として之を後日に徴するも亦妨けさるも、我邦にして将来尚も独逸を敵とすれは平和克復後と雖も西比利亜より支那に至るの天地は遂に寧日無かるへく、日英の関係は益紛糾混擾を極むへけれは、寧ろ独逸と提携して支那問題を解決し、進んて西比利亜に於ける我か勢力を扶植するを以て日英同盟の何等得る所無くして負担の偏重なるに比せは、其の利害は雲泥の差あり。例令彼の独人か猛烈なる性情を有すると雖も、今回の大戦にて深く悟る所あるものの如くなれは、彼我の提携は遥かに英人よりも円満なるを得可しとの論者か勝ちを占めつゝある次第なるか、政党者流は之等社会の思潮を覚らす政府当局又此の間の消息に注意せさるを以て、遠からすして国策問題に関する輿論の爆発を来し、延ひて国家の危機を速〔ママ〕かんとするは叙上の如くに御座候。而かも其是に至る最大原因は支那問題の解決を見さる為めにして、其の解決は何処までも国策の第一義たるものにて候。然らは根本の支那問題に帰りて鋭意之か解決を企図するを今日の急とするは勿論なり。然りと雖も南北の妥協を謀る位のことなれは、大隈内閣の昔に返り同内閣か袁世凱の没後南北の妥協を謀つて失敗せると同様の轍を踏むに過きす。況んや現内閣対支外交失敗の当面人物たる林公使の如きを再ひ北京に派する如き有様にては、決して新生面を開拓する能はさるものとして世人は此の一事にても現政府の方針を絶対に悲観致居候。識者の看る所を以てすれは、彼の林公使は曩に支那人一般の傾向か帝制に在りて機熟したる際に於て、一段祺瑞を助けて之を圧倒せしめたる程時勢を見るの明なき愚昧の使臣にして、又南北調停を口にするも北方の力を過信し依然として段祺瑞を重んする者なれは、同公使の手腕にて南北調停を遂けしめんことさへ到底不可能事に属すと為せり。而して識者は以為らく、北方派にして林公使の信する如き実力あらは南方の討伐は容易なるへきも、北方派には決して其実力ある者無く、且つ何等統一の中心無く連鎖なきを以て南方討伐の不可能なるか如く、調停の途を講するに由なし。而して一方南方派は約法復活と旧国会の再開を迫るも、之を以て決して共和の基礎を建設する能はさる所以を念はす、漫然南北調停を策して先つ旧国会を召集せしめ、黎元洪を大総統の地位に復帰せしめ、其の辞職を待つて後任者を撰挙するを以て至当なりと主張するも、元来支那の革命に際し未た完全なる憲法をも制定し得さるに当り、列国か早くも民国政府を承認せることよりして間違なれは、南北の争を調停すると云ふことも意味を成さゝる枝葉の問題にして、此上に我邦の取るへき方針は最早絶体〔対〕干渉の外に良策無しとするの結論に到着致し居るにて候。良平は対支政策最後の大方針たるへき絶対干渉の方策に就ては今之を贅せす、而して今回此の書を裁する所以のものは、之を要するに現下我国民か時局に対して沈黙を守りつゝあるは実に剴切徹底の国策を得んか為めに厳なる考慮を廻らしつゝあるか為めにして、決して喪心悲観せるに非す、否な熱烈の気慨を蘊蓄して大不平爆発の機会を待ちつゝあるものにして、一朝の動機に際会すれは前代未聞の騒擾を呈せんとするものなるを看取するか為めに、予め之を閣下に報して御警戒を請ふ次第に御座候。政党者流は井底の痴蛙此の機微を覚らす、政府者又対政党策に没頭して此危機を感せす、人民は両者に対する信頼の途を失ふて自ら適帰する所を求めんとするの傾向を激成せるは、是れ国家として喜ふ可き現象に候哉。不肖国家の為め憂慮に堪へす、縷々這般の秘情を開陳する次第に御座候。恐惶敬具

内田良平

一月廿一日

寺内伯爵閣下

〔封筒表〕東京市麴町区永田町　伯爵寺内正毅閣下　親展（消印日付）7.1.31。

〔封筒裏〕〆　日英同盟を基礎とせる対支外交の失敗に対し、現内閣に対する国民不安の情を述べ、将来の外交に付卑見を開陳す　大阪市北区曽根崎上四丁目　陶村方　内田良平（消印日付）7.2.1。

〔原史料番号〕①345―2。

91　内野辰次郎

1　明治44年(9)月(7)日

陸軍歩兵大佐従五位勲四等功三級内野辰次郎。

祝御栄転

旅行中高崎にて

〔封筒表〕東京青山高樹町　陸軍大将子爵寺内正毅閣下　（消印日付）44.9.7。

〔封筒裏〕総督専任の御祝詞　内野大佐　（消印日付）44.9.7。

〔原史料番号〕①436―218。

92　内山小二郎

1　大正5年2月12日

拝啓　益御清勝に被為渉候段奉賀候。陳は露国大公殿下接伴に関する報告書、本日出来致候処、安達公使と相談之上一応閣下之御閲覧を仰き度個所も有之哉に被存候間、別封にて御送付申上候に付、御意見も有之候得は御記入之上御返送被成下度候。尤も該書は清書之上御送付致度と存候処、時日遷延之虞有之候に付、草稿之儘にて御送

付中上候間、不悪御含置被下度候。敬具

二月十二日　内山小二郎

伯爵寺内大将閣下侍史

〔封筒表〕朝鮮京城総督府　伯爵寺内総督閣下　書留　親展

二月十六日　正毅　済　（消印日付）5.2.12。

〔封筒裏〕〆　東京宮城内侍従武官府　内山小二郎　（消印日付）5.2.15。

〔原史料番号〕①347-1。

93　宇都宮太郎

1　明治(34)年2月28日

一書拝呈仕候。其後御容態如何に被為在候哉。漸次御快方とは存上候得共、御症状に因ては御入院若くは御転地等断然之御療法、寧ろ御得策にはあらさる歟と、乍蔭私かに存上居候。私儀、二十三日横浜出帆之河内丸へ神戸より乗込、二十七日同港抜錨、唯今此地へ寄港仕候。此地へは二夜碇泊致候筈に付き、此間を以て郷里佐賀へ一泊、両親へ墓参仕り、三月二日此地開帆、香港へ直行の積に御坐候。本船には三橋公使一行同船致居られ、欧州の事情不案内なる私か為めには無上之好都合に御坐候。先は乍余事出発御報傍〔旁〕御機嫌相伺度、一札如此御坐候。匆々頓首

二月廿八日午前門司にて　宇都宮少佐拝

寺内閣下侍史

〔封筒表〕東京市四ツ谷塩町一丁目　陸軍中将寺内正毅殿侍史。

〔封筒裏〕〆　門司港河内丸にて　陸軍歩兵少佐宇都宮太郎　（消印日付）□.3.2。

〔原史料番号〕①348-1。

2　明治34年7月30日

拝啓　益々御精励奉恭賀候。偖て先般来我林公使（アアンハサアンケレサフヌアスユワイ〔ママ〕タタセノワキワルワスメワゲユワウブロオ）居り、同公使より本国へは数回の電報発送相成り候へ共、今に回電到らす、一同鶴望罷在候。此事は定めて既に御承知の御事とは存候へ共、当地にては極めて秘密に取扱居候に付き、念の為め極々内密に閣下まで御内報申上候間、極めて秘密として閣下限り御聞置被下度。其条項の如きも大体に於ては私は満足と存候。

細項は私より申上候は少しく筋道も違ひ、且つは萬一の漏洩を慎み、特に差扣申候。此鄙簡は御投火被下度。別紙報告中にも場合か場合故、竟それとなく一、二言の此種の事に言及致しあり候故、御一読の後有害との御認定に御坐候はゝ、是亦た御投火願上候。匆々頓首

三十四年七月三十日　　宇都宮少佐拝

寺内中将閣下

〔封筒表〕大日本東京四ツ谷塩町一丁目　陸軍中将寺内正毅殿　必親展私信 Via America　General Terauchi Tokio Japan　密報　卅四年七月。

〔封筒裏〕JAPANESE LEGATION LONDON。

〔原史料番号〕①348－2。

3　明治35年2月3日

英特第五号

明治三十五年二月三日　英国公使館附陸軍歩兵少佐

宇都宮太郎

参謀本部次長寺内中将殿

謹啓

前便を以て進達候英特第三号、同四号は、既に御落掌被遊候事と存候。愈々調印も去る一月三十日を以て無滞相済み、大慶至極に御坐候。彼の英特第三、第四号は昨年七月二十九日附を以て閣下まで差上置き候暗号相用候に付き、多分御所持とは存候へ共、為念右写御送致申上候条、御領収被成下度。猶ほ本件に関し必要の御内旨相伺度、一札如此御坐候。頓首

完

イロハニホヘトチリヌルヲワカヨ
ワムウタリソアセオテモヒコチレ
タレソツネナラムウヰノオクヤマ
イオニカヨメミエンクスネサヌロ
ケフコエテアサキユメミシヒモセ
ルホハノキユマケヤヰラフツトシ
スン
ヘナ

〔原史料番号〕①348－3。

4　明治35年4月25日

一書拝呈仕候。時下益々御勇健御奉務被遊候段、大慶至極に奉存上候。陳ては今便着官報に拠り候へは、太郎儀

過分の御賞賜を辱ふし、殊に仝列を抽んでたる特殊の御寵恩、恐懼感銘の至に御坐候。是れ畢竟閣下御推薦の結果に外ならさることは申上候まても無御坐、千萬難有御礼申上候。猶ほ今後は益々駑鈍に鞭て萬分の御報効相励度心願旧に倍し、御警策切に御願申上候。先は不取敢御礼申上度一札如此御坐候。匆々拝具

三十五年四月二十五日　宇都宮少佐拝

寺内中将閣下侍史

追て此度の戴冠式には閣下御来臨の赴〔趣〕、電報に拝接、私かに御待申上居候処、後電により御中止の趣、聊か失望仕候。勿論手痛き御小言相伺候時なとは、心中聊かの不平なしと申すは人を欺き自ら欺くの言に有之候へ共、後にて考ふれは一々他日の薬石たらさるはこれ無く、即ち此度の御渡英に際しても此御小言を拝聴し、今一つは何かと色々の御示導や御願事も期待致居候得共、今は一切泡沫と相消し申候。併し此度の御中止は或は一層重要の位置に御栄転被遊候哉の想像も相生し、果して左様と致せは為邦家為御一門、実に祝着此事に奉存上候。太郎も甚たしく怠り居る積にも無御坐候へ共、英語一向進歩不仕、従て十分の職責も相果し候こと不相叶、残念且つは汗顔の至に御坐候。願くは今少しの時日御寛仮被下度、更めて御願申上候。此地特に申上くへき著大の出来事も見聞も不仕、唯た南亜戦争はボーア方より媾和談判、寧降服〔伏〕条件の商議相開き居候有様にて、十中八、九は遠からす大体に於て落着の事と存候。此落着は何れ「ルートル」や其他の手にて即時世界に伝播せらるゝこと必然に御坐候へは、私よりは別に御電報申上けさる覚悟に御坐候間、預〔予〕め御含置き被下度願上候。拝具

〔原史料番号〕①348—4。

5　明治36年9月5日

一書拝呈仕候。炎暑の候に御坐候処、如何御起居被遊候哉。旧に増し益々御勇健御奉務被為在候御事と奉遥察候。陳ては平生御繁務の上に満州、朝鮮等の重案さへ相加はり、御心労一段の御事と恐察罷在候。其後如何なる程度に進行致居候哉、此地にては公使を始め一向相分り居り不申、徒らに関心致居候得共是れ畢竟真の所謂杞人の憂にて、退て熟考致候得は廟堂諸公に加へて諸元老さへ御入府の此際、邦家将来の大運命上萬御手落の有らふ筈無之、種々の空想を排して強て安心罷在候次第に御坐候。

当国政府の態度は去六月下旬より七月に掛けての両国政府の応答に由り既に御詳悉被為在候こと勿論に有之、其後今日までの処は見聞し得る所にては先つ我か為さん様を傍観しあるものと評定致候より外無之、尤も発言の自由丈は保有致居候次第なれは、成行を見たる上にて所謂満州の開封に付き不満足の場合には何等歟の申出もこれあるへく、少くも満州に於て失ふたる以上の償を他の方面に於て要請致候事は尤も有勝のことにはあらさる乎と被存申候。詰まり損するものは清国にて、如何にも気の毒なる状態に御坐候。併し局外列国の眼より見たらは気の毒なるもの或は独り清国に留まらさるべく、人の百戦以て得たるの土地を我之を占領すれは東洋の平和に害ありとして無理に我を押出し置き乍ら、其舌の根さへも未た乾かさる期年の間に彼自ら之を横領し、剰さへ朝鮮にまても其猿臂相伸はし候其仕打如何にも心悪きの極み、今日でこそ当路に対する各種の対人感情や色々の事情の為めに、世の人の感も思ひし程激甚ならす候へ共、五十年、百年の後、冷かなる歴史の上に一読せは、殆んと皇国開闢以来の出来事にはあらさる乎と相考へられ申候。此四月已来の出来事、之に対せられたる我政府の御挙措は其真相に於ては固より太郎等か窺得る所に無之候へ共、其皮相上の感じを腹蔵無く申上候へは、少くも衆愚の目には余程我帝国の威光も信用も相傷はれ、日清戦争や北清事変にて収め得られたる御威望は確かに其幾割を減殺致候事と存候。四月頃は満州に於ける露の横暴は決して日本の忍ひ得さる所なるへしと論し居りたる当国新聞の如きも、今は論調一変、満州に於ける帝国の権義は全然放棄せられたりと観念したるか如く、夫れはまだしも朝鮮に於ける日本の熱心や要求の程度にさへも疑ひ始めたるものこれあり候有様にて、之に反し露国の位置は益々人心に其基礎を固めつゝあるやの傾向にて、深遠なる廟謨を知らさるものには亦た已むを得さるの事態に御坐候。当国当路者の真意は我公使に明言致したる以上には固より之を知るの由も無之候へ共、太郎か毎日接触しつゝある此国軍人間の感想は、矢張世間一般の感想と相伴ひ転変しつゝあるにはあらさる乎と相考られ申候。即ち日英同盟以来、互に相期したる所も、此五、六月已来即ち帝国は満州に於ける其要請には余り熱中せられあらす、僅かに米国殊に最初より交戦の意なしと声言し居りたる米国の後馬に乗られて自ら当の主人たるの資格を棄てられたるやの観ありし已来、平生の張合も全く気抜の有様にて、此気抜の有様は今日も継続致居申候。国家重大の事柄、慎重も固より必要には相違無之候へ共、朝鮮等に対しては何とか今少しく御進取の御処置採れさるものに候や。満州の情態は根本より変化したるの今日、数年前の日露協商は殆んと死文に斉しかるへく、我れ独り之に縛はれ居候ては、世間は却て我れの為す無きを笑ひ且つ憫むものこれあるへきを相恐れ申候。否な此地には単簡なる電報のみ参候故事情の真想相分らす、此国の人の眼には帝国は清国、甚しきは朝鮮にまても馬鹿にせられ居候様に相映居候ことと存候。露の言動（今は朝鮮も必す自ら之を有せさる可らすとの旨を其新聞を以てほのめかし始めたり）彼の如くなるに、何故に我独り朝鮮の独立を扶植すへきの義務あり申すへきや。彼れにして独立を保てさる以上は、之れか折れて他に入ることは帝国の自存上是非共之を妨けさる可らす、即ち自立出来さるものは之を保護国と為すことは当然のことと存候。別紙妄言と題し申候は、去る六月の末頃、我国より此国へ第一回の御交渉これあり、之に対し当国にては今少しく明白に帝国の希望を知り度しと申込み、之に対する帝国の御返答の未た至らさる際に、私か一個の希望として申せは斯の如くあり度ものと申して当公使の内覧に供したる真の妄言に御坐候。固より初めより斯く露骨に申込むへきには無之候へ共、これは当時に浮ひたる真底の希望にて有之候が、今日に於ても是非これ以上の程度に於て解決致度、又たしても余計な差出口と御逆鱗に触れ候ことは千萬承知に御坐候へ共、此地に孤棲致候へは本国の事情は一切相分り申さす、種々の雑感に打たれて此狂妄の言を呈候次第、御憐察被下候はゝ幸甚の至に御坐候。

又巴耳干問題は今日も益々民擾蔓延の模様に有之候へ共、我東洋問題の解決に有利の牽制を与へ得へき程度の大戦乱には今日の処当分は到底其見込無之ものと判定罷在候。この問題は民擾愈発展せは、詰まり列国の新協商位か其落ならんと存候。

英仏の接近は此二国か或は日露の間に居中調停の役目を取るか如きに進転せすとも限られす候。現に曩に死去したる南亜経略張本人の一人たる「セシル・ローヅ」は仏国は他日英露両国接近の媒介たるへきを預〔予〕言致し、今又（此数日前）仏国の一政治家は英仏は日露の間に此役目を取らさる可らさる旨を公言致申候。要するに何れにしても帝国は今少しく地歩を韓国に占め居られされは萬事御不利益なるへく、下世話にも申す角力の引分も略ほ互角の地歩にありてこそ引分も行はるゝなれ、一方か土俵ぎはにて今や将に踏切らんとする際に引分の行はれたることは未た承はり申さゝる所に御坐候。引分を取らんと思へば喰下ること極めて大事とは、嘗て老功の関取より承はり居る所に御坐候。此鄙簡御一読、烈火の如くに御逆鱗のことは誠に恐縮に御坐候へ共、御一読奉願上候。謹言

三六年九月五日　　英国にて　宇都宮太郎九拝

寺内中将閣下御膝下へ

此国政府の見込にては、露国は此暮前后にても五、六万トンの海軍更に増派致すへく、これは其筋へも報告致置候か、既に御熟知の御ことと奉存上候。〆切時間切迫更書のひま無之、乱筆御免被下度奉願上候。

完

妄言

七月七日

今日に於ける我希望

一、朝鮮を我邦に対し、埃及の英国に於けるか如き関係に置き度きこと。

但し列国既得の利権（貿易上及各種起業上）を尊重すへきは勿論、将来に在ても其正当なる貿易及起業に向ては日本内地仝様之を開放すへきことは、寧ろ日本の歓迎する所たり。

二、満州は依然之を清国の主権下に置き、正当なる世界貿易の市場たらしむること。猶ほ清国他の州郡と仝様たらしめ度こと。

但し条約上正当に得たる露国の利権は今や之を認めさる可らす、之か為め露国に左の件々を実行せしめ度こと。

甲、旅順、大連及鉄道沿線の外、満州一切の国土を政治上軍事上全然清国政府に還付し、右以外に在る露国の軍隊は条約通りに神速に之を撤退すること。

乙、此際新たに要求し度きことは、極東の平和を維持し各種の誤解を預〔予〕防せんか為め、露国は善意を以て満州鉄道の護衛兵数を限定し、且つ其変更は清国政府の合意を得ることに改め度きこと。

三、第一項の如く、直に朝鮮を我埃及たらしむる能はさ

るの場合に在ては、少くも露か満州に於けると仝様、我鉄道護衛として相当の兵力を我朝鮮鉄道の沿線に配置し度こと。而して其兵数は露にして満州鉄道の護衛兵力を限定するに仝意するならは、我に在ても之を限定すへきこと。

仝時に日本と該鉄道との連絡を保持する為めに、其端末に於て露か旅順大連等を租借したると仝一の條件を以て港湾を租借し度きこと（成らは馬山浦を旅順の如く軍港用として、釜山若くは木浦、群山、魚隠洞中の一、二を大連の如く商業港として）。

尚ほ第三の場合に於ては義州への鉄道布設権を譲り受け、且つ其端末に於て一の租借地（義州か其附近にて軍事上要機を備へたる某地点）を得たきこと。

―・―・―・―

右の次第に付き、今日の情勢に於ては英米には左の通り申入れ度こと。

一、清国主権の下に満州開放は固より日本の切望して止まさる所なり。従て之に対する米国の抗議は日本に於ても深く仝意する所なり。且つ又た英国の好意ある注意も（日本の意見を米国に通知せよ云々）深く日本の感謝する所にして、是れは早速其通りに取計ふへし。併し茲に一の注意すへきは、満州開放を迫るの提議には関係列国最後の決心伴ふにあらさる以上、満足の結果を収め得んことは甚た覚束勿らんと信す。必要に迫らは日本は此最後の決心を為すことに躊躇するものにはあらす。知らす英米両国は果して此最后の決心を賭しても該抗議を遂行せらるゝの意思なるや否や。萬一にも英米にして此最後の決心を有せすとのことならは、換言すれは日本は単独に此最後の責任に当らさる可らすとのことならは、日本は其繋命的なる此東方問題の解決に関しては此際別に熟考する所なかる可らす。即ち日本は露と交譲して暫く忍んで満州を露の自由に一任すると仝時に、日本は朝鮮を我意思の如くせんこと是なり。元来朝鮮の滅亡（名義上にぁらす、事実上）して他の強国、就中露国の如き国性を有する一大強国の確把の内に陥らんことは直接に日本帝国の生存を脅威するものにして、日本は如何にしても此一大危険の急転直下を漫然傍観し在る能はす。然るに今日の如き趨勢に放任し置く時は、将来幾年の後には此大危険の必然逼迫し来るや火を睹るよりも明かなり。否な露国は既に鴨緑江を渡りて今や朝鮮国土に悍然蟠踞の端を開始したり。是れ世界の既に習聞せし所なるへし。元来朝鮮に自立自衛の力なきことは日本か世界と共に多年の間に目撃し来りたる所にして、今や日本は此無力なる小王国か強露強圧の下に屈服し去りて一転「キワ」と為り、「ボハラ」と為り、再転延て我島帝国自家自身の生存実在さへも脅威するに至らんことは、如何にしても其能く忍ひ得る所にあらす。左れは日本は其生存の必要上、朝鮮の未た亡滅せさるに及んて之と相抱合して一縷其協同生存を至難の間に維持せんとす、是れ実に萬已を得さるに出てたる我日本帝国の至情なり。而して此至情亦た大方の同情幇助を得るにあらされは、到底其成功する所なきや必然なり。願くは仁に富み義に富む英米両国の深く此至情を諒とし、深厚なる其同情と有力なる其一臂の幇助とを吝まれさらんこと悃切希望の至に堪へす。

完

明治三十六年七月七日　　宇都宮太郎手記

〔封筒表〕寺内中将閣下　私書必御親剪を乞　宇都宮太郎。

〔原史料番号〕①348–5。

6　明治36年9月22日

一書拝呈仕候。時下益々御健勝に可被為在奉恐賀候。陳ては前便には平生の客気に駆られ、遂ひ余計なる差出口御聴に達し、今更恐懼の至に禁へさる次第、御容赦奉懇願候。当国大演習も漸く終了、岡大佐の一行にも各所の参観を併せて略ほ相済み候へ共、太郎か微力の上に語学の才極めて乏しく、従て十分の説明も出来不申、折角の渡航、其結果果して如何有之候ひしかと、私かに痛心罷在候。若し其報告に不充分の所有之候はゝ、これは全く太郎か語学等不十分なるの余果として御仁容相願度。併し大佐には意外に英語相通し、大に太郎か不足を補ひ候ことは、尤も仕合として悦ひたる所に御坐候。此国も関税問題より其張本人チャンバーレン氏内閣を去り、尋て多数の大臣連袂引退、大動揺の姿にて、目下正に後任者の人撰中に御坐候。併し唯今までの処にては反対党に十分の人物無之やにて、多分は保守党内閣多少の改造を経て継続致すならんかと盲評罷在候。「チ」は野に下るも矢張現総理と上下呼応の赴〔趣〕にて（明言致申候）、引退大臣は多くは「チ」氏及総理の所謂大帝国主義とかに、少くも関税問題に関し反対の面々に御坐候。満韓問題も此地にては遠隔処真相頓に相分不申、如何なる程度に進捗致居候や、要するに日夜御痛心の御事と遙察罷在候。取急乱筆御高免被下度、先は右まて。恐懼頓首

三六年九月二十二日　英国にて　中佐宇都宮太郎拝

寺内閣下侍史

〔封筒表〕東京陸軍省大臣官舎　寺内中将閣下　私御親剪を祈る　Via America　General Terauchi Tokio Japan。

〔封筒裏〕（消印日付）26. Oct. 03。

〔原史料番号〕①348–6。

7　明治36年12月12日

一書拝呈仕候。時下寒冷の候に御坐候処、如何御起居被遊候哉。折角御大事に御用心被遊度奉切望候。偖て満韓事件も我最近の提議より既に四十日以上に相成り候今日まて片言の回答お〔を〕も致さぬとは、対手の行動実に言語同断の至り、御心労の段千萬恐察奉申上候。過般は分外の言御聴に入れ候処、御厳責も無之御展読の栄を得候段、難有感謝罷在候。朝鮮には其後何等かの物質的御施設御着手被遊候哉、一日も早く実際に御着手有之度懇願の至に御坐候。既に珠を握り居るの対手には、彼れより談判を急き候必要は萬々無之、彼れは其欲する時、若くは其気に適ふ條件の成立するまては此儘平気に何時〳〵までも遷延致すへきは尤も見易きの真想に有之、之に対せらるゝ唯一の手段は、我亦た進て相当の獲物（即ち前便内申仕候如きものの類）をつかみ候より致方は有之間布、是或は当談判を終局する最捷手段かと被存申候。彼にして局を結さるならは其間我も着々我経営を進むへく、此経営たる、主もなる列国は勿論、露国と雖とも或る程度まては恐らく認居候事柄に有之故に、非常に彼を挑撥〔発〕するか如き不手際の事を為さゝる以上、彼も恐らく之れか為め彼より進て（少くも今日の処）開戦致候か如きことは無之らんかと被存申候。尤も之を為すには我に於ても萬一の場合には之に応するの決心を以て取掛らさる可らさるや申上候までも御坐なく、我にして決心堅固なる以上は却て開戦を避け得るの望有之候やなれとも、否らされは宋季明末の北胡に対せしか如く彼の横暴は一歩は一歩より甚たしく、遂には否やでも応でも抜剣致さねはならぬ様な次第に立ち到りは致すましき乎と、竊に杞憂罷在候。我朝鮮占領に対する此国陸軍当局者の意向の一端は、去る十月十三日太郎に泄らせし処を我林公使より十四日外

務大臣宛（英特第二十四号）電報相成候事故、既に御承了〔了承〕の御事と存居申候。此国の人気は大部分は彼れの如くに有之、彼等は寧ろ朝鮮に対せらるゝ我国の所謂慎重の態度なるものには或意味に於ては感服すると仝時に、確かに一驚を喫し居り候事と推察被致申候。これと仝時に太郎か一大喫驚を惹き起し申候は、近頃我政府の採られたる三大御英断に御坐候。即ち

一、英国は一億円を額面百に対し百にて、四分利位にても我起債を幹施せんとするやの意向ありしに、我政府はすげなく之をはね付けられたること。

二、此大切の場合、多少の価位は論し居られさる時に方り、原価よりも低廉なる二大戦闘艦の購入を英国政府は誠心幹施せしに、これ亦たすげ無くはね付けられたること。

これは智利国の注文品にて、「アルゼンチン」との條約の結果売払はさる可らさる事情となり、各一万一千余トンの二隻を千八百七十五万円にて英国遂に買入たり。国論は大に其処置を賛称す。

三、「アルゼンチン」の新造二装甲巡洋艦（各七千トン）を千五百三十万円にて同様の事情より申込ありたるに、これ亦た例により拒絶せられたること。

此英断は、固より遠大なる廟謨、若くは平和の確信より出たることとは存候へ共、太郎には甚た了解致難き点有之、此国の人々も定めて呆然致候と同時に、唯た「ネバ」河辺の政治家及軍人耳《のみ》か独り其長広舌を吐き候ことと存候。此危急存亡（太郎は敢て斯く申候）の際、緊急支出や緊急の起債の途は如何にしても出来候へきに、政府此度の御処置如何にしても了解出来申さす。対手には絶対に我れに戦意無きことを立証し、友邦には其与に為すあるに足らさることを疑はしめ候如きことこれ有り候はゝ、是れは非常なる御不利益にはあらさるかと独私かに憤悶致居申候。併し遂事は追ふ可らす、此上は切〔せ〕めては彼の一億円を再御交渉之を得て、既に破談したる四隻の購入を今一応（これは製造中に付き、望絶無にはあらすと信す）試みられ（これか為め三千七、八百万円）、一面に於ては朝鮮鉄道を私利一偏の会社仲間より収めて（これか為め二千七百万円（二千五百万円なれとも））、昼夜其速成を期せられ度、内地に於ては騎兵の増設、乗馬歩兵の創設（此国の方法にてやれは、これは左程の費用を要せす、英常第号）、騎砲兵の創設（出来されは、野砲の一部を之に改造

すること）等、切望致す所に御坐候。言往々不謹慎の処有之候へ共、蹇々の微意丈を御酌量御免被下度御願奉申上候。恐惶頓首

三十六年十二月十二日英国にて　宇都宮中佐拝

寺内大臣閣下侍史

〔原史料番号〕①348-7。

8　明治37年3月6日

一書拝呈仕候。国事多端の折柄、如何御起居被遊候哉、旧に倍し御健勝御坐被遊候御事と遥察罷在候。先般は永山秘書官を以て御深〔親〕切の御伝言難有御礼奉申上候。事端破裂已来、我軍着々の成功、肩身広相感し申候。此上は陸軍の一大打撃鶴首蹺望罷在候。此大切の機に際し此要地を濊かし、事功甚た挙らず、誠に御面目も無き次第に御坐候。併し此国陸軍省の人々は我邦の為め十分勉強丈は致呉れ居り申候。即ち必要の場合には休暇お〔を〕も休ます、殊に去る十二月下旬耶蘇降誕節の如きに在ても、日露の関係者は交番登庁執務致呉れ申候。併し右の割合に我に有用なる情報の集まらさるは、平生の設備に不完全の点に有之候か為めにはあらさる乎と被存申候。但し本気に心配丈は致呉れ居候間、我当局に於かれても其誠意丈は御諒承、彼の渡来者即ち「ニコルソン」中将已下に対しても、成るへく真実の御仕向切望已まさる所に御坐候。

「ロバート」元帥の依頼により「ハミルトン」中将見学許可の件、早速御取運ひ被下、深く御礼奉申上候。

在露国公使館撤去に就き、同公使館附武官を「ストックホルム」へ御駐派の件、至極御尤に奉存上候。此事は固より其筋既定の御方針より生れ出候事とは確信罷在候へ共、此件に就ては我林公使よりも外務大臣へ意見上申に相成り、此上申に就ては太郎にも全然承知致し居らさりし次第にては無之、従て此駐派の件、萬々一にも右上申の結果にても有之候はゝ、本人の為めには実に気の毒此上も無き次第、固より本人に於ても御奉公上此際彼是申上候筈は萬々無之、否な必然其運命に安じ居候こととは存られ候へ共、彼れか在露の折には事一旦破裂せは馳せ帰りて出陣せんやの至極勇み立ちたる私信お〔を〕も受領致居り候ひしに、萬一にも彼の上申の結果にて彼れ今日の境遇に陥り候ものとも致候へは、太郎には何やらん裏切にても仕候か如き心地の致され、衷心甚た安し申さす、此多事多忙の折柄斯の如き詰らぬ区々の私情までお〔を〕も閣下

の御耳に入れ申さんことは如何にも恐縮の至に御坐候へ共、閣下の御情を以て或る時期の後、仝人儀御召還被降候ことも相協ひ候はゝ、実に此上も仕合の儀に奉存上候。元来此種の事柄は児玉閣下へ御内願申上候こと、系属上至当の順序に有之候へ共、同閣下には未た左したる御近き附〔ママ〕も無之、閣下の御深情にすがり極々内密に御願申上候間、萬一にも御一顧被下候はゝ難有仕合に御坐候。尚申上度事は沢山有之候へ共、此度は茲に擱筆仕候。

末筆恐入候へ共、梨本宮殿下昨日御機嫌麗布御出帆被為在申候。時節柄御自愛専一に奉存上候。謹言

　三十七年三月六日　英国にて　宇都宮太郎九拝

寺内閣御許へ

〔外封筒表〕東京陸軍大臣官舎　寺内大臣閣下　私信　Via America　General Terauchi Tokio Japan。

〔外封筒裏〕JAPANESE LEGATION LONDON（消印日付）□. APR. 04。

〔内封筒表〕寺内閣下　私書必御親剪　宇都宮中佐拝。

〔原史料番号〕①348-8。

9　明治37年9月18日

謹て奉裁一書候。軍国多事の折柄、如何御起居被遊候哉。益々御清健御奉務被為在候御事と遥察罷在候。戦争も兎に角一戦一勝を加へ候有様、誠に感謝の外無之。併し前途は太郎輩が申上候までも無之、尚ほ甚た遼遠に有之可申、折角御加養益々御尽瘁の程、乍蔭奉念上候。外国電報の所報に従ひ候へは、御賢息様遼陽附近の大戦闘に御負傷被遊候哉之趣、誤伝多き外国電報一読、直に信用致候も甚た軽忽の至りと存じ差扣へ居候へ共、亦た必しも出来得可らさるの次第にても無之、事実果して如何に御坐候哉。萬々一にも事実と致候へは、君国の御為めとは乍申、御親子の御至情、言はぬは言に勝さるの御胸中如何許にか被為在可申哉と、例へを失し候へとも、我か児の上にまても聯想、愚にも付かぬ想像にまて相馳せ居り申候。併し前にも相述候通り、高か〔ママ〕誤伝多き戦地の外電、偏に其訛伝たらんことを期待罷在申候。先は右御安否相伺傍〔旁〕御機嫌伺まで一札如此御坐候。頓首

　三七年九月一八日 英国倫敦にて　中佐宇都宮太郎拝

寺内大臣閣下侍史

〔原史料番号〕①348-9。

10　明治37年10月10日

一書拝呈仕候。近着の内地新聞に拠り候得は、御賢息様御事、遼陽附近の決戦に於て御戦死被遊候趣、御覚悟の上の御事とは乍申、御親子の御情愛如何許り御残念に御思召可被為在、御愁傷の至に奉存上候。前途有望の御青春を以て満州一片の露と消へられ候御事、誠に御痛ましさ限り無き次第、其御外にも幾多戦死の将卒有之候哉の趣、国と致しても個人と致しても如何にも心悪きは、自家此開戦を余儀無くし、而かも詭弁詐辞正邪曲直を転倒して飽まて其非を飾り、且つは強て其非望を遂けんと欲するの彼れ露国当局者に御坐候。此上は君民上下一致の上にも一致、奮励の上にも奮励、如何にもして一日も早く最終最后の大決勝を収め、以て横暴無比なる彼れか長広舌を其根底より引抜き度きものに御坐候。斯くてこそ幾多忠死の英魂お〔を〕も相慰め得へく、此点に於ては億萬心皆同一心と確信罷在候。時下折角御自愛可被遊、先は右御悔申上度一礼如此御坐候。頓首

三七年十月十日於英国倫敦　中佐宇都宮太郎拝

寺内閣下侍史

〔原史料番号〕①348-10。

11　明治38年1月12日

一書拝呈仕候。寒気日々増し相募り候折柄、益々御清健御奉務被為在候御事、乍蔭祝着此事に奉存上候。御参画着々奏功、差しも堅固の旅順さへ今や旭旗翻へるの幸運に相進み、当路の御尽瘁、戦線将卒の忠勇と共に感謝の外無之、数ならぬ在外太郎輩か如きものにまで、誠に肩幅広き心地致され申候。上御一人を奉始、四千万衆の歓悦慰安如何許りと恐察罷在候。此上は一日も早く満州敵の主力を粉砕、最終の御成功蹺望の至に御坐候。此地の人気は旅順陥落以来我最終の克勝を信するの念慮益々固く、我公債の昂騰一方なるに徴するも、此裏の消息明瞭かと被存申候。之に反し露国の究〔窮〕状は日一日に暴露、止戦運動は憲法請願と共に気勢漸く高く、官辺若くは之れと至密の関係を有ゆる圏内に在ては今尚ほ強て傲語を相弄し居り候へ共、夫れされ〔へ〕裏面には幾多の弱音相見申候故に、勿論当には相成り不申候へ共、我れにして益々進戦且つは持久の諸準備相修められ候に於ては、彼れは竟には自ら屈服の端を相啓らき申すへきやに相感せられ申

候。併し孰れにしても来らさるを恃ます、待つあるを恃むの兵の常道たるへきことは太郎輩か口敏《さか》しく申上るまても無之、我に於ては十分の上にも十分の御用意渇望已まさる所に御坐候。実に一面に於ては満州第四軍の編成さへ風評相始まり候今日、御用意相調ひ次第彼れの未た大に集らさるに及んて、一大御決勝千祈萬禱の至に御坐候。此度は数ならぬ太郎か情願御聴許、有力なる助手早速御差遣、孤城強援の感深く御礼奉申上候。此上は一層駑鈍に鞭て萬分之御報効相図り可申、乍此上御指導の程伏して奉願上候。先は右御礼申上度如此御坐候。恐惶謹言

三八年一月十二日 英国にて　中佐宇都宮太郎頓首

寺内大臣閣下侍史

〔封筒表〕東京陸軍省　寺内大臣閣下　私信御親剪　Via America　General Terauchi Tokio Japan。

〔封筒裏〕JAPANESE LEGATION, LONDON.〔消印日付〕21.FEB.05。

〔原史料番号〕①348–11。

12　明治38年4月13日

一書拝呈仕候。国事多艱の折柄、益々御壮健に被為渡候御事、乍蔭祝着此事に奉存上候。御献替の結果は着々奏功、実に感謝之外無之、上は雲上より下は卑隷に至るまて同心一気、誠に千古の盛事と奉存上候。今日の処、陸上に於ては行程最早九十里以上に達したるやの感有之、さすかに頑強なりし露廷主戦派中にも内心実は媾和の微意有之候哉に風説に新聞に時々散見、固より当にはならされとも、或は甚た事実に遠からさるの事態かとも被存申候。兎に角「パ〔バ〕ルチック」艦隊は目下殆んと彼等唯一の望なるや相感せられ申候。従て此海戦の結果は彼等共に極めて著大なるもの有之可申、我当局に於かせられては寸分の御油断無く、最后の御克勝御計画の御事と確信、且つは信頼罷在申候。

此海戦の結果次第、彼は屈服乞和の態度に出て候ならんとは、此国多数観察者の公論に有之。実際可然とは存られ候へ共、何事も常規を以て律す可らさるは戦争の習、殊に諸事多くは常識以外に逸する露国相手のことに御坐候へは、和戦両様の御用意は太郎輩か呶々致候まても無之、勿論の必要の次第かと奉存上候。右戦争永年継続の

御廟算は既に御成案有之候ことと存上候へは今更縷言の必要毛頭無之、別紙は他の一面なる平和克服の場合を想像して奉天本戦の終期に起草、我公使の内閲に供したるものに有之、勿論これは彼の本戦后、直に乞和する場合の最少限として起草致したるものに有之候へは、戦局の発展に従ひ我条件増加せらるへきは申すまても無之、要するに彼をして地を割き償金を出さしめんには、海軍戦の勝利以外陸軍戦も今少しく御催進、主力は少くも興安嶺以南を占領せられ、「サカレン」「ラツコ」島等御占領の外、東部西伯里の二、三要点御占領、若くは御攻囲実際占領の形を事実にして、彼れにして我要求の全部を納れされは我は其占領を永久にして代償を此に求むるの御決心を御示し被遊候ことは、極めて必要にはあらさる乎かと被存申候。

露国の敗形愈々確実と相成候今日、欧州国際の関係に著き変調の端相見へ始め申候。約言致候へは、

一、露仏交情の急冷却

これは独乙の攻撃に対し露の実援を預〔予〕期して締盟したる仏国は、最初より露の亜細亜経略を余り悦はさりしものの如く、併し独力にて而かも大挫折なく遂行する以上は強て抑止するの必要も無かるへし、但たこれか為め自家其戦禍に巻き込まれんことは真平御免との態度にて、英仏の協商もモロッコ埃及等諸問題の外此避戦の希望も確かに其大因たりしものの如く、然るに爾后露国は海陸と連敗又連敗、随て同盟至高の目的たる対独実援の程度甚た覚束なきに至り、一面に於て起債に次くに起債を以てし、償還の目的も頗る覚束なく、殆んといや気を催《もよ》ふしたるに、搗《かて》て加へて内治の遣り口乱暴狼藉、全く仏人の主張に反せし等の結果は竟に起債の拒絶となり、今日の冷却を来たせしものなるか如くに御坐候。併し余程冷却は致したるにせよ、独乙にして其態度を改めさる以上、露仏同盟の破滅を預〔予〕期するは勿論大早計と存候。

二、独乙君相の魂丹〔胆〕

露独密約の発表せられて三国同盟は殆んと有れとも無きか如きの有様に陥り、加ふる伊仏の近接となり、澳〔墺〕露の協商となり、米に向ひ英に向ひ何れも八方塞かりの悲竟〔境〕に陥りたる独乙は、露仏同盟の圧迫に堪へす此苦境を脱せんとは、其の君相の日夜胸にせられたる所なるかの如く、是に於て、

第一には露仏の仲を裂き度こと

第二には英露の近接を妨害すること

等は其外交筋書の第一、第二項以下とは下たらさるものやに相見へ、我に対する三国干渉の演戯も此筋書の一節なるか如く、要するに或る時機の間は露国の歓心を求むるを以て第一政針〔ママ〕と為したるか如く、以て露仏同盟の圧迫を緩ふし、間か好けれは仏を此同盟より駆逐して己之に代はらんとの下心あるかの如く、日英同盟を助成せしか如きの形跡、亦た英露の反目に一段の助力を与へたるやに感せられ申候。此度の戦争も内心は知らす、表面頻に露に同情し露を奨励するか如きの形跡口氛〔気〕ありしは、畢竟一には日英と露との反目を完全にし、今一面には露にして克たは之れと連袖支那の事を料理すへく、萬一にも露にして敗れんか、これ亦自家肩上直接の圧力を軽減するものとして、両天秤の政策を弄しつゝありたるやに感せられ申候。

然るに日露戦争の結果は十中八、九はと期したる其預〔予〕想はがらりと外れ、露軍は陸に海に連戦連敗、瘡痍已に深く、今や其仏国に与へ得へき実援は其分量に於て殆んと○点に近つき、加ふるに露仏の交情は復た昔日のものにあらさるの事実を看取せられたるの独乙皇帝は此に猛然モロッコ問題を提起し、仏国に向ひ外交的挑戦を試みたれたるは、其成否と其程度とは預〔予〕言し難きも、其列国の関係を看破し其乗すへきの機会を捕捉せらるゝの機智機眼は確かに尋常人君にあらさるやに拝せられ申候。

一面に於ては此数月来、其我に対せらるゝの態度にも余程変化を来したるかの如く、近くは我公債に応せんとしたるか如き（勿論これは実利の点よりも好餌には相違なきも）、又た数日前一高官の口より「露国挫敗、日本勃興の今日、我膠州湾に防備せんことは寧ろ有害にして無益なり。今后独乙は東洋にては武装的占領の念を擲ち、専ら平和的経営を図らさる可らす云々」の宣言の如き、如何なる程度にまて其君相の真意を代表するものなるやは勿論軽断出来されとも、確かに一変調かと存られ申候。其他極めて瑣事には候へ共、此二、三来〔ママ〕は此国に在る公使舘輩か太郎輩に対し候仕向にも大相違有之、例へは是まては甚た高く止まり候其公使舘か来訪致候やら、夜食に招き候やら、殊に可笑しき、案内の日に差支候処特に日を撰はせて私宅に招き、大使を除き他の舘員夫妻打寄りて歓待、酔余日独同盟とを発声して杯を挙る等稍や薄気味悪るき程に有之、これ等は固より出先きの末輩か太郎如き一小輩に対したる酒間の笑談にて、大体に関係無きこと勿論に御坐候へ共、個人間に於ても著しき変化の端見候こと丈は事実かと被存申候。

そこで此后如何なる行動に出てらるへきやは勿論揣摩の限に御坐無く候へ共、多分欧州にては第一に露仏の冷情助長に勉められ、間か好くは己之に代はることに出てらるへく、露の微力に乗して仏国今一度砕かるゝや否やは目下の処如何とも申上兼候次第に御坐候。東洋にては我にして愈々克勝せは、少くも当分即ち其己に有利の時機を発見せらるゝまては、爪牙を収めて笑面以て我に対せらるゝにはあらさる乎と存候。

三、英国の同盟に対する感情は今や実際の打算より其必要を認め、此感情は諸党派を縦断して日々益々強く、陸軍部内には尤も強きか如きを感申候。

蓋し日英同盟の始めて成るや、之を賛成せしものも多くは我実力を今日程には認め得す、外交上の一局事なるやの観ありしか、今や我実力は真に我か実力の頼むへく（味方として）、恐るへき（敵として）を確認したる此国の上下貴戔〔賤〕は、一般に其継続は勿論、其区域を拡めて防禦同盟を作らんとの意思現然たるのみならす、有力なるチエンバーレンの如きは公会席上、公々然として公言致申候。これは区域を拡むれは勿論我負担を増すの不利益はこれあり候へ共、我新領土を保全して露の回復攻撃を預〔予〕防せんにはこれ丈の御犠牲必要かと奉存上候。御熟考被下度奉願上候。負担を成る丈軽ふするの道は陸海軍の軍事協商にて、之を伸縮するの余地は十分有之かと存申候。

此愚札は、此度太郎か御推挙栄達御礼申上度起草致始め候処、途方も無き横道に迷ひ入り、余計のこと乱筆致候段、恐縮の至に御坐候。然るに郵便〆切時間に相成申候間、其儘差上候付、不悪御海容被下度、且つ御一読後御投火被下度願上候。

改めて昇進の御礼奉申上候。

文中、林子爵内閲の文書と申すは草稿の儘にて候間、此次に差上申候。尤も何の価値もあるものにては勿論御坐〔ママ〕候。頓首再拝

三十八年四月十三日 英国にて　陸軍歩兵大佐宇都宮太郎拝

寺内閣下侍史

〔原史料番号〕①348―12。

13　明治38年4月14日

一書拝呈仕候。昨日は降らぬ事縷々申上、今更恐縮の至に奉存上候。且つ其際平和條件云々申上置候得共、是亦熟考致候へは誠に降らぬ物に御坐候に付、進達取止候間左様御思召置被降度、先は昨日の御託〔詫〕迄如此御坐候。頓首

バルチック艦隊愈々盲進、戦役全体の大事も殆んと之に懸り候今日、上御一人を奉始、当路諸公の御関心恐察之至奉存上候。此地にても一同鶴首、唯た其吉左右を相待ち相祈り申候。

此度海軍造兵大技士種子島某帰朝の好便に托し、先般波蘭土亡命者か携へ来り呉れ候露国の戦争漫画並に波蘭土の歴史画（これは本国にては公けには所持出来ぬとか申居候）、御笑草までに差上申候。中なる地図はほんの心棒用に致候ものにて、素より何の意義も無之ものに御坐候。

時下折角御自愛被遊度、稲垣も追々事務に慣れ、御蔭に大に助かり居り申候。匆々以上

三十八年四月十四日夜 英国にて　歩兵大佐宇都宮太郎拝

寺内閣下侍史

〔原史料番号〕①348―13。

14　明治44年7月1日

一書拝呈仕候。暑気相加り候処御障も不被為居候哉。旧に依り益御健勝に御坐被遊候御事と奉遥察候。宮殿下にも御機嫌殊に麗はしく毎日御精励被為在候間、御安心被遊度御願奉申上候。錦地にも御帰任以来益々静穏、御統治の基礎〔礎〕も日々堅確を加へ来り候哉に拝せられ、誠に祝着の至に奉存候。当御検閲も預〔予〕定之通進行、最早其八、九分を終り、先月廿六日当地に渡航、明二日下の関に参へり、同地に九日頃まて滞在、夫にて全部終了之筈に御坐候。是迄の成績に徴し候へは、一昨年よりは確かに進歩改善致居申候。即ち内務書の御主意も漸次透徹の歩を進め、欠点は勿論多々有之候へ共、一昨年に比し著しく改善の跡を認申候。直覚致候諸点を申せは、将校の品行改まり、十中の九分七、八厘まては本気に勉励致居候こと、内務の履行余程進渉〔捗〕、就中特務曹長班長等の兵卒身上に関する知識、其家庭との連絡（未た不十分のことも沢

山には候へ共）、各隊の衛生思想、将校の剣術等は太郎か在隊中の時分と、又一昨年の検閲当時等と、対照回想致候へは確かに数等の進歩に御坐候。併し一面に於ては将校以下諸種の面白からさる犯行者も尚未た少からす、殊に下士以下多数の自殺者を出せるか如きは尤も遺憾とする所に御坐候。一地方出身将校の過度に多数集団致居候孤立聯隊の成績面白からさることは、一昨年の検閲后に言上致候と同一の事跡を今年も目撃仕候。是れは人員の配当上将来御一考を要候ことと愚考仕候。知らす識らす余り長文に相成恐縮、擱筆仕候。時節柄折角御自愛可被遊、一葦〔衣〕帯水の此地まで参へり候間、御機嫌相伺度如此御坐候。頓首

対州厳原に於て　少将宇都宮太郎

寺内閣下侍史

追而属員も一同無事にて勉強致居候間、乍余事御放念被遊度奉願上候。

〔封筒表〕朝鮮京城　陸軍大将伯爵寺内正毅閣下　御親剪（消印日付）44.7.1。

〔封筒裏〕〆　対州厳原町旅次　陸軍少将宇都宮太郎　（消印日付）44.7.3。

〔原史料番号〕②6-10。

15　大正2年1月30日

一書拝呈仕候。先日御当地参上の節は不一方御寵遇に預り、殊に種々御垂示を辱ふし、深く感佩仕候。太郎儀、廿二日御当地引払の末、安東県に一泊、本渓湖炭鉱見学の後、旅順口に福島閣下御訪問、閣下並に内地よりの御伝言等御伝申上け、二泊の後、大連を経て北行の途、昨夜当地に一泊、本日は長春へ向出発の預〔予〕定に御坐候。寒気は満州も例年に比し厳しき由に御坐候。毎朝八時を期し屋外の気温相験し来候処、最低は本渓湖の二十三度（本月廿四日）に有之、守備隊、炭坑等徒歩にて歴訪致候しが、此日許は切実に寒さを相覚申候。其外は大抵氷点下三、四度乃至五、六度にて、思ひし程の寒にも無之候。当湯崗子は未た竣工致さゝるも、新築の浴室に清泉を湛へ心身の塵垢一洗致され候哉の心地相覚申候。地は尚ほ清潔にして塵埃の外に立ち、他日御都合も出来候はゝ御一遊御勧奉申上候。当満州には日支両国の新聞記者の懇親会やら両国官憲辞令の交換やら、所謂日支親交の言説殆んと横溢の有様に有之、日支親交固より不可とする所

無かるへきも、要は代価若くは利得の如何に関し候こと勿論なるへく、之れか為め十万の血と二十余億の国帑とを糜し、日清、日露の二大戦役を経て辛ふして獲得し得たる満蒙に於ける我現地歩を忘却し、好んて自ら之を放棄せんとするかの如き言説を為すは、仮令外交上一時の辞令にもせよ当該両国並に列国の感想を悪導するものにして、余程の考へものにはあらさるかと心中私かに杞憂罷在候。詰まり債務者より押売りする親交を、其口車に乗り自家保有の債権を忘却し、識らす知らすの間に其正当の要求をさへ閑却せんと欲するか如き、斯の如き親交は債権者に於て得る所果して幾何かの感有之申候。満州は今日の処大体に於ては先つ静穏の態に御坐候。併し各種不平分子の各所に沙上の偶語を画きつゝあることは否定す可らさるの事態なるらしく、一朝何等かの機会あらは是等の徒各所に起伏可仕、其陳呉たり得ると否とは別問題に御坐候。英の対蔵態度も其声こそ大ならされ、其決心は甚た弱からさるものこれあり候か如く、露の対蒙態度に至つては所決甚た深きか如く、其対借款態度に徴するも、将た団匪賠償強請に現はれたる其態度に見るも、此辺の消息略ほ相窺はれ候哉に相考られ申候。支那政府は目下征蒙軍として洮南附近より察哈爾《チヤハール》蒙古の線に兵歩騎百二営、即ち人員に於て約四万、砲熕約一百門を排列致居候へ共、此厳寒に際し朔北の地何事の成し得可らさるは勿論、仮令陽春四、五月の交活動可能の季に相成候とも、支那軍諸設備の不完全なる蒙古兵其ものは固より当面の敵にはあらさるへきも、其所謂征蒙の事業を強行せは自他諸種の事情より中道挫折、幕末征長軍の二の舞を演出するなきやは頗る疑団とする所に御坐候。相当の口実体面を作為して好ひ加減の所に打切候こと、彼等の為めには得策なるへきかと存候へ共、実際の推移は果して如何に候哉。最近に在西安日野中佐より参り候、茲に尤も種違ひの情報は、袁世凱を皇帝に擁立せんとする一派か密々其歩武を進めつゝありとの一新報に御坐候。此報告によれは其党派は歓進会と称し、黎元洪、樊増祥等其牛耳を取り、国会に於て過半数の同志を得るまては極密々に同志を糾合し、一旦之を得るや正々堂々議会に建議し、まんまと全勝を制せんとするに在りとのことに御坐候へ共、支那の情報固より軽信す可らさるや勿論の議〔儀〕と奉存候。

悪筆の上に冗長と相成、恐縮に御坐候。

今日の事態為す可きこと為さゝる可らさる事の上下共々多々有之候へきは、私共か茲に申上候まても無之、将来益々奮励御指導を奉すへく、時々御垂教被下候はゝ幸甚の至に御坐候。
時下厳寒の砌折角御自愛可被遊、先は御礼を兼御機嫌相伺度如此御坐候。頓首

大正二年一月三十日　満州湯崗子にて　少将宇都宮太郎
伯爵寺内閣下侍史

〔封筒表〕朝鮮京城　総督官邸　朝鮮総督伯爵寺内正毅閣下　私親剪を乞　書留。
〔封筒裏〕緘　湯崗子にて　宇都宮太郎　（消印日付）2.2.1。
〔原史料番号〕①348-14。

16　大正3年12月7日

一書拝呈仕候。先般大演習の砌は久振にて恩容を拝し、殊に毎時もなから御健勝の御様子、私に祝着之次第に存上候。御帰任后御障も不被為在候や。寒気も相加り候ことと遙察罷在候。当地は前月三十日に於ける例外の暖気の為め、二十日夜の大雪も殆んと消失致さん許に相成候処、今月始より連日霏々、満地一面之雪に御坐候。併し温度は例年より余程高きやに御坐候て、夜中の最低気温摂氏氷点下五、六度より七、八度の間を昇降致居、朝は大抵三、四度前后に有之候処、今朝始めて七度半に相降り申候。御地も寒威日に増相募可申、御自愛専一に奉存上候。却説先般御注意被下候当麻演習場伐開に民力併用の件は、尚ほ慎重の考量を要候次第も有之、中止のことに取極め申候間、乍余事左様御思召置被下度、御礼を兼御報奉申上候。中央政界も大分騒かしきやの模様に有之、前途如何に相成可申哉、何れにしても多年の懸案たる増師丈は是非解決致度ものに御坐候。師団は新兵入営も無滞相済み、唯今にては上下一意新年度の教育に着手罷在候。先は報告を兼ね御礼申上度、一札如此御坐候。頓首

大正三年十二月七日　北海道旭川に於　宇都宮太郎
寺内大将閣下侍史

追て御気付の件も御坐候はゝ、何事に寄らす御垂示被下度切望の至に御坐候。

〔封筒表〕朝鮮京城　□軍大将伯爵寺内正毅閣下　私信御親剪を乞　十二月十二日接　正毅　要保存返事　（消印日付）□.12.7。
〔封筒裏〕〆　北海道旭川　陸軍中将宇都宮太郎　（消印日

付）3.12. 12。

〔原史料番号〕①348–15。

17　大正5年8月10日

一書拝呈仕候。暑気強御坐候処、如何御起居被遊候哉。旧に依り益々御健勝之御事と奉存上候。先日来は新聞紙上蜚語横溢、随分御迷惑の御事共尠からさりしことと拝察罷在候。当北海道は道程遠き丈、五月蝿き事は割合に少きやに被存候。此際御小閑出来候はゝ、箱根への御避暑を移して本道への御一遊如何に御坐候や。迎賓の設備等は勿論彼に及はさるへく候へ共、未開地天然の風光は亦た別種の御感興を呈供可致歟と被存申候。殊に本道より申せは、閣下方の御一閲を受置き候ことは尤も願はしき事と被存候に付、御一考を願出候次第に御坐候。時下折角御自愛可被遊、先は暑中御見舞傍〔旁〕一札如此御坐候。謹言

　大正五年八月十日　北海道旭川に於　中将宇都宮太郎

寺内元帥閣下侍史

〔封筒表〕東京麻布笄町一七二　元帥伯爵寺内正毅閣下　御親剪　八月十三日　正毅（消印日付）5.8.10。

〔封筒裏〕〆　北海道旭川　中将宇都宮太郎（消印日付）5.8.12。

〔原史料番号〕①348–16。

18　大正(8)年9月19日

謹啓　冷熱誠に不順の気候に御坐候処、御機嫌如何に被為渉候哉。太郎儀、此度御用にて二、三日滞在の預〔予〕定にて上京致候に就き、帰任の際には御機嫌相伺度存居候処、前途を急き候為め其意を果さす、昨夕発急行にて直行の途に上り候所、昨夜半に至り馬関検疫の都合にて之に接続すへき今夜の連絡船無之事判明、空く此地に下車仕候始末。此の如き事ならは他の徐行列車にて御地に下車、久々拝姿出来候もの〔を〕おと、今更残念の至に存居申候。時下折角御自愛可被遊、切望の至に御坐候。先は右御見舞中上度如此御坐候。謹言

　九月十九日　大坂にて　宇都宮太郎拝

寺内元帥閣下侍曹

〔封筒表〕相州大磯にて　元帥伯爵寺内正毅閣下　侍史　了　23/9　返□（消印1日付）□.9.19（消印2日付）8.9.20。

〔封筒裏〕〆　大坂旅次　宇都宮太郎　すみ。

〔原史料番号〕①348―17。

94 梅地庫之丞

1 明治(38)年2月27日

拝啓　閣下益御勇健に被為在、為邦家慶賀此事に奉存候。陳は帝都出発の節は坂田氏をして態々御見送被下、御厚意深く奉拝謝候。広島着後も亦待命中の処、無間宇品を去る十九日出帆、航海中韓国鎮海湾に碇泊、同処より軍艦数艘の護衛を受け、今尚ほ元山沖に碇泊中に有之、昨夜将に出帆せんとせしに俄かに出帆を見合となりたり、不遠して目的地方に到着するなん〔ママ〕と存候。帝都出発已来我将卒も皆健全にして故障も無之候は仕合此事に候。右右〔ママ〕延引御礼旁申上候。時下寒気之節、為邦家御自愛専一に奉禱上候。早々敬具

二月廿七日元山沖碇泊中　　梅地庫之丞頓首

寺内閣下

〔注〕「日本郵船株式会社船客用」の封筒。

〔封筒表〕大日本帝国　東京市糀〔麹〕町区永田町　陸軍大臣官邸　寺内陸軍中将閣下　親展（消印日付）□.3.1。

〔封筒裏〕封　韓国元山沖碇泊　讃岐丸に於て　梅地陸軍歩兵大佐　封。

〔原史料番号〕①339―1。

95 漆間真鶯

1 明治(45)年3月13日

謹啓　御病後益々御健良に被為渡候由、大慶至極に奉存候。当地先々無事、只清国事件煮へ切らさる模様、痛心此事に御坐候。議会も先づ無異、下院の選挙法問題は根本を大選挙区とし、別表の員数を改正案通りとし、衆議院にて修正せし五百円の罰金を二百円とし、体刑を復活する位の処にて協議相調ふへき形勢に御坐候。過般も一寸電報にて申上候如く、朝鮮併合時代の機密費事後承諾事件、政友会一時八釜しく、小川平吉の如きは其内容を打ち明け其不当を曝露すべしと迄意気組み候得共、元田大に尽力の功顕はれ、遂に一致承諾の事と相成り候始末、閣下より元田への御手翰もあり、閣下の意は何れも諒とせる模様に御坐候。唯だ感情的反抗多き様子にて、其一例を云へは、「政府委員中、最も気に喰はぬ傲慢なる態

度あるは石原、荒井なり」、「東拓の重役共は一にも二にも桂、大浦、小松原等を後ろ楯とし、之れにさへ通じ置けは天下の事憂ふるなし」との態度、時々鎌首を出し居るは忌々しと申居候。右御参考迄に申上置候。先は時下御伺旁用件迄申上候。重て御自重奉祈上候。頓首

三月十三日　　漆間真鶯

魯菴伯爵閣下

令夫人様へも時下御伺御鳳声奉願候。

〔原史料番号〕①340-1。

2　大正4年3月18日

謹啓　余寒未去折柄、益々御清福に被為入候段奉大賀候。昨今当地の問題は、矢張り支那外交上の件及総選挙の外には之れと申す程の事も無之様被考候。世人は支那問題の始より急速に運ぶ訳無之は承知するに拘らす、荏苒今日迄甚しき事無之為め、民間の議論は種々有之、政友会其外政府党以外にては全然失敗の銘打ち居候。大隈伯大坂行に付ては二様の観察有之、一は総選挙の現況弥よ政府与党に不利の事実を発見したる為め、遂に出陣を余儀なくしたるなり。一は支那出兵に付内閣二議に分かれ、軍事当局者と外交当局者と異見相違し、交代兵繰上け派遣の閣議を決したる当日、軍事当局者の意に賛し大隈首相等政府派新聞たる報知新聞をして大々的号外を刷出せしめ、文中動員の文字を加へ人心を此の方向に転移せしめんとせし如く見へしは、宛も外交当局者の意中に不快を感せしめし処なり。此事加藤外相より改めて首相に議せし事もあり、旁々首相も閣中の物論を五月蝿く思ひ、気抜きの為め急に大坂行を企てしなりなど伝へ、又出兵説の反動は多少可有之予期せしに、意外に反動も無之様子なるのみならす、反て我れの内懐を見透されし嫌無之にあらさる為め、近時元老の一部にも内閣不安説ありと言ふ考さへあり。又総選挙の結果は、政府与党の楽観に関らす実際野党成功との説声高と為りたる為め、政界の一部には種々の想像を抱き、政府党、野党の数は云々、第三党は云々など云ふ事を、全然今日の政界より忘逸する能はさる有様に御坐候。

総選挙の結果、若し与党に不利なる時、次に来るへきは寺内内閣、平田内閣の外なかるへく、而かも政友会は重きを寺内内閣に置き、極力擁立を期すへく予想されつゝあり。

茲に政界の一観察中より見逃すへからさるは、近時枢密院内の雲行に候。例の政府立案の蚕糸救済案は新聞紙上委員会正半数の賛否にて、伊東委員長反対したる為め遂に否決したるか如く記才〔載〕せられしも、其実は委員会は一人の政府案賛成者なく全会一致にて否決し、又内閣より特に枢密院御諮詢案として同院に回附せし大礼使官制公布式に付、宮内省及内閣の一部（有力筋）、皇室令説を主張せしにも拘らす、院の委員会にては、三に対する五を以て勅令説に決したるか如き、何んとなく対政府の空気従前に異なる点少なしとせずとの感有之候。

時下折角御自重為邦家将来の御勇健至祈至禱に不堪候。御伺旁近事の一、二申上候。笄町御本邸御変りも不被為在候。本日故大久保大将五十日祭参拝の帰途、香川伯見舞候処、到底快復無覚束と医者申居候。再拝

三月十八日　漆間真鷺

魯菴伯閣下

〔封筒表〕□鮮京城　寺内総督閣下　親展　（消印日付）4.3.18。

〔封筒裏〕封　東京赤阪新坂町　漆間真鷺　（消印1日付）4.3.18（消印2日付）4.3.21。

〔原史料番号〕①340—2。

96　江木　翼

1　大正(2)年2月16日

粛啓　其後は打絶へて御無沙汰申上失礼仕候処、御異りは無御坐被為入候哉奉伺上候。却説政局は真に憂ふへき成行と相成り洵に心配に勝へす候。是れ一には迂生共不才之致す所、寔に申訳無之次第に有之候。定めし国家之前途を常に御憂慮あらせらるるの閣下に於ては、定めし御心配に堪へさせられさる義と奉遥察候。何分にも無責任なる言論か世に迎へられ、皇室の尊厳に関する言説か世に怪まれさる様相成候ては、誠に〳〵寒心憂慮に勝へさる義に有之候。何とかして此の如き議論を世の間より絶ち、而して国家経綸の策に付て政治家も論議する様ありたきものに有之候。昨今山本伯は組織を急きつゝあるか如くに候得共、何日かは又政党の暴議は起るへく、是又中々厄介の事なるへしと存候。兎に角一両日中に新内閣は成立可致と存候得共、前途は政派の何れに対しても憂ふへきの問題横はり居る義歟と奉推察候。此の如く弊

の進みたる上は、断々乎として強手腕にて此害毒を叩きつぶすか、左もなくは其の弊の行くに任して暫らく成行を見、弊極まりて国家民人弊を覚悟したる時に刷新を加ふるかに在り候と存候。山本伯に此強手腕あるか疑なき能はさる義に有之候。伯は遂に飼犬に手を噛まれすんば幸なるへき義歟と存候。桂公の執られたる手段に至りては歯痒《がゆ》く思召され候事も御坐候半んと存候得共、色々と事情あり不得已之義と存候。寔に残念之事に候。不取敢近事御報申上旁右迄。国家前途多艱之際、折角御自重奉祈上候。草々頓首

二月十二日　翼

寺内伯爵閣下執事

〔封筒表〕朝鮮京城南山　総督官邸　寺内伯爵閣下　奉仰必親展　二月十七日　接。

〔封筒裏〕東京、永田町二の一四　江木翼（スタンプ）

内閣用（消印日付）□.2.1□。

〔原史料番号〕①25-1。

2　大正（　）年12月23日

粛啓　時下追々厳寒に差向候時節毎も御異状不被為在、欣慶之至に奉存候。陳は此回御上京之機に於ては何時も公用に忙殺せられ終に緩々御高示に接するの期〔機〕を逸し、大に欠礼且つ遺憾之至りに不任候。失敬之段は御寛恕被下度奉伏願上候。尚御出発に際しては是非御目に当度希望致居候処、是亦公務之為機を逸し欠礼仕候。是又御宥免被下度奉願上候。然るに態々秘書官差し遣はされ、光栄感荷之至りに不勝候。時下御地は特に烈寒之折柄、切角御自重御加餐切に奉禱上候。先は右迄。草々九拝

十二月廿三日　翼

寺内伯閣下侍史

〔封筒表〕寺内総督閣下　十二月廿七日　正毅。

〔封筒裏〕緘　江木翼。

〔原史料番号〕①25-2。

97　江木　衷

1　大正6年6月13日

拝復　梅天鬱陶敷候処、益御休暢奉賀候。陳は曩に失礼を顧みす拙著供高覧候処、忽ち清誨を辱ふし、栄荷不過之候。至誠言外に溢れ、淡懐紙上に露出す。小子生来愚

鈍、正に直々向々、此金玉々賜を拝受仕候。為邦家御自玉望々切々。

丁巳六月十又三　衷頓首再拝

寺内老先生大人台座

〔封筒表〕麹町区　永田町　総理大臣官舎　寺内伯爵閣下恵展　神田　江木衷（消印日付）6.6.13。

〔封筒裏〕礼状の礼　丁巳六月十又三封入（消印日付）6.6.13。

〔原史料番号〕①436-10。

98　江藤哲蔵

1　大正3年10月14日

謹而閣下の御健康を奉祝候。野田卯太郎氏を経て佐藤中佐へ御紹介の御名刺を賜り、難有御礼申上候。何れ帰京の途次拝謁の上御挨拶可申上候も、不取敢以書中如此御坐候。頓首

十月十四日　江藤哲蔵

寺内伯爵閣下

〔封筒表〕朝鮮京城　寺内伯爵閣下。

〔封筒裏〕大正三年十月十四日　大連市信濃町　遼東ホテル　振替貯金口座大連九番　電話長一三一五〇二　江藤哲蔵（消印）3.10.16。

〔原史料番号〕①436-11。

99　江藤鋪

1　明治(28)年3月26日

謹而寸楮呈上仕候。時下益御清勝御執務被為在候段、為邦国奉賀上候。降下拙儀、昨夏宣化守備之重任を荷ひ就任罷在候処、皇師之所向於陸於海連戦連勝、敵の軍港早く陥没し、敵の艦隊既に全滅し、内地の守備其要を見さるに至れり。於是今般愈々大総督府を彼地に進め、下の関其他、守備隊を撤去して大に其力を彼地に致されんとす。誠に当に然るへき所也。此時に方り、苟も身を軍籍に置くもの、誰か奮進自から致すを願はさるものあらんや。下拙不才無識、固より適任の位置も有之間敷候へ共、夫攻城砲兵の事は亦嘗て伊国に在りて聊か研究せし所あり。此際出征の軍に従ひ、千萬分一の報効を図るを得せしめられは、実に本懐之至に不堪候。唐突進言、恐縮之

至奉存候得共、実は第二軍砲兵部長黒瀬大佐殿より来書之趣も有之、閣下の御庇蔭に依り聊か微志を達し度、敢て尊厳を冒瀆し奉願迄如此御座候。誠恐謹啓

三月廿六日　江藤鏞

寺内少将閣下

去廿四日、一狂童あり。途上清国請和使に対して非行を働らき、我文明を傷け、我対外政策に煩難を来し候段、実に遺憾千萬、痛歎長大息のことに御座候。尤も政策と軍略とは自から一ならす、又個人的行為と一国の動作とは亦混同すへからさるものあり。一狂童の行為、敢て我軍略我作戦上に変更を来たし、我戦勝者たるの権利を棄てさるへからさるに至らしむるか如きことは萬々ある可からす、又無之事と自信候得共、兎に角此般の椿事は深く我文明を傷け、我政策に妨碍を加ふるなるへく、誠に痛歎長大息に不堪中候。

〔原史料番号〕①436–12。

100　榎本武揚

1　明治(27)年12月14日（渡辺国武と連名、伊藤博文宛て）

拝啓　本邦と支那占領地との間に商船の航海を開き我邦商人をして貿易を営ましむるは、商利を増進し硬貨を吸集する為め目下必要の事に候のみならす、外征軍人軍夫にも幾許の便宜を与ふる義に付、管船局長より郵船会社に対して右航海開始の義勧誘し、該会社も直に此勧誘に応し去る八日を以て其第一回航海を始むることに致候旨、該会社より大本営に届出候処、寺内運輸通信部長より別紙の通り管船局長へ通報候趣に有之、然る処右航海之義は前述之通我邦経済上及商業発達上目下極めて有益の事に付、大本営に於ても其辺酌量の上可成速に右航海差許候事に相成度と切に希望致候間、何卒右可然大本営へ御熟議被成下度、此段得貴意度匆々如此御座候。敬具

十二月十四日　榎本武揚
渡辺国武

伊藤総理大臣閣下

〔原史料番号〕①26–1。

101　恵美孝三

1　大正(5)年8月3日(臼井哲夫宛て)

謹啓 奸臣国に扈りて天日陰影を帯ふ。これ尋常事ならすと存候。

隈侯の云為行動は殆と押勝、清盛のそれに似たりとおぼしめされずや。

謹厳格勤の山公は一身の保安の為に之を看過せんとするにや。

所謂「適当なる後継者」とは何人が之を選定するか、又所謂「適当なる時機」なるものは誰か之を断ずる。

至尊を挟んで不得要領の辞意を内奏し、政略の具と為すか如きは驚くへき大曲事、寧ろ戦慄すへき国民思想の紛乱に候はすや。

至尊の前に跪きて言を二、三にするたに非常の事態なるに、「或る種の條件」を至尊に附し且更に「政権の保留」をなし置きたりと云ふか如きは、臣下の分を攪乱し天皇の大権威徳を冒瀆するの甚しきものに候はすや。

既に一たび辞意を内奏す、至尊の之を知ろしめし玉ふ以上、絶対に詭弁食言の余地あるを許さす。隈侯の為す処は即ち天皇を挟んで国家の主権を私するものに異ならす。これ政党対官僚のみの問題にあらす、区々たる政治政系問題にあらす、一切の論議を超越せる国体、国粋の紛更也、君主権の侵犯也。天皇を以て早稲田の一食客と為すに異るなし。未た辞意を内奏したる事なしと云はゝ已む。若し其形式の如何を問はす、或は直接に、或は間接に、至尊の玉耳に達するの手段を執りて辞意を内奏したる事ありとせは、こは断して「適当なる後継者」、「適当なる時機」、若くは「政策の継承」、「超然内閣反対」なといふか如きの辞柄を設けて除外例を容るへきものにあらす。君臣の関係は絶対的也。

元老及寺内伯等が内外環視の前に一隈侯の為に愚弄されつゝあるは尚或は之を忍ふへし。而も至尊を挟んで小策を弄するは、直にこれ君臣の大義を破るもの也。

山公は此の国奸の輩出を見逃し、互に相往来しつゝ三千年来の歴史を汚すを厭はさるにや。公等若し君主の大権を擁護し国体を尊厳ならしむるの誠慮あらは、身を以て清麿、重盛の任に当らさるへからす。至尊若し意を傾け玉はすんは御前に割腹すへきのみ。これ公の最後を飾るへき絶好の死処にあらすや。内閣の動揺、政界の紛糾の如きは何てもなし、況や議会及政党の一時的盲動をや。山公なく寺伯なく隈侯なくとも、日本帝国の政治は其の人なきを憂へす。而も国体を紊り君臣の大義を破るを怪まさるに至つては、皇朝の歴史、一日にして亡するを如何。

滔々たる政治思潮の頽廃的趨勢は、今や如上の大曲事を見つゝ起つて一人の正論を唱ふるあるを見ず。これ実に戦に敗るるよりも更に恐るへき寒心事に候はすや。

「やまと」の堕落は現に耳目に触るゝか如し。小生の寄稿し来れる「日本詳論」（洪水以後の改題）も亦隈閣に捘はれたるか如し。行くところ悉く皆買収政略に中毒し、小生の知る限りに於て日本の言論機関は一として隈色を帯ひさるものなし。後に筆を焼きて痛嘆するの外なからんとす。」

政友会の迂愚蠢動、亦言語に絶す。党心、党略、党弊に囚はれて彼等の言動、朱を以て朱を洗ふに似たり。

山公、寺伯等か日露協約の反逆者たる（即ち国家高等政策の反逆者たる）加藤子を首領とせる同志会と妥協し、若くは之に左顧右眄の状あるは錯誤も亦甚し。小生は政権の異動、内閣の更迭其ものに何等特殊の感興なきも、至尊を擁して国を謬るものを憎むこと切。曾て露公使館に朝鮮王を捕虜とせるに憤慨せる日本国民は、之と殆と同一の現象を我廟堂に目撃しつゝあるならすや。而して之を平然看過して意に介せさる国民思潮の糜爛、吁終に救ふへからさる乎。

多年元老の殊寵に浴せる山公以下の功臣は、之をしも黙過せんとするにや。血を戦場に流すのみか忠君愛国にあらす、死を以て君臣の大義を明確にするは即ち今の時なり。若し山公等之を省みす、奸臣と結んで小康を偸むか如くんは、其罪清盛と同し。元老之を悚れす、国民の之に憤激せさる、寧ろ当然ならすや。

敢て鄙見を貴下の御左右に呈す。忘〔妄〕言多罪〳〵

八月三日　恵美孝三拝

臼井老大人坐下

〔注〕本紙は「朝鮮総督府」の罫紙。

〔原史料番号〕①427−1。

102　近江谷栄次

1　明治44年3月9日

寺内子爵閣下
只今閣下に謁を乞はんと欲せるは他事にあらす、日韓合邦に関する私見を陳せんと欲して也。
建国已来の国策を断行せる無前之功績に対しては、国民は一斉に論功行賞の行はるへきを信せり。閣下之謙徳之を思はざるを美となすと雖とも、草莽無官の輩共心血を傾注せるものあり。国民を以て水火に投せしめ、国家的観念を発揮せしむるの模範を示すは、刻下之急務となさゞる可からす。故江藤新平氏に対する建議は吾人の主として賛同せるところ、此機会に於て一般報公の義を匡すは民を率〔ママ〕ふる自然の道也と信す。披瀝微哀敢而仰閣下之高慮云。頓首敬白

三月初九　栄次

寺内総督閣下

〔封筒表〕□□大臣官舎　寺内子爵閣下　親展（消印日付）44.3.9。
〔封筒裏〕麹町一番町三十三　近江谷栄次　□月九日朝。
〔原史料番号〕①249－1。

2　明治44年4月26日

聖代三余讃
謹仰之爾　敬具
繙けは　三千年の　桜かな
井堂

〔封筒表〕陸軍大臣官舎　寺内伯爵閣下。
〔封筒裏〕近江谷栄次　四月二十六日。
〔原史料番号〕①249－2。

103　大井菊太郎

1　明治(25)年3月20日

三月二十日　Zwitzland に於て　大井菊太郎

寺内大佐殿

爾後貴下幷御満堂御清康御消光可被成奉謹賀候。次に小生事、不相変健康に服務罷在候間、乍恐御休意被下度候。

昨冬児玉少将閣下へ御托し被下候御書面、難有奉拝誦候。

其後児玉少将閣下伯林御滞在中、則ち一月上旬を以て拝顔の栄を得可く存居候処、小生事、折柄二週間「キンフルヱンザ」に罹り好機を失し、其後今日に至るまて拝顔の好機を不得、残念至極に御座候。併来る四月下旬には「ドレスデン」に於て此好機会を可得事と預〔予〕期致候。小生隊附も来る五月下旬を以て終り候に付、大迫少佐殿と協議の上、先き一ケ年間伯林陸軍大学校傍聴の件、願出置申候。若伯林大学校出来されは、墺国維納大学校傍聴願出る筈に御座候。

所属聯隊の新兵は今月上旬卒業致申候。各個教練の訓練、殊に射撃は頗る綿密にして、其聯隊長新兵検査の時の成績随分宜敷御座候得共、顧て二年三年兵を熟思すれは、各官か新兵教育の際与へたる心苦は何れに在るやと思ふ程下落し居り申候。之れは勤務の多きと、余り各個教育に身を入れたる後の等閑より来る処と存候。

春めき来ると共に、欧州列国の軍事上関係は繁多となり、日々新聞紙は魯国は内地より普の国境へ鉄道を以て多の軍隊を送る。又曰く、Warschau 付近には多の臨時築城をなす云々と。之れを要するに、独逸国の魯国との関係は年々困難と相成り、開戦の際取るへき魯国の計画は、Warschau 付近の設堡陣地により、聚〔集〕中を国境に於て完全せんとするものゝ如し。独逸本年の大演習「ヱルサス」に於て、仏国にては「ツーロン」付近に於て施行せらるゝ由。過般真鍋大佐殿小官の直上官となられし故、私信を呈するは他評を恐れ差控居候間、乍恐御接眉の節は宜敷御伝被下度奉願上候。其内御自愛奉祈候。早々謹言。

〔原史料番号〕①219-1。

2　明治27年10月15日

謹啓　開戦以来国歩困難の際、閣下益御勇旋の由、且今般は少将に御栄進相成、国家の為め奉萬賀候。当今は多分直隷省に御侵入の途中と推察致候。不日北京奪略の報のみ鶴首相待居申候。日清交渉以来、日本の新聞其他諸戦報の監検宜を得、尚欧洲には作戦に関する重要事件は更に相分り不申、新聞屋抔も妄想のみ致居申候。過般の海陸軍戦勝以来、日本の評判大に高く相成申候。愈々支那討伐相成候以上は、魯国の南進を妨止すへき根拠丈けは少くも東亜の大陸に定められ候に付、爾後魯国の南進を直接に妨支〔ママ〕すへきは後進者の責任と愚考罷在候。小生不相変瓦全、引続き研学罷在候。

先は閣下御栄進の御祝を兼ね閣下の武運長久を祈度。
早々恐々謹言
　十月十五日　伯林府に於て　大井菊太郎
寺内陸軍少将閣下
〔封筒表〕日本広嶋県広嶋　在大本営　陸軍少将寺内正毅殿閣下　Via America An Seine Generalmajor Terauchi Exzellenz Hiroshima, Japan（消印日付）27.11.27。
〔封筒裏〕大井菊太郎。
〔原史料番号〕①219−2。

3　明治(36)年4月14日

粛啓　爾後閣下益御清適の由、奉大賀候。陳は不肖事、今般意外の御推挙を蒙り進級の光栄を辱ふせしこと、必〔畢〕竟多年閣下の御薫陶に基くことゝ感佩奉深謝候。尚将来と雖とも微力を尽し、軍国の為め駑力可致覚悟に罷在候間、諸事御訓導の程奉願上候。先は不取敢御礼迄申上度。
早々謹言
　四月十四日　大井菊太郎
寺内陸軍大臣閣下玉案下
〔封筒表〕大日本東京陸軍省　寺内大臣閣下　私信　Via Amerika Son Excellence Monsieur le Général Terauchi Minisitre de la Guerre, Tokio (Japan).。
〔封筒裏〕
〔原史料番号〕①219−3。

4　明治37年2月27日

寺内陸軍大臣閣下
謹啓　爾後御疎音に打過申候処、閣下始め御鳳堂御清適の趣、奉欣賀候。降而不肖不相変瓦全罷在候間、乍恐御省慮被成下度願上候。さて過般老父死去の際は御丁寧なる御香料を辱ふせし由、御懇情誠に感銘の至りに不堪、茲に奉深謝候。実に多年閣下の御訓導を辱し毎々御眷顧を蒙るの他、老父に至るまで御心付被成下、不肖の光栄は固より地下の愚父も定て感泣可致、御厚志忘るゝ事可無之候。
さて今回は愈開戦と相成、事件爾後の御苦心恐察の至りに不堪候。独帝も此戦役には軍事上大に注目せられ、維〔ママ〕ちに二名の将校を従軍せしめられたるの他、当地に於ては陸海軍に於て逐一研究を始め居申候。一は海軍雑誌を以てし、一は兵事週報を以てす。

今日までの処にては一般に本邦の耐忍を諒とし、我態度に関し批難を受くるか如きことなきのみならず、却而敬畏の念を重からしめたり。独国は事件の当初より中立の態度を持続致申候。戦争中態度の変するか如きことは、特別の出来事あるに非されはなき方ならん。尤も戦後の満州処分に関しては、独国の容喙を免れさることゝ相考申候。独国が露国に友情を表するは、忽ち野心あるか為めに非さるべし。此両国は戦時互に中立の態度を取るへきは殆んと歴史上の慣例となり居る次第にて、独国が露国の背後を脅威せざるは、他日独国が仏国と開戦するの場合、其背後を安全ならしめんが為めなり。加之露国が東洋に牽制せらるゝは西方の圧迫を軽減すると同時、日本人を主幹とする黄色禍の大陸に勃興するを圧制するの利益ありて、独国の誠に希望する所なり。当国陸軍当局者は往きに此勢を看破し、本年の議会に兵備改正案を提出するを見合せたり。東境の圧迫軽減せしの今日、最早兵力を増加するの必要なし。露国に友情を表するは通商條約改定の他、西欧問題にも多少の利する所あらん。先は不取敢御礼旁申上度、其内閣下并御満堂の御健康を祈り奉り候。

二月二十七日　大井菊太郎

〔封筒表〕大日本東京麴町永田町　寺内陸軍大臣閣下 Via Amerika Se. Exzellenz Herrn Kriegminister Terauchi, Tokio（Japan）。

〔封筒裏〕大井菊太郎　（消印日付）5 APR 04。

〔原史料番号〕①219－4。

104　大井成元

1　大正3年6月1日

謹啓　閣下益御清適の段奉欣賀候。陳は小官儀、東京在勤中は公私ともに不一方御懇切なる御教導を蒙り、誠に難有奉深謝候。何卒今後不相変御指導を賜り度、懇願の至りに不堪候。先は早々御礼迄申進度。敬具

六月一日　大井成元

伯爵寺内大将閣下

追て去廿八日無事帰任仕候。何卒時下一層御切養之程奉祈上候。

〔封筒表〕東京麻布笄町　伯爵寺内陸軍大将閣下　御礼　六月三日　正毅　（消印日付）3.6.1。

〔封筒裏〕封　弘前　陸軍中将大井成元　（消印日付）3.6.3。

〔原史料番号〕①220-1。

2　大正6年12月31日

謹て年末の御礼奉申上候。

寒威日増相加申候処、閣下倍々御健勝の御儀と奉欣賀候。本年は御令夫人様長々の御病気にて不一方御痛心の折柄、承り候得は御令息様にも先般御病気に被為在候趣、重々の御不幸奉察上候。何卒御両方様一日も速に御本復の程、偏に奉祈上候。降て小生事、御蔭を以て無事奉務罷在候段、偏に閣下御庇護の賜と日常肝銘罷在候。尚不怠奮励可致候。然るに赴任以来年を閲する四星霜、未た寸効の録すへきもの無之、彭顔〔ママ〕の至りに不堪候得共、御蔭にて当師団の実質は追々面目を改め聊か自信の域に相進候事、心易く存居候。尤も方今に於ける軍隊の実情を見るに、形容上に於ては至極整備せるか如き観あるも、其の実質上に於ては大小の不備欠点は到る処多々有之候事、実に寒心の至りに不堪候。之れ帰する処、

上下を通し国家観念の発動に基く勤務服行の状態、不十分の点あること

学識経験に基く実力伎〔技〕倆の点に於て足らさる所多きこと

等にして、其の原因たるや要するに上司の施設指導監督なるものか軍隊の真相に触るゝこと適切ならさると、進級陶汰の関係上人心の萎靡不安を来せると、隊務の実験実力を有する団隊長減少せると、尉官の地位比較的安固に過くること、諸制度法規は軍隊に於て殆んと咀嚼せられさること等、軍人及軍隊の特色本領は日々に倍々褪色せるものと愚考罷在候。実に方今に於ける軍隊の統率は十年一日の如く日夜実力実験ある団隊長の掌中に於て始めて達成し得へきものと確信罷在候。幸にして上に閣下の御明識あり我建軍の基址根底に於ては未た動揺する所なきか如きも、今後寸時も由〔油〕断難相成痛心罷在候。先は年末に際し御礼旁聊か所信の一端を開陳仕候間、御一読被成下候はゝ光栄不過之、難有奉存候。恐惶謹言

十二月三十一日　大井成元拝

寺内元帥閣下玉案下

〔封筒表〕東京麻布笄町　伯爵寺内元帥閣下　乞親展　（消印日付）7.1.1。

〔封筒裏〕封　弘前市上白銀町官舎　大井成元　十二月三十

一日　すみ　（消印日付）7.1.2。

〔原史料番号〕①220―2。

3　大正8年7月15日

謹啓　暑気日々相募申候処、閣下益々御快瘉〔癒〕の段奉賀上候。過日罷出候節は早速の御引見の栄を賜り候のみならず縷々御懇諭を辱ふし、誠に難有奉拝謝候。爾後御蔭を以て無事任地帰著仕候而、出征部隊は本日を以て全部凱旋を終了仕候に付、茲に改めて出征中の御懇情を拝謝し、併て上京中の御優遇に対し御礼迄申上度、匆々如此に御座候。謹言

七月十五日　　　　　大井成元

元帥閣下侍史

〔封筒表〕神奈川県大磯　伯爵寺内元帥閣下　（消印日付）8.7.17。

〔封筒裏〕封　大井成元。

〔原史料番号〕①220―3。

105　大井美蔭

1　大正4年12月14日（柴田宛て）

拝呈　昨日は御枉駕を忝ふし、略儀のみ仕り失礼の段、御海容被下度く候。扨御申聞けの件、本日幸に彼の老人より直接承り候の間、左に御報告申上げ候。

父系

松平藩士にして、家系、血統等非難ありしことを聞かず。正路氏の兄弟六、七名あり、皆健康なりし趣にて、正路氏のみ日露戦争当時より肺の疾患を得、戦争結局と同時に某地海軍病院に入院し、院内にて長逝されし趣に候。祖父母に付きては知ることを得ず。

母系

中野氏は与力の家柄にして、祖母は五十年代、祖父は六十年代にて、長病ならず僅の期に病みて死去せし由なれども、病名詳ならず。兄弟二名、姉妹一名（又は二名）あり。長兄は陸軍大尉か少佐時代の初期かに於て突然死去せし趣なれども、其の当時の状況は詳に知らず。次兄は工学士にして秀才の誉高かりしが、三十年代にて食后突然死去せし由にて、脳溢血症ならずや

と当時伝聞されたりと。姉妹は健存する由に候。
母君は性〔生〕来至て健康にして、今日に至れりと。
長兄
幼時は非常に健康にして遊戯を好みしが、中学校時代よりおひめさまのあだ名を友人間に得し位優美の体質となり、大学時代には重篤なる肺疾患を患ひしも、その后全く治療し、今日に於ては強健と称し得可く、如何なる大旅行、大努力にも堪へ得らるゝに至り、友人間にて奇績〔蹟〕と称せらるゝ程体質一変したるが如。
長女　健康。病歴の著名なるものを聞かず。
次女　一時肺の疾患ありとの評を伝へられしも、間もなく健康状態に回復し、今日も健全なりと。従つてその肺疾患も風評に過ぎざりしやも知れず。
本人　病歴の著名なるものを聞かず、健全なりと云ふ。即過去現在共に健康なりし趣に候。
右大略御報申上げ候。此報告は昨日申上げ候人物よりの談話に基き候の間、先づ信用し得るものと存し候へ共、尚他方面より安全なる方法にて知り得し事実有之候へば、早速次回に御報告申上げ可く候。頓首再拝
大正四年十二月十四日　大井美蔭
柴田閣下虎皮下
〔原史料番号〕③66-29。

106　大内青巒

1　明治43年9月8日

恭賀日韓合邦盛事奉贈統監寺内大将幕下
斧鉞曽能摧葆塞罇俎今復拓邦畿千年未了旧公案多謝藉君通洪機
大正
伏請
大内青巒
拝草
〔封筒表〕朝鮮　京城　子爵寺内正毅殿　下執事　（消印日付）43.9.8。
〔封筒裏〕東京市麻布　大内青巒　九月八日　（消印日付）43.9.11。
〔原史料番号〕①436-165。

107 大浦兼武

1 大正4年12月13日

敬啓　爾来益御壮剛奉欣賀候。昨日は態々御来訪被下候趣、甚恐縮之至、鳴謝に不堪候。実は御帰京後相伺ひ度山々に候処、世間種々の演説を以て離間中傷大流行、誠にうるさき世の中にて差扣え罷在候。追々徳富氏より御近況も承り、不一方御同情被下候段、感謝之至に不堪候。時下折角御摂養為国家奉祈候。敬具

十二月十三日　兼武

寺内伯閣下

追而過般の共進会は頗る隆盛御成功、遥察此の事に御坐候。

〔封筒表〕東京　麻布笄町　寺内伯爵閣下　親展　（消印日付）4.12.13。

〔封筒裏〕封　鎌倉　大浦兼武　（消印日付）4.12.14。

〔原史料番号〕①232-1。

2 大正7年6月15日

敬啓　益御清祥奉欣賀候。新聞紙上によれは追々錦地御出養之趣、為邦家十分御摂養被為在度切望に不堪候。昨年来無理々々に押し通し、国家内外の重大事件を御処理被為在御疲労之御事、萬々奉拝察候。尚決して御無理不被為在候様希望候。近日英の皇族来朝之趣、誠に生憎の件に而又々彼是御高配、御疲労如何と察し罷在候。先は御見舞迄。頓首

六月十五日　兼武

寺内伯爵閣下

追啓　此来の新聞紙外電等によれは仏都の危急、英米の困難、露国の亡状、支那の薄弱、悉く我帝国に影響し、真に不容易形勢に立至り、内は閣下の御訓示に依り奢侈を戒められたるも世間未た自覚せさるもの多く、誠に痛歎に不堪、真に御高配之程奉拝察候。唯近来痛快に感したる事は当春の観桜会御見合の事に御坐候。至極時勢に適切し、必す閣下平生の御主義より爰に至りしものと感盟〔銘〕罷在候。

〔封筒表〕大磯加藤邸　寺内伯爵閣下　親展　（消印日付）7.6.15。

〔封筒裏〕封　鎌倉　大浦兼武。

〔原史料番号〕①232-2。

108　大岡育造

1　大正(　)年8月20日

謹啓　本日拝謁之節申残り候件有之、余の儀にも無之、兼々達御清聴略御同意被下候下之関より萩の海岸鉄道速成之義、何卒鉄道院総裁に於て此際勇断、大嶺線延長と同しく来年度予算に計上いたし呉られ候様、御懇談被下度奉願上候。鹿児島の人吉線及海岸の船内線を前年既に成効したるに比して、決して不当の請願にはあらすと確信いたし候。此段呉々も悃願申上候。匆々頓首

八月廿日　育造

寺内首相閣下

〔封筒表〕寺内総理大臣閣下　親展　鉄道院総裁や□□事

八月廿一日　内閲済。

〔封筒裏〕緘　（スタンプ）東京市京橋区山城町十一番地　大岡育造。

〔原史料番号〕①225-1。

109　大城戸宗重

1　明治44年5月17日

拝啓　時下新緑之候、閣下益御欣栄に被為有、抃躍之歓実に此の事に御座候。降而小生義、深く御仁慈之恩意に浴し、垂死之身幸にも得有今日候仕合と迄に其歩を相進め、所謂曽為大梁客不負信陵恩とは古人既に小生今後の深懐国士恩人生感意気とも可申場合を意味せるもの歟に相感候。就而は御帰任前是非拝趨之上御礼可申上存意に御座候処、当時未た歩車倶に病余の身に許すへからすとの言に付、其儘差扣候次第に御座候。右事情之程得御憐察萬御海容を奉仰度候。

扨朝鮮併合前後以来孔席之暖さるよりも甚敷、西に東に一日之御休養等も無御座、一意王事に御勤労被為有候段、偏に感激之至に奉存候。然るに新附版図に対する慎重の体〔態〕度を欠き、単に平和一片の名に偏著し漫然気儘勝手の批判を其間に加ふるは、是現時及将来に於ける彼我之実体上如何の影響可有之哉を解し得さるの義にして、実に不埒至極と申の外なき哉に被存候。斯の如く処士の横議にして往々国家之大事を誤るは真に是古今之通患とも可

中、閣下の此際に処し一身を其衝に横へ敢而御顧慮なき御決意の勇力は又格別と乍恐存上候。唯近時批評之言辞に就き其如何を見来候に、僚属之多数専一以而尊意の所在に体し可申程の信念無之、或は却而人をして他方窃に内容の是非を云々するか如き行動も有之哉を疑はしむるは官規上遺憾之極に被存候得共、此等も漸次其思想を併せ御統一に帰著〔着〕可致の御処理可有御座哉に御見上申居候。時下追々黄梅之季節にも可相成に付、国家𦣪〔脊〕呂之御身柄故、御摂養専一に奉念候。先は謝恩旁御機嫌御伺迄如此に御座候。草々謹言

五月十七日　　　　宗重

寺内伯爵閣下

〔封筒表〕朝鮮総督府官邸　□爵寺内総督閣下　御親展　（消印日付）44.5.17。

〔封筒裏〕□　東京牛込払方町九　大城戸宗重（消印日付）□.5.2□。

〔原史料番号〕②6-32。

2　明治45年3月8日

拝啓　時下軽寒之春光と共に御回春被為遊茲に御離床の芳礼を拝し、殆んと聯日濛々の風雨春暁俄に快晴之天を仰得候好箇の光景にて、心境一転の快哉曰く難言と可申気分に相覚候。病臥静養中は却而是彼と幾多の念想に駆り立られ、傍人の知らさる病外一段の苦悶に波打候折も有之、殊に閣下現時の御身柄に於而は尚更の事と存上候。此際は孟叟所謂放心を求むるよりも寧ろ成丈放得候限り其心を放ち、天地と同一枚に相成候迄も放却し尽候工夫こそ病床独臥の第一要義と被存候。今古来生人の類を以て社会を成候者幾倍万の計にも上り可申、而して幾倍万の人々其夢各々異なる而已ならす其人夜々の夢も亦相異也。是天の象地の理各々其人に在りて異なりて致候所以に無之、天は天の象に由りて自ら是天たり、地は地の理に由りて亦自ら地たるを失ひ不申、唯其人の時と場合の関係に於ける一念一想に応して然るを致候者にやと被存候。其故一夜の夢にして一夜より長きもの有之候は正当道理の可有得訳には無御座候得共、是皆十分其心を放得尽し不申の念想作用に外ならす、故に事と理と一致の調節を相欠候是非利害の其脳裏に一去一来終夜止む時無之は亦是一箇念想の夢に異ならさる次第歟と被存候。或法師の歌に、何事も夢に夢見る世の中は醒るも夢の夢とこ

そ知れ、斯く痴人の夢を説候も、畢竟清涼的御静養の一方剤と被為思召度衷情の存意に御座候。山県総監御帰任に付東都近況御聴取の事と存上候。議会も今は其大半を了し朝鮮各種問題等も両院共無事通過之運に相成、大慶此の事に奉存候。本議会に際し荒井氏は児玉委員の分担をも引受、二役懸持の早替りの手振は多少男を揚けられたると同時に、繁劇と気苦労之程も被察候。官制も法制局に上りし以来種々難問も有之、秋山氏の骨折方一通りにあらすと、是亦其心労被察候。全体法制局及内閣翰長には可成老熟者の擢用こそ願度、切刻みたる膾の如く御客の手前に頓着も不致の献立料理を仕出し、何処に箸の着け様もなき塩梅加減には聊か驚入候場合も有御座候趣、殊に朝鮮は我帝国の平和鎖鑰とも可申最要部の地点たるか故に、其局面上の関係幾多の捨石を可要ケ所柄も可有之、然るに何事にもあれ標準を尋常内地の振合に取り、四目殺の一手張りに押切り現在勘定の損益に而已打算致候は、実以て頼む力の無御座仕打に被感候。乍去利害の明に過くる者は人の親みを損し、是非の明に過くる者は功の成るを撓むと申事も御座候故、乍遺憾此辺幾分当世者流の流義を打込み渾成的建設より外致方も無御座候哉に被存上候。時下北地尚寒厳の折も可有御座、何卒夢の囈言と不思召、病余の御静養向専一に奉念上候。余は後鴻。草々謹言

三月八日　宗重

寺内伯爵閣下

追而小生も厚き御蔭に頼り全くと申度程健康相復候。幾重にも御礼申上候。

〔封筒表〕朝鮮総督府官邸　伯爵寺内総督閣下　乞親展　（消印日付）45.3.8。

〔封筒裏〕大城戸宗重（スタンプ）東京陸軍省構内　朝鮮総督府出張員事務所　電話新橋三〇八〇番　（朝鮮総督府封筒第二号）（消印日付）45.3.11。

〔原史料番号〕②3-20。

3　明治45年3月30日

拝啓　時下陽和之好春日、閣下益々御欣栄に被為渡、慶賀之至に奉存候。扨官制も発布相成、各僚御任命も近日之事に而、萬都合宜敷相運候趣、何より結構之事に奉存候。就而は兼而御腹案に相成居候服務要領の件、此の際に於而御履行被為有候好ケの時機と被存候。貴意如何に

思召御座候哉。官制の改正と共に其精神に一新機を相与候は、改正の官制と相待ち多大の効果も可有之哉に被信候。茲に斯の機会を逸すへからすと存候故、一言下風迄申上候。余は後鴻。匆々謹言

三月卅日　宗重

寺内総督閣下

別伸　曩に獅子吼の声を発せる犬養氏は名詮自称共可申、犬其儘の尾を垂れて帰京致せる由、畢竟彼亦可憐凡夫の情態を脱し得さるの致す所に被存候。又譚子と申古書中に左の一節有之、見れは袁氏現時の行動を一千年前に於而批評を試みたる歟の感に御座候。

曰く

朝廷弓矢を製して天下を威す。天下其弓矢を盗み朝廷を作り、朝廷礼楽を作り以て小人を防く。小人礼楽を盗み天子を僭し、朝廷粟帛を蓄へ甲兵を具へ以て盗賊を禦く。盗賊其甲兵を擅にし粟帛を略し終に其国を奪ふ。安危は徳に在り、苟くも徳を以て恃む所なくんは至らさる所なし、云云。

〔封筒表〕朝鮮総督府官邸　伯爵寺内総督閣下　乞親展　（消印日付）45.3.31。

〔封筒裏〕緘　東京牛込払方町九　大城戸宗重（消印日付）□.4.2。

〔原史料番号〕②5-5。

4　明治（　）年11月5日（児玉秀雄宛て）

〔前欠〕言奉煩度候。近来宋史を読み左の一律を得候に付、総督の御覧に御入れ被下度候。先は近況御伺迄。

草々頓首

十一月五日　宗重

児玉伯爵殿

読宋史有感

偸安廟議誤天鈞遂使国論軽武臣二帝不還空割地三軍失守遠逃身戦図行乱江南雁禁苑我荒朔北塵成敗豈無今昔感呉山光景付他人　宗重　未定稿

〔原史料番号〕①431-1。

5　大正1年12月2日

拝啓　海陸無御滞御着任被為遊、慶賀此の事に存上候。扨御上京前後に於ける増師問題も愈今回不調の崩壊を見、不幸此の上も無御座候義と被存候。就而は昨日陸相辞表

の結果、内閣も亦惣辞職可相成哉の風評に御座候。就而は後継内閣の大命は早晩総督閣下に下るへき様、是亦一般の風評に御座候。乍去現閣は堅く制度整理等の口を包み、単に増師の一問題を流布し、一箇商業機関迄にも殊更其非を鳴らさしめ、殆んと陥機に鉄網を張詰め、後継者をして捲土重来の機勢を挫折せしめんとするに可有之哉に被存候。常に国家の大事に処すへき千鈞の身は此の際慎重其鋒を避け、徒に彼等の売弄的陥機裏に投すへき秋にあらすと、是亦被存候。是非共現閣をして制度整理の幕を開かしめ、彼却て自製の陥機に自ら投する奇観果して無之哉否やの内容如何を相伺可申は、最急の要点に無御座哉と相考申候。将又風呂敷包其儘の美名を釣りなから惣辞職に出懸候はヽ、幸にも現時御在鮮の折柄に御座候故、是非此の際は従来種々御関係等も可有之とは存候得共、後継内閣の一期間は宜しく之を他に譲り、徐ろに之か弾力の落所を見定め、国是の大勢上多少国民の自覚可致の時機も必定近き将来に可有之と相信居候に付、漸時朝鮮にて充分余勇を存せられ度〔ママ〕と切に御希望申上度候。時急に機迫り、筆以て意を尽しかたく、茲に謹て婆心迄如此に御座候。匆々謹言

大正元年十二月二日　宗重

総督閣下

〔封筒表〕伯爵寺内総督閣下　御親展　十二月六日接。

〔封筒裏〕緘　大城戸宗重。

〔原史料番号〕①221-1。

6　大正1年12月18日

拝啓　時下厳寒に相向候処、愈御健泰欣抃之至に奉存候。陳は内閣も愈本日頃成立可致運に御座候趣、就而は今後国務は如何に其帰趨之歩武を向候にや。粉黛之演技、畢竟国家永遠の真面目に発展すへきの観象にはあらさるへし。殊に憂ふへきは今回政変の結果として挙国皆兵の一大原素を毀損すること是なり。師団設置の可否は姑く置き、政略の余弊一国の元気消長に関する大事を顧みさるは、抑々我帝国をして土耳古たらしめ、将た支那たらしめんとする歟。国の消長は実に一国の元気に関し、平和の維持是に於て揚り、尊親の締盟是に於て立つ。其他文物事業一に皆此の元気に頼りて以て興らさるはなし。然るに鼓煽群を成し、漫に師団の不必要よりして軍備の嫌忌に論及し、一将功成萬骨枯ると強呼するものあり。是

殆んと国家の観念を破壊し去り、箇人的一箇の自由を移殖せんとするにはあらすや。一将功成萬骨枯るとは上将の人に約して成功の光耀を戒飭するの意にして、一般兵士に対し其懈怠を勧奨致すへき語にはあらさるへし。事此如く風潮にて押し行きなは、遂に徴兵の制を廃し雇兵募集の弱国に変しさるを得さるへし。義勇の奉公、何の処にか之を求めん。皇運の扶翼、何の時にか之を期せん。一事の変にして傾向終に廻すへからさるの憂あるを知らさるに至るは、区々実に国家の為めに取らさるなり。唯今後独り閣下忠正の胸算に待つの外無御座と被存候。幸に持重御健康を保有せられ、走馬灯影又以て転換の機可有之と相信居候。茲に一書時感迄如此に御座候。匆々謹言

大正元年十二月十八日　宗重

寺内総督閣下

〔封筒表〕寺内総督閣下　乞親展　返事済。

〔封筒裏〕緘　大城戸宗重。

〔原史料番号〕①221-2。

7　大正2年1月1日

拝啓　昨山県総監御着京、即時閣下の御健在を拝承致し、御諒闇中の新歳、唯是而已聊か心懐の慰藉に存上候。昨御親書を拝し、感憤之情転た相感し申上候。畢竟するに異類の者流附和雷同、先つ其元勲を仆し、遂に以て元主親裁の御権能にも及ふ所あらんとするもの丶如し。履霜の兆、殆んと之を掌上に見るの恐に御座候、彼等の所謂憲政擁護は則是政党擁護にして、我帝国憲法御制定の精神を誤るものと被存候得共、一時思潮の変機に投し、衆を恃み煽動以て群盲を駆るの勢、今俄に転しかたきの情体〔態〕に可有之哉に被存候。殊に行政機関の一部局として款を者流〔ママ〕に通し、窃に以て自家に利する所あらんとするは、行政全般の機能を損害し、終に利を者流〔ママ〕に仰くの憂を醸すに至るものと被存候。各自局に当る者は最も留意を可要の点に可有之、古来内外の衰亡に帰したる原由としては、行政機能の統一的行動を欠くより之を招致せさるは殆んと稀なりと相考候、情意投合善し、妥協も亦悪からす。総て統一的機能の行動を要する次第に出候方、不得已の手段として可然哉に被存候。此の時此の際、廻瀾の任独り閣下に待つの外無御座、愛国の御誠意之を温容の

内に収められ漸次転換の一機を制し、奉公の大義に依り以て人心の帰趨を定め永く国家に報せられんこと希望之至に堪不申、茲に歳首に当り謹て御健康之程御内祝申上候。旁時感謝上。草々謹言

大正二年一月一日　　大城戸宗重

伯爵閣下

〔封筒表〕朝鮮京城総督府官邸　□爵寺内総督閣下　御親展

一月六日接。

〔封筒裏〕緘　東京牛込払方町九　大城戸宗重　（消印日付）2.1.5。

〔原史料番号〕①221-3。

8　大正2年2月8日

拝啓　近時御近状拝承仕候処、昨今厳寒にも拘らはせられす頗る御安祥に被為渡候趣、欣抃実に此の事に存上候。陳は政海の万波千瀾の変象に就ては逐次御熟知通の情勢に御座候而、議会も更に五日間停会と相成候得共、右は全く事理の如何を存する次第には無之候故、此の際に於る停会に対しては（新党の勢揃、民党の反省）何れも共に何等の効果を相認可申程之事無御座候哉に見受申候。抑々彼民党一類之今日に於る行動たるや、一片事理の曲直を存するにあらすして、一意感情の機勢を弄して加工的に社会志想《ママ》を達せんと期するに有之、現に詔勅云々の質問は桂公の手盛を云々するの手段に出てたるには相違なくも、是全く大義を弁せさるの所為にして、詔勅と勅語との分解を問ふまても無之次第と相存候。彼等脳底には万機御統御の神正を尊重するの念慮を損するの致す所、履霜の鑑実に憂心の至に存候。又現政府者も亦以て全然之を是認難致もの多々有之、殊に新政党の企画の如きは転た国家他日の禍害を醸す而已にあらす、亦以て名分の如何を弁せさるの所為には無之哉に被存候。乃公一呼の力能く天下響応の勢を可致と恃み、急遽之を発表し以て多数を議会場裏に制し得へきと思意せるか如きは、自負の心或は恭敬国に奉するの誠意を欠きし次第には無之歟。本日発表の新党宣言書中の如き、傲然一国の王者に擬するの言辞に均しき不遜に渉るの調子も相見受られ、且つ国防会議の施設及陸海大臣任用の條件の如き、御親裁の皇権に属し居候次第柄にも関せす、恣に綱領の一條件と致候義は如何可有之哉に被存候。臣子の朝に立つや、一日ならは宜しく一日に於て臣子の分を要し、敢て其他を

顧みさるを以て本義と相立て、我帝国の憲法に対しても亦我は我丈の本義も可有之と相考居候。何そ欧米立憲の解釈如何に頓著〔着〕致候事や可有とも思居不申、乍去世は次第に時流を相逐て移り行くことの歎敷限りに御座候。然し政権は畢竟是御統治の関係上術数の回護に附すへからさるか故に、断然其所決を明に致し、之を前閣の一派に譲り、更に之をして其衝に当らしめ、而して后徐ろに新党の経営に従事致しなは、其成功の如何は疑問と致候も我国性の名分丈にても猶恕可致哉に被存候。彼政国何れの党にもせよ、果して今日の揚言に相副ひ可申実果を得可申哉否。殆んと蛾児の自ら其糸を以て其身を縛し、遂に他人の売弄に附するに異ならさる困敗〔ママ〕に至候事と存候。此の機を利して徐ろに廻瀾の歩武を定むるは事甚た迂なるに似て却て功を収むるは、新党組織の拙速を期するよりも確実に皇権を永遠に敬維し奉るへき義に御座候半と相信候。本日新党宣言書の発表に感し、一言敢て下風に致候次第に御座候。時下為国家御摂養専一に奉念候。
恐々拝具

大正二　二月八日　　宗重

伯爵寺内閣下

追伸　現閣員諸公とは御旧縁も可有之候得共、新党の一事は切に御関係無御座候様切に御希望申上度、是全く成功と不成功との問題には無御座、我帝国憲法の精神上、彼等の顰に倣ひ、党弊の渦中に没却可致義に無之と深く相信候。信念より御懇請申上候次第に御座候。

〔封筒表〕寺内総督閣下　御親展　二月十三日閲　正毅。
〔封筒裏〕緘　大城戸宗重。
〔原史料番号〕①221-4。

9　大正4年8月29日

〔葉書1表〕朝鮮京城　総督官邸　寺内総督閣下　併合記念
当日　其一　東京柳橋亀清楼　大城戸宗重　九月一日　正毅
（消印日付）4.8.29。
〔葉書1裏〕曽是将軍提剣来一兵不血決心裁如今風物追年改
終使葵花向日開　宗重拝尊
〔葉書2表〕朝鮮京城　総督官邸　寺内総督閣下　併合記念
当日　其二　東京柳橋亀清楼　大城戸宗重　九月一日　正毅
（消印日付）4.8.29。
〔葉書2裏〕再畳　欧土尚伝戦乱来物情容易債誰裁西陲頼有

将軍八道山河当面関　宗重拝尊

〔原史料番号〕①221−5。

10　大正(5)年12月19日

謹啓　先日御話し有之候荒井長官の件に付、早速政務総監へ申上候処、只今別紙の如き返電有之候間、高覧に供候。何れ同氏の意旨決着致候はゝ、更に政務総監より御通電可有之事と被存候。右之模様に依りては更に御意見を可仰に至候事ならむと存候。右は御報道迄如此に御座候。匆々謹言

十二月十九日　　宗重

総理閣下

〔別紙〕

荒井氏ニ関スル電信敬承。本日同氏ニ対シ首相ノ意旨ヲ通ジタルニ、同氏ハ先般首相ト会談ノ際若シ勝田ニシテ大臣タラバ自分ハ漸〔暫〕ラクモ現職ニ止ムルコトヲ得ズト申シ述ヘタルニ対シ、首相ハ勝田ノ大臣タルコトハ断ジテナシト申サレタルニ、然ルニ勝田モ今ハ大臣トナリタルヲ以テ、首相モ御承知ノ如ク自分ハ漸〔暫〕ラクモ止マルヲ欲セズトノ事ナリキ。右ニ依リ本官ヨリ貴下ニシテ若シ現職ニ止マラズトセバ、差シ当リ議会関係ニ於テ多大ノ不便ヲ感スルノミナラズ、新任総督ニ対シテモ誠ニ面白カラザル関係トナルベケレバ、少クトモ議会ノ済ムマデハ是非トモ現職ニ止ムル様懇々歓〔勧〕告致シタル処、一応熟考スベシトノ事ナリキ。本官モ此ノ際是非トモ留任セシメ度キ考ナレバ、首相ヘモ本官ノ意旨ヲ特ニ申上ゲ置レタシ。

〔注〕別紙は「朝鮮総督府」の電報用紙。

〔封筒表〕寺内首相閣下　御親披　十二月十九日　了　要存。

〔封筒裏〕〆　大城戸宗重。

〔原史料番号〕①221−6。

11　大正8年3月3日

拝啓　近時御清適御健康も至極御宜敷様承り、欣喜に存上候。扨過般来朝鮮学生内地に於而騒擾致候処、今回更に京城に於而も別紙総督の電報の如く騒擾相醸候趣、茲に右電報写左右へ奉呈仕候間、一応御覧に入申上候。右要迄如此に御座候。草々謹言

三日　　宗重

寺内元帥閣下

〔封筒表〕神奈川県大磯町加藤別邸　寺内元帥閣下　要火了　3/3（消印日付）8.3.3。

〔封筒裏〕緘　大城戸宗重（スタンプ）東京市芝区桜田本郷町十七番地　朝鮮総督府出張員事務所　電話三〇八〇番　三〇八一番。

〔別紙〕

朝鮮学生騒擾ノ件

長谷川総督ヨリ電報写

今払暁当地ニ於テ朝鮮独立ニ関スル宣言書ヲ発見セリ。右宣言書ニハ天通教、基督教徒ノ署名大部分ヲ占ムルモ、学生トノ密ナル聯絡アル見込ミヲ以テ捜査中午後二時ニ至リ各中学程度学校生徒集団シ、俄ニ市中ヲ行進シ韓国独立萬歳ヲ叫ヒ示威的運動ヲ開始シ、今手配中。学生等ノ運動ハ敢テ暴挙ニ出テス、甚シク不穏ノ形勢無シ。主謀者ヲ検挙シ解散ヲ命スル見込ミ。宣言署名者ノ幹部ハ既ニ逮捕セリ。右不取敢報告ス。

前電等ニ於ケル群集ノ運動ハ午後七時一先ツ鎮定ス。宣言書ニ署名ノ三三名中二九名及群集中主ナル者ト認ムヘキ者約一二〇名、今尚取調中ナリ。死傷者無シ。示威的ノ目的ヲ以テ歩兵三中隊、騎兵一小隊ヲ出動セシメ、厳重警戒中。

当地ノ外、宣川、平壌、鎮南浦、元山ノ各地ニモ仝様群集ノ示威的運動アリ。何レモ暴挙ニ出テサルモ、平壌、宣川ニ於テハ軍隊一部出動、何レモ一先ツ鎮定ス。

今回ノ示威運動ニ付、主謀者ハ予メ宣言書ヲ各地ニ配付シ同時ニ運動ヲ開始セント期セシモノ、如ク、前電ノ外安抄ニ於テモ騒擾ヲ起シタリ。本官ハ昨日午後諭告ヲ発シテ一般ニ静粛ニ哀悼ノ意ヲ表スヘク、流言誹語ヲ放チ軽挙暴動ニ出ツル者ハ寸毫モ仮借セス厳罰ニ処スベキヲ布告シタリ。国葬ノ盛儀ヲ目前ニ控ヘ如此騒擾ヲ見ルニ至レルハ遺憾ニ堪ヘサル処ナリ。

〔注〕別紙は「朝鮮総督府」の罫紙。

〔原史料番号〕①221-7。

12　大正8年6月29日

拝啓前略　先日長谷川総督に対する御注意に関し恕忠中

将へ奉申及、翌日も至急手紙送附方特に御話し申上候故、御発送の事と被存候。尚児玉伯爵よりは翌廿七日特急電報に而文武併用官制決定可相見模様及内閣現状如何に朝鮮の総督に対する大要を述へ、総督の此の際に於ける処決は進退上大切の事柄に付、一日も早く御上京之上御決断可然との注意をも被申上候。右等の関係上同総督も愈御決意有之候事と見え、来月早々、即五、六日頃迄には着京之報道有御座候。尚宇佐美氏よりも政務総監に対し、此の際総督と同時に進退の処決有之候様の注意上発電有之、尚小生よりも総督及小山県公に対し露骨的に辞職之上全責任負荷致し、上御一人に対し奉り出処進退を明確に可致旨申上置候。昨宇佐美氏御訪問之際、同氏よりも御話し申上候筈とは存し候得共、小山県には既に辞表書は総督御手元迄差出し候よし通電有之候。一先総督及政務総監の此の際に対する出処の処決、御配意の結果として其所を得候次第とも相成可申哉に被存候。将又宇佐美氏より自家身上に関し処決方相談有之候故、小生は辞表同時に提出方可然との意見申述候処、同氏も亦総督御手元迄差出可申事に決意有之候。何れ児玉伯御伺之際は、親しく申上らるへきとは存候得共、大要成行之模様御報迄如此に御座候。草々謹言

廿九日夕　　　　宗重

元帥閣下

黄梅之候御摂養候而、偏に大切之様念入申上候。

〔封筒表〕神奈川県大磯町別邸　寺内大将閣下　御親展（消印日付）8.7.1。

〔封筒裏〕緘　大城戸宗重（スタンプ）東京市芝区桜田本郷町十七番地　朝鮮総督府出張員事務所　電話三〇八〇番　三〇八一番。

〔原史料番号〕①221–8。

13　大正8年7月9日

拝啓　其後承候処御健康宜敷候趣、心窃に大喜申居候。扨昨夕長谷川総督には御着京、小生即時総督邸へ相伺、御進退一條に付委曲御話候而承候処、当初より断然之決意に而、田中陸相より申来候官制改正迄依然在職之義は承諾不致、上陛下に対し奉り騒擾顚末奏上と共に辞表奉呈之運に有之との事に有之、意気頗る明了〔瞭〕に御伺申上候而、大に人意を強く致候。尚官制改正の期迄居残之説は中間の誤伝に御座候よし、老たりと雖斯く意気地なきに

は到不申との元気に御座候。多分明日参内、即日辞表奉呈の事に御座候半と被存候。斯く総督の旗色正々堂々たるに引換え、政務総監の悠々不断には実に一驚致候。先日来暗夜より牛を引出候様に幾回の交渉を重ね漸く辞表差出迄に相運候は、甚た平常の心事、否頭脳の如何を疑ひ申候。何れ其内総督には大磯及小田原へ御越しの上詳細御話しも可有之候得共、御決意の大要丈御下風迄申上候。先は不取敢一書拝呈。草々敬具

七月九日　　　　　　　　宗重

寺内元帥閣下

明石将軍にも漸次良好に有之候趣相伝候。此れなれは大安心と存候。

〔封筒表〕神奈川県大磯町別邸　寺内元帥閣下　御親展　〔消印日付〕8.7.9。

〔封筒裏〕緘　大城戸宗重（スタンプ）東京市芝区桜田本郷町十七番地　朝鮮総督府出張員事務所　電話三〇八〇番　三〇八一番。

〔原史料番号〕①221−9。

14　大正8年8月15日

謹啓　承候処先日は少々御加減勝れさせ給わすとの事、精々御静養専念に存上候。扨先日来総督及総監等之更迭に付種々混雑相極め、御伺も不仕、平に御海容奉仰度候。目下局長等人撰中に有之、宇佐美も愈退官に相決したる模様に御座候。其他鈴木始め多少長官及道庁にも更迭を見候事と被存候。然し迎合政策は時潮に御座候も、是畢竟一時的にして永遠之良策には無之、遂には手を着するに所無之迄に到可申、山県前総監等は今日之迎合政策に専意骨折、却而之を他人之手に抜取られ、所謂権平の種蒔き鳥にほじられ愚も亦極れりと可申次第柄と被存候。憲兵に換へ巡査を以てす、其功何くに有之候哉。文武官制も亦抑々何の用を為す〔ママ〕得可申哉。武を文に代へ、之を自己に収了し得候ものと思ひ居られたるは、笑止千萬之次第に御座候。十年在任何事をか成し、唯得たり筆底一蘭〔ママ〕名とも可申位に御座候。実に遺憾に堪不申、何れ其日御伺可仕候。先は近況迄。草々謹言

十五日　　　　　　　　宗重

魯庵将軍座下

〔封筒表〕神奈川県大磯町　寺内伯爵閣下　乞御親展　了

□（消印日付）8.8.16。
〔封筒裏〕緘　東京牛込払方町九　大城戸宗重。
〔原史料番号〕①221-10。

110 大久保到

1 明治(44)年9月10日

謹啓　秋色相増候処、高堂御揃益々御清勝為為（ママ）渉奉恭賀候。此度長途の御旅行、御障りも不為在御帰京被遊候段、慶賀不斜奉存候。陳は本年は去七月豪雨にて一局部の水害有之候得共、爾来天候順を得、管内は非常の大豊稔にて農民全く撃壌歓喜の状態一般にて、全く総督御仁政の賜はりと感激罷在候。併合後第一年に於て斯る大豊穣に遭遇せしことなれは、之を紀念し且は貯蓄の美風を鼓吹し、其の実績を挙け以て好範を将来に伝へしむる為め嚮に管内人民に諭告し、目下不肖は之等奨励並に産業其他地方行政の開発を図る為め管内巡回中に御座候。到る処の人民は皇化に謳歌し、其堵に安し其業に励みつゝ有之候。右不取敢寸書を呈し、御祝詞を兼ね状況の一班を御報告申上候。恐々頓首

九月十日　　大久保到拝上

寺内伯爵閣下御侍史

〔原史料番号〕①436-157-1。

111 大久保春野

1 明治27年12月15日

拝啓　不相変御繁忙之御事と恐察仕候。当方は正反対、真に無聊消光罷在候。于時過般出発之節は重宝之赤帽御贈物に預り、仕合仕候。何か御報酬仕度存候へとも、いまた能き考へも出で不申、自然当地に弁用すへき御用品も候はゝ御申越願度候。迂弟もいつ迄やどや住居も出来不申、無拠左記之処に一昨日より引移り、老婆と従卒を相手に起臥罷在候。随分不自由、只々片時も早く大令降下、西行致度事に御坐候。何卒昨今之雲行、心得にも相成候事は御洩し被下度、切望之至に候。御無沙汰申訳旁御近況相伺度。匆々敬具

十五日　　大久保春野

寺内賢兄

転寓
大阪府下東成郡清堀村番外四百六十壱屋敷

〔封筒表〕広嶋市大手町吉川方　寺内正毅殿　親展　（消印日付）27.12.15。
〔封筒裏〕〆　在大阪　大久保春野（消印日付）27.12.17。
〔原史料番号〕①222−1。

2　明治(28)年(5)月15日

御勇剛と奉賀候。劣弟不相変頑健、御放念可被下候。扨雲上之事頓と相知り不申、真に昨今は機械的運動に而、一昨夕より貔〔カ〕子窩えは概里余北方なる一寒村、陳家屯と申に宿致仕候。是もまた仮りの棲、また近々北方に移転申事也。行衛定めぬ旅枕、浮き身の果て御察し可被下候。但し十日計此方例之悪疫は全く根を絶ち、旅団の元気は全く回復致し候。此宜は御安神〔心〕可被下候。追々御帰朝も近寄り候事と被察候。別にさし向き願上候事も無之候へとも、何やら御依頼仕度様にも考へ候。何卒御出発御確定候は丶、一寸と御知らせ被下度候。先は近日御左右相伺旁匆々拝具

五月十五日　春野

寺内殿

〔原史料番号〕①222−2。

3　明治(28)年7月13日

拝啓　酷暑之候に候へとも、益御勇剛御勤勉之御事と奉賀候。小生も常々頑健、御安意可被下候。扨今日柳樹屯正午発に而兵站監部参謀長之一電報に接し、福原君大不幸之事了承、驚愕言語に絶し候次第、為国家浩歎之至に候。私情に於ても賢兄御落胆千萬、御察し申上候。不取敢貴下迄悔申上候。乍憚福原家え可然御伝声奉希候。右得貴意度。匆々拝具

七月十三日　清国海城に而　大久保春野

寺内正毅殿

乍御手数別封弊家え御届け被下度候。
旅順よりの御贈品、慥に拝受、乍序御礼申上候。
念為福原兄不幸は其筋にて尚秘密に致し居申候。

〔原史料番号〕①222−3。

4　明治36年4月24日

拝啓　不順之気候に候得共、皆々様愈々御健全之御事と

奉遥賀候。扨昨年当衛戍御臨幸之砌、殉国者霊祠に勅使を賜り候義は、官民間非常に感激深く、叡旨之在る所を奉戴仕候結果、本年之招魂祭には寄付金も多額に上り、為に祠殿之改造其他種々之設計有之、例年に比類なき大祭執行可相成と、昨今只管準備最中に御坐候。是れ偏に昨年閣下御配慮之結果と御礼申上候事に候。撤兵事件新聞紙上囂々、甚疑惑罷在候。師団は馬車馬的に只々準備罷在候へは宜敷事には候得共、大体之形勢丈は御内示相成候方可然哉との意見に候。御一考願上候。去る三月中上申仕候、当師団野戦砲兵聯隊之輓馬補充方法、当分変換相成度意見は、只管御詮議仕度候事に候。是又乍序申添候。先は右迄。匆々敬具

四月廿四日　　　　大久保春野

寺内閣下

追啓　頃日鹿児嶋に出張、種々調査仕候所、意外にも聯隊内事之紊乱を発見し、随分苦心罷在候。就中経理（目下帳簿上及金銭上に不正手段等を発見せし事には無之候）上之不備不整頓之原因に於而は大に因〔困〕る所有之、此処殊に注意改良可致と存居候。新任聯隊長之重荷と存候に付、夫々内助之工風〔夫〕御座候事に候。野島大佐退職に付、県内有志者之催にて園遊会を開き、同氏を招待致し、来会者百五十名計、随分地方に而は盛会に御座候。且又園遊会を催す主意を新聞に公告致し候。其文意の要、

　野島君は、四十五連隊の創立者として功労あるのみならず、県下公共事業にも不尠尽力云々

是に而大体御察し可被下候。但し彼れ之全然商人的思想を以て、或は鉱山に、或は開墾に、或は温泉場拡張に施設致し候事柄は、目下具眼者之看破する所と相成り（従来殊に懇信を結ひ居候川村伯の弟様も、此頃大分疎み居候）、例之市長冀望之野心は見込無之事に見受申候。但し大分之財産を有し、鹿児嶋市永住と決し居候間、当分は兎に角、聯隊后任者に取りては面倒なる一動物に有之候や。

〔封筒表〕東京　永田町官邸　寺内陸軍大臣閣下　親展　（消印日付）36.4.24。

〔封筒裏〕熊本師団　大久保陸軍中将（消印日付）36.4.26。

〔原史料番号〕①222-4。

5　明治(37)年2月20日

益々御多忙と拝察仕候。扨頃日出京之節は今一回拝話致度存候処、種々之風評神経を刺激し、たのしき同僚と対

話も面白からす、折角之御案内をも相辞し、同夜出発、返〳〵欠礼仕候。扨帰熊候処、参謀本部辺より之内通なりとて、第一、第六出征軍之除外云々を喧伝し、実以て困却仕候。但し軍隊は軍紀のあるあり、不平憂悶は申迄も無之候へとも、寸毫も之れか為め日常之動作に影響等はなく、一意勤勉致し居候。然るに所謂九州人士たる地方之者の殆ど日夜訪問、是れには閉口仕候。前日も申上候通り、是より更に後続師団之動員等相進み候は丶、如何謹慎なる師団将士之現況は却而小官脳裏之刺激甚敷事と被存候。抑小官之武運拙き事、御承知も可有之、

一、十五年朝鮮之役
　歩第十二聯隊之大隊長として福岡に留守番となる（一中隊を沖縄に分遣の故に）。
一、二十七八年、亦御承知の通り也。

今回又昨今之模様にては如何成る悲運に陥るやも難計、之れを考ふる時は脳裏殆ど裂けんとするに至り候。先日出京、詔勅を奉し候上は、此場合一身之浮沈を云為するの時に非す、只々忍耐職務を奉するの外無之、申迄もなしと雖、第六師団の為、九州人士の面目を保つ為めには、或は逐に決心するの必要も可有之とも相考へ候事に候。兎に角何より此苦痛を減するの手段は有之間敷哉。今日実に他に訴ふる所無之、不顧痴言、更に一書拝呈仕候。別に御荅を不煩、只々一読之労を冀望之至に候。草々拝具

二月廿日夜　　春野

寺内閣下

熊本市之有士より小官え軍刀を贈るとか、昨今頻りに相談致し居候。是又何となく心配の種子也。

〔封筒表〕御読後は御火中を乞。
〔原史料番号〕①222-5。

6　明治37年6月1日

拝啓　陳は今回老母儀、郷里に於ては死去致候に就而は、早速電報を以て鄭重なる御吊〔弔〕詞を忝ふし、不堪感謝候。先は不取敢右御礼迄如此に候。早々敬具

六月一日　　大久保春野

寺内正毅殿

〔封筒表〕東京□軍省　寺内正毅殿　（消印日付）37.6.□。
〔封筒裏〕大久保春野（消印日付）□.6.4。
〔原史料番号〕①222-6。

7　明治（37）年7月11日

拝啓　追日暑気相募候得共、愈々御勇健之御事と奉賀候。扨小弟出発之節も取紛れ、甚御疎遠申上、今更恐縮之至に奉存候。長崎出帆之節は態々御懇電も忝し、難有奉存候。遅着之為め塩大墺にて承知仕り、御厚意拝謝之極に候。却説第六師団も浦湊敵艦南進之事件と難破船之変事旁意外に取纏まりかね、随分困却仕候。小生は十六日午後上陸致し候へとも、右の次第にて殆ど為す所を不知、只々南山得利寺の手柄咄しを謹聴するのみ。鬱々消日罷在り、漸く去る六日を以而軍の第三活動に従行仕候場合に立至り候。然るに六、七両日は空敷く敵を追ふのみ。茫然漠然前途頗る望少く候処、又々形勢少変（八月一日滞陣）、八日午後六時より前進、蓋平河迂に夜中進出、遂に九日払暁より蓋平攻撃に従事仕り候事と相成申候。真之一小戦闘に候へとも、兎に角十分目的を達し候に付、為めに志気之発展、愉々快々之有様に而、誠に心喜敷存居候。此模様にては来るべき大戦には応分之御用は相勤め可申との信念を確め候事に候。乍憚御安心可被下候。本日は一小閑を得候に付、前日以来之御挨拶旁近況御報申上候。草々敬具

七月十一日　　　蓋平北関に而　大久保春野

寺内正毅殿

当地も暑気甚敷候へとも、熊本に比すれば甚凌能く、不相変健全、日々能き加減之運動仕り罷在候。是又御安心奉希候。

〔原史料番号〕①222-7。

8　明治（37）年12月19日

粛啓　中島少佐に被托候尊書大遅延、一昨十五日落掌旁拝答も延引仕候。益々御壮剛之段奉欣賀候。小子も専に健康、御安意可被下候。昨今は大分寒気も相増し候へとも、天気よろしく風も少なく候に付、今日迄は寒暖計に示す所よりは存外に凌能く相暮し申候（五、六日前巡視候節、第一線諸隊之穴居室内午前四、五時之頃に五、六度の暖を保ち、又歩哨の位置にては零下十五度にて有之候）。扨沙河戦以後は拙陣の左翼西北隅に凸出し、或る一点之如きは敵を巨〔距〕る二百米以内に候間、已に二ケ月之今日も依然昼夜之別なく小銃、火砲之対撃交換、中々面白き景況に消光罷在候。昨今は陣地之構成も漸次強固に相成候間、大挙

之敵襲もがな抔人々申暮し居候。是迄之実験にて魯兵も確かに強兵たることは否認〔ママ〕候得共、兎に角戦へは必ず勝つとは我将卒之自信し居候有様、誠に難有事と感涙罷在候事に候。其他多少配慮を要する事も有之候得とも、軍隊は実に単調愉快に候。之れに引かへ、廟堂之事百般之御配意嘸々と拝察仕候。何卒一段御大切御自愛之上、御尽力所祈候。寿一君より一昨日来書、御元気之趣に付、御安心可被下候。同君身上に付公正成る御心遣ひ、誠に難有御精神感服仕候。右に付而は、浅田、藤井両人も決而間違ひたる考へは無之と相信し居候。小生等も尚意見も候へとも、今暫時く時機を見合せ可申と存居候。

伊崎氏之件に付、当時早速浅田氏え問合せ候所、同人も転職決定之後始めて承知候趣に而、中々不平申越し候。返〳〵残念之至に被考候（事実は、転職迄には不及と浅田は断言致し候）。

国元初太郎身上御厚意、難有奉存候。何卒快方之上は速かに再征出発冀望罷在候。

留守宅は不相変常々御世話蒙り居候趣、毎々申越し候。乍序御礼申上候。

非常之御無沙〔ママ〕申訳旁拝答迄。匆々敬具

十二月十九日　　春野

寺内殿

〔原史料番号〕①222-8。

9　明治(37)年12月23日

拝啓　陳は当師団第十一旅団長飯田少将事、已に少将中第二位之故〔古〕参に有之候間、何卒将来可然位置に御採用相願度候。軍司令官にも已に内申致置候間、為念貴官えも願上置候。戦地之動作随分錯難なるものにして、案内にも一時之小過より彼是他の批難を受け候者も有之哉に承り、折々は遺憾を感し候事も有之候。付而は為念、飯田少将今日迄の成績、一と通り御参考迄申上候。

一　老練と沈勇の質により諸隊の指揮円滑、決して無理無之。

一　又戦機を察するの明は平素の軍隊教育眼とは雲泥に候。

一　旅団の成績は他に譲らず、然るに其割合傷死者を出す事少なし。是無理を為さゝるに基く。

一　強て批難すれは、稍敏活を欠くと可申歟。是は他旅団の動作時に突飛に類する所ありしに比較するの一

意見にて、小官は是れ却て飯田の特有と考へ居候。
一　部下一般の信用益々厚く見受居候。
右可然御聞置奉希候。匆々敬具
十二月廿三日　　春野
寺内閣下
尚々飯田氏事、近来身体壮健、出征以来未だ一日も引籠り候事無之候。
〔原史料番号〕①222-9。

10　明治(38)年4月27日

拝啓　津野少佐に御托之芳翰拝受仕候。益々御壮武之段奉大賀候。下官も幸に瓦全、乍憚御安意可被下候。
扨奉天なと之会戦は大成功、為国家御同慶之至に奉存候。右に付小官迄御慰問を辱し、難有奉存候。当時天候、戦況、地形等種々天佑も僥倖も有之候得共、忠誠貫日とも可申将卒之意気は無限にして、終始之れに依頼し此大戦の端末を汚し候下官之幸福、言語に難尽候。戦死傷者に対し候而は、殊に深謝罷在候事に御坐候。飯田氏も此戦役に師団長として参加候段、武運芽出度事と喜敷奉存候。是一に御配慮之結果と、更に御礼申上候。
寿一君此程も来書、至極健全之趣、御安心可被成候。敵と咫尺し四ケ月余、破烈弾裏に経過候沙河も最早一場之夢と相成り、昨今は此大范河に第二線之光陰を送り、何となく手持無沙汰之感有之候。但し此機会を利用し、昨今は専心教育を指導罷在候。大快戦之結果も有之歟、目下士気之壮烈、是迄見聞不仕候程に而、喜敷現況に候。何卒御安心可被下候。長谷川家之不幸誠に意外、返〱残念奉存候。定而種々御配慮被下候事と御礼申上候。鉄雄相続無滞相済候段、安心仕候。尚此上とも益御心添願上候。
先は御来書御礼旁御左右相伺度。匆々敬具
四月廿七日　　春野
寺内閣下
追而百人町留守宅は不相変御世話被下候趣、毎々申越し候。御厚意拝謝仕候也。
〔原史料番号〕①222-10。

11　明治(41)年10月24日

鬱陶敷天気困入申候。扨今夕は推参可仕御約束申上候処、両三日閉居吸煙過度之結果か咽鼻に故障を生し、此天候夜間之外出少々難儀を感し申候間、乍遺憾今夕は御辞退申上候。尤申上度件は別紙に認め候。目下普通之問題とは存候へとも、乍去其関係は重大に付、深く御考究奉希度候。

雨天に付出発準備渋滞、困却仕候。不相変種々御配慮を〔頂〕戴き、感謝之至に候。愈々明後廿六日夜出発と決定仕候。先は前件御断旁匆々敬具

十月廿四日　春野

寺内賢台虎皮下

〔封筒表〕寺内正毅殿　御親披。

〔封筒裏〕□　大久保春野。

〔別紙〕

秘

内申

目下陸軍省と参謀本部の関係に付ては識者往々杞憂を抱くも、勇を振ひ之を裁断する者無きか如し。要するに陸軍省は得意、参謀本部は失望と大別すへきか、其失望を細分すれは、沈黙待時、憂鬱束手、猜疑偵機と申様に確信す。此三種の者の意見多少差異あれとも、大要は次長交換の上、陸軍省と調和の内に立つて闘議したしとの事に決着す。

後任次長は申迄もなく、宇佐川、上原両中将の外なし。

宇佐川　冀望人、上原に比し多数也。

只々目下山口人の勢力上出来得れは遠慮可然なれとも、此一、二年はむしろ断然其勢力を伸張し、一大結局を奏功するも可ならん。

上原　冀望人、又乏しからず。

姑息ながら薩長勢力平均上巧なる人撰法なれとも、同氏の技倆は稍圭角あり、意外の衝突等を来すへきかを懸念する人無きに非す。

右両説あるに係らす、現次長には同情者殆ど無きもの丶如し。

〔原史料番号〕①222－11。

12　明治42年6月24日

向暑之候、愈々御多祥奉賀候。老生例之瓦全、御安慮可被下候。扨今般は新統監来着、昨今中々当京城も賑敷事に候。軍司令部との関係は益々円満に有之、申迄も無之候得共、幸に御顧慮被下間敷候。左之件、御内聞に触れ

置申候。此内にて或は老生心得とも可相成廉も候はゝ、何卒御示し被下度願上候。
英国水道会社（コールブラン氏より権利買収せし者）より龍山に水道延張之計画に付而は、司令部諸官舎の給水も引受度、将又右水道鉄管を十五間道路に布設許可相成度旨の相談に候。右に付而は参謀長よりまづ左之通り返答致し置候。尤為念昨夕曾禰統監にも噂致し置候事に候。統監も同意致し居候。

蓋龍山兵営は軍自営之水道にて事足る。又司令部官舎の方は清涼之飲料水豊富にて、さし向き水道の必要なし。

十五間道路は軍用上或る必要あり。之れに外国水道会社之経営に係る水道之設施はさし閊有之、軍とし而は御協議に応しかたく云々。

此問題は軍司令部として単簡に断り置候へとも、嘗てコールブラン氏之韓国政府より受けたる権利上随分面倒之事に可立至哉に聞込居候。自然統監府より何か御相談も可有之と存じ、殊に内報仕置候。遠藤経理部長身上之件、是は外松経理局長之進退之関係より或は退隠を望み居候哉に察し居申候。此事は多分明石参謀長より御聞取り相成候事と存じ、其詳細を略す。然るに韓国駐箚軍経理部之担任事務は中々に多方面に亘り、又軍用地内を官民に貸与之事柄等は大に将来に亘る大計画に而、其煩雑非常に候。就中龍山新市街開設の如きは、専任技師、専任法律家に充分調査設計せしむるを必要と存じ候程之事と被存候。遠藤部長之敏腕能く諸般之料理区処無滞執行致し居候へとも、一朝突然交代等之事有之候はゝ随分諸事不便を来し、業務之渋滞齟齬等発生候事なきを難保、只今より杞憂罷在候事に候。併強而遠藤氏之留任之事は冀望不仕候へとも、萬一右交代之不得止場合に際し御見込も御坐候はゝ、後任者に付き十分之御配慮を戴〔頂〕き置き度、此段預〔予〕め申上置候。

次に西島師団長之事に候。同官は数月にして満限に相成り可申候。然るに同氏は御承知之通り沈毅且つ思慮深く、討伐上に付而も注意周到、誠に惜しき人物に候。第六師団之任期も已に半ばに達し居候間、此際同師団の帰朝迄同氏を留任之御詮議は出来申間敷哉、一応所願内陳仕候。藤田軍医部長之事に付萬〳〵御配慮も被下候趣、諸方面より承知仕候。兎に角同氏は一と通り経営之材〔ママ〕能有之候人物に而、当分軍に必要之事に候間、御聞置き可被下候。

尚かね〳〵新統監と内議も致し居候韓内地に慈恵医院の如きもの分設之事も着々其経営を不怠（尤是は韓国内部の仕事に付、同部次官に督促致し居候）、老生も間接注意致し居候事に候。先は右等要件得貴意度。草々拝具

六月廿四日　　　　春野

寺内閣下侍史

〔封筒表〕東京陸軍省官邸　子爵寺内陸軍大将殿　親展　（消印日付）42.6.24。
〔封筒裏〕緘　韓国京城　大久保陸軍大将。
〔原史料番号〕①222‒12。

13　明治(42)年12月19日

拝啓　毎度電報に而詳陳仕候に付、爾後特に書面を以て補備仕候程之事柄無之、遺憾千万に奉存候。目下の処、一新、大韓、東北等、日夜隠然しのぎを削り居候。此間李完用の働き振りは中々巧妙に被成候。

此場合に於て感情的行違ひより当地記者団は極端に一新〔進〕会（内田）を攻撃し、到底之れを放逐せねば不止と息巻き居候。

此邦人同志之不和衝突は殊に不都合にて、李完用等一類は窃かに嘲笑致し居候次第、心外千萬に候。内田の申分にては追々一新〔進〕会に見込相立ち、回復の気勢ありと申居候趣に候へとも、事実は決而否らす候。依之記者団と内田と和合せしめ、所謂大同団結の上、合邦問題は其手段は兎に角、凡て同意云々の議決を為さしめんとし、宇佐川、明石、三浦理事官等随分に心配致し居候へとも、今夕迄の所見込相立ち不申、殊に統監に於てもやゝ見込を異にし、共に内田、大垣等を放逐して此時局を整理せんとする冀望らしく候へとも、此件は熟慮を要する事と相信し、昨夕石塚を以て左之質問仕候。

内田、大垣等を退韓せしむるの件も決而絶対に不都合とは不存候へとも、目下の状勢にてもし内田を突然退韓せしむる時は、直ちに一新〔進〕会は四分五裂の運命に到達することは無きや。誰れを以て内田の代りに一新〔進〕会を整理誘導せしむる見込なるや。此成算あらは承りたし。素より一人之内田に彼是深く意見を挟む必要なきが如しと雖、決て軽率に之れか所断は出来がたかるへし。統監の意見如何。

只今石塚来邸致し候へとも、前問題には確たる返答無之（多分甚しきことはあるまし位也）、尤も内田之挙動も随分

蓄的にて、今日比較的進歩したる記者団等は中々容易に之と和合を肯んせす、一同大に困り居候。老生は此交渉に付ては両回統監に面会し内訓之次第は委細状陳し、其後は軍人の体〔態〕度を顧慮し所謂黒幕に在り、表面は只々宇佐川、柳原、明石等に奔走為致居候。時によりては統監にも多少気まづき感を抱かせはせずやと、大に注意罷在候。只今の所迄は決而心配も無之候。

其他一般之風評にて、今回の件は陸相殆ど首謀の位置にあり抔喋々する者もあり。現に今日若林総監来邸、殊に此事を（東京より電報ありたりと云）質問致し、依而老生はかゝる風評は全無根の事、一笑の価もなしと答へ置き候。

以上の次第に而、此一両日は一向に目鼻付き不申、此記者団と内田の衝突は一日永引けは一日丈韓人側の甚た利用する所と相成り、残念千萬に候。

錯雑之事情、到底筆紙に難尽候。只々一班御内報申上候。御推読可被下、尚内田等の事に付何か御意見も候はゝ、御内示被下度候。匆々敬具

十二月十九日夜　　春野

寺内閣下

〔封筒表〕寺内閣下　必親展。

〔封筒裏〕〆　在韓　大久保春野。

〔原史料番号〕①222―13。

14　明治(42)年12月23日

拝啓　引続き電報を以而御通報申上候通り、韓城政界融和之窮策として内田、大垣を退去せしむる事に決定し、次て記者団之宣言書抔に決議書等も昨昼公表相成り、昨今紛々擾々たりし事柄、まづ一段落相付申候。乍去内田には随分気之毒、且つ一新〔進〕会の前途にも懸念不少候に付、重ねて石塚、三浦等に注意致し候。彼の宣言書等も可成感情に基因する危言冗語等を削除する様心配仕候へとも其効少なく、書中桂、寺内等の語句を存し候事、実に不都合千萬、恐縮之至に候。

尤内田退去后之一新〔進〕会には、内田を代表し得る一法学士あり。此者時々明石、石塚等の門を叩き、間接之援助を乞ふ仕組に致し置候間、御聞置きを乞。

李完用遭難之件は電報に而御承知の事に付、相略し申候。

先は右等申入度。匆々拝具

十二月廿三日　　春野

寺内閣下

寺内閣下
〔封筒表〕永田町陸軍官舎　寺内陸軍大臣閣下　必親展。
〔封筒裏〕封　韓国京城　大久保大将。
〔原史料番号〕①222-14。

15　明治42年12月24日

拝啓　昨日一書さし上置候。然るに其後之景況別に変化も無之候へとも、政界裡面は中々混沌之有様に候。李氏遭難一件等に付而も、警察力に今一層之注意必用かと窃かに研究罷在候。前件申上候通り一新〔進〕会騒きは一段落相付候へとも、今後韓城之記者団と政社政党間等に漸次種々交渉問題起り可申は必然に候へは、此消息は夫々偵知致し居候間、必要之件は又時々御内報も可申上候。乍去全体統監には始より甚冷静、石塚等も殆ど為す所に迷ふ之有様にて、一時は宇佐川、明石等より責められ、当惑致し候事情も見受け申候。右之始末に付、今後統監上京後着々適切之命令所置下り候は丶至極結構に候へとも、此事は随分石塚等もあやぶみ居候様子に聞及候。右は兎も角、今後韓城の政界種々之変化も可有之、統監も不在と相成候場合に於て、老生は少くも政府今後之御意向を確知致し置申度冀望に候。即大体を申せは、

一　合邦議はまづ一地歩を進め、多少世の耳目を新たにするに止むる事。

二　日韓全体の輿論漸次進捗候場合は、其機を察し何分の所置をも躊躇せさる事。

三　其歩を進め、李首相暗殺の発動、尚李容九を目指す者等有之、到底漫然彼等之蠢動に放任せす、此場合断然たる合邦（形式は如何なりとも）之研究必要に付、我政府より大に進んて世論を発展致さするの手段を取る事。

是等何卒、何れの点に有之候や、御内示被下候は丶仕合と奉存候。実は過般老生退京之節受け候内訓に而も帰韓后之取計ひ振り、或は軌道を踏外し居り候様の事無之かと甚心配罷在候。時々の御返電にて安心仕候。今後迚も或る場合、職務上よりも傍観難致折り無之とも保しかたく候間、旁以本書更に申出で候。隔地之事情御洞察被下、何卒御内示切望仕候。匆々敬具

十二月廿四日　大久保春野

寺内閣下

〔封筒表〕東京麹町区　永田町一の一　寺内陸軍大臣閣下

必親展（スタンプ）書留（消印日付）42.12.24。
〔封筒裏〕封　韓国京城　大久保陸軍大将（消印日付）42.12.27。
〔原史料番号〕①222-15。

16　明治43年1月3日

拝啓　統監も今朝東上被致候。着京之上は萬事御相談可有之と奉存候へとも、大体過日児玉氏に申含め候通り全然現場維持論、即時局に対しては所謂臭物にふた、腫物にはさわらずと中主義と見受け申候。依て統監不在中之事に関しては一も要領を不得、統監会見に付今其〔ママ〕大様内報仕候。

一　御不在中之心得とし而承り置くことなきや、又時局に対する御意見承知致し置き度く云々。統〔ママ〕曰、別に申置くことなし。昨今之模様に而はまづ一時沈静之有様也。乍去萬一事変発生の節は臨機適当之所置を冀望す。実は直ちに統監代理を置くは徒らに世上之注目を引き、却而不得策と考ふるに付、可成平静之挙止を執り度き考へ也云々。

一　御見解も一理可有之、然れとも小官の見る所は反対也。時局平静之模様なれとも是は表面にて、内部は百鬼夜行也。今統監不在となる時は、統監府員（決して統一し居らず）も内閣員も、所謂鬼之留守に昼寐と申有様、姑息愉安に流るゝは火を見る如く、此寸隙に乗する他之蠢動は決し而等閑に付しかたし。依て今日之要は統監の監視寸毫も閑〔間〕断なきを要す。即直ちに統監代理を置き、内外緊粛油断無き之体〔態〕度を切望する所也。今一、二之現況に付、左之意見を陳述せん。

第一　京城之警察を一層厳粛にし、無頼不逞之徒は悉く検挙し、放逐等之所置を必要とす。

一例を云へは李完用の刺客連類者等尚数十人京城に入り込居り、中には両班の食客等に混入し居ること確実也。

第二　地方諸学校の挙動は尤不都合也。校長として政事談を弄し、紊りに日本人教員を解放し、又生徒等合同して一進会教員役員に脅迫し放逐或は脱会等を強る事、傍若無人之動止あるは続々報告に接す。此取締皆無也。学部は勿論、統監側には何故之を不問に付し置かるゝや。

　統監曰、此事は已に内訓を発せり。兎角実行不充分也。

第三　大韓病院は軍人を以て校長とす。多少他校に比し、出色之体〔態〕度無かるへからす。然るに事実は之に反し、同校養成之生徒等殆ど排日者にて、現に李完用の刺客連類者を生徒中より出すか如き奇怪千萬也。校中目下の監督韓人某の如きは確かに排日家也。是等の整理所分如何。統監御不在中是等は全然不問に付し只々平穏主義に出つるときは、雑輩之蠢動を助長するの外なく、悪風益々根幹を固め、一朝機会発動せは直ちに暗殺等之続発する必然と考ふ。

第四　昨臘京城記者団の決議せし合邦論も、春来必何れかの手段により発動すへし。是れに対する御考案如何。

以上之條件に付統監一も確乎たる腹案を明言せず、遂に不得要領に了れり。右之次第に付、到底熟談不可能と見認め、老生は左の件を約束仕候。

甲　統監不在中代理を置かず、司令官は臨時適当の所断を冀望云々。是は普通の時に対する事柄也。畢竟するに如此は殊更に統監の依頼なきも司令官職責上執るへき事と考ふ。現況たる錯雑混淆之場合、一朝事あるに際し卒然飛入るときは、前後之関係不明の廉多く、或は所断に鈍る所無きや。

戦時に果断決行を為すは常に偵察力を逞し、四囲の状況を暗し居るにより為し得る也。故に不時事変に対し飛入り之御注文は随分迷惑を感す。

乙　前陳の通りに付、目下の場合は可成早く統監代理を置き、臨機違算無きの手段を取られたし。不肖自身に係るにも遠慮せす、進んて此説を為す。実に現況上止むを不得之熱心に出つることを了解せられたし。故に老生は乙説を主張す。

以上之次第に付、今般御上京之上は甲乙二案御協議の上、何れ成りとも確然たる御命令に然も速かに接し度、深く御約束仕候次第也云々。

右再言すれは統監は全く現場維持論者にて、目下の韓国に対しては老生断然御同意を表しかたく候。篤と御考慮を煩し度候。

過日電報にて御内示之事も有之候に付、子細開陳仕候。但し電報御内示之儀は統監には全く口外不仕、為念此段申添候。匆々拝具

四十三年一月三日　春野

寺内閣下

尚々今般の事変以来、明石の熱心勉励、実に預〔予〕想外に候。乍序申上置候。

〔封筒表〕東京　陸軍大臣官舎　寺内陸軍大臣閣下　必親展。
〔封筒裏〕封　韓国京城　大久保陸軍大将。
〔原史料番号〕①222―16。

17　明治(43)年1月6日

拝啓　一昨々日は御細書を以而縷々御内示被下、難有奉存候。然るに御内示中往々御主意の有る処を解得しかね候辺も有之、甚心配仕候。
今日之場合、生等は只々御意見の在る所に随ひ、間接に行動仕居候次第に付、萬一にも御意図に矛楯候様の事有之候而は不容易儀に付、御多忙中を不顧、更に一書奉呈仕候。何卒慥かに過誤の見解と御見認め相成候は丶、速かに御開示之程奉希候。
為念甲乙丙の電報控と、又対照の便有之候に付、不顧失礼尊書に付箋を以て意見開陳仕候。御一覧可被下候。
先は右要件迄。匆々拝具
一月六日　春野
寺内閣下
追伸　曾禰統監出京、親敷く御面談相成候上は諸事御解決可相成、随而老生が不時御内托相成り候事も最早解除之事とは承知仕候へとも、是迄の行掛り上本書丈は爾後の心得振りにも必要に付、何卒御教示被下度御依頼申上候次第に候。

〔封筒表〕永田町大臣官邸　寺内陸軍大臣閣下　必親展。
〔封筒裏〕封　韓国京城　大久保大将。

〔別紙1〕寺内正毅書翰

〔前欠〕申候。将又在韓記者団なる者の将来の処分方に就き御意見御申聞、且愚見御尋相成、承知仕候。実は小〔付箋1〕生は最初より記者団なる者か何の為め必要に有之、且宣言書なる者を発したるを統監府か見て居りしか更に合点不参候。韓国将来の処分方に就ては、嘗て御出京の節首〔付箋2〕相よりも御聞取相成候事と存候か、小生等の考にては記者等の準備を待て着手するか如き考は毛頭無之、政府必要と見る時は直に勝手に処分して可然と決心致居申候。彼の一進会の挙動の如き固り最初より請願書を出すことは希望は不致候得共、既に彼等か出すと決せは敢て差止るにも不及、只泰然之を援〔ママ〕領し置方可然との卑見に有之〔付箋3〕候次第に御坐候。故に将来記者団なる者の入用は更に無之候間、是等の団体は可成解散せしめ静に成行を見さし

めて可なるものと存候。此点に於ては統監府は寧ろ不遠慮の遣り損ねには無之乎と存申候。右卑〔後欠〕

〔別紙1の付箋1〕

別紙甲乙丙号にて細電候通り、当時の京城景況は首履顚倒し、親日の一〔進〕新会をは日韓両国人共相呼応して攻撃し殆ど其立場を失はしめ、他方に於ては此虚に乗し李完用の狡策勢力を得つゝあるを以て、首相の内訓（不偏不党）を実行し中庸を採るの一策として真に一時の手段より記者団等の一致決議を促かし、差向き李等の勢力を押へたる訳也。殊に此間深く御注意を乞度きは、統監の元来一〔進〕新会を忌憚し、極力内田を厭悪し、同会の非運に陥ることは意に介せられさる傾あるを以て、当時尋常手段に依りては到底親日、排日の勢力平均は不可能なりし、是也。明石、石塚等か尤も苦慮し、其結果記者団を一時利用せしも、上陳の都合に因由す。

〔別紙1の付箋2〕

此辺は了解し居る心得なり。

〔別紙1の付箋3〕

前便にも内申せし通り記者団の宣言書には充分の修正せしむる筈なりしか、遂に其事行はれさりしは遺憾なり。但し前項付箋の通り、記者団利用の一事は寧ろ統監府よりは老生等の仕事として其責を負はんとす。乍去其動作大に軌道を逸し治安妨害を感する等の場合は強圧も解散も無論のことなれとも、目下の場合は先つ彼れ等の行動は冷静之を看過し、即放任主義可然かと被存候。其故は老生帰韓の節の首相の内意にも戻らさることと信すれば也。如何となれは、首相の内訓左の如し。

一　一度却下せし一〔進〕新会の建白書は、今度は是非受理し置くことに取計はれたし。

二　目下一〔進〕新会排斥の声高く、随て排日、親日の勢力に甚敷不平均を生せり。此際統監は不偏不党の体〔態〕度を以て、少くも一〔進〕新会の勢力を回復するの手心に出んことを尽力せられたし。

此内訓に係る注意に付、即別紙電報写甲乙二号の通り取計ひたるに、第丙号の御来電に接し、老生等か微志之其筋の意思に相違せさるものと大に安心し居りたり。然して此権力平均の注意は只今も尚甚必要を感し居る次第にて、一昨日書面にても申上候通り、諸学校の韓人等は無遠慮に一新会員を脅迫し、会員の免職脱会等を実行しつゝあるに付、名義丈にても親日家として合邦を論する、然も日本人記者のみ強て抑圧するの謂れなく、又不偏不党の取計にも無之を以て也。

要するに記者団の行動等は軌道を逸せさる限りは泰然之を看過し、其為すか儘に放任せらるゝの方針を適当と考へ候。

〔別紙2〕

甲

明治四十二年十二月十五日起案　　明治〃年〃月〃日発送

司令官　参謀長　部長　部員

参謀　主任　浄書

副官

件名　　番号　親展電報

宛名　寺内大臣　　署名　軍司令官

昨夜宇佐川、榊原、明石ヲ招キ、一進会ノ救護及合邦問題ノ善後策ニ付講究シ、左ノ必要ヲ認メタリ。即第一、京城ノ各新聞通信其他政客カ或感情ヨリ一進会ヲ攻撃シ、或ハ合邦論ヲ冷評スル等日本人間歩調乱レアルハ、排日者ノ術中ニ陥レルモノナルヲ以テ、新聞輿論ヲ融和シ一進会ニ近ツカシムルコト、之カ為要スレハ所要ノ費用ヲ与フルコト。第二ハ李完用中枢院議員及諸官吏ノ一進会反対、合邦論攻撃ノ論ヲ押フルコト是ナリ。此二策ヲ併用スレハ自然排日論ヲ撲滅シ得ヘキヲ以テ、今朝先ツ宇〔欄外〕佐川ヲシテ説カシメ、更ラニ小官統監ニ説キタルニ、統監モ小官使命ノ在ル所ヲ諒トシ、歓諾セリ。小官ハ実行上ノ如何ヲ顧慮シ、更ラニ明石ヲ遣ハシ石塚ト右二策ノ実行ヲ研究セシメタルニ、石塚ハ京城ノ輿論ヲ転シ合邦論ニ近カシメ、又一進会攻撃ヲ緩ムルコトハ強テ大金ヲ投セサルモ出来ル積リ、政府ノ御意図ノアル所ヲ諒解シタル故、其方ニ向ハシメルコトニ石塚ハ十分見込アリト云ヘリト。因テ本官ハ故ラニ深ク統監ノ所置ニ関係スルヲ避ケ、先ツ成行ヲ静観シ居ル。併シ御委命ノコト故、使命ヲ果ス迄ハ緩急ヲ図リ、統監ニ御意図ノ徹底スル如ク陰ナカラ協力スル積リ。御安心ヲ乞。

〔欄外〕即不偏不党ヲ主眼トシ、排日ト親日トノ勢力平均ヲ策セシニ外ナラス。

乙

明治四十二年十二月十七日起案　明治〃年〃月〃日発送

司令官　参謀長　部長　部員

参謀　主任　浄書

副官

件名　番号　親展電報

宛名　寺内大臣　署名　軍司令官

前電後（統監）ハ未タ何等ノ（処置）ナク、本日ニ至リ先ツ（内田良平）及（大垣丈夫）ヲ（韓国ヨリ撤退）セシメタル後（各新聞）ノ（歩調）ヲ整ヘ（合邦問題ニ賛意ヲ表）セシムヘキ旨（相談）アリタルモ、（本官）ノ考ニテハ此際（内田等日本人二人）ノミヲ（退去）セシメ却テ（李総理）以下ヲ其儘ニスルハ（一進会）ノ前途ハ益々（危険）ナルノミナラス、此際ハ在京城ノ（各日本新聞）及（内田）等ヲシテ是非（氷解）セシメ、（合邦論）ニ大体ニ於テ（賛成）セシメタル後、（内田）等カ（韓国ヲ撤退）スルヲ然ルヘキ旨申述ヘタルニ、（統監）ハ（同意ヲ表）セラレタリ。要スルニ（統監）ハ京城ノ（新聞）及（内田、大〔欄外〕垣）等ヲ（統一）シ、（大方針）ニ向ハシメラル、ヲ必要ト思フ故ニ、若今後其（必要）アルニ方テハ（本官）ハ（宇佐川、榊原、明石等）ヲシテ（暗ニ奔走）セシメ、以テ（蔭乍ラ輿論統一）ノコトニ（尽力）セン考ヘナリ。

〔欄外〕要ハ、凡テ李完用ノ巧智ヲ押ヘ、可成一新〔進〕会ヲ庇護シ、排日、新〔親〕日ノ勢力平均ヲ策セシ也。

丙

月　日　午　時　分　発　訳者

十二月　二十日　午后六時　一分着　午　時　分受

受信者　大久保司令官　発信者　寺内

電　訳

十七日迄数度ノ電報、委細承知セリ。総理大臣ニモ悉ク閲覧ニ入レ意見ヲ叩キタルニ、大体ニ於テ閣下ノ意見ニ同意セラレアルヲ以テ、今後モ其考ニテ一層ノ御注意ヲ望ム。

〔注〕別紙の甲・乙・丙は「陸軍」の電報用紙。

〔原史料番号〕①222-17。

18　明治43年2月25日

拝啓　昨夜半電報拝受仕候処、御老母様御他界之趣、驚入申候。別而御健体に被為入候に付、誠に意外之感想を

以て一入御名残惜敷奉存候。付而は御全家御一族様御愁傷之程、恐察に不堪奉存候。不取敢御悔申上度。匆々拝具

二月廿五日　　大久保春野

寺内正毅殿

〔封筒表〕東京麴町区　永田町一の一　子爵寺内正毅殿　侍史（スタンプ）軍事郵便韓国駐劄軍司令部　（消印日付）43.2.2□。

〔封筒裏〕封　韓国京城　大久保春野。

〔原史料番号〕①222-18。

19　明治(43)年11月14日

拝啓　引続御多忙之処、今般は又岡山に供奉、諸般御配慮拝察之至に奉存候。当京城幷に地方共愈々静穏也。御安心可被下候。扨京城屯在部隊も此頃予定通り夫々旧位置に復帰致し、寔に少々兵力之余裕を得候間、凡そ両月位を目途に黄海道方面（京畿道幷に江原道をもと望み候へとも、兵力不足に付他日に相延ばし候）を第二師団長に、慶尚北道之一部を派遣隊司令官に命し、小討伐を実施仕度く、目下其準備最中に御坐候。但し目下は御承知之通り集団之賊徒は無之候に付、要は巨魁捕獲之目的にて動作為致度き次第に御坐候。

英国大使来道致し候。今春独逸大使来城之節之接待を斟酌仕り、麤待無之様注意致し候積りに候間、是又御安心可被下候。東京政務之御都合上或は年末御来鮮六ケ敷哉に噂さも有之、是は御尤之事とは存し候へとも、老生等之冀望はよしや一週間に而も是非操合せ御来鮮尤必要之様被感候事に候。切に御勘考を願ふ。

渡邉少将も明日愈々満限と相成候。同人今般之叙勲は誠に難有次第、実は乍遅延下官よりも叙勲願出候所、夫れ以前に御沙汰相成候儀は誠に渡邉氏之名誉と申含候事に候。

先は御無沙汰申訳旁前数件申上候。匆々敬具

十一月十四日　　春野

寺内閣下

〔原史料番号〕①222-19。

20　明治44年9月18日

拝啓　朝夕稍秋冷を催し候処、益々御清勝之御事と奉慶賀候。老生幸に無事去る六日京〔ママ〕城仕候。然るに暑中之旅

行に付医師之注意も有之、又一方私用をも相かね誠に悠緩徐行仕り、衷心恐縮之至に候。但し御蔭に而何ん之障りも無之、消日罷在候。乍余事御安意可被下候。扨私用も粗々片付候間、来る廿日出発、着京まつ麻布借邸に落付き候心得に御坐候。着京之上は早々拝趨、公私共御模様可相伺候。先は右等申上度。匆々敬具

九月十八日　　於遠州見付
大久保春野

寺内賢台

承れは毅雄殿頃日来少々御不例との事、御案し申上候。不取敢御見舞申上候。

〔封筒表〕東京麻布笄町　伯爵寺内正毅殿　煩親展　正毅不及返事　44.9.18　（消印日付）44.9.18。
〔封筒裏〕緘　静岡県見付町　大久保春野。
〔原史料番号〕②6-17-1。

21　明治(44)年10月4日

拝啓　愈々明日は御出発、御多忙拝察仕候。御滞京中ゆる〳〵不得拝話、遺憾之至に奉存候。但し今夕は是非推参可仕と存じ居候所、昨夕平井院長より両三日特に運動を見合せ、静養を要する旨厳敷要求致し来り、殆ど当惑仕候。

其理由は、在鮮之頃に比較し蛋白増加せりとの事に候。乍去昨今気分上何んの障りも無之、元気に罷在候間、乍余事御安心可被下候。

右之次第に付、今夕は勿論、明朝御見送りも出来不申、不悪御聞置き奉希候。先は右御断り迄。匆々拝具

十月四日　　春野

寺内閣下

別啓　倭城台大神宮祠を台湾神社、樺太神社の如く朝鮮の大社となし、再建築益々拡張致し度旨、古城民長より同意を求め来り候に付、老生は其趣意に賛同致し置申候。右に付民長は不日上京致すと申居り、又序に此件寺内閣下にも一言申上呉候様依頼に有之候。未だ開申不致候に付、乍序申上候。御聞置き可被下候や。

〔原史料番号〕①222-20。

22　大正2年6月24日

拝啓　不相変御無沙汰申上候。閣下御健勝御活動之事は時々新聞紙上に拝承、安心罷在候。小生も其後漸次快方

候に付、まづ桃山参拝、其序を以て弁天島辺に静養可仕と存じ立ち、月初東京出発、去る廿日桃山参拝、目下当弁天島に滞在罷在候。来月十日頃迄は当地に、其後は見付に、月末には帰京之予定に御坐候。病患は日にまし良好之状況に御坐候間、乍慮外御放念可被下候。

却説御面倒之儀に候へとも、別紙中澤有年と申人志願之延命録発行に付御揮毫願之事、小生旧知山尾和三郎、当時野村子爵家之世話致し居候者より依頼に付、無余儀承諾、貴下に転願仕候。乍御迷惑御序御揮毫被下度、用紙幷に発行録主意書相添、此段御願申上候。

先は当用旁一書拝呈仕候。匆々敬具

六月廿四日　　在弁天島　大久保春野

寺内閣下侍史

〔封筒表〕朝鮮京城　伯爵寺内正毅殿　親展　（消印日付）2.6.24。

〔封筒裏〕封　静岡県浜名郡舞坂　弁天島長谷川別荘　大久保春野。

〔別紙〕

延命録発行之主旨

延命録発行の主旨

人生七十に達する者古来甚稀れに、五十を以て定命と仮定し、六十に至れば長命の人と為し、猶一歳を加ふれば之れを還暦と称して自他共に其長寿を慶賀し、若し其以上に達する人あれば実に人生無上の幸福と為して他の羨望措かさる所となる、或は喜寿と称し或は米寿と唱へて以てこれを祝福するは古来我邦に於ける慣例にして、又吉例に有之候。

人として延命長寿を欲せさる者無之候得共、或は摂生の方を誤り、或は長生の術に欠くる所あるがために、仮定の命数五十にすら達すること能はずして、空しく白玉楼中の人と相成候者十中の八、九、近世に至つて益々其の多きを加ふるの傾向相見へ候は、実に人生の一大恨事と存候。

雖然社会の煩雑にして優勝劣敗の激甚なる現代に於ては、不知不識心身を過労するの結果終に健康を害して生命を短縮するの不幸に陥る者有之、洵に悲むべく哀む可きの現象にして、老生の日夜痛惜して止まざる所に御座候。

不老の術、不死の仙薬は到底之れを需め得べき事に無之候得共、延命長寿の人々か採りて以て行ひたる摂生の法を示して日夕これを励行せしめ、又其人々を模範として常に衛生の事は注意する様相努め候得は効果の及ふ所甚大にして、延命長寿の術に向つて裨補する所蓋し鮮少ならざるべしと存候。而して其方法と模範とを示さんとするには、宜しく一部の書冊を発行して世に公けにするの外他に良策なかるべくと存候。

依之老生は茲に畢生の事業として延命録と題する一書を発行し、以て世に頒たんことを企て、以て朝野の賛同を仰ぎて之れを大成せん事に老軀を委ね申候。

延命録は還暦以上に達せらるゝ朝野の縉紳知名の士、若しくは世間稀れに見る所の高齢者に乞ふて書画の揮灑を求め、併せて其真影を請受けて両つながら鮮明優秀なる写真版となし、以て書中に挿入し、又平素に於て実践躬行せらるゝ所の衛生法、若しくは長生術に関する高見卓説を傾聴し、其要点を掲記して世に示さんとするものに有之候。

書中に挿入する真影に対しては親しく其人に接して教示を受くるの思ひあるべく、衛生法若しくは長生術に関する高見卓説を読むに至つては、必らずや之れを模範として己れも亦其人たらんとするの念慮を発するに至るべく、また揮灑の書画に対しては之れを繙く毎に美妙の快感を起し、気鬱を散し妄想雑念を去て、兼て高尚優美の精神を養成すべきのみならず、鷲舞鳳翔、壮者を凌くの気概を眼前に見ることを得べきにより、不言不語の間に於て其精神に感化せられ、昨日意志の薄弱なりし者も今日は翻つて強固の人と成り、曾つては病魔の為めに苦しめらるゝの人今や健全の丈夫と成りて煩劇の社会に立ち、優勝劣敗の競争場裡に駆逐して着々勝利を占め、老いて益々壮んなるの古語に背かす終身安泰にして天寿を全ふするを得べくと確信仕候。

不文其意の在る所を尽くし難く候得共、希くは老生の微意を諒せられ、本書大成の事に御賛助を賜はり候得は本懐不過之候。

謹言

明治四十五年五月二十八日

延命録賛助群星　不老長生家百傑（イロハ順）

伯爵伊東祐亨君
池田謙蔵君
子爵北條氏恭君
伯爵東郷平八郎君
子爵大迫尚敏君
大倉喜八郎君
子爵渡邊国武君
田邊蓮舟君
竹内綱君
男爵辻新次君
長井長義君
男爵内田正敏君
久須見祐利君
子爵松平乗承君
前田正名君
男爵近藤廉平君
跡見花蹊女史
侯爵西園寺公望君
宮地厳夫君
志賀淑子刀自

伯爵板垣退助君
侯爵蜂須賀茂韶君
男爵細川潤次郎君
徳冨一啓君
男爵尾崎三良君
岡村瀧尾刀自
伯爵樺山資紀君
田邊己巳子刀自
棚橋絢子女史
土屋弘君
内藤素行君
薄井小蓮君
山本幸彦君
町田実輌君
松山棟庵君
小牧昌業君
安達安子女史
子爵榊原政敬君
宮原廉君
伯爵土方久元君

子爵井上良馨君
子爵花房義質君
堀尾貫務僧正
同婦人久子刀自
小柳津要人君
伯爵渡邊千秋君
伯爵芳川顕正君
丹波敬三君
伯爵津軽承昭君
恒松隆慶君
中根半嶺君
伯爵乃木希典君
矢島楫子女史
同夫人栄子刀自
男爵福島安正君
江原素六君
浅野総一郎君
男爵阪井重季君
三輪田真佐子女史
男爵日高壮之丞君

井上頼圀君
子爵長谷信成君
公爵徳大寺実則君
伯爵大原重朝君
小川直子女史
伯爵夫人渡邊敏子刀自
田中伸稲君
高橋新吉君
男爵土屋光春君
侯爵鍋島直大君
伯爵上杉茂憲君
子爵黒田清綱君
伯爵萬里小路通房君
松田正久君
男爵船越衛君
男爵母堂安東喜久子刀自
荒木寛畝君
三島毅君
男爵渋沢栄一君
比志島義輝君

本居豊穎君　森田悟由禅師
左の各位は交渉中
公爵大山巌君　公爵山県有朋君　公爵桂太郎君　侯爵松方正義君
侯爵井上馨君　伯爵奥保鞏君　伯爵寺内正毅君　伯爵林董君
伯爵大隈重信君　子爵長谷川好道君　男爵佐藤進君　男爵加藤弘之君
男爵武井守正君　森村市左衛門君　益田孝君　原六郎君
馬越恭平君　中野武営君　金原明善君

東京市牛込区市ケ谷河田町六番地
不老軒主人
主唱者　八十翁　中澤有年
麻布区森元町二丁目八番地
編輯長　足立栗園
牛込区若松町六十三番地
編輯員　吉野朝計
日本橋区箱崎町四丁目一番地成章堂
印刷者　澤村則辰

〔原史料番号〕①222-21。

23　大正3年8月17日

拝啓　本年は非常之大暑に候処、錦地如何に候哉。当地は昨今朝夕少々凌き能相成申候。不相変御無沙汰之限り、申訳も無之候。官報によれは益々諸般之御政務御盛行之御模様、愈々御健勝御励精之御事と慶賀之至に奉存候。老生も目下は比較的例年になき元気に相暮し居候。乍慮外御放念可被下候。扨昨今は欧州大変之波動に而、政府も中々御多忙に見受けられ候。貴下隔地之御在勤、何かと御心配拝察に不堪候。陸海軍凡而元気旺盛、只々廿三日之結果着目罷在り候事に候。今般対独之出来事に付而は、寿一君にも定而御迷惑之事歟と遠察罷在候事に候。長谷川家も久敷往復不仕候へとも、別に御変り無之と存じ居候。柴田君には折々面会仕候。至而元気、大暑を冒し日々力めて運動被致居候事に候。先はあまり之御無沙汰申訳旁御近況御伺迄。草々拝具

八月十七日　　　　春野

寺内閣下

〔封筒表〕朝鮮京城　伯爵寺内正毅殿　親展　八月廿一日

正毅　返済（消印日付）3.8.□。

〔封筒裏〕固　東京市外　下渋谷七九九　大久保春野（消印日付）3.8.20。

〔原史料番号〕①222-22。

24　（　）年10月3日

拝啓　愈々御多祥奉賀候。老生依旧頑健、乍余事御放念可被下候。扨寿一君始終御壮健、二ケ月之隊付勤務無事終了、明日は御帰京之事と相成、御悦申上候。当地之御模様は大概左之通り。

従来大学生之隊付中之動静は兎角真面目之研究を欠く之外評を免かれ不申候処、本年は幸に一般に能く勉強研学被致候様に見受け（未た隊長之報告を不得候へとも）申候。就中寿一君は帰宿後は辻春十郎に就き語学之夜習無怠（他学生は遂に実行不致）勤勉確認仕候間、呉々御安心可被下候。

今春御話し申上候木曽川筋笠松附近架橋之件に付而は、愛知、岐阜両県知事にも御一言有之候趣、爾来着々両県之協議進歩致し、愈々今般両県知事より表立ち内務省え補助金下付之出頭に相成候。付而は此際更に内務大臣え御一言相成、両県知事申請補助金之件認可候様御尽力被下度、従下官も御依頼申上候。尚目下両県知事も出京中

に付、自然御面会之折も候はゝ、更に御督励方冀望之至に奉存候。先は右等得貴意度。匆々拝具

十月三日　春野

寺内賢台虎皮下

〔原史料番号〕①222-23。

25　（　）年　月4日

拝啓　過日は御来書を辱し、難有拝読仕候。又今日は質疑委敷御示し被下、御蔭にて将来之心得と相成、仕合仕候。歳月如流水、野生も昨日を以て満一年当師団に奉職、回顧すれは一事之成し遂けたる事も無之、悲慨之至に奉存候。尤も幸に上官も愛護を辱し、諸般之着手は先つ滞無之方に付、乍不及ぼつ〱は仕事も成就之期に進行可仕と、心中は随分愉快に相暮居申候。御安心可被下候。長谷川家之事に付而は不一方御配慮、定而昨日は無滞祝式相済候事と悦居申候。尚此末一層御保庇、切に御依頼仕候。右は妻よりも呉々御例〔礼〕申上呉候様申出候事に候。先は前件得貴意度。匆々拝具

四日　春野

寺内様

〔原史料番号〕②6-17-2。

解　題

千葉　功

一　本書の意義

近年、東アジアの日中韓三国の間では歴史認識の問題が起きており、各国間の親善を阻害している。日本に関しては、韓国に対する植民地支配の問題と中国に対する戦争責任の問題があり、ともに現在の日本の対外関係にとって大きな足かせとなっている。このような問題に対し、歴史家は直接に解決のための道筋を提示することはできないにしても、史料にもとづいて事実を明らかにすることはでき、そのことは歴史認識の問題の解決に寄与するものと私は確信している。

さて、そのような歴史認識問題での渦中のひとりが寺内正毅である。

寺内は、陸軍において陸軍長州閥を継承した人物である。そして、一九一〇年には韓国統監として現地で韓国併合を進め、併合後はそのまま朝鮮総督に横すべりとなり、一九一六年まで務めた。すなわち、日本による初期朝鮮統治を形成した人物である。そして、一九一六年には総理大臣となって、一九一八年までのいわば第一次世界大戦後半期に総理大臣を務める。寺内内閣期には総力戦体制への模索が始まり、また一九一八年には十月革命後に成立したボリシェヴィキ政権に対しシベリア出兵という干渉戦争にふみきった。このように、大正政治史や初期朝鮮統治、ならびに陸軍などを考えるうえで、寺内は最重要人物のひとりに位置する。

さらに、寺内は総理大臣クラスで、四〇〇〇点以上という大部の一次史料群が存在し、それも翻刻が部分的にしかなされていないという点で、これから研究を飛躍的に前進させる可能性を秘めた研究対象であるといえる。

さらに、寺内にはそもそもしっかりとした伝記がないため、一次史料である「寺内正毅関係文書」の翻刻・共同研究の意義がより高まるのである。ちなみに、同じ長州出身で陸軍をバックに政治の世界へ進出した山県有朋や桂太郎には、徳富蘇峰（猪一郎）による伝記[1]が存在する。これら戦前の伝記は政治家の顕彰が目的なので取り扱いに注意が必要なのは当然であるが、しかし蘇峰による伝記は史料を整理し、場合によっては関係者から書翰などを借りてきたり、聞き取りを行ったりしたうえで作成されたものなので、伝記に収録されている史料は利用価値が高かったりする。それに対して、寺内の伝記[2]は、寺内の死後すぐの倉卒の間に編纂されたもので、一次史料はほとんど使われておらず、あまり使い物にならない伝記となっていることもあって、逆に一次史料である「寺内正毅関係文書」の価値を高めることになるのである。

二　桜圃寺内文庫

「寺内正毅関係文書」は、現在大きく三つの機関に分散して保存されているが、その経緯を知るためには、まず桜圃寺内文庫[3]の経緯を見なければならない。桜圃寺内文庫に関する詳細は伊藤幸司氏による研究に譲るが、本稿では行論の関係上、必要な点のみ触れておきたい。

寺内正毅は郷土山口の子弟に所蔵図書を閲覧せしめ、防長の士風を伝えるための文庫開設を企図していた。しかし、正毅は一九一九年一一月に死去したため、正毅の長男で嗣子の寿一が遺志を継いで、一九二二年二月に桜圃寺内文庫を建設・開庫した。桜圃寺内文庫は寺内家の私設図書館であり、教育図書館という正毅本来の構想に正毅記念館的な側面が加えられることになった。文庫には一般書のほかに中国朝鮮関係古書、上原勇作寄贈の洋書も多数あった。

さらに、二階の陳列室（宝物室）には、後述のごとく天皇の下賜品などの貴重品が安置されており、その中に「寺内正毅関係文書」も含まれるようになったと推測される。すなわち、桜圃寺内文庫の開庫にあたっての『防長新聞』一九二二年二月五日の記事には、陳列室には次のようなものが置かれていたことがうかがわれる。

◇陳列室（伯爵家寶物並に貴重品室）には前号所載の如く明治天皇昭憲皇太后陛下よりの御下賜品数種及び今上天皇皇后両陛下御下賜品数種、李王家より拝領品数種と故元帥の遺物愛好品数十点の外に、畏くも先帝陛下並に今上陛下より親しく故元帥に御下賜あらせられた御真影と共に昭憲皇太后皇后両陛下の御真影安置されあるを以て一般に公開せず(4)。

さらに、この二年後の一九二四年に佐藤範雄（金光教の信者、金光教団組織化を推進）が桜圃寺内文庫を訪問したときの記録には、次のような記述があるという。

宝物室

仰げば室の正面には、両陛下の御真影あり、左方には明治大帝の御聖影が掲げられてある。襟は自ら正され再拝して参入した。

明治大帝、昭憲皇太后、今上陛下よりの御下賜品の数々は、今記すもいと畏れ多く、それは〳〵筆にも口にも尽し得ぬ貴重な尊いものばかりであった。一々品名説明を拝して行く中に、李王家よりの御下賜品、金の茶釜、銀の爐、其の他貴い物が拝された。

御下賜の元帥刀の前に、大勲位菊花大綬章より、各種の勲章を胸間眩ゆき迄に吊されたる元帥服を拝する時、元帥の功勲の如何に偉大なりしかを思はずには居られない。胸間に吊すことの出来ない、他の多くの勲章は、元帥の左右に正しく并べられ、燦《さん》として輝いて居る。中には横文字入りの外国勲章もあった。

伊藤博文、大久保利通、木戸孝允、西郷隆盛、山県大将、乃木大将其の他勤王の士の往復書信、或は詩歌等鄭重に保存せられてあった。元帥の遺墨に至っては、色紙に、幅にそれは〳〵墨痕鮮かなるものである。

また、佐藤は文庫を辞するにあたり、壁間に掲げてあった寺内宛て乃木書翰および歌を、文庫主管（宇佐川三郎）の

許可を得て筆写したという。(5)

その後、桜圃寺内文庫は、文庫に隣接して一九四一年に設立された山口女子専門学校（一九五〇年新制の山口女子短期大学に編制替え、一九七五年山口女子大学に昇格、一九九六年共学化により山口県立大学へと名称変更）の学生が図書館として利用する必要性と、庫主寿一がマレーシアのレンガムで拘留中に病死（一九四六年）したことにともなう寺内家の文庫維持困難とがあわさって、一九四六年に山口県と寿一妻の寺内順子氏の間で「桜圃文庫貸借契約書」が締結された（その後、文庫隣接の朝鮮館の倒壊や物価騰貴による借料変更の必要などから、一九五二年に改めて貸借契約書が取り交わされた）。桜圃寺内文庫の借用期間（一九五六年一二月末日まで）を迎えるにあたり、山口女子短大からすれば付属図書館として永く利用したい希望もあり、県も文庫を県有財産にする意向を固めた。寺内家との交渉の結果、山口県と寺内順子氏との間で売買契約書が締結され、一九五七年一月に文庫建物・土地・樹木が県に移管された。あわせて、文庫蔵書に関しても県・大学の希望を了解して、寺内家は同年三月に図書、書画・写真帳、備品類の寄付採納願を提出した。

このように、桜圃寺内文庫所蔵の資料（伊藤氏作成の図「桜圃寺内文庫旧蔵資料の所蔵先」(6)も参照）に関しては、その形態にあわせて山口県（山口県立女子短大）に移管されたもの（図書、書画・写真帳）、山口女子大学から韓国慶南大学校へ「寄贈」されたもの（朝鮮書画類）、寺内家所有のまま文庫に保管されて、後に山口県立山口図書館に寄贈・寄託されたもの（朝鮮関係蔵書）に分かれた。さらに、一九四六年の貸借契約ないし一九五七年の売買契約の際、契約の対象とはならずに、山口市の寺内文庫から神奈川県大磯町の寺内家本宅に引き上げられた史資料群もあった。正毅を顕彰する目的で文庫の陳列室で陳列されていた正毅ゆかりの文物や資料こそがそれであると、伊藤幸司氏は推測する。(7)

三　新出史料の発見

その後、一九六四年に、寺内順子氏（この時期は、一時的に「寺内裕紀子」と名乗っていたようである）から国立国会図書館憲政資料室に史料が寄贈された。

　現在、憲政資料室に所蔵されている「寺内正毅関係文書」がそれである。同文書は整理のうえ、目録（『寺内正毅関係文書目録』）が刊行された。

　ちなみに、山口県の防長尚武館にも資料があるが、それは勲章・勲記、軍服・軍刀、写真などといったモノ資料が中心である。

　このように全貌が明らかにならないほどの大部の史料群である憲政資料室所蔵の「寺内正毅関係文書」であるが、実はそれで全てではなかったのである。すなわち、近年になって、大磯の寺内家にかなりの資史料が残存していることがわかり、それら寺内関係史料が、寺内多恵子氏から、山口県立大学と学習院大学史料館に分かれて寄贈された。寺内多恵子氏は寺内順子氏の姪にあたり、寺内寿一・順子夫妻に実の娘のように育てられ、そのまま寺内家を継いだ方である。

　まず、山口県立大学への寄贈の経緯を述べると、当時山口県立大学に勤務し、同大学付属図書館に伝来していた桜圃寺内文庫の研究を進めていた伊藤幸司氏が、関連する資料が寺内家に残されていないかを確認するために私信を出したところ、寺内多恵子氏から連絡があり、二〇一二年一〇月に永島広紀氏とともに大磯町の寺内家を訪問して、資料確認を行ったという。結局、伊藤氏が受け入れの責任者となって「寺内正毅関係資料」の山口県立大学への移管が行われ、二〇一四年一月には寺内多恵子氏の出席のもと寄贈式が開催された(8)。

　一方、同じ頃の二〇一三年五月に、学習院大学史料館の長佐古美奈子氏と、学習院大学の千葉功・長谷川怜が大磯の寺内家を訪問し、その結果、翌六月に学習院大学史料館に「寺内正毅・寿一関係資料」が寄贈された。これはアジア太平洋戦争後の桜圃寺内文庫の山口県への貸借・売買契約の際に大磯の寺内家へ引き上げられたモノ資料のうち、防長尚武館へ寄託・寄贈された軍事関係資料以外のモノであろう。

　さらに、二〇一七年一〇月に学習院大学から鶴間和幸・村松弘一・長佐古美奈子・長谷川怜・西山直志・吉廣さやか・戸矢浩子が寺内家を訪問して、新たに寄贈されることになった寿一関係の史料を搬送したが、その際、寺内宛の書翰も発見された。これらも、学習院大学史料館へ寄贈されることとなった。

四　「寺内正毅関係文書」の概要

寺内家から、一九六四（昭和三九）年に寄贈された国立国会図書館憲政資料室所蔵「寺内正毅関係文書」は、総計三三九五点からなる一大史料群である。総理大臣クラスでこれだけまとまって史料が伝来するのも稀であり、それだけでとても貴重なものである。山口県立大学附属図書館の「寺内文庫」には、憲政資料室の「寺内正毅関係文書」と類似しながら重複していない資料が若干伝来しており、このような伝来状況から伊藤幸司氏は「神奈川県の寺内家から寄贈された憲政資料室の寺内正毅関係文書は、もともとは山口の桜圃寺内文庫に一括して保管されていた可能性が非常に高い」と結論づけられている(9)。寄贈史料は整理され、憲政資料室の藤井貞文・有泉貞夫氏によって詳細な目録が作成された（国立国会図書館参考書誌部編『寺内正毅関係文書目録　付岡市之助関係文書目録』、国立国会図書館、一九七一年）。

「寺内正毅関係文書」は書翰の部と書類の部に大別される。

書類の部は、「北清事変」「朝鮮関係」や「寺内内閣」「西原借款」といったふうに、内容によって分類されている。書類の部については、山本四郎氏によって既に主要部分は翻刻済みである。すなわち、日記のうち北進事変（義和団戦争）以降から寺内死去までの分は山本四郎編『寺内正毅日記一九〇〇～一九一八』（京都女子大学、一九八〇年）として、書類のうち寺内内閣期以前のものは山本四郎編『寺内正毅関係文書　首相以前』（京都女子大学、一九八四年）として、書類のうち寺内内閣期のものは山本四郎編『寺内正毅内閣関係史料』上下（京都女子大学、一九八五年）として、それぞれ翻刻されている。

しかしながら、書翰の部、すなわち寺内に宛てられた膨大な書翰群については、点数が多い（総計一六五一点）うえにくずし字で書かれていることもあって、部分的に翻刻されるにとどまっている。本来は、書類を山本四郎氏が、書翰を藤井貞文氏が分担してそれぞれ翻刻し、日本史籍協会叢書として東京大学出版会から刊行予定であったが、書翰のかなりの部分が翻刻済みのところで藤井貞文氏が死去したため、刊行が頓挫したという（山本四郎氏も当時勤務していた京都女子大学の研究叢刊として書類編を刊行した）。

その後、寺内正毅宛て書翰のうちごく一部の発信者の分は、次のように翻刻されている。

尚友倶楽部史料調査室・広瀬順晧・日向玲理・長谷川貴志編『寺内正毅宛明石元二郎書翰　付『落花流水』原稿（『大秘書』）』（尚友倶楽部〈尚友ブックレット〉、二〇一四年）

千葉功編『桂太郎発書翰集』（東京大学出版会、二〇一一年）

長井純市・馬場宏恵「寺内正毅宛杉山茂丸書翰紹介」『法政大学文学部紀要』六八号（二〇一四年）

尚友倶楽部史料調査室・伊藤隆編『寺内正毅宛田中義一書翰』（尚友倶楽部〈尚友ブックレット〉、二〇一八年）

吉田茂記念事業財団編『吉田茂書翰』（中央公論社、一九九四年）

ただし、それ以外の大部分は未翻刻のままとなっている。

また、憲政資料室が作成した詳細な目録である『寺内正毅関係文書目録』も、書翰の部のうちB群に対する目録の取り方が簡略過ぎるため、書翰の内容の点においても、実は全貌がわからないのである。すなわち、『目録』は「政治・軍事・外交関係などの書翰をふくむ発信人のもの」はA群に、「私的・儀礼的書翰のみの発信人のもの」はB群に分けている。A群（一二一九通）は、日本人書翰一一一七通、朝鮮・中国人書翰六一通、寺内正毅書翰案三二通、第三者間書翰九通からなる。また、B群（五三三通）は、日本人書翰四二二通、欧米人書翰一一一通からなる。そして、『目録』は、A群に関しては発信人名・年代・内容・書翰中にあらわれる人名を摘記するが、B群に関しては発信人名・数量を記すにとどめている。しかしながら、B群がそもそも私的・儀礼的書翰のみで構成されているかを悉皆確かめた者はおそらくなく、実は政治・軍事・外交などの情報を含む書翰がB群の中に入っている可能性がある。また、たとえB群が結局のところ私的・儀礼的な書翰だけだったとしても、それはそれで寺内の人間関係を押し測るうえで貴重な書翰だといえよう。

次に、近年、寺内家から山口県立大学へ寄贈された「新出史料」である「寺内正毅関係資料」は、史料受け入れの責任者となった伊藤幸司氏が中心となって、彼の母校である九州大学の関係者をも動員して整理と目録化が進められた。その結果、一紙・冊子之部八六二点、軸巻之部一五件四〇点、写真之部四三件四六点の総計九四八点にのぼることが判明した。また、史料整理・目録化の成果を社会に還元するため、二〇一四年一月二九日―二月二日に山口県立美術館講座室にて特別展「宮野の宰相・寺内正毅とその時代――桜圃寺内文庫への新規寄贈資料展」を行うとともに、二月一日には山口県立山口図書館にてシンポジウム「桜圃寺内文庫の可能性――新出資料が語る近代日本」を開催した。「寺内関係資料目録」は、シンポジウムの記録や資料展の展示解説、乃木希典書翰の解説とあわせて、伊藤幸司・永島広紀・日比野利信編『寺内正毅と帝国日本――桜圃寺内文庫が語る新たな歴史像』（勉誠出版、二〇一五年）として刊行された。

学習院大学史料館所蔵となった「寺内正毅・寿一関係資料」（六五件四四七点）のうち正毅関係は、総計三五点である。文字資料は軸物一三点など少数であるが、例えば一九一〇（明治四三）年、韓国併合の前後に山県有朋が寺内に宛てて送った書翰二通[10]や、乃木希典が殉死する直前に書いた書翰[11]など、貴重な史料が含まれている。また、高価なモノ資料が多いことも特徴であり、蒔絵硯箱・平箱、螺鈿文台、ボンボニエールなどからなる[12]。さらに、寿一の関係史料四一二点もあわせて寄贈された。この「寺内寿一関係史料」は、書類・辞令・位記・感謝状などからなり、従来一次史料がほとんど世に出ていなかった寿一を研究するうえで大きな価値を発揮するであろう。学習院大学史料館では二〇一四年九月二七日―一二月六日の期間に、所蔵の史資料から「桜圃名宝展」を開催した。このうち、漆芸品に関しては、『桜圃名宝　【漆芸編】』というフルカラーのミニ図録を発行した。また、「桜圃名宝展」とあわせて、講師に伊藤幸司氏を招いて、一〇月三日に史料館講座「桜圃寺内文庫の誕生とその後」が開催された。これら寺内正毅・寿一関係資料の目録は、前掲の山県書翰など主立った史資料の解説文とあわせて、『学習院大学史料館紀要』第二一号（二〇一五年）に掲載されている。

以上述べてきた山口県立大学と学習院大学史料館の二つの機関の史料は、憲政資料室所蔵分とは別途、大磯の寺内家に保存されてきたもので、まったくの新出史料である。言い換えれば、国立国会図書館憲政資料室とあわせて、これら三つの機関の史料群は、いわば「泣き別れ」の状態にあるともいえる。よって、三機関の史料群を統合して、横断的に翻刻し、それにもとづいて共同研究を行うことによって、多くの知見を得ることができるであろう。

五　発信者の概観

それでは次に、「寺内正毅関係文書」の書翰群の発信者を概観することで、本関係文書の性格を考えてみたい。

まず、別格で多いのが、一二二通の山県有朋である。このうち、二通は近年学習院大学史料館へ寄贈されたものだが、それは韓国併合前後のものである。山県は元老かつ陸軍の長老として、寺内ないし寺内内閣の後見を自任しており（寺内が山県に、いつまでも子供扱いすることに不平をもらしたという有名な逸話がある）、山県からの書翰数が多いのもうなずかれる。

さて、寺内は、山県有朋―桂太郎―児玉源太郎―寺内正毅と、長州系陸軍主流派に連なり、日露戦後をはさんだ約一〇年間陸軍大臣を務め、「寺内体制」[13]と呼ばれるほどの影響力を発揮した。このような陸軍内における寺内の位置づけを反映して、「寺内正毅関係文書」書翰の部には、山県有朋（一二二通）、田中義一（七七通）、石黒忠悳（七五通）、大島健一（四五通）、長谷川好道（四五通）、桂太郎（四〇通）、立花小一郎（三九通）、上原勇作（三六通）、真鍋斌（三五通）、大島義昌（三四通）、福原豊功（三〇通）、児玉源太郎（二六通）、大久保春野（一四通）、岡市之助（二二通）、長岡外史（二一通）、宇都宮太郎（一八通）、大庭二郎（一五通）、一戸兵衛（一四通）といったように、陸軍長州閥関係者からの書翰が多く含まれている。これら書翰群からは明治・大正期における陸軍の詳細、特に政治との連関性を明らかにしてくれるであろう。ちなみに、乃木希典の一一通は主に乃木自決直前のもので、興味深い。

次に目につくのが、寺内内閣の閣僚からの書翰である。すなわち、後藤新平（六六通）・大島健一（四五通）・勝田主計（三六通）・児玉秀雄（二五通）・仲小路廉（一九通）となっている。第一次世界大戦期を寺内と二分して内閣を担った大隈重信宛ての書翰群が、近年、『大隈重信関係文書』として翻刻され、全巻完結した[14]ので、これら史料群とあわせ見ることによって、「第一次世界大戦と日本」という観点からかなりのことが明らかになるはずである。

また、寺内が韓国併合の現場責任者として韓国併合前後の韓国統監・朝鮮総督をつとめたことからわかるように、朝鮮関係者からの書翰が多く含まれている。例えば、明石元二郎（九〇通）、長谷川好道（四五通）、山県伊三郎（四四通）、立花小一郎（三七通）、児玉秀雄（二五通）、大久保春野（二四通）、小松緑（二四通）、宇佐美勝夫（一七通）、大城戸宗重（一三通）などである。これら書翰群は寺内の朝鮮統治の実態を、韓国併合前後を横断する形で明らかにしてくれるであろう。

ちなみに、寺内文書の中には中国関係者からの書翰も多く、特に、西原借款を担った西原亀三（三四通）や坂西利八郎（二〇通）の書翰が多い。既に先行研究[15]において、朝鮮総督である寺内は満州への日本勢力の伸張と、朝鮮・満州の横断的統治に積極的で、いわゆる「鮮満一体化」構想を抱いていたことが指摘されているが、「寺内正毅関係文書」の翻刻によって、満州支配との連関性をも明らかにすることが期待される。

他にも、一時期までは良好な関係にあった徳富蘇峰（六七通）、後藤新平系の政界浪人である杉山茂丸（四五通）などもあって、さまざまな新知見を与えてくれるであろう。

六　本書刊行の経緯と謝辞

本書が刊行されるにあたっては幾多の経緯があり、よって多くの方々に謝辞を呈したい。

前述のごとく、藤井貞文氏が国立国会図書館憲政資料室所蔵の「寺内正毅関係文書」の書翰群の翻刻を進めたが、死去のため中途で終わった。この藤井氏による翻刻作業を継承されたのが、同じ憲政資料室で勤務されていた広瀬順晧氏である。

広瀬氏が駒澤大学大学院で授業を担当されたことから、当時同大学の大学院生であった長谷川貴志・日向玲理を中心として、同期・後輩の院生や駒澤大学近代史研究会のメンバーの助力をえながら、広瀬氏の手元にある原稿を入力する作業が長らく行われた。そのうち、寺内宛ての明石元二郎の書翰群に関しては、前述のごとく尚友倶楽部からブックレットの形で公刊された。

一方、伊藤隆氏は、近代政治史研究に資するという目的から、くずし字書翰を読む人材を育成するための勉強会を、二〇一一年以降開催している。その参加者は次の通りである。

　上田和子、小野要子、佐賀香織、長南政義、服部英里子、藤澤恵美子、山崎裕美

この勉強会で読んだ書翰のうち、「寺内正毅関係文書」に含まれるものは、田中義一と長谷川好道の全書翰である。そのうち、寺内宛ての田中義一の書翰群に関しては、前述のごとく尚友倶楽部からブックレットの形で公刊された。さらに、尚友倶楽部では、太田展子氏（尚友倶楽部嘱託）が田中義一・長谷川好道以外の数多くの書翰の翻刻を進めている。

このような状況をふまえて、千葉は多くの研究者の賛同と参加をえて、二〇一五年に「寺内正毅関係文書研究会」を立ち上げた。研究会への参加者は徐々に増え、二〇一八年六月時点での研究会のメンバーは次の通りである。

青木健史、赤司友徳、飯島直樹、伊東かおり、伊藤幸司、上田和子、小倉徳彦、加藤祐介、草野泰宏、熊本史雄、

小林篤正、佐々木恵海、佐藤大悟、下重直樹、陣内隆一、季武嘉也、千葉功、長佐古美奈子、永島広紀、西山直志、野島義敬、長谷川貴志、長谷川怜、原口大輔、韓相一、日向玲理、藤澤恵美子、藤澤匡樹、山口輝臣、芳澤直之、吉廣さやか

この「寺内正毅関係文書研究会」は、参加者で書翰の翻刻と原典校正を行うとともに、年二回ペースで研究会を開催して、翻刻された寺内文書からわかることや関連した内容の報告を行うことで共同研究を進めている。本書は、同研究会による「寺内正毅関係文書」翻刻プロジェクトの成果である。

「寺内正毅関係文書研究会」が翻刻を進めるうえで、尚友倶楽部ならびに伊藤隆・広瀬順晧両先生の御賛同と御許可をえて、既に翻刻された書翰データを提供してもらった。もちろん、「寺内正毅関係文書研究会」の方でも未読解書翰の翻刻を行うとともに、分担して原典照合を最低二回は行った（また別途千葉は全書翰の原典照合を最低一回は行った）が、最初に書翰データがかなりの分量で存在したことは、作業負担を軽減することに役立った。ここに、尚友倶楽部ならびに伊藤・広瀬両先生に篤く御礼申し上げたい。

また、安達峰一郎書翰に添付されたコザコフ書翰二通と、安藤書翰一通というフランス語書翰の翻刻・翻訳に関しては、リーヴェン・ソメン（Lieven Sommen）さんの御協力を得た。記して感謝申し上げたい。

さらに、本書の編集に関しては、東京大学出版会の山本徹さんの献身的な御協力を得た。山本さんには、赤字でいっぱいのゲラの処理など、煩瑣で根気の要る作業を強いてしまった。山本さんの的確な作業がなければ、本書は刊行されなかったであろう。山本さんには、最大限の謝意を呈したい。

本書は、山口県立大学・学習院大学史料館へ移管された新出史料を含む「寺内正毅関係文書」のうち書翰群を悉皆翻刻するプロジェクトの最初の成果である（『寺内正毅関係文書』は全五巻の刊行予定である）。本書の公刊の結果、多くの史実が明らかにされ、研究が活性化されることを強く期待する。さらに、史料にもとづいて事実が明らかになることで、日中韓三国の間にわだかまる歴史認識の問題の解決に少しでも寄与するところがあれば、望外の喜びである。

注

(1) 徳富猪一郎編『公爵山県有朋伝』上中下(山県有朋公記念事業会、一九三三年)。徳富猪一郎編『公爵桂太郎伝』(故桂公爵記念事業会、一九一七年)。
(2) 黒田甲子郎編『元帥寺内伯爵伝』(元帥寺内伯爵伝記編纂所、一九二〇年)。
(3) 以下、桜圃寺内文庫に関しては、伊藤幸司氏による一連の研究(伊藤幸司「桜圃寺内文庫の変遷と現状」伊藤幸司編『寺内正毅ゆかりの図書館桜圃寺内文庫の研究――文庫解題・資料目録・朝鮮古文書解題』(勉誠出版、二〇一三年)、伊藤幸司「桜圃寺内文庫と寺内正毅関係資料」伊藤幸司・永島広紀・日比野利信編『寺内正毅と帝国日本――桜圃寺内文庫が語る新たな歴史像』(勉誠出版、二〇一五年))を参照。
(4) 『防長新聞』一九二二年二月五日。伊藤幸司「桜圃寺内文庫の変遷と現状」二七頁から再引用。
(5) 井上鍵之助編『佐藤先生山陰旅行随行記』(神徳書院、一九二四年)。伊藤幸司「桜圃寺内文庫と寺内正毅関係資料」一一頁から再引用。同伊藤論文一二―一三頁によると、乃木書翰および歌は、山口県立大学の「寺内正毅関係資料」軸巻之部一四に原本が確認されるという。『寺内正毅関係文書』にも収録する予定である。
(6) 伊藤幸司「桜圃寺内文庫と寺内正毅関係資料」九頁。
(7) 伊藤幸司「桜圃寺内文庫と寺内正毅関係資料」六頁。
(8) 伊藤幸司「桜圃寺内文庫と寺内正毅関係資料」九―一〇頁。
(9) 伊藤幸司「桜圃寺内文庫の変遷と現状」四七―四八頁。
(10) 拙稿「寺内正毅宛山県有朋書簡について」(『学習院大学史料館紀要』二一号(二〇一五年)。
(11) 拙稿「寺内正毅宛乃木希典書簡(大正元年九月一二日付)」『学習院大学史料館ミュージアム・レター』第二六号(二〇一四年)。
(12) 長佐古美奈子「寺内正毅・寿一新収資料について――皇室下賜工芸品の来歴調査」『学習院大学史料館紀要』二〇号(二〇一四年)。

(13) 北岡伸一『日本陸軍と大陸政策――一九〇六―一九一八年』(東京大学出版会、一九七八年)。
(14) 早稲田大学大学史資料センター編『大隈重信関係文書』全一一巻(みすず書房、二〇〇四―一五年)。
(15) 前掲、北岡『日本陸軍と大陸政策』。菅野直樹「朝鮮・満州方面からみた寺内正毅像の一断面――鴨緑江採木公司等との関係を通じて」『東アジア近代史』一六号(二〇一三年)。

〔付記〕 本書は、平成二八年度科学研究費補助金(基盤研究B、「近代日朝関係の基礎的研究―未刊行史料を中心に」)、平成二六年度三菱財団人文科学研究助成(「「寺内正毅関係文書」の基礎的研究」)、平成二八年度昭和会館研究助成(「「寺内正毅関係文書」の基礎的研究」)、二〇一七年度JFE二一世紀財団・アジア歴史研究助成(「未刊行史料にもとづく日本の韓国併合・朝鮮統治の研究」)による研究成果の一部である。また、本書の刊行に際しても、平成三〇年度科学研究費補助金(研究成果公開促進費)の交付を得た。記して感謝したい。

編者一覧 ［寺内正毅関係文書研究会］

青木健史（あおきたけし） 学習院大学大学院人文科学研究科博士前期課程
赤司友徳（あかしとものり） 九州大学大学院医学研究院学術研究員
飯島直樹（いいじまなおき） 東京大学大学院人文社会系研究科博士課程
伊東かおり（いとうかおり） 柳川市生涯学習課市史編さん係嘱託
小倉徳彦（おぐらのりひこ） 九州大学大学院人文科学府博士後期課程
草野泰宏（くさのやすひろ） 東京大学大学院総合文化研究科博士課程満期退学
熊本史雄（くまもとふみお） 駒澤大学文学部教授
小林篤正（こばやしあつまさ） 九州大学大学院人文科学府博士後期課程
佐々木恵海（さささきえみ） 学習院大学大学院人文科学研究科博士前期課程
佐藤大悟（さとうだいご） 東京大学大学院人文社会系研究科博士課程
季武嘉也（すえたけよしや） 創価大学文学部教授
千葉功（ちばいさお） 研究会代表、学習院大学文学部教授
西山直志（にしやまただし） 一橋大学大学院社会学研究科博士後期課程
野島義敬（のじまよしたか） 福岡市博物館学芸課係員
長谷川貴志（はせがわたかし） 独立行政法人国立公文書館総務課企画法規係長
長谷川怜（はせがわれい） 学習院大学大学院人文科学研究科博士後期課程
原口大輔（はらぐちだいすけ） 日本学術振興会特別研究員 PD
日向玲理（ひなたれお） 青山学院資料センター年史編纂担当有期事務職員
藤澤匡樹（ふじさわまさき） 公益財団法人交通協力会研究員
山口輝臣（やまぐちてるおみ） 東京大学大学院総合文化研究科准教授
芳澤直之（よしざわなおゆき） 学習院大学大学院人文科学研究科博士前期課程修了

寺内正毅関係文書　1

2019 年 2 月 20 日　初　版

［検印廃止］

編　者　寺内正毅関係文書研究会《てらうちまさたけかんけいもんじょけんきゅうかい》

発行所　一般財団法人　東京大学出版会

代表者　吉見俊哉

153-0041 東京都目黒区駒場 4-5-29
http://www.utp.or.jp/
電話　03-6407-1069　Fax　03-6407-1991
振替　00160-6-59964

印刷所　株式会社理想社
製本所　誠製本株式会社

ISBN 978-4-13-026291-0　Printed in Japan